Stephan Tautz

Radikale Sakramentalität

RELIGION – GESCHICHTE – GESELLSCHAFT
Fundamentaltheologische Studien

RELIGION – HISTORY – SOCIETY
Studies in Philosophical and Constructive Theology

begründet
und bis Band 53 herausgegeben von
founded and edited up to volume 53 by

Johann Baptist Metz (†) (Münster)
Johann Reikerstorfer (Wien)
Jürgen Werbick (Münster)

herausgegeben von
edited by

Ulrich Engel OP (Berlin/Münster)
Judith Gruber (Leuven)
Michael Hoelzl (Manchester)

Band/Volume 56

LIT

Stephan Tautz

Radikale Sakramentalität

William T. Cavanaughs politische Theologie der Eucharistie
im Gespräch mit radikaldemokratischer Theorie der Macht

LIT

Umschlagbild: *Leere Mitte der Macht*, © Stephan Tautz

Diese Publikation wurde gefördert durch die Erzbischof Hermann
Stiftung

Erzbischof Hermann
Stiftung

Dissertationsschrift

Gedruckt auf alterungsbeständigem Werkdruckpapier entsprechend
ANSI Z3948   DIN ISO 9706

Bibliografische Information der Deutschen Nationalbibliothek
Die Deutsche Nationalbibliothek verzeichnet diese Publikation in der
Deutschen Nationalbibliografie; detaillierte bibliografische Daten sind
im Internet über http://dnb.dnb.de abrufbar.

ISBN 978-3-643-15130-8 (br.)
ISBN 978-3-643-35130-2 (PDF)
Zugl.: Freiburg i.Br., Univ., Diss., 2021

© LIT VERLAG Dr. W. Hopf Berlin 2022
Verlagskontakt:
Fresnostr. 2   D-48159 Münster
Tel. +49 (0) 2 51-62 03 20
E-Mail: lit@lit-verlag.de   https://www.lit-verlag.de

Auslieferung:
Deutschland: LIT Verlag, Fresnostr. 2, D-48159 Münster
Tel. +49 (0) 2 51-620 32 22, E-Mail: vertrieb@lit-verlag.de

INHALTSVERZEICHNIS

Vorwort 7

1 Einleitung 9

    1.1   Hinführung: Umbrüche der Welt im Zeichen des „post" 9

    1.2   Methode und Aufbau 21

    1.3   Einführung in Person und Werk von William T. Cavanaugh 44

2 Systematische Orientierung: Politik und Religion 53

    2.1   Gegenwartsanalysen für eine Neuausrichtung politischer
        Theologie 53

    2.2   Außerhalb der Theologie: Der sozio-politische Kontext für
        eine gegenwärtige politische Theologie 55

    2.3   Zwischen Theologie und Politik: Alte und Neue Politische
        Theologie(n) 121

    2.4   Innerhalb der Theologie: Auf dem Weg zu einer postsäkularen
        politischen Theologie 139

    2.5   Zwischenfazit: 9 Thesen für eine theologische politische
        Theologie in postsäkularen und postliberalen Zeiten 193

3 William T. Cavanaughs politische Theologie der Eucharistie 201

    3.1   Cavanaughs sakramentaler Ansatz im Kontext der politischen
        Theologie(n) 201

    3.2   Dekonstruktion: Ein Programm zur Entmythologisierung
        säkularer Narrative der Moderne 213

    3.3   Rekonstruktion: Theopolitische Imagination der Eucharistie
        oder „to eucharisize the world" 270

    3.4   Neukonfiguration: Ansätze einer theopolitischen Imagination
        der Demokratie 316

    3.5   Zwischenfazit: Eine Politik des Sakramentalen als
        Impulsgeber für einen zugleich unverfügbaren wie konkreten
        Zugang zur Macht im Zentrum der Demokratie 331

4 Eine politische Theologie radikaler Sakramentalität 337

   *4.1   Perichorese zwischen radikaler Demokratie und
         sakramentaler Eucharistie*...*337*

   *4.2   (Re)Interpretation: Leforts Demokratietheorie als
         Interpretament einer politischen Sakramententheologie*...............*341*

   *4.3   (Re)Konstruktion: Radikale Sakramentalität als Paradigma
         kirchlicher Souveränität* *365*

   *4.4   (Re)Formulierung: Die Souveränität Gottes im Zeichen
         radikaler Sakramentalität*..*415*

   *4.5   Zwischenfazit: 8 Thesen für ein radikal-sakramentales
         Verständnis der Demokratie*..*429*

5 Schluss oder: ein Umkehrschluss...435

6 Literaturverzeichnis..445

7 Personenregister 483

8 Ausführliches Inhaltsverzeichnis..493

VORWORT

Die vorliegende Arbeit wurde als Dissertation im Fach Dogmatik an der Theologischen Fakultät in Freiburg i. Br. im Wintersemester 2021/22 angenommen. In Hinblick auf die Anregungen der Gutachten und zur Publikation für ein breiteres Fachpublikum wurden kleinere Veränderungen vorgenommen. Bis zur Fertigstellung dieser Arbeit hatte ich einen langen Weg zurückzulegen, der mich entlang und über einige Grenzen führte. Inhaltlich markiert diese Grenze den Bereich zwischen (politischer) Theologie und Philosophie, sprachlich die Grenze zwischen englischsprachigem und deutschsprachigem Diskurs. Beide Grenzen stehen damit auch für den eigenen biographischen Werdegang, wie auch die verschiedenen Entwicklungsstufen des Projekts. Zunächst im belgischen Leuven entwickelt, konzentrierte sich das Projekt anfänglich auf den englischsprachigen, zumal US-amerikanischen Kontext. Nach meinem Wechsel nach Freiburg galt es dann, die Diskussion in den deutschsprachigen Diskurs einzubetten. Bezeichnenderweise wurde dabei die Diskussion aus dem romanischen Sprachraum zur Brücke, vornehmlich die französische politische Philosophie um Claude Lefort. Ich empfinde es als großes biographisches wie wissenschaftliches Privileg, an den Schnittstellen dieser unterschiedlichen Sprach- und Denkwelten gearbeitet haben zu können. Zum Gelingen dieses Brückenschlags haben zahlreiche Menschen beigetragen, denen ich an dieser Stelle ganz herzlich danke.

Allen voran sei meinen Betreuern gedankt, die in je ganz eigener Weise für die unterschiedlichen Sprachräume und auch Brückenschläge stehen. Als Erstbetreuer war mir Prof. Dr. Karlheinz Ruhstorfer die zentrale Stütze beim Erstellen der Arbeit. Von den unzähligen inhaltlichen Diskussionen und Gesprächen, über die methodischen Reflexionen, bis hin zum gelebten Beispiel eines passionierten wie unkonventionellen Theologen, gebührt ihm mein größter Dank. Er hat mich zurecht gebracht. Mein Zweitbetreuer Prof. Dr. Stephan van Erp hat mich anfänglich auf meinen Denkweg geführt. Dieser Weg war anfangs sehr beschwerlich und ohne seinen Zuspruch, seine Zuversicht und Unterstützung wäre er wohl früh geendet. Für seine Begleitung auf allen Wegstrecken bis hin zu dessen Ende danke ich von Herzen.

Des Weiteren sei einer Reihe von Menschen gedankt, die mich auf unterschiedlichste Weise in meiner Arbeit unterstützt haben. Zunächst danke ich meinen beiden Kolleginnen Dr. Viola Tenge-Wolf und Anne-Kathrin Fischbach für die gute Zusammenarbeit, die es mir in erster Linie ermöglichte, mich in dem nötigen Umfang der Erstellung der Dissertation zu widmen. Anne-Kathrin Fischbach war als ständige kritische Begleitung meiner Arbeit eine zentrale Stütze. Für die vielen anregenden Diskussionen und Ratschläge möchte ich allen Mitgliedern des Oberseminars von Prof. Ruhstorfer und der Research Group Fundamental and Political Theology von Prof. van Erp danken. Den wissenschaftlichen bzw. studentischen Hilfskräften am Lehrstuhl für Dogmatik, Cora Wirs und Hannah

8

Stöhr, sowie Dr. Christina Hartl danke ich für das Korrekturlesen. Franziska Schienmann half mir zudem noch bei der Literaturrecherche und anderen Arbeiten auf höchst zuverlässige und sorgfältige Weise, wofür ihr ein besonderer Dank gebührt. Allen Kolleg*innen, Freund*innen und Familienmitgliedern danke ich für die mannigfaltigen Impulse und die vielseitige Unterstützung.

Ein besonderer Dank gilt der Erzbischof Hermann Stiftung und der Adolf Haeuser Stiftung für die großzügige finanzielle Unterstützung bei den Druckkosten sowie den Herausgebenden der Reihe *Religion Geschichte Gesellschaft* für die Aufnahme in die Reihe.

Zuletzt möchte ich Anna Rieger und Elia Carbognani für die künstlerische Übersetzung meiner Arbeit in Form der Umschlaggraphik von Herzen danken. In dieser Graphik veranschaulichen sie auf faszinierende Weise den dynamischen und spannungsreichen Umgang mit der „leeren Mitte der Macht", der auch die vorliegende Arbeit kennzeichnet. So zieht es einen einerseits förmlich hinein ins „Auge des Sturms", so wie auch die schwarze Tusche zum leeren Zentrum hin durch das befeuchtete Papier hineingezogen wurde. Andererseits lässt sich aber auch eine Bewegung in entgegengesetzter Richtung festmachen, wenn man die Graphik als Urknall identifiziert, von dessen Zentrum aus sich allmählich konkrete Formationen zu bilden beginnen. Analog hierzu kann auch die Spirale aus den entgegengesetzt laufenden Schriftzügen gelesen werden, die einmal hinein und ein anderes Mal herausführen aus der Mitte. Beide Schriftzüge verweisen dabei auf die je eigene Weise des vorsichtigen Um*gangs* des leeren Ortes der Macht. Während im Auszug aus der Präambel des Deutschen Grundgesetzes der appellative und performative Charakter der Konstitution von Gemeinschaft zum Ausdruck kommt, werden die Einsetzungsworte der Eucharistie gerade im Namen einer Instanz gesprochen, die niemals eingeholt werden kann. Damit verweisen die beiden Schriftzüge auf eine Strukturparallele zwischen dem politischen und dem theologischen Bereich, in dessen Zwischenbereich sich diese Arbeit ansiedelt. Beide Bereiche sind dabei wie die Schriftzüge auf prekäre Weise verbunden, wobei prekär hier eine doppelte Bedeutung hat. Zum einen ein prekäres Konkurrenzverhältnis zwischen Politik und Religion, konkret zwischen Staat und Kirche, wie sie in der Theologie von William Cavanaugh zu finden ist. Zum anderen aber werden die jeweiligen Konstitutionsmomente beider Diskursparteien prekär unterlaufen, da sie sich auf einen (geteilten?) unverfügbaren Ursprung bzw. Endpunkt berufen. Diese ästhetische Zuspitzung auf eine nicht-besetzbare Mitte unterläuft letztlich jegliche Vereinnahmung, sei dies der Politik von theologischer oder andersherum, des Religiösen von politischer Seite. Diese Uneindeutigkeit führt aber nicht zu einer Sprachlosigkeit, sondern regt zur steten Auseinandersetzung über die Verhältnisbestimmung beider Bereiche an, zu der diese Arbeit einen Beitrag leisten soll.

Gewidmet sei diese Arbeit Anton Tautz.

Freiburg i. Br., am Hochfest des Leibes   Stephan Tautz
und Blutes Christi 2022

1 EINLEITUNG

Und es geschah, als er mit ihnen bei Tisch war, nahm er das Brot,
sprach den Lobpreis, brach es und gab es ihnen.
Da wurden ihre Augen aufgetan und sie erkannten ihn;
und er entschwand ihren Blicken. Und sie sagten zueinander:
Brannte nicht unser Herz in uns, als er unterwegs mit uns redete
und uns den Sinn der Schriften eröffnete?
Lk, 24,30-32

Eine Generation will wieder am Scheideweg stehen,
aber nirgends ist die Wegscheide.
Walter Benjamin[1]

1.1 Hinführung: Umbrüche der Welt im Zeichen des „post"

Wo stehen wir? Ganz gleich, ob wir unsere Gegenwart als Spätmoderne, Postmoderne oder gerade als Endphase einer dieser beiden Epochenbezeichnungen begreifen, wir befinden uns in einer Zeit des Übergangs. Gewissheiten sind brüchig geworden. Die postmoderne Dekonstruktion, nun zur vollen Blüte gelangt, hat das moderne Fundament abgetragen, das seinerseits dem mittelalterlich sowie dem neuzeitlich metaphysischen Wahrheits- und Wirklichkeitsverständnis sozusagen den Himmel über dem Kopf weggezogen hatte. Diese Verunsicherung ist allgegenwärtig. Sie betrifft die Gesellschaft(en) im Allgemeinen, wie auch deren ökonomisches, politisches, kulturelles und religiöses Leben im Besonderen. Posttruth, postfaktisch und Fake-News sind zu Chiffren dieser Zeit geworden. Gleichzeitig aber ist diese Zeit auch gekennzeichnet von der Suche nach neuen Gewissheiten. Diese Suche kann freilich nicht mehr vollkommen aus dem Schatten postmoderner Verunsicherung heraustreten, sie bleibt eine prekäre Suche oder aber diese neuen Sicherheiten werden – wie im Falle der nationalistischen und identitären Bewegungen – selbst zu prekären Mustern. Gegenüber diesem regressiven Impuls und der Suche nach „alten" Gewissheiten zeichnet sich aber auch ein progressiver Impuls ab, dessen „neue" prekär-gebrochenen (Un)Gewissheiten gerade erst im Erscheinen sind. Zu nennen wäre hier beispielsweise die Gendertheorie, die je nach Spielart, gerade und trotz ihres anti-essentialistischen und poststrukturalistischen Unterbaus einen in gewissem Sinne normativen emanzipatorischen Anspruch für alle vertritt. Dieses scheinbare Paradox kann auch als das

---

[1] WALTER BENJAMIN, „Die religiöse Stellung der neuen Jugend", in: *Gesammelte Schriften*, Bd. 2,1, Frankfurt a. M. 1980, 72.

erste schwache Erscheinen einer neuen, schwachen Form des Universellen verstanden werden. So vertritt auch die spät-postmoderne Denkerin Judith Butler bei
aller Kritik am Universellen als „kulturelle Variable" keineswegs die Meinung,
„dass es für uns ein Ding der Unmöglichkeit geworden sei", sondern, dass es im
Gegenteil vor allem darum geht, in einem steten Prozess der Neuartikulationen
des Universellen ein „starke[s] Bewusstsein der Unwissenheit darüber" zu pro-
vozieren.[2] Bekanntestes Beispiel für die erneute Suche nach dem Universellen ist
vielleicht Andreas Reckwitz' „doing universality"[3]. Reckwitz konstatiert darüber
hinaus zusammen mit Hartmut Rosa ein erstarktes Interesse am „großen Bild",
worunter die beiden Soziologen „ein wissenschaftlich gestütztes sinnhaftes Ganzes"[4] verstehen, das beide als Anzeichen für die Suche nach einem Weg raus aus
der Krise am „Ende der Spätmoderne" interpretieren.

Dieser Paradigmenwechsel am Übergang von der Spät- bzw. Postmoderne zum
noch Undefinierten lässt sich dabei nicht allein durch die erneute Suche nach einer gebrochenen Universalität veranschaulichen, sondern beispielsweise auch am
Konzept der Unverfügbarkeit, wie es Rosa in seinem gleichnamigen Buch beschrieben hat. Ihm zufolge konstituiert Unverfügbarkeit menschliches Leben in
all seinen individuellen, aber auch institutionellen und kulturellen Bereichen:
„Lebendigkeit, Berührung und wirkliche Erfahrung aber entstehen aus der Begegnung mit dem *Unverfügbaren*."[5] In der Begegnung mit dem Unverfügbaren,
welches sich der Kontrolle fundamental entzieht – ähnlich wie die Universalität
vor postmodernem Hintergrund –, entsteht das, was Rosa Resonanz nennt. Resonanz steht in diesem Kontext für die Befähigung zu dynamischer und ergebnis-
offener Veränderung und Entwicklung, sowohl auf individueller als auch auf so-
ziopolitischer Ebene. Rosa verweist in diesem Zusammenhang auf institutionelle
Operationssphären in der Bildung, Forschung, Medizin, Unterhaltungsindustrie
und Politik und merkt an, dass „bei genauem Hinsehen Unverfügbarkeiten über-
raschenderweise nicht nur unvermeidbar, sondern nachgerade unverzichtbar"[6]
sind. Erfolge auf diesen Gebieten lassen sich ebenso wenig garantiert erzwingen
wie verhindern. Darin liegt gewissermaßen deren Dynamik und ihre transformierende Kraft. Und gerade der Versuch, diese konstituierende Unverfügbarkeit in

---

[2]   JUDITH BUTLER, *Die Macht der Geschlechternormen und die Grenzen des Mensch-
       lichen*, übers. v. KARIN WÖRDEMANN u. MARTIN STEMPFHUBER, Frankfurt a. M.
       2011, 306-307.

[3]   ANDREAS RECKWITZ, *Die Gesellschaft der Singularitäten. Zum Strukturwandel der
       Moderne*, Berlin 2017, 441.

[4]   ANDREAS RECKWITZ; HARTMUT ROSA, *Spätmoderne in der Krise Was leistet die
       Gesellschaftstheorie?*, Berlin 2021, 12. In diesem Zusammenhang verweisen beide
       auch auf entsprechende Gesamtdeutungsvorschläge in anderen Wissenschaften, wie
       beispielsweise Yuval Hararis Entwürfe einer Gesamtgeschichte der Menschheit.
       Vgl. ebd. 14. Siehe auch YUVAL NOAH HARARI, *Eine kurze Geschichte der Mensch-
       heit*, München 2013.

[5]   HARTMUT ROSA, *Unverfügbarkeit*, Frankfurt 2020, 8.

[6]   Ebd., 101. Vgl. ebd., 100-103.

eine kontrollierbare Erreichbarkeit zu verwandeln, dem Verlangen nach sicherer Verfügbarkeit nachzugeben, hat die paradoxe Folge, dass sich Lebendigkeit, Dynamik und Transformation entziehen. Genau in dieser Tendenz zur Verfügbarmachung der Welt sieht Rosa den Grundkonflikt der Moderne. Die Welt der Spätmoderne wird so zu einer Serie von „Aggressionspunkten", die es zu wissen, beherrschen und nutzen gilt. Aber „genau dadurch", so Rosa, „scheint sich uns das ‚Leben', das, was die Erfahrung von Lebendigkeit und Begegnung ausmacht – das, was Resonanz ermöglicht – zu entziehen, was wiederum zu Angst, Frust, Wut, ja Verzweiflung führt [...]"[7].

Diese Betonung der Unverfügbarkeit in Rosas Sozialontologie kann nun einerseits als ein klassisches postmodernes Motiv der Dekonstruktion oder des Entzugs gelesen werden. Das, „was das Leben ausmacht", ist der Kontrolle und dem Wissen entzogen. Entgegen den typisch modernen „Ismen" gibt es kein sicheres Fundament für Wissen, Gesellschaft oder das eigene Ich. Zugleich aber – und das ist entscheidend hier – geht Rosa mit seiner Theorie der Unverfügbarkeit über die postmoderne Schwebe hinaus, denn Unverfügbarkeit innerhalb seiner Resonanztheorie ist nicht absolut, nicht allein bloße Negativität. Tatsächlich kommt es für Rosa darauf an, mit der Unverfügbarkeit in eine „Antwortbeziehung" zu treten. Daher versteht Rosa Unverfügbarkeit nicht einfach im Sinne eines reinen Zufalls oder bloßer Kontingenz, sondern als „qualifizierte Unverfügbarkeit", als ein Gegenüber, das so etwas wie eine innere Logik hat, die es einem ermöglicht, sich mit ihm in Kontakt zu setzen und so Resonanz zu erfahren: „Resonanz erfordert den Verzicht auf Kontrolle [...], zugleich aber auch (das Vertrauen in) die Fähigkeit, die andere Seite erreichen und responsiven Kontakt herstellen zu können."[8] In gewissem Sinne ist die konstitutive Unverfügbarkeit nur eine „Halbverfügbarkeit" und die Herausforderung besteht gerade darin, die Grenze zwischen Verfügbarem und Unverfügbarem in Richtung des Verfügbaren zu verschieben, ohne diese Grenze aber ganz aufzulösen.[9] Die Ermöglichung der Resonanz und damit die Ermöglichung des Sich-in-Bezug-Setzens mit der transformierenden Kraft steht hier für das, wenngleich prekäre, so doch aber auch positive Moment einer (Selbst)Vergewisserung, das sich gegenüber dekonstruktiver Negativität und postmoderner Schwebe abzuzeichnen scheint.

Zusätzlich erinnern Rosas Konzeptionen von Unverfügbarkeit und Resonanz nicht von Ungefähr an religiöse bzw. theologische Muster der Beziehung zwischen Mensch und Gott. Auch wenn Rosa diesen inneren Zusammenhang selbst bemerkt, spielt er für ihn keine entscheidende Rolle.[10] Die Beziehung zwischen Gott und Mensch könne demnach auch als Resonanz gefasst werden, wobei das

---

[7]   Ebd., 10.
[8]   Ebd., 66. Vgl. ebd., 56.
[9]   Vgl. ebd., 64.
[10]   Vgl. ebd. 67-68. Zur theologischen Auseinandersetzung mit Rosa siehe TOBIAS KLÄDEN; MICHAEL SCHÜßLER (Hg.), *Zu schnell zu Gott? Theologische Kontroversen zu Beschleunigung und Resonanz*, Freiburg 2017.

konstitutive Moment der Unverfügbarkeit am ehesten dem theologischen Konzept der Gnade gleichkomme. Sicher wäre es zu kurz gegriffen, Rosas Konzept der Unverfügbarkeit schlicht als säkulare Übersetzung religiöser Gnade zu deuten. Wie Michael Schüßler diesbezüglich anmerkt, könnte es wesentlich komplizierter sein, mit Gott in Kontakt zu treten. Gott als der Unverfügbare bleibt oft genug genau dies, und religiöses Leben zeichnet sich oftmals mehr durch die stetige Suche nach Gott aus und nicht durch das Ankommen bei ihm.[11] Insofern verweist Glaube gerade auf jene Tugend, nicht einen garantierten Grund zu brauchen, um Lieben, Hoffen und Handeln zu können. Oder wie Schüßler treffend bemerkt: Wenn alles in der Postmoderne zu schwimmen beginnt, gilt es nicht einen festen Grund (wie in den Ismen der Moderne) zu suchen, sondern schwimmen zu lernen.[12]

Und doch ist auch für die Religion das Moment der Verfügbarmachung des Unverfügbaren konstitutiv. In der folgenden Arbeit wird dieses Moment anhand des katholischen Sakramentenverständnisses eingehend diskutiert werden. Auch im Sakrament, so die These, lässt sich jene Spur einer zugleich prekären und doch positiven Vergewisserung der Gegenwart Gottes finden, die aus religiösen Quellen über das Paradigma der Postmoderne hinausweist. Gewiss gibt es auch im Religiösen und gerade im Sakramentalen die Gefahr, die Unverfügbarkeit (Gottes) in eine kontrollierbare Erreichbarkeit umzuwandeln. Daher muss auch im Religiösen, und hier besonders in seiner institutionalisierten Form wie der Sakramentalität, das Moment der Unverfügbarkeit Gottes, seiner letztendlichen Entzogenheit, immer vorgeschaltet werden. Für den französischen Theologen Louis-Marie Chauvet kennzeichnet dieser Verzicht auf Kontrolle gerade den Übergang vom Unglauben zum Glauben: „Der Übergang zum Glauben verlangt also, *dass man sich lossagt vom Wunsch zu sehen-berühren-finden, um hörend ein Wort anzunehmen*, das als Wort Gottes erkannt wird [...]."[13]

Gleichzeitig ist es aber Chauvet, der in seiner „Fundamentaltheologie des Sakramentalen"[14] genau jenes prekäre Verfügbarmachen des Unverfügbaren erschließt. Prägnant kommt dies in seiner Interpretation der lukanischen Emmauserzählung zum Ausdruck, dessen Struktur für ihn eine Theologie der Sakramentalität der Kirche offenlegt. In einer Parallelisierung des Brotbrechens Jesu in der Emmausgeschichte mit der Feier der Eucharistie heißt es:

---

11 Vgl. MICHAEL SCHÜßLER, „Beschleunigungsapokalyptik und Resonanzutopien. Eine theologische Kritik der Zeit- und Sozialphilosophie Hartmut Rosas", in: TOBIAS KLÄDEN; DERS. (Hg.), *Zu schnell zu Gott? Theologische Kontroversen zu Beschleunigung und Resonanz*, Freiburg 2017, 143-184, 170.

12 Vgl. ebd., 158.

13 LOUIS-MARIE CHAUVET, *Symbol und Sakrament. Eine sakramentale Relecture der christlichen Existenz*, übers. v. THOMAS FRIES, Regensburg 2015, 168.

14 Siehe MARTIN STUFLESSER (Hg.), *Fundamentaltheologie des Sakramentalen. Eine Auseinandersetzung mit Louis-Marie Chauvets „Symbol und Sakrament"*, Regensburg 2015.

„Ihre Augen öffnen sich über einer Leere – „dann sehen sie ihn nicht mehr" – aber eine von Anwesenheit erfüllte Leere. Jedes Mal, wenn die Kirche das Brot in Gedenken an ihn bricht, öffnen sie sich für die Leere der Un-Sichtbarkeit des Herrn Jesus Christus. Allerdings wird diese Leere von seiner symbolischen Gegenwart [Anwesenheit] bewohnt, da sie erfasst haben, dass die Kirche, wenn sie das Brot nimmt, den Segen spricht, es bricht und verteilt, der Herr selbst fortfährt, das Brot seines hingegebenen Lebens zu nehmen, an Gott das Dankgebet zu richten, das Brot wie seinen für die Einheit aller gebrochenen Leib zu brechen, es hinzugeben, indem er spricht: ‚Das ist mein Leib'."[15]

Hier veranschaulicht Chauvet, wie im Sakrament der Eucharistie Leere als Moment des Entzugs konstituierend für die Gemeinschaft der Gläubigen wird. Diese Leere aber ist erfüllt von der Anwesenheit Gottes, in ihr scheint mehr auf als das Moment der reinen Unverfügbarkeit. Zugleich aber steht das Sakramentale für die bleibende Differenz zwischen dem Leib der Kirche und dem Leib Christi. Hierzu nochmals Chauvet: „Die Sakramente verweisen die Kirche auf die offene Stelle ihres Herrn, die sie nicht einnehmen kann, ohne sich selbst zu zerstören und an den sie nur das Gedächtnis erhalten kann."[16] Sakramentalität ist also ein Schlüssel für die Interpretation des konstitutiven Moments einer „Gegenwart des Fehlens Gottes"[17], wie es bei Chauvet heißt. Genau in diesem Spannungsverhältnis aber liegt die transformative und die Gemeinde transformierende Kraft. Zusätzlich verweist das Sakrament auf einen weiteren wichtigen Aspekt dieser Interpretation einer zugleich unverfügbaren wie prekären Anwesenheit und zwar auf die Form ihrer Repräsentation. Gerade um den prekären Charakter der Anwesenheit Gottes im Sakrament zu betonen, kann diese immer nur in einer Feiergestalt jeweils neu aktualisiert, aber nie vollkommen und einmal für alle sicher garantiert werden. Darin liegt für Chauvet der tiefere Sinn der liturgischen Feier: „Indem uns *die liturgischen Versammlung* auf diesen Bund mit dem Anderen als den Ort des Werdens des Leibes Christi verweist, stellt sie *die grundlegende ‚sakramentale' Gestalt der Gegenwart des Fehlens Gottes* dar."[18] Dieses liturgische bzw. performative Moment in der Repräsentation wird im Verlauf der vorliegenden Untersuchung zentral sein für die Beschreibung der prekären Verfügbarmachung des konstitutiven Unverfügbaren, das über die postmoderne Schwebe hinausweist.

Wie bereits oben angeführt, soll diese kurze Gegenüberstellung von Rosas soziologischem Konzept der Unverfügbarkeit und Chauvets theologischem Sakramentenverständnis nicht dahingehend verstanden werden, dass beide Begrifflichkeiten komplett zur Deckung miteinander gebracht werden können. Rosas Theorie ist nicht einfach eine säkulare Übersetzung eines theologischen Gnaden- oder Sakramentenverständnisses. Und dennoch zeigen beide innerhalb des je eigenen

---

[15] CHAUVET, *Symbol und Sakrament*, 173.
[16] Ebd., 366.
[17] Ebd., 190.
[18] Ebd., 190.

Fachdiskurses – Rosas Halbverfügbarkeit der konstitutiven Unverfügbarkeit und Chauvets Sakramentenverständnis als Gestalt der Gegenwart des Fehlens Gottes – ein interessantes theoretisches Moment, das als ein erstes Anzeichen für einen Paradigmenwechsel weg von postmoderner Dekonstruktion interpretiert werden kann. Dass beide Momente jedoch auf diese Weise in Bezug zueinander gesetzt werden können, ist bereits selbst Ausdruck für ein weiteres Signum im Zeichen des „post", die Postsäkularität. Im weiteren Verlauf wird noch genau zu klären sein, was genau unter Postsäkularität zu verstehen ist und was dies für die Theologie bedeutet. An dieser Stelle sei zunächst kurz darauf verwiesen, dass darunter nicht schlicht die Rückkehr der Religion(en) verstanden wird, im Sinne einer Umkehrung der Säkularisierung. Denn die Säkularisierungsprozesse in westlichen Gesellschaften scheinen ungebremst weiterzulaufen. Zugleich ist eine merkwürdige Gegenläufigkeit in Deutschland, stellvertretend für fast alle west- und mitteleuropäische Gesellschaften, in Bezug auf Religion zu bemerken: Einerseits ist anhand der stetig steigenden Zahlen von Kirchenaustritten seit Mitte des letzten Jahrhunderts ein großer Bedeutungsverlust zu konstatieren – zumindest der institutionalisierten Religion.[19] Anderseits scheint aber kaum ein Thema mehr öffentliche Beachtung zu finden als die Frage nach der Religion und ihrem Platz im sozialen wie politischen Raum unserer Gesellschaft(en). Während zum einen also die Bedeutung der Religion für Fragen der persönlichen Lebensführung für weite Teile der Bevölkerung(en) westlicher Gesellschaft(en) zurückgegangen ist – und vermutlich weiter zurückgehen wird[20] –, nimmt diese für Fragen des Zusammenlebens, sowohl innerhalb einer bestimmten Gesellschaft, wie auch auf globaler, internationaler Ebene, stetig zu. Obwohl bereits in den 1990ern entscheidende

---

[19]   Die offiziellen Zahlen zu den Kirchenaustritten der Deutschen Bischofskonferenz (DBK) und der Evangelischen Kirche in Deutschland (EKD) sprechen für sich. Die Zahl der jährlichen Kirchenaustritte in Westdeutschland nahm in absoluten Zahlen und relativen Anteilen in den Jahren von 1970 bis 1989 stetig zu und stieg in der Zeit der Wiedervereinigung nochmals stark an. Nach einem leichten Abfall der Austritte ist seit 2005 zunehmend eine neue bis dato ungebrochene Welle von Austritten zu verzeichnen. Siehe https://www.kirchenaustritt.de/statistik, abgerufen am 27.02.2019. Siehe auch für die DBK: https://www.dbk.de/kirche-in-zahlen/kirchliche-statistik/, abgerufen am 27.02.2019 und für die EKD: https://www.ekd.de/Kirchenmitglieder-Zahlen-Daten-EKD-17279.htm, abgerufen am 27.02.2019.

[20]   Bezüglich dieses anhaltend negativen Trends halten Michael Ebertz, Monika Eberhardt und Anna Lang fest: „Da unter den aus der Kirche Austretenden vermehrt junge Erwachsene sind, die Zahl der Geburten zurückgeht und mehr Kirchenmitglieder sterben und austreten als durch Taufe hinzugewonnen werden, kann auf eine wachsende ‚Überalterung des Mitgliederbestands' und darüber hinaus auf eine ‚Beschleunigung des Mitgliederschwunds' (Christoph Wolf) in beiden Kirchen geschlossen werden." Siehe MICHAEL N. EBERTZ; MONIKA EBERHARDT; ANNA LANG, „Gehen oder bleiben? Kirchenaustritt als Prozess", in: GEORG BIER (Hg.), *Der Kirchenaustritt. Rechtliches Problem und pastorale Herausforderung*, Freiburg 2013, 67-79, 66.

Schläge gegen die Säkularisierungsthese vorgebracht wurden, hat sich vornehmlich in den ersten Jahren nach der Jahrtausendwende die Lage dahingehend verändert, dass nunmehr die Kritiker*innen bzw. Skeptiker*innen der Säkularisierungsthese und nicht länger deren Befürworter*innen die Mehrheit bilden.[21] Am deutlichsten wird dies vielleicht an den Beispielen von Jürgen Habermas und John Rawls, die als vormalige herausragende Vertreter der säkularen Moderne im vergangenen Jahrzehnt sich zusehends mit der Frage der Religion beschäftigt haben. Nicht zuletzt war es Habermas, der den Begriff der Postsäkularität geprägt hat. Ein weiteres Beispiel für den „religious turn" in der deutschsprachigen Philosophie stellt Holm Tetens dar.[22] Wie Tetens betont, ist diese Rückbesinnung auf Religion nicht schlicht Ausdruck eines unbefriedigten Bedürfnisses nach spiritueller Geborgenheit, sondern es artikuliert sich darin ein dezidiert philosophisches und erkenntnistheoretisches Bedürfnis nach einer sinnstiftenden und sinnermöglichenden Weltinterpretation. Von zentraler Bedeutung ist Religion auch in der poststrukturalistischen politischen Philosophie. Autoren wie Alain Badiou, Giorgio Agamben, Jacques Derrida, Jean Luc Nancy, Jean-Luc Marion, Emmanuel Levinas, Michel Foucault und Claude Lefort, um nur einige große Namen zu nennen, zeigen ein großes Interesse an der Struktur des Religiösen. Die meisten dieser Autoren sind dabei keineswegs traditionell religiös, bzw. konfessionell gebunden, sondern nähern sich dem Bereich des Religiösen in dezidiert philosophischer Weise auf Suche nach nicht-ideologischen Grundlagen des Politischen. Religion hat die ihr zugewiesenen Bereiche von Kirche bzw. Glaubensgemeinschaft und (konfessioneller) Theologie verlassen und in verwandelter Form einen Weg zurück in die profane und nunmehr postsäkulare Welt gefunden. Diese veränderte Situation stellt die Theologie vor die große Herausforderung, Religion auf eine Weise zu denken und (umzu)interpretieren, auf die sie in den aktuellen Gesellschaften gehört und fruchtbar werden kann.

Neben den Umbrüchen, die mit dem Stichwort Postsäkularität verbunden sind, gibt es weitere Umbrüche, die in diesem Zusammenhang zu nennen sind. Denn auch das demokratische Leben steht vor einer großen Herausforderung. Auch hier hat der Wahrnehmungswechsel im Verhältnis zwischen Religion und Gesellschaft, bzw. zwischen Religion und Politik etwas verändert. Dies soll hier als das letzte Signum unserer Zeit im Zeichen des „post" unter dem Schlagwort „Postliberalität" eingeführt werden. In gewisser Weise bedingt die Postsäkularität die Postliberalität, insofern Säkularismus und politischer Liberalismus eng miteinander verbunden sind. Man könnte den konstitutionellen Säkularismus als eines der

---

21 Vgl. beispielsweise JOSÉ CASANOVA, *Public Religions in the Modern World*, Chicago 1994; WILLIAM E. CONNOLLY, *Why I am not a Secularist*, Minnesota 1999.

22 HOLM TETENS, *Gott denken. Ein Versuch über rationale Theologie*, Stuttgart 2015. Zum Phänomen des „religious turn" siehe z.B. HENT DE VRIES, *Philosophy and the Turn to Religion*, Baltimore, Md 2019.

zentralen Anliegen des demokratischen Liberalismus beschreiben.[23] Wenn nun
aber die Säkularisierungsthese wie auch der klassische Säkularismus in eine Krise
geraten sind, kann dies nicht spurlos am politischen Liberalismus vorbeigehen.
Entscheidend ist hierbei aber die sorgfältige Unterscheidung zwischen Liberalismus und Demokratie. Dies stellt insofern eine gewisse Hürde dar, als in den westlichen liberal-demokratischen (sic!) Nationalstaaten das Aufkommen und die
Entwicklung von Liberalismus und Demokratie historisch aufs Engste miteinander verbunden waren und sind. Was also zunächst einmal anzunehmen ist, ist eine
mit der Krise des Säkularismus verbundene Krise der liberalen Demokratie. Auf
die möglichen Ursachen einer solchen Krise gilt es im Verlauf der Arbeit noch
genauer einzugehen. Dabei wird sich aber zeigen, dass die Krise dieser speziellen
Form der Demokratie nicht notwendigerweise mit einer generellen Krise der Demokratie im Allgemeinen verbunden sein muss. An dieser Stelle kommt die eingangs angeführte Gegenwartsanalyse als eine Umbruchsituation weg vom Paradigma der Post- bzw. Spätmoderne ins Spiel. So diagnostizieren beispielsweise
auch Dominik Finkelde und Rebekka Klein, dass bereits die postmoderne Dekonstruktion das neuzeitlich-moderne liberale Fundament der Demokratie abgetragen hat und zentrale Konzepte wie Staat, Nation und Volk nunmehr eher „historisch vermittelte Trugbilder" zu sein scheinen.[24] Diese Umbruchsituation stellt
uns aber nicht allein vor die Herausforderung, sondern bietet uns zugleich auch
die Chance einer Neufundierung der Demokratie jenseits neuzeitlicher und
moderner Muster, denen sie in ihrer heutigen liberal-demokratischen Form entstammt. Als Anhaltspunkt hierfür wird in der vorliegenden Untersuchung die sog.
Radikaldemokratie eingeführt. Diese in sich sehr diverse Bewegung ist grob der
zuvor genannten poststrukturalistischen politischen Philosophie zuzuordnen, die
dem „religious turn" gefolgt ist. Vertreter*innen der radikaldemokratischen Theorie fassen zunächst Demokratie nicht allein als eine bestimmte Staatsform auf,
sondern wesentlich grundsätzlicher als eine bestimmte Art des Sich-in-Form-Set-
zens des Sozialen. Dem poststrukturalistischen Paradigma der Postmoderne folgend, zeichnet sich die Wurzel (Lat. *radix*) der Demokratie nun gerade dadurch
aus, dass sie über keine Fundierung außerhalb ihrer eigenen Vollzüge verfügt.
Mit Verweis auf Rosa könnte man davon sprechen, dass im Zentrum der Demokratie eine konstitutive Unverfügbarkeit steht, aus der heraus sich das Politische
in einem stetigen Prozess seiner eigenen Vollzüge selbst zu fundieren hat. Oliver
Marchart spricht diesbezüglich von einem Paradox in der Sozialontologie der

---

23   Eine breite Diskussion des konstitutionellen Säkularismus vor gegenwärtigem Hin-
      tergrund findet sich beispielsweise bei SUSANNA MANCINI; MICHEL ROSENFELD,
      Constitutional Secularism in an Age of Religious Revival, Oxford 2014.
24   Vgl. DOMINIK FINKELDE; REBEKKA KLEIN, „Introduction: Political Theologies in
      the Era of Immanence", in: DIES. (Hg.), *In Need of a Master. Politics, Theology,
      and Radical Democracy*, Berlin 2021, 1-17, 1.

Demokratie: „Die Selbstinstituierung der Gesellschaft unter dem Aspekt ihrer Selbst-Repräsentation ist [...] beides: sowohl notwendig als auch unmöglich."[25]

Jenseits dieser paradoxen Struktur deutet sich ein analoges politisches Muster zu Rosas soziologischer Halbverfügbarkeit und auch Chauvets theologischem Sakramentenverständnis als Gestalt der Gegenwart des Fehlens Gottes an. Dieses Muster wird in der vorliegenden Arbeit über die radikaldemokratische Theorie von Claude Lefort eingeführt, allen voran über sein Symbol des „leeren Orts der Macht" (Fr. *le lieu vide*).[26] Während in der Betonung der Leere am Ort der Macht zum einen das typisch postmoderne Moment des Entzugs zum Vorschein kommt, kann zum anderen das Festhalten an einer bestimmten – wenn auch symbolischen –Ver*ort*ung der Macht als ein vorsichtiges Indiz für ein Hinausgehen über die postmoderne Schwebe gedeutet werden. Die Notwendigkeit, im politischen und demokratischen Diskurs über die postmoderne Ideologiekritik hinauszugehen, sehen beispielsweise auch Finkelde und Klein geboten, in deren Analyse zufolge sich postmoderne Denkfiguren des Politischen allmählich erschöpft haben, da sie nicht in der Lage sind, eine substantielle Form des Universellen/Absoluten zu entwickeln. Letztlich, so Finkelde und Klein, kommt auch der politische Diskurs nicht ohne einen irgendwie gearteten Rekurs auf ein transzendentes Begründungsmuster aus. Mit Bezug auf Leforts Leerstelle der Macht heißt es bei ihnen:

„The place to be found is, on the one hand, constitutively empty, yet it necessarily must be filled with dogmatic phantasmagoria, decisions as scissions and with violent claims nonetheless in the name of the/an absolute. The category of transcendence has not vanished at all since any kind of violence in the name of the law refers to an absolute – even in so called ‚post-metaphysical‘ and discourse-ethical times."[27]

Dieser angezeigten erneuerten Suche nach dem Ort des Transzendenzbezugs im politischen Diskurs in der Umbruchssituation nach der Postmoderne soll hier anhand einer radikaldemokratischen Relektüre des theologischen Sakramentenverständnisses nachgegangen werden. Wie zu zeigen sein wird, ist hierfür das zugrundeliegende Verständnis von Symbol ausschlaggebend. Genau an dieser Stelle wird die theologische Diskussion mit ihrem sakramentalen Symbolver-

---

[25] OLIVER MARCHART, „Die politische Theorie des zivilgesellschaftlichen Republikanismus. Claude Lefort und Marcel Gauchet", in: ANDRÉ BRODOCZ; GARY SCHAAL (Hg.), *Politische Theorien der Gegenwart II*, Opladen 2006, 221-251, 227.

[26] CLAUDE LEFORT, „Démocratie et avènement d'un ‚lieu vide‘", in: DERS., *Le temps présent. Écrits 1945-2005*, Paris 2007, 461-469, 465.

[27] FINKELDE; KLEIN, „Introduction: Political Theologies in the Era of Immanence", 2. Im Gegensatz zu Finkeldes und Kleins Interpretation wird hier Leforts Symbol der Leerstelle aber gerade nicht nur als Ausdruck typisch postmoderner Ideologiekritik gelesen, sondern auch als möglicher Anschlusspunkt für ein politisches Konstitutionsmoment, das gerade über die Postmoderne hinausweist.

ständnis ansetzen, das, wie bereits oben über Chauvet eingeführt, als eine Ressource für die Artikulation eines Paradigmas für den Übergang weg von der Postmoderne interpretiert werden kann. Entscheidend hierbei ist die Frage, inwieweit die jeweiligen Muster zur Verfügbarmachung der konstitutiven Unverfügbarkeit über einen bloßen Entzug hinausgehen, i.e. inwieweit Leforts Symbol der Leerstelle nicht allein als Verbot der Besetzung des Ortes der Macht gelesen werden kann, sondern auch als deren prekäre Repräsentation bzw. analog hierzu, inwieweit die Sakramente nicht allein als Anzeige für das Fehlen Gottes, sondern auch als Ort seiner prekären Anwesenheit interpretiert werden können. Diese Strukturähnlichkeit zwischen der Repräsentation demokratischer Macht im Symbol der Leerstelle und der theologischen Repräsentation Gottes im Sakrament bildet den Hintergrund für die vorliegende Arbeit. Dieser Untersuchungsgegenstand, der im Zwischenraum von Politik und Religion, von politischer Philosophie und Theologie angesiedelt ist, führt in die Disziplin der politischen Theologie. Als eine Untersuchung in eben jener Disziplin der politischen Theologie versteht sich die vorliegende Arbeit. Wie im weiteren Verlauf noch eingehend diskutiert werden soll, kann unter der Bezeichnung politischer Theologie die Reflexion von Konzepten verstanden werden, die von zentraler Bedeutung für Politik wie auch Theologie sind. Das für die vorliegende Untersuchung zentrale Konzept ist das der Souveränität bzw. deren Repräsentation, wie sie in den unterschiedlichen fachlichen Kontexten konzipiert wird: in Form des Symbols der Leerstelle der Macht in der Radikaldemokratie oder aber als sakramentale Repräsentation Gottes in der Gemeinschaft der Kirche. Die konkreten Ausgangs- und Bezugspunkte in den jeweiligen Bereichen Politik und Theologie bilden auf demokratietheoretischer Seite Leforts Symbol des leeren Ortes der Macht und im Bereich der Theologie die eucharistische Ekklesiologie des US-amerikanischen Theologen William T. Cavanaugh.

Cavanaughs politische Theologie der Kirche bietet sich hierfür wie keine andere gegenwärtige politische Theologie an, denn sie nimmt ihren Ausgang im Sakrament der Eucharistie. Auf seine ganz eigene Art verbindet Cavanaugh so eucharistische Ekklesiologie mit einer politischen Lesart der Sakramente – als Form des Politischen der Kirche – zu einer politischen Theologie des Sakramentalen. So entwickelt Cavanaugh aus den Quellen der christlich-katholischen Tradition ein selbstständiges Instrumentarium für die Beurteilung unterschiedlicher Politiken oder besser: Theopolitiken, denn auch dem säkularen liberalen Nationalstaat liegt Cavanaugh zufolge ein bestimmtes theopolitisches Programm zugrunde, wenn auch freilich ein säkular(isiert)es. Wie im Detail noch gezeigt wird, entspricht Cavanaughs politische Theologie damit dem postsäkularen wie auch dem postliberalen Vorzeichen unserer Zeit. Dabei besteht eine zentrale Herausforderung dieser Untersuchung zugleich darin, aufzuzeigen, dass diese Form einer sakramentalen politischen Theologie damit nicht postdemokratisch ist, sondern sich vielmehr als eine postliberale und postsäkulare Erweiterung des demokratischen Impulses verstehen lässt. Auch wenn diese demokratische Grundaus-

richtung durchaus in Cavanaughs politischer Theologie grundgelegt und punktuell auch explizit ausgeführt wird, so gilt es doch diesen Aspekt in voller Gänze
zu entfalten. Denn vor dem aufgezeigten geistesgeschichtlichen Hintergrund am
Ende der Postmoderne kann es gerade nicht darum gehen, dass in einem Anachronismus die Religion zur Lösung eines politischen Problems auftreten kann,
noch dazu, wenn sie in einer sakramentalen Form auftritt, die in ihrer klassischen
Ausprägung vor allem mittelalterlicher Metaphysik bzw. Onto-Theologie entspringt. Eine Krise der modernen, liberalen Konzeption der Demokratie, die von
der Dekonstruktion der Postmoderne verursacht wurde, lässt sich nicht schlicht
mit einem vormodernen und vorneuzeitlichen onto-theo-logischen Konzept wie
der klassisch katholischen Sakramentenlehre beheben. Vielmehr muss die Sakramentenlehre, um vor dem gegenwärtigen Hintergrund ihr konstruktives Potential
für ein prekär-positives Verständnis von Repräsentation entfalten zu können, zunächst selbst einer (post)modernen Relektüre unterzogen werden. Erst in der gegenseitigen Durchdringung von einer dekonstruktiven-negierenden Demokratietheorie und einer prekär-affirmativen Sakramentenlehre, so die These, kann es
gelingen, zu einem Konzept von Souveränität und deren Repräsentation zu gelangen, mit dem eine politische Theologie vor dem gegenwärtigen Hintergrund
an einer prekären „post-postmodernen" Affirmation arbeiten kann, die gerade
nicht hinter die epistemologischen Errungenschaften der ihr vorausgegangenen
geistesgeschichtlichen Entwicklungen zurückfällt.

Aus diesen Überlegungen heraus lässt sich der Titel der Untersuchung erläutern: „Radikale Sakramentalität. William T. Cavanaughs politische Theologie der
Eucharistie im Gespräch mit radikaldemokratischer Theorie der Macht".
Zunächst verweist der Obertitel auf das im Laufe dieser Untersuchung zu Tage
tretende prekär-affirmative Souveränitätskonzept, das sich aus der soeben beschriebenen gegenseitigen Durchdringung von radikaldemokratischer Machtkon-
zeption und sakramentalem Verständnis des Politischen ergibt. Die konkreten
Forschungsgegenstände bzw. Vergleichsgrößen, die miteinander in ein Gespräch
gebracht werden, sind im Untertitel genannt. Dies ist zum einen Cavanaughs gesamter politisch-theologischer Ansatz, in dessen Zentrum eine politische Interpretation des Sakramentalen, allen voran der Eucharistie, steht. Diese politische
Theologie wird zum anderen mit der subversiven radikaldemokratischen Konzeption von Macht ins Gespräch gebracht. Dabei verweist die Metapher des „Ins-
Gespräch-Bringens" auf die inhaltliche Gewichtung und Ausrichtung der Arbeit,
die sich, wie bereits oben angeführt, als eine dezidiert theologische Arbeit innerhalb der Disziplin der politischen Theologie versteht. Aus dieser Ausrichtung
ergibt sich auch eine Konzentration auf die politische Theologie Cavanaughs, die
mit Hilfe gewisser Elemente der Radikaldemokratie, allen voran mit Leforts
Symbol der Leerstelle der Macht, kritisch interpretiert und erweitert wird, sodass
letztendlich damit das, was hier als ein radikal-sakramentaler Zugang zur Souveränität bezeichnet wird, erarbeitet werden kann.

Damit verfolgt die vorliegende Arbeit gerade kein apologetisches Anliegen,
dem es lediglich darum geht aufzuzeigen, dass Religion und Politik, (katholische)

Theologie und Demokratie, nicht entgegengesetzte gesellschaftliche Kräfte dar-stellen, sondern beispielsweise aus einer gemeinsamen Wurzel entstammen.[28] In diesem Zusammenhang wäre darauf zu verweisen, dass gerade die Neuzeit – die zugleich auch die Wurzel der liberalen Form der Demokratie ist – im Gegensatz zur Moderne der religiös-christlichen Tradition affirmativ gegenübersteht. Dem-nach ist die Demokratie in ihren Ursprüngen alles andere als unberührt von christ-lichen Impulsen, vornehmlich der neuzeitlichen Christentümer der Reforma-tion.[29] Diese Auffassung wird hier affirmiert und vorausgesetzt, sie stellt sozusa-gen eine zentrale Grundannahme für eine gegenwärtige politische Theologie dar, ganz gleich welcher Konfession. Dabei bleibt es eine wichtige Voraussetzung der theologischen, vornehmlich auch der katholischen Reflexion des Politischen und besonders der Demokratie, sich der äußerst prekären eigenen Geschichte im Auf-kommen moderner Demokratie bewusst zu sein und zu bleiben.[30] Nichtsdesto-trotz soll hier davon ausgegangen werden, dass sich vor dem gegenwärtigen post-säkularen Hintergrund – erneut sei hier vor allem auch auf die religiöse Wende in der politischen Philosophie verwiesen – eine neue Möglichkeit abzeichnet, das Verhältnis zwischen Religion und Politik, zwischen Theologie und Demokratie, weitaus konstruktiver zu fassen als dies bislang der Fall war. Vorsichtig zeichnet sich ab, dass Theologie und damit der Rückgriff auf die theologische Tradition und die darin enthaltenen verschiedensten Konzepte und Denkmuster uns befähi-gen, über die Demokratie nicht allein *nach*-zudenken, sondern auch *mit*-zuden-ken. Während Theologie im *Nach*-Denken keine genuine Quelle für die Demo-kratie sein kann, kann sich im *Mit*-Denken das demokratische Potential ihrer Konzepte, wie beispielsweise den theologischen Reflexionen über die Souverä-nität und die Repräsentation Gottes im Zeichen des Kreuzes und der *kenosis* etc., voll entfalten. Hierfür allerdings ist es unabdingbar, dass sich die Theologie ihrem Außen öffnet, sich nicht als alleinige Erbin und Garantin einer durch sie weitergetragenen und sich stets transformierenden Tradition versteht. Die fol-gende Arbeit soll einen bescheidenen Beitrag hierzu darstellen.

---

[28]   Siehe PHILLIP W. HILDMANN, JOHANN CHRISTIAN KOECKE (Hg.), *Christentum und politische Liberalität. Zu den religiösen Wurzeln säkularer Demokratie*, Frankfurt a. M. [u.a.] 2017.

[29]   Siehe beispielsweise UDO DI FABIO; JOHANNES SCHILLING (Hg.), *Weltwirkung der Reformation. Wie der Protestantismus unsere Welt verändert hat*, München 2017. Insofern ist es auch aus dezidiert theologischer Sicht unerlässlich, ebenfalls die neu-zeitliche Metaphysik für die Aktualisierung der Demokratie fruchtbarzumachen. Wie bereits angeführt, verfolgt die vorliegende Arbeit mit ihrer Ausrichtung an der Sakramententheologie in Verbindung mit postmoderner Demokratietheorie aber ein anderes Ziel.

[30]   Eine prägnante Darstellung und Einordnung des Verhältnisses der katholischen Kir-che zur Demokratie findet sich beispielsweise bei ANTON RAUSCHER, *Kirche und Demokratie. Der lange Weg des Zueinanderfindens*, Köln 2008.

1.2 Methode und Aufbau

1.2.1 Die Fragestellung(en) und These(n) der Untersuchung

Ging es in der vorangegangenen einleitenden Schilderung darum, in den übergeordneten Kontext einzuführen, vor dessen Hintergrund das vorliegende Forschungsvorhaben im Feld der politischen Theologie durchgeführt wird, so wird
im folgenden Abschnitt dargestellt, wie dieses Vorhaben genau gegliedert und
aufgebaut ist. Hier gilt es zunächst die leitende Forschungsfrage und These zu
formulieren und davon ausgehend die einzelnen Unterfragen und Thesen, die zu
deren Beantwortung beitragen. Die dieser Untersuchung zugrunde liegende
zentrale Forschungsfrage lautet:

> Inwieweit kann der Vergleich zwischen der sakramentalen politischen Theo-
> logie von William T. Cavanaugh und der radikaldemokratischen Theorie unter
> besonderer Berücksichtigung von Claude Leforts Symbol der Leerstelle der
> Macht dazu beitragen, die Grundzüge für eine Neuartikulation des Souveräni-
> tätskonzeptes für eine politische Theologie für einen gegenwärtigen Kontext
> zu erarbeiten, der sich u.a. als postsäkular und postliberal beschreiben lässt?

Damit lässt sich die der Arbeit zugrundeliegende These in drei Schritten prägnant
zusammenfassen: Wenn wir erstens davon ausgehen, dass die Krise der Säkularisierung verbunden ist mit der Krise der liberalen Demokratie und zweitens davon
ausgehen, dass das Verhältnis zwischen Religion und Politik bzw. zwischen
Theologie und Demokratie, nicht negativ, sondern konstruktiv interpretiert werden kann, so müssen sich drittens auch innerhalb der Theologie Quellen für das
Weiterdenken der Demokratie unter einem sich vorsichtig abzeichnenden Paradigmenwechsel nach der Postmoderne finden lassen. Innerhalb dieses Untersu-
chungsspektrums liegt der Fokus auf der Frage, inwieweit der sakramentale und
eucharistische theopolitische Ansatz Cavanaughs von Leforts anti-ideologischem
und radikaldemokratischem Ansatz in Bezug auf das Repräsentations- und Souveränitätsverständnis kritisch hinterfragt und erweitert werden kann. Diesem Un-
tersuchungsfokus liegt die bereits oben genannte Hypothese zugrunde, wonach
es erst in der gegenseitigen Durchdringung einer dekonstruktiv-negierenden
Demokratietheorie mit einer prekär-affirmativen Sakramentenlehre gelingen
kann, den Ansatz zu einer politischen Theologie zu entwickeln, in deren Zentrum
ein prekär-affirmatives Verständnis von Souveränität und deren Repräsentation
steht, das für den gegenwärtigen geistesgeschichtlichen Hintergrund potentiell
bereichernd ist.

Um im Rahmen der vorliegenden Arbeit diese übergeordnete Forschungsfrage
zu beantworten, ergeben sich drei aufeinander aufbauende Unterfragen, die es
hierfür zu beantworten gilt:

> Wie lässt sich der gegenwärtige geistesgeschichtliche Kontext politisch und
> theologisch beschreiben und beurteilen und welche Form der politischen
> Theologie erscheint vor dem so beschriebenen Hintergrund besonders adä-
> quat?

Auf politischer Seite gilt es dabei zu klären, inwieweit die Radikaldemokratie,
hier besonders in der Gestalt von Leforts Konzeption, eine potentiell adäquate
Adaption der Demokratietheorie auf den gegebenen Kontext darstellt. Auf theologischer Seite ist darauf aufbauend zu fragen, inwieweit die (politische) Theologie bereits radikaldemokratische Impulse aufgenommen hat bzw. welche theologischen Traditionslinien für ein solches Projekt fruchtbar gemacht werden können. An dieser Stelle ist es auch zu klären, inwieweit gerade die Sakramententheologie als eine solche theologische Quellen genutzt werden kann.

Auf dieser Analyse aufbauend gilt es dann anschließend Cavanaughs genuinen
Ansatz einer sakramentalen politischen Theologie unter folgender Unterfrage
darzustellen und zu beurteilen:

> Inwieweit stellt Cavanaughs sakramentale oder eucharistische politische
> Theologie eine adäquate theologische Reaktion auf den zuvor analysierten
> Kontext dar?

In diesem Zusammenhang gilt es einerseits zu prüfen, inwieweit Cavanaughs Dekonstruktion des liberalen politischen Programms des modernen Nationalstaats
mit dem radikaldemokratischen Programm zur Entideologisierung des neuzeitlich-modernen Demokratieverständnisses zusammengedacht werden kann. Andererseits muss beurteilt werden, inwieweit Cavanaughs eigenes theopolitisches
Projekt einer sakramentalen politischen Theologie anschlussfähig an den radikaldemokratischen Diskurs um Lefort ist.

Auf diese Beurteilung aufbauend wird in einem letzten Schritt nach der Möglichkeit der Weiterentwicklung und tieferen Durchdringung der politischen Sakramententheologie durch das Interpretament der radikaldemokratischen Leerstelle der Macht in Bezug auf deren jeweilige Konzepte von Repräsentation und
Souveränität gefragt. Die diesem Untersuchungsabschnitt vorangestellte Unterfrage lautet:

> Wie lässt sich Cavanaughs Ansatz eines sakramentalen Politik- und Souverä-
> nitätsverständnisses durch den Vergleich mit Leforts radikaldemokratischen
> Symbol der Leerstelle der Macht weiterentwickeln zu einem radikal-sakra-
> mentalen Verständnis von Souveränität, das sowohl für das religiös-theologi-
> sche, wie auch (post)säkulare-politische Feld potentiell innovativ ist, indem

es über das rein kritisch-dekonstruktive Moment postmoderner Subversion hinausreicht?

Anhand dieses radikal-sakramentalen Souveränitätsverständnisses werden abschließend die Grundzüge einer demokratischen politischen Theologie für einen gegenwärtigen Kontext erarbeitet.

1.2.2 Aufbau und Argumentationsgang der Arbeit

Der Aufbau der Arbeit orientiert sich an der übergeordneten Forschungsfrage und den daran ausgerichteten drei Unterfragen. Der Beantwortung jeder dieser drei Unterfragen dient je eines der drei Kapitel, welche wiederum in je drei Unterkapitel aufgeteilt und mit einer Einführung und einem Zwischenfazit versehen sind. Diese symmetrische Anlage soll dem*r Lesenden bei der Orientierung innerhalb des recht breit angelegten Forschungsvorhabens behilflich sein. Um dieser breiten thematischen Anlage der Arbeit zu begegnen, sind die jeweiligen Kapitel klar auf die Beantwortung der jeweiligen aufeinander aufbauenden Forschungsfragen ausgerichtet. Dabei wird an vielen Stellen in den einzelnen Argumentationsschritten der jeweiligen Kapitel auf die Ergebnisse aus vorangegangenen Argumentationsschritten Bezug genommen. Um auch hier dem*r Lesenden eine möglichst gute Orientierung zu bieten, werden an den jeweiligen Stellen Querverweise in Form von Fußnoten zu den jeweiligen Unterkapiteln und Sektionen gegeben.

Der Argumentationsgang der Arbeit stellt sich wie folgt dar: Das erste Kapitel dient der systematischen Begründung des in der Einleitung dargelegten Ansatzes und Aufbaus der Untersuchung. Hierin werden zunächst in einem ersten Unterkapitel die „Zeichen der Zeit" ermittelt und analysiert, welche für diese Untersuchung den Ausgangspunkt und Rahmen bilden. Das erste zentrale Zeichen lässt sich unter dem Stichwort „Postsäkularismus" subsumieren. Ganz allgemein wird darunter die zunehmende Aufmerksamkeit in Wissenschaft und Öffentlichkeit für Religion und deren Stellung in einer Gesellschaft verstanden und im Speziellen die in den Begriffsklärungen unten noch darzulegenden einzelnen Facetten der Postsäkularität in Öffentlichkeit, Soziologie, Theologie, Philosophie, Politik und historischer Genealogie. Eng mit diesen Phänomenen verbunden ist das daraus resultierende zweite Zeichen der Zeit auf dem politischen Feld, das unter den Stichworten „Krise der liberalen Demokratie" und „Postliberalität" zusammengefasst wird. Das liberale Modell von Demokratie hat seinen Universalitätsanspruch eingebüßt. Dies bedeutet allerdings nicht automatisch auch das Ende der Demokratie, sondern lediglich die Notwendigkeit, Demokratie neu zu denken und zu begründen. Hierfür wird die Theorie der sogenannten radikalen Demokratie eingeführt. Wie gezeigt werden soll, kann dieser demokratische Ansatz mit den beiden Zeichen der Postsäkularität und der Postliberalität auf produktive Weise umgehen. Noch dazu bietet die Radikaldemokratie die große Chance, das Verhältnis zwischen Politik und Religion jenseits der liberalen strikten Trennung

radikal neu zu denken. Religion und Theologie sind auf neue Weise gefragt, sich
für die Demokratie einzusetzen. In der vorliegenden Analyse steht dabei nicht so
sehr die institutionalisierte Religion als (ein) politischer Player im Vordergrund,
sondern die religiöse Tradition und deren Reflexion in der Theologie als Ideengeberin, wie demokratische Macht radikal neu als prekäre, „schwache" oder subversive Macht gedacht werden kann, die nichtsdestotrotz politisch wirksam ist.

Hierfür bietet die Tradition der (politischen) Theologie einen großen Schatz,
den es immer wieder von Neuem zu heben gilt. Dieses Durchforsten der politischen Theologie nach Anschlussmöglichkeiten an die radikaldemokratische Diskussion wird in einem weiteren Unterkapitel unternommen. Hier wird der Blick
über die *Neuere Politische Theologie* von Dorothee Sölle, Johann Baptist Metz
und Jürgen Moltmann, über die *Public Theology* und die *Radical Orthodoxy* bis
zu den ersten Anfängen der theologischen Reflexion und Interpretation der Radikaldemokratie führen. Daran schließt die Darstellung neuester Entwicklungen in
der politischen Theologie – hier vornehmlich des performativen Zugangs – und
in der Sakramententheologie an, die für den weiteren Verlauf der Arbeit entscheidend sind.

Bevor wir zu dieser Diskussion gelangen, wird ein zweites Unterkapitel
zwischen die zwei großen Blöcke der säkular-politischen und der politisch-theologischen Analyse geschoben. Den Hintergrund für dieses Scharnierkapitel zur
„alten" und „neuen" politischen Theologie bildet die Annahme, dass weder die
(politische) Theologie vollkommen losgelöst und unabhängig von den anderen
wissenschaftlichen Disziplinen, allen voran der politischen Philosophie, ist, noch
dass andersherum die politische Philosophie vollkommen frei von (säkularisierten) theologischen Motiven ist. Um dies zu verdeutlichen, bildet das Scharnier
zwischen dem sozio-politischen und dem theologischen Teil die Diskussion um
die Disziplin der politischen Theologie ab, wie sie Carl Schmitt entwickelt und
Ernst-Wolfgang Böckenförde weitergeführt hat. In Schmitts politischer
(Staats)Theorie wird die Theologie nicht allein als Untersuchungsgegenstand behandelt, sondern es werden vielmehr selbst theologische Denkmuster verwendet.
Böckenförde hingegen denkt nicht theologisch, sondern strikt säkular-liberal.
Allerdings verweist er in dem nach ihm benannten Paradox darauf, dass auch eine
säkular-liberal verfasste Demokratie ein Gegenüber in Form der Religion benötigt. Wie beide politischen Vereinnahmungen der Religion von dezidiert theologischer Seite aus zu beurteilen sind, wird dabei auch Gegenstand der Untersuchung sein, die uns letztlich zur Erarbeitung einer eigenständigen *theologischen*
politischen Theologie führt – im Gegensatz zu einer als säkular charakterisierten
politischen Theologie –, als deren mögliche Version Cavanaughs sakramental-
politisches Denken in die Arbeit eingebracht wird. Diese Form der (theologischen) politischen Theologie wiederum, so der weitere Verlauf der Arbeit, weist
entscheidende Schnittstellen zum radikaldemokratischen Ansatz auf.

In Bezug auf diese Herangehensweise sind noch einige weitere Bemerkung angebracht. Das Ziel dieses ersten Kapitels kann nicht eine auf Vollständigkeit be-

dachte Darstellung aller erfolgten Untersuchungen in den Bereichen der politischen Philosophie bzw. Theologie sein. Eine vollständige Darstellung des *status quaestionis* über das schier unendlich große und unübersichtliche Feld der Diskussion des Verhältnisses von Politik und Religion ist schlicht unmöglich. Stattdessen soll aufgezeigt werden, inwieweit und unter welchen Bedingungen und Paradigmenwechseln sich die Diskussion im Verlauf der letzten Jahrzehnte entwickelt hat. Das Ergebnis dieses Kapitels ist daher nicht eine möglichst genaue Darstellung der Diskussionsgenese, sondern die Erarbeitung eines systematischen Zugangs für die Debatte um Postsäkularität, Postliberalität und Radikaldemokratie, welcher letztlich als Grundlage für die Analyse der politischen Theologie von William T. Cavanaugh und deren mögliche Weiterentwicklung dient. Das Ergebnis dieses ersten Kapitels wird in einem Zwischenfazit in Thesen für eine theologische politische Theologie in postsäkularen und -liberalen Zeiten zusammengefasst.

Die Darstellung, Analyse und Interpretation von Cavanaughs politischer Theologie wird im zweiten Kapitel vorgenommen. In einem ersten einführenden Unterkapitel werden die Verbindungslinien zwischen den Ergebnissen des ersten Kapitels und Cavanaughs theopolitischem Projekt gezogen und vor dem Hintergrund der theologischen Disziplin der politischen Theologie eingeordnet. In einem zweiten Unterkapitel wird untersucht, inwieweit Cavanaughs „Dekonstruktion" des liberalen politischen Programms des modernen Nationalstaats mit einem radikaldemokratischen Programm zur Entideologisierung des neuzeitlich-modernen Demokratieverständnis zusammengedacht werden kann. Im Fokus hier steht zunächst Cavanaughs Kritik an dem, was er den Mythos der religiösen Gewalt oder der Religionskriege der Frühen Neuzeit nennt und was als Legitimation des Machtmonopols des säkularen liberalen Programms des neuzeitlich-modernen Staates dient. Daran schließt sich die Diskussion von Cavanaughs Interpretation der neuzeitlichen Migration des Heiligen weg vom kirchlichen Bereich hinein in den säkularen Staat an und sein damit verbundener Idolatrieverdacht gegenüber dem Staat, wie auch die damit verbundene Kritik an Globalismus und Liberalismus als „Parodien wahrer Katholizität".

In einem dritten Unterkapitel wird schließlich Cavanaughs eigenes theopolitisches Projekt näher analysiert. In der Darstellung und Einordnung von Cavanaughs theopolitischer „Rekonstruktion" wird zunächst auf dessen Fundament in der Nouvelle Théologie, allen voran auf Henri de Lubacs Wiederentdeckung des sozialen Charakters des *corpus mysticum*, eingegangen. Anschließend kommen wir zum Kernstück der Cavanaugh'schen politischen Theologie, der sakramentalen Rekonfiguration von Zeit und Raum in der Eucharistie, die als eine eigene theologische Form der politischen Imagination im Sinne der Radikaldemokratie beschrieben wird. Das Unterkapitel wird abgeschlossen durch eine kritische Betrachtung von Cavanaughs Verwendung der theologischen, i.e. besonders der sakramententheologischen und ekklesiologischen Quellen.

Im vierten Unterkapitel wird analysiert, inwieweit Cavanaugh selbst bereits die Brücke zur Radikaldemokratie schlägt. Dies wir beschrieben als ein „Neukonfiguration" der theopolitischen Imagination der Demokratie. Ein wichtiger erster Schritt ist dabei seine Trennung der Demokratietheorie vom Liberalismus. Im Zusammenhang mit dieser Diskussion wird dabei auch auf Cavanaughs Interpretation der katholischen Soziallehre und deren Orientierung am Prinzip der Subsidiarität eingegangen, ganz besonders in Hinblick auf die Verbindungen, die Cavanaugh diesbezüglich zu Sheldon Wolins Konzept einer postliberalen Demokratie zieht. Ein weiterer wichtiger Dialogpartner, den Cavanaugh in diesen Dialog einführt, ist Augustinus. Aus dessen Werk deduziert er eine „pilgrim politics", welche er sodann ins Gespräch mit Wolins „fugitive democracy" bringt. Als einen zweiten Impuls aus der politischen Philosophie im Umfeld der Radikaldemokratie bringt Cavanaugh schließlich noch Romand Coles in die Diskussion ein, der Demokratie – ähnlich wie auch Wolin – als prinzipiell unabgeschlossenen Prozess beschreibt. Beiden Interpretationen kann Cavanaugh zwar aufgrund der eschatologischen Dimension seiner theopolitischen Imagination der Eucharistie bis zu einem gewissen Grad folgen, letztlich aber verbleibt er auch aus demselben Grund skeptisch. In Cavanaughs Interpretation bedeutet die sakramentale Rekonfiguration von Zeit und Raum in der Eucharistie nicht allein einen anti-ideologischen Aufschub, sondern wegen ihres sakramentalen Charakters zugleich auch eine Vergegenwärtigung dessen, was sie als zukünftiges Ereignis repräsentiert. Darin tritt der präsentisch-eschatologische Kerngedanke in Cavanaughs politischer Theologie zu Tage, i.e. ein starker anti-ideologischer Zug, der dennoch eine prekäre Form der Affirmation zulässt. Cavanaugh selbst bleibt an dieser Stelle in seinem Dialog mit der Radikaldemokratie stehen. Wie im abschließenden Zwischenfazit erörtert wird, kann der Dialog mit der Radikaldemokratie noch weitergeführt und vertieft werden. Hierfür aber braucht es ein anderes radialdemokratisches Konzept als das von Wolin oder Coles, und zwar eines, welches besser zu Cavanaughs präsentisch-eschatologischem Kerngedanken passt, d.h. über den rein anti-ideologischen negativen Impuls hinausgeht und zu einer prekären Affirmation führt. Wie dargelegt werden soll, findet sich dieses radikaldemokratische Pendant zu Cavanaugh in Lefort, allen voran in seinem Symbol der Leerstelle der Macht.

Dieses radikaldemokratische Potential für eine sakramentale politische Theologie zu erschließen, ist das übergeordnete Ziel dieser Untersuchung. Entscheidend für den letzten Schritt dorthin ist das Ergebnis aus der Analyse von Cavanaughs sakramententheologischen und ekklesiologischen Quellen. Dabei wird deutlich, dass sein sakramentaler Ansatz seiner politischen Theologie keine dezidiert „neuen" theologischen Quellen zur Grundlage hat, sondern vielmehr auf einer Rückbesinnung auf vorsäkulare und vormoderne, d.h. auf einer klassisch onto-theologischen Sakramenten- und Eucharistietheologie beruht. In der Diskussion der Verwendung dieser beiden Theologiefelder innerhalb der politischen Theologie Cavanaughs zeigt sich aber, dass die Lösung für eine Neuausrichtung einer politischen Theologie für einen gegenwärtigen Kontext nicht allein auf dem

Rückgriff auf altbekannte theologischer Konzepte beruhen kann. Wie die Diskussion von Cavanaughs politischer Theologie zeigt, kommt es auch auf eine Relektüre von Eucharistie und Sakramentalität durch das Interpretament der Radikaldemokratie an. Erst eine solche radikal-sakramentale politische Theologie kann ihr Potential für den postliberalen und postsäkularen Kontext voll entfalten.

Dieses letzte dritte Kapitel folgt also der Spur Cavanaughs, will aber darüber hinausführen. Es soll mit Cavanaugh über Cavanaugh hinaus gedacht werden in Richtung einer radikaldemokratischen politischen Theologie, die wie Cavanaugh ihren Ausgangspunkt in der Sakramententheologie hat. Insofern stellt der im Folgenden entwickelte Ansatz eine selbstständige Interpretation und Weiterführung von Cavanaughs sakramentaler und eucharistischer politischer Theologie vor dem Hintergrund der Radikaldemokratie dar. Hierbei wird an wichtigen Wegmarken immer wieder auf Cavanaugh verwiesen. Bezugspunkt für die Diskussion mit der Radikaldemokratie ist hierbei vornehmlich Lefort und dessen säkularphilosophisches Symbol des leeren Orts der Macht. Vor dem Hintergrund einer radikaleren Neuinterpretation der Demokratie und der sie konstituierenden subversiv-aporetisch interpretierten Souveränität im Symbol der leeren Mitte kann auch nochmals „radikal" über die theologische Bestimmung der Sakramente und deren politische Implikationen nachgedacht werden. Ziel ist also ein *ressourcement*, eine Erneuerung durch Rückbesinnung mit gleichzeitiger Reinterpretation der Tradition (der Sakramententheologie) vor dem aktuellen Hintergrund.

Das erste Unterkapitel dient zunächst der Klärung des methodischen Vorgehens im Zeichen einer Perichorese zwischen Radikaldemokratischer Theorie und Sakramententheologie. Ihr folgt eine radikaldemokratische (Re)Interpretation der Sakramententheologie im zweiten Unterkapitel, eine darauf aufbauende (Re)Konstruktion einer als radikal-sakramentalen beschriebenen politischen Theologie von Kirche und Amt im dritten Unterkapitel und schließlich eine (Re)Formulierung des Souveränitätskonzeptes für einen radikal-sakramentalen Zugang zur politischen Theologie. Dabei verweist das Präfix „(Re)", das bewusst nur in Klammer gesetzt ist, auf die gegenseitige Durchdringung beider Bezugspunkte, die nicht als statisch und abgeschlossen betrachtet werden kann, sondern gerade die stets prekäre Grenze zwischen dem philosophisch-demokratischen und dem theologisch-politischen Bereich im Auge behält.

Das zweite Unterkapitel diskutiert, inwieweit Leforts Demokratietheorie als eine säkulare Nachbildung des neuzeitlichen theologisch-religiösen Verständnisses von Souveränität interpretiert werden kann. Darauf aufbauend wird in einem zweiten Unterkapitel der umgekehrte Weg gegangen, d.h. Leforts Lösungsansatz für die Repräsentationskrise moderner, demokratischer Politik in Form der symbolischen Leerstelle der Macht wird als Modell zur Interpretation des theologischen bzw. kirchlichen Macht- und Politikverständnisses, wie es sich in der Sakramententheologie zeigt, genutzt. Hierbei tritt bereits der entscheidende Unterschied zwischen einem säkularen Symbolverständnis und einem theologischen Sakramentenverständnis zu Tage, der vornehmlich darin besteht, dass Leforts

Verständnis des Symbols des leeren Orts der Macht letztlich nicht über eine verweisende Geste hinausgehen kann, während das klassische Sakramentenverständnis über eine (teils starke und daher aus radikaldemokratischer Sicht ideologieanfällige) affirmative „Spur" in der Ver*ort*ung von Macht und Souveränität verfügt. Freilich bedeutet dies auch, dass ebenso das klassische, noch stets stark onto-theologisch geprägte Sakramentenverständnis geweitet werden muss. Hier wird dem Grundanliegen von Louis-Marie Chauvets postmoderner Relektüre der Sakramententheologie gefolgt, der sich von der „schultheologischen" Verengung auf Kausalität (Ursache – Wirkung/Instrument) löst und stattdessen eine zeichentheoretische Interpretation der Sakramente vorschlägt. Zentral für das vorliegende Vorhaben ist dabei das Aufbrechen des klassischen Sakramentenverständnisses von seiner statisch-ontologischen Ausrichtung in eine dynamisch-performative Interpretation. Im dritten Unterkapitel wird zunächst dieses anti-ideologische Moment der Lefort'schen Radikaldemokratie auf das klassische Sakramentenverständnis angewendet. Mittels dieses radikaldemokratischen Werkzeugs zur Entideologisierung kann ein theopolitisches Sakramentenverständnis erarbeitet werden, das sensibel ist für den Fehlschluss einer Identifikation zwischen göttlicher Souveränität und kirchlich-amtlicher Repräsentation. Ein differenz- und souveränitätssensibles Sakramentenverständnis wird in seinen Grundzügen entwickelt. Im Zentrum dieser Untersuchung stehen dabei ein „radikal-sakramentales" Verständnis von Kirche und Amt, das schließlich im dritten Unterkapitel erarbeitet und dargestellt wird.

In einem vierten Unterkapitel wird der Blickwinkel nochmals gewendet, indem im Lichte der zuvor entwickelten radikal-sakramentalen Interpretation von Kirche und Amt ein Zugang zu einem radikal-sakramentalen Verständnis von Souveränität entwickelt wird. Der Wesenskern dieser Souveränität liegt in ihrer aporetischen Natur. Dies bedeutet, dass aus radikal-sakramentaler Sicht nicht allein der Repräsentation von (göttlicher) Souveränität ein subversives Moment innewohnt, sondern auch, dass Souveränität an und für sich immer schon subversiv und aporetisch ist. Den Hintergrund für diese Überlegungen bilden christologische und trinitarische Spekulationen von Carl Schmitt und Giorgio Agamben, welche in je eigener Weise die innertrinitarischen Unterscheidungen der göttlichen Personen als eine dezidiert christliche Interpretation von Souveränität betrachten. Analog zur Unterscheidung zwischen ökonomischer und immanenter Trinität wird an dieser Stelle der Untersuchung deutlich, dass der subversive Charakter der innertrinitarischen Zersplitterung göttlicher Souveränität auf die verschiedenen Personen auch in der weltlichen, immanenten Repräsentation göttlicher Repräsentation nicht aufgelöst werden kann. Souveränität in einem radikal-sakramentalen Verständnis ist wesentlich aporetisch und prekär. Sie „offenbart" sich nur anhand ihrer Operativität. Ihre Repräsentation kann nur im Modus einer dynamischen Performativität gelingen, im stets aufs Neue unternommenen Versuch. Im Lichte dieses radikal-sakramentalen Verständnisses von Souveränität und Repräsentation werden in einem anschließenden Fazit einige Anregungen zur potentiellen Weiterentwicklung einer radikaldemokratischen politischen Theologie genannt.

Die Arbeit schließt mit einem kurzen zusammenfassenden Rückblick auf den Argumentationsgang mit den einzelnen Zwischenschritten und -ergebnissen. Zuletzt wird in einem Ausblick das Selbstverständnis einer (theologischen) politischen Theologie im Zeichen eines radikal-sakramentalen Souveränitätsverständnisses skizziert.

1.2.3 Begriffsklärungen

Im Folgenden werden einige zentrale Begriffe und Konzepte der Untersuchung näher gefasst und definiert. Dies ist insofern eine unumgängliche Aufgabe, als sich das Thema dieser Arbeit in einem diskursiven Umfeld befindet, in dem Begriffe wie Säkularismus, Liberalismus, Religion etc. nicht schlicht objektiv gebraucht werden (können), sondern als gegenseitige Bezugsgrößen immer schon aufeinander bezogen und innerhalb eines bestimmten Interpretationsrahmens angeordnet sind. Daher soll bei den hier vorliegenden Definitionen nicht allein darauf Bezug genommen werden, was im Rahmen dieser Arbeit unter einem bestimmten Begriff verstanden wird, sondern gerade auch, was genau nicht. Insofern es sich hier auch um Begriffsklärungen für ein besseres Verständnis bzw. für ein Vorbeugen von Missverständnissen handelt, geht es in diesem Abschnitt nicht um die Darstellung einer detaillierten Genealogie und die Erarbeitung einer grundlegenden Systematik des jeweiligen Begriffs. Wo dies nötig ist, wie beispielsweise im Falle der Postsäkularität und Postliberalität, erfolgt dies im ersten Kapitel zur systematischen Orientierung.

Neuzeit, Moderne, Postmoderne und die gegenwärtige „Zeitenwende"

Um der Leser*innenschaft eine möglichst genaue Orientierung bezüglich des historischen und geistesgeschichtlichen Kontexts bestimmter zu behandelnder Diskurse geben zu können, ist es zunächst notwendig, verschiedene Epochen möglichst trennscharf voneinander abzugrenzen. Dies soll anhand der Bezeichnungen „Neuzeit", „Moderne" und „Postmoderne" geschehen. Den geschichtsphilosophischen Hintergrund für diese Einteilung bildet die von Karlheinz Ruhstorfer entwickelte geistesgeschichtlich-topologische Epocheneinteilung in „Onto-Theo-Logie", „Bio-Anthropo-Logie" und „Tele-Semeio-Logie"[31]. Unter „Onto-

---

[31]   Siehe KARLHEINZ RUHSTORFER, *Gotteslehre*, Paderborn 2010 (Gegenwärtig Glauben Denken, Bd. 2); DERS., „Der dreieine Gott als Geschichte und Gegenwart, in: DERS. (Hg.), *Gotteslehre* (Theologie Studieren im modularisierten Studiengang, Modul 7) Paderborn, 2014, 263-351. Zur Logotektonik der Vernunft in epochale Prinzipien siehe HERIBERT BOEDER, *Topologie der Metaphysik*, Freiburg u.a. 1980; DERS., *Das Vernunftgefüge der Moderne*, München 1988; DERS., *Die Installationen der Submoderne. Zur Tektonik der heutigen Philosophie*, Würzburg 2006.

Theologie" versteht Ruhstorfer die erste lange Phase abendländischen Denkens, die im Zeichen der griechischen Metaphysik stand und sich von ihren Anfängen bei Heraklit und Parmenides bis an ihr Ende im Deutschen Idealismus bei Hegel und Schelling erstreckte. Der hier verwendete Begriff der Neuzeit bildet den Abschluss dieser metaphysischen Phase, die Ruhstorfer in eine griechisch-antike, eine patristisch-scholastische und eine neuzeitliche Phase unterteilt. Die so verstandene Neuzeit erstreckt sich in etwa von den letzten Ausgängen des mittelalterlich-scholastischen Denkens bei Nikolaus von Kues über klassisch neuzeitliche Denker wie Hobbes und Descartes und die Aufklärung bis zum Deutschen Idealismus. Zentral für diese Phase ist die Entwicklung eines dialektischen Grundverständnisses zwischen Gott und Mensch, das seine Synthese dadurch findet, dass Gott sich in der Freiheit und Vernunft des Subjekts manifestiert. Bei der Verwendung englischsprachiger Literatur ist hier insofern Vorsicht geboten, als sie kein Pendant zur deutschen „Neuzeit" kennt und stattdessen von „Early Modernity" spricht. In der Diskussion auch dieser Literatur folgen wir der Unterscheidung zwischen Neuzeit/Early Modernity und Moderne/Modernity, wobei jeweils genau darauf geachtet wird, ob das englische Modernity nicht eher im Sinne von Neuzeit zu verstehen ist, was insbesondere in Cavanaughs Analysen öfter zum Tragen kommt.

Als Moderne soll hier das bezeichnet werden, was Ruhstorfer als zweite Phase die „Bio-Anthropo-Logie" nennt. Diese wird verbunden mit Denkern wie Feuerbach und Marx, löst den Primat der Idee und des höchsten Seienden ab und wendet sich stattdessen unter dem Primat des Phänomens ganz dem Menschen und seinem sinnlichen und lebensweltlichen Leben zu.

Die Ablösung der Moderne durch die Postmoderne zeichnet sich nach dem Ende des Zweiten Weltkriegs ab und ist voll entwickelt bei Denkern wie Derrida, Foucault und Lefort. Der hier verwendete Begriff der Postmoderne ist deckungsgleich mit dem englischen „Postmodernity" und bezeichnet die Epoche, die Ruhstorfer „Tele-Semeio-Logie" nennt. Diese Phase der Konzentration auf Zeichenstrukturen und Kommunikationsprozesse ist geprägt von einem Offenhalten eines Zwischenraums zwischen Idealität und Materialität.

Diese geistesgeschichtliche Einteilung richtet sich bewusst gegen ganz scharf getrennte, historische Einteilungen der Epochen. Für die gegenwärtige Untersuchung sind es nicht Jahreszahlen, die entscheidend für die Interpretation und Beurteilung bestimmter Ideen(verschiebungen) sind, sondern allgemeine Denkmuster mit ihren je eigenen Plausibilitäten. Letztlich ist es gerade auch eine Annahme dieser Untersuchung, dass die gegenwärtige Krise der liberalen Demokratie zum Teil auch auf eine Plausibilitätsverschiebung in ihrer Begründungsarchitektur zurückzuführen ist. Wie eingangs bereits angeführt, stellt der gegenwärtige Zeitpunkt eine „Zeitenwende", eine Umbruchsituation im Übergang weg von der

Postmoderne dar.[32] Dieser gegenwärtig zu konstatierende Übergang kann begrifflich noch nicht eindeutig gefasst werden, allerdings ist eine Prämisse dieser Untersuchung, dass auf die „Schwebe" postmoderner Dekonstruktion sich erneut ein Paradigma der vorsichtigen Affirmation etabliert, das gleichwohl nicht hinter die die differenz- und différancesensiblen Impulse der Postmoderne zurückkann. Die Untersuchung wird sich diesem Phänomen unter dem Konzept des Performativen und der Transformation nähern.

Politik und das Politische

Der Begriff Politik leitet sich vom altgriechischen πολιτικά ab und hat über die lateinische *res politica* Eingang in fast alle modernen westlichen Sprachen gefunden. Ursprünglich bezeichnete das altgriechische Wort dabei alle Tätigkeiten und zu erörternde Themen, die das Gemeinwesen der Polis in seiner Gesamtheit betreffen.[33] An diesem weit gefassten Politikbegriff soll innerhalb dieser Arbeit festgehalten werden. Das englische „politics" bezeichnet dabei genauer den „Prozeß der politischen Gestaltung"[34], wie beispielsweise unterschiedliche Weisen der Staatsorganisation und -führung. Demgegenüber haben enger gefasste Konzepte von Politik, beispielsweise als bestimmtes politisches Programm einer Partei, den Nachteil, indirekt bereits Ausdruck bestimmter konzeptioneller Vorentscheidungen zur Ordnung dieses politischen Prozesses zu sein. Im *Lexikon der Politik* wird dieses Problem wie folgt umschrieben: „Anders als in der Antike bleibt [...] strittig, was unter Politik konkret verstanden werden kann, was im öft. Interesse liegt, was allgemeinverbindlich von wem und wie zu entscheiden ist, denn Gegenstandsbereiche und Reichweite des Politischen sind in bes. Maße von Raum, Zeit und Kultur abhängig; [...]."[35] Dies trifft z.B. auf die verengende Definition von Politik als Staatslehre zu, denn selbst die Institution des Staates als politischem Ordnungsorgan ist eng verbunden mit ideengeschichtlichen Entwicklungen der Neuzeit und Moderne. Aus der gleichen ideengeschichtlichen Entwicklung bildete sich beispielsweise auch das Konzept der Nation heraus, aus deren Kombination schließlich das Konzept der Nationalstaatlichkeit als dem dominanten politischen Ordnungsprinzip des 19. Jahrhunderts erwuchs. Um auf dieses Problem aufmerksam zu machen, ist es sinnvoll Politik (Eng. *politics*) von dem übergeordneten Politischen (Eng. *the political*) zu unterscheiden. Während also Politik hier als Prozess der politischen Gestaltung verstanden wird, wie z.B. im Modell des liberalen Nationalstaates durch verschiedene Parteien, bezeichnet

---

[32]   Vgl. KARLHEINZ RUHSTORFER, *Befreiung des „Katholischen". An der Schwelle zu globaler Identität*, Freiburg 2019, 104-109.

[33]   Siehe DIETER FUCHS; EDELTRAUD ROLLER, „Demokratie", in: DERS. u. DIES. (Hg.), *Lexikon Politik. Hundert Grundbegriffe*, Stuttgart 2009, 205-209.

[34]   Dieter Nohlen; Rainer-Olaf Schultze; Suzanne S. Schüttemeyer (Hg.), *Lexikon der Politik*, Bd. 7, *Politische Begriffe*, München 1998, 487.

[35]   Ebd., 48.

das Politische demgegenüber die einer bestimmten Politikvorstellung vorausge-
henden Grundannahmen über das Wesen der Politik als das In-Form-Setzen des
Sozialen, bei dem das Modell des liberalen Nationalstaates nur eines unter vielen
möglichen Modelle darstellt.

Macht und Souveränität – ein topologischer Aufriss

Der Unterscheidung von Politik und dem Politischen in der Untersuchung entspricht auch die Unterscheidung der zentralen politischen Begriffe Macht und
Souveränität. Souveränität, klassisch verstanden als Letztentscheidungsbefugnis
in einer Gemeinschaft, zeigt damit den Ort und die Art und Weise an, wie sich
eine Gemeinschaft durch die Setzung und Repräsentation von Macht konstituiert.
Souveränität stellt damit einen bestimmten Zugang, i.e. Repräsentation von
Macht dar, und zwar als die Eigenschaft einer bestimmten Instanz, innerhalb einer politischen Ordnung Ausgangs- und Entscheidungspunkt aller Gewalt als
Ausübungsform von Macht zu sein. Während es in der Politik nun um das (richtige) Verwalten der Macht als Souveränität geht, wird auf der Ebene des Politischen darüber reflektiert, wie Souveränität grundsätzlich konzipiert werden kann,
wie z.B. im Falle des liberalen Nationalstaates im Konzept der Volkssouveränität
oder im Falle von Leforts Radikaldemokratie als leerer Ort der Macht.

Der Begriff der Souveränität ist – zumindest wirkungsgeschichtlich – aufs
Engste mit Hobbes Staatstheorie verbunden. Darin beschreibt Hobbes den staatlichen politischen Zusammenschluss aller Individuen an einem Punkte mit der
Metapher des Leviathans, einem, so wörtlich, „sterbliche[n] Gott"[36]. Der Rückgriff auf Gott ist bei Hobbes Definition des Souveräns dabei nicht zufällig. Vielmehr bedient sich Hobbes bewusst des theologischen Motivs der göttlichen Allmacht, um seine politische Vision von staatlicher Souveränität seinem Publikum
deutlich zu machen. Dieser Umstand ist auch für unsere gegenwärtige Diskussion
von Bedeutung, denn er macht deutlich, dass die Interpretation des Politischen
nicht allein auf rein säkulare Kategorien und Konzepte zurückgreift, sondern dass
auch die Theologie eine wichtige Rolle dabei gespielt hat und dies auch weiterhin
tut, wie zumindest auch der „religious turn" in der politischen Philosophie nahelegt. Grundlegend hierfür ist, dass im Konstitutionsprozess von Souveränität
durch Repräsentation die Kategorie der Transzendenz eine zentrale Rolle spielt.

Dabei ist wichtig zu betonen, dass die Kategorie der Transzendenz sich mit dem
Ende der Onto-Theo-Logie nicht einfach „in Luft aufgelöst hat", sondern als Re-
präsentationsmuster in verschiedenen „Substituten" auch in der Moderne und
Postmoderne fortbesteht.[37] Das entscheidende Muster dabei ist, dass man das
Fundament sozialer und politischer Prozesse in einem Außerhalb der eigenen

---

[36]   THOMAS HOBBES, *Leviathan oder Stoff, Form und Gewalt eines kirchlichen und
       bürgerlichen Staates*, hg. u. eingl. v. IRING FETSCHER, übers. v. WALTER EUCHNER,
       Stuttgart 1984, 134.
[37]   Vgl. THOMAS RENTSCH, *Transzendenz und Negativität. Religionsphilosophische
       und ästhetische Studien*, Berlin; New York 2010.

Prozesse legitimiert, sei dies nun neuzeitlich die theopolitische Spiegelfigur des absolut(istisch)en Herrschers, aufklärerisch in Rousseaus *volonté générale*, modern in der Figur der zeitlosen Klasse oder Nation, à la Habermas in der allgemeinen Diskursfähigkeit aller Subjekte oder postmodern in der uneinholbaren Autorität der *différance* oder des leeren Ortes der Macht.[38] Verbunden mit dieser Prämisse ist eine Anlehnung an Ruhstorfers ideengeschichtliche Topologie in Bezug auf Souveränitätskonzepte und deren Fundierung in den jeweiligen Formen der Transzendenz. Während in der Patristik und Scholastik (2. Phase der Onto-Theo-Logie) unter dem Paradigma einer starken Differenz zwischen Immanenz und Transzendenz das Primat des Transzendenten in der Form des Absoluten betont wird, verändert sich das Verhältnis in der Neuzeit (3. Phase der Onto-Theo-Logie) zu einer Dialektik zwischen Immanenz und Transzendenz, zwischen dem Absoluten und dem Besonderen im Einzelnen/Subjekt, das beispielsweise bei Rousseau als Einzelnes Anteil am *volonté générale* hat. In der Moderne (Bio-Anthropo-Logie) wird unter dem Primat des Phänomens der Transzendenzbezug gekappt, kehrt aber „immanentisiert" in Form einer totalen Kategorie wie etwa der zeitlosen Nation oder der Klasse (Marx) zurück. In der Postmoderne schließlich wird die total(itär)e Tendenz moderner Souveränitätskonzeption aufgebrochen zu einer „Schwebe" zwischen reiner Immanenz und Transzendenz. Souveränität repräsentiert sich als unverfügbares Entzugsmoment, als leerer Raum (Lefort), der offengehalten werden muss. Schließlich stellt sich damit die Frage nach einem neuen Souveränitätsparadigma für die ideengeschichtlichen Ort im Umbruch nach der Postmoderne, in dem wir uns gegenwärtig befinden. Ein erster vorsichtiger Vorschlag hierzu soll auch in der Untersuchung unter dem Konzept der radikalen Sakramentalität aus dezidiert theologisch-politischer Sicht geleistet werden.

Liberalismus, Postliberalismus und Illiberalismus

Liberalismus ist ein schillernder Begriff; philosophisch, politisch, ökonomisch und theologisch. In der vorliegenden Arbeit wird der Liberalismus, wo nicht anders besonders angezeigt, als eine politische Philosophie behandelt, wie sie sich im Laufe der Neuzeit entwickelt hat. Mit der Konzentration auf eine bestimmte historische politische Denkrichtung soll die synonyme Verwendung von „liberal"–„progressiv"–„modern"–„freiheitlich"–etc. vermieden werden, die eine exakte Analyse und Diskussion erschwert. Auch wenn der so verstandene philosophisch-politische Liberalismus eine unbestreitbar zentrale Rolle in der Entwicklung des freiheitlichen Denkens gespielt hat, muss demgegenüber dennoch

---

[38]   Vgl. FINKELDE; KLEIN, „Introduction: Political Theologies in the Era of Immanence", 2-7. Finkelde und Klein verweisen hierbei u.a. auch auf ERIC L. SANTNER, *The Royal Remains. The People's Two Bodies and the Endgames of Sovereignty*, Chicago 2011; DERS., *The Weight of All Flesh. On the Subject-Matter of Political Economy*, New York 2015.

festgehalten werden, dass es auch möglich ist, freiheitliches Denken jenseits neuzeitlich-moderner Epistemologie zu entwickeln, wie dies beispielsweise im poststrukturalistischen Denken der Fall ist, auf dem z.B. die Gendertheorie beruht,
der ein starker freiheitlicher Impuls nicht abgesprochen werden kann, obwohl sie
sich dezidiert gegen eine neuzeitlich-moderne Epistemologie wendet.

Das Ausgangsprinzip des politischen Liberalismus ist das Konzept des autonomen Individuums, wie es sich im Verlauf der Neuzeit und besonders in der europäischen Aufklärung entwickelt hat. Bei allen kontextuellen Unterschieden lassen sich doch in den jeweiligen Ausgestaltungen gemeinsame zentrale Merkmale
des philosophisch-politischen Liberalismus ausmachen. Diese zentralen Merkmale stehen im Fokus dieser Untersuchung, wenn sie sich mit Liberalismus befasst. Dazu zählt zunächst das Spannungsverhältnis zwischen der formalen Freiheit des Individuums einerseits und der kollektiven Ganzheit der Gemeinschaft
andererseits. Klassisch liberal wird dieses Spannungsverhältnis neuzeitlich-dia-
lektisch aufgelöst, wie etwa in Rousseaus Konzept des *volonté général*, dem Gemeinwillen, an dem alle Bürger gleichermaßen als Bürger teilhaben. Tritt nun der
private Eigenwille in Konkurrenz zum Gemeinwillen, so wird sich der Bürger aus
vernünftiger Einsicht dennoch für den Gemeinwillen entscheiden, denn dieser
dient nicht nur seiner eigenen Person, sondern der Gemeinschaft als Ganzer. Das
Ganze ist das Eine, das Absolute, an dem jede*r einzelne Bürger*in teilhat qua
Status als Bürger*in. Diese dialektische Verschränkung zwischen dem Absoluten
(der Allgemeinheit) und dem Besonderen (der Vielheit) im Einzelnen (und dessen
Vernunftbegabung für die Einsicht in die Notwendigkeit des Gemeinwillens) ist
entscheidend für das liberale Verständnis des Verhältnisses zwischen (individueller) Freiheit und der Macht der Ganzheit, die auch das Konzept der politischen
Repräsentation als dem zweiten Merkmal kennzeichnet. In der Repräsentation als
Volk wird die Einheit aller Bürger repräsentiert. Dies trifft aber nur auf das Volk
als Ganzes zu, welches erst durch seine Repräsentation innerhalb eines Staates
zum Souverän wird. Treffend formuliert Marcel Gauchet diesbezüglich: „Der
souveräne Staat braucht die Souveränität des Volkes, um völlig souverän zu werden.“[39] Der Staat ist als Repräsentant des *einen* Volkes als *dem* Souverän wiederum verfügt über das Monopol öffentlicher Macht. Im Grunde kann man davon sprechen, dass die öffentliche Macht erst durch das einigende Band zwischen
den Einzelnen hergestellt wird: *e pluribus unum*. Damit bleibt liberale Souveränität rückgebunden an eine Logik im Bild der *Ein*heit, in der aber dem neuzeitlich-dialektischen Paradigma folgend die Vielheit der einzelnen Staatsbürger aufgehoben ist (und nicht einfach überwunden oder negiert wird). Daher ist der souveräne Staat wiederum rückgebunden an die plural verfasste Gesellschaft, die er
ausbildet und Kraft seiner Souveränität ordnet. Der Staat als Souverän ist gerade
in seiner Funktion der Repräsentation der Einheit der pluralen Gesellschaft ent-
rückt. Die Gesellschaft ist der Ort, an dem die verschiedensten Kräfte miteinander

---

[39]   MARCEL GAUCHET, *Die Erklärung der Menschenrechte. Die Debatte um die bür-
       gerlichen Freiheiten 1789*, übers. v. WOLFGANG KAISER, Hamburg 1991, 53.

in Beziehung und Konflikt treten können. Garant für den Frieden in der Gesellschaft ist dabei aber der Staat mit seinem Machtmonopol.

Von dieser historisch-philosophischen Definition des Liberalismus ausgehend, wird unter dem Schlagwort des „Postliberalismus" jene Position verstanden, welche zwar der freiheitlich-individuellen Grundintention des Liberalismus folgt und diese sogar zu erweitern sucht, jedoch dessen Strategien für die Vermittlung von Individuum und Gemeinschaft, vornehmlich dem Ver*ein*heitlichungsprozess (*e pluribus unum*) in der Repräsentation des Volkes im Staat, kritisch gegenübersteht. Dahingehend widerspricht der Postliberalismus also auf das Vehementeste dem Illiberalismus, der nicht allein die Vermittlungsstrategien des Liberalismus kritisiert, sondern prinzipiell dessen (individual-) freiheitliche Orientierung, die er den Bedürfnissen der übergeordneten Gemeinschaft als Ganzer gegenüberstellt und unterordnet. Im Hintergrund dieser Begriffsunterscheidung steht dabei abermals die bereits eingeführte ideengeschichtliche Einteilung, die auch für den topologischen Aufriss der unterschiedlichen Souveränitätskonzepte entscheidend ist. Während der klassische Liberalismus, wie bereits erläutert, einem neuzeitlich-dialektischen Paradigma zuzuordnen ist, tritt beim Illiberalismus dahingegen ein typisch modern-totalitäres Denkmuster in den Vordergrund. Hier funktioniert die Verschränkung zwischen dem Absoluten und Besonderem im Einzelnen nicht mehr, da deren transzendente (oder transzendentale) Fundierung entzogen ist, sodass das Absolute nur noch in der Form des Ganzen (Rousseaus *volonté de tous*) gedacht wird, welches das Besondere aber nicht mehr in sich (dialektisch) aufzulösen vermag, sondern nur noch überwinden kann. Damit wird aber das individuell-freiheitliche Moment letztlich getilgt, um beispielsweise den „Volkswillen" zur vollen Geltung zu bringen. Demgegenüber liegt dem Postliberalismus ein postmodernes Paradigma zugrunde, das vornehmlich die Zerstreuung und Dekonstruktion der übergeordneten (transzendenten) Einheit neuzeitlich-liberaler Repräsentation betont, um gerade so eine als freiheitsbeschränkend interpretierte Vereinnahmung zu unterlaufen.

Demokratie, liberale Demokratie und radikale Demokratie

Von seiner Wortbedeutung verweist Demokratie auf das politische System einer Volksherrschaft (Gr. δῆμος, „Volk" u. κρατός, „Herrschaft"), wie sie im antiken Griechenland entwickelt wurde. Konkret handelte es sich dabei um eine direkte Volksherrschaft in der Form von Versammlungen (Gr., ἐκκλησία), an denen bestimmte männliche Mitglieder der Polis teilnahmen.[40] Auch wenn nur ein relativ kleiner Prozentsatz der tatsächlichen Polisbewohner zu diesen Versammlungen zugelassen waren, zeigt sich bereits hier die grundsätzliche Ausrichtung an den Prinzipien der Gleichheit und Freiheit. Diese Grundannahmen sollten über die Naturrechtstradition, die römische Republik, bis hinein in die Entwicklung der

---

[40]   Siehe DIETER FUCHS, „Demokratie", in: DERS. U. EDELTRAUD ROLLER (Hg.), *Lexikon Politik. Hundert Grundbegriffe*, Stuttgart 2009, 39-43.

Menschenrechte in der europäischen Neuzeit und darüber hinaus in der (Post)Moderne bis in unsere Gegenwart hinein wirkungsvoll sein. Auch in der Behandlung der Demokratie liegt dieser Untersuchung also die Annahme zugrunde, dass es die Demokratie nicht als solche gibt, sondern, dass sich demokratische Prinzipien vor unterschiedlichen geistesgeschichtlichen Kontexten je unterschiedlich ausgelegt und begründet werden. So bedienten sich etwa die (Vor)Denker neuzeitlicher liberaler Demokratie wie Hobbes und Rousseau des demokratischen Modells der griechischen Antike, allerdings nicht ohne es erheblich ihrem geistesgeschichtlichen und machtpolitischem Kontext anzupassen. Während in der Antike die Mitwirkung an der Ausübung öffentlicher Macht im Vordergrund stand, ging es in den neuzeitlichen Demokratietheorien vornehmlich um die Ausbildung einer politischen Subjektivität, in der die Freiheit des individuellen Bürgers mit der Autorität des staatlichen Ganzen dialektisch versöhnt ist.[41]

Demokratie ist also nicht gleich Demokratie, auch wenn die Geschichte der Ausbreitung demokratischer Staatsformen auf den ersten Blick eine gewisse Teleologie suggeriert: von den Anfängen im antiken Griechenland, über die Neuentdeckung und Weiterentwicklung in der europäischen Neuzeit, bis zu deren globaler Verbreitung nach 1945 und 1990. Mit 1990 gelangten wir nicht an das „Ende der Geschichte", um es mit Fukuyama zu sagen.[42] Die spezielle Form der liberalen Demokratie hat sich mit dem Fall des Eisernen Vorhangs gerade nicht einem inneren Automatismus folgend über die gesamte Welt verteilt. Abgesehen davon gibt es zahlreiche Beispiele für demokratische Organisationsmodelle von Gesellschaften, die nicht der westlichen-neuzeitlichen liberalen Tradition entstammen. Zu nennen wären hier beispielsweise akephale (herrschaftsfreie) Jäger- und Sammlerkulturen aus der Prähistorie und der Gegenwart oder auch die germanische Tradition der Volksversammlung, des Things, das maßgeblich war für die Ausbildung des gegenwärtigen Demokratieverständnisses in den nordeuropäischen Ländern oder auch die Räteverfassung der Irokesen, in der sich fünf Eingeborenenstämme in Nordamerika zusammenschlossen und damit auch Gründerväter der USA bei ihrer Abfassung der Verfassung der USA beeinflussten.[43]

---

[41]   Vgl. GAUCHET, *Erklärung der Menschenrechte*, 59-60.

[42]   Siehe FRANCIS FUKUYAMA, *Das Ende der Geschichte. Wo stehen wir?*, München 1992.

[43]   Zu akephalen Gesellschaften siehe RÜDIGER HAUDE; THOMAS WAGNER, *Herrschaftsfreie Institutionen. Studien zur Logik ihrer Symbolisierungen und zur Logik ihrer theoretischen Leugnung*, Baden-Baden 1999. Einen ersten Überblick zur Räteverfassungen Amerikanischer Eingeborener verschafft HEINZ LIPPUNER, „Demokratie aus indianischer Hand? Unsere Bundesverfassung und das Great Law of Peace der Irokesen-Konföderation", in: *Kleine Schriften des Museumsvereins Schaffhausen*, 5 (1999), 4-23, sowie OREN R. LYONS; JOHN MOHAWK (Hg.), *Exiled in the Land of the Free. Democracy, Indian Nations, and the U.S. Constitution*, Santa Fe, NM. 1992. Des Weiteren THOMAS WAGNER, *Irokesen und Demokratie. Ein Beitrag zur Soziologie interkultureller Kommunikation*, Münster 2004.

Damit ist ein Grundanliegen dieser Untersuchung der Frage nachzugehen, inwieweit es jenseits der liberalen Konzeption von Demokratie alternative Formen
der Demokratie geben kann, die gerade vor dem gegenwärtigen geistesgeschichtlichen Hintergrund prinzipiell die gleiche demokratische Legitimität beanspruchen können. Der Untersuchungsgegenstand hierfür ist die Radikaldemokratie.
Der zentrale Unterschied zwischen einer liberalen und einer radikalen Demokratiekonzeption à la Lefort liegt im jeweiligen Konzept von Souveränität. Während
in liberaler Konzeption vor neuzeitlichem oder modernem Hintergrund Souveränität als Volkssouveränität noch ein *Ein*heitsmoment hat, wird dieses gerade bei
Lefort, vor postmodernem Hintergrund, dekonstruiert. Für ihn zeichnet sich eine
demokratische Verfasstheit einer Gesellschaft gerade dadurch aus, dass es eine
solche *Ein*heit der Souveränität, die Pluralität letztlich überwindet, nicht geben
darf. Der Ort der Macht wird dann nicht vom Volk besetzt, sondern leergehalten.
Entgegen eines liberalen und deliberativen Verständnisses richtet sich die Radikaldemokratie gegen die Konsensorientierung und betont demgegenüber das Management der Vielheit, weswegen der Konflikt nicht mehr überwunden, sondern
nur noch produktiv in den eigentlichen politischen Prozess eingebunden werden
kann.[44] Daher meint radikale Demokratie auch etwas entschieden anderes als Basisdemokratie, insofern darunter nur eine größere Beteiligung des Volkes an den
Entscheidungsprozessen verstanden wird, aber gerade keine Abkehr von, sondern
eher eine Ausweitung des Konzepts der Volkssouveränität.

Um auf die Frage zurückzukommen, was in dieser Arbeit mit dem Begriff Demokratie gemeint ist, kann also zunächst negativ geantwortet werden: keine Identifikation mit nur einer bestimmten Konzeption von Demokratie. Umgekehrt lassen sich positiv nur relativ vage formulierte zentrale Kriterien einer Demokratie
nennen: eine niemanden ausschließende Souveränitätskonzeption, sowie die
Prinzipien der Gleichheit und Freiheit der Individuen. Hinzukommen je nach Modell bestimmte strukturelle Elemente, wie geregelte Entscheidungsverfahren im
politischen Prozess, Gewaltenteilung bei Organen der öffentlichen Macht, Dezentralisierung der Entscheidungskompetenzen (Subsidiarität), sowie geregelte
Repräsentationsmechanismen, wenn es sich um repräsentative und nicht unmittelbare demokratische Modelle handelt.[45]

Säkularität und Postsäkularität

Zunächst verweist der Begriff „Säkularität" auf den säkularen Zustand eines Gemeinwesens, sei es allgemein im öffentlichen Leben oder spezieller in der Verfassung. Demgemäß beschreibt „Säkularisierung" den Prozess zunehmender Säkularität. Der Begriff „Säkularismus" und das davon abgeleitete Adjektiv „säku-
laristisch" wird ideologisch verwendet, d.h. im Sinne einer Auffassung, die der

---

[44] Eine detaillierter Vergleich zwischen der liberalen und der radikalen Demokratiekonzeption wird in 2.2.3.2. unternommen.
[45] Vgl. DIETER NOHLEN; RAINER-OLAF SCHULTZE; SUZANNE S. SCHÜTTEMEYER
(Hg.), *Lexikon der Politik*, Bd. 7, *Politische Begriffe,* München 112-115.

Säkularisierung eine gesellschaftliche Notwendigkeit und Überlegenheit zuschreibt. Des Weiteren gibt es eine Vielzahl von Vorschlägen, einzelne Aspekte
der Säkularität und des Säkularisierungsprozesses voneinander zu unterschieden.
Die wohl bedeutendsten Begriffsanalysen wurden von Charles Taylor[46] und José
Casanova[47] vorgelegt. Für die vorliegende Untersuchung bietet sich allen voran
die von Casanova vorgelegte analytische Dreiteilung des Begriffs „säkular" an,
denen er drei verschiedene Interpretationen des Säkularisierungsprozesses zuordnet. Präzise fasst Casanova seine analytische Unterscheidung der drei verschiedenen Bedeutungsebenen folgendermaßen zusammen:

1. „Säkularisierung als *Ausdifferenzierung der säkularen Sphäre* (Staat, Wirtschaft, Wissenschaft) aus der Religion, üblicherweise als ‚Emanzipation' der
   säkularen Institutionen von kirchlichen Institutionen und religiösen Normen
   und als gleichzeitige funktionale Differenzierung der Religion in eine neu entstandene religiöse Sphäre verstanden. In dieser Hinsicht sind das Religiöse
   und das Säkulare wechselseitig und gemeinsam gebildete Strukturen, die erst
   mit der Moderne auftreten.

---

[46]   Vgl. CHARLES TAYLOR, *A Secular Age*, Cambridge, Mass 2007. In der Einleitung
       auf den Seiten 2-3 unterscheidet Taylor grundsätzlich drei Typen von Säkularität:
       Typ (1) als „emptying of religion from autonomous social spheres", Typ (2) „con-
       sists in the falling off of religious belief and practice, in people turning away from
       God, and no longer going to Church", und Typ (3) „focus[es] on the conditions of
       belief. The shift to secularity in this sense consists, among other things, of a move
       from a society where belief in God is unchallenged and indeed, unproblematic, to
       one in which it is understood to be one option among others, and frequently not the
       easiest to embrace." Dieser Dreiteilung folgt weitestgehend beispielsweise auch A-
       lessandro Ferrara, der von einem politisch-öffentlichen (1), sozial-gesellschaftlichen
       (2) und weltanschaulich-epistemologischen Säkularismus spricht. Besonders hebt er
       dabei aber die Bedeutung des letztgenannten Aspekts von Säkularität hervor, dessen
       Analyse das große Verdienst des Werkes von Taylor sei: „What matters is that the
       subjective experience of believing has entirely changed. […] He may continue to
       believe, but his faith is experienced from within what Taylor calls the prevailing
       'immanent frame', namely a whole cultural horizon that identifies the good life with
       human flourishing, accepts no final goals beyond human flourishing and no alle-
       giance or obligation to anything beyond this flourishing." Siehe ALESSANDRO FER-
       RARA: „The Separation of Religion and Politics in a Post-Secular Society", in: *Inns-
       brucker Diskussionspapiere zu Weltordnung, Religion und Gewalt*, Nr. 23 (2008),
       1-17, 4.
[47]   Vgl. JOSÉ CASANOVA, *Public Religions in the Modern World*, 19-39; ebenso DERS.,
       „Rethinking Secularization. A Global Comparative Perspective", in: *Hedgehog Re-
       view* 8 (Spring/Summer 2006), 7-22; und DERS., „Die Erschließung des Postsäkula-
       ren. Drei Bedeutungen von ‚säkular' und deren mögliche Transzendenz", in:
       MATTHIAS LUTZ-BACHMANN (Hg.), *Postsäkularismus. Zur Diskussion eines um-
       strittenen Begriffs*, Frankfurt a. M.; New York 2015, 9-40.

2. Säkularisierung als *Niedergang religiöser Überzeugungen und Praktiken* in modernen Gesellschaften, oftmals als universeller Entwicklungsprozess der Menschheit postuliert. Dies ist die jüngste, mittlerweile aber auch die am weitesten verbreitete Gebrauchsweise des Terminus in gegenwärtigen akademischen Debatten, obwohl sie in die Wörterbücher der meisten europäischen Sprachen noch keine Aufnahme gefunden hat.

3. Säkularisierung als *Privatisierung der Religion*, oftmals verstanden sowohl als allgemeine Tendenz der modernen Geschichte als auch als eine normative Bedingung, ja sogar als eine Vorbedingung moderner, liberaler, demokratischer Politik. In meinem Buch *Public Religions in the Modern World* habe ich die empirische und normative Stichhaltigkeit der Privatisierungsthese in Frage gestellt."[48]

Und in eben diesem dritten, politischen Sinne, wonach Säkularisierung die unhintergehbare Vorbedingung für (jede Form von) Demokratie darstellt, soll auch hier Säkularisierung behandelt werden. Wie Casanova oben bereits selbst angibt, ist es gerade die letztgenannte Bedeutung von Säkularisierung, welche aus theologischer Sicht kritisch zu hinterfragen ist.

Davon abgeleitet wird unter Postsäkularität die Abkehr von dieser Ansicht verstanden. Postsäkular in dem hier gebrauchten Sinne bedeutet, dass die Privatisierung der Religion als ein normativer Vorgang und/oder Vorbedingung sowohl von Modernisierung als auch von demokratischer Politik zur Diskussion steht. Mit Postsäkularität ist demnach nicht eine „Wiederkehr der Religion(en) oder Götter"[49] oder eine Umkehrung des Säkularisierungsprozesses, wie beispielsweise in Peter Bergers *Deseculariation of the World*[50] vertreten, gemeint. Problematisch an beiden Ansätzen ist, dass sie in gewissem Sinne die Korrektheit der Säkularisierungsthese voraussetzen, um sie dann in einem zweiten Schritt zu widerlegen. Daher meint der Begriff Postsäkularität in dem hier gebrauchten Sinne ein sich veränderndes Bewusstsein in Bezug auf das Verhältnis zwischen Religion und Öffentlichkeit bzw. Politik. William Barbieri zählt in diesem Sinne sechs Facetten der Postsäkularität auf, die sich an spezifischen Diskursen orientieren, in denen in je eigener Weise Säkularität hinterfragt wird. Diese sechs Facetten, die hier mit einigen Vertreter*innen genannt werden, sollen vornehmlich der Veranschaulichung und Einordnung dienen. Sie zeigen die Breite der „Erschütterungen, die eine mögliche Instabilität der Fundamente des säkularen Gebäudes signalisieren"[51]:

---

[48]   CASANOVA, „Erschließung des Postsäkularen", 18-19.

[49]   Vgl. hierzu beispielsweise WILHELM FRIEDRICH GRAF, *Die Wiederkehr der Götter. Religion in der modernen Kultur*, München 2004.

[50]   PETER BERGER, *The Desecularization of the World*, Washington DC 1999.

[51]   WILLIAM A. BARBIERI, „Sechs Facetten der Postsäkularität", in: MATTHIAS LUTZ-BACHMANN (Hg.), *Postsäkularismus. Zur Diskussion eines umstrittenen Begriffs*, Frankfurt a. M.; New York 2015, 41-79, 46.

1. Öffentliche Postsäkularität: Hinterfragen der Säkularität als einzig mögliches Ordnungsprinzip einer pluralen Gesellschaft. Autor*innen: Jürgen Habermas, bedingt auch Charles Taylor.
2. Soziologische Postsäkularität: Abkehr von der Säkularisierungsthese und Neubewertung der Lebens- und Zukunftsmöglichkeit der Religion(en) im gegenwärtigen globalen Kontext. Autor*innen: Peter Berger, Shmuel N. Eisenstadt, Hans Joas und José Casanova.
3. Theologische Postsäkularität: Kritik an den erkenntnistheoretischen Grundlagen des Säkularen als religiös neutraler und autonomer Vernunftkonzeption. Diese hat ihren Ausgang bei typisch postmoderner Kritik der Vernunftkonzeption der Aufklärung. Autor*innen: Vertreter*innen der Radical Orthodoxy wie John Milbank, Graham Ward und Cathrine Pickstock.
4. Philosophische Postsäkularität: „Wende zur Religion", sowohl was klassisch theologische Texte betrifft als auch gegenwärtige Formen des Religiösen. Autor*innen: John Caputo, Richard Kearney, Jean-Luc Marion, Antonio Negri und Giorgio Agamben.
5. Politische Postsäkularität: Erneuertes Interesse an der Untersuchung der Grenzen des Säkularen, in der Spur der klassischen Entwürfe Spinozas (*theologico-politicus*) oder Carl Schmitts (politische Theologie). Autor*innen: In der politischen Theorie Claude Lefort und William Connolly und in der Theologie Vertreter*innen der Neuen Politischen Theologie wie Johann Baptist Metz und Jürgen Moltmann, aber auch William T. Cavanaugh.
6. Genealogische Postsäkularität: Interdisziplinärer Zirkel von Forschenden, die grundsätzlich den Begriff des Säkularen und dem ihm zugrunde liegende Unterscheidung zwischen Religiösem und Säkularen kritisch hinterfragen. Autor*innen: Talal Asad, Timothy Fitzgerald und Tomoko Masuzawa.[52]

Damit kommen wir zu der Frage, wie Säkularität bzw. Säkularisierung theologisch-christlich zu deuten ist. An diesem Punkt sei auf Ulrich Ruhs Warnung verwiesen: „Das Interpretament Säkularisierung ist kein Zauberschlüssel zur theologischen Deutung der neuzeitlichen Geistesgeschichte oder der modernen Gesellschaft."[53] Einerseits ist es zwar durchaus legitim, Säkularität von seinem christlichen Ursprung her zu interpretieren, sozusagen als neuzeitliche und moderne Verwirklichung und Freisetzung der christlichen Botschaft, so wie es beispielsweise Johann Baptist Metz unter dem Stichwort „Verweltlichung der Welt" getan

---

[52]   Ebd., 46-66. Barbieri nennt weitere Überblicksdarstellungen zur Postsäkularität, u.a. JAMES K. A. SMITH, *After Modernity. Secularity, Globalization and the Re-Enchantment of the World*, Wako, Tex. 2008; GREGOR MCLENNAN, „The Post-Secular Turn", in: *Theory, Culture and Society* 27 (4/2010), 3-20.

[53]   ULRICH RUH, *Säkularisierung als Interpretationskategorie. Zur Bedeutung des christlichen Erbes in der modernen Geistesgeschichte*, Freiburg 1980.

hat.[54] Andererseits aber darf nicht darüber hinweggesehen werden, dass die säkulare Neuzeit und besonders die Moderne eine tatsächliche Eigenständigkeit und Unabhängigkeit von ihrem christlichen Erbe entwickelt hat. Aber gerade diese Eigenständigkeit ist es, welche es uns in einem zweiten Schritt ermöglicht, Säkularität theologisch zu lesen. Denn auch im Kontext der Säkularisierung lassen sich für sie ganz eigentümliche Resakralisierungsprozesse innerweltlicher Realitäten wie Mensch, Staat oder Nation ausmachen.[55] Diese Prozesse und vor allem den theologischen Gehalt säkularer Konzepte vom Menschen, der Gemeinschaft, des Heils usw. theologisch zu deuten, war seit jeher eine klassische Aufgabe der Theologie. Insofern ist Ruh zuzustimmen, dass der Frage nach dem Verhältnis zwischen Christentum und Neuzeit bzw. Moderne die klassische Frage nach dem Verhältnis zwischen Sakralität und Profanität zugrunde liegt.[56] Und diese Fragen gewinnen theologisch wie politisch mit dem Umbruch nach der Postmoderne wieder an Bedeutung.

Religion und religiöse Tradition

Religion ist notorisch schwierig zu definieren. Zunächst kann man zwar davon ausgehen, dass sich Religion von anderen sozialen Ausdifferenzierungen wie Kultur, Wirtschaft oder Politik unterscheiden lässt. Doch schon auf den zweiten Blick wird deutlich, dass eine genaue Unterscheidung dieser verschiedenen Ausdifferenzierungen und damit verbunden eine exakte Definition von Religion in Abgrenzung davon schier unmöglich ist. Hinzu kommt die Schwierigkeit, dass abhängig von den gewählten Kriterien bestimmte (Welt)Religionen, Ideologien oder Weltanschauungen entweder mit in den Kreis der Religionen aufgenommen werden müssen oder aber hinausfallen. Diese und andere Schwierigkeiten lassen das Konzept der Religion nicht als universal erscheinen. Und tatsächlich ist das Konzept der Religion, verstanden als eine von vielen voneinander zu unterscheidenden Sozialausdifferenzierungen, ein Konzept, welches im Kontext der westlichen Neuzeit und Moderne entwickelt wurde. Die griechische oder römische Antike kannte diese Aufteilung nicht und betrachtete Fragen des Kultes und der Götterlehre als Teil der Diskussion und Lenkung der soziopolitischen Ordnung.[57] Auch nichteuropäische Kulturen kennen die begriffliche Unterscheidung von Religion von anderen sozialen Bereichen nicht. Wie Jürgen Gebhardt treffend anmerkt, ist die Anwendung des Konzepts der Religion auf „religiöse" Phänomene anderer Kulturen eine Universalisierung des westlichen neuzeitlichen und mo-

---

54   Siehe JOHANN BAPTIST METZ, *Theologie der Welt* (Gesammelte Schriften, Bd. 1), Freiburg 2015.

55   Vgl. GEBHARDT, „Politik und Religion", 441.

56   Vgl. RUH, *Säkularisierung als Interpretationskategorie*, 360.

57   Vgl. JÜRGEN GEBHARDT, „Politik und Religion", in: DIETER NOHLEN ; RAINER-OLAF SCHULTZE (Hg.), *Lexikon der Politik*, Bd. 1, *Politische Theorien*, München 1995, 435-442.

dernen Selbstverständnisses. Gebhardt hält diesbezüglich fest: „[E]rst die Annahme, daß der Modernisierungsprozeß tendenziell universal ist, erlaubt die kategoriale Bestimmung von Politik und Religion [...]."[58] Diese Problemlage offenzulegen und deren vornehmlich politischen Konsequenzen für die Theologie zu
erörtern, gehört zu den zentralen Anliegen der vorliegenden Untersuchung, deren
Ausgangspunkt Cavanaughs eingehende Analyse und Kritik bildet.[59]

Andererseits aber kann der Begriff der Religion nicht einfach fallengelassen
werden, zumindest nicht als Analysekategorie. Wenn diese Untersuchung also
kritisch mit dem Konzept der Religion umgeht, so kann sie im Rahmen der Untersuchung auch nicht ohne dieses auskommen, ohne gegenstandslos zu werden.
Die Lösung für diese methodische Schwierigkeit liegt darin, nicht von *der* Religion zu sprechen, sondern von vielen Religion*en*, verstanden als bestimmte religiöse Tradition*en*. Diese lassen sich dann auf dem Feld der politischen Theologie
mit anderen (säkularen) Traditionen des Politischen (oder „säkularen politischen
Ideologien") ins Gespräch bringen, insofern alle religiösen bzw. politischen Traditionen in einem gewissen Sinne Interpretationsrahmen für die Vorstellung des
In-Form-Setzens des Sozialen bieten.

Die katholische Kirche und das „Katholische"

Die vorliegende Arbeit ist eine Untersuchung in der akademischen Disziplin der
katholischen Theologie, wie sie sich im universitären Kontext des deutschsprachigen Raums etabliert hat. Insofern unterscheidet sie sich von anderen akademischen konfessionellen theologischen Disziplinen wie etwa der evangelischen
Theologie. Als Autor bin ich selbst konfessionell gebunden und kann nicht um-
hin, Theologie unter den Voraussetzungen und Gesichtspunkten meiner eigenen
konfessionellen Identität zu betreiben. Diese römisch-katholische Bindung zeigt
sich am deutlichsten in der Wahl des römisch-katholischen Theologen William
T. Cavanaugh und dessen sakramentalem Zugang zur politischen Theologie als
einer der Hauptressourcen, um das gewählte Thema zu bearbeiten.

Zugleich aber versteht sich diese Arbeit nicht allein als katholisch im konfessionellen, engeren Sinne, sondern auch als „katholisch" in seiner ursprünglichen,
umfassenden Bedeutung (Gr. καθολικός, allgemein). Zum einen wird zwar eine
(theologische) politische Theologie diskutiert und entwickelt, die sich aus dezidiert katholisch-theologischen Quellen wie der Sakramenten- und Eucharistietheologie speist. Zum anderen aber wird damit der Anspruch vertreten, dass die
so entwickelte politische Theologie gerade vor einem postsäkularen Hintergrund
auch als „katholisch" in einem weiteren Sinne zu verstehen ist, und Erkenntnisse
vermittelt, die auch über den engen konfessionellen Rahmen hinaus interessant
sein können. Diese Weitung aus dem Partikularen heraus hin zum Allgemeinen

---

[58]   Ebd., 438.
[59]   Siehe hierzu ausführlich 2.2.1.3, 3.2.3.1 u. 3.2.3.2.

ist dem konfessionellen „Katholischen" selbst radikal zu eigen.[60] In diesem Sinne ist die vorliegende Arbeit auch eine Arbeit eines „befreiten Katholischen", wie Karlheinz Ruhstorfer das geweitete Konzept des Katholischen benennt.[61] Er definiert das „Katholische" als „das Eine, das offen ist für das Andere, das Umfassende, das Abweichung ermöglicht, die Identität, die sensibel bleibt für Differenzen"[62]. Damit das katholisch-konfessionelle Denken in einem heutigen, globalen und pluralen Kontext einen neuen Zugang zum Allgemeinen, zum „Katholischen", entwickeln kann, müsse es aber erst die bestehende Kluft zwischen Religion und Kultur überwinden, eine Anstrengung, die nur dadurch zu bewerkstelligen sei, indem man das katholische Denken mit der Neuzeit, der Moderne und der Postmoderne versöhne.[63] Auf diesen Weg begibt sich auch diese Arbeit, indem sie u.a. klassisch katholische Sakramententheologie mit der postmodernen politischen Philosophie der Radikaldemokratie ins Gespräch bringt.

1.2.4 Philologische Anmerkungen

Als letzte methodische Vorüberlegung sei noch kurz darauf verwiesen, wie mit den unterschiedlichen Sprachen der Primär- und Sekundärliteratur umgegangen werden soll. Während die Abhandlung selbst in Deutsch verfasst ist, ist die Primärliteratur, d.h. sämtliche Publikationen von William T. Cavanaugh, sowie weite Teile der Sekundärliteratur in Englisch abgefasst. Aufgrund dieser Ausrichtung der Arbeit, die sich gerade als Brücke zwischen dem englisch- und deutschsprachigen theologischen Raum versteht, müssen gute Englischkenntnisse bei den Lesenden vorausgesetzt werden. Daher werden auf Textebene beide Sprachen nebeneinandergestellt und z.T. englische Ausdrücke oder Zitate mit in den deutschen Textfluss eingewoben. Wenn im Fließtext im Fachdiskurs weniger geläufige englische Fachausdrücke zum ersten Mal genannt werden bzw. ins Deutsche übersetzt werden, wird im Klammern dahinter die Übersetzung bzw. das englische Original *kursiv* angeführt (Eng. *original*).

Neben der englischen Literatur wird auch französische und zu einem geringeren Teil auch italienische Literatur in die Arbeit einfließen. Nach Ansicht des Autors können beide Sprachen nicht in gleicher Weise wie das Englische vorausgesetzt werden, weswegen bei der Zitation dieser Literatur auf deutsche bzw. englische Übersetzungen zurückgegriffen wird, sofern diese vorhanden sind. Für die inhaltliche Auseinandersetzung sind jedoch die Texte im französischen bzw. italienischen Original maßgeblich, was in der vorliegenden Darstellung vornehmlich

[60] Vgl. PETER WALTER, „Katholizität. Allgemeinheit, Einheit, Fülle? Wandlungen eines Begriffs in der jüngeren Theologiegeschichte", in: CHRISTOPH BÖTTIGHEIMER (Hg.), *Globalität und Katholizität. Weltkirchlichkeit unter den Bedingungen des 21. Jahrhunderts*, Freiburg 2016, 31-68.
[61] Siehe RUHSTORFER, *Befreiung des „Katholischen"*.
[62] Ebd., 9.
[63] Vgl. ebd., 17, 22.

dadurch zum Tragen kommt, dass in den Zitaten der Übersetzungen prägnante
Begriffe und Ausdrücke im Original in eckigen Klammern kursiv angeführt sind
[*Original*]. In diesem Zusammenhang sei darauf verweisen, dass gerade in der
Diskussion von Claude Lefort bisweilen auf französische Zitate nicht ganz ver-
zichtet werden kann, wenn diese nicht in Übersetzung vorliegen, aber dennoch
zentral für den Argumentationsgang der Arbeit sind. Wenn es sich dabei um Aus-
züge handelt, die über einen Satz hinausgehen, wird hierfür in der jeweiligen Fußnote neben der Literaturangabe auch eine deutsche Übersetzung angeboten.

Fachausdrücke und Konzepte aus dem Griechischen, Lateinischen und Hebräischen werden *kursiv* geschrieben. Bibelzitate, sofern diese nicht Teil eines Zitats
sind, sind der deutschen Einheitsübersetzung von 2016 entnommen. Diese ist insofern dem hebräischen bzw. griechischen Editionen vorzuziehen, als dass es sich
bei der Analyse sämtlicher vorkommender Bibelzitate nicht um eine exegetische
Auseinandersetzung handelt, sondern um eine Auseinandersetzung mit der Wirkungsgeschichte bestimmter Konzepte, die sich u.a. auch auf die Bibel beziehen.
Lehramtliche Dokumente werden in ihrer autorisierten deutschen Fassung zitiert,
sofern aufgeführt im *Enchiridion Symbolorum*, ansonsten nach der deutschen
Version, die der Vatikan auf seiner Website veröffentlicht hat

1.3   Einführung in Person und Werk von William T. Cavanaugh

William T. Cavanaugh (*1962) ist seit 2010 Professor für Catholic Studies an der
DePaul University in Chicago und Direktor des dort angeschlossenen *Center for
World Catholicism and Intercultural Theology*. Zuvor war er 15 Jahre an der
St. Thomas University in Minnesota tätig. Cavanaugh studierte an den Universitäten Notre Dame (B.A. 1984) und Cambridge (M.A. 1987) und erhielt seinen
Ph.D. 1996 an der Duke University unter der Supervision von Stanley Hauerwas
(*1940) zu einer Arbeit, die 1998 unter dem Titel *Torture and the Eucharist*[64] als
seine erste von bislang sechs Monographien erschien. Diese Arbeit ist unter zwei
Gesichtspunkten zentral für das Verständnis von Cavanaugh. Zum einen entwirft
er darin seinen genuinen Ansatz für eine politische Theologie der Kirche, der sein
gesamtes späteres Werk prägt. Und zum anderen, und aufs Engste damit verbunden, stellt diese Arbeit die theologische Reflexion seiner zweijährigen pastoralen
Arbeit in einem Armenviertel von Santiago, Chile, im Schatten von Pinochets
Militärdiktatur dar. Er beschreibt darin die verheerende Wirkung der staatlichen
Folterpraxis auf das Gefüge der chilenischen Zivilgesellschaft, ebenso wie die

---

[64]   WILLIAM T. CAVANAUGH, *Torture and the Eucharist. Theology, Politics, and the
Body of Christ*, Oxford 1998. Zur Bedeutung von Torture and the Eucharist im
Gesamtwerk von Cavanaugh siehe SYLVAIN BRISON, *L'imagination théologico-
politique de l'Église. Vers une ecclésiologie narrative avec William T. Cavanaugh*,
Paris 2020, 43-100.

Unfähigkeit weiter Teile der katholischen Kirche in offenen Widerstand zur Diktatur zu treten. Hierbei interpretiert er die staatlich organisierte Folter als eine Art „Anti-Liturgie", die zum Ziel hat, Menschen voneinander zu isolieren und in absolute Abhängigkeit vom Staat zu zwingen. Als Gegenbewegung hierzu spricht sich Cavanaugh für eine „echte" Liturgie der Kirche aus, die im Zeichen der Eucharistie zu Solidarität und Gemeinschaft unter den Menschen führen soll und – mit kritischem Blick auf die Kirche – ein dezidiert politischer Akt ist und nicht eine quasi-private religiöse Veranstaltung.[65] Man könnte seine Form der Theologie auch eine sakramentale politische Theologie nennen, in deren Zentrum die Eucharistie steht. Diese politische Theologie ganz eigener Art hat Cavanaugh zu einem der renommiertesten und bekanntesten Vertreter der gegenwärtigen politischen Theologie im englischsprachigen Raum werden lassen, was u.a. die Übersetzung seiner Bücher in derzeit zehn Sprachen belegt.[66] Deutsch zählt bis dato nicht dazu, was wohl zu einem beträchtlichen Teil dazu beigetragen hat, dass Cavanaughs Theologie im deutschsprachigen Raum bislang als so gut wie nicht rezipiert gelten kann.[67] Ein wenig anders ist die Lage auf dem europäischen Kontinent in Frankreich und Schweden, wo eine breitere Diskussion von Cavanaugh zumindest begonnen hat.[68]

Der gesellschaftspolitische Hintergrund von Pinochets Diktatur, vor dem Cavanaugh begonnen hat seine politische Theologie zu entwickeln, erklärt bis zu einem gewissen Grad sein ambivalentes und kritisches Verständnis des modernen

---

[65] Zur Biographie Cavanaughs siehe BRISON, *L'imagination théologico-politique*, 14-24; sowie seine persönliche Website der DePaul University: https://las.depaul.edu/academics/catholic-studies/faculty/Pages/william-cavanaugh.aspx und https://works.bepress.com/william_cavanaugh/, abgerufen am 24.03.2022.

[66] Siehe https://las.depaul.edu/academics/catholic-studies/faculty/Pages/william-cavanaugh.aspx, abgerufen 12.04.2021.

[67] Interessant ist in diesem Zusammenhang, dass Cavanaugh von einer Reihe deutschsprachiger Wissenschaftler*innen behandelt wird, allerdings in einer englischsprachigen Publikation zu den Religionskriegen. Siehe WOLFGANG PALAVER; HARRIET RUDOLPH; DIETMAR REGENSBURGER (Hg.), *The European Wars of Religion. An Interdisciplinary Reassessment of Sources, Interpretations, and Myths*, Farnham 2016. Cavanaugh selbst liefert einen Beitrag zu dieser Publikation unter WILLIAM T. CAVANAUGH, „Secularization of the Holy. A Reading of the ‚Wars of Religion'", 165-184.

[68] Für den schwedischen Kontext sind zwei Sammelbände zu verzeichnen: JONAS IDESTRÖM (Hg.), *For the Sake of the World. Swedish Ecclesiology in Dialogue with William T. Cavanaugh*, Eugene 2010; JOEL HALLDORF; FREDERIK WENELL (Hg.), *Between the State and the Eucharist. Free Church Theology in Conversation with William T. Cavanaugh*, Eugene 2014; sowie einer für Frankreich: SYLVAIN BRISON; HENRI-JÉRÔME GAGEY; LAURENT VILLEMIN (Hg.), *Église, Politique et Eucharistie. Dialogue avec William Cavanaugh*, Paris 2016. Für den französischsprachigen Kontext ist dabei sicher von Vorteil, dass ein Großteil der Werke von Cavanaugh in französischer Übersetzung vorliegen.

(National)Staates, welches gerade für Leser*innen aus dem deutschsprachigen Kontext auf den ersten Blick sehr irritierend wirken kann. Für die Übertragung von Cavanaughs staatskritischer Haltung auf ein liberaldemokratisches Staatsverständnis im deutschsprachigen Raum ist es daher von entscheidender Bedeutung, die unterschiedlichen Kontexte im Blick zu behalten. Demnach wäre es schlicht falsch, Cavanaugh in eine extrem konservative oder sogar demokratiefeindliche Ecke zu stellen, ein Missverständnis, dass sich allzu leicht mit Verweis auf dessen Konzentration auf liturgische und ekklesiologische Konzepte einschleichen kann. Zur Einordnung in den deutschsprachigen Kontext helfen Selbstaussagen wie beispielsweise folgende: „[T]he tradition in which I see myself working is best understood as emerging from the progressive wing of Catholic thought that surfaced in Vatican II [...]."[69] Eine deutschsprachige Leser*innenschaft lässt sich Cavanaughs Profil vielleicht am besten im Vergleich zu seinem hierzulande wesentlich bekannteren theologischen Lehrer und Freund näherbringen, dem methodistischen US-amerikanischen Theologen Stanley Hauerwas.[70] Ähnlich wie Hauerwas lässt sich auch Cavanaugh nicht den Kategorien liberal oder konservativ zuordnen. Tatsächlich müsste man in ihrem Sinne diese Kategorisierung an sich kritisieren, da sie eine säkular-politische Zuschreibung für eine theologische Position benutzt und damit indirekt die Priorität der säkular-politischen Sphäre gegenüber der religiös-theologischen zum Ausdruck bringt. Letztlich zeigt sich für Hauerwas darin die kulturprotestantische Versuchung der Eingliederung von Theologie und Kirche unter den primären säkularen politischen Akteur, den modernen Staat.[71] Diesem gegenüber wollen Hauerwas wie auch Cavanaugh eine Selbstständigkeit von Kirche und Theologie bewahren. Erst dies befähige Theologie und Kirche dazu, in kritische Distanz zu Politik und Staat zu treten, wo diese den Prinzipien des Evangeliums widersprechen. So üben beide Theologen beispielsweise starke Kritik am Nationalismus und den für ihren Kontext bestimmenden US-amerikanischen Patriotismus, der in ihren Augen allzu oft als ideologische Legitimierung für Krieg(e) dient. Während Hauerwas dieses theologische Projekt vor allem auf dem Gebiet der Sozialethik vorantreibt, konzentriert sich Cavanaugh vornehmlich auf die Ekklesiologie. Darin, dass Cavanaugh die Kirche nicht allein wie Hauerwas als Ort einer Gegenkultur betrachtet, sondern als politischen Körper *sui generis*, könnte man den entscheidenden Unterschied zwischen beiden Theologen ausmachen.[72] Ob der Grund für diesen Unterschied letztlich in der unterschiedlichen Konfessionszugehörigkeit liegt, kann an dieser

---

[69]   WILLIAM T. CAVANAUGH, „Ecclesial Ethics and the Gospel sine glossa. Sacramental Politics and the Love of the World", in: *Modern Theology* 36 (3/2020), 501-523, 502.

[70]   Eine gute Einleitung in Hauerwas theologisches Projekt in deutscher Sprache findet sich unter STANLEY HAUERWAS; WILLIAM H. WILLIMON, *Christen sind Fremdbürger. Wie wir wieder werden, was wir sind. Abenteurer der Nachfolge in einer nachchristlichen Gesellschaft*, übers. u. eingl. v. BERND WANNENWETSCH, Basel 2016.

[71]   Vgl. ebd., 54-67.

[72]   Vgl. BRISON, *L'imagination théologico-politique*, 18-19.

Stelle nicht geklärt werden. Fest steht allerdings, dass Cavanaugh seinen genuinen theologischen Ansatz ausgehend von einem dezidiert katholischen Verständnis aus aufbaut, wie es in der Epistemologie und Ontologie der Nouvelle Théologie, allen voran von Henri de Lubac, entwickelt wurde.[73]

Cavanaughs Forschungsschwerpunkt ist das Verhältnis zwischen (katholischer) Kirche und sozialen, politischen und ökonomischen Themen. Sein genuiner Ansatz ist dabei, die theologische und besonders liturgische Tradition als Quelle für eine soziale und politische Analyse und Verortung der Kirche in Situationen von Gewalt und Ungerechtigkeit heranzuziehen. Es ist daher nicht leicht, Cavanaugh klar nur einer der etablierten theologischen Disziplinen wie der Sozialethik, der Dogmatik (Ekklesiologie bzw. Sakramentenlehre) oder der politischen Theologie zuzuordnen. Alle diese Elemente machen gemeinsam seinen Ansatz aus.[74] Wie eingangs bereits angeführt, entwickelt Cavanaugh diesen Ansatz schon in *Torture and Eucharist*. Politik und Religion sind nach Cavanaugh auf intime Weise miteinander verbunden. Im Grunde operieren beide im gleichen sozialen Feld, wenn auch auf unterschiedliche Weise, oder besser: mithilfe unterschiedlicher Liturgien. Beide, Religion und (säkulare) Politik interpretieren die Welt aufgrund bestimmter Vorstellungen (Eng. *imagination*) und ordnen diese zugleich mit bestimmten Ritualen, die diese Vorstellungen repräsentieren und bis zu einem gewissen Grad auch realisieren. Denn für Cavanaugh stellt sich politische Macht vor allem als Interpretations- und Imaginationsmacht auf Körper dar: „Political power is largely about configuring bodies in space in order to tell stories with them, creating a larger ‚body politic' out of individual bodies, to use the metaphor that dates back at least to ancient Greece."[75] Sowohl die Politik des säkularen modernen Staates als auch die Theologie bzw. Liturgie der Kirche können auf diese Weise politische Körper ins Leben rufen: den Staatskörper oder den Leib Christi. Und beide können Cavanaughs Verständnis nach politische Theologie betreiben, insofern beide prinzipiell dieselbe Aktivität ausüben, i.e. das Generieren von metaphysischen Bildern, anhand derer Gemeinschaften organisiert werden.[76] Im Zentrum dieses Verständnisses von politischer Theologie ist das Konzept der Imagination bzw. der Vorstellung als einer politischen und realitätserschließenden und zugleich realitätsstiftenden Aktivität, wie auch Sylvain Brison in seiner Monographie über Cavanaugh betont, der er daher den Titel *L'imagination théologico-politique de l'Église. Vers une ecclésiologie narrative avec William T. Cavanaugh* gibt. Darin beschreibt Brisons Cavanaughs

---

[73]   Eine genauere Analyse des Verhältnisses zwischen Cavanaughs Ansatz und der Nouvelle Théologie de Lubcas findet sich in 3.3.1.1.

[74]   Vgl., BRISON, *L'imagination théologico-politique*, 22-23.

[75]   WILLIAM T. CAVANAUGH, „The Church in the Streets. Eucharist and Politics", in: *Modern Theology* 30 (2/2014), 384-402, 385. Passend zu dieser Definition führt Cavanaugh auf 401 ebenso an: „politics' is defined not as the achievement of state power but more broadly as the ordering of bodies in space and time."

[76]   Vgl. WILLIAM T. CAVANAUGH; PETER SCOTT; „Introduction", in: DIES., *The Wiley Blackwell Companion to Political Theology*, Hoboken, NJ 2018, 1-11, hier 3-4.

Ansatz als eine politische Ekklesiologie, die auf einer eucharistischen Imagination aufbaut. Das Gründungsnarrativ des Sozialkörpers Kirche ist das Anbrechen des Reiches Gottes in Jesus, das im Sakrament des (mystischen) Leibes Christi immer wieder neu konstituiert wird und im (realen) Leib der Kirche konkret Gestalt in der Welt annimmt, um diese zu transformieren.[77]

In einem Interview aus dem Jahr 2005 gibt Cavanaugh deutlich Auskunft darüber, inwieweit Liturgie und Theologie als Quelle für politisches Handeln der Kirche gesehen werden können:

> „Henri de Lubac says, ‚The Eucharist makes the church‘, and the church is more than just a Moose Lodge for Christians. The church is a social space in its own right, an enactment of the politics of Jesus. This does not mean that the church should become a political party or interject party politics into the liturgy. It means the church should help create – in collaboration with non-Christians too – spaces of peace, charity and just economic exchange.“[78]

Diese Klarstellung ist insofern wichtig, als dass man Cavanaughs zum Teil harsche Kritik am säkularen Nationalstaat nicht dahingehend missverstehen soll, dass er sich für eine Rückkehr der politischen (Staats-)Macht in die Hände der institutionalisierten Religion ausspricht. Seine Kritik richtet sich vielmehr gegen eine spezielle Form der Gewaltausübung, wie sie typisch für den modernen Staat ist. In dem bereits oben zitierten Interview führt er diesbezüglich aus: „I think we should denounce all kinds of violence, religious and secular“, und fügt an anderer Stelle in Bezug auf die gewalttätige Vergangenheit des Christentums hinzu: „Christians can atone for their complicity with violence in the past by refusing to be complicit with state violence now.“[79] Er gibt auch Auskunft darüber, wie er sich konkret gelebtes Christentum vorstellt:

> „The first thing I think of is a quote from St. Catherine of Siena: ‚All the way to heaven is heaven, because he said I am the way‘ [Joh 14:16]. [...] I love this quote because it breaks down the dichotomy between means and ends. The Christian life is not a means to heaven. War is not a means to peace, freedom is not a prerequisite for following Christ. The Christian life is about practicing heaven now, on earth, even if it gets you killed. It’s not about making our way to Christ in some far-off eschaton; Christ is the way.“[80]

---

[77] Vgl., BRISON, *L'imagination théologico-politique*, 31-33.

[78] https://www.religion-online.org/article/liturgy-as-politics-an-interview-with-william-cavanaugh/, abgerufen am 13.06.2018. Das Interview erschien auch in *The Christian Century,* 13.12.2005, 28-32. Der Begriff „politics of Jesus“ dürfte hier nicht zufällig gewählt sein und verweist aller Wahrscheinlichkeit nach auf Howard Yoders Bestseller *The Politics of Jesus* von 1972, in welchem der Autor sich vehement dafür ausspricht, dass die Botschaft Jesu Christi politisch sei.

[79] Ebd.

[80] Ebd.

In diesem Zitat wird Cavanaughs Betonung einer präsentischen Eschatologie deutlich bzw. sein Bestreben, Eschatologie (politisch) wirksam für die Gegenwart zu machen, ohne diese dabei aber ganz in die Welt hinein aufzulösen. Dieser Hintergrund erklärt auch Cavanaughs Konzentration auf die Sakramententheologie; stehen doch die Sakramente für die Vergegenwärtigung von Gottes Heil, das aber in seiner letzten Konsequenz noch aussteht. Eben dieser prekäre Charakter der Gottesgegenwart im Sakrament, den Cavanaugh (theo)politisch interpretiert, ist dabei der Anschlusspunkt für unsere Suche nach einem theopolitischen Muster eines prekären Machtvollzugs vor dem Hintergrund des Übergangs nach der Postmoderne. Cavanaughs genuin theologischer Impuls hierfür, der gekennzeichnet ist von einem präsentisch-eschatologischen wie auch sakramentalen Zugang zu Fragen der Macht, lässt sich letztlich auf seine Nähe zur Nouvelle Théologie zurückführen. Wie auch de Lubac vertritt Cavanaugh die Ansicht, dass es keine prinzipielle Trennung zwischen Welt und Gott bzw. zwischen Gnade und Natur gibt. Cavanaugh transformiert diese Grundannahme für seinen theopolitischen Ansatz dahingehend, dass es daher auch keine strikte Trennung zwischen einer religiösen und einer säkularen politischen Sphäre geben kann. Einer der vornehmlichen Aufgaben der politischen Theologie besteht demnach für Cavanaugh im Aufzeigen von verborgenen oder unbewussten theologischen Spuren in säkularen Konzepten. Seine kritische Analyse von „Mythen" und „falschen Theologien" der säkularen Kultur und Politik stellen demnach auch den größten Teil seiner Beiträge zur Disziplin der politischen Theologie dar.[81]

Treffend charakterisiert Thaddeus Konzinksy daher Cavanaugh als „today's greatest mythbuster"[82]. In seinen verschiedenen Monographien rückt er dabei verschiedenen „säkularen Mythen" zu Leibe. Während *Torture and the Eucharist* darauf abzielt, Folter nicht allein als die augenscheinliche körperliche Gewalt für Informationsbeschaffung zu beschreiben, sondern deren tatsächliche politische Natur als soziale Kontrollkraft offenzulegen, ist *Theopolitical Imagination* darauf ausgerichtet, den Mythos des friedensstiftenden Staates zu widerlegen. In *Being Consumed* wiederum entkleidet Cavanaugh das kapitalistische Konsumstreben von der Aura des bloßen Materialismus und stellt es stattdessen als eine säkularisierte Form des entweltlichenden transzendenten Strebens dar, als ein „desire for desire". *The Myth of Religious Violence* zielt klar gegen den Gründungsmythos des modernen, säkularen Nationalstaates, wonach dieser als Lehre aus den Religionskriegen der frühen Neuzeit zur Zügelung des intrinsischen Gewaltpotentials der Religionen entwickelt wurde.[83] Und in *Migrations of the Holy* stellt

---

[81]   Vgl. MATTHEW A. SHADLE, „Cavanaugh on the Church and the Modern State: An Appraisal", in: *Horizons* 37 (2010), 246-270; PAUL S. ROWE, „Render Unto Caesar… What? Reflections on the Work of William Cavanaugh", in: *The Review of Politics* 71 (2009), 583-605.

[82]   THADDEUS J. KONZINSKY, „William Cavanaugh, Radical Orthodoxy, and the Myth of the State", in: *Modern Age* (Winter-Fall 2012), 136-143.

[83]   Vgl. ebd., 137.

Cavanaugh die Säkularisierungsthese als Mythos der modernen Politk(wissen-schaft) dar, welche – ganz gleich, ob man nun deren Vertreter*in oder Kritiker*in ist – den Blick auf den eigentlichen historischen Migrationsprozess letztbegrün-dender Geltungs- und Deutungsansprüche von der religiösen Sphäre in die Sphäre des modernen Staates verschleiert. In *Field Hospital* schließlich beschreibt er der Metapher von Papst Franziskus folgend die Art und Weise, wie Kirche sich im gegenwärtigen Kontext verorten kann.[84] Darin führt er aus:

> „As a body, it is visible, but it does not claim its own territory; its event-like char-acter creates spaces of healing. It neither withdraws from the world, sect-like, nor resigns itself to the world as it is. It is not confined to working within the given political and economic structures of the world, nor is it concerned primarily with gaining influence among the powerful in order to change the world from above. The approach is from below."[85]

Die Kirche vornehmlich als Ereignis und nicht als eine Institution zu beschreiben, ist wiederum die logische Schlussfolgerung seines ekklesiologisch-politischen Ansatzes einer eucharistischen Imagination. Dieses Charakteristikum hilft uns den grundlegenden Unterschied zwischen Cavanaugh und Carl Schmitt auszu-machen. Diese Unterscheidung ist insofern sehr hilfreich, als dass sich Cavan-aughs kritische Analyse der „falschen Theologien" der säkularen Kultur einer-seits stark an Schmitts eigener Methode orientiert, Cavanaugh andererseits aber gegenüber dem autoritären und demokratiefeindlichen Schmitt festhält: „[...] he came to conclusions that no Christian theologian ought to accept."[86] Der zentrale Unterschied liegt in der jeweiligen Konzeption von Souveränität: Während Schmitt, (vermeintlich?) gestützt auf die theologische Tradition und das Konzept der Allmacht Gottes, Souveränität säkular übersetzt und strikt hierarchisch und absolut(istisch) konzipiert, geht Cavanaugh genau den umkehrten Weg. Er argu-mentiert für eine Dezentralisierung von Souveränität, nicht für deren monopole und homogene Konzentration an einem Punkt, gerade weil das Konzept der All-macht eines transzendenten Gottes nicht schlicht in ein immanent säkulares Kon-zept übersetzt werden kann. In der Kritik und Opposition gegenüber homogener Machtstrukturen liegt Cavanaugh zufolge auch die politische Aufgabe der Kirche: „The political task of the church is to witness to the way that Christ rules,

---

84   Siehe CAVANAUGH, *Torture and the Eucharist*; DERS., *Theopolitical Imagination*, London 2002; DERS., *Being Consumed. Economics and Christian Desire*, Grand Rapids, 2008; DERS., *The Myth of Religious Violence. Secular Ideology and the Roots of Modern Conflict*, Oxford 2009 ; DERS., *Migrations of the Holy. Theologies of State and Church*, Grand Rapids 2011; DERS., *Field Hospital. The Church's En-gagement with a Wounded World*, Grand Rapids 2016.

85   Cavanaugh, *Field Hospital*, 3.

86   WILLIAM T. CAVANAUGH, „Separation and Wholeness. Notes on the Unsettling Po-litical Presence of the Body of Christ", in: JONAS IDESTRÖM (Hg.), *For the Sake of the World. Swedish Ecclesiology in Dialogue with William T. Cavanaugh*, Eugene 2010, 7-31, 9.

through servanthood that does not look much like sovereignty in the world's eyes."[87] Gleichzeitig ist dabei darauf zu achten, dass nicht der Eindruck einer Opposition zwischen Welt, säkularer Politik und Staat einerseits und Gott, Theologie und Kirche andererseits entsteht. Gerade diese Opposition würde der beschriebenen Grundausrichtung von Cavanaughs Ansatz widersprechen. Dennoch kann bei der Lektüre von Cavanaughs dezidiert theologischer Kritik an der säkularen Politik des Staates genau dieser falsche Eindruck entstehen, was wohl maßgeblich auch darauf zurückzuführen ist, dass Cavanaugh selbst kaum die andere Interpretationsrichtung verfolgt, i.e. mit (säkularer) politischer Philosophie die theologische Konzeption von Kirche kritisch zu hinterfragen. Gerade dies mit Hilfe der radikaldemokratischen Relektüre sakramentaler Machtkonstitution durchzuführen, ist vorrangiges Ziel dieser Arbeit.

An dieser Stelle belassen wir es bei diesen kurzen Ausführungen zu den zentralen Aspekten von Cavanaughs (politischer) Theologie. Eine detaillierte Analyse und Einordnung erfolgt im zweiten Kapitel auf der Grundlage und vor dem Hintergrund der Gegenwartsanalyse, die im nun folgenden ersten Kapitel ausgearbeitet wird. Doch bereits an diesem Punkt wird deutlich, dass Cavanaughs für den deutschen Sprachraum recht ungewöhnlicher Ansatz beides zugleich ist: provokant und inspirierend. Gewiss bereitet es Unbehagen, wenn das allgemein anerkannte Verständnis von Demokratie, Staat und Gesellschaft als Mythos beschrieben und kritisiert wird. Aber ganz gleich, ob man Cavanaughs Analysen und Schlussfolgerungen nun folgt oder nicht, ist bereits die Auseinandersetzung mit dem als gesichert angenommenen Grundverständnis über ein gelingendes Zusammenleben eine notwendige Herausforderung. Denn genau darin liegt auch die große Chance in der Auseinandersetzung mit Cavanaughs Werk, ganz besonders in einer Zeit, in der einige dieser als gesichert angenommenen Grundverständnisse ins Wanken geraten sind. In dieser Situation kann Cavavaugh als Prüfstein dienen, anhand dessen Fragen zum Verhältnis von Politik und Religion, von Liberalismus und Demokratie und zur Begründung und Zielsetzung von Politik und Staat theologisch neu interpretiert, beurteilt und ggf. fundiert werden müssen.

---

[87] Ebd., 16.

2   SYSTEMATISCHE ORIENTIERUNG: POLITIK UND RELIGION

> *Zur Erfüllung dieser Aufgabe obliegt der Kirche*
> *allzeit die Pflicht, die Zeichen der Zeit zu erforschen*
> *und im Licht des Evangeliums zu deuten [...].*
> Gaudium et spes, 4[88]

2.1   Gegenwartsanalysen für eine Neuausrichtung politischer Theologie

Das folgende Kapitel dient der systematischen Begründung des in der Einleitung dargelegten Ansatzes und Aufbaus der Untersuchung. Getreu dem Motto der Pastoralkonstitution des Zweiten Vatikanischen Konzils, sollen hierfür die „Zeichen der Zeit" ermittelt und analysiert werden, welche für diese Untersuchung den Ausgangspunkt und Rahmen bilden. Das erste zentrale Zeichen lässt sich unter dem Stichwort „Postsäkularismus"[89] subsumieren. Eng mit diesen Phänomenen verbunden ist das zweite Zeichen auf dem politischen Feld, das unter den Stichworten „Krise der liberalen Demokratie" und „Postliberalität" zusammengefasst wird. Das liberale Modell von Demokratie hat seine Selbstverständlichkeit und damit verbunden auch seinen Universalitätsanspruch eingebüßt. Dies bedeutet allerdings nicht automatisch auch das Ende der Demokratie, sondern lediglich die Notwendigkeit, diese Krise als Chance zu sehen, Demokratie neu zu denken. Hierfür wird die Theorie der sogenannten radikalen Demokratie als drittes Zeichen der Zeit eingeführt. Wie gezeigt werden soll, kann dieser demokratische Ansatz mit den beiden Zeichen der Postsäkularität und der Postliberalität auf produktive Weise umgehen. Noch dazu bietet die Radikaldemokratie die große Chance, das Verhältnis zwischen Politik und Religion jenseits der liberalen strikten Trennung radikal neu zu denken. Religion und Theologie sind auf neue Weise gefragt, sich für die Demokratie einzusetzen. Dabei steht nicht so sehr die Religion als (ein) institutioneller politischer Player im Vordergrund, sondern als Ideengeberin dafür, wie demokratische Macht radikal neu als „schwache" oder subversive Macht gedacht werden kann, die nichtsdestotrotz politisch wirksam ist.

---

[88]   ZWEITES VATIKANISCHES KONZIL, *Gaudium et spes. Pastoralkonstitution über die Kirche in der Welt von heute*, 7.12.1965, 4; HEINRICH DENZIGER, *Enchiridion symbolorum definitionum et declarartionum de rebus fidei et morum. Kompendium der Glaubensbekenntnisse und kirchlichen Lehrentscheidungen, verbessert, erweitert, ins Deutsche übertragen und unter Mitarbeit von* HELMUT HOPING hg. v. PETER HÜNERMANN, Freiburg 2009, 4304. Im Folgenden als DH abgekürzt.

[89]   Zum Begriff Postsäkularismus siehe MATTHIAS LUTZ-BACHMANN (Hg.), *Postsäkularismus. Zur Diskussion eines umstrittenen Begriffs*, Frankfurt a. M.; New York 2015. Siehe auch die Begriffsklärung in 1.2.3.

Hierfür bietet die Tradition der (politischen) Theologie einen großen Schatz, den es vor dem gegenwärtigen Hintergrund neu zu heben gilt.

Die folgende Gegenwartsanalyse der Debatte um Postsäkularität, Postliberalität und Radikaldemokratie gliedert sich in zwei Teile. Im ersten Teil soll das Außen der Theologie, d.h. die Diskussionsbeiträge aus anderen Fachdisziplinen, allen voran der Soziologie, der Politikwissenschaft und der politischen Philosophie untersucht werden. Im zweiten Teil ist das Innen der Theologie, allen voran die (theologische) politische Theologie, Gegenstand der Analyse. Zunächst soll hier auf die zentralen Entwicklungsmomente der Neuen Politischen Theologie eingegangen werden, insbesondere wie deren prominenteste Vertreter*innen Johann Baptist Metz, Dorothee Sölle und Jürgen Moltmann auf einen sich immer stärker säkularisierenden Kontext eingegangen sind. Anschließend gilt es einen Blick auf dezidiert postsäkulare und postliberale theologischen Bewegungen zu werfen, wie sie im englischsprachigen Raum die *Public Theology* und die *Radical Orthodoxy* darstellen. Beide Bewegungen spielen zwar einerseits keine zentrale Rolle für die deutschsprachige Diskussion, sind aber andererseits wichtig für die Einordnung von Cavanaughs theopolitischem Projekt. In einem letzten Schritt in diesem Unterkapitel sollen dann erste theologische Rezeptionen der postmodernen Philosophie, der Radikaldemokratie und eines sakramentalen Zugangs zur politischen Theologie diskutiert und eingeordnet werden.

Im Zusammenhang mit dieser Vorgehensweise gilt es festzustellen, dass das Begriffspaar des Außen und Innen der Theologie nicht den Eindruck erwecken darf, dass die Theologie vollkommen losgelöst von den anderen wissenschaftlichen Disziplinen ist. In der Tat lässt sich das Verhältnis zwischen Innen und Außen in der Theologie vielleicht am besten als eine perichoretische Wechselbeziehung beschreiben, wie auch die Kirche nicht im Gegenüber zur, sondern *in* der Welt existiert.[90] Um dies zu verdeutlichen, bildet das Scharnier zwischen dem sozio-politischen und dem theologischen Teil dieser Arbeit die Diskussion um die Disziplin der politischen Theologie, wie sie zunächst Carl Schmitt entwickelt und Ernst-Wolfgang Böckenförde weitergeführt hat. In Schmitts politischer (Staats)Theorie wird die Theologie nicht allein als Untersuchungsgegenstand behandelt, sondern es werden vielmehr selbst theologische Denkmuster verwendet. Böckenförde hingegen denkt nicht theologisch, sondern strikt säkular-liberal. Allerdings verweist er in dem nach ihm benannten Paradox darauf, dass auch eine säkular-liberal verfasste Demokratie ein Gegenüber in Form der Religion benötigt. Wie beide politischen Vereinnahmungen der Religion von dezidiert theologischer Seite aus zu beurteilen sind, ist dabei auch Gegenstand der Untersuchung, die uns letztlich zur Erarbeitung einer eigenständigen *theologischen* politischen Theologie führt, als deren Proprium Cavanaughs sakramental-politisches Denken vorgestellt wird. Dieses wiederum, so der weitere Verlauf der Arbeit, weist entscheidende Schnittstellen zum radikaldemokratischen Ansatz auf.

---

[90]   Vgl. *Gaudium et spes* 1 (DH 4301); *Lumen gentium* 3, 31 (DH 4103, 4157); *Ad gentes* 15.

In Bezug auf diese Herangehensweise sind noch einige weitere Vorbemerkungen angebracht. Das Ziel der folgenden Darstellung kann nicht eine auf Vollständigkeit ausgerichtete Diskussion aller erfolgter Untersuchungen zum Themenkomplex Religion und Politik sein. Eine vollständige *status quaestionis* durch das schier unendlich große und unübersichtliche Feld der Diskussion des Verhältnisses von Politik und Religion ist schlicht unmöglich. Stattdessen wird eine Orientierung gegeben, inwieweit und unter welchen Bedingungen und Paradigmenwechseln sich die Diskussion im Verlauf der letzten Jahrzehnte entwickelt hat. Das Ergebnis dieses Kapitels ist daher nicht eine möglichst genaue Darstellung der Diskussionsgenese, sondern die Erarbeitung eines systematischen Zugangs für die Debatte um Postsäkularität, Postliberalität und Radikaldemokratie, welcher letztlich als Grundlage für die Analyse der politischen Theologie von William T. Cavanaugh und deren mögliche Weiterentwicklung dient. Das Ergebnis wird in einem abschließenden Unterkapitel in Form von kurzen, prägnanten Thesen für eine politische Theologie für den aktuellen Kontext zusammengefasst.

2.2 Außerhalb der Theologie: Der sozio-politische Kontext für eine gegenwärtige politische Theologie

Wie bereits oben angeführt, erfolgt in diesem zweiten Unterkapitel die Gegenwartsanalyse zunächst über das Außen der Theologie, wie sie in den Disziplinen der Soziologie, der Politikwissenschaft und der (politischen) Philosophie interpretiert wird. Diese Gegenwartsanalyse erfolgt dabei in drei aufeinander aufbauenden Schritten. In einem ersten Schritt wird sich dem Phänomen der Postsäkularität genähert. Hier wird zunächst nachgezeichnet, warum seit etwa der Jahrtausendwende viele Denker*innen dazu übergegangen sind, die gegenwärtige Lage nicht mehr als säkular, sondern als postsäkular zu beschreiben. Damit verbunden ist auch ein Wandel der Vernunftkonzeption und deren Gebrauch im öffentlichen Diskurs, der auch für die Theologie bedeutend ist. Ein weiterer wichtiger Aspekt, der mit diesem Übergang von einem säkularen zu einem postsäkularen Zeitalter verbunden ist, ist der Bedeutungswandel, den die Interpretation der Moderne und ihr politisches Projekt par excellence, der Liberalismus, erfahren hat. Dieser Bedeutungswandel soll in einem zweiten Schritt unter dem Schlagwort Postliberalität verhandelt werden. Zunächst wird die gegenwärtige Krisenlage der liberalen Demokratie unter den Gesichtspunkten einer Krise des Repräsentations- bzw. des Souveränitätskonzeptes analysiert, bevor abschließend auf das Verhältnis zwischen Liberalismus und Demokratie im Allgemeinen eingegangen wird. Diese Analysen führen schließlich in einem dritten Schritt zur Einführung der radikaldemokratischen Theorie, die als eine mögliche Antwort auf die Herausforderungen vorgestellt wird, die die Postsäkularität und Postliberalität für die Demokratie mit sich bringen. Nach einer ersten kurzen Einführung in diese Theorie, soll nochmals genauer auf das Verhältnis bzw. den Unterschied zwischen einer liberalen und radikalen Demokratiekonzeption eingegangen werden. Abschließend wird in das Werk Claude Leforts eingeführt, der sich mit seinem Symbol der Leerstelle der Macht in ganz besonderer Weise für einen Anschluss an die theologische Diskussion anbietet.

2.2.1   Linien hinein in das postsäkulare Zeitalter

2.2.1.1   Das Ende des Säkularen Zeitalters

Für die Klärung der Frage, welche Bedeutung einem postsäkularen Kontext für die Theologie zukommt, ist zunächst der Frage nachzugehen, wie sich ein postsäkulares Verständnis aus einem säkularen Verständnis herausbilden konnte und was dieses veränderte Verständnis für die gegenwärtige (politische) Theologie bedeutet. Hier sei nochmals kurz auf die Begriffsklärungen im Einleitungsteil von Postsäkularität von William A. Barbieri und Säkularität von Charles Taylor und José Casanova verwiesen.[91] Wie dort erläutert, konzentriert sich unsere Untersuchung auf ein Verständnis von Postsäkularität als eine Abkehr von Säkularisierung, welche Casanova beschreibt als eine *„Privatisierung der Religion*, oftmals verstanden sowohl als allgemeine Tendenz der modernen Geschichte als auch als eine normative Bedingung, ja sogar als eine Vorbedingung moderner, liberaler, demokratischer Politik"[92]. So verstanden ist „Postsäkularität kein monolithisches Paradigma" [...], das irgendwie das Versprechen erweckt, im großen Stil die Säkularität in all ihrer Vielschichtigkeit zu ersetzen"[93], wie Barbieri festhält. Dennoch kann von so etwas wie einer „gemeinsamen Bewegungslinie" gesprochen werden, die zu einem neuen Aufmerksamkeits- und Bedeutungsgewinn der Religion in nicht-theologischen Disziplinen geführt hat. Zugänge zu einem irgendwie gearteten Heiligen oder Sakralen[94] stehen wieder auf der Agenda, genauso wie die Diskussion der Legitimität religiöser Teilnahme an der Demokratie oder auch die Prüfung des säkularen epistemologischen Fundaments bzw. Vernunftbegriffs.[95]

Den Ausgangspunkt für diese Entwicklung bildet seinerseits eine „Entmystifizierung" oder „Entzauberung" der Säkularisierungsthese. Was Taylor den „immanenten Rahmen" des Säkularen bezeichnet, der von einer normativen Entwicklungsdynamik, einem „Stadialbewusstsein" gekennzeichnet ist, hat selbst eine Entwicklungsgeschichte und einen Entstehungskontext. Taylor bezieht sich bei

---

[91]   Vgl. BARBIERI, „Sechs Facetten der Postsäkularität", 46-66; TAYLOR, *A Secular Age*, 2-3; CASANOVA, „Erschließung des Postsäkularen", 18-19. Siehe auch die Begriffsklärung in 1.2.3.

[92]   CASANOVA, „Erschließung des Postsäkularen", 18-19.

[93]   BARBIERI, „Sechs Facetten der Postsäkularität", 70.

[94]   Siehe z.B. HANS JOAS, *Die Sakralität der Person. Eine neue Genealogie der Menschenrechte*, Frankfurt a. M. 2011; DERS., *Die Macht des Heiligen. Eine Alternative zur Geschichte von der Entzauberung*, Berlin 2017.

[95]   Vgl. BARBIERI, „Sechs Facetten der Postsäkularität", 70.

seiner Analyse des Stadialbewusstseins auf geschichtliche Entwicklungsmodelle aus dem Umfeld der Schottischen Aufklärung. Derzufolge durchlaufe die menschliche Gesellschaft verschiedene Entwicklungsstufen, hinter welche sie dann nicht mehr zurückzufallen habe.[96] Nach Taylor wurde dieses Entwicklungsmodell im Laufe des 18. und 19. Jahrhunderts dahingehend erweitert, dass der Säkularismus die Form einer Geschichtsphilosophie annehmen konnte: „From here it would be easy to take the step that orthodox, communion-defined Christianity really belongs to an earlier age; that it makes little sense, and is hard to sustain today"[97]. Nach Casanova hat nun dieses historische Stadialbewusstsein die weitere Modernisierung und Säkularisierung in Europa begleitet, bis zu dem Punkt, dass der Niedergang religiöser Ansichten und Praktiken als natürliches und universelles Ergebnis von Modernisierungsprozessen interpretiert wurde. Doch ist für Casanova das Stadialbewusstsein nicht notwendigerweise an einen Modernisierungsprozess gebunden und markiert demnach vielmehr den Unterschied zu Gesellschaften, in denen Modernisierung nicht von einer radikalen Säkularisierung begleitet wird:

> „Wo ein solches säkularistisches historisches Stadialbewusstsein fehlt oder nicht vorherrscht, wie in den Vereinigten Staaten oder den meisten nichtwestlichen postkolonialen Gesellschaften, ist der Niedergang der Religion im Zuge von Modernisierungsprozessen unwahrscheinlich. Vielmehr dürften letztere mit einem religiösen Wiedererwachen einhergehen."[98]

Um dieser säkularistischen Geschichtsphilosophie den normativen Anspruch abzusprechen, untermauert Casanova seine Kritik mit empirischen Einzelstudien zur Religiosität in Spanien, Polen, Brasilien und den USA und kommt zu dem Befund, dass ein Bedeutungsverlust der Religion bzw. ihre Privatisierung in diesen Ländern empirisch nicht belegbar ist.[99] Demnach gibt es also offensichtlich Unterschiede, sowohl im Grad und der Art der Säkularisierung als auch in deren Wahrnehmung und Interpretation. In seinem Buch *Europas Angst vor der Reli-*

---

[96] Vgl. TAYLOR, *A Secular Age*, 218, 289.

[97] Ebd., 289. Siehe auch: „The upbeat story cherishes the dominance of an empirical-scientific approach to knowledge claims, of individualism, negative freedom, instrumental rationality. But these come to the fore because they are what we humans ‚normally' value, once we are no longer impeded or blinded by false or superstitious beliefs and the stultifying modes of life which accompany them. Once myth and error are dissipated, these are the only games in town" (571).

[98] CASANOVA, „Erschließung des Postsäkularen", 16-17. Tatsächlich stimmt diese Vermutung exakt mit Michael Walzers Untersuchung zum Erstarken von dezidiert religiös definierten politischen Extremismen in Indonesien, Algerien und Israel bereits eine Generation nach der Etablierung eines strikt säkularen Gesellschaftssystems überein. Siehe MICHAEL WALZER, *Paradox of Liberation. Secular Revolutions and Religious Counterrevolutions*, New Haven 2015.

[99] Vgl. CASANOVA, *Public Religions in the Modern World*.

gion untersucht Casanova diese Unterschiede. Er fragt, warum das zuvor beschriebene Stadialbewusstsein sich im Verlauf der europäischen Moderne entwickeln konnte und warum es auch aktuell noch das Bewusstsein einer breiten Öffentlichkeit in westeuropäischen Gesellschaften prägt. Seine Antwort ist so sim-
pel wie einleuchtend: dieses Narrativ dient der identitären Selbstbehauptung.
Seine Funktion liege darin, „moderne säkulare Europäer positiv von ‚Andersgläu-
bigen' – entweder von vormodernen religiösen Europäern oder von zeitgenössischen nichteuropäischen religiösen Menschen, speziell von Muslimen – zu unterscheiden"[100].

Entscheidend an dieser Feststellung für unsere Untersuchung ist nicht diese
Form des Säkularismus in irgendeiner Art moralisch zu diskreditieren. Wohl aber
deutet Casanovas Feststellung auf das zentrale Problem der Säkularisierungsthese
dieses Typs hin, und zwar auf dessen politische Implikationen. Zunächst scheint
es kaum zufällig, dass die Diskussion und Kritik an der normativen Verbindlich-
keit der Säkularisierungstheorien erst losbrachen, als die hegemonialen Narrative
Europas durch Globalisierung und postkoloniale Studien durchbrochen wurden.
Zwar widersprach das Beispiel der nachgewiesenen bleibenden öffentlichen Be-
deutsamkeit von Religion in den USA auch schon zuvor der Gleichsetzung von
Modernisierung und Säkularisierung, jedoch wurde dieser Umstand unter dem
Begriff des Amerikanischen Exzeptionalismus ausgeklammert. Erst mit einer
postkolonial globalisierten Wahrnehmung und einer postmodern inspirierten
Selbstreflektion der eignen Vergangenheit war man in der Lage anzuerkennen,
dass der „westlich[e] Säkularisierungsprozess ein europäischer historischer Son-
derfall in [der] Weltgeschichte"[101] ist. Und dies nicht so sehr wegen dem Trend
zur Säkularisierung, der sich auch in Ländern wie Japan oder China nachweisen
lässt, sondern wegen seiner speziellen Form, dem Stadialbewusstsein. Eben dieses Stadialbewusstsein aber ist seit etwa der Jahrtausendwende stetig aufgebrochen worden. Gerade dieses Aufbrechen einer vormals (vermeintlich) vollkommen säkularisierten Gesellschaft hin zu einem Bewusstsein einer „Wiederkehr
der Götter"[102], wie es Friedrich Wilhelm Graf formuliert hat, kennzeichnet die
Postsäkularität.

Wie alle Paradigmen, die mit dem Präfix „post" charakterisiert werden, zeichnet aber auch die Postsäkularität aus, dass sie nicht schlicht die Negation des
Wortstamms ist. „Post" verweist vielmehr auf die Überwindung eines Paradigmas ohne aber dabei einfach hinter die Entwicklungen und Erkenntnisse zurückzufallen oder diese schlicht zu negieren. Im Falle der Postsäkularität bedeutet
dies, dass säkulare und säkularistische Einstellungen keineswegs verschwinden,
sondern einfach nur zusammen mit religiösen und postsäkularen Einstellungen
eine gesellschaftspolitisch plurale Gemengelage bilden.

---

[100]   JOSÉ CASANOVA, *Europas Angst vor der* Religion, übers. v. ROLF SCHIEDER, Berlin
        2009, 14.
[101]   Ebd., 103.
[102]   GRAF, *Wiederkehr der Götter*.

Auch der vereinzelt besonders vehemente Einsatz für Säkularismus kann als Bestätigung für die faktische Postsäkularität gewertet werden, sieht sich dieser doch gerade bei abnehmender Zustimmung besonders unter Druck. Ein gutes Beispiel für dieses Phänomen stellt Mark Lillas international viel beachtetes Buch *The Stillborn God*[103] dar. Lillas engagiertes Plädoyer für die „große Trennung" (Eng. *Great Separation*) zwischen Politik und Religion – nicht allein zwischen Kirche und Staat – ist dabei unter zwei weiteren Aspekten besonders interessant: Zum einen vertritt Lilla die Ansicht, dass diese großartige Trennung nicht nur Erfolgsrezept und Kennzeichen des Westens ist, sondern dass diese Entdeckung zugleich auch Beitrag und Geschenk des Westens für alle Völker und Zeiten ist. Der zweite Aspekt betrifft die Gefährdung dieser Errungenschaft, vornehmlich durch die globale Kraft der politischen Religion(en), allen voran dem politischen Islam und christlich-evangelikalen Strömungen. Deren Aufkommen bringt Lilla mit der globalen Krise liberaler Demokratien in Verbindung. Daraus ergibt sich für Lilla der Schluss, dass beide Phänomene notwendigerweise voneinander abhängig sind und sich gegenseitig bedingen. Bei aller notwendigen Kritik an bestimmten politischen (und vornehmlich ideologischen) Programmen bestimmter religiöser Gruppierungen – gerade auch aus theologischer Sicht – muss jedoch vor einem solchen (Kurz)Schluss gewarnt werden. Es gilt kritisch zu prüfen, inwieweit Lillas Festhalten an der klassisch liberalen strikten Trennung zwischen Politik und Religion tatsächlich die einzige oder sogar bestmögliche oder aber auch nur wahrscheinlichste Lösung für ein gelingendes demokratisches Zusammenleben ist, das gezeichnet ist von Globalität und Multikulturalität.

Tatsächlich sind es auch zentrale Figuren der säkularen und liberalen Moderne, wie Jürgen Habermas und John Rawls, die nicht (mehr) auf der Seite von Lilla, *[t]he Once and Future Liberal*[104], stehen. Stattdessen haben gerade diese beiden Denker entscheidend zu einem Wandel in der Wahrnehmung in Fragen des Verhältnisses von Politik und Religion, sowohl in der Wissenschaft als auch in der breiten Öffentlichkeit beigetragen. Bevor wir zur Diskussion dieser beiden Autoren und deren (post)säkularen Vernunftkonzepten gelangen, sei noch kurz auf einen Autor eingegangen, der in ganz besonderer Weise für den Wechsel von einem säkularen zu einem postsäkularen Rahmen steht: Hans Joas.

Hans Joas hat mit seinem Werk maßgeblich dazu beigetragen Max Webers Narrativ der Entzauberung zu entzaubern.[105] In seiner groß angelegten Studie *Die Macht des Heiligen* bietet er eine religionssoziologische und -geschichtliche Alternative zur Säkularisierungsthese und hält fest, dass zwei „Pseudowahrheiten" des 19. und 20. Jahrhunderts ihre Glaubwürdigkeit eingebüßt haben: [1] „Nicht-

---

[103] MARK LILLA, *The Stillborn God. Religion, Politics, and the Modern West*, New York 2007. Vgl. auch die deutsche Übersetzung DERS., *Der totgeglaubte Gott. Politik im Machtfeld der Religionen*, übers. v. ELISABETH LIEBL, München 2013.

[104] MARK LILLA, *The Once and Future Liberal. After Identity Politics*, New York 2017.

[105] Vgl. JOAS, *Die Macht des Heiligen*, 11.

gläubige können ihren Abstand von aller Religion nicht länger als avantgardistischen Schritt in eine Zukunft, auf die die Menschheitsgeschichte von sich aus strebt, interpretieren" und andererseits [2] können Gläubige nicht mehr davor warnen, „dass Säkularisierung zum Verlust der Moral führt"[106]. Die zweite Aussage ist dabei genauso wichtig wie die erste. Auch religiöse Vertreter*innen können in einem postsäkularen Zeitalter nicht hinter die Errungenschaften der säkularen Moderne zurück.

Anstatt eines Säkularisierungsprozesses spricht Joas von einem kontinuierlichen Prozess der Sakralisierung und Desakralisierung, der eng mit einem Prozess der Machtbildung verbunden ist. Ihm zufolge kann man daher besser von einem „Wechselspiel von vielfältigen Prozessen der Machtbildung […] und nicht etwa [von einer] […] Geschichte der Wissenschaft oder des Erkenntnisfortschritts der Menschheit"[107] sprechen. In *Die Macht des Heiligen* unternimmt Joas den Versuch, die Dynamik der Religionsgeschichte in eine umfassende und universelle Darstellung zu bringen. Damit setzt sich Joas ganz bewusst in die Traditionslinie von Weber und Durkheim, ohne dabei aber deren essentialistische Definition von Religion zu teilen.[108] Stattdessen operiert Joas mit einem pragmatischen Religionsverständnis.[109] Heiligkeit ist ihm zufolge nicht die Qualität einer Erfahrung, sondern eine Interpretation und Zuschreibung:

> „Religion [ist] auf historisch situierte menschliche Erfahrungen von etwas, das als heilig empfunden wird, zurück[zu]führ[en] – Erfahrungen, die wir nur dann richtig verstehen, wenn wir sie in einer semiotisch transformierten Psychologie des Selbst verankern, in Praktiken verkörpert denken und nicht individualistisch verengen."[110]

---

[106] Ebd., 20.

[107] Ebd., 445.

[108] Joas ist sich dabei der Ähnlichkeiten und Unterschiede zu Weber und Durkheim durchaus bewusst und stellt ausführlich dar, inwieweit er welchem Theoretiker folgt oder nicht. Besonders hebt Joas die Nähe zu dem religionssoziologischen Ansatz des evangelischen Theologen Ernst Troeltsch hervor. Siehe hierzu ERNST TROELTSCH, *Die Soziallehren der christlichen Kirchen und Gruppen* (Gesammelte Schriften Bd. 1), Darmstadt 2016.

[109] Siehe zu Joas Pragmatismus als Lösungsansatz aus der doppelten methodischen Zwickmühle der Soziologie, bestehend aus Phänomenologie und Funktionalismus HANS JOAS, *Pragmatismus und Gesellschaftstheorie*, Frankfurt a. M. 1992; sowie SABINE SCHÖßLER, *Der Neopragmatismus von Hans Joas. Handeln, Glaube und Erfahrung*, Münster 2011; HERMANN DEUSER, „Kreativität und Abduction", in: HEINRICH WILHELM SCHÄFER (Hg.), *Hans Joas in der Diskussion. Kreativität – Selbsttranszendenz – Gewalt*, Frankfurt a. M., 35-47; HANS G. KIPPENBERG, „*Religionsanalyse im Zusammenhang mit einer pragmatischen Handlungstheorie*", in: HEINRICH WILHELM SCHÄFER (Hg.), *Hans Joas in der Diskussion. Kreativität – Selbsttranszendenz – Gewalt*, Frankfurt a. M. 2012, 59-78.

[110] JOAS, *Die Macht des Heiligen*, 14-15.

Auf eben diese Weise ist die Macht des Heiligen zurückzuführen, die sich „bei der Rechtfertigung wie bei der Infragestellung politischer und sozialer Macht [zeigt], weil die Bindung der Menschen an das von ihnen erfahrene Heilige eine ihrer stärksten Motivationsquellen darstellt"[111]. Dieser Prozess der Sakralisierung kann theoretisch auf verschiedene Entitäten angewandt werden, wie Joas mit seinem historischen Abriss der Sakralisierung beispielsweise des Herrschers, der Nation oder der (individuellen) Person aufzeigt.[112]

Dies bedeutet aber andererseits nicht, dass man notwendigerweise jeglichen normativen Anspruch von vornherein ablehnen muss. Das Projekt eines gelingenden politischen Gemeinwesens ohne die Annahme eines gewissen Universalitätsbezugs ist kaum vorstellbar. Dass es aber möglich ist, die „Öffnung zur Kontingenz" mit der „Verteidigung universalistischer Werte" zusammen zu denken, zeigt Joas exemplarisch am Thema der Menschenrechte.[113] Gerade das Beispiel der Sakralisierung der Person zeigt, dass die Entstehung und Begründung von Menschrechten stets im Fluss ist und nicht nur aus einer einzelnen speziellen Tradition generiert werden kann. Damit könne mit der Idee der Menschenrechte nicht einfach die Tradition der Aufklärung gegen die christliche(n) ausgespielt werden oder andersherum, denn beide haben ihre je spezielle Form der Menschenrechte mit den jeweils eigenständigen Begründungsmustern hervorgebracht.[114] Zur theoretischen Untermauerung dieser Sichtweise entwickelt Joas u.a. auf der Grundlage des Werkes des US-amerikanischen Soziologen Talcott Parson das Konzept der „Wertegeneralisierung". Demnach spielt es keine entscheidende Rolle, aus welcher Tradition sich ein bestimmter Wert zuerst gebildet hat, denn seiner Ansicht nach ist es möglich, aus je verschiedenen kulturellen und religiösen Traditionen einen abstrakten und generellen Wert zu generieren, der über einen bloßen Konsens hinausgeht.[115] Dies ist für Joas insofern wichtig, als dass er gerade in Bezug auf Moral einen normativen Anspruch nicht aufgeben will. Als eine seiner normativen Grundannahmen nennt Joas daher, dass moralischer Universalismus höher zu bewerten sei als moralischer Partikularismus. Für Joas sind es die achsenzeitlichen Religionen, die sich in besonderem Maß durch eine Affinität zu einer universalistischen Moral und „nichtrelativistische[n] Urteile[n]"

---

[111] Ebd., 20.
[112] Vgl. ebd., 423-485.
[113] Vgl. JOAS, *Die Sakralität der Person;* DERS., *Sind die Menschenrechte westlich?,* München 2015; CHRISTOPH MARKSCHIES, „Hans Joas und sein Werk", in: HEINRICH WILHELM SCHÄFER (Hg.), *Hans Joas in der Diskussion. Kreativität – Selbsttranszendenz – Gewalt,* Frankfurt a. M. 2012, 19-34, 26.
[114] Vgl. hier bes. HANS JOAS, *Sind die Menschenrechte westlich?.*
[115] Vgl. JOAS, *Die Sakralität der Person,* 251-281; DERS., *Die Entstehung der Werte,* Frankfurt a. M. 1999. Siehe auch TALCOTT PARSON, *Gesellschaften. Evolutionäre und comparative Perspektiven,* Frankfurt a. M. 1975; DERS., *Social Systems and Evolution of Action Theory,* New York 1977, 307-309.

auszeichnen.[116] In diesem Zusammenhang hat er auch den Begriff von „achsen-zeitlichen religiösen Errungenschaften" als weiterhin „wirkender Stachel" ge-prägt oder auch vom „achsenzeitliche[n], transzendenzbezogene[n], aber irdisch-praktischen Stachel"[117] als Motor stetiger Weiterentwicklung im Zentrum der Re-ligion gesprochen.

In seiner religionssoziologischen und -philosophischen Auseinandersetzung mit der Achsenzeit und der bleibenden Bedeutung der darin sich ereignenden „Entstehung einer Vorstellung von Transzendenz"[118], gibt Joas ein gutes Beispiel für die Bewusstseinsveränderung, die die Postsäkularität kennzeichnet. Transzen-denz, in deren verschiedenen Bestimmungen als „Kritik, Reflexivität, morali-sche[m] Universalismus und [der Einsicht in die Symbolizität der Symbole"[119] bleibt für ihn ein aktuelles Konzept, allen voran der darin zum Ausdruck kom-mende Impuls zur Entmagisierung und Radikalisierung der Unverfügbarkeit (der Erfahrung) der Heiligkeit.[120] Daher kann seine *Alternative zur Geschichte von der Entzauberung* auch als Stellungnahme gegen das gesehen werden, was Joas als „Weltbild der Immanenz" bezeichnet, dessen säkulare Intention gerade die Über-windung transzendenzbezogener Vorstellung darstellt.[121] Diesem säkularen Weltbild hält er entgegen:

> „Wenn wir Entmagisierung Entzauberung nennen, müssen wir uns ihrer Kehrseite in der Religionsgeschichte, der Entstehung von Transzendenzvorstellungen, be-wußt sein. Die Entwertung dieser Transzendenzvorstellungen, auch wenn sie im konkreten Fall angebracht sein sollte, stellt dann keine logische Fortsetzung eines Prozesses der Entmagisierung dar, sondern ist in vieler Hinsicht dessen Umkeh-rung."[122]

Diese Kehrseite wirkt als „Stachel der Achsenzeit" auch immer noch fort, ge-nauso wie wir stets der Gefahr ausgesetzt sind, hinter diese Errungenschaft (durch missionarischen Universalismus, Ideologie etc. ...) zurückzufallen. Für Joas gibt es daher keine notwendige graduelle Entwicklung in der Ideengeschichte, die von ihren achsenzeitlichen Ursprüngen über die Gestalt der Religionen bis hin zu ei-nem nachmetaphysischen Denken führt, wie dies bei Habermas der Fall sei.[123]

---

[116] Vgl. JOAS, *Die Macht des Heiligen*, 486-487.
[117] Vgl. HANS JOAS, „Welche Gestalt von Religion für welche Moderne? Bedingungen für Friedensfähigkeit von Religionen angesichts globaler Herausforderungen", in: MICHAEL REDER; MATTHIAS RUGEL (Hg.), *Religion und die umstrittene Moderne*, Stuttgart 2010, 210-223, 218, 222.
[118] JOAS, *Die Macht des Heiligen*, 311.
[119] Ebd., 314, 349-350.
[120] Vgl. JOAS, *Die Macht des Heiligen*, 349-350. Vgl. hierzu auch HANS JOAS, *Was ist die Achsenzeit? Eine wissenschaftliche Debatte als Diskurs über Transzendenz*, Ba-sel 2014.
[121] JOAS, *Die Macht des Heiligen*, 352.
[122] Ebd., 353.
[123] Vgl. JOAS, „Welche Gestalt von Religion für welche Moderne?", 218-219.

Interessanterweise ist es gerade dieser Transzendenzbezug der Religion, der für Vertreter der säkularen liberalen Moderne, allen voran Jürgen Habermas, der Stein des Anstoßes ist für einen vernünftigen, konsensfähigen Diskurs in einer freiheitlich orientierten Gesellschaft. Zur Diskussion dieses säkularen Verständnisses von Vernunft und politischer Teilhabe und dessen Aufbrechen hin zu einem postsäkularen Verständnis kommen wir nun in einem nächsten Schritt.

2.2.1.2   Der Übergang von einem säkularen zu einem postsäkularen Vernunft- und Sprachgebrauch im öffentlichen Raum

Auf die Frage, was die soeben beschriebene veränderte Wahrnehmung der bleibenden Relevanz von Religion(en) im öffentlichen Raum zu bedeuten hat, gibt es eine große Vielfalt von Interpretationen. Wie Uchenna Okeja könnte man von einer „Destabilisierung des *status quo* in der wissenschaftlichen Beschäftigung mit der öffentlichen Rolle der Religion"[124] sprechen. Besonders anschaulich hierfür ist das Beispiel von Jürgen Habermas. Habermas gilt als einer der bedeutendsten Vertreter der säkularen Moderne, dessen Theorie der Diskursethik und die damit verbundene Theorie von Öffentlichkeit und gesellschaftlicher Rationalisierung eng mit der Darstellung der Säkularisierung als Vorgang westlicher Modernisierung verknüpft sind.[125] Auch dem Diskurs der Postmoderne widersetzt sich Habermas aus der Überzeugung heraus, das noch unvollendete Projekt der Moderne verteidigen zu müssen.[126] Und doch war es Habermas, der mit den folgenden und anderen Beiträgen zu einem neuen Diskurs über die „postsäkulare" Gesellschaft angeregt hat:

> „We can hardly fail to notice the fact that religious traditions and communities of faith have gained a new, hitherto unexpected political importance. The fact is at least unexpected for those of us who followed the conventional wisdom of mainstream social science and assumed that modernization inevitably goes hand in hand with secularization in the sense of a diminishing influence of religious beliefs and practices on politics and society at large."[127]

---

[124]   UCHENNA OKEJA, „Postsäkularismus. Zur Extrapolation eines theoretischen Konzepts", in: MATTHIAS LUTZ-BACHMANN (Hg.), *Postsäkularismus. Zur Diskussion eines umstrittenen Begriffs*, Frankfurt a. M.; New York 2015, 195-210, 195.

[125]   Vgl. JÜRGEN HABERMAS, *Theorie kommunikativen Handelns*, Bd. 1 *Handlungsrationalität und gesellschaftliche Rationalisierung*, Frankfurt a. M. 1981; DERS., *Theorie kommunikativen Handelns*, Bd. 2 *Zur Kritik der funktionalistischen Vernunft*, Frankfurt a. M. 1981 u. DERS., *Strukturwandel der Öffentlichkeit. Untersuchungen zu einer Kategorie der bürgerlichen Gesellschaft*, Frankfurt a. M. 2009.

[126]   JÜRGEN HABERMAS, *Der philosophische Diskurs der Moderne*, Frankfurt a. M. 2011.

[127]   JÜRGEN HABERMAS, „Religion in the public sphere. Lecture presented at the Holberg Prize Seminar 29 November 2005" (2005), 1-14, 2. Redetext online verfügbar

Habermas selbst zieht noch im selben Jahr 2005 erste Konsequenzen daraus und fordert:

> „Die Gewährleistung gleicher ethischer Freiheiten erfordert die Säkularisierung der Staatsgewalt, aber sie verbietet die politische Überverallgemeinerung der säkularistischen Weltsicht. […] Eine liberale politische Kultur kann sogar von den säkularisierten Bürgern erwarten, dass sie sich an Anstrengungen beteiligen, relevante Beiträge aus der religiösen in eine öffentlich zugängliche Sprache zu übersetzten."[128]

Habermas Aufforderung (auch) an die säkulare Seite zur aktiven Auseinandersetzung mit religiösen Beiträgen spiegelt nach Okeja eine Veränderung im Bewusstsein sowohl in säkularisierten wie auch nicht säkularisierten Gesellschaften wider. So wie religiöse Bürger*innen dazu aufgerufen sind, eine „epistemische Einstellung gegenüber anderen Religionen und Weltanschauungen [zu] entwickeln", so bedürfen auch die säkular orientierten Bürger*innen eines selbstreflexiven Verständnisses. Die Annahme der Säkularisierungsthese ist demnach nicht mehr als Basis für eine demokratische Ordnung anzusehen.[129]

Als signifikant ist zunächst einmal festzuhalten, dass es Habermas unter dem Stichwort postsäkular demnach nicht um eine Umkehr der Säkularisierung (in Form von Casanovas Typ 2, als universeller Entwicklungsprozess der Menschheit) geht, sondern um die Bewusstseinsveränderung im Selbstbild einer Gesellschaft. Analog zu dem, was für Taylor die Notwendigkeit zu einem selbstreflektierten Glaubensbezug innerhalb des immanenten Rahmens für Gläubige im säkularen Zeitalter ist, könnte man von „einem geläuterten und reflexiven Verständnis von Säkularität"[130] in einem postsäkularen Kontext sprechen. Dass gerade mit Habermas einer der bedeutendsten Vertreter der säkularen Moderne ein neues reflexives Verständnis von Säkularität anmahnt, ist bemerkenswert. Mit Habermas sind es also nicht (nur) die Kritiker*innen der Moderne und der Aufklärung aus den verschiedensten philosophischen und theologischen Lagern, die

---

unter   https://holbergprisen.no/sites   /default/files/Habermas_religion_in_the_public_sphere.pdf, zuletzt abgerufen am 16.06.2021. Siehe hierzu Vgl. KLAUS VIERTBAUER, „Von der Säkularisierungsthese zur postsäkularen Gesellschaft", in: DERS.; FRANZ GRUBER (Hg.), *Habermas und die Religion*, Darmstadt 2017, 11-28.

[128]   JÜRGEN HABERMAS, *Zwischen Naturalismus und Religion*, Frankfurt a. M. 2005, 322.

[129]   Vgl. OKEJA, „Postsäkularismus", 201-203, 208-209.

[130]   Entsprechend fasst auch Barbieri seine Ausführungen zu den verschiedenen Facetten des Postsäkularismus folgendermaßen zusammen: „Aber die Bewegung hin zu einer neuen Art von Weltlichkeit, mit einem geläuterten und reflexiven Verständnis von Säkularität, einem Freiraum für das Heilige oder Göttliche wäre ein würdiges (und vielleicht nicht einmal zu weltfremdes) Ziel." BARBIERI, „Sechs Facetten der Postsäkularität", 73-74.

für ein postsäkulares Selbstverständnis eintreten. Sondern gerade auch bei Befürworter*innen der aufgeklärten Moderne, allen voran den Vertreter*innen der Theorien der liberalen politischen Philosophie, hat dieses postsäkulare Selbstverständnis Einzug gehalten[131], wie z.B. auch die Beiträge von John Rawls[132] und Ronald Dworkin[133] belegen.

Die Uneinigkeit zwischen diesen Autoren besteht nicht in der Frage, ob Religion(en) größere öffentliche und politische Einflussnahme zuzugestehen ist, sondern bis zu welchem Grad und in welcher Weise.[134] Dworkin entwirft zwei mögliche, grundsätzlich voneinander unterschiedene Modelle: zum einen die tolerante religiöse Nation, „committed to the values of faith and worship, but with tolerance for religious minorities, including non-believers", und zum anderen die tolerante säkulare Nation, „committed to thoroughly secular government but with tolerance and accommodation for people of religious faith"[135]. Anschließend dis-

---

[131]   Vgl. JAMES BECKFORD, „SSSR Presidential Address. Public Religions and the Postsecular: Critical Reflections", in: *Journal for the Scientific Study of Religion* 51 (1/2012), 1-19, hier 8: „At the center of the highest-profile cluster of ideas about postsecularity are the recent writings of Jürgen Habermas, but the ramifications of these ideas extend deep into liberal political philosophy and Radical Orthodox theology".

[132]   JOHN RAWLS, „The Idea of Public Reason Revisited", in: DERS. (Hg.), *The Law of Peoples and The Idea of Public Reason Revisited*, Cambridge, Mass. 2000, 129-180 u. DERS., „The Idea of Public Reason Revisited", in: *University of Chicago Law Review* 64 (1997), 765-807.; dt. „Die Idee der öffentlichen Vernunft", in: DERS., *Das Recht der Völker*, Berlin; New York 2002, 165-216. Luiz Bernardo Leite Araujo verweist die Entwicklung innerhalb Rawls Frühwerk *A Theory of Justice* [1971] und seinen späteren Untersuchungen in *Political Liberalism* [1993], besonders in der Neuauflage von 1997 und der Erweiterten Edition von 2005 hin. Siehe LUIZ BERNARDO LEITE ARAUJO, „*Religion und Öffentlichkeit. Taylor, Rawls, Habermas*", in: MATTHIAS LUTZ-BACHMANN (Hg.), *Postsäkularismus. Zur Diskussion eines umstrittenen Begriffs*, Frankfurt a. M.; New York 2015, 135-158., hier besonders 139, Anm. 15 u. 144-145. Siehe auch CHARLES LARMORE, „Grundlagen und Grenzen der öffentlichen Vernunft (Vorlesung VI)", in: OTFRIED HÖFFE (Hg.), *John Rawls. Politischer Liberalismus*, Berlin; München; Boston 2015, 131-146, hier 131.

[133]   RONALD DWORKIN, *Is Democracy Possible Here? Principles for a New Political Debate*, Princeton 2006.

[134]   So zitiert Araujo aus einem Briefs Rawls an dessen Verlegerin, worin es heißt: „Nevertheless, I hold that, except for fundamentalism, they [religions] can support a constitutional democratic regime. This is true for Catholicism (Since Vatican II) and much of Protestantism, Judaism and Islam". Siehe ARAUJO, „Religion und Öffentlichkeit", 144, Anm. 30. Für eine genaue Gegenüberstellung beider Autoren kann ein Band konsultiert werden, in dem Aufsätze der beiden Autoren versammelt sind, die diese zu der jeweils anderen Person verfasst haben. Siehe JAMES GORDON FINLAYSON; FABIAN FREYENHAGEN (Hg.), *Habermas and Rawls. Disputing the Political*, London 2010.

[135]   DWORKIN, *Is Democracy Possible Here?*, 56.

kutiert er die verschiedenen Modelle und kommt zu dem Schluss, dass eine tolerante säkulare Nation größere individuelle Freiheit garantieren könne, da diese
mit einem weiteren Begriff von Religionsfreiheit operiere, welche gerade auch
nicht spezifisch religiöse Werte wie Autonomie und individuelle Selbstbestimmung besser schütze. Bei Habermas und Rawls geht die Diskussion in eine ähnliche Richtung.[136] Ausgangspunkt bei beiden ist zunächst die Positionierung auf
Seiten des säkularen Staates. Daher konzentrieren sich beide auf die Frage, inwieweit religiöse Motive und Argumente in den öffentlichen und politischen Diskurs eingebracht werden können. Hierfür muss zunächst eine Übersetzung von
der religiösen in die öffentliche Sphäre stattfinden. Entscheidend für beide Denker ist hierbei die Unterscheidung zwischen öffentlichem (Eng. *public reason*)
und säkularem (Eng. *secular reason*) Vernunftgebrauch, die nicht miteinander zu
verwechseln sind.[137] Der Maßstab für den öffentlichen Vernunftgebrauch ist die
„reasonableness" (Vernünftigkeit) – im Gegensatz zur „rationality" (Rationalität)
– welche zunächst von unterschiedlichen und kontingenten Grundannahmen aus
operieren kann, seien diese säkular oder religiös. Diese Unterscheidung ist zwar
richtig und wichtig und deutet eine mögliche Entwicklungsrichtung von Vernunftkonzeptionen unter postsäkularem Vorzeichen an. Allerdings führt sie damit
zugleich auch zu zwei Problemfeldern, die es zu erörtern gilt.

Zunächst stellt sich die Frage, inwieweit die öffentliche Vernunft, die nur ihren
internen Kriterien gemäß urteilen kann, nicht selbst kontingent ist, und damit
auch unter gewissen (und gerade postsäkularen) Bedingungen möglicherweise
durch religiös motivierte und kodierte Rationalität beeinflusst sein könnte. Gegen
diese Möglichkeit aber sprechen sich Habermas und Rawls aus und begeben sich
damit auf das zweite Problemfeld. Dieses besteht in der Notwendigkeit einer in
gewisser Weise zumindest normativ festgesetzten Vernunftkonzeption, die eine
religiös-weltanschauliche Neutralität beansprucht. Hier stellt sich aber die Frage,
inwieweit diese neutral verfasste Vernunftkonzeption von einer säkularen zu unterscheiden ist. Mit Casanova könnte man fragen, ob nicht gerade hier die Gefahr
besteht, Säkularität automatisch eine größere Rationalität und Universalität zuzusprechen. Casanova spricht in diesem Zusammenhang von einem „noch verbliebene[n] säkularistische[n] Missverständnis"[138] in Habermas Ansatz.[139] Damit
spricht Casanova ein zentrales Problem bei Habermas an, dass in der Forderung

---

[136]   Siehe zur Debatte zwischen beiden Denkern JAMES GORDON FINLAYSON, *The Ha-
         bermas-Rawls Debate*, New York 2019.
[137]   Vgl. RAWLS, „Idea of Public Reason Revisited", 152.
[138]   CASANOVA, „Erschließung des Postsäkularen", 28.
[139]   So sind es auch nach Araujo die unterschiedlichen Definitionen von Vernunft und
         Religion, und nicht so sehr die Notwendigkeit der Übersetzung von religiösen Ar-
         gumenten, die zu einem Dissens zwischen Taylor und Habermas führen. Vgl.
         ARAUJO, „Religion und Öffentlichkeit", 155.

nach Übersetzung religiöser Argumente in eine allgemeingültige öffentliche Sprache und Vernunft besteht.[140]

Dieses „verbliebene säkularistische Missverständnis" lässt sich auch an einigen Stellen in Habermas neuer, groß angelegter Genealogie des nachmetaphysischen Denkens nachweisen.[141] So ist er sich einerseits zwar der problematischen Überverallgemeinerung des universellen Geltungsanspruchs des nachmetaphysischen Denkens bewusst, das er als das Ergebnis eines okzidentalen Lernprozesses beschreibt.[142] Anderseits aber will Habermas diesen Vorwurf entkräften, indem er den westlichen Entwicklungsprozess nicht als einen Sonderweg beschreibt, sondern nur als einen der vielen möglichen parallelen Lernprozesse, den auch andere achsenzeitliche Zivilisationen durchlaufen und „ähnliche kognitive Entwicklungspfade" aufweisen können (und werden?), wenn sie vor die gleichen Probleme wie die des Westens gestellt werden.[143] Aufgrund dieses geteilten achsenzeitlichen Potentials verfügen Habermas zufolge alle diese Zivilisationen über ein grundsätzliches Vernunftpotential, das sich exemplarisch im Westen über die „Modernisierung des religiösen Bewusstseins" hinweg bis hin zur endgültigen Emanzipation in Aufklärung und Moderne vollständig entwickelt hat. Diese nachmetaphysische Vernunft nun ist für Habermas die Voraussetzung für eine interkulturelle Verständigung über Normen des Zusammenlebens in einer globalen Weltgesellschaft.

Um dies zu veranschaulichen, entwirft Habermas ein Gedankenexperiment mit zwei Etappen.[144] In der ersten Etappe findet der Diskurs zwischen den verschiedenen religiösen und nicht-religiösen Teilnehmenden auf der Ebene einer „gemeinsame[n] säkulare[n] Denkungsart" statt, einer „im schwachen Sinne" säkularen Gemeinsamkeit, die allen Teilnehmenden eine Verständigung auf der geteilten Reflexivität der jeweiligen Traditionen ermöglicht, die sich im Zuge der sich auf verschiedenen Weisen global ausbreitende Modernisierung gebildet hat.[145] Die Letztbegründung für Normen auf dieser Ebene des Diskurses garantiert für Gläubige die Anschlussfähigkeit der zugrundeliegenden Prämissen an das je eigene religiöse Weltbild.[146] Diesen steht die Gruppe der Nichtreligiösen gegenüber, die eine Säkularität im „starken Sinne" vertreten, d.h. deren Letztbegründung unabhängig von Prämissen eines bestimmten Weltbildes ist und sich

---

[140]   Siehe auch REBEKKA A. KLEIN, „Religiöse Rede zwischen Lebenswelt und öffentlichem Diskurs – eine Kritik an Habermas' sprachpragmatischer Disziplinierung der Religion", in: ANDREAS HETZEL (Hg.) *Rhetorik und Pragmatik* (Rhetorik. Ein internationales Jahrbuch 32), Berlin 2013, 30-43.

[141]   JÜRGEN HABERMAS, *Auch eine Geschichte der Philosophie*, Bd. 1 *Die okzidentale Konstellation von Glauben und Wissen*, Bd. 2 *Vernünftige Freiheit. Spuren des Diskurses über Glauben und Wissen*, Frankfurt a. M. 2019.

[142]   Vgl. HABERMAS, *Auch eine Geschichte der Philosophie*, Bd. 1, 39.

[143]   Vgl. ebd., bes. 127-128.

[144]   Vgl. ebd., 126-134.

[145]   Vgl. ebd., 126-127.

[146]   Vgl. ebd., 130.

„einer *Autorität aus eigenem Recht* verdankt, nämlich einer Vernunft, die sich als autonom versteht"[147]. Diese starke Säkularität stellt nun aber gleichzeitig die Bedingung für die zweite Etappe des Diskurses dar:

> „Unter den anspruchsvolleren Bedingungen der zweiten Etappe kann es zwischen der religiösen und der nichtreligiösen Seite nur zu einer Einigung kommen, wenn alle Parteien denselben Grundsätzen politischer Gerechtigkeit nicht nur – wie schon im engeren Kreis der Religionsparteien – aus denselben Gründen zustimmen, sondern diese im starken Sinne säkularen Gründe auch als ausreichend für eine selbsttragende ‚vernünftige' Rechtfertigung interpretiert werden."[148]

Man könnte also auch schlussfolgern, dass in Etappe eins die zuvor angesprochene Vernünftigkeit (Eng. *reasonableness*) der Maßstab des Diskurses ist, während in Etappe zwei die Rationalität (Eng. *rationality*) das Geltungskriterium darstellt. Damit aber gelangen wir wieder zu dem, was Casanova als das „verbliebene säkularistische Missverständnis" bezeichnet, das uns vor eine Reihe von Fragen stellt. Zwar räumt Habermas auch in seinem neuen Werk die Möglichkeit ein, dass der „heuristische Wert und potentielle Wahrheitsgehalt" von Beiträgen auch in religiöser Sprache zu prüfen sind, aber nur unter der Voraussetzung, dass diese „gegebenenfalls [...] in eine säkulare Sprache übersetzt und begründet werden [können]"[149]. Indem er letztlich jeglicher Form religiöser Ausdruckweise die Möglichkeit eines selbstbestimmten Beitrags ausschlägt, kann Habermas sich dem Vorwurf der Funktionalisierung der Religion – bei allen gegenteiligen Bekenntnissen – nicht ganz entziehen.[150] Das Thema der Sprache ist hierbei entscheidend.

Es bleibt zunächst die Frage, in welche allgemeine Sprache genau übersetzt werden soll bzw. inwieweit eine solche überhaupt besteht. Des Weiteren ist mit Alessandro Ferrara kritisch zu hinterfragen, ob nicht ein asymmetrisches Verhältnis bei der Übersetzungsmöglichkeit zwischen säkularen und religiösen Überzeugungen vorliegt.[151] Ferrara macht drei Vorteile der säkularen Seite gegenüber der religiösen aus: (1) eine asymmetrisch verteilte Last der Übersetzung[152], (2) den Unterschied in der Entwicklung zwischen bürgerlichen Gesetzen und verfassten Religionsgemeinschaften, welche viel mehr an Traditionen und Texte gebunden sind[153], und (3) die Frage nach der Grenze, jenseits derer religiöse Argumente

---

[147]   Vgl. ebd., 131.
[148]   Ebd., 131.
[149]   Ebd., 132.
[150]   Vgl. beispielsweise FELIX KÖRNER, *Politische Religion. Theologie der Weltgestaltung – Christentum und Islam*, Freiburg 2020, 242.
[151]   ALESSANDRO FERRARA, „The Separation of Religion and Politics in a Post-Secular Society", in: *Innsbrucker Diskussionspapiere zu Weltordnung, Religion und Gewalt* 23 (2008), 1-17.
[152]   Ebd., 6.
[153]   Ebd., 14.

nicht länger zulässig sind.[154] Diese Grenze wird von einzelnen Autoren unterschiedlich gezogen: bei Habermas bereits vor dem Parlament, bei Rawls hingegen sind sie unter bestimmten Bedingungen auch im Parlament zulässig.[155] Taylor hingegen würde die Grenze noch etwas weiter verschieben, und zwar zwischen der Gesetzgebung, wo durchaus religiöse Argumente erlaubt sein sollten, und den noch höher stehenden Verfassungsgrundsätzen.[156]

An dieser Stelle ist es für unsere Untersuchung zunächst nicht entscheidend, welche dieser Optionen man favorisiert. Was man aber feststellen kann, ist, dass sich auch und gerade bei herausragenden Vertretern der liberalen und säkularen Moderne ein Wandel in der Beurteilung der Rolle der Religion in Öffentlichkeit und Politik abzeichnet. Dieser Umstand hat auch Auswirkung auf die etablierte nachaufklärerische Konzeption einer allgemeingültigen und universellen Vernunft. Mit Ferrara kann man zusammenfassen:

> „To conclude: something has changed in the manner in which we perceive the State's religious neutrality in the 21st century. The limits within which religion is permitted to inspire and guide our lives are no longer imposed by a reason that in turn knows no other restrictions except those it provides for itself, as the Kantian reason, but in the 21st century should be, more modestly, the limits of a ‚post-secular' reasonableness – according to which legitimately binding and enforceable is only what is shared by everyone under conditions of freedom and equality – a ‚post-secular reasonableness' equally accessible to both believing post-secular citizens and non-believing post-secular citizens."[157]

Wie genau sich diese postsäkulare Vernünftigkeit (Eng. *post-secular reasonableness*) in Zukunft ausgestalten wird, ist bis dato noch nicht abzuschätzen.[158]

---

[154]   Ebd., 15.

[155]   Siehe hierzu ebd., 15, worin Ferrara für Rawls folgende Bedingungen ausmacht, unter denen auch religiöse Argumente im Parlament vorgebracht werden dürfen: „a) we express deep convictions of ours which we don't expect others to share, b) we conjecture from the comprehensive convictions of others, and c) we object to otherwise legitimate decisions of the basis again of deep convictions not expected to be shared by our interlocutors." Dahingegen vertritt Habermas die Auffassung, dass im Parlament „the rules of procedure must empower the house leader to strike religious positions or justifications from the official transcript". Siehe: JÜRGEN HABERMAS, *Between Naturalism and Religion. Philosophical Essays*, Cambridge 2008, übersetzt durch Ciaran Corin, 131.

[156]   Vgl. BABIERI, „Sechs Facetten der Postsäkularität", 50-51.

[157]   FERRARA, „The Separation of Religion and Politics", 17.

[158]   Folgt man z. B. Babieris Vorschlag, stellt Michael Polanyis personale und postkritische Philosophie eine mögliche neue Ausrichtung dar. Vgl. BABIERI, „Sechs Facetten der Postsäkularität", 73. Siehe hierzu auch MICHAEL POLANYI, *Personal Knowledge. Towards a Post-Critical Philosophy*, Chicago 1958; WILLIAM H. POTEAT, *Polanyian Meditations. In Search of a Post-Critical Logic*, Durham, N.C. 1985 und HELMUT MAI, *Michael Polanyis Fundamentalphilosophie. Studien zu den Bedingungen des modernen Bewusstseins*, Freiburg 2009.

Klar ist aber, dass die Zeichen der Zeit auf einem neuen Austarieren zwischen säkularer und „religiöser Vernunft" im öffentlichen Raum stehen. Es deutet sich die damit verbundene Suche nach neuen Lösungsstrategien der vernünftigen Vermittlung zwischen einzelnen, partikularen Überzeugungen und Interessen und universellen Ansprüchen im öffentlichen und politischen Diskurs ab. Klar ist auch, dass man bei dieser Neukonzeption nicht hinter die bisher erreichten Erkenntnisse und Errungenschaften zurückfallen darf, weder die der Aufklärung noch die der daran ausgerichteten Kritik der Postmoderne. Dies bedeutet aber auch, sich mit Susan Neiman zu einem *Widerstand der Vernunft*[159] gegen den Relativismus „postfaktischer Zeiten" zu wenden. Die Stärke der Kantisch-aufklärerischen Subjektkonzeption und der verschiedenen Formen des Kategorischen Imperativs liegt in der Möglichkeit zur Verschränkung des Individuellen mit dem Universellen – oder exakter formuliert, des Absoluten und des Besonderen im Einzelnen. Auch wenn Konzepte wie das Absolute vor dem Hintergrund der Postmoderne in Kritik geraten sind, kann es nun nicht darum gehen, den Versuch einer darin zum Ausdruck gebrachten Verschränkungsstrategie aufzugeben. Vielmehr gilt es zu prüfen, inwieweit die bisher entwickelten, liberalen Vermittlungsmodelle noch zufriedenstellend sind, und inwieweit diese möglicherweise umgewandelt bzw. erweitert werden können.[160] Denn es ist das Fehlen von allgemein anerkannten Beurteilungskriterien, das der Rede von postfaktischen Zeiten zu Grunde liegt.

Eine äußerst interessante Öffnung hin zu einer soeben abgesteckten „postsäkularen Vernünftigkeit" hat dabei Habermas selbst vorsichtig angedeutet. Denn auch wenn dieser einerseits nicht von einem „starken säkularen" Vernunftkonzept abweicht, ist Habermas sich doch der Gefahr einer verabsolutierten Vernunft bewusst. Daher sieht er den entscheidenden letzten Schritt in der Entwicklung des nachmetaphysischen Denkens in dem, was er die „linguistische Wende" nennt. Darunter versteht er die Wende

> „[...] vom Mentalismus zur Sprachpragmatik [worin] [...] der Primat der Erkenntnisbeziehung des Subjekts zur Welt abgelöst wird durch Praktiken des Zurechtkommens kommunikativ vergesellschafteter Subjekte miteinander und der Welt,

---

159 SUSAN NEIMAN, *Widerstand der Vernunft. Ein Manifest in postfaktischen Zeiten*, Salzburg; München 2017.

160 Siehe KARLHEINZ RUHSTORFER, „Keine einfachen Wahrheiten. Zur Kritik an der ‚Theologie der Freiheit'", in: *Herder Korrespondenz* (3/2018), 47-50, hier 47. Interessant ist hierbei zu bemerken, dass es beispielsweise für Michael Gillespie gerade Kants Antinomien der reinen Vernunft sind, die für ihn den ersten und entscheidenden Ausdruck darstellen für das, was er die Krise der Moderne nennt. Ihm zufolge verleitet eben diese Krise, die in der Moderne grundgelegt ist, „many to abandon modernity in favour of either premodern or postmodern alternatives". Siehe MICHAEL ALLEN GILLESPIE, *The Theological Origins of Modernity*, Chicago; London 2008, hier 16.

sodass die triadische Beziehung der Kommunikation miteinander über etwas in der Welt an die Stelle der Subjekt-Objekt-Beziehung rückt."[161]

Diese Kommunikation miteinander zeichnet sich nun dadurch aus, dass eine Letztbegründung von Normen nicht mehr endgültig – absolut – getroffen werden kann. Stattdessen spricht Habermas von einem „Gewebe von Gründen"[162], innerhalb dessen sich das moralische Sollen im autonomen Vernunftwesen motiviert. Denn unter der Bedingung des nachmetaphysischen säkularen Denkens gebe es kein „Versprechen rettender Gerechtigkeit [Gottes]" mehr wie (noch) bei metaphysischen und religiösen Weltbildern, ebenso wenig wie die darin verwurzelte sakrale Bindungskraft der Moral.[163] Nichtsdestotrotz soll das komplexe Ineinander der verschiedenen Gründe rational zum moralisch richtigen Handeln motivieren, was Habermas zum Vergleich mit der Formel des „verabschiedeten christlichen Glauben[s]" veranlasst, wonach „sich die *fides quae* im Vollzug der *fides qua* bewähren muss"[164]. Die Richtigkeit bzw. Vernünftigkeit/Rationalität eines moralischen Urteils erweist sich letztlich dadurch, dass es sich im rationalen Diskurs auf vernünftige Weise durchsetzt.

Diese Übersetzung eines theologischen Motivs passt einerseits zum Programm von Habermas; schließlich betont er nochmals im Postskriptum seiner *Geschichte der Philosophie* sein Anliegen, die Einführung theologischer Gehalte in philosophisch-säkulare Debatten und Begriffe als Lernprozess darzustellen.[165] Was Habermas auf den letzten Seiten seines Werkes ansatzweise andeutet, kann tatsächlich als so etwas wie eine Übersetzung einer theologischen Denkweise gesehen werden. Er will nicht mehr allein einen religiösen Begriff übersetzen, sondern etwas mehr „Fluides", nämlich einen religiösen Vollzug – den Glaubensakt selbst. Diesen scheint er übersetzt in motivational-moralische Begrifflichkeit für den politischen Prozess der Demokratie fruchtbar machen zu wollen. Denn diesen Prozess scheint Habermas – in Analogie zum Gottesbezug im Glauben – als prinzipiell unvollendbar zu interpretieren, wenn er von einem zunächst paradox wirkenden „vitiösen Zirkel" spricht, der dadurch gekennzeichnet ist, dass „aus der demokratischen Willensbildung die Solidarität stiftende Gemeinsamkeit einer gemeinsamen politischen Kultur hervorgehen soll, aus der die demokratische Willensbildung selbst erst ihre Kraft zieht"[166]. Zusammenhalt in einer nachmetaphysisch konzipierten freiheitlichen Demokratie à la Habermas kann gerade nur aus

---

[161] HABERMAS, *Auch eine Geschichte der Philosophie*, Bd. 1, 167.

[162] Ebd., Bd. 2, 769: „Das im linguistischen Paradigma eingelöste Kantische Konzept der Vernunft räumt nicht nur empirischen und theoretischen Gründen, sondern auch moralischen und juristischen, ethischen und ästhetischen Gründen, zusammen mit ihren jeweils spezifischen Begründungsmustern, ein Gewicht auf der Waagschale rationaler Diskurse ein."

[163] Vgl. ebd., 804-805.

[164] Ebd., 805.

[165] Ebd., 806.

[166] Ebd., 797.

der Auseinandersetzung hervorgehen. Es mutet beinahe schon wie eine Option für die religiöse Tugend der Hoffnung an, wenn Habermas dem „fragile[n] Vertrauen in die eigenen Kräfte"[167] Mut zuspricht. Denn diese Kraft könne nun nicht (mehr) transzendental garantiert werden, sondern nur noch als grundgelegt in den Kommunikationsprozessen interpretiert werden. Habermas wehrt sich auch hier gegen den Begriff der Transzendenz, wovon sich die „säkulare Moderne [...] aus guten Gründen" abgewendet habe. Aber dennoch räumt er ein, dass die Vernunft „verkümmern" würde, vergäße sie „jeden Gedanken[], der das in der Welt Seiende als Ganzes transzendiert"[168].

Wie ist diese „Spur" der Transzendenz, die sich der Habermas' schen Übersetzung selbst zu entziehen scheint, zu interpretieren? Die Frage kann nicht eindeutig beantwortet werden. Aber dieser enge Berührungspunkt mit dem, was Habermas selbst als „religiöses Bewusstsein" bezeichnet ist an dieser exponierten Stelle seines Werkes – der letzten Seite – alles andere als nebensächlich. Was sich hier andeutet, ist eine gewisse Strukturähnlichkeit zwischen dem (nachmetaphysisch demokratischen) Politischen und dem Religiösen. Auf dieses Beziehungsverhältnis, dass unter postsäkularen Vorzeichen eine Wendung erhält, werden wir im Fortgang dieses Kapitels nochmals genauer zurückkommen. Dass dieses Phänomen der Postsäkularität – zumindest ansatzweise – sogar dort durchzuschimmern scheint, wo es zunächst nicht zu vermuten wäre – auch bei Habermas verbliebenem säkularem Missverständnis –, ist jedenfalls bemerkenswert. Diesem Anschein gilt es zu folgen. Einen ersten Schritt auf dieser Spur bietet uns Habermas selbst, wenn er in seinem letzten Satz auf die Bedeutung der liturgischen Praxis der Gemeinde als eine „gegenwärtige Gestalt des Geistes" wie folgt verweist:

> „Der Ritus beansprucht, die Verbindung mit einer aus der Transzendenz in der Welt einbrechenden Macht herzustellen. Solange sich die religiöse Erfahrung noch auf diese Praxis der Vergegenwärtigung einer starken Transzendenz stützen kann, bleibt sie ein Pfahl im Fleisch der Moderne, die dem Sog zu einem transzendenzlosen Sein nachgibt – und solange hält sie auch für die säkulare Vernunft die Frage offen, ob es unabgegoltene semantische Gehalte gibt, die noch einer Übersetzung ins ‚Profane' harren."[169]

Religiöse Praxis bzw. Erfahrung als „Pfahl im Fleisch der Moderne"; die Nähe zu Joas „Stachel der Transzendenz" ist unverkennbar. Und doch bleibt es für Habermas dabei: diese fungiert als Öffnung der säkularen Vernunft für sich selbst. Ob dies nun prinzipiell so ist oder irgendwann einmal alle „unabgegoltenen semantischen Gehalte" der Religion übersetzt sein werden, lässt Habermas offen. Ein anderer Weg bleibt Habermas letztlich nicht, denn im Rahmen seines Projektes ist die Diskursethik eng mit dem Projekt der Moderne verbunden. Erst wenn

---

[167]   Ebd., 806.
[168]   Ebd., 807.
[169]   Ebd., 807.

auf globaler Ebene der Diskurs auf dem Fundament nachmetaphysischen Denkens ruht – also in der zweiten Etappe seines Gedankenexperiments angelangt ist – ist das Projekt der Moderne vollendet.[170] Dies ist, wenn man so will, Habermas „verbliebenes modernes Missverständnis", hinter das er nicht zurückgehen kann.[171] Dass sich aber unter postsäkularen Vorzeichen gerade auch dieses Selbstverständnis der Moderne gewandelt hat, soll im folgenden Abschnitt erläutert werden.

2.2.1.3 Multiple Modernen und deren jeweilige politischen Ausformungen von Säkularität

Wir können diesen Wechsel im Selbstverständnis auch unter dem Paradigmenwechsel von der Moderne zur Postmoderne fassen. Bezüglich der Sicht auf unsere Gesellschaft(en) schlussfolgert Michael Hochschild treffend: „Eine neue Unübersichtlichkeit, ja gesellschaftliche Unförmigkeit greift um sich. Es wird umso schwieriger sprichwörtlich noch alles unter einen Hut zu bringen, eine Einheit zu realisieren."[172] In der Tat, unter postsäkularem Vorzeichen ist die liberale Einheit von Säkularisierung, Modernisierung und Demokratisierung aufgebrochen worden. Nachdem im vorangegangenen Abschnitt bereits auf die Implikationen einer aufbrechenden postsäkularen Selbstwahrnehmung im öffentlichen Diskurs eingegangen wurde, soll nun noch genauer auf zentrale politische Kategorien der Nationalstaatlichkeit eingegangen werden, die traditionell eng mit dem Begriffspaar der Moderne und Säkularisierung (Typ 3, Privatisierung der Religion) verbunden sind. Auch hier wird deutlich, dass die Diskussion der letzten beiden Jahrzehnte zu einem entscheidenden Wandel in der Einschätzung des Verhältnisses zwischen Politik und Religion geführt hat. Zunächst sei mit Martha Nussbaum und José Casanova daran erinnert, dass die Verhältnisbestimmung zwischen Religion und Politik in der Öffentlichkeit wesentlich auch von dem jeweiligen Staatskonzept abhängt, innerhalb dessen diese Beziehung austariert wird. Anschließend soll mit Talal Asad gezeigt werden, inwieweit Säkularismus als politisches Projekt des modernen Nationalstaates zu verstehen ist. Schließlich soll die Spannung dahingehend aufgelöst werden, dass mit Shmuel Eisenstadts Konzept der „multiplen Modernen" erklärt werden kann, dass das politische Projekt des Säkularismus ein, aber auch nur *ein* legitimes politisches Projekt innerhalb einer Vielzahl von sich unterschiedlich ausdifferenzierenden modernen Gesellschaften und politischen Ordnungssystemen darstellt.

---

[170] Vgl. ebd., 120.
[171] Dies ist letztlich wohl auch der Grund dafür, dass Habermas sich nie wirklich dem Diskurs der Postmoderne geöffnet hat. Statt der postmodernen Dekonstruktion der Postmoderne greift er vielmehr auf eine pragmatische Rekonstruktion zurück, statt postmodernem „linguistic turn" auf seine pragmatische „linguistische Wende".
[172] MICHAEL HOCHSCHILD, „Selbstreferenz und Fremdreferenz. Kirche und postmoderne Gesellschaft", in: MATTHIAS REMENYI (Hg.), *Amt und Autorität. Kirche in der späten Moderne*, Paderborn u.a. 2012, 105-114, 109.

Als Ausgangspunkt für die Betrachtung von Nussbaums Verhältnisbestimmung zwischen Säkularisierung und den verschiedenen Modellen moderner Staatlichkeit kann der Islam herangezogen werden. Spätestens seit 9/11, jedoch in Fachkreisen bereits früher, ist es gerade der Islam, der sich nicht in säkularen Kategorien erklären und einordnen lässt. Der Fall des Islams macht so die Schwächen einer universalisierten Säkularisierungsthese deutlich. Zusätzlich weist die Frage nach der politischen Rolle des Islams weltweit auch auf eine kontextabhängige Ausgestaltung und Interpretation der politischen Kategorie der (National)Staatlichkeit hin. So macht die US-amerikanische Philosophin Nussbaum in ihrem Buch *The New Religious Intolerance* in der Behandlung und Beurteilung des Islams beträchtliche Unterschiede zwischen der Politik der USA und einzelnen europäischen Staaten aus: „Nonetheless, we find nothing in the United States that even remotely approaches the nationwide and regional bans on Islamic dress in Europe [...]"[173]. Für Nussbaum liegt der Grund für diesen Unterschied im unterschiedlichen Verständnis von nationaler Identität. Diese definiert sich laut Nussbaum im europäischen Raum weitestgehend über Homogenität und kulturelle Assimilation. Demgegenüber haben die Vereinigten Staaten ein anderes Konzept von nationaler Identität, welches weitaus besser mit Heterogenität umgehen kann. Die Vereinigten Staaten „understand membership in terms of shared goals and ideals, thus in a way that does not require homogeneity – in dress, dietary custom, religious belief, or even outward religious observance"[174], so Nussbaum. Während also Fremdheit und Andersheit im modernen Europa als politische Bedrohung interpretiert wird, ist es gerade die religiöse Diversität, die zu einem großen Teil die politische Identität der ehemals britischen Kolonien in Amerika ausmacht.[175] Für Nussbaum steht am Ende ihrer Untersuchung fest, dass „the idea that political principles should not plump for one religion over others […] did a lot better in the American colonies and, ultimately, in the new nation [...]"[176]. Religiöse Diversität hat demnach Einfluss auf die Genese des politischen Konzeptes der nationalen Identität.

Dieser Sachverhalt zeigt, dass für die Diskussion des Verhältnisses zwischen Religion und Politik daher nicht nur auf die oberflächlichen Beziehungen zwischen etablierten religiösen Institutionen und dem jeweiligen politischen System einzugehen ist, sondern auch auf die Tiefenstruktur dieses Verhältnisses, d.h. die genealogische Abhängigkeit beider voneinander. Casanova spricht in diesem Zusammenhang von einem „geschichtliche[n] Beziehungsmuster zwischen Kirche, Staat, Nation und Bürgergesellschaft"[177]. Er teilt weitestgehend Nussbaums Ana-

---

[173] MARTHA NUSSBAUM, *The New Religious Intolerance. Overcoming the Politics of Fear in an Anxious Age*, Cambridge, Mass. u.a. 2012, 13.

[174] NUSSBAUM, *New Religious Intolerance*, 14.

[175] Vgl. ebd., 14-17.

[176] Ebd., 243.

[177] CASANOVA, „Erschließung des Postsäkularen", 22.

lyse, wonach die Unterschiede zwischen den USA und Europa in der Einschätzung und dem Umgang mit Religion im öffentlichen Raum auf unterschiedliche Ursprünge moderner Staatskonzeption zurückzuführen sind. Während in Europa, sozusagen als „Erbschaft des Westfälischen Systems", religiöse Homogenisierung am Beginn des modernen Staates steht, seien die USA als säkularer moderner Staat entstanden. Hierzu war in Europa der frühen Neuzeit zunächst ein Prozess der Konfessionalisierung und der Bildung von Nationalkirchen nötig, wohingegen in den USA innerhalb der Bürgergesellschaft ein freier Wettbewerb verschiedenster religiöser Gemeinschaften stattfand. Folglich ergibt sich auch ein Unterschied in dem Verhältnis zwischen Modernisierung und Säkularisierung in den jeweiligen politischen Kontexten. Im Vergleich zu Europa war in den USA der „Prozess der Dekonfessionalisierung und Trennung von Staat und Kirche nicht nötig"[178], um eine Modernisierung im Sinne einer Demokratisierung in der politischen Sphäre voranzutreiben.[179] Daher steht für Casanova auch fest, dass „[d]ie Religion in den Vereinigten Staaten [...] kein Überbleibsel einer vormodernen traditionellen Gesellschaft, sondern Resultat der US-amerikanischen Moderne [ist]".[180] Damit lässt sich auch auf William Connolly verweisen, der zu dem Schluss gelangt, dass Säkularität ein „political settlement rather than an uncontestable dictate of public discourse itself"[181] darstellt. Laut Casanova ist demnach klar, dass Säkularität nur dort eine Grundvoraussetzung für demokratische Politik ist, „wo eine Religion ein Monopol über ein bestimmtes Territorium beansprucht und gegen Religionsfreiheit"[182] agiert. Prinzipiell ist also nicht Religion das Problem, sondern deren intolerante Monopolstellung, wie etwa die historischen Beispiele des katholischen Südeuropas nahelegen. Aber anderseits belegen „alle nicht-katholischen europäischen Demokratien, wo [das] Christentum offiziell etabliert [...] [ist], dass die Trennung von Kirche und Staat nicht notwendig für die Demokratie [ist]"[183]. Der entscheidende Punkt ist für Casanova daher, dass Religionsfreiheit garantiert ist, ohne die keine Demokratie möglich ist. Und nur insofern Säkularität als „Hilfsmittel für Religionsfreiheit" dient, ist sie für die Demokratie notwendig. Säkularität an sich ist aber damit gerade eben nicht ein universal geltendes, intrinsisch demokratisches Prinzip.[184]

---

[178]   Ebd., 25.
[179]   Siehe zu dem unterschiedlichen Verlauf der der Säkularisierung in beiden Kontinenten z.B. PETER BERGER; GRACE DAVIE; EFFIE FOKAS (Hg.), *Religious America, secular Europe? A Theme and Variations*, Farnham 2009.
[180]   CASANOVA, „Erschließung des Postsäkularen", 30.
[181]   CONNOLLY, *Why I am not a Secularist*, 36.
[182]   CASANOVA, *Europas Angst vor der Religion*, 18.
[183]   Ebd., 17.
[184]   Vgl. ebd., 18.

Vielmehr kann man mit Talal Asad davon sprechen, dass Säkularismus ein bestimmtes politisches Projekt darstellt, das eng mit dem Aufkommen des modernen Nationalstaates verknüpft ist.[185] Dabei sind die klar voneinander zu trennen-
den Kategorien der Religion und Politik erst im Zuge der Neuzeit entwickelt worden, um eine Theorie des Staates und der Politik zu gewinnen, die ohne eine religiöse Begründungsebene auskommt. Ein weiterer Vorteil für den neuzeitlichen
Nationalstaat in einem zunehmend konfessionell ausdifferenzierten Europa be-
stand nach Asad auch darin, dass man sich von „neutraler" säkularer staatlicher
Seite auf den kleinsten gemeinsamen Nenner der verschiedenen Konfessionen
verständigen konnte.[186] Dabei beschränkt sich Säkularismus als politisches Programm gerade nicht nur auf die Trennung von religiösen und säkularen Institutionen, denn „this separation can be found in Christendom and Islamic empires –
and no doubt elsewhere"[187]. Entscheidend ist vielmehr „secularism as a doctrine
of war and peace in the world"[188], d.h. als einzige mögliche politische Lösung,
um den als unvermeidlich dargestellten Kriegszustand verschiedener religiöser
Denominationen untereinander zu vermeiden. Diesem Narrativ zufolge sei diese
Gefahr erst gebannt worden, als sich die säkulare Moderne von einer religiösen
Vermischung emanzipiert hatte. Asad hält fest: „On that ground humans appear
as the self-conscious makers of History […] and as the unshakable foundation of
universally valid knowledge about nature and society"[189] und stellt demgegenüber fest:

> „The interesting thing about this view is that although religion is regarded as alien
> to the secular, the latter is also seen to have generated religion. Historians of pro-
> gress relate that in the premodern past secular life created superstitious and op-
> pressive religion, and in the modern present secularism has produced enlightened
> and tolerant religion. Thus the insistence on a sharp separation between the reli-
> gious and the secular goes with the paradoxical claim that the latter continually
> produces the former […]."[190]

---

[185]   Vgl. TALAL ASAD, *Formations of the Secular. Christianity, Islam, and Modernity*,
        Stanford 2003. Vgl. hier z.B. eine ganz ähnliche Analyse aus muslimischer Perspek-
        tive: HUSSEIN ALI AGRAMA, „Secularism, Sovereignty, Indeterminacy. Is Egypt a
        Secular or a Religious State?", in: *Comparative Studies in Society and History* 52
        (3/2010), 495-523. Darin hält der muslimische Politologe fest, dass Säkularismus
        ein „expression of the state's sovereign power" und „a feature of the modern state's
        growing regulatory capacity" ist (500). Dabei ist es gerade die regulative Macht und
        die „power and authority to decide what should count as essentially religious and
        what scope it can have in social life" (504), welche die zunehmend souveräne Macht
        des Nationalstaates stützen.
[186]   Vgl. ASAD, *Formations of the Secular*, 2.
[187]   Vgl. ebd., 1.
[188]   Ebd., 7.
[189]   Ebd., 192-193.
[190]   Ebd., 193.

Asad findet in seiner Analyse des Säkularismus als politisches Projekt der Moderne also eine ähnliche Komponente wie Casanovas Stadialbewusstsein. Noch deutlicher als dieser wendet sich Asad gegen diese Vorstellung, von der seiner Meinung nach weder aus historischer noch aus kategorial-genealogischer Sicht die Rede sein kann. Dies wird besonders deutlich, wenn man einen Blick darauf wirft, inwieweit das Verhältnis zwischen modernem Nationalstaat und Säkularisierung auf einer essentialistischen Definition von Religion beruht.[191] Religion wird dabei „a distinctive space of human practice and belief which cannot be reduced to any other"[192] zugesprochen, sodass diese als universelle, transhistorische und transkulturelle anthropologische Kategorie interpretiert wird. Das Problem nach Asad liegt nun darin, dass die Essenz der Religion dabei prinzipiell von Politik, Recht und Wissenschaft unterschieden wird. Am deutlichsten wird dies in unserem gegenwärtigen Kontext im Falle des Islams: „The attempt to understand Muslim traditions by insisting that in them religion and politics (two essences modern society tries to keep conceptually and practically apart) are coupled must, in my view, lead to failure."[193] Nach Asad ist es aber gerade die Auseinandersetzung mit nicht-westeuropäischen Glaubenstraditionen, die verdeutlicht, „[that] there cannot be a universal definition of religion, not only because its constituent elements and relationships are historically specific, but because that definition is itself the historical product of discursive processes"[194].

Für Asad wird daher deutlich, dass eine bestimmte politische Motivation hinter der essentialistischen Definition von Religion steht, die nicht allein mit den Interessen des Nationalstaates, sondern auch mit denen des Kolonialismus zusammenhängt.[195] Gerade im Zusammenhang mit der Kolonisierung weiter Teile der Welt war es demnach für westliche Mächte entscheidend, Religion als Kategorie klar zu identifizieren und von dem Gebiet der politischen Macht zu trennen.[196] Am vollsten ist für Asad diese essentialistische Idee der Religion bei Immanuel Kant entwickelt, der zwischen einer wahren Religion und vielen Konfessionen unterscheidet. Im Zusammenhang mit Kolonialisierung wird in Asads Lesart dabei wichtig, dass Kant auf dieser Idee aufbauend eine Einordnung von höheren und niedrigeren Religionen vornehmen kann. Welche politischen Folgen eine solche Einordnung für kolonialisierte Völker und Kulturen haben kann, steht außer

---

191   Vgl. TALAL ASAD, *Genealogies of Religion. Discipline and Reasons of Power in Christianity and Islam*, Baltimore 1993., besonders Kp. 1, „The Construction of Religion as an Anthropological Category", 27-54.

192   Ebd., 27.

193   Ebd., 28.

194   Ebd., 29.

195   Siehe ebd., 29: „I want to examine the ways in which the theoretical search for an essence of religion invites us to separate it conceptually from the domain of power".

196   Vgl. ebd., 40-41. Vgl. z. B. BRENT NONGBRI, *Before Religion. A History of a Modern Concept*, New Haven 2013 u. WILFRIED CANTWELL SMITH, *The Meaning and End of Religion. A Revolutionary Approach to the Great Religious Traditions,* London 1978.

Frage. Das Aufkommen eines universellen Konzeptes von Religion ist dabei eine ideologische Vorbedingung für den Kolonialismus. Die andere Vorbedingung ist nach Mark Juergensmeyer ein universelles Konzept eines säkularen Nationalstaates als der politischen Form des Säkularismus. Juergensmeyer hält fest, dass das Konzept eines säkularen Nationalstaates gegen Ende des 18. Jahrhunderts „nicht nur als natürlich, sondern auch als universell anwendbar und moralisch richtig"[197] galt. Er charakterisiert den säkularen Nationalismus als quasireligiöse „Ordnungsideologie"[198] und macht demnach auch eine Konkurrenz zwischen Nationalstaat und Religion als politisches Ordnungssystem aus:

> „Zeitgenössische Religionspolitik ist demnach also das Resultat einer fast schon hegelianischen Dialektik zwischen zwei konkurrierenden Systemen der sozialen Ordnung: dem (mit dem Nationalstaat alliierten) säkularen Nationalismus und der (mit großen, zum Teil transnationalen ethnischen Gemeinschaften verbundenen) Religion."[199]

Von daher ist es kaum verwunderlich, dass in weiten Teilen der ehemals kolonialisierten Welt davon ausgegangen wird, dass der Kolonialismus erst dann vollständig überwunden ist, wenn eine vollkommene Abkehr vom Säkularismus und dessen letztem Vermächtnis, dem säkularen Nationalstaat, stattgefunden hat.

Ohne noch ausführlicher auf die unterschiedlichen Ausdifferenzierungen des komplexen Beziehungsverhältnisses zwischen Säkularisierung und Moderne eingehen zu können, wird jedoch bereits hier deutlich, dass man nicht von einem notwendigen Zusammenhang zwischen Modernisierung und Säkularisierung sprechen kann. Die Sachlage stellt sich wesentlich komplexer und vielschichtiger dar. Allen voran hat in diesem Zusammenhang Shmuel Eisenstadt den Begriff der „multiplen Modernen"[200], bzw. der „Vielfalt der Moderne"[201] geprägt, mit welchem er sich gegen die "homogenizing and hegemonic assumptions of this Western program of modernity"[202] richtet. Eisenstadt weiter: „One of the most important implications of the term ‚multiple modernities' is that modernity and Westernization are not identical".[203] Jede einzelne dieser Modernen stellt einen geschichtlich und kontextuell gebundenen Versuch zu einer Neuinterpretation jener politischen Ordnung dar, die seit dem Ausgang des Mittelalter ihre Legitimität verloren hatte.

---

[197]   MARK JUERGENSMEYER, *Die Globalisierung religiöser Gewalt. Von christlichen Milizen bis al-Qaida,* übers. v. HELMUT DIERLAMM u. THOMAS PFEIFFER, Hamburg 2009, 33.

[198]   Ebd., 42.

[199]   Ebd., 39.

[200]   SHMUEL N. EISENSTADT, „Multiple Modernities", in: *Daedalus* 129 (1/2000), 1-29.

[201]   SHMUALE N. EISENSTADT, *Die Vielfalt der Moderne,* übers. u bearb. v. BRIGITTE SCHLUCHTER, Weilerswist 2000.

[202]   EISENSTADT, „Multiple Modernities", 1.

[203]   Ebd., 2-3.

Damit stellt Eisenstadts Konzeption einen entscheidenden Fortschritt in der Diskussion um das Wesen der Moderne dar, einer Diskussion, welche seit der Löwith-Blumenberg-Debatte nicht mehr zum Stillstand gekommen ist.[204] Während Karl Löwith davon ausgeht, dass die Moderne grundsätzlich als eine Säkularisierung von christlichen Idealen und Konzepten zu verstehen ist[205], vertritt Hans Blumenberg die entgegengesetzte Auffassung. Er spricht der Moderne ihre eigene „Legitimität" zu, da diese im Kern eine fundamental neue Weltsicht eingeführt habe, die er als Strategie der Selbstbehauptung interpretiert, welche den Platz vormals christlicher Strategien einnehme.[206] Eisenstadt integriert nun Einsichten aus beiden Analysen in seine eigene Konzeption und bricht damit den linearen und normativen Charakter beider Theorien auf. Dabei konzentriert er sich auf die Wechselbeziehung zwischen religiös-kulturellen und strukturell-funktionalen Faktoren, die als verschiedene historische und kontextgebundene Erbschaften in die Vielfalt der Ausprägungen von Moderne(n) wirken. Damit kommt der Religion in ihrer jeweiligen kulturellen Ausprägung eine wesentlich wichtigere Rolle zu, als dies in linearen Darstellungen der Fall ist, wo diese nur eine politisch-ökonomisch abhängige Variable darstellt.[207] Für diese wechselseitige Spannung ihrer Elemente arbeitet Eisenstadt dabei drei Aspekte heraus, welche alle verschiedenen Modelle der Moderne durchlaufen mussten:

„[1] the restructuring of center-periphery relations as the principal focus of political dynamics in modern societies; [2] a strong tendency toward politicizing the demands of various sectors of society, and the conflicts between them; and [3] a continuing struggle over the definition of the realm of the political. Indeed, it is only with the coming of modernity that drawing the boundaries of the political becomes one of the major foci of open political contestation and struggle."[208]

Dabei unterscheidet Eisenstadt noch zusätzlich zwischen zwei Polen, nach denen sich die unterschiedlichen Modernen grob einteilen lassen. Die Ähnlichkeit zu Nussbaums Analyse der verschiedenen politischen Identitäten innerhalb der Moderne wird darin wie folgt deutlich:

---

[204] Zum Verlauf der Diskussion siehe ROBERT M. WALLACE, „Progress, Secularization and Modernity. The Löwith-Blumenberg Debate", in: *New German Critique Special Issue on Modernism* 22 (1981), 63–79.

[205] Vgl. KARL LÖWITH, *Meaning in History. The Theological Implications of the Philosophy of History*, Chicago 1949.

[206] Vgl. HANS BLUMENBERG, *Legitimität der Neuzeit*, Frankfurt a. M. 1966 u. DERS. *Säkularisierung und Selbstbehauptung*, Frankfurt a. M. 1983.

[207] Vgl. KARL GABRIEL, „Der lange Abschied von der Säkularisierungsthese – und was kommt danach?", in: MATTHIAS LUTZ-BACHMANN (Hg.), *Postsäkularismus. Zur Diskussion eines umstrittenen Begriffs*, Frankfurt a. M.; New York 2015, 211-236, 226-232.

[208] EISENSTADT, „Multiple Modernities", 6.

„The first was the extent of the homogenization of major modern collectivities, significantly influenced by the extent to which the primordial, civil, and universalistic dimensions or components of collective identity became interwoven in these different societies. The second pole reflected a confrontation between pluralistic and universalizing orientations."[209]

Als Beispiele für Staaten, welche prinzipiell mehr auf der Homogenisierung und Universalisierung kollektiver Identitäten beruhen, nennt Eisenstadt sowohl das laizistische Frankreich als auch die lutherisch geprägten skandinavischen Staaten. Demgegenüber stellt er Nationalstaaten eines anderen Typs wie beispielsweise die Schweiz oder die Niederlande, die weitaus weniger auf eine homogene bürgerliche Identität ausgerichtet waren, und daher auch ein anderes Verhältnis sowohl zwischen Staat und Zivilgesellschaft als auch zwischen unterschiedlichen religiösen und zivilgesellschaftlichen Gruppierungen aufweisen.[210] Wichtig hierbei ist anzumerken, dass für Eisenstadt dieser Prozess der unterschiedlichen Ausformungen der Moderne und den dazugehörigen Staatsmodellen nicht auf Europa beschränkt war, sondern sich global von dort aus ausgebreitet habe.[211] Zudem bezieht sich Eisenstadts Konzept der multiplen Modernen nicht nur genealogisch auf die Vergangenheit, sondern beansprucht auch Gültigkeit für gegenwärtige Prozesse. So sind laut Eisenstadt gerade auch fundamentalistische Bewegungen ein Spezifikum der gegenwärtigen unterschiedlichen Ausprägungen der Moderne. Damit verbunden ist auch ein weiteres wichtiges Charakteristikum unserer Gegenwart: die Globalisierung. Diese konfrontiert die über die ganze Welt unterschiedlich ausdifferenzierten Modelle der Moderne auf bisher ungekannte Weise miteinander. Allerdings erkennt Eisenstadt in diesem Prozess nichts fundamental Neues im komplexen wechselseitigen Beziehungsverhältnis der multiplen Modernen untereinander und innerhalb der jeweiligen Gesellschaften, weswegen er

---

[209] Ebd., 10. Interessant in diesem Zusammenhang ist, dass Eisenstadt seiner Ausdifferenzierung der unterschiedlichen Pole ebenso eine Ausdifferenzierung der jeweils zu Grunde liegenden Vernunftkonzeptionen beiordnet. Siehe ebd., 7: „Perhaps the most critical rift, in both ideological and political terms, was that which separated universal and pluralistic vision [...]. This tension developed primarily with respect to the very concept of reason and its place in the constitution of human society". Dies verweist erneut auf die Feststellung des vorangegangenen Abschnitts, wonach die Frage nach der Verhältnisbestimmung zwischen Säkularisierung, Moderne und Politik immer auch eine Frage der unterschiedlichen epistemologischen Grundannahmen ist.

[210] Vgl. ebd., 10.

[211] Ebd., 10: „These clashes emerged in all modern collectivities and states, first in Europe, later in the Americas, and, in time, throughout the world. They were crucially important in shaping the varying patterns of modern societies, first within territorial and nation-states, generating within them differing definitions of the premises of political order."

nicht von einem „Ende der Geschichte"[212] oder einem „Kampf der Kulturen"[213]
sprechen würde.[214] Mit Verweis auf Leszek Kolakowski kommt er daher zu fol-
gemdem Schluss:

> „Rather, the trends of globalization show nothing so clearly as the continual rein-
> terpretation of the cultural program of modernity; the construction of multiple mo-
> dernities; attempts by various groups and movements to reappropriate and redefine
> the discourse of modernity in their own new terms. At the same time, they are
> bringing about a repositioning of the major arenas of contestation in which new
> forms of modernity are shaped, away from the traditional forum of the nation-state
> to new areas in which different movements and societies continually interact."[215]

In dieser Lage der kontinuierlichen Reinterpretation des kulturellen Programms
der Moderne ist es aber nicht nur die Frage nach der Legitimität der politischen
Ordnung, die immer neu verhandelt werden muss. Ebenso sind die einzelnen Religionen, eingebunden in ihren je spezifischen kulturellen Kontexten, dieser Dynamik der kontinuierlichen Reinterpretation unterworfen. Dieser Herausforderung gerecht zu werden ist die Aufgabe der Theologie. Religion ist unter postsäkularen und plural-modernen Bedingungen einerseits also nicht mehr eine Variable, die vollkommen von der Deutungsmacht des jeweiligen politischen Ord-
nungssystems – vornehmlich des modernen Nationalstaats – abhängt.[216] Folgt
man Hochschild, bedeutet dies für die Theologie, dass sie die Deutungskompe-
tenz über Religion nicht anderen Wissenschaften wie beispielsweise der (Religions)Soziologie überlassen kann; keine „Selbstreferenz als Fremdreferenz" wie er
sich ausdrückt.[217] Andererseits aber bedeutet dies auch, dass sich Religion selbst
den neuen Bedingungen (der Postmoderne und Postsäkularität) öffnen muss , um
nicht in vorsäkulare Denkweisen zurückzufallen, oder wie Hochschild festhält,
„Traditionspflege von Innen" zu betreiben.[218] Eisenstadts Konzept der multiplen
Modernen bietet für diese Aufgabe einen vielversprechenden Ansatz, da dieser
das komplexe Beziehungsverhältnis zwischen Religion und Politik berücksichtigt, ohne dabei aber von einer normativen Abhängigkeit des einen Bereichs von
dem jeweils anderen auszugehen. Treffend formuliert Karl Gabriel mit Verweis
hierauf: „Erst unter den Prämissen des Ansatzes multipler Modernen wird die
Frage formulierbar, ob es spezifische Ausprägungen einer katholischen Moderne

---

[212] Vgl. FUKUYAMA, *Das Ende der Geschichte. Wo stehen wir?*.
[213] Vgl. SAMUEL PHILLIPS HUNTINGTON, *Kampf der Kulturen. Die Neugestaltung der
       Weltpolitik im 21. Jahrhundert*, München 1996.
[214] Vgl. EISENSTADT, „Multiple Modernities", 23.
[215] EISENSTADT, „Multiple Modernities", 23-24. Siehe auch LESZEK KOLAKOWSKI,
       Modernity on Endless Trial, Chicago 1990.
[216] Vgl. HOCHSCHILD, „Selbstreferenz und Fremdreferenz", 111.
[217] Vgl. ebd., 111-112.
[218] Vgl. ebd., 113.

geben könne."[219] Dies unter dem Vorzeichen eines Vergleichs zwischen der katholischen Sakramententheologie und der Radikaldemokratie zu überprüfen ist auch das übergeordnete Anliegen dieser Arbeit.

Damit kommen wir zu einer kurzen Zwischenbilanz zur Diskussion um Postsäkularität als einem Analyseschritte dorthin. Zunächst lässt sich Postsäkularität als eine Abkehr vom sog. Stadialbewusstsein charakterisieren oder wie Joas prägnant formuliert, als eine Entzauberung der Entzauberungsthese. Die säkulare(n) und postsäkulare(n) Moderne(n) existieren parallel nebeneinander und dies nicht nur in verschiedenen Gesellschaften, die über den Globus verteilt sind, sondern *innerhalb* einer jeden solchen Gesellschaft. Diese Pluralität in der Ausdifferenzierung in dem komplexen Beziehungsgeflecht zwischen Religion und Politik, Nationalstaat, kollektiver und individueller Identität(en) verkompliziert zwar die Analyse, erklärt aber, warum Lilla und Joas trotz ihrer gegensätzlichen Positionen beide gute Zeichen der Zeit abgeben.

Habermas wiederum verkörpert beinahe schon in Person und Werk den Bewusstseinswandel, der die Postsäkularität charakterisiert. Ursprünglich von einer strikt säkularen Position kommend, war er es, der maßgeblich den Begriff der Postsäkularität geprägt hat. Er steht gewissermaßen „zwischen den Stühlen": Einerseits beharrt er auf einem säkularen Vorbehalt, wenn es um die Spracheregelung des öffentlichen Diskurses geht. Andererseits zeigt er auch eine große Sensibilität gegenüber den Gefahren einer für sich selbst abgeschlossenen Konzeption von Vernunft und verweist gerade an diesem Punkt auf Religion, die in ihren Riten eine „Vergegenwärtigung einer starken Transzendenz" beansprucht und so als „Pfahl im Fleisch der Moderne" der säkularen Vernunft eine Öffnung für sich selbst garantiert.[220] Für Habermas besteht also eine bleibende gegenseitige Beziehung zwischen dem Säkularen und dem Religiösen als unterschiedliche gegenwärtige Gestalten des Geistes.

Mit Eisenstadt, Asad und Nussbaum schließlich lässt sich darauf hinweisen, dass die Beziehung zwischen dem Säkularen und dem Religiösen keine Einbahnstraße ist, sondern vielmehr ein Netzwerk aus unterschiedlichsten Verbindungen, Interpretationen und Reinterpretationen, in das auch das politische Programm des neuzeitlich-modernen (National)Staates eingebunden ist.

Dies führt auch zu erheblichen Folgen für die Konzeption von Politik jenseits eines strikt säkularen Modells, das die säkulare Moderne des Stadialbewusstseins kennzeichnet. Die „Geschichte ständiger Spannung zwischen Politik und Religion"[221], wie Joas bemerkt, ist noch nicht beendet. Und wie Hochschild anführt:

---

[219]   GABRIEL, *Der lange Abschied von der Säkularisierungsthese*, 230. In einer Fußnote verweist Gabriel hierbei zusätzlich auf CHARLES TAYLOR, „*A Catholic Modernity*", in: DERS., (Hg.), *Dilemmas and Connections. Selected Essays*, Cambridge, Mass. 2011, 167-187.

[220]   HABERMAS, Auch eine Geschichte der Philosophie, Bd. 2, 807.

[221]   HANS JOAS, „Sakralisierung und Entsakralisierung. Politische Herrschaft und religiöse Interpretation", in: FRIEDRICH WILHELM GRAF; HEINRICH MEIER (Hg.), *Politik und Religion. Zur Diagnose der Gegenwart*, München 2013, 259-285, 278.

„Die moderne Hochzeit von Gesellschaft und Säkularisierung hat zwar nicht in einer Scheidung geendet, aber doch zu einer gütlichen Trennung geführt."[222] Damit aber werden auch religiöse bzw. theologische Motive (wieder) politisch relevant, wobei darauf zu achten ist, dass Religion bzw. Theologie nicht zu einer Sakralisierung, i.e. Ideologisierung des Politischen führen darf. Hierzu Joas Aufforderung: „[...] ich plädiere für die nur im Konkreten zu leistende Reflexion auf die Notwendigkeit einer Entsakralisierung der jeweiligen politischen Macht und auf die immer erneute Verführung zu ihrer immer erneuten Sakralisierung"[223]. Dabei verweist er aber auf das Potential der Religion bzw. der Theologie selbst, dieser Sakralisierungstendenz politischer Macht zu widerstehen. „Der Stachel aber bleibt. Durch die achsenzeitlichen Innovationen kommt ein Potential zur Entsakralisierung politischer Macht in die Welt, das nie wieder völlig verstummte oder verschwand."[224] Dass dieser Stachel auch bei Habermas in Form des „Pfahls im Fleisch der Moderne" fortbesteht, weist deutlich in die Richtung einer Neubestimmung der politischen Ordnung unter postsäkularem Vorzeichen hin, die nicht zuletzt auch die klassisch liberale Konzeption von Demokratie tief erschüttert. Zu diesem Krisenphänomen kommen wir im folgenden Abschnitt.

2.2.2 Linien heraus aus der liberalen Demokratie

Ein weiteres Zeichen der Zeit, welches zusammen mit der Postsäkularität den Zeitgeist dominiert, kann unter dem Schlagwort „Krise der Demokratie" – zumindest in ihrer liberalen, westlichen Ausprägung – subsumiert werden. Gerade für Anhänger*innen einer Säkularisierung des Typs 3 (Privatisierung der Religion) sind Postsäkularität und die gegenwärtige politische Krise eng miteinander verbunden. Wenn die liberale Konzeption von Demokratie die Privatisierung der Religion als unabdingbare Voraussetzung demokratischer Politik betrachtet, dann stellt das gewandelte Bewusstsein der bleibenden Relevanz von Religion auch im öffentlichen Raum eine große Bedrohung der Demokratie dar. Wie bereits oben ausgeführt, greift diese kausale negative Verlinkung beider Phänomene zu kurz. Analog zu Eisenstadts multiplen Modernen sollte man auch in der Frage nach der Krise der Demokratie von monokausalen und linear-normativen Erklärungsmustern abrücken. Entscheidend ist hierbei auch, die Begriffe von Demokratie, Liberalismus und Säkularismus klar voneinander zu unterscheiden. Demokratie, Liberalismus und Säkularismus, bei allen inneren Verschränkungen, sind nicht ein- und dasselbe und wie mit Verweis auf Nussbaum, Casanova, Asad und Eisenstadt gezeigt wurde, interagierten und interagieren diese drei Konzepte in verschiedenen kulturellen und historischen Kontexten auf unterschiedliche Weise miteinander.

---

[222] HOCHSCHILD, „Selbstreferenz und Fremdreferenz", 110.
[223] JOAS, „Sakralisierung und Entsakralisierung", 285.
[224] Ebd., 278.

Gewiss gilt, dass aber besonders Säkularismus und Liberalismus eng miteinander verbunden sind. Der Säkularismus stellt eines der zentralen Anliegen des politischen Liberalismus dar. Wenn nun aber die Säkularisierung(sthese) in eine Krise geraten ist, kann dies nicht spurlos am politischen Liberalismus vorbeigehen. So zumindest die These dieser Untersuchung, die die Krise der Säkularität mit der Krise des Liberalismus als miteinander verbunden betrachtet. Im Grunde handelt es sich dabei um verschiedene, aber miteinander verbundene Phänomene, die letztlich auf dieselbe Ursache zurückzuführen sind: ein Wechsel in der Epistemologie bzw. des Vernunftparadigmas, der den Übergang von Neuzeit und Moderne zur Postmoderne in ihrer vollen Ausprägung markiert. Diesen Wechsel haben wir in der vorangegangenen Sektion bereits unter einem veränderten Vernunft- und Sprachgebrauch unter postsäkularen Bedingungen verhandelt. Ein ähnlicher Wechsel wie der von einer säkularen Rationalität zu einer postsäkularen Vernünftigkeit markiert auch das politische Denken. Verbunden mit diesem Wechsel ist auch eine Veränderung in den liberalen Konzepten von Souveränität und deren Repräsentation und ihrer vornehmlichen institutionellen Trägerin, der (National)Staatlichkeit. Entscheidend ist hierbei aber die sorgfältige Unterscheidung zwischen Liberalismus und Demokratie.[225] Dies stellt insofern eine gewisse Hürde dar, da in den westlichen liberal-demokratischen (sic!) Nationalstaaten beide Strömungen historisch aufs Engste miteinander verbunden waren und sind. Was also zunächst einmal anzunehmen ist, ist eine mit der Krise des Säkularismus verbundene Krise der liberalen Demokratie. Inwieweit damit eine generelle Krise der Demokratie im Allgemeinen verbunden ist, gilt es zu prüfen. Dies ist das Hauptanliegen der nächsten Sektion zur radikalen Demokratie. Zuvor soll in dieser Sektion näher auf die Krisenphänomene der liberalen Demokratie eingegangen und die dahinterliegende Ursache erörtert werden. In einem ersten Schritt steht die Krise des liberalen Repräsentationskonzeptes und des Nationalstaates als dessen Bezugsraum im Vordergrund. In einem zweiten Schritt wird die Frage nach der veränderten Konzeption der Souveränität gestellt, abermals jenseits des liberalen Rahmens des Nationalstaates. In einem dritten Schritt, schließlich, geht es darum zu klären, inwieweit sich in dieser Krise der liberalen Demokratie bereits die Demokratie als eine vom Liberalismus losgelöste, eigenständige Tradition zu etablieren beginnt. Hierbei ist es wichtig anzumerken, dass diese drei Schritte nicht strikt voneinander zu trennen sind, da sie eng miteinander verbunden sind. Um aber dennoch in einem solchen Dreischritt vorgehen zu können, wird die Trennlinie hier anhand von verschiedenen Autor*innen gezogen: Schritt eins mit Marcel Gauchet, Ágnes Heller und Carl R. Raschke, Schritt zwei mit Michael Hardt und Antonio Negri und Schritt drei mit Sheldon S. Wolin. In allen drei Schritten soll dabei bereits auch auf das theopolitische Potential der jeweiligen Krisenanalyse bzw. Neukonstellation hingewiesen werden. Dieses liegt dabei

---

225   Siehe die Begriffsklärungen in 1.2.3.

vornehmlich in der Transformation des Konzepts der Transzendenz, deren Neu-konstellation wir bereits als ein zentrales Motiv der Postsäkularität herausgear-beitet haben.

2.2.2.1 Die Krise der liberalen Demokratie als Repräsentationskrise: Marcel Gauchets und Carl Raschkes Paradigmenwechsel des „Grundsteins der Souveränität"

Für die Krise der liberalen Form der Demokratie gibt es zahlreiche Anzeichen. Von manchen wird die Wiederentdeckung der Religion nicht nur als das zentrale Anzeichen dieser Krise gesehen, sondern auch als deren eigentliche Ursache. Wie bereits erörtert, wird eine solche Interpretation beispielsweise besonders vehe-ment von Mark Lilla vertreten, der von der Trennung von Politik und Religion als von der „Great Separation" spricht, die für ihn die Demarkationslinie darstellt, hinter der es keine Demokratie geben kann.[226] Auch wenn diese Sichtweise an-gesichts des zum Teil großen Engagements der verschiedenen Religionsgemein-schaften für Demokratie und Menschenrechte in ihren jeweiligen Kontexten eine Extremposition darstellt, kann man Lilla insoweit zustimmen, dass gerade Reli-gion besonders anfällig dafür ist, als Identitätsmarker für eine ganz bestimmte politische Vision – meist revisionistischen Gewands – (miss)braucht zu werden. Hier muss es gerade die Aufgabe der Theologie sein, die Religion anti-demokra-tischen Händen zu entreißen.

Doch das Wiedererstarken der Religion(en) als Identitätsmarker kann auch als Indikator für eine tieferliegende allgemeine Identitätskrise der liberalen Demo-kratie gesehen werden, denn es sind gerade dezidiert nicht religiöse Kreise, die am offensichtlichsten das Ende der gegenwärtigen liberal-demokratischen Ge-sellschaftsordnung in den verschiedenen westlichen Demokratien einläuten wol-len oder bereits eingeläutet haben. Die Rede ist vom massiven Zuwachs populis-tischer und Anti-Establishment-Bewegungen.[227] Diese Bewegungen scheinen zu-mindest nahe zu legen, dass sich ganze Teile der Bevölkerung im politischen Sys-tem nicht repräsentiert fühlen. Das etablierte repräsentative System des liberal-demokratischen Staates hat – zumindest in der Wahrnehmung eines nicht uner-heblichen Teils der Bevölkerung – seinen universellen Geltungsanspruch verlo-ren. Hierbei stellt sich die Frage, ob diese Wahrnehmung schlicht als fehlgeleite-tes Hirngespinst abzutun ist oder ob die gegenwärtige Krise nicht doch auch als eine tatsächliche „Krise der Repräsentation"[228] gesehen werden kann, die ihrer-

---

[226]   Vgl. LILLA, *The Stillborn God* u. DERS., *The Once and Future Liberal*.

[227]   Eine erste theologische Auseinandersetzung mit dieser Form des Populismus findet sich etwa bei WALTER LESCH (Hg.), *Christentum und Populismus. Klare Fronten?*, Freiburg 2017.

[228]   Siehe hierzu das Themenheft „Crisis of Representation", hg. v. JAKOB DEIBL; LISA ACHATALER, in: *Interdisciplinary Journal for Religion and Transformation in Con-temporary Society* 4 (2/2018).

seits vielleicht manche Schwachstellen oder gar Schieflagen einer liberal verfassten Demokratie aufzeigt. Treffend bringt Astrid Mattes das zentrale Problem aus
Sicht der liberalen Demokrat*innen auf den Punkt: „The unpleasant part for those
in favor of liberal democracy, which definitely includes the majority of Europe's
political elites, is that the representation made by the populist right and demanded
by their voters is not undemocratic, it is just not liberal."[229] Mattes zufolge ist es
der normative Anspruch des Liberalismus, zusammen mit seiner speziellen Re-
präsentationsform, der unter erheblichem Druck steht.

   Hier gilt es zunächst genauer zu klären, was unter einer Repräsentationskrise
der liberalen Demokratie zu verstehen ist. Der Umstand, dass sich gewisse Teile
der Bevölkerung nicht mit einem herrschenden System identifizieren, ist zunächst
nichts Besonderes. Für eine Demokratie aber, deren Anspruch gerade die Identifikation zwischen Herrschenden und Beherrschten ist, stellt die gegenwärtige
Identifikationskrise bestimmter Gesellschaftsmitglieder eine große Herausforderung dar. Dies gilt ganz besonders für eine liberale Konzeption von Demokratie,
deren Fähigkeit zur Gruppenidentifikation und -repräsentation begrenzt ist. Doch
die Repräsentationskrise der liberalen Demokratie reicht weit tiefer. Ihr liegt ein
Paradigmenwechsel in der Konzeption von Gemeinschaft und der Verschränkung
zwischen dem Individuum und der Allgemeinheit zugrunde. Die Ursprünge und
gleichzeitig Prinzipien liberaler Repräsentation liegen in der Neuzeit. Nach klassisch liberalem Verständnis fußt der demokratische Staat prinzipiell auf den individuellen Werten von Gleichheit und Freiheit. Jeder Mensch ist an und für sich
frei und gleichberechtigtes Mitglied der Gesellschaft, mit der er oder sie sich als
Einzelne*r in einem zweiten Schritt selbstbestimmt als Teil des Allgemeinen
identifiziert. Mit Rousseau gesprochen wird man erst in diesem zweiten Schritt
der Identifikation des Einzelwillens (*volonté particulière*) mit dem Gemeinwillen
(*volonté général*) zum*r Bürger*in. Wichtig hierbei ist, dass der Gemeinwille
mehr ist als die bloße Summe aller Einzelwillen (Gesamtwille, *volonté de tous*);
er kann gewissermaßen als transzendentes Gut betrachtet werden, an dem jedes
Individuum qua Vernunftbegabung teilhaftig ist. Der Gemeinwille (*volonté
général*) dient so als eine Art Richtschnur des Gemeinwesens, die dabei aber der
gesellschaftlichen Gesamtheit letztlich entzogen ist. Marcel Gauchet geht in seiner Studie zur Erklärung der Menschenrechte in der Französischen Revolution
auf genau dieses Spannungsverhältnis ein und beschreibt es als ein prinzipiell
unabgeschlossenes Ringen zwischen formaler Freiheit des Individuums einerseits
und einer kollektivistischen Diktatur andererseits. Daher ist für Gauchet Demokratie „ewig unvollendet".[230] Dieses prinzipielle Spannungsverhältnis kann zum
Teil auch die heutige Krise der liberalen Demokratie erklären. Das liberale Ge-
sellschaftsband der neuzeitlichen Ursprungszeit, welches das soziale Atom des*r

---

229   ASTRID MATTES, „Liberal Democratic Representation and the Politicization of Re-
      ligion", in: *Interdisciplinary Journal for Religion and Transformation in Contem-
      porary Society*, 4 (2/2018), 142-171, 166.
230   GAUCHET, *Erklärung der Menschenrechte*.

Bürgers*in mit der Gesamtheit aller Bürger*innen verknüpfte, und damit zumindest übergangsweise das Ringen zum Halten brachte, hat seine Stärke eingebüßt. Unter einer gegenwärtigen Situation, die als Übergang nach der Postmoderne beschrieben werden kann, stellt sich die Frage nach der Konzeption von Repräsentation auf radikal neue Weise.

Hier scheinen auch die traditionellen Antworten keine Lösung zu bieten, wie etwa das Beispiel der Nation als „Grundstein der Repräsentation" zeigt. An dem Punkt, wo klassisch liberal Souveränität durch Repräsentation hergestellt wird, spricht Gauchet vom „Machtantritt der Nation". Die Nation ist der „Grundstein der Repräsentation", denn der/die Einzelne ist Teil des Volkes, welches als Ganzes der Souverän des demokratisch verfassten Staates ist.[231] Aber auch diese Form der Repräsentation ist in der Krise. Was ist deutsch, was ist französisch, was ist europäisch? Dem intrinsisch emanzipatorischen und expansiven Freiheits- und Gleichheitsstreben des Individuums scheint in Teilen die Rückbindung und Einbettung an das Allgemeine abhandengekommen zu sein, wie es beispielsweise besonders prägnant Reckwitz formuliert.[232] Der/die Einzelne und das Allgemeine müssen angesichts einer transnationalen und globalisierten (postmodernen) Welt wieder neu miteinander verknüpft werden.[233] Populistische und nationalistische Strömungen versuchen diese Problemlage auf ihre je eigene Art und Weise zu lösen, die grundsätzlich entweder auf die Wiederherstellung eines sozialen Bandes in der Form der Nation oder des Volkes zielen. Inwieweit der Habermas'sche liberale Gegenentwurf eines Verfassungspatriotismus demgegenüber eine Alternative darstellt, ist fraglich; bleibt er letztlich doch ebenso der prinzipiellen Ausrichtung – hier an der „Willensnation" – verhaftet.[234]

---

[231]   Vgl. ebd., 50-51. Genauer müsste man hier eigentlich noch zwischen einer neuzeitlichen, im Grunde onto-theologischen Verschränkung zwischen dem Allgemeinen und dem Besonderem im Einzelnen unterscheiden und einer nachmetaphysisch-modernen Konzeption des Allgemeinen, das gewandelt als immanente Totalität nicht mehr im gleichen Maße eine Verschränkung im Einzelnen/Individuellen garantieren kann. Daher wird die Totalität meist in strikt immanenten Konzepten wie beispielsweise der Rasse, der Klasse oder eben der Nation abgebildet. Insofern stellt der „Machtantritt der Nation" als übergeordnete Repräsentationsfigur genau den Übergang zwischen neuzeitlicher und moderner Konzeption des Allgemeinen bzw. des Totalen/Ganzen dar.

[232]   RECKWITZ, *Die Gesellschaft der Singularitäten*, hier besonders 429-442.

[233]   Siehe hierzu RUHSTORFER, *Befreiung des „Katholischen"*.

[234]   Der Begriff stammt ursprünglich von dem Politikwissenschaftler Dolf Sternberger und wurde später von Habermas aufgegriffen. Siehe DOLF STERNBERGER, „Unvergleichlich lebensvoll, aber stets gefährdet. Ist unsere Verfassung nicht demokratisch genug?", in: *Frankfurter Allgemeine Zeitung*, Nr. 22, 27. Januar 1970, 11; DERS., *Verfassungspatriotismus*, Frankfurt a. M. 1990; JÜRGEN HABERMAS, „Eine Art Schadensabwicklung. Die apologetischen Tendenzen in der deutschen Zeitgeschichtsschreibung", in: *Die Zeit*, Nr. 29, 11. Juli 1986, 40; DERS., *Faktizität und Geltung. Beiträge zur Diskurstheorie des Rechts und des demokratischen Rechtsstaats*, Frankfurt a. M. 1992, hier Kp. „Staatsbürgerschaft und nationale Identität",

Anhand dieser Ausrichtung des Liberalismus und der liberalen Demokratie lässt sich vielleicht am deutlichsten klarwerden, worin die Ursachen der gegenwärtigen Krise liegen. Dieser Spur ist zumindest der US-amerikanische Philosoph und Theologe Carl A. Raschke in seinem Buch *Force of God*[235] nachgegangen. Darin führt er die gegenwärtige Krise der politischen Form des Liberalismus auf eine tieferliegende Krise der modernen Metaphysik und Epistemologie zurück, auf denen der Liberalismus letztlich basiert. Was im ausgehenden 18. Jahrhundert als allgemein anerkannt gelten konnte, bedarf heute einer neuen Begründung auf der Höhe der Zeit; einer Zeit am Ende der Postmoderne. Die Krise moderner Epistemologie ist Raschke zufolge dabei schon eine geraume Zeit im Gange. Mit Bezug auf Nietzsche führt Raschke aus: „The death of God and the crisis of liberal democracy, in fact, consist in different facets of the same epochal ‚event' delineating the late modern period."[236] Daher gilt: „It is no longer a question of the Owl of Minerva taking flight, but of the mongoose going for the coiled cobra, the cobra that is the senescent metaphysico-political order in its dying gesture of defiance."[237] Dieses Altern der metaphysisch-politischen Ordnung hat zwei Gesichter. Zum einen die Abkehr vom neuzeitlich modernen transzendentalen Subjektbegriff hin zu einer durch Heidegger, Lacan und Žižek geprägten Intersubjektivität.[238] Und zum anderen, und mit der „Aushöhlung" des Subjektbegriffs verbunden, die Abkehr vom klassischen Souveränitätsprinzip, welches seine Autorität von der *polis*, von der Gemeinschaft herleitet. Nochmals Raschke:

> „[...] [A]n affirmation of private virtue without the discipline of the community, or, regarded in the classic context, without the oversight of the *politeia*, readily degenerates into acquisitive excess. Acquisitive excess has, in fact, been the destiny of liberal democracy."[239]

Passend hierzu, spricht Gauchet in diesem Zusammenhang von einer „radikalen Veränderung der Grundlagen des Gesellschaftskörpers"[240]. Er stellt die Frage, ob mit der Emanzipation der Individuen nicht gleichzeitig eine Kluft zum vormali-

---

632-660. Eine kritische Auseinandersetzung mit dem Konzept des Verfassungspatriotismus findet sich u. a. bei ALBERT KRÖLLS, *Das Grundgesetz – ein Grund zum Feiern? Eine Streitschrift gegen den Verfassungspatriotismus*, Hamburg 2009.

[235]   CARL A. RASCHKE, *Force of God. Political Theology and the Crisis of Liberal Democracy*, New York 2015, xiv.

[236]   Ebd., xiv.

[237]   Ebd., 6-9.

[238]   Vgl. ebd., 40.

[239]   Ebd., 160-161. Etwa die gleiche Kritik äußert auch Patrick J. Denee, der das Scheitern des Liberalismus gewissermaßen auf dessen vollkommenen Erfolg zurückführt: die Epistemologie des Individuums sei demnach so vollständig durchgesetzt worden, dass das Gemeinschaftsband dahinter komplett ins Hintertreffen geraten sei. Siehe PATRICK J. DENEE, *Why Liberalism Failed*, New Haven 2018.

[240]   GAUCHET, *Erklärung der Menschenrechte*, 107.

gen Primat der Gemeinschaft entstanden sei, die das einigende Band der repräsentierten Volkssouveränität nicht mehr ausreichend schließen kann. Wie aber angesichts dieser „Spaltung in der Geburtsstunde" der Demokratie das einigende Band wiederherstellen, wenn die metaphysischen Grundschemen zur Verschränkung des Individuums mit dem Allgemeinen, die dem Liberalismus zugrunde liegen, nicht mehr die gleiche Plausibilität besitzen, wie dies noch in ihrer Gründungszeit im 18. Jahrhundert der Fall war?

Dies führt letztlich auch zur Frage, inwieweit das Konzept der Transzendenz, das in der neuzeitlich-liberalen Verschränkung zwischen Individuum und Allgemeinheit und damit der Konstitution von Souveränität zentral ist, unter gegenwärtigen Bedingungen gedacht werden kann. Mit Fragen wie dieser bewegen wir uns auf dem klassischen Gebiet der politischen Theologie, die in der gegenwärtigen Lage der Krise(n) erneut und vehement in den Vordergrund tritt. Inwieweit die gegenwärtige Krise der Repräsentation und damit verbunden des liberal-metaphysischen Konzepts von Souveränität etwas mit dem genuin religiösen bzw. theologischen Denken zu tun hat, soll kurz erläutert werden. Denn das Altern der metaphysisch-politischen Ordnung, verstanden unter dem Vorzeichen des Todes Gottes, hat auch erhebliche Folgen für die Theologie. Beiden, der Krise der Repräsentation und der Krise klassisch metaphysischer Theologie, liegt dieselbe Ursache, i.e. derselbe philosophische Paradigmenwechsel nach der Postmoderne zugrunde. Um dies zu verdeutlichen, soll in Anlehnung an Gauchet der gemeinsame Weg durch die Ideengeschichte des Konzeptes der Repräsentation skizziert werden.

Der Ausgangspunkt hierfür ist die spätmittelalterliche religiöse Wende zur zunehmenden Trennung von Gott und Welt.[241] Anstatt der kontinuierlichen hierarchischen Vermittlung trat im weiteren Verlauf der Neuzeit der subjektive Glaubensakt des autonomen Subjekts mehr und mehr in den Vordergrund. Dies hatte erhebliche Folgen für die Konzeption von Kirche und Königtum. Anstatt wie vormals das Bindeglied zwischen Himmel und Erde *real* zu ver*körpern*, wurden beide Instanzen zu einer Art Statthalter, eine „Repräsentation einer Abwesenheit" eines nicht-weltlichen, transzendenten Ursprungs. Auf der Seite des Königtums bekam diese Statthalterstellung den Rang eines Gottesgnadentums. Der König rückte damit in die absolute, die absolutistische Vorrangstellung innerhalb des damit nun rein weltlich gewordenen Staates. Erst mit dieser Position des Angelpunktes innerhalb der weltlichen Ordnung konnte sich Gauchet zufolge ein modernes, absolutistisches Verständnis von Souveränität ausbilden. Der Monarch hat nunmehr die Rolle, die Einheit der Individuen in der Form des Staates zu repräsentieren und sie damit zu garantieren. Der König als Ordnungsgarant wird unsterblich: der König ist tot, lang lebe der König. Doch mit ihm wird auch der Staat unsterblich, denn auch dieser existiert letztlich unabhängig von ihm aus transzendenter (oder zumindest transzendentaler) Notwendigkeit als einigendes

---

[241]   Vgl. ebd, 46-56.

Band zwischen allen Einzelindividuen. Der liberalen Grundeinsicht in die Autonomie des Subjekts folgend und um dieser immer größeren Raum zu geben, folgt
als letzte Konsequenz schließlich die Enthauptung des Königs, die Revolution
und die Einsetzung des Volks*körpers* als Souverän. Dieser inneren Logik folgend, nimmt die Nation den Platz des Königs ein. Doch das Rätsel der Souveränität, einmal losgelöst vom absolut Jenseitigen, dem transzendenten Gott, bleibt
auch in der Demokratie bestehen. Gauchet hierzu:

> „Die Monarchie vererbte der Revolution einen bildlich nicht vorstellbaren kol-
> lektiven Souverän, den sie im Kern nicht meistern konnte, aus dem sie indes einen
> Großteil ihrer originellen ‚Abstraktionen‘ zog, ob es sich um die Form der Regie-
> rung, die Idee des Gesetzes oder die administrativen Mittel der ‚unteilbaren Ein-
> heit‘ ging."[242]

Die große Herausforderung einer Demokratie bleibt bis heute, die Einheit dieser
kollektiven Souveränität zu bewahren und diese zu repräsentieren. Und was Ende
des 18. Jahrhunderts mit dem liberalen Konzept des *e pluribus unum* eine befrie-
digende Lösung war, muss heute unter postmodernem Vorzeichen neu begründet
werden. In diesem Ringen um das einigende Band der Demokratie, in der Suche
nach einer demokratischen Souveränität, die gleichzeitig nicht hinter die Errungenschaft des liberalen autonomen Subjektbegriffs fällt, werden theologische
Denkmuster wieder an die Oberfläche des Diskurses gespült. Denn in der Postmoderne wurde nicht allein das neuzeitliche, liberale und transzendentale Konzept des Subjekts aufgebrochen, sondern auch eine Spur zurück zu Schemen der
Transzendenz als einem zugleich konstitutiven wie unverfügbaren Moment in der
Konstitution von Souveränität wiederentdeckt.

Dies ist Thomas Rentsch nach auch nicht weiter verwunderlich, wenn er feststellt, dass sich Transzendenz im nachmetaphysischen Denken nicht notwendiger
Weise auflöst, sondern als Substitut wiederkehrt. So kommt es nach Rentsch auch
in modernen bzw. postmodernen Kontexten zu einer „Wiederaneignung der ent-
fremdeten Sinngehalte der Transzendenz"[243]. Für Rentsch gibt es demnach eine
ontologisch-kosmologische Dimension der Transzendenz, welche „verborgen,
entzogen, und dennoch ständig sinnermöglichend"[244] ist. Diesem fundamental-
anthropologischen Ansatz folgend stellt sich für ihn die Frage nicht ob, sondern
„[w]ie [...] sich jeweils der für das Selbstverständnis und die Identität von Individuen, Gemeinschaften und Gesellschaften sinnkonstitutive Transzendenzbezug
[artikuliert]".[245]

---

[242]   Ebd., 56.
[243]   RENTSCH, *Transzendenz und Negativität*, 150.
[244]   THOMAS RENTSCH, „Die Universalität der Transzendenz. Systematische Bemerkungen", in: DERS.; RICO GUTSCHMIDT (Hg.), *Gott ohne Theismus? Neue Positionen zu
einer zeitlosen Frage*, Paderborn 2016, 39-49, 41.
[245]   Ebd., 40.

In diesem Zuge kann auf Habermas verwiesen werden, dessen Sinnspitze des nachmetaphysischen kommunikativen Denkens gerade in der Übersetzung (Lernprozess) dieses achsenzeitlichen Impulses der Transzendenz besteht. Wie wir bereits erörtert haben, übersetzt Habermas den sinnstiftenden Transzendenzbezug des religiösen oder metaphysischen Bewusstseins – der auch nicht mehr transzendental gewährleistet werden kann – in das Modell des „vitiösen Zirkels", der sich dadurch kennzeichnet, dass „aus der demokratischen Willensbildung die Solidarität stiftende Gemeinsamkeit einer gemeinsamen politischen Kultur hervorgehen soll, aus der die demokratische Willensbildung selbst erst ihre Kraft zieht"[246]. Die Momente der Unabgeschlossenheit und des Vollzugs selbst sind es also, die als Substitute der sinnstiftenden Transzendenz hier fungieren, denn wie Habermas selbst warnt, würde die leitende Vernunft in sich verkrümmen, vergäße sie „jeden Gedanken[], der das in der Welt Seiende als Ganzes transzendiert"[247]. Hierbei verweist auch Habermas auf das noch nicht übersetzte, verbliebene Potenzial der Religion, insbesondere deren Riten als Prozesse der Vergegenwärtigung der Transzendenz.[248]

Während Habermas diese Spur zur Transzendenz lediglich andeutet, ist Raschke diesbezüglich wesentlich expliziter. Er schließt seine Untersuchung zur Krise der liberalen Demokratie mit einem Lösungsvorschlag, der deutlich auf die Rolle des Transzendenzbezugs der Religion verweist. Und er tut dies darüber hinaus auch mit genuin theologischer Sprache, wenn er festhält: „The state is never genuinely competent, only God. We cannot expect the ,church', contra Milbank in any political guise, to make history from the divine point of view. Only the saints, the communio sanctorum, have historical authority"[249]. Wer aber ist diese nicht-kirchliche „Gemeinschaft der Heiligen"? Für Raschke sind dies all jene, die von der Erfahrung einer „aufständischen Macht" (Eng. *insurrectionary power*) geprägt sind; einer Macht, „[which] brings to presence eventually [sic!], if we may indeed speak ,theologically', the God force driving history [...], the force for which the material sign is resurrection". Dieses Moment des transzendenten Bezugs offen zu halten und aufzuzeigen, ist Raschke zufolge „[...] the task of political theology today amid the enveloping crisis of liberal democracy"[250].

Dieses Grundanliegen Raschkes liegt letztlich auch der vorliegenden Untersuchung zugrunde. Ausgangspunkt hierbei ist der postsäkulare Hintergrund, der die Diskussion um das konstitutive Moment der Transzendenz wieder ermöglicht. Um zu dieser Diskussion zu gelangen, muss allerdings im Vorfeld noch auf zwei Aspekte der Krise der liberalen Demokratie eingegangen werden. Zum einen wird im folgenden Abschnitt anhand der Autoren Antonio Negri und Michael Hardt der Übergang von einem neuzeitlich-liberalen zu einem postmodernen

---

[246]   HABERMAS, *Auch eine Geschichte der Philosophie*, Bd. 2, 797.
[247]   Ebd., 807.
[248]   Vgl. ebd., 807.
[249]   RASCHKE, *Force of God,* 169.
[250]   Ebd., 170.

Souveränitätskonzept und dessen (politisch-)theologischen Folgen diskutiert. Zum anderen soll aufbauend darauf anhand von Sheldon Wolin eine neue Verhältnisbestimmung zwischen Demokratie und Liberalismus dargestellt werden. Diese Diskussionen weisen schließlich den Weg zur Radikaldemokratie und deren theopolitischem Potential, allen voran ihrem Substitut der Transzendenz in der Konstitution von Souveränität.

2.2.2.2   Die Krise liberaler Demokratie als Souveränitätskrise: Michael Hardts und Antonio Negris Multitude in Zeiten des Empires

Ein zentraler Faktor für eine Neuausrichtung und -interpretation der Demokratie jenseits nationalstaatlicher Konzeption wurde bislang noch nicht adressiert: die zunehmende (Wahrnehmung der) Globalisierung, mit der sich die Frage nach den Souveränitätsansprüchen von liberal-demokratischen Nationalstaaten auf radikal neue Weise stellt. Mit den Worten von Michael Hardt und Antonio Negri: „Mit dem globalen Markt und mit globalen Produktionsabläufen entstand eine globale Ordnung, eine neue Logik und Struktur der Herrschaft – kurz, eine neue Form der Souveränität."[251] „Diese globale Form der Souveränität ist es, was wir Empire nennen".[252] Das Aufkommen dieser neuen Souveränitätsform ist verbunden mit dem Niedergang der Souveränität von Nationalstaaten, welche für Hardt und Negri für „die Formen des Imperialismus, wie sie die europäischen Mächte die ganze Moderne hindurch ausbildeten, der Eckpfeiler [war]"[253]. Nationale Souveränität verschwindet bei diesem Prozess aber nicht einfach, sondern geht ein in ein komplexes Netzwerk aus nationalen und supranationalen Organismen. Dieses dezentrale und deterritorialisierte Empire stellt den „Übergang von der Moderne zur Postmoderne beziehungsweise vom Imperialismus zum Empire"[254] dar.

Bereits hier wird deutlich, dass der Übergang von Moderne zu Postmoderne nicht notwendigerweise mit dem Ende der Gefahr des Totalitarismus einhergeht. Es erscheint zusätzlich am Horizont ein noch größerer Leviathan, der latent jenseits aller nationalen Grenzen und Machtzentren einen totalitären, weltumfassenden Raum umspannt. Das Empire verfügt demnach über bis dato ungekannte und ungeheure Unterdrückungs- und Zerstörungspotentiale. Angesichts dieser Analyse muss man in der Tat von einer existentiellen Herausforderung sowohl für die Demokratie (als politische Selbstbestimmung einer Gemeinschaft) als auch für den Liberalismus (als individuelle, politische Freiheit gegenüber der Gemeinschaft) sprechen. Doch Hardt und Negri ist weder an einem Pessimismus mit Blick auf die Zukunft gelegen noch an einer Nostalgie mit Blick auf ältere Herrschafts- und Souveränitätsformen. Zum einen stellen sie fest: „Demokratie blieb

---

251   MICHAEL HARDT; ANTONIO NEGRI, *Empire. Die neue Weltordnung*, Frankfurt a. M. 2003, 9.
252   Ebd., 10.
253   Ebd., 10.
254   Ebd., 14-15. Vgl. Teil II und Teil III, 83-358.

in der Moderne zweifellos ein unvollendetes Projekt, ungeachtet der Gestalt, die es national und lokal annahm, und die Globalisierungsprozesse der vergangenen Jahre führten zu neuen Herausforderungen."[255] Und zum anderen bietet ihrer Meinung nach der Globalisierungsprozess, verbunden mit dem Übergang zum Empire, auch neue Chancen zur Befreiung und Emanzipation. Dieses „Gegen-Empire" nennen sie „Multitude", die Menge (im Sinne einer vielfältigen Masse). „Die[se] Menge ist bunt wie das Gewand des biblischen Josephs".[256] Die Gegen-macht zur Macht des Empires ist ebenso einer Transformation ausgesetzt. Macht muss sich auch an den Wurzeln neu konstituieren. Neue Formen der Demokratie und ein neues Verhältnis sowie eine neue Ausarbeitung des Projektes des Libe-ralismus werden dafür benötigt.[257]

Es ist das Konzept der *Multitude*, mit welchem beide Autoren über die Macht-konstitution des Empires hinausweisen wollen. Dabei haben sie eine doppelte Stoßrichtung. Zum einen nach vorne in die Zukunft der Netzwerke der *Multitude*, die als wahre Gegenmacht gegen das globale Empire agieren können. Zum ande-ren der Blick in die Vergangenheit, der Ruf „Zurück ins 18. Jahrhundert"[258]. Da-bei steht das 18. Jahrhundert für die beiden Autoren für die immanente Wende in der Souveränität, die sich geschichtlich zum ersten Mal in der Amerikanischen Revolution gezeigt hat, als die Form der Souveränität, die prinzipiell nicht nur die Grundlage des Empires, sondern eben auch wahrer Demokratie ist. „Am Ende der Moderne tauchen die ungelösten Probleme ihrer Anfänge wieder auf"[259], so Hardt und Negri. Und genauso, wie die Denker des 18. Jahrhunderts das griechi-sche Modell der antiken Demokratie an ihren neuzeitlichen und nationalen Kon-text anpassen mussten, liegt auch die gegenwärtige Aufgabe darin, die nationalen Modelle der Demokratie und Repräsentation für einen globalen Kontext umzuin-terpretieren. Der Kern dieses „wagemutige[n] Akt[es] politischer Vorstellungs-kraft" liegt ihrer Ansicht nach aber nicht nur in der Transformation politischer Modelle, sondern auch in der Transformation des primären politischen Begriffs selbst, i.e. der Souveränität.[260]

Souveränität als Grundlage des Politischen war bis dato immer an das *Eine* ge-bunden, welches die Herrschaft ausübt, ganz gleich, ob der Monarch, das Volk oder die Partei. Die gesamte politische Theorie sei seit Platon immer auf der fal-schen Alternative zwischen Einheit und Chaos aufgebaut gewesen. Dies gilt auch für die modernen Demokratietheorien, die zwar einerseits einen entscheidenden

---

[255] MICHAEL HARDT; ANTONIO NEGRI, *Multitude. Krieg und Demokratie im Empire*, Frankfurt a. M. 2004, 7.

[256] Ebd., 10.

[257] Siehe ebd., 14: „[…] Demokratie, mag sie auch fern erscheinen, [ist] in unserer Welt unentbehrlich [...], denn sie ist die einzige Antwort auf die drängenden Fragen un-serer Gegenwart und zugleich der einzige Ausweg aus einem permanenten Konflikt- und Kriegszustand."

[258] Hardt; Negri, *Multitude*, 338.

[259] Ebd., 264.

[260] Vgl. ebd., 341.

Schritt weg vom Transzendentalismus der Souveränität gemacht haben, aber noch stets auf dem Prinzip *e pluribus unum* basieren. *Multitude* ist nun der Versuch, diese klassische Souveränität in Richtung Vielheit zu überwinden und das Politische nicht auf das Prinzip der Einheit zwischen Individuum und dem gesellschaftlichen Ganzen, sondern auf der „Komplementarität zwischen multiplen Singularitäten" auf der Grundlage eines gemeinsamen sozialen Lebens zu gründen.[261] So heißt es:

> „Sie lässt sich nicht auf eine Einheit reduzieren und unterwirft sich nicht der Herrschaft des einen. Die Multitude kann nicht Souverän sein. Aus dem gleichen Grund lässt sich die Demokratie […] nicht als Regierungsform im traditionellen Sinne verstehen, denn sie reduziert die Pluralität jedes Einzelnen nicht auf die einheitliche Gestalt der Souveränität."[262]

Ihrer Ansicht nach ist keine vereinheitlichende Souveränität notwendig, um Anarchie im Sinne einer beziehungs- und ordnungslosen Gesellschaft zu vermeiden. Die Macht der *Multitude* besteht gerade in den Beziehungen untereinander. Diese Beziehungen aber können autonom von jeder und jedem Einzelnen geschaffen werden, ohne dafür einen alles überragenden Souverän zu benötigen. In diesem Sinne sprechen Hardt und Negri von einer „biopolitische[n] soziale[n] Organisation als eine[r] absolut immanente[n] Formation, in der alle Elemente auf der gleichen Ebene interagieren"[263]. Die *Multitude* ist selbstbestimmt und selbstorganisiert, ihre Souveränität ist inkarniert, im Gegensatz zum transzendenten Modell, das von einem einheitlichen, über der Gesellschaft stehenden souveränen Subjekt ausgeht. Damit wird die Souveränität ihrer eigentlichen Funktion beraubt, sie wird „aus dem Politischen an sich verbannt"[264], wie sie schreiben, sodass „Demokratie möglich [wird]"[265]. Demokratie als tatsächliche Herrschaft

---

[261]   Vgl. ebd., 342. Hierbei kann auf die epochal verschiedene Tiefenstruktur zur Überwindung bzw. Vermittlung dieser Quantitäten hingewiesen werden. Karlheinz Ruhstorfer macht diesbezüglich folgende Aufteilung: Metaphysik: Allgemeinheit/Einheit, Moderne: Einzelheit/Ganzheit (Totalität), Postmoderne: Besonderheit/Vielheit (Pluralität). Siehe KARLHEINZ RUHSTORFER, „Der dreieine Gott als Geschichte und Gegenwart", in: DERS. (Hg.), *Gotteslehre*, Paderborn 2014, 263-352.

[262]   Hardt; Negri, *Multitude*, 363.

[263]   Ebd., 370.

[264]   Ebd., 371.

[265]   Ebd., 375. Auf die Frage der Entscheidungsfindung in einem solchen politischen System verweisen Hardt und Negri auf neue Formen der Kooperation, die sich zeitlich mit dem Übergang zum Empire herausgebildet haben, wie etwa die der Open Source oder der Schwarmintelligenz. Gemeinsam ist diesen Kooperationsformen, dass es nicht mehr eine Instanz ist, die alle Ideen und Lösungsansätze in sich vereint, sondern dass sich die Entscheidungsfindung mit der Zahl der Mitagierenden stetig verändert, transformiert und erweitert und so selbst ein Abbild der Multitude wird. Vgl. ebd., 373-374.

der, durch und für die *Multitude* ist damit immer schon im Empire angelegt. Sie zeigt sich bereits jetzt punktuell immer dort, wo die *Multitude* ihre eigentliche Souveränität ausübt, immer da, wo sich von der beherrschenden Souveränität des Empires emanzipiert wird.

Geschichtlich manifestiert hat sich die Mulitude ihrer Interpretation nach erstmals in der Amerikanischen Revolution. In ihrer Interpretation tritt dabei eine deutliche Betonung der Immanenz zu Tage, die verbunden ist mit einer klaren Absage gegenüber der Transzendenz (und der mit ihr in Verbindung gebrachten Metaphysik) in der Konstitution demokratischer Souveränität. Für Hardt und Negri ist die Transzendenz aufs Engste mit dem vormodernen Konzept der Souveränität verbunden, das nach Einheit strebt, indem es die Vielfalt der Menge transzendiert und welches erst in der immanenten Wende der Souveränität der Amerikanischen Revolution überwunden wurde. Auf amerikanischem Boden wird die Macht nicht wie im fernen Europa einem transzendenten Bereich zugeordnet und so von der Gesellschaft ferngehalten, sondern, im Gegenteil, in der Gesellschaft selbst verwurzelt und dadurch immanentisiert: „Für die Transzendenz von Macht besteht dabei weder eine Notwendigkeit noch ist Platz dafür."[266] Damit ist für sie das eigentliche Ereignis der Moderne die „Betonung der Mächte dieser Welt, die Entdeckung der Immanenz"[267], wie sie nach Meinung der Autoren erst in der Amerikanischen Revolution auftaucht. Dieses Ereignis stellt einen Bruch mit dem traditionellen Konzept der Souveränität dar, in denen bis dato noch immer ein „transzendentes Schema" vorherrscht. Denn auch in der neuzeitlichen Entwicklung bis zum Ende des 18. Jahrhunderts wurde das Konzept der Transzendenz nicht vollkommen aufgegeben, sondern in der politischen Sphäre in der Form eines „transzendenten politischen Apparats" transformiert. „Bei dieser modernen Konstruktion eines transzendenten politischen Apparats", so die beiden Autoren, „spielt Thomas Hobbes Vorstellung von einem absolut souveränen Herrscher, einem ‚Gott auf Erden', eine grundlegende Rolle"[268]. Mit Hobbes beginnt die Entwicklung des modernen Souveräns, der die immanente Gesellschaft transzendiert und dadurch zugleich fundiert. Entscheidend für unsere Betrachtung der liberalen Konzeption von Demokratie ist, dass für Hardt und Negri die gleiche prinzipielle Kritik zutrifft, wie bei der Monarchie, denn auch in der Demokratie à la Rousseau findet sich ihrer Meinung nach noch das transzendente Schema. So folgt nach ihrer Ansicht auch Rousseaus republikanischer Souverän dieser Logik, da letztlich jedes einzelne Mitglied der Gesellschaft in der obersten Richtlinie des *volonté général* vereinheitlicht und repräsentiert wird.[269] Dies än-

---

[266] Hardt; Negri, *Empire*, 173.
[267] Ebd., 85.
[268] Ebd., 97.
[269] Vgl. ebd., 97-99.

dert sich auch nicht bei der Transformation zu einer national gefassten Souveränität, da hier nur eine Verschiebung „von göttlichem Körper des Königs zu geistiger Identität der Nation"[270] stattfinde.

Was aber können wir nun im Rahmen unserer Spurensuche in ein postsäkulares und postliberales Zeitalter mit dieser Interpretation von Souveränität anfangen? Zum einen veranschaulichen Hardts und Negris Konzepte des Empires, der *Multitude* und der dahinterliegenden immanenten Wende zur Immanenz einen Wandel oder gar Bruch mit dem traditionellen Souveränitätsverständnis; einem Souveränitätsverständnis, das letztlich auch der klassisch liberalen Konzeption von Demokratie zugrunde liegt. Wie bereits bei Raschke, bei dem der Liberalismus aus epistemologischen und repräsentativen Gründen ins Hintertreffen geraten ist, trifft dies nach Hardt und Negri auch auf dessen Souveränitätskonzept, ebenfalls verbunden mit dem Konzept des Nationalstaates, zu. Die Spur führt also klar hinein in die Postliberalität, ohne zugleich das Ende der Demokratie an sich einzuläuten – eher im Gegenteil. Doch inwieweit damit eine postsäkulare Konzeption erreicht ist, bleibt angesichts der klaren Absage an Transzendenz bzw. Metaphysik undeutlich.

Um dies beurteilen zu können, muss man sich ein genaueres Bild von Hardts und Negris Konzeptionen von Immanenz und Transzendenz machen.[271] Die entscheidende Motivation hinter der klaren Gegenüberstellung bei gleichzeitiger Bevorzugung der Immanenz ist die (ontologische) Begründung des Politischen als einer horizontal organisierten Vielfalt. Immanenz steht für beide Autoren für die Garantie der Autonomie des/der Einzelnen gegenüber einer Fremdbestimmung eines übergeordneten und ganz anderen, i.e. transzendenten Souveräns. Realität muss als Immanenz verstanden werden, um sicherzustellen, dass politische Souveränität als Potential voll und ganz in der *Multitude* liegt, und nicht irgendwo über diese hinaus auf das *Eine* hin verlagert wird.[272] Dieses Verständnis vom Verhältnis von Immanenz und Transzendenz durchzieht das gesamte Werk der Autoren, wie beispielsweise auch deren Zeitverständnis verdeutlicht, wonach „Zeit […] eine kollektive Erfahrung" der Menge ist.[273] Wo, so kann man mit Rentsch

---

270   Ebd., 108.

271   Zu einer ausführlicheren Betrachtung dieses Verhältnisses bei Negri siehe STEPHAN TAUTZ, „(E) pluribus unum? Souveränität zwischen transzendentem Einheitsstreben und immanenter Verkörperung. Politisch-theologische Ekklesiologie zwischen Carl Schmitt und Antonio Negri", in: KARLHEINZ RUHSTORFER (Hg.), *Zwischen Progression und Regression. Streit um den Weg der katholischen Kirche*, Freiburg 2019, 337-358.

272   Vgl. hierzu auch ANTONIO NEGRI, „Eine ontologische Definition der Multitude", in: THOMAS ATZERT; JOST MÜLLER (Hg.), *Kritik der Weltordnung. Globalisierung, Imperialismus, Empire*, Berlin 2003, 111-125.

273   Vgl. HARDT; NEGRI, *Empire*, 407-408. Des Weiteren wird dort ausgeführt: „Die Transzendenz von Temporalität wird am entschiedensten durch die Tatsache zerstört, dass es nun unmöglich ist, Zeit zu messen, weder durch Konvention noch

fragen, lassen sich in dieser Konzeption „entfremdete[] Sinngehalte der Transzendenz"[274] ausmachen? Die Antwort auf diese Frage hängt in weiten Teilen davon ab, ob man Hardt und Negris Verständnis von Transzendenz als Paradigma des weltjenseitigen Einheitsstrebens teilt, wie auch das damit verbundene „transzendente Schema" neuzeitlicher Souveränitätskonzeption von Hobbes bis Rousseau. Und genau an diesem Punkt lässt sich theologisch gesehen einhaken. Stellt diese Form des transzendenten Schemas nicht schon eine auf ihren immanenten Charakter reduzierte Transzendenz dar? Kann man theologisch noch von einer starken Transzendenz sprechen, wenn sie nur noch als innerweltlicher Konvergenzpunkt fungiert? Ist Transzendenz nicht gerade – im Gegenteil – das Paradigma zur Subversion jeglichen Einheits- und Absolutheitsstrebens eines „Gottes auf Erden" gegen den sich Hardt und Negri in der Gestalt des Empires zur Wehr setzten?

Ohne diese Fragen an dieser Stelle beantworten zu können, stellen sie doch den tieferliegenden Fundus für das Vorgehen der Untersuchung an sich: Die Frage wie ein Transzendenzbezug politisch und theologisch zu verstehen ist, sodass darin ein zugleich subversives wie konstitutives Moment zum Ausdruck kommt, das vor dem Hintergrund der Postsäkularität und Postliberalität die Freiheiten der liberalen Konzeption der Demokratie nicht preisgibt, zugleich aber über deren Repräsentation- und Souveränitätsform hinausgeht. In Bezug auf Hardt und Negris Konzept der *Multitude* bedeutet dies zu fragen, inwiefern darin nicht selbst wieder ein Substitut einer Transzendenz zum Ausdruck kommt; einer mehr transformativen Form der Transzendenz, bei der Gott und Welt, Transzendenz und Immanenz, sich nicht ausschließend gegenüberstehen, sondern ineinander verwoben sind, ohne dass die Transzendenz jedoch von der Immanenz begrenzt wird, sondern sich vielmehr prozessual in ihr manifestiert und ohne die verhängnisvolle Verwendung der Transzendenz als konstitutiven Fluchtpunkt für Einheit, die keine Vielheit zulässt. Dieser transformativen Form der Transzendenz entspräche dann auch eine Souveränität, die sich nicht mehr an einem absoluten Punkt repräsentieren ließe und stattdessen vielmehr kenotisch entäußert, „weht wo sie will".[275] Diese Form – oder dieses Substitut – der Transzendenz würde dem prinzipiell zerstreuten Souveränitätskonzept, das der *Multitude* zugrunde liegt, wiederum sehr nahekommen.

---

durch Berechnung. Die Zeit ‚untersteht‘ nun wieder voll und ganz dem kollektiven Dasein und hat ihren Platz innerhalb der Kooperation der Menge."

[274] RENTSCH, *Transzendenz und Negativität*, 150.

[275] Vgl. TAUTZ, „(E) pluribus unum?", 354. Analog lässt sich diese Feststellung auch auf Negris Rede von Gott übertragen. Spinozas *Deus sive natura* immanent interpretierend schreibt er: „[I]f a God does exist, it is one whom the desire for happiness invents through the movements and transformations of the multitude". In ANTONIO NEGRI, *Spinoza for our Time. Politics and Postmodernity*, übers. v. WILLIAM MCCUAIG, New York 2013, 104.

Mit dieser Feststellung wiederum, öffnet sich der Weg für die Diskussion eines weiteren zentralen Aspektes im Umfeld der postsäkularen Krise der liberalen Demokratie. Dieser letzte Aspekt betrifft das Verhältnis zwischen Demokratie, gerade in ihrer nachmetaphysischen Konzeption, und dem Liberalismus. Diese Diskussion soll im folgenden Abschnitt anhand der Demokratietheorie Sheldon Wolins geführt werden. Wolins Konzept einer *Fugitive Democracy* eignet sich hierfür besonders aus zwei Gründen: zum einen beruht sein Konzept einer stets aus allen festen Formen fliehenden Demokratie ebenfalls auf einer nachmetaphysischen Konzeption von Souveränität; zum anderen aber, ist bei ihm gerade das Substitut der Transzendenz – bei ihm der „mystische Impuls" genannt – das zentrale Paradigma des Liberalismus, gegen den er sich vehement wendet.

2.2.2.3   Demokratie auf der Suche nach einem neuen Verhältnis zum Liberalismus: Sheldon Wolins Fugitive Democracy

In Zeiten der Verschiebung der Souveränität, weg von den Nationalstaaten hin zur globalen Formation des Empires, muss die Grundlage der Demokratie grundsätzlich neu interpretiert und fundiert werden. Dies gilt nicht nur für das Begriffspaar Nationalstaat und Demokratie, sondern auch für das von Demokratie und Liberalismus. Auch hier zeichnet sich unter dem Vorzeichen des Empires ein neues Verhältnis zwischen beiden Konzepten ab, welches von einer normativen Abhängigkeit der Demokratie vom Liberalismus abrückt. In Hinblick auf die Frage nach dem Verhältnis zwischen Demokratie und Liberalismus ist es allen voran das Werk des US-amerikanischen Politikwissenschaftlers Sheldon S. Wolin, das in den vergangenen zwei Jahrzehnten neue und entscheidende Analysen und Impulse gegeben hat.[276] Wolin spricht sich für eine Entflechtung beider Traditionen aus, wobei seine Sympathie eindeutig auf der Seite der demokratischen Tradition liegt, während er den Liberalismus höchst negativ als "a philosophy of sobriety, born in fear, nourished by disenchantment, and prone to believe that the human condition was and was likely to remain one of pain and anxiety"[277] beschreibt.

Historisch betrachtet, so Wolin, stellt der Liberalismus eine Kombination aus folgenden Elementen dar: „elected representative government, limited government, equal rights, property rights, and an economy that, when freed from governmental interference and rid of privilege, nevertheless produced inequalities as

---

[276]   Vgl. SHELDON S. WOLIN, „Fugitive Democracy", in: SEYLA BENHABIB (Hg.), *Democracy and Difference. Contesting the Boundaries of the Political*, Princeton 1996, 31-45; DERS., *Politics and Vision. Continuity and Innovation in Western Political Thought*, erweiterte Auflage Aufl., Princeton 2004; DERS., *Democracy Incorporated. Managed Democracy and the Specter of Inverted Totalitarianism*, Princeton 2008. Weitere wichtige Werke sind DERS., *Hobbes and the Epic Tradition of Political Theory*, Los Angeles 1970; DERS., *Tocqueville Between Two Worlds. The Making of a Political and Theoretical Life*, Princeton 2001.

[277]   WOLIN, *Politics and Vision*, 263.

striking as any in the traditional regimes"[278]. Abermals wird deutlich, wie schwierig es ist, beim Erfassen des Begriffs Liberalismus die politischen und ökonomischen Sphären voneinander zu trennen. Dies hat für Wolin historische Gründe. Kapitalismus und Liberalismus waren in Großbritannien von Beginn an eng miteinander verbunden im Kampf gegen die großagrarische aristokratische Herrschaftsform. Daher ist es nach Wolin auch kaum verwunderlich, dass das Hauptanliegen der wichtigsten Theoretiker des Liberalismus wie Adam Smith, Jeremy Bentham, John Stuart Mill und David Ricardo nicht auf politischer Gleichheit und Repräsentation lag. Diesem englischen Zweig des Liberalismus stellt Wolin einen US-amerikanischen gegenüber, der sich etwa ein Viertel Jahrhundert zuvor gebildet hatte und sich in der Amerikanischen Revolution niederschlug. Dieser Protest gegen Besteuerung und Importzwänge wurde hauptsächlich mit politischen Argumenten über Repräsentation geführt und nicht mit ökonomischen Theorien. In diesem Unterschied ist nach Wolin die Möglichkeit des amerikanischen Liberalismus zugrunde gelegt, sich in wirtschaftlichen Belangen auch vom Kapitalismus zu lösen, wie sich dies am deutlichsten in der Politik des New Deals in der Zeit nach dem Ersten Weltkrieg gezeigt hat. Doch nach dem Zweiten Weltkrieg, so Wolin, setzte eine Abkehr von dieser Politik ein. Eine Vielzahl von Faktoren spielten dabei eine Rolle, u.a. das gesteigerte Konsumbedürfnis der Bevölkerung nach den entbehrungsreichen Kriegsjahren, die Neuausrichtung des Staatsapparats auf die militärischen Herausforderungen des Kalten Kriegs und die Unfähigkeit des Liberalismus, die Anstöße aus der Bürgerrechtsbewegung und den sozialen Kämpfen der 60er Jahre aufzunehmen. Als sich schließlich der expansive Neoliberalismus gegenüber einer in die Wirtschaft eingreifenden Politik etablierte, hatte der politische Liberalismus seine „robuste Dynamik" verloren, „that enabled it to intervene to control the ‚excess' of capital and to respond […] to the new challenge of broadening political along with social democracy"[279].

Dabei bedingten und verstärkten sich die verschiedenen Faktoren auch untereinander. Die Bürgerrechts-, Friedens- und Umweltbewegungen stellten nichtkommunistische, demokratische Alternativen dar, die dem Liberalismus gegenüber sehr kritisch eingestellt waren. Sie rückten die demokratische Praxis wieder ins Zentrum ihrer Politiktheorie und waren im Gegensatz zum Liberalismus ihrer Zeit in der Lage, Werte wie Gemeinschaft und Solidarität neu zu diskutieren. Der Liberalismus hingegen erschien in dem Dilemma gefangen, dass aus seinen freiheitlichen und egalitären Prinzipien offensichtlich unfreie und ungleiche Konsequenzen entstehen.[280] Die Konzentration auf politischen Individualismus und private Freiheiten war nicht mehr ausreichend, um den anti-demokratischen Kräften einer neoliberalen Wirtschaftsweise, die auf hierarchischer Ordnung, Elitismus und stetiger Expansion beruht, zu begegnen. Diese Unfähigkeit führt Wolin auf eine Neuausrichtung der Theoretiker*innen des Liberalismus in der Zeit während

---

[278] WOLIN, *Democracy Incorporated*, 218.
[279] WOLIN, *Democracy Incorporated*, 221. Vgl. ebd., 218-222.
[280] Vgl. WOLIN, *Politics and Vision*, 523-526.

und nach dem Zweiten Weltkrieg zurück. Beginnend mit Karl Poppers *The Open Society and Its Enemies* (1945), stellt Wolin eine intensive Auseinandersetzung mit Totalitarismus und dem totalitaristischen Potential von Demokratien fest. Auch wenn Poppers Werk vordergründig eine Auseinandersetzung zwischen irrationalem Totalitarismus und rationalem Liberalismus ist, stellt sie doch einen entscheidenden Schritt zur Identifizierung von liberaler Demokratie mit privaten Freiheiten und Interessen dar, die gemeinschaftlichen Interessen und Aktionen gegenüber kritisch eingestellt ist. Laut Wolin steht Popper für „the important discovery […] that the demos could be depoliticised without directly attacking the idea of democracy"[281].

Dies ist insofern für Wolin alarmierend, als er in der Kombination und Kooperation von Ökonomie mit den verschiedenen politischen Institutionen die größte gegenwärtige Herausforderung für die Demokratie sieht, der nicht durch die Verengung von Politik auf Einzelinteressen begegnet werden kann. Seine Analyse der Bedrohung – wie auch deren Behebung – gleicht dabei auf bemerkenswerte Weise der von Negri und Hardt. Zwischen dem Erscheinen der ersten Auflage von *Politcs and Vision* im Jahre 1960 und der erweiterten Auflage aus dem Jahre 2004 vollzieht Wolin in seiner politischen Philosophie den Übergang von der Moderne in die Postmoderne. In seinem neu entwickelten Begriff der „Superpower" fasst Wolin die netzwerkartige Kooperation zwischen multinationalen Unternehmen und Staaten zusammen, die sich im Laufe der Globalisierung gebildet hat und dabei zugleich die nationale Staatssouveränität in ihrer klassischen modernen Ausprägung transformierte bzw. auflöste.[282] Die Netzwerkmacht selbst, die postmodern transformierte Souveränität, nennt Wolin „inverted totalitarism". Als Gegenbegriff zum inverted totalitarism der Superpower entwickelt Wolin den Begriff der „fugitive democracy"[283]. Beinahe parallel zum Konzept der *Multitude* besteht Wolin auf dem vorübergehenden Charakter jeglicher institutionalisierten Form der Demokratie. Demokratie flieht vor der Reduktion in eine ganz bestimmte repräsentative Form. Sie ist als Prozess oder als politische Einstellung zu verstehen. Ihr zu Grunde liegt ebenso die Vielheit der Menge, welche nicht zu dem *einen* Volk als einer präexistenten Einheit reduziert werden kann. Daher ist Wolin auch gegen „unitary politics that democrats must strive to control"[284], sondern für eine „multiplicity of modest sites dispersed among local governments and institutions"[285].

---

[281] Ebd., 520. Vgl. 496-522. Wolin nennt weitere Autor*innen die sich aufgrund ihrer Auseinandersetzung mit dem Totalitarismus kritisch zur Gefahr einer demokratischen Volksherrschaft äußerten, wie z.B. Hannah Arendt oder Jacob Salmon. Siehe HANNAH ARENDT, *The Origin of Totalitarianism*, New York 1951, vor allem 301-375; JACOB SALMON, *The Rise of Totalitarian Democracy*, Boston 1952; DERS., *Political Messianism*, New York 1960.

[282] Vgl. WOLIN, *Politics and Vision*, 588.

[283] Vgl. ebd., 601-606.

[284] Ebd., 603.

[285] Ebd., 603.

Auch bei Wolin stellt sich die Frage, inwieweit seine Analyse direkt oder indirekt theologisch inspiriert ist. Diese Diskussion kann sich auf seinen Begriff der politischen Mystik konzentrieren, welche für Wolin die eigentliche Herausforderung für die demokratische Freiheit darstellt. Dieser zentrale Begriff seiner politischen Analyse ist zugleich aus zwei Gründen für unsere Untersuchung interessant. Zum einen, weil er damit genau das beschreibt, was er als negative Tendenz dem Liberalismus zuschreibt, wovon eine freiheitliche Demokratie seiner Ansicht nach zu fliehen habe. Und zum anderen, weil er bei seiner Analyse der Genese der politischen Mystik vom theologischen Konzept des *corpus mysticum* ausgeht, allen voran von Henri de Lubacs Studie *Corpus Mysticum*[286]. Chad C. Pecknold urteilt über Wolins Bezug auf de Lubac: „Wolin's critique of liberal democracy, and his constructive argument for ‚fugitive democracy‘, substantially depend on an argument that Henri de Lubac [...] makes concerning the ‚mystical body‘ of Christ.“[287] Wolin selbst hält fest, dass das *corpus mysticum* am Anfang einer Entwicklung seines Konzepts der politischen Mystik steht. Er schreibt:

> „Christianity helped father the idea of a community as a non-rational, non-utilitarian body bound by a meta-rational faith, infused by a mysterious spirit taken into the members; a spirit that not only linked each participant with the center of Christ, but radiated holy ties knitting each member to his fellows.“[288]

Für Wolin stellt das theologische Konzept des *corpus mysticum* einen entscheidenden Schub in der Entwicklung der westlichen politischen Tradition dar, denn mit ihm kam eine neue Konzeption von Zeit und Ort auf, die auf den Begriff der Partizipation am Leib Christi aufgebaut war.[289] Zunächst stützt sich Wolin auf de Lubacs Feststellung, dass die Bedeutung von *corpus mysticum* im Verlauf vom 4. bis zur Mitte des 12. Jahrhunderts vom Sakrament der Eucharistie auf die gesamte Kirche als Institution übergegangen war. Davon ausgehend baut Wolin de Lubacs Argument weiter aus, indem er die Entwicklung des Konzeptes des *corpus mysticum* über die neuzeitliche Staatskonzeption bis hin zum Nationalismus und der Nationalstaatlichkeit des 19. Jahrhunderts nachzeichnet.[290] Der entscheidenden Schritt im Übergang des *corpus mysticum* von einem ekklesiologischen

---

[286]   HENRI DE LUBAC, *Corpus mysticum. L'eucharistie et l'église au Moyen Age. Étude historique*, Paris 1949; in deutsch erschienen als DERS., *Corpus mysticum. Kirche und Eucharistie im Mittelalter. Eine historische Studie*, übers. v. HANS URS VON BALTHASAR, Einsiedeln 1995.

[287]   CHAD C. PECKNOLD, „Migration of the Host. Fugitive Democracy and the Corpus Mysticum“, in: *Political Theology* 11 (Jan. 2010), 77-101, 78.

[288]   WOLIN, *Politics and Vision*, 119.

[289]   Vgl. WOLIN, *Politics and Vision*, 86-95.

[290]   Vgl. ebd., 296-314.

zu einem säkular-politischen Konzept hat sich nach Wolin bei Luther zugetra-
gen.[291] Luther habe mit seiner Zwei-Reiche-Lehre unwillentlich eine Entwicklung zur machtpolitischen Monopolbildung der entstehenden Nationalstaaten an-
gestoßen. Daraus bildete sich mit der Zeit das Bild eines autonomen säkularen
Staates, der von keiner anderen Gegenmacht kontrolliert werden kann.[292] Am
Ende dieser Entwicklung, die über Hobbes Leviathan, Fortescues „corpus politi-
cum", Adam Smiths „unsichtbare Hand des Marktes" und Rousseaus „common
spirit" geht, steht das, was Wolin die liberale Tendenz zur Vereinheitlichung
nennt.[293] In diesem Drang zur Einheit sieht Wolin das mystische Element, das
letztlich der gesamten liberalen Tradition zu Grunde liegt und welches diese als
mystischen und quasi transzendenten Impuls vom sakramentalen *corpus mysticum* vererbt bekommen hat.[294] Daher beschreibt Pecknold Wolins politische Philosophie auch treffend als „negative politische Theologie"[295]. Für Wolin ist entscheidend, dass Demokratie nie auf ein irgendwie geartetes transzendentes und
vereinheitlichendes Ende ausgerichtet ist, sondern gerade davor in strikte Immanenz flieht.

Auf den ersten Blick wirkt Wolins klare Absage an Transzendenz als mystischen Impuls gleichbedeutend mit einer Absage an Religion, bzw. Theologie.
Das eigentliche Problem des Liberalismus ist dessen „unterdrückter religiöser
Impuls"[296], ein Mystizismus der Einheit, vor dem die Demokratie als ein „ver-
streutes" (Eng. *dispersed*) und dezentrales Netz zu fliehen hat. Noch dazu ist für
Wolin das ekklesiologische (und sakramentale) Bild des Leibes Christi der Stein
des Anstoßes; also genau das Konzept, das den Grundstein der politischen Theologie von William Cavanaugh bildet. Auch wenn eine detaillierte Gegenüberstellung beider Autoren erst an einer anderen Stelle vorgenommen wird[297], soll bereits hier klargestellt werden, dass Cavanaugh selbst eine große Nähe zwischen
Wolins Konzept einer fliehenden Demokratie und seiner eigenen politischen
Theologie (in der Gestalt der „pilgrim politics" von Augustinus) sieht. Der Hauptgrund hierfür liegt einerseits in der geteilten Warnung vor einer in sich selbst
abgeschlossenen, verabsolutierten Machtkonstellation, welche Wolin „inverted
totalitarianism" nennt und Cavanaugh in manchen Tendenzen des modernen Nationalstaats ausmacht. Und andererseits zeichnet beide Autoren eine Betonung
des prozesshaften und zugleich verstreuten Charakters demokratischer Politik
aus, welche bei Wolin durch das Motiv der Flucht zum Ausdruck kommt.

Es ist gerade dieser letzte Punkt, der für unsere weitere Betrachtung von besonderem Interesse ist. Hier gilt es ähnlich wie schon bei Negri und Hardt kritisch zu

---

[291] Vgl. ebd., 143-147.
[292] Vgl. dazu auch PECKNOLD, „Migration of the Host", 89.
[293] Vgl. WOLIN, *Politics and Vision*, 120.
[294] Vgl. PECKNOLD, „Migration of the Host", 97.
[295] Ebd., 97.
[296] WOLIN, *Politics and Vision*, 542.
[297] Siehe 3.4.3.1.

hinterfragen, ob Wolins Gleichsetzung von unterdrücktem transzendenten Impuls, mystischem Einheitsstreben und undemokratischer Politik zuzustimmen ist. Aus theologischer Sicht ist es dabei vor allem das Konzept der Transzendenz, welches genauer untersucht werden muss. Ist es denn nicht gerade die Transzendenz – oder vielmehr deren postmoderne und daher postsäkularen Substitute –, die vor einem Einheitsstreben einer in sich selbst angeschlossenen Politik und Vernunftkonzeption schützen? Ist Transzendenz nicht gerade „Stachel" und „Pfahl" im Fleische des umgekehrten Totalitarismus Wolins? Dies scheint zumindest eine erste theologische Interpretation von Wolins fliehender Demokratie nahezulegen. Denn traditionell gesehen ist die Kirche als *corpus mysticum* prinzipiell unvollkommen. Sie ist auf der Pilgerschaft zum Reich des Vaters, wie es zu Beginn von *Gaudium et spes* heißt.[298] Das eigentliche Problem liegt also in der Säkularisierung, der vollständigen Immanentisierung eines theologischen Konzeptes, das gerade auf einer transzendenten Spur fußt, die darauf ausgelegt ist, in einer inhärenten Dynamik den autonom-immanenten Drang zur Vervollkommnung und Vereinheitlichung aufzubrechen, zu transzendieren. Wolins Kritik am Einheitsstreben ist also zuzustimmen, nicht aber dessen Analyse der Ursache. Nicht der Mystische Leib ist das Problem, sondern dessen säkularisierte Übersetzung in einen immanenten Rahmen in Gestalt des (National)Staates. Zusätzlich gilt es in Bezug auf den fliehenden Charakter der Demokratie anzumerken, dass dem prinzipiell unabgeschlossenen Charakter einer Gemeinschaft auch aus theologischer Sicht zuzustimmen ist. Kritisch allerdings ließe sich anfragen, ob Wolins Bezug zu reiner Immanenz tatsächlich ausreicht, um vor dem Schrecken der Superpower zu bewahren oder wie auch Pecknold kritisch anmerkt: „For democracy to embody its fugitive character it will also need something beyond it to which it can flee so that it doesn't become a totalizing, immanent space."[299] Ist der Kern der Demokratie im Prozeduralen zu verorten, wenn, erneut mit Habermas gesprochen, „sich die *fides quae* im Vollzug der *fides qua* bewähren muss"[300]?

Diese Frage am Ende unserer Betrachtung der Postliberalität bildet zugleich auch das Zentrum der Theorie der radikalen Demokratie. Einher mit der Frage nach dem Kern der Demokratie geht die Feststellung, dass es nicht um eine Abschaffung der liberalen Demokratie gehen kann, sondern vielmehr um eine Neujustierung ihres Kerns unter anderem, i.e. postsäkularen bzw. postmodernen, Vorzeichen. Wie in der folgenden Sektion gezeigt wird, hat dies unausweichlich Folgen für die Neukonzeptzion von Souveränität und deren Repräsentation; eine Neukonzeption, welche wiederum eng an eine Transformation von Transzendenz bzw. deren Substitut gebunden ist, wie die vorhergehende Diskussion erwiesen hat. Dieses *signum* der Postsäkularität – Joas Stachel und Habermas Pfahl – ist letztlich auch der entscheidende Anschlusspunkt für die theologische Diskussion.

---

[298]   Vgl. *Gaudium es spes*, 1 (DH 4301).
[299]   PECKNOLD, „Migration of the Host", 99.
[300]   HABERMAS, *Auch eine Geschichte der Philosophie*, Bd. 2, 805.

2.2.3   Linien hinein in die radikale Demokratie

An dieser Stelle sind wir schließlich bei der Theorie der sog. radikalen Demokratie angelangt. In vielerlei Hinsicht stellt sie einen Konvergenzpunkt der einzelnen vorangegangenen Diskussionen dar. Der radikalen Demokratien liegt wie den bereits angeführten Beispielen der *Multitude* oder der *Fugitive Democracy* eine Neukonzeption demokratischer Souveränität und Repräsentation zugrunde, welche aber im Gegensatz zu den anderen beiden genannten Konzepten eine weit größere Offenheit gegenüber dem religiösen/theologischen Erbe der Souveränität aufweist, welche wir in den vorangegangenen Sektionen als Substitute von Transzendenz und damit als Signum der Postsäkularität identifiziert und diskutiert haben. Im Folgenden soll dieses Potential der radikalen Demokratie für eine gegenwärtige politische Theologie analysiert werden. Dabei wird in drei Schritten vorgegangen: In Schritt eins wird bündig auf die zentralen Autor*innen und Kerngedanken der radikaldemokratischen Theorie eingegangen, bevor in einem zweiten Schritt das Verhältnis zur liberalen Demokratiekonzeption geklärt wird. Radikaldemokratie wird dabei nicht als Abkehr vom politischen Liberalismus, sondern als die Fortführung von dessen zentralem Anliegen unter postmodernem Vernunftparadigma interpretiert. Im dritten Schritt schließlich wird das Verhältnis zur Religion bzw. theologischen Motiven der Radikaldemokratie geklärt, wobei sich zeigen wird, dass deren Konzeption von Souveränität und Repräsentation eng an das theopolitische Erbe gebunden ist. Der Fokus der folgenden Ausführungen liegt dabei auf dem Werk von Claude Lefort, da dieser nicht nur als der entscheidende Wegbereiter der Radikaldemokratie gilt, sondern – wie gezeigt werden soll – auch das größte Potential für den Anschluss an eine theologische Diskussion bietet.

2.2.3.1   Radikale Demokratie: Demokratie an ihrer Wurzel gepackt

Die Beurteilung der Frage, welche Autor*innen zu diesem Kreis zu zählen sind, variiert. Das Ausgangszentrum dieser Theorie jedenfalls stellen die postmarxistischen und poststrukturalistischen politischen Philosophien von Cornelius Castoriadis[301] und Claude Lefort[302] dar, zusammen mit deren Rezeption in den Werken von Ernesto Laclau und Chantal Mouffe[303]. In das nähere Umfeld sind neben den bereits oben diskutierten Autoren Antonio Negri, Michael Hardt und Sheldon Wolin u.a. auch Étienne Balibar, Jacques Rancière, Jacques Derrida, Judith Butler, Marcel Gauchet, Giorgio Agamben, Alain Badiou und Slavoj Žižek zu zählen.[304] Innerhalb dieses Kreises unterscheidet beispielsweise Rebekka Klein

---

[301] CORNELIUS CASTORIADIS, *Gesellschaft als imaginäre Institution. Entwurf einer politischen Philosophie*, Frankfurt a. M. 1984.

[302] Die wichtigsten Werke im französischen Original sind CLAUDE LEFORT, *La Brèche*, in Zus. m. EDGAR MORIN u. P. COUDRAY (Pseudonym für Cornelius Castoriadis), Paris 1968; DERS., *Le Travail de l'œuvre, Machiavel*, Paris 1972; DERS., *Un Homme en trop. Essai sur l'archipel du goulag de Soljénitsyne*, Paris 1975; DERS., *L'Invention démocratique. Les Limites de la domination totalitaire*, Paris 1981; DERS., *Essais sur le politique. XIXᵉ et XXᵉ siècles*, Paris 1986; DERS., *La Complication. Retour sur le Communisme*, Paris 1999; sowie die Essaysammlung in DERS., *Le temps présent. Écrits 1945-2005*, Paris 2007. Die für unsere Untersuchung zentralen zwei Texte, die sich direkt mit der Leerstelle der Macht befassen sind: CLAUDE LEFORT, „Permanence du théologico-politique?", in: *Les temps de la réflexion* 2, Paris 1981, 13-60, sowie DERS., „Démocratie et avènement d'un ,lieu vide'", in: DERS., *Le temps présent. Écrits 1945-2005*, Paris 2007, 461-469. Daneben gibt es einige deutsche und englische Übersetzungen. Siehe deutsche Übersetzungen CLAUDE LEFORT, „Die Frage der Demokratie", in: ULRICH RÖDEL (Hg.), *Autonome Gesellschaft und libertäre Demokratie*, Frankfurt a. M. 1990, 281-297; DERS., *Fortdauer des Theologisch-Politischen?*, übers. v. HANS SCHEULEN u. ARIANE CUVELIER, Wien 1999; DERS., *Die Bresche. Essays zum Mai 68,* übers. u. eingl. v. HANS SCHEULEN, Wien 2008; sowie englische Übersetzungen, die bislang noch nicht in deutsch vorliegen: DERS., *The Political Forms of Modern Society. Bureaucracy, Democracy, Totalitarianism. Claude Lefort,* ed. a. intro. by JOHN B. THOMPSON, Cambridge, Mass. 1986; DERS., *Democracy and Political Theory,* trans. by DAVID MACEY, Oxford 1988; DERS., *Complications. Communism and the Dilemmas of Democracy,* trans., by JULIAN BOURG, with a Preface by DICK HOWARD, New York 1999.

[303] CHANTAL MOUFFE; ERNESTO LACLAU, *Hegemonie und radikale Demokratie. Zur Dekonstruktion des Marxismus,* hg. u. übers. v. MICHAEL HINTZ u. GERD VORWALLNER, Wien 2005. Einen guten Zugang zu deren politischen Denken bietet OLIVER MARCHART, *Die politische Differenz. Zum Denken des Politischen bei Nancy, Lefort, Badiou, Laclau und Agamben*, Berlin 2010; DERS.; OLIVER FLÜGEL-MARTINSEN (Hg.), *Themenschwerpunkt Chantal Mouffe*, in: *Zeitschrift für Politische Theorie* 5 (2/2014); MARTIN NONHOFF (Hg.), *Diskurs. Radikale Demokratie. Hegemonie. Zum politischen Denken von Ernesto Laclau und Chantal Mouffe*, Bielefeld 2007.

[304] Zur zentralen Rolle des Werks von Lefort schreibt Martin Oppelt: „Claude Lefort kann dabei als der wichtigste Wegbereiter dieses radikal-demokratischen Denkens verstanden werden, liefern seine Texte diesem doch die ,theoriearchitektonisch entscheidenden Grundzüge'. So schließen neben Mouffe und Laclau etwa auch Derrida, Nancy, Rancière und Balibar an Leforts Arbeiten an." Siehe MARTIN OPPELT,

zwischen einer prodemokratischen und einer im eigentlichen Sinne bereits post-demokratischen Position, die sie bei Žižek, Rancière und Badiou vertreten sieht.[305] Gegenüber den anderen genannten Autor*innen zeichnen sich demnach Autoren wie Žižek durch eine negative Beurteilung der tatsächlichen Offenheit moderner Demokratien gegenüber Antagonismus und Pluralismus aus. Denn laut Žižek, kann man am Legalismus und Formalismus moderner Demokratien einen „demokratischen Fundamentalismus", i.e. eine vereinheitlichende Norm ausmachen.[306] Demgegenüber sind Lefort und Mouffe wesentlich optimistischer, was das Potential des Antagonismus und Pluralismus moderner Demokratie anbelangt. Bei aller Unterscheidung aber lässt sich festhalten, dass die Radikaldemokratie im hier gebrauchten Sinn von einem „sozialontologischen Begriff des Politischen" ausgeht, welcher auf „die prinzipielle Grundlosigkeit und Unabgeschlossenheit von [demokratischer] Gesellschaft" verweist, die diese im Gegensatz zu anderen Gesellschaftsformen nicht verleugnen oder verschleiern muss.[307] Mit dieser Definition wird bereits deutlich, dass unter der radikaldemokratischen Theorie nicht schlicht eine spezielle Regierungs- oder Staatsform zu verstehen ist, also etwa so etwas wie Basisdemokratie, sondern viel grundlegender eine Analyse der Organisationsstruktur von Gesellschaft(en) unter einem demokratischen Paradigma. Im Gegensatz zu liberalen Demokratietheorie geht es ihr also nicht allein um geltungstheoretische Fragestellungen, d.h. die Legitimation politischer Institutionen durch normative Prinzipien wie Freiheit, sondern wesentlich weiter gefasst, um den ontologischen Status einer prinzipiell demokratischen Herrschaftsstruktur.[308] Dieser sozialontologische Ansatz, wiederum, ist auf Lefort zurückzuführen. Daher werden wir uns in der folgenden Betrachtung der Radikaldemokratie auf das Werk von Lefort konzentrieren und dort, wo es sinnvoll und bereichernd ist, auf dessen Rezeption und Weiterentwicklung durch Mouffe eingehen.

Zunächst gilt es, den zentralen Kern der radikalen Demokratie herauszuarbeiten. Entscheidend hierbei ist die Frage, ob sich Demokratie aus ihrem eigenen Vollzug legitimieren kann oder ob sie auf einem naturrechtlichen, anthropologischen, metaphysischen oder theologischen Fundament ruht, welches nicht Teil

---

Gefährliche Freiheit. Rousseau, Lefort und die Ursprünge der radikalen Demokratie, Baden-Baden 2017, 137. Oppelt verweist in diesem Zusammenhang auf ANDRÉ BRODOCZ, „Die Konflikttheorie des zivilgesellschaftlichen Republikanismus", in: THORSTEN BONACKER (Hg.), *Sozialwissenschaftliche Konflikttheorien. Eine Einführung,* Opladen 2002, 231-248, 243.

[305] Vgl. REBEKKA A. KLEIN, „Wider das Scheitern der Demokratie. Claude Leforts politischer Realismus im Spiegel der neueren Forschung", in: *Zeitschrift für Politische Theorie,* 3 (2/2012), 204-222, 206-207.

[306] Vgl. ebd., 206-207. Siehe auch SLAVOJ ŽIŽEK, *Die politische Suspension des Ethischen,* übers. v. JENS HAGESTEDT, Frankfurt a. M., 2005.

[307] Vgl. KLEIN, „Wider das Scheitern der Demokratie", 206.

[308] Vgl. ebd., 205; sowie LEFORT, „Die Frage der Demokratie", 288.

des demokratischen Meinungsbildungsprozesses ist. Für Lefort besteht die Radikalität der Demokratie nun darin, dass sie nicht über eine solche Fundierung außerhalb ihrer eigenen Prozesse verfügt. Darin besteht das Spezifikum der Demokratie im Vergleich zu anderen politischen Ordnungssystemen. Demokratie ist
ihrem Wesen nach eigentlich mehr ein Fragemodus, in welchem diese Ungewissheit in der Fundierung des Politischen zu Tage tritt. Sie ist im eigentlichen Sinne
radikal, denn sie offenbart die Grundlosigkeit an der „Wurzel" des Politischen.
Diese Grundlosigkeit ist für Lefort nun nicht lediglich eine normative Beschreibung der Sozialontologie der Demokratie, sondern auch eine Erfahrung innerhalb
der Demokratie, besonders an Momenten, in denen durch politische Prozesse und
Revolten die Grundlosigkeit im Herzen der Demokratie aufscheint. Dies war für
Lefort beispielsweise in den Ereignissen um 1968 der Fall, die er mit dem Begriff
der „Bresche" (fr. *bréche*) bezeichnet hat. Hierzu schreibt er:

> „In einem einzigen Augenblick verflüchtigt sich der alltägliche Glaube an die Un-
> abwendbarkeit der Regeln, die die Organisation der Gesellschaft stützen, und der
> von diesen Regeln bestimmten Bedingungen. Innerhalb kürzester Zeit entdeckt
> man, dass die vorgebliche Notwendigkeit der Unterwerfung in einem Kräfte-
> verhältnis gründet – und dass dieses Verhältnis umgekehrt werden kann."[309]

Diese Bresche in der Demokratie stellt Oliver Marchart zufolge eigentlich keine
Kontingenzerfahrung dar, sondern ist vielmehr Ausdruck der „ontischen Gegebenheit der Demokratie"[310]. Demzufolge beschreibt Marchart Leforts Ansatz als
eine postfundamentalistische ontologische Theorie des Politischen, da Lefort darin auf die „quasi-transzendentale Bedingung von Gesellschaft" verweist.[311]
     Wie bereits eingangs erwähnt, stellt die Demokratie Lefort zufolge im eigent-
lichen Sinne keine Staatsform, sondern eine neue Form der Institutionalisierung
des Sozialen dar, die sich erst mit dem Aufkommen der Moderne entwickeln
konnte: „From a political point of view, the questioning of modernity means the
questioning of democracy".[312]
     Wie schon bei Negri und Hardt, gibt es auch bei Lefort eine Geburtsstunde der
Demokratie, die sich durch das Aufkommen eines neuen Paradigmas zur Herrschaftsordnung auszeichnet. Die Demokratie ersetzt demnach genau genommen
nicht die Monarchie, sondern die Person des*r absoluten Monarch*in, der/die sowohl die politische als auch religiöse Macht repräsentiert. Mit der demokratischen Revolution, allen voran der Französischen Revolution zusammen mit der
Erklärung der Bürger- und Menschenrechte, wird für Lefort die ursprüngliche

---

[309] LEFORT, *Die Bresche*, 41.
[310] OLIVER MARCHART, „Die Bresche. Leforts Konzept ‚wilder Demokratie' im Ver-
        gleich zu Abensours ‚rebellierender' und Mouffes ‚radikaler Demokratie'", in: AN-
        DREAS WAGNER (Hg.), *Am leeren Ort der Macht. Das Staats- und Politikverständnis
        Claude Leforts*, Baden-Baden 2013, 313-232, 229.
[311] MARCHART, *Die politische Differenz*, 119.
[312] LEFORT, *Democracy and Political Theory*, 55.

Teilung der modernen Gesellschaft offenbar. Diese war zwar bereits auch in vormodernen Gesellschaften vorhanden, wurde dort aber durch die „zwei Körper des Königs"[313] überdeckt. Der Monarch konnte in seiner doppelten Funktion das Ganze der Gesellschaft repräsentieren und diente so als Garant und Konvergenzpunkt für ihre Identität. Mit dem Wegfallen des Monarchen an der Spitze der Gesellschaft fällt Lefort zufolge auch der Kopf weg, der es möglich machte, diese als Einheit zu verkörpern.

Darum tritt in der modernen Gesellschaft die ursprüngliche Teilung deutlich zu Tage, zunächst in der Teilung zwischen Staat und Zivilgesellschaft und dann in der Teilung innerhalb der Zivilgesellschaft. Was der modernen demokratischen Gesellschaft in Leforts Interpretation fehlt, sind, Mouffe und Laclau zufolge „gesichert[e] Grundlagen für transzendente Ordnung, kein Zentrum, das Macht, Recht, Wissen zusammenbringt"[314]. An anderer Stelle spricht Lefort auch von einer „ontologischen Schwierigkeit der Demokratie [...], sich für sich selbst lesbar zu machen"[315]. Vor diesem Hintergrund wohnt nach Lefort jedem Versuch, diese vormoderne repräsentative Einheit wiederherzustellen, d.h. die Identität des Volkes mit sich selbst, die totalitäre Tendenz der Vernichtung des/r Anderen inne. Aber auch das Gegenteil, i.e. das Fehlen eines gemeinsamen Referenzpunktes, stellt eine ebenso große Gefahr dar, denn verbliebe man in der heterogenen Schwebe würde das einer „Implosion des Sozialen" gleichkommen.[316] Daher verschwindet in der Demokratie diese Repräsentation des Ganzen nicht einfach, sondern kehrt als Bezugnahme auf etwas außerhalb der Gesellschaft Liegendes zurück. Dieses ‚Außen' (Fr. *exteriorité*) ist bei Lefort der „leere Ort der Macht" (Fr. *le lieu vide*).[317] Dieser Ort der Macht kann nun aber in der modernen Demokratie von niemanden mehr real ausgefüllt werden, denn ein Individuum kann nie gleichzeitig ein Teil und die ganzheitliche Repräsentation der Gesellschaft sein. Hierzu Lefort an zentraler Stelle:

> „Voilà qui mérite attention: la notion d'un lieu que j'appelle vide, parce que nul individu, nul groupe ne peut lui être consubstantiel; la notion d'un lieu infigurable, ni au-dehors, ni au-dedans; la notion d'une instance purement symbolique, en ce sens qu'elle n'est plus localisable dans le réel. Mais encore faut-il observer que,

---

313   Vgl. ERNST KANTOROWICZ, *Die zwei Körper des Königs. Eine Studie zur politischen Theologie des Mittelalters*, München 1994.

314   MOUFFE; LACLAU, *Hegemonie und Radikale Demokratie*, 232.

315   LEFORT, *Fortdauer des Theologisch-Politischen?*, 94.

316   Vgl. MOUFFE; LACLAU, *Hegemonie und Radikale Demokratie*, 232.

317   CLAUDE LEFORT, „Démocratie et avènement d'un ‚lieu vide'", in: DERS., *Le temps présent. Écrits 1945-2005*, Paris 2007, 461-469, 465; vgl. LEFORT, *Fortdauer des Theologisch-Politischen?*, 49.

pour la même raison, s'efface la référence à un pôle inconditionné; ou, à mieux dire, la société se trouve mise à l'épreuve de la perte de son fondement."[318]

Von diesem Ort der Macht schreibt Hugues Politier daher treffend als von einem symbolischen Pol: „Ce lieu est pour Lefort le lieu du pouvoir et il assure à la société une quasi-représentation d'elle-même. Il s'avère ainsi que le pouvoir est d'abord un pôle symbolique."[319] Der Ort der Macht bleibt notwendigerweise leer und wird immer nur symbolisch besetzt (Fr. *un instance purement symbolique*).[320] Marchart spricht diesbezüglich von einem Paradox: „Die Selbstinstituierung der Gesellschaft unter dem Aspekt ihrer Selbst-Repräsentation ist […] beides: sowohl notwendig als auch unmöglich."[321] Daraus ergibt sich die „leere Mitte" der demokratischen Gesellschaft sowie der Macht („als dem Kern der Politik")[322]. Hierzu führt Michel Dormal einsichtsreich an: „Darin läge im Zeitalter der globalen Migration eine zeitgemäße Interpretation des Begriffs des leeren Ortes der Macht: Das Volk ist nicht nur nie vollkommen präsent, sondern langfristig bleibt es selbst unvollständig."[323] Dieses Symbol der leeren Mitte, wiederum, ist auch von hoher Relevanz für die Interpretation des theopolitischen Potentials der radikalen Demokratie in der Folge von Lefort. Doch bevor wir zu dieser Diskussion kommen, soll in einem nächsten Abschnitt noch näher auf das Verhältnis zwischen der radikalen und der liberalen Konzeption von Demokratie geblickt werden.

2.2.3.2   Das Verhältnis von radikaler und liberaler Demokratie

Das Verhältnis von radikaler und liberaler Demokratie könnte man mit Mouffe und Laclau prägnant als eine Vertiefung und Ausweitung der liberalen „in Richtung auf eine radikale und plurale Demokratie" hin fassen.[324] Damit versteht sich

---

[318]   LEFORT, „Démocratie et avènement d'un ‚lieu vide‘", 465. Übersetzung: „Das verdient Aufmerksamkeit: die Vorstellung eines Ortes, den ich leer nenne, weil kein Individuum, keine Gruppe mit ihm wesensgleich sein kann; die Vorstellung eines undefinierbaren Ortes, weder außen noch innen; die Vorstellung einer rein symbolischen Instanz in dem Sinne, dass sie in der Realität nicht mehr lokalisierbar ist. Aber es muss noch beachtet werden, dass aus demselben Grund der Bezug auf einen unbedingten Pol gelöscht wird; oder besser gesagt, die Gesellschaft sieht sich durch den Verlust ihres Fundaments auf die Probe gestellt."

[319]   HUGUES POLTIER „Qu'est-ce que la pensée du politique? Une introduction au projet philosophique de Claude Lefort", in: *Revue de Théologie et de Philosophie* 126 (1993), 119-141, 133.

[320]   Vgl. auch LEFORT, *Fortdauer des Theologisch-Politischen?*, 48-50.

[321]   OLIVER MARCHART, „Die politische Theorie des zivilgesellschaftlichen Republikanismus", 227.

[322]   LEFORT, *Fortdauer des Theologisch-Politischen?*, 50.

[323]   MICHEL DORMAL, *Nation und Repräsentation. Theorie, Geschichte und Gegenwart eines umstrittenen Verhältnisses*, Baden-Baden 2017, 265.

[324]   Vgl. MOUFFE; LACLAU, *Hegemonie und Radikale Demokratie*, 219.

die radikale Demokratietheorie nicht als eine Abkehr von der liberalen Tradition, sondern vielmehr als deren Fortführung unter Berücksichtigung dessen, was in der liberalen Tradition ihrer Interpretation nach vernachlässigt wurde. Denn neben Konsens, Einheit und Identität, so die radikaldemokratische Einsicht, sind es auch Konflikt, Spaltung und Differenz, die die soziale Ontologie von Gesellschaft bestimmen. „Daher", so Martin Oppelt, „ist die Konsensbetonung des liberalen hegemonialen Paradigmas, für Mouffe und viele andere repräsentiert durch die politischen Theorien John Rawls und Jürgen Habermas, das erklärte Angriffsziel radikaler Demokratietheorien."[325] Dem gegenüber ist der radikaldemokratische Ansatz weniger optimistisch als deliberative Konzepte, was die Möglichkeit zur Inklusion aller Positionen unter einem universellen Geltungsanspruch der Vernunft in der öffentlichen Debatte anbelangt.[326] In seinem Vergleich zwischen dem Demokratieverständnissen von Habermas und Lefort kommt Andreas Wagner zu dem Schluss, dass der zentrale Unterschied nicht „auf der Ebene der Auseinandersetzung um jeweils konkrete Forderungen und (Geltungs-)Ansprüche[n] [besteht], sondern gleichsam im Inneren des politischen Selbstverständnisses [...]"[327]. Es ist also keineswegs so, als ob Habermas (und Rawls) Konflikt und Differenz nicht mit in ihr deliberatives Konzept miteinbezögen; schließlich ist der Dissens gewissermaßen der Motor der diskursiven Praxis. Jedoch gehen diese von einer grundsätzlichen versöhnten Einheit im Kern des Politischen und am Ende des Diskurses aus, was wiederum eine Radikaldemokratie à la Lefort mit Verweis auf die prinzipielle Grundlosigkeit der Demokratie verneinen würde. Nochmals Wagner hierzu:

> „Die Demokratie zeichnet sich demnach eben dadurch aus, dass die Annahme eines basalen Einverständnisses, einer Vorverständigung, selbst einer gemeinsamen Konsensorientierung zunächst einmal unmöglich geworden ist. In diesem Sinne

---

[325]   OPPELT, *Gefährliche Freiheit,* 135. Siehe auch CHANTAL MOUFFE, *The Return of the Political*, London; New York 1993.

[326]   Vgl. OPPELT, *Gefährliche Freiheit,* 159-161. In diesem Zusammenhang verweist Oppelt auch auf Mouffes Analyse bzw. Lösung des Problems des Populismus und Fundamentalismus: „So erklärt Mouffe sowohl das Aufkommen und den Erfolg populistischer rechtsgerichteter Parteien in den westlichen Demokratien, als auch das moderne Phänomen des religiösen Fundamentalismus und Terrorismus als Folge einer neoliberalen Hegemonie und derer Konsensbehauptungen, welche es den gesellschaftlichen Akteuren verunmögliche, ihre Unzufriedenheit und Nicht-Übereinstimmung auszudrücken und ihre Leidenschaften und Emotionen auszuleben." Siehe ebd., 136. Siehe auch CHANTAL MOUFFE, *On the Political*, London; New York 2005, 71, 81.

[327]   ANDREAS WAGNER, *Recht – Macht – Öffentlichkeit. Elemente demokratischer Staatlichkeit bei Claude Lefort und Jürgen Habermas*, Stuttgart 2010, 165.

kann das kommunikative Handeln nicht das strukturbildende Element der demokratischen Ordnung im Ganzen sein, und in diesem Sinne wird der Rückzug auf die kontestatorischen Phänomene plausibel oder gar unausweichlich."[328]

Man könnte diesen Unterschied prägnant vielleicht auch so formulieren: Wo in der liberalen Demokratie der letztendliche Konsens und die Einheit des Volkes als des politischen Souveräns als Ziel des vernunftgeleiteten Diskurses stehen, steht in der radikalen Demokratie das Symbol der leeren Mitte als Verweis auf die Unmöglichkeit einer Gesellschaft, sich vollständig für sich selbst lesbar und repräsentierbar zu machen.[329] Während das liberale Demokratiemodell also die plurale Differenzen in der Zivilgesellschaft letztlich im Feld des Politischen überwinden will, kann es für Lefort immer nur um das Management der pluralen Differenz gehen, die als Kern seiner „Sozialontologie" auf den eigentlichen Charakter des Politischen an sich und nicht allein der Demokratie verweist. Daher ist für Lefort auch die „soziale Frage" (Fr. *la question sociale*) von zentraler Bedeutung,

---

[328]   Ebd., 166. Gleichwohl sieht Wagner aber auch keinen unversöhnlichen Gegensatz, wenn er auf der gleichen Seite wie folgt vorfährt: „Das heißt aber wiederum nicht, dass es überhaupt keine Prozesse kommunikativen Handelns geben kann, oder dass sie, wo sie sich ergäben, verwerflich und antidemokratisch wären. Es besagt vielmehr, dass die Herausforderung der politischen Praxis einer demokratischen Gesellschaft verstanden werden muss, in ihren Interaktionen die Anlagen einer kommunikativen Rationalisierung aufzuspüren, die Möglichkeiten der im Habermas'schen Sinne diskursiven Fortbildung bestehender Interaktionssituationen im Lichte der Unsicherheit über die verfügbaren Ressourcen auszuloten, und dabei vorsichtig mit Repräsentationen umzugehen, die die Differenzialität und Ungewissheit der Gesellschaft ausblenden."

[329]   Auch hier ließe sich mit Verweis auf Habermas anmerken, dass dieser Unterschied nicht absolut zu setzen ist, sondern dass vielmehr Ansätze zur Verbindung beider Positionen gibt. Habermas bietet in seinem letzten großen Werk vornehmlich zwei solcher „Brückenköpfe" für einen Anschluss an radikaldemokratische Diskussionen: (1) zunächst sein Eingeständnis in die prinzipielle Unabgeschlossenheit des diskursiven Prozesses. Hierzu hält er fest, dass solange die „diskursive Begründung das letztlich ausschlaggebende Wahrheits*kriterium* ist, verschiebt sich das diskursive Verfahren [...] die definitive Einlösung des Geltungsanspruchs in eine unbestimmte Zukunft." Siehe HABERMAS, *Auch eine Geschichte der Philosophie*, Bd. II, 788. (2) Des Weiteren lässt Habermas Anklänge erkennen, wonach sich dieser Status demokratisch-diskursiver Geltungsansprüche, ganz ähnlich wie in der Radikaldemokratie zunehmend aus gemeinsamen politischen Kulturen (Plural!) zu speisen habe, „die ihrerseits zunehmend aus demokratischen Auseinandersetzungen erst hervorgehen müssen". Siehe ebd., Bd. II, 801. Und (3) scheint auch beim späten Habermas so etwas wie das, was Marchart eine „quasi-transzendentale Bedingung von Gesellschaft" nennt, angelegt zu sein, wenn er festhält, dass „aus der demokratischen Willensbildung die Solidarität stiftende Gemeinsamkeit einer gemeinsamen politischen Kultur hervorgehen soll, aus der die demokratische Willensbildung selbst erst ihre Kraft zieht". Siehe ebd., Bd. II, 797.

die seiner Meinung nach die liberale Ideologie (Fr. *l'idéologie libérale*) nicht ausreichend adressieren kann. Grund dafür ist, dass der Liberalismus zentrale Fragen
des Sozialen wie die Ökonomie nicht radikal genug hinterfragen kann wie auch
seine Verhaftung an den Staat als politischer Rahmen des Sozialen.[330]

Diesem Grundverständnis nach will Mouffe die Demokratie auf ein anderes
organisatorisches Prinzip als den Konsens stellen, den „pluralistischen Antagonismus", welcher weder durch einen Kompromiss aufgelöst noch durch einen
Konsens vollständig beseitigt werden kann. In ihrer Kritik an einer deliberativen
Demokratiekonzeption à la Habermas und Rawls spricht sie sich für eine Definition des Politischen im Schmitt'schen Sinne aus. Einerseits folgt sie demnach
Schmitts Grundannahme, wonach dem Politischen ein unauflösbarer Konflikt
zwischen Freund und Feind zugrunde liegt. Andererseits geht Mouffe aber auch
über Schmitts Analyse hinaus, indem sie ihn (demokratisch) radikalisiert. Denn
Mouffe macht nun dieses antagonistische Moment zum eigentlichen Vollzug des
Politischen und nicht wie Schmitt die Überwindung dieses Momentes. Statt Überwindung des Anderen mit dem Ziel einer Homogenisierung spricht sich Mouffe
für eine Heterogenität aus, in der der bleibende Unterschied zur treibenden Kraft
wird. Für Mouffe ist das Gegenüber ein notwendiger Bestandteil des Politischen,
für Schmitt hingegen nur dessen Überwindung, um so zur Souveränität zu gelangen, die der Logik des *Einen* folgt.[331]

Ein weiterer zentraler Aspekt der radikaldemokratischen Politiktheorie, den
Mouffe ebenfalls von Schmitt übernimmt bzw. weiterentwickelt, ist dessen Analyse der demokratischen und liberalen Tradition. Schmitt zufolge stellen Liberalismus und Demokratie zwei sich gegenüberstehende und gegenseitig negierende
Traditionen dar: Während der Demokratie die Logik der Gleichheit und Identität
zugrunde liegt, läuft der Liberalismus mit seiner Betonung der Individualität und
der individuellen Freiheit gegenüber dem Staat dieser Logik gerade zuwider. Das
ursprüngliche Prinzip der Demokratie ist Einheit, während die treibende Kraft
des Liberalismus der Pluralismus ist.[332]

---

[330] Vgl. CLAUDE LEFORT, „Démocratie et représentation", in: DERS., *Le temps présent.
       Écrits 1945-2005*, Paris 2007, 611-624, 620-624.
[331] Vgl. CHANTAL MOUFFE, „Radical Democracy or Liberal Democracy?", in: DAVID
       TREND (Hg.), *Radical Democracy. Identity, Citizenship, and the State*, New York
       1996, 19-26.
[332] Eine ganz ähnliche Zusammensetzung der modernen Liberaldemokratie macht auch
       Heller aus, wenn sie einem einzuhaltenden Gleichgewicht und gegenseitigen
       Inschachhalten zwischen der liberalen und der demokratischen Tradition spricht:
       „Modern liberal democracies are combinations of liberalism and democracy. The
       pendulum of modernity has begun its swing here too; at one time the liberal aspect
       gets the upper hand, at another time the democratic aspect pushes liberalism into the
       background. The optimal condition for the survival of modernity is the recurring
       temporal restoration of the balance between liberal and democratic aspects and in-
       stitutions which happens in and through the dynamics of modernity." Siehe HELLER,

Mouffe folgt also Schmitts Feststellung, dass die Konzeption einer liberalen Demokratie prinzipiell paradox ist, allerdings weicht sie entscheidend von dessen Folgerungen ab. Anstatt diesen Widerspruch als etwas zu begreifen, das zugunsten einer Seite aufgelöst werden muss, stellt dieser Widerspruch für Mouffe einen überaus fruchtbaren Antagonismus für die kontinuierliche Aktualisierung der prinzipiell unabgeschlossenen und grundlosen Demokratie dar. Letztlich geht es Mouffe darum, dass beide Traditionen zusammengenommen die negativen Tendenzen der jeweils anderen Tradition aufheben. Auf der einen Seite stellt der Individualismus und als dessen direkte Folge der Pluralismus den größten Beitrag des Liberalismus für die moderne Gesellschaft dar. Allerdings ist liberaler Individualismus für sich genommen nicht ausreichend, um eine demokratische politische Agenda zu fundieren. Demokratie ist mehr als ein bloßes „Set neutraler Verfahrensweisen" und kann nicht auf das Durchsetzen einer Vielzahl von Privatinteressen reduziert werden, wie bereits bei Wolin anklang. Auf der anderen Seite ist der bloße Bezug auf Demokratie nicht ausreichend, um die individuellen Freiheiten und Rechte des/r Einzelnen zu garantieren. Demokratie als Identität von Herrschenden und Beherrschten trägt laut Lesart der radikalen Demokratie auch immer das freiheitsgefährdende Moment der Homogenität in sich. Oliver Marchart merkt diesbezüglich an: „Demokratie ist nicht das gänzlich andere als Totalitarismus, sondern enthält Totalitarismus immer schon als Tendenz. […] Demokratie wird immer von totalitären Momenten durchzogen sein."[333] Als Garantie gegen eben dieses totalitäre Moment der Demokratie soll der individualistische Impuls des Liberalismus zu Felde geführt werden. Die negativen Tendenzen beider Traditionen stehen sich demnach antagonistisch gegenüber und müssen immer neu austariert werden. In Bezug auf die vorliegende Untersuchung bringt diese Interpretation des Liberalismus und der Demokratie den Vorteil mit sich, dass sie die oben erläuterte wichtige Trennung beider Traditionen voneinander vornimmt, dabei aber zentrale Errungenschaften des Liberalismus übernimmt und transformiert.

Innerhalb der radikaldemokratischen Konzeption kommt es nicht zum Ausschluss der einen gegenüber der anderen Tradition, wie dies beispielsweise bei Wolin oder Negri und Hardt der Fall ist, sondern diese können im Gegenteil in einer internen Dynamik fruchtbar gemacht werden. Dies hat u.a. zur Folge, dass sich die Diskussion um den Kern des Politischen weg von einzelnen Traditionen und den dazugehörigen Definitionen und Konzepten bewegt. Für die gegenwärtige Untersuchung im Feld der politischen Theologie bietet dies den methodischen Vorteil, sich nicht ausschließlich auf eine der beiden Traditionslinien beziehen zu müssen, sondern im Gegenteil direkt auf die ihnen zugrunde liegenden theopolitischen Konzepte und Anklänge eingehen zu können. Ebenso ist auch der

---

A Theory of Modernity, Malden, MA 1999, 111. Siehe auch die diesbezüglichen Ausführungen in den Begriffsklärungen in 1.2.3.

[333] MARCHART, „Die politische Theorie des zivilgesellschaftlichen Republikanismus", 230-231.

Verdacht einer schlichten anti-liberalen oder anti-demokratischen Einstellung der Theologie von vornherein entkräftet, da beide Traditionen nicht einfach übergangen werden, sondern im Bezug aufeinander für eine theologische Diskussion fruchtbar gemacht werden. Das radikal Neue der radikaldemokratischen Idee besteht nicht in einem Bruch mit beiden Traditionen, sondern in der radikalen und pluralen Vertiefung und Ausweitung der „liberal-demokratischen Ideologie"[334]. Dies bedeutet für Mouffe und Laclau auch, dass das Konzept der Identität nicht vollkommen aus dem Projekt des Politischen ausgeklammert werden kann, oder muss. Jedoch muss auch das Konzept von Identität um das antagonistische Moment erweitert werden, d.h. es muss sich eine neue Form einer gemeinsamen politischen Identität als radikaldemokratische Bürger*innen bilden. Diesbezüglich führen Mouffe und Laclau aus:

> „Zwischen einer Logik völliger Identität und einer reinen Differenz muß die Erfahrung der Demokratie aus der Anerkennung der Vielfalt sozialer Logiken und der Notwenigkeit ihrer Artikulation bestehen. Diese Artikulation muß jedoch beständig neu geschaffen und neu ausgehandelt werden – es gibt keinen Schlußpunkt, an dem ein für allemal ein Gleichgewicht erreicht sein wird."[335]

Was bei dieser Aussage ebenfalls zu Tage tritt, ist der starke anti-essentialistische Zug der radikaldemokratischen Politiktheorie – nicht zuletzt auch in Ablehnung gegenüber der marxistischen Linken. Dies ist ein weiteres Erbe des postmodernen Gedankenguts, das für die Ausbildung der radikalen Demokratie entscheidend ist. In diesem Sinne könnte man die Theorie der radikalen Demokratie also als eine Aktualisierung der demokratischen Tradition unter postmodernem Vorzeichen beschreiben. Ihr Denken ist nicht nur anti-essentialistisch, sondern auch als poststrukturalistisch und vor allem post-marxistisch zu charakterisieren.[336]

Die Frage nach einem möglichen theologischen Bezug der radikalen Demokratie hängt damit einerseits also auch von der Frage ab, inwieweit man die Postmoderne als Ganzes theologisch interpretiert.[337] Das Moment der Dekonstruktion setzt sie politisch dergestalt um, dass Politik als kontinuierlicher Prozesses ver-

---

[334]   Vgl. MOUFFE; LACLAU, *Hegemonie und Radikale Demokratie*, 219.
[335]   Ebd., 233.
[336]   Eine kritische Auseinandersetzung mit dem Marxismus findet sich beispielsweise bei CLAUDE LEFORT, *Un Homme en trop*; sowie DERS., *La Complication*. Diesen Auseinandersetzungen war bereits eine Abkehr vom Marxismus in den Jahren 1952-1954 vorausgegangen, gut dokumentiert im Streit mit Sartre in der Zeitschrift *Les Temps modernes* über die Rolle der Kommunistischen Partei als Einheitsgarant des Proletariats. Siehe hierzu ALEXANDRE FERON, „Sartre contre Lefort. De quoi l'expérience prolétarienne est-elle le nom ?", in: *Journal of the CIPH* 96 (2/2019), 65-79.
[337]   Für eine Interpretation der Postmoderne vor einem christlichen-trinitarischen Hintergrund siehe RUHSTORFER, „Trinität und Identität – nach der Postmoderne", in: DERS., *Befreiung des „Katholischen"*, 38-109.

standen wird. Aufgrund ihrer eigenen Grundlosigkeit ist die Demokratie dazu genötigt, in der Form der politischen Auseinandersetzung, um je neue Begrün-
dungsformen zu streiten. Martin Nonhoff charakterisiert diesen Diskurs als einen
„unruhigen Modus der Hegemonie" und als den „eigentlichen Modus des Politischen". Es kann keine dauerhaften diskursiven und gesellschaftlichen Strukturen
geben, d.h. nicht die eine Gesellschaft, sondern lediglich einen andauernd schei-
ternden Prozess der Vergesellschaftung. Es kann sich nur eine prekäre Vorherrschaft etablieren, weil sich automatisch zu jedem hegemonialen Projekt ein ge-
nerisches aufbauen lässt.[338] Um diesen antagonistischen Prozess aber nicht in eine
potentiell gewaltsame Auseinandersetzung abgleiten zu lassen, muss dieser demokratisch verfasst und eingebettet sein. Hierfür stellt Nonhoff drei Bedingungen
auf: (1) die Beteiligung möglichst vieler Akteur*innen, (2) die antagonistische
Zweiteilung des diskursiv-sozialen Raums und (3) die „Repräsentation eines notwendigerweise leeren Signifikanten, der den Antagonismus doch überwindet"[339].

Gerade aber dieser dritte Punkt der Repräsentation eines leeren Signifikaten –
Lenforts leere Mitte der Macht –, weist über das postmoderne Moment der reinen
Differenz hinaus hin zu einer schwachen Identität bzw. Affirmation.[340] Damit ist
die „Konsequenz aus Leforts Demokratietheorie", wie Klein anmerkt, „nicht die
Alternative von Konflikt und Konsens, sondern gerade die Entschärfung jener
Gegenüberstellung."[341] Entscheidend ist die Vermittlung und diese wird bei Lefort über das Symbol der leeren Mitte gedacht. Wie wir im Folgenden sehen werden, kann der Repräsentation dieses leeren Signifikaten, der leeren Mitte, erhebliche theologische Bedeutung beigemessen werden, vornehmlich darum, weil
dieses Symbol einen weitaus produktiver Umgang mit Transzendenz – oder mit
deren postmodernen Substituten – ermöglicht, als die liberale Konzeption des Politischen.

2.2.3.3   Leforts Modell der radikalen Demokratie und die „Fortdauer des Theologisch-Politischen"

Zunächst bietet es sich an, die Frage nach dem Platz der Religion(en) innerhalb
der radikaldemokratischen Theorie kurz unter institutionellen Gesichtspunkten
zu betrachten, bevor wir auf das zentrale politische Symbol der leeren Mitte näher
zu sprechen kommen. Unter dem Aspekt des prozesshaften Modus des Politischen ist es Mouffe, welche die weitreichendste Öffnung hin zum Religiösen
vollzieht. Zunächst steht auch für Mouffe fest, dass der antagonistische Prozess

---

[338]   Vgl. MARTIN NONHOFF, „Diskurs, radikale Demokratie, Hegemonie – Einleitung",
       in: DERS., (Hg.), *Diskurs. Radikale Demokratie. Hegemonie. Zum politischen Den-
       ken von Ernesto Laclau und Chantal Mouffe*, Bielefeld 2007, 7-23, hier 7-14.

[339]   Ebd., 12-13.

[340]   Karlheinz Ruhstorfer führt beispielsweise für dieses Paradigma nach der Postmo-
       derne den Ausdruck Identität** ein. Siehe RUHSTORFER, *Befreiung des „Katholi-
       schen"*, 87-104.

[341]   KLEIN, „Wider das Scheitern der Demokratie", 211.

demokratisch legitimiert und reglementiert sein muss. Dabei merkt sie jedoch auch an, dass auch diese konstitutionellen Grenzen von den ethisch-politischen Prinzipien abhängig sind, die in den verschiedenen Gesellschaften unterschiedlich geprägt sein können.[342] Daher geht Mouffe auch davon aus, dass auch ein liberal verfasster demokratischer Staat nicht neutral sein kann, noch, dass er dies sein müsse. Dies führt dazu, dass sich ihr Konzept wesentlich mehr den religiösen Überzeugungen im politischen Feld öffnen kann als liberale Modelle. „To speak of the separation between church and state, therefore, is one thing; another is to speak of the separation between religion and politics"[343], hält Mouffe fest und fügt hinzu, dass

> „the model of agonistic pluralism that I am proposing acknowledges the importance of religious forms of identification as legitimate motives for political action and does not attempt to keep them outside the political realm. [...] Once distinctions of church/state, public/private, religion/politics cease to be considered equivalent, it is possible to imagine the multiplicity of forms in which religion could begin to play a legitimate role in liberal democratic societies."[344]

Der Unterschied in der Beurteilung der Rolle der Religion innerhalb der Demokratie zwischen liberaler und radikaler Konzeption liegt also letztlich in der unterschiedlichen Beurteilung der Sozialontologie der Demokratie. Dort, wo die liberale Konzeption ein Fundament im Konsens sieht – gewonnen durch einen vernunftgeleiteten (säkularen) Diskurs –, ist es in radikaldemokratischer Konzeption gerade die Absage an ein solches zugrundeliegendes Fundament, die das Wesen der Demokratie ausmacht. Gewiss, wie Daniel Steinmetz-Jenkins anmerkt, „Lefort readily admits that society cannot function without some type of representation of unity, otherwise atomism would result"[345], allerdings ist die stete Gefahr „at the heart of modernity [...] the temptation to fill in the empty space created by democracy with a new type of embodied unity"[346]. Daher kennzeichnet die Demokratie vielmehr die Institutionalisierung ihrer Grundlosigkeit, weswegen es nicht ausreicht, religiösen Mitbewerber*innen im demokratischen Diskurs Rederechte unter säkularer Übersetzung einzuräumen.[347] Vielmehr sind die institutionalisierten Regeln zur Übersetzung selbst der Diskussion ausgesetzt und damit kontextgebunden wie Mouffe schreibt: „How the ethico-political principles

---

[342]   Vgl. CHANTAL MOUFFE, „Religion, Liberal Democracy, and Citizenship", in: HENT DE VRIES; LAWRENCE SULLIVAN (Hg.), *Political Theologie. Public Religions in a Post-Secular World*, New York 2006, 318-326, 326.

[343]   Ebd., 325.

[344]   Ebd., 326.

[345]   DANIEL STEINMETZ-JENKINS, „Claude Lefort and the illegitimacy of modernity", in: *Journal for Cultural and Religious Theory* 10 (1/2009), 102-117, 110.

[346]   Ebd., 111.

[347]   Vgl. das „noch verbliebene säkularistische Missverständnis" bei Habermas. Siehe CASANOVA, „Erschließung des Postsäkularen", 28.

of liberal democracy are institutionalized in specific conditions is part of the agonistic struggle. And this is an issue that should always remain open to contestation."[348]

Der Grund, warum Mouffe einer potentiellen religiösen Beteiligung im politischen Prozess derart offen gegenübersteht, liegt letztlich in der fundamental neuen Beurteilung des Verhältnisses zwischen dem Politischen (Fr. *le politique*) und dem Religiösen (Fr. *le religieux*) in der modernen Demokratie.[349] Diese Neubeurteilung ist auf Claude Lefort zurückzuführen und auf dessen Genealogie der demokratischen Revolution von ihren Ursprüngen aus der Monarchie, wie auch Steinmetz-Jenkins anmerkt: „Democracy signifies an institutionalization of groundlessness in which power is perpetually in search of its legitimation since law and authority are no longer incarnated in the body of the king."[350] Der absolutistische Monarch, der in seiner Doppelfunktion sowohl die Einheit des Volkes als auch die Allmacht Gottes auf Erden repräsentierte, hat seinen Kopf verloren. Damit ist in der Tat die Realpräsenz der Souveränität in ihrer klassisch theologisch-metaphysischen Gestalt gestorben. Sie kann sich allerdings nicht einfach aufgelöst haben, sondern besteht für Lefort in gewandelter Form fort. Nach dieser gewandelten Form in der Moderne sucht Lefort u.a. in seinem Essay *Fortdauer des Theologisch-Politischen?* (Fr. *Permanence du théologico-politique?*) und findet sie im Symbol der leeren Mitte der Macht, in der sich die Gesellschaft von einem „Außen" – nicht mehr metaphysisch von der Transzendenz – her konstituiert. Um die Besetzung dieses Ortes der Macht zu verhindern – Leforts Kurzformel für Totalitarismus –, muss sich die Demokratie also zunächst der wiederkehrenden Spur vormoderner theologisch-politischer Souveränität und ihres Transzendenzbezugs bewusst sein. Denn was für Lefort das demokratische System vor allem auszeichnet ist „die innere Transzendenz des Sozialen" (Fr. *transcendance interne du social*) zu gewährleisten und vor der „Phantasie des Volks-Einen" (Fr. *le fantasme de Peuple-Un*), der Besetzung der Leerstelle, zu bewahren.[351]

---

[348]   MOUFFE, „Religion, Liberal Democracy, and Citizenship", 326.

[349]   Vgl. LEFORT, *Fortdauer des Theologisch-Politischen?*, 35.

[350]   STEINMETZ-JENKINS, „Claude Lefort and the illegitimacy of modernity",111.

[351]   Siehe hierzu LEFORT, „Démocratie et avènement d'un ‚lieu vide'", 468: „Que le conflict s'exaspère, qu'il ne trouve plus se résolution symbolique dans la sphère politique, que les gouvernants, les partis, ne pouvant plus assurer cette transcendance interne du social qui fait le propre du système démocratique, le pouvoir paraisse déchoir au plan de réel, comme quelque chose de particulier, au service des intérêts, des appétits d'ambitieux […] et alors, le fantasme de Peuple-Un, de son identité substantielle, le rejet de la division, la réactivation de la quête d'un corps soudé à sa tête, d'un pouvoir incarnateur, font éclore le totalitarisme." Übersetzung: „Dass der Konflikt sich verbittert, dass er im politischen Bereich keine symbolische Lösung mehr findet, dass die Machthaber, die Parteien, diese für das demokratische System charakteristische innere Transzendenz des Sozialen nicht mehr gewährleisten können, dass Macht auf die Ebene der Wirklichkeit zu sinken scheint, als etwas Besonderes, im Dienste der Interessen, des ehrgeizigen Strebens […] und dann führt die

Religion, oder zumindest ihr theopolitisches Erbe, besteht weiterhin fort in der Form einer transformierten inneren Transzendenz und verweist bleibend auf den Ursprung auch moderner demokratischer Repräsentation.[352] Was hilft uns diese Genealogie der demokratischen Repräsentationen für unsere Suche nach dem theologischen Anschlusspunkt zur radikaldemokratischen Theorie?

Zunächst gilt es festzuhalten, dass für Lefort selbst am Ende seines „Streifzug[es] durch das theologisch-politische[] Labyrinth[]" feststeht, dass „all das, was in die Richtung der Immanenz geht, [auch] in die Richtung der Transzendenz geht [...]"[353]. In diesem Sinne spricht er von einem „Getriebe der Verkörperungsmechanismen [...] [des] Ineinandergreifen[s] von Religion und Politik selbst da, wo man glaubte, es nur mit rein religiösen oder rein profanen Praktiken oder Repräsentationen zu tun zu haben"[354]. Aus philosophischer Sicht geht Lefort davon aus, dass man Politik und Religion nicht klar voneinander trennen kann, denn beide konfrontieren das philosophische Denken gleichermaßen mit dem Symbolischen, „[…] in the sense that, through their internal articulations, both the political and the religious govern access to the world"[355]. Wie Bernard Flynn diesbezüglich anmerkt: „[O]ne might say that the political and the religious are the internal articulations of the symbolic, which simultaneously mark our finitude and open us to the world."[356]

Als Folge dieses gemeinsamen theopolitischen Erbes gibt es also für Lefort eine Strukturähnlichkeit zwischen dem Politischen und dem Religiösen, die vornehmlich in der Konfrontation in der Form der symbolischen Repräsentation des „Außen" zu uns besteht.[357] Diesen Mechanismus der demokratischen Vergesellschaftung durch das Außen haben wir bei Lefort bereits kennengelernt. Nun ist die

---

Phantasie des „Volks-Einen", seiner substantiellen Identität, der Ablehnung der Teilung, der Reaktivierung der Suche nach einem mit seinem Kopf vereinten Körper, nach einer inkarnierenden Macht zum Totalitarismus."

[352]   Vgl. LEFORT, *Fortdauer des Theologisch-Politischen?*, 46-47, 65.
[353]   Ebd., 93.
[354]   Ebd., 93.
[355]   LEFORT, *Democracy and Political Theory*, 222.
[356]   BERNARD FLYNN, *The Philosophy of Claude Lefort. Interpreting the Political*, Evanston, Illinois 2005, 123.
[357]   Steinmetz-Jenkins spricht hier sogar davon das für Lefort das Politische dem Gott des „theologischen Absolutismus gleichkomme: „Pushing this further it could be said that the political for Lefort is the God of theological absolutism. The indeterminacy that the political ushers in is no different than the angst Hans Blumenberg describes medieval intellectuals as experiencing in the face of a wholly-other omnipotent God who could create any possible world. Whereas Blumenberg, though, sees modernity as the project that asserts itself against this indeterminacy, Lefort believes modernity is defined by it. Ironically, in the attempt to articulate the discontinuities of modernity from the pre-modern, Lefort's entire conception of democracy is predicated on the theological." Siehe STEINMETZ-JENKINS, „Claude Lefort and the illegitimacy of modernity", 117.

Funktion aber keineswegs eine neue Erfindung der demokratischen Gesellschaften der späten Neuzeit, sondern findet sich laut Lefort auch in jeder Religion wieder: „Every religion states in its own way that human society can only open on to itself by being held in an opening it did not create."[358] Lefort zeigt damit auf, so Klein, „dass die moderne Demokratie entgegen anderslautender Vorurteile eine der Religion analoge Grundstruktur aufweist, da sie über eine positive Repräsentation ihres Ursprungs nicht verfügt"[359].

Aufgrund dieser analogen Grundstruktur ist Lefort auch nicht überzeugt, essentialistische Kategorien wie Politik und Religion voneinander trennen zu können. Stattdessen könnte man besser von verschiedenen, ineinander verwobenen Sphären einer in sich aufgespaltenen Gesellschaft sprechen.[360] Für Flynn steht fest, dass Leforts Denken demnach klar gegen die Intention des Säkularismus gerichtet ist. „Lefort contends", so Flynn, „that the intertwining of the religious and the political is not dismantled by their institutional separation, nor by the conscious refusal to base one on the other, nor by the conscious rejection of religious belief."[361] Im Sinne dieser Fortdauer des Theologisch-Politischen kann man Leforts Theorie in dem hier gebrauchten Sinne als postsäkular beschreiben. Lefort ist keinem säkularistischen Missverständnis verhaftet, insofern er gerade „nicht vom ‚säkularen Ufer‘ her die Restformen des Theologisch-Politischen der nachrevolutionären Gesellschaft [schildert]"[362]. Stattdessen „fragt der Text danach, wie das Verschwinden des im ‚doppelten Körper des Königs‘ personifizierten Außenbezuges des politischen Zeit-Raumes die Wahrnehmbarkeit des *nicht* in die Gesellschaft einkapselbaren Politischen und dessen Bezug zum Anderen *erschwert*"[363]. Wichtig ist hierbei der Fragemodus seiner Herangehensweise, die sich auch im Fragezeichen am Ende des Titels des Essays *Fortdauer des Theologisch-Politischen?* ausdrückt. Leforts Demokratietheorie zeichnet sich einerseits durch eine Offenheit gegenüber theologischen Motiven und Denkmodellen – allen voran der Transzendenz – aus. Andererseits ist aber klarzustellen, dass Lefort auch keiner religiösen Vereinnahmung des Politischen das Wort führt. Klar zweifelt er daran, in der Demokratie eine „neue Episode der Übertragungen des Religiösen in das Politische" zu sehen.[364] Demokratie ist also auch nicht die moderne

---

[358] LEFORT, *Democracy and Political Theory*, 222

[359] REBEKKA KLEIN, „Das Andere in der Repräsentation", in: *Neue Zeitschrift für Systematische Theologie* 54 (2012), 168-183, 170.

[360] Vgl. BERNARD FLYNN, „Political Theology in the Thought of Lefort", in: *Social Research* 80 (1/2013), 129-142, 136.

[361] Ebd., 138.

[362] HANS SCHEULEN; ZOLTÁN SZANKAY, „Zeit und Demokratie. Eine Einstimmung", in: LEFORT, *Fortdauer des Theologisch-Politischen?*, 9-30, 20.

[363] Ebd., 20.

[364] So endigt er auch dieselbe Untersuchung mit der offenen Frage, ob die Wirksamkeit des Religiösen nicht eher imaginär als symbolisch ist. Vgl. LEFORT, *Fortdauer des Theologisch-Politischen?*, 94.

Form der Religion. Am besten lässt sich die Verhältnisbestimmung zwischen beiden Sphären bei Lefort als komplexer Chiasmus (Fr. *jeu complexe de chiasme*)
zwischen „bereits politisiertem Theologischen und bereits theologisiertem Politischen"[365] beschreiben.

Statt Hardts, Negris und Wolins Bruch und Neuansatz, liegt Lefort also mehr
an einem bewussten Umgang mit dem geteilten theologisch-metaphysischen
Erbe, das sowohl Religion wie auch das Politische auszeichnet. An keinem Punkt
wird dies deutlicher, als bei der Reflexion über den leeren Ort der Macht. In diesem Symbol lässt sich auch eine Form der Substitution der Transzendenz sehen,
wenn beispielsweise Oppelt diesen Ort wie folgt charakterisiert: „Die Macht gibt
sich den Anschein des Universalen und Transzendenten und grenzt sich dadurch
von der Gesellschaft ab."[366] In Bezug auf diesen leeren Ort fügt Klein an, dass
Lefort damit „eine subversive Wendung des klassischen Souveränitätsgedankens
einleitet, für welche die Beschäftigung mit dem Religiösen und seiner Offenheit
für das Andere und Unverfügbare in der Repräsentation das Leitmotiv abgibt"[367].
Und gerade bei der Frage der Repräsentation des Anderen – des *totaliter aliter* –
verfügen Religion und Theologie über eine außerordentliche Kompetenz, da
diese im Zentrum ihrer eigentlichen Aufgabe liegt. Dies wiederum erkennt auch
Lefort an, wenn er Religion wie folgt definiert: „Religion ‚dramatizes' the Other.
Religious discourse orchestrates a problematic of difference."[368]

Wie Leforts Radikaldemokratie und speziell dessen Symbol des leeren Ortes
der Macht aus dezidiert theologischer Sicht zu interpretieren ist, wird an einem
späteren Punkt dieses Kapitels noch genauer erläutert werden.[369] Doch bereits
hier ist deutlich geworden, dass eine solche nähere Verhältnisbestimmung und
gegenseitige Durchdringung großes Potential für einen postsäkularen und zugleich postliberalen Kontext aufweist. Die Radikaldemokratie im Allgemeinen
und Leforts Konzeption im Speziellen – und ganz besonders dessen Symbol der
Leerestelle der Macht – bezeugen in ihrer unabgeschlossenen, prekären Sozialontologie, resultierend aus einer inneren Grundlosigkeit und Bezogenheit auf ein
Außen, einen idealen Bezugspunkt für eine theologische Debatte. In diese Richtung weist nicht zuletzt Lefort selbst, der in seiner Demokratietheorie immer wieder selbst Bezug zum geteilten Erbe des Politischen und der Religion nimmt. In
ihrer Einleitung zu Leforts *Fortdauer des Theologisch-Politischen?* bedienen
sich Scheulen und Szankay beinahe schon einer religiösen Ausdrucksweise, um
sich dem, was sich im Inneren des Orts der Macht ereignet bzw. zugleich entzieht,
zu nähern. So heißt es dort: „Der ‚leere Ort' ist auch in diesem Sinn nicht buchstäblich leer [...]", sondern, so weiter, „[i]n ihm ist ‚etwas' von dem Gewesen

---

365 LEFORT, *Fortdauer des Theologisch-Politischen?*, 86. Siehe auch DERS., „Per-
     manence de théologico-politique?", 54.
366 OPPELT, *Gefährliche Freiheit*, 281.
367 KLEIN, „Das Andere in der Repräsentation", 170.
368 LEFORT, *Democracy and Political Theory*, 223.
369 Siehe 2.4.3.2.

anwesend, das unsere Beziehung zum Symbolischen und zur Dimension des Anderen mit ermöglicht"[370]. Wenn schon nicht theologisch, so könnte man diese Redeweise doch zumindest als politisch-theologisch bezeichnen, also einer Disziplin zugehörig, die sich der Strukturähnlichkeit von Politik und Theologie bewusst ist und diese näher erforscht. Genau in diese Disziplin gehört auch die vorliegende Arbeit, genauer zu ihrer „theologischen" Richtung, d.h. einem Vordringen in diesen Zwischenbereich von Politik und Religion aus dezidiert theologischer Sicht und mit theologischer Methode und theologischen Konzepten.

Um diese Vorgehensweise nochmals genauer zu veranschaulichen und systematisch zu reflektieren und zu fundieren, kommen wir im nächsten Unterkapitel zu einer genaueren Auseinandersetzung darüber, was unter der Disziplin der politischen Theologie zu verstehen ist und wie deren verschiedenen Arbeitsweisen und -ansätze vor dem in diesem Unterkapitel beschriebenen Kontext einzuordnen sind.

2.3 Zwischen Theologie und Politik: Alte und Neue Politische Theologie(n)

Dieses Unterkapitel, welches eingangs als Scharnier bezeichnet wurde, dient dem Übergang von einer dezidiert säkular-politischen Beschreibung des Kontexts zu einer dezidiert theologisch-politischen Analyse. In diesem Sinne stellt die Politik bzw. das Politische das Scharnier dar, anhand dessen wir in unserer Betrachtung von einer säkularen philosophisch-soziologischen Sicht auf eine theologische übergehen. Das Feld, das diesen Übergang markiert, ist die politische Theologie. Zu diesem Feld der politischen Theologie, das um Fragen der Herrschaft, Souveränität und der Ordnung bzw. Struktur menschlichen Zusammenlebens kreist, gibt es mehrere Zugänge, die sich aus unterschiedlichen Disziplinen ergeben, die sich mit diesen Konzepten auseinandersetzen. Wie das Beispiel der Souveränität zeigt, kann diese sowohl theologisch als eine Säkularisierung des Konzepts der Allmacht Gottes gedacht werden oder aber, gerade andersherum, als eine Theologisierung eines explizit politischen Konzepts, wie dies beispielsweise Jan Assmann vorschlägt.[371] Dabei haben die unterschiedlichen Disziplinen, hier vornehmlich die (säkulare) politische Philosophie (bzw. Theorie) und die Theologie, ihre Eigenständigkeit, die auf der Grundlage eigener Paradigmen und Prämissen beruhen. Mit Peter Zeillinger kann man dabei aber von einer gewissen Strukturähnlichkeit zwischen (säkularer) politischer Philosophie und (theologischer) politischer Theologie sprechen, „wenn man diese Begriffe im Sinne einer Philo-

---

[370] SCHEULEN; SZANKAY, „Zeit und Demokratie", 23.
[371] Vgl. JAN ASSMANN, *Herrschaft und Heil. Politische Theorie in Ägypten, Israel und Europa*, Darmstadt 2000, 29.

sophie des Politischen und einer theologisch zu nennenden Theorie des Politischen versteht"[372]. Dabei dringen beide Disziplinen mit ihrer jeweiligen Herangehensweise in dasselbe theopolitische Feld vor, das sich im Zwischenbereich zwischen Politik und Religion auftut. Insofern unterscheiden wir hier nicht strikt zwischen einer (säkularen) politischen Philosophie und einer (religiösen) politischen Theologie, wie dies beispielsweise Lilla oder Heinrich Meier tun. Während die politische Philosophie in ihrem Verständnis die Vernunft als Bezugsgröße hat, übernehme dies in der politischen Theologie der Gehorsam gegenüber der göttlichen Offenbarung.[373] Diese Unterscheidung ist nicht allein wegen ihres unscharfen Offenbarungsbegriffs problematisch, sondern zeigt zudem ihr Fundament in einem „liberalen Missverständnis". Damit drängt sie letztlich auf eine Aufteilung des theopolitischen Feldes bzw. auf ein Abspalten des theologischen Teils davon. Hiermit verunmöglicht dieser Ansatz aber gerade die vernunftgeleitete Untersuchung zentraler (auch theologischer) Aspekte in der Diskussion um Souveränität und Gemeinschaft, allen voran des hier im Fokus stehenden Transzendenzbezug. Insofern ist diese Unterscheidung Lillas und Meiers im Rahmen dieser Untersuchung schlicht nicht hilfreich. Schließlich kann man mit Eric Voegelin auch darauf verweisen, dass sich Politik nicht vollständig ohne gewisse religiöse Aspekte und vor allem Kategorien erklären lässt. Hierzu Voegelin:

> „Das Leben der Menschen in politischer Gemeinschaft kann nicht als ein profaner Bezirk abgegrenzt werden, in dem wir es nur mit Fragen der Rechts- und Machtorganisation zu tun haben. Die Gemeinschaft ist auch ein Bereich religiöser Ordnung, und die Erkenntnis eines politischen Zustandes ist in einem entscheidenden Punkt unvollständig, wenn sie nicht die religiösen Kräfte der Gemeinschaft und die Symbole, in denen sie Ausdruck finden, mitumfaßt, oder sie zwar umfaßt, aber nicht als solche erkennt, sondern in a-religiöse Kategorien übersetzt."[374]

---

[372]   PETER ZEILLINGER, „Religion als das Andere der Gewalt. Zur not-wendigen Rekonstruktion einer politischen Bestimmung", in: WOLFGANG PALVERER; ANDREAS OBERPRANTACHER; DIETMAR REGENSBURGER (Hg.), *Politische Philosophie versus Politische Theologie. Die Frage der Gewalt im Spannungsfeld von Politik und Religion*, Innsbruck 2011, 259-276, 275.

[373]   Vgl. LILLA, *The stillborn God*; HEINRICH MEIER, *Die Lehre Carl Schmitts. Vier Kapitel zur Unterscheidung Politischer Theologie und Politischer Philosophie*, Stuttgart 2009. Zur Kritik an dieser Unterscheidung zwischen politischer Philosophie und politischer Theologie siehe u.a. WOLFGANG PALAVER, „Ist das Theologische vermeidbar? Politische Theologie von Thomas Hobbes bis in unsere Gegenwart", in: DERS.; ANDREAS OBERPRANTACHER; DIETMAR REGENSBURGER (Hg), *Politische Philosophie versus Politische Theologie? Die Frage der Gewalt im Spannungsfeld von Politik und Religion*, Innsbruck 2011, 229-252.

[374]   ERIC VOEGELIN, *Die politischen Religionen*, München 2007, 63.

Im vorangegangenen Unterkapitel sind wir in der Diskussion der verschiedenen Interpretationen der postliberalen Demokratie und besonders der radikalen Demokratie der Frage nach der (verbliebenen) Rolle der Religion und besonders ihres konstitutiven Paradigmas der Transzendenz aus dezidiert säkular-politisch-philosophischer Sicht nachgegangen. Im übernächsten Unterkapitel, das sich an dieses Scharnierkapitel anschließt, werden wir uns auf die Suche nach Antwortmöglichkeiten auf die im ersten Unterkapitel aufgeworfenen Frage aus dezidiert theologischer Sicht begeben. Zuvor aber soll im nun folgenden Unterkapitel diese Vorgehensweise reflektiert und gerechtfertigt werden. Dies soll anhand zweier Diskussionen geschehen, die den Übergang von einer säkular-philosophischen zu einer theologischen Betrachtung eines politischen Sachverhaltes illustrieren. Hierfür werden zwei säkulare Denker herangezogen, deren zentrale Hauptanliegen in einem zweiten Schritt aus theologischer Sicht eingeordnet und beurteilt werden. Zunächst wird in einer ersten Sektion Carl Schmitts Definition der politischen Theologie diskutiert, bevor wir in einer zweiten Sektion auf Ernst-Wolfgang Böckenförde und das nach ihm benannte Paradoxon zu sprechen kommen.

2.3.1 Der lange Schatten von Carl Schmitt

> „Alle prägnanten Begriffe der modernen Staatslehre sind säkularisierte theologische Begriffe. Nicht nur ihrer historischen Entwicklung nach, weil sie aus der Theologie auf die Staatslehre übertragen wurden, indem zum Beispiel der allmächtige Gott zum omnipotenten Gesetzgeber wurde, sondern auch in ihrer systematischen Struktur, deren Erkenntnisse notwendig ist für eine soziologische Betrachtung der Begriffe."[375]

Diese Definition kann mit Blick auf ihre Wirkungsgeschichte nicht ohne Recht als die Gründungsurkunde der politischen Theologie als eigenständiger Disziplin bezeichnet werden. Auch Schmitts Ansatz einer politischen Theologie ist nicht nur ihrer „historischen Entwicklung nach, sondern auch in ihrer systematischen Struktur" von bleibender Bedeutung. Beide Aspekte, die Betrachtung von Schmitt (und dessen Ansatz) vor einem historischen Hintergrund wie auch die bleibende Bedeutung der „systematischen Struktur" seiner genuinen Herangehensweise, müssen aufeinander bezogen und nicht voneinander losgelöst betrachtet werden. Mit Schmitt beginnt eine Diskussion über das Verhältnis von Politik und Religion, die bis heute nicht abgebrochen und auch noch für den heutigen Kontext äußerst aufschlussreich ist. Gleichzeitig darf dabei aber nicht ausgeklammert werden, dass Schmitts Herangehensweise selbst einem bestimmten geistesgeschichtlichen und biographischen Kontext entstammt, der bei der Rezeption Schmitts mit einzubeziehen ist. Beginnen werden wir mit der Frage, wie Schmitts Analysen und Theorien in Bezug auf dessen persönliche Nähe zur Nazidiktatur

---

[375] CARL SCHMITT, *Politische Theologie. Vier Kapitel zur Lehre von der Souveränität* (1922), Berlin 1996, 43.

einzuordnen und zu beurteilen sind, bevor wir auf die bleibende Bedeutung von Schmitt, gerade auch für die Neue Politische Theologie von Metz & Co. zu sprechen kommen.

Schon in seiner breit angelegten vergleichenden Studie zu Schmitts („alter") politischer Theologie und Metz Neuer Politischer Theologie aus dem Jahr 2000 konstatiert Jürgen Manemann eine seit Mitte der 1980er Jahre anhaltende Schmittrenaissance, sowohl im deutschsprachigen Raum, als auch im angelsächsischen.[376] Dieser „Normalisierung" Schmitts steht Manemann äußerst kritisch gegenüber, sieht er darin doch ein (un)bewusstes Loslösen der Theorie Schmitts von seiner Person. Mit seiner politischen Theologie antworte Schmitt auf ein Problem seiner Zeit und darum hält Manemann fest: „Doch ein Verstehen von Schmitts Theorem ist nur möglich, wenn von deren Zeitkern eben nicht abstrahiert wird."[377] Der Grund für die breite Rezeption Schmitts nach den ersten Übersetzungen seiner Hauptwerke ins Englische ab 1985 ist Manemann zufolge auch „das Herunterspielen seines Engagements während des Nationalsozialismus"[378]. Hierfür findet Manemann in beiden Sprachräumen deutliche Belege.[379] Zudem führt Manemann auch Gründe für die Versuchung an, die Schmitt seiner Meinung nach auch für einen gegenwärtigen Kontext darstellt. Demnach antwortete Schmitt mit seiner politischen Theologie auf eine Problemlage, die sich in gewisser Weise auf den Kontext der „Spätmoderne" übertragen lässt, wie Manemann die Zeitspanne seit Beginn der 1980er und besonders seit den 1990er Jahren bezeichnet. Reflexive Modernisierungsprozesse haben zu einer Krise des Politischen und besonders der liberalen Demokratie und dem ihr zugrunde liegenden Universalismus geführt. Diese Unsicherheit im Zentrum des Politischen, so Manemann, stellt das Einfallstor für Schmitts politischer Theologie dar, die in dieser Situation wie eine Art Orientierungshilfe erscheine.[380] In dieser Warnung vor Schmitt weiß sich Manemann unterstützt von Habermas, der sich bereits 1986 kritisch über dessen zunehmende Rezeption im englischsprachigen Raum geäußert hat.[381]

Was nun aber Manemanns kritische Auseinandersetzung mit Schmitts politischer Theologie auszeichnet, ist nicht die generelle Ablehnung Schmitts aufgrund

---

[376] Vgl. JÜRGEN MANEMANN, *Carl Schmitt und die Politische Theologie. Politischer Anti-Monotheismus*, Münster 2002, 3-5, 201-213.

[377] Ebd., 6.

[378] Ebd., 209.

[379] Vgl. ebd., 4-9, 201-213.

[380] Vgl. Kp. I „Zeitdiagnostische Bemerkungen", 13-52 und Kp. IV. „Orientierungsversuche im Zeitalter reflexiver Modernisierung", 214-262.

[381] Siehe JÜRGEN HABERMAS, „Die Schrecken der Autonomie. Carl Schmitt auf englisch", in: DERS., *Eine Art Schadensabwicklung. Kleine politische Schriften* VI, Frankfurt a. M. 1987, 101-114, zuerst veröffentlicht in *The Times Literary Supplement*. Siehe den deutschsprachigen Kontext betreffend auch JÜRGEN HABERMAS, „Carl Schmitt in der politischen Geistesgeschichte der Bundesrepublik", in: DERS., *Die Normalität einer Berliner Republik. Kleine politische Schriften* VIII, Frankfurt a. M. 1995, 112-122.

seiner Kooperation mit dem Nationalsozialismus, sondern die spezielle Art seiner Ablehnung: Bei allem Verständnis für die Faszination an Schmitts Theorie, kritisiert Manemann gerade das dieser zugrunde liegende Fundament, das er als gnosisnahen Anti-Monotheismus charakterisiert. Mit den Begriffen der Gnosis und des (Anti-)Monotheismus findet Manemann Interpretationskategorien für Schmitts politische Theologie, die ihm eine dezidiert theologische Analyse und Kritik daran ermöglichen. Aufgrund dieses geteilten Fundaments in theologischen Kategorien kann er Schmitts „gnostischer Verschärfung" eine auf der Neuen Politischen Theologie von Metz beruhenden „apokalyptisch zugespitzte katholische Verschärfung" als Gegenmodell entgegenhalten.[382] Schmitts Theo-Logik setzt er eine von Metz informierte Theo-Logie entgegen und kommt zu dem Schluss,

> „daß Politik [...] ohne Theo-Logie letzten Endes Geschäft bleibt und total zu werden droht. Die Theologie – basierend auf der memoria passionis – verweigert sich einer gnostisch motivierten theologischen Kernspaltung. Ihr geht es um eine Revolution im Gott-Denken, eine Revolution, welche Schmitt beflissentlich übergeht, indem er mit dem Rücken zur Leidensgeschichte eine spekulative gnosisnahe Versöhnung mit der Realität praktiziert. Diese Revolution verpflichtet die Theologie darauf, sich der permanent ausgeblendeten Autorität der Leidenden [...] zu exponieren."[383]

In dieser Herangehensweise seiner Kritik an Schmitt, in der (theologischen) Diskussion von Schmitt und dessen Grundannahmen, liegt das eigentliche große Verdienst von Manemanns Untersuchung. Damit zeigt Manemann auf, dass bei aller gebotenen Vorsicht und kritischen Distanz, eine inhaltliche Auseinandersetzung mit Schmitt und dessen Analysen durchaus erkenntnisreich ist, gerade auch was den aktuellen Kontext der Spätmoderne bzw. Postmoderne betrifft. Dies wird besonders in seiner Gegenüberstellung von Schmitts „alter" und Metz Neuer Politischen Theologie deutlich.

Ohne die einzelnen Analysen genauer beleuchten zu können, sollen hier die zentralen Unterschiede bzw. Gemeinsamkeiten, die Manemann ausmacht und die auch für die Fortgang unserer eigenen Diskussion von Belang sind, genannt werden. Zunächst gilt festzuhalten, dass mit beiden Autoren auf die Unsicherheit im Zentrum der Spät- bzw. Postmoderne geantwortet werden soll, zu der Manemann auch den Tod Gottes als Epiphänomen zählt, auf welches bereits Schmitt reagiert habe. Schmitt forciere aber jene Gotteskrise, indem er mit einer „gnostischen Verschärfung" darauf antwortet. Diese besteht aus mehreren Elementen: zum einen aus Schmitts Konzept der Souveränität als politische Transzendenz. Damit macht er in gewisser Weise einen gnostischen Dualismus zwischen souveräner

---

[382] Vgl. MANEMANN, *Carl Schmitt*, 11, 262-352.

[383] Ebd., 348. Siehe auch JOHANN BAPTIST METZ, *Memoria passionis. Ein provozierendes Gedächtnis in pluralistischer Gesellschaft* (Gesammelte Schriften, Bd. 4), Freiburg 2017.

Transzendenz und Immanenz auf, in dem diese Macht repräsentiert wird. Gleichzeitig aber, seinem Freund-Feind-Dualismus folgend, löst Schmitt diesen Dualismus beinahe manichäisch zur einen Seite auf, indem er die Rolle der souveränen
Entscheidung (Dezisionismus) absolut setzt. Schmitt setzt dabei auf Homogenität, die er nur um den Preis der Exklusion des Anderen – des Feindes – gewinnt.[384]
Damit, so Manemann, verfällt Schmitt bei aller Bezugnahme auf die Transzendenz für sein Konzept der Souveränität einer Immanentisierung[385]; „[s]eine politische Theologie fokussiert das Katechon, nicht das Eschaton."[386] Demgegenüber
beziehe „die Neue Politische Theologie [...] sich hingegen auf eine offene Transzendenz, die sie messianisch verstanden wissen möchte"[387]. Für Schmitt ist nicht
eigentlich Transzendenz wichtig, sondern deren Repräsentation in der Immanenz
oder wie Manemann festhält: „Die Kirche kommt bei ihm nur als weltgeschichtliche Machtform vor, der Gott der Bibel spielt keine Rolle mehr."[388] Schmitts
Transzendenzbezug dient der Fundierung einer immanenten Ordnung, wohingegen „die Neue Politische Theologie [...] ihre Aufgabe darin [sieht], Ordnung zu
unterbrechen, um für das Novum Platz zu schaffen, und Ordnung zu transzendieren und zu transformieren."[389] Bei der Neuen Politischen Theologie ist zwar auch
die Transzendenz im Zentrum des Konzepts des Politischen, aber in ihrer messianischen Form; um zu unterbrechen und nicht wie bei Schmitt durch eine politische Institution repräsentiert zu werden.

Bei all diesen zentralen Unterschieden zeichnen sich jedoch auch wichtige Gemeinsamkeiten ab.[390] Die offensichtlichste Gemeinsamkeit ist dabei gewiss, das
Politische nicht als einen abgrenzbaren und in sich abgeschlossenen Gegen-
standsbereich zu betrachten, was beide Autoren dazu führt vornehmlich auch die
Theologie nicht vom Politischen zu trennen. Hinter beiden Positionen macht
Manemann einen „anti-individualistischen Affekt" aus, der sich bei Schmitt u.a.
in der Verweigerung zwischen Öffentlichkeit und Privatheit zeigt, in der Neuen

---

[384] Zur Rolle der Exklusion in seinem Konzept des Politischen siehe auch ÁGNES HEL-
    LER, „The Concept of the Political Revisited", in: DAVID HELD (Hg.), *Political The-
    ory Today*, Stanford 1991, 330-343, besonders 333.

[385] Vgl. MANEMANN, *Carl Schmitt*, 351.

[386] Ebd., 345.

[387] Ebd., 350. Zum Vergleich der jeweiligen Konzepte der Transzendenz verweist
    Manemann zusätzlich auf MICHAEL J. RAINER, „Carl Schmitt und Johann Baptist
    Metz in fremder Nähe? Bemerkungen zu zwei Leitkonzepten politischer Theologie
    im 20. Jahrhundert", in: JÜRGEN MANEMANN (Hg.), *Jahrbuch für Politische Theo-
    logie*, Bd. 1, *Demokratiefähigkeit*, Hamburg; Münster 1995, 82-106; sowie JOHANN
    BAPTIST METZ, „Monotheismus und Demokratie. Über Religion und Politik auf dem
    Boden der Moderne", in: JÜRGEN MANEMANN (Hg.), *Jahrbuch für Politische The-
    ologie*, Bd. 1, *Demokratiefähigkeit*, Hamburg; Münster 1995, 39-52.

[388] MANEMANN, *Carl Schmitt*, 345.

[389] Ebd., 350.

[390] Zu einer vollständigen Aufzählung aller Gemeinsamkeiten und Unterschiede siehe
    MANEMANN, *Carl Schmitt*, 345-352.

Politischen Theologie in der Ablehnung der strikten Privatisierung der Gottesfrage oder der Religion als notwendiger Folge der Aufklärung.[391] Damit verbunden ist auch eine geteilte Kritik am Immanentismus, der sich gegen jede Form der Transzendenz richtet. Während aber, wie bereits erörtert, Schmitt letztlich selbst diesem Immanentismus verfällt, „versucht die Neue Politische Theologie die anamnetische Tiefendimension der Vernunft wiederzugewinnen und mit der Kategorie der memoria passionis [...] die freiheitliche Demokratie gegen einen möglicherweise prozedural zur Macht kommenden Fundamentalismus zu schützen.“[392] Die Neue Politische Theologie ist im Grunde anti-fundamental, sie will Ordnung nicht garantieren, sondern unterbrechen. Der Garant für diese Unterbrechung ist der transzendente Gott; ihm gebührt letztlich alle Souveränität. Und diese Souveränität lässt sich nicht wie bei Schmitt dadurch von ihm abspalten, dass man den transzendenten Gott in die Welt hinein repräsentiert wie Hobbes „Gott auf Erden“. Daher bleibt bei aller Gemeinsamkeit, was den Ansatz und die Methode der Verhältnisbestimmung zwischen Politik und Religion anbelangt, Schmitts Ansatz letztlich untheologisch – zumindest im christlichen Sinn – weil anti-monotheistisch. Folglich beschließt Manemann seine Untersuchung auch treffend mit folgendem Resümee: „Die Neue Politische Theologie ist eine ‚theologische Politische Theologie‘, die ihre Aufgabe darin sieht, ‚Gott zu sagen, unter den schrecklich erschwerten Bedingungen dieser Zeit‘ und ihm ‚die ganze Totalität vorzubehalten‘“.[393]

Dies ist die letztendliche Konsequenz, zu der uns die Auseinandersetzung mit Schmitt führt: eine dezidiert *theologische* politische Theologie. Zum einen folgen wir damit Schmitts Forderung nach der Aufhebung der strikten Trennung von Politik und Religion. Zum anderen aber operieren wir aus theologischer Sicht in dem Feld der politischen Theologie nicht wie Schmitt: säkular, immanenzbezogen und politisch, sondern religiös, transzendenzbezogen und theologisch. Letztlich beruht selbst die Ablehnung der Trennung von Politik und Religion aus theologischer Sicht auch auf zentralen theologischen Grundannahmen: so wie der Schöpfer und inkarnierte Gott bei aller Transzendenz nicht von der Welt getrennt ist, so zeigt sich auch der Glaube an ihn im gemeinschaftlichen Handeln der Menschen füreinander. Nicht ohne Grund verweist daher *Lumen gentium* 1 darauf, dass in Christus die Menschen zugleich mit Gott und miteinander vereint sind.[394] Und aus dezidiert theologischen Erwägungen führt auch Manemann (mit Tiemo Peters) Gott als Souverän über die „ganze Totalität“ ein, um uns so vor dem Totalitarismus eines allzu weltlichen Herrschers zu bewahren. Er sucht das Fundament des Politischen, i.e. der Demokratie, außerhalb (transzendent) ihrer selbst

---

[391]   Vgl. ebd., 348-349.
[392]   Ebd., 351.
[393]   Ebd., 352. Die Zitate innerhalb des Zitats stammen aus TIEMO RAINER PETERS, *Johann Baptist Metz. Theologie des vermißten Gottes*, Mainz 1998.
[394]   Vgl. DH 4101.

zu verankern, um es so den Zugriffen der Macht im Innern (immanent) zu entziehen. Diesen Entzug, den Manemann ein „historisches Aprioi" nennt, sieht er allerdings unter den Bedingungen der reflexiven Moderne (Postmoderne) bedroht,
da „die avancierten Gesellschaften schon längst damit begonnen haben, die kulturellen Fundamente ihrer Existenz selbst zu produzieren."[395] Diese Fundamente
können nach Manemann letztlich nicht selbst produziert werden. Gleichzeitig
darf man nicht der Versuchung erliegen, der Ungewissheit der spätmodernen Gesellschaft mit der Ordnungsmacht Schmitts zu entgehen. Für die Krise der liberalen Demokratie bedeutet dies, dass man „sie nicht zu einer bloßen Verfahrens-
weise pervertieren [darf]", sondern stattdessen „Raum schaffen [muss] für die
Nicht-Identität des Subjekts [...]"[396]. Genau in diesem Sinne einer Nicht-Identifi-
kation versteht Manemann auch die biblische Erinnerung, die er in der Form der
Erinnerung an die Leidenden in einer produktiven Schwebe für die Konstitution
des Politischen wie auch den darin handelnden Subjekten wachhalten will.[397]

Die vorangegangen Schilderungen aus dem obigen Absatz lassen deutlich eine
Anschlussmöglichkeit an die radikaldemokratische Konzeption erkennen: die
Ungewissheit bzw. Nicht-Identität im Zentrum des Politischen und die
(Nicht-)Konstitution der Gesellschaft von einem Außen. Trotz dieser inhaltlichen
Nähe steht Manemann selbst aber der Radikaldemokratie äußerst kritisch gegen-
über, wenn er beispielsweise in Bezug auf Mouffes Schmittrezeption festhält,
dass diese „insbesondere dem Versuch [diene], die marxistische Theorie durch
Schmitts Liberalismus-Kritik zu komplementieren. Dabei steht v.a. der Begriff
des Politischen Pate."[398] Wie wir bereits oben erörtert haben, trifft diese Kritik an
Mouffe nur teilweise zu. Gewiss verwendet sie (teilweise) Schmitts Liberalis-
muskritik, allerdings nicht in seinem Sinne, sondern gerade im Gegenteil zur
Konstruktion eines pluralistischen Antagonismus, der die Schwächen des Liberalismus mit den Stärken einer Demokratietheorie ausgleicht und andersherum.
An dieser Stelle kann nicht weiter auf diese Frage eingegangen werden. Allerdings scheint Manemanns Rezeption von Mouffe nahezulegen, wie er deren Radikaldemokratie prinzipiell versteht, nämlich als eine Demokratietheorie, die
Schmitts Versuchung einer Konstitution der Demokratie aus ihren eigenen Prozessen heraus erliegt. Dies wäre sicher keine Interpretation im Sinne von Mouffe.
Für unsere Untersuchung ist jedoch weit wichtiger, dass diese Interpretation fundamental Leforts Konzept der Radikaldemokratie entgegensteht, denn dessen
Konzept der Leerstelle der Macht soll gerade auf die Ungewissheit, die Unverfügbarkeit im Zentrum des Politischen verweisen. Demgegenüber ließe sich sogar anfragen, inwieweit es nicht Manemann ist, der mit seinem „historischen

---

[395]   MANEMANN, *Carl Schmitt*, 351. Siehe auch DERS., „An den Grenzen der Moderne.
          Zu Kulturkampf und Demokratiefeindlichkeit in der gegenwärtigen Gesellschaft",
          in: JÜRGEN MANEMANN (Hg.), *Jahrbuch für Politische Theologie*, Bd. 1, *Demokra-
          tiefähigkeit*, Hamburg; Münster 1995, 137-154.
[396]   MANEMANN, *Carl Schmitt*, 347.
[397]   Vgl. ebd., 348.
[398]   Vgl. ebd., 208.

Apriori", seiner Verankerung in der Transzendenz Gottes – bei aller Nicht-Identität – nicht selbst der Versuchung einer Identifikation eines tragenden Fundaments erliegt. Und weiter, kann es nicht sogar als übergriffig interpretiert werden, wenn die Demokratie letztlich eines dezidiert theologischen Konzepts der Transzendenz bedarf, um ihren totalitären Tendenzen zu entgehen? Kann diese nicht, wie etwa bei Lefort, eingedenk der theopolitischen Tradition, ein säkulares Konzept der Unverfügbarkeit entwickeln, das zwar nicht seiner Genealogie, aber seiner Epistemologie nach eine Eigenständigkeit besitzt, wie dies etwa bei Leforts Konzept der leeren Mitte der Fall ist?

Dieser Spur gilt es im Fortlauf dieses Kapitels zu folgen. Wichtig dabei ist aber anzumerken, dass es dabei nicht darum gehen kann, einen Bruch mit der liberaldemokratischen Tradition darzustellen, sondern vielmehr die Kontinuität zwischen einer liberalen und einer radikalen Demokratie. Es geht letztlich um ein Update des liberaldemokratischen Ansatzes vor postmodernem Hintergrund. Und hier ist es nicht zuletzt Schmitt selbst, der die Evidenz dieses Ansatzes belegt. Hierfür lohnt sich ein näherer Blick auf das, was Schmitt die „Soziologie der Begriffe" nennt. In Bezug auf den Begriff der Souveränität heißt es bei ihm,

> „daß der historisch-politische Bestand der Monarchie der gesamten damaligen Bewußtseinslage der westeuropäischen Menschheit entsprach und die juristische Gestaltung der historisch-politischen Wirklichkeit einen Begriff finden konnte, dessen Struktur mit der Struktur metaphysischer Begriffe übereinstimmt"[399].

Genau genommen geht es Schmitt also darum, dass einer bestimmten Bewusstseinslage bestimmte politische, metaphysische bzw. philosophische und theologische Konzepte entsprechen. So wie der Hobbes'sche Absolutismus dem hierarchischen Monotheismus seiner Zeit entsprach, so fügt sich für Schmitt auch Rousseaus auf dem *volonté générale* basierende Demokratiebegriff mit dem aufgeklärten naturwissenschaftlichen Theismus zu einem einheitlichen Gefüge zusammen.[400]

Diese Analyse von Schmitt ist in zweierlei Weise für unsere Untersuchung bedeutsam. Einerseits kann man mit Blick auf die gegenwärtige Bewusstseinslage feststellen, dass Demokratie und Pluralität die zentralen politischen Konzepte darstellen. Dies führt uns zur Frage, welche Form von Demokratie der heutigen Bewusstseinslage entspricht: eine liberale oder eine radikale? Daran schließt sich die Frage nach der Form der Theologie an, die auf der Höhe dieses Konzepts operiert. Gesucht ist eine demokratische, pluralistische Theologie, die sich in authentischer Weise mit der Tradition verbunden weiß. Andererseits führt uns Schmitt zu der Frage nach dem Verhältnis zwischen Demokratie und Metaphysik bzw. Transzendenzbezug. Erstaunlicherweise tritt bei Schmitts Analyse eine entscheidende Überschneidung mit Leforts Lesart der Demokratie auf. Auch Lefort

---

[399]   SCHMITT, Politische Theologie, 50.
[400]   Vgl. ebd., 50-52.

spricht von einer „ontologischen Schwierigkeit der Demokratie"[401] und der daraus resultierenden stetigen doppelten Gefahr der ‚Implosion des Sozialen' oder dem Hang zum Totalitarismus. Aber anstatt wie Schmitt nun beide Gefahren gegeneinander abzuwägen (Freund-Feind-Dualismus) und immanentisch aufzulösen, wählt Lefort eine andere Lösung: als Ausweg aus diesem Dilemma entwickelt er das Konzept des symbolischen Ortes der Macht, wodurch sich die Gesellschaft in einem fortwährenden Prozess immer neu von einem Außen her setzt. Lefort versucht, die bereits von Schmitt aufgezeigte Schieflage zwischen Demokratie und Transzendenzbezug in die Mitte des politischen Prozesses zu setzen, dort unaufgelöst in einer Schwebe zu halten und so fruchtbar zu machen. So wird das vormals transzendente Außen im Symbol der leeren Mitte der Macht zur inneren Transzendenz des Sozialen. Damit zeigt Lefort eine große Sensibilität für das von Schmitt in der Moderne erneut weit aufgestoßene Feld der politischen Theologie, ohne zugleich Schmitts eigenen „modernen" totalitären Schlussfolgerungen nachzugehen. Und mehr noch als Mannemann in seiner Verwendung der Neuen Politischen Theologie konstruiert Lefort das unverfügbare, unsichere Zentrum des Politischen nicht um eine „moderne" Transzendenz Gottes, sondern in einem postmodernen Symbol, das in einer Schwebe zwischen Transzendenz und Immanenz oszilliert. Dieser Spur Leforts soll im weiteren Verlauf des Kapitels gefolgt werden, nun aber aus Sicht einer dezidiert theologischen politischen Theologie. Als nächsten Untersuchungsgegenstand für dieses Unterfangen wenden wir uns in der nächsten Sektion Böckenförde und dem nach ihm benannten Paradoxon zu.

2.3.2   Das Böckenförde-Paradoxon als bleibende Aufgabe

Eine weitere Person, die in diesem Zusammenhang ebenfalls zentral für die deutschsprachige Diskussion geworden ist, ist Ernst-Wolfgang Böckenförde. Der ehemalige Bundesverfassungsrichter und Rechtsphilosoph brachte das Verhältnis von Religion und Demokratie prägnant in dem nach ihm benannten Paradox folgendermaßen zum Ausdruck: „[D]er freiheitliche, säkularisierte Staat lebt von Voraussetzungen, die er selbst nicht garantieren kann. Das ist das große Wagnis, dass er, um der Freiheit willen, eingegangen ist."[402] Analog zu Schmitts Definition der politischen Theologie und dessen Näherbestimmung über den Begriff der Bewusstseinslage, gilt es auch bei Böckenförde auf den zweiten Satz zu achten. Freiheit ist bei Böckenförde ein unumstößlicher Grundwert, sie ist im Schmitt'schen Sinne zum zentralen Bestandteil der gegenwärtigen politischen Bewusstseinslage geworden. In der Bundesrepublik der 1970er Jahre hat die freiheitliche Demokratie dieselbe Evidenz, wie die absolutistische Monarchie zur

---

[401]   LEFORT, *Fortdauer des Theologisch-Politischen?*, 94.
[402]   ERNST-WOLFGANG BÖCKENFÖRDE, *Staat, Gesellschaft, Freiheit*, Frankfurt a. M. 1976, 60.

Zeit Hobbes. Doch auch bei Böckenförde kann man ein „ontologisches Unbehagen der nachmetaphysischen Epoche" in der Demokratie herauslesen. In einem Grundgesetzkommentar zur Gewissensfreiheit kommt er auf ein ganz ähnliches Dilemma zu sprechen, wie das oben angeführte. Prinzipiell geht es Böckenförde um die Frage, inwieweit der Staat, dessen vornehmliche Aufgabe einerseits zwar die Garantie der individuellen Freiheit ist, andererseits aber nicht zugleich seinem eigenen Anspruch auf eine allgemeingültige staatliche Rechtsordnung gerade durch eben diese individuelle Gewissensfreiheit untergräbt.[403] So gelangt er zur provokanten Frage: „Woraus lebt der Staat, worin findet er die tragende, homogenitätsverbürgende Kraft und die inneren Regulierungskräfte der Freiheit, deren er bedarf?"[404]

Bei dieser Problemlage scheint Böckenförde zunächst suggestiv auf die Rolle der (christlichen) Religion als möglichen Ausweg zu verweisen:

> „Kann man davon ausgehen, dass das Gewissen, dass die individuellen Gewissen in ihrer Gesamtheit eine Instanz sind, auf der eine staatliche Ordnung sich bruchlos erbauen kann – ‚die Stimme Gottes in uns', wie es in Kreisen der christlichen Theologie vertreten wird – oder öffnet sich hier ein Abgrund, der nur dadurch überbrückt werden kann, dass das Gewissen sich seinerseits an objektiven ethisch-sittlichen und rechtlichen Normen orientiert?"[405]

Während bei dieser Textstelle lediglich angedeutet wird, wie sich diese „ethisch-sittliche Objektivität" herstellen lasse, wird Böckenförde letztlich doch noch expliziter in seinem Bezug auf Religion: „So wäre denn noch einmal – mit Hegel – zu fragen, ob nicht auch der säkularisierte weltliche Staat letztlich aus jenen inneren Antrieben und Bindungskräften leben muß, die der religiöse Glaube seiner Bürger vermittelt."[406] Religion verfügt also über die ihr eigene Kompetenz, individuelle „innere Antriebe" zu binden und kollektiv zu bündeln. Woher Religion diese Kompetenz nimmt, lässt Böckenförde offen. Vermutlich folgt Böckenförde hier der Schmitt'schen Lesart, die der Religion, zumal dem Katholizismus, eine

---

[403] Ernst-Wolfgang Böckenförde, *Das Grundrecht der Gewissensfreiheit*, Berlin 1970, 33-34: „Ist der Staat, ist die staatliche Rechtsordnung überhaupt in der Lage, eine Freiheit des individuellen Gewissens anzuerkennen, die über die Freiheit der Innerlichkeit des so genannten forum internum, die freilich kaum einer rechtlichen Garantie bedarf, hinausgeht? Gibt die staatliche Rechtsordnung damit nicht Ihre Allgemeinheit und Allgemeingültigkeit, die Grundlage ihrer befriedenden Kraft, zumal in einer nicht-homogenen Gesellschaft, preis? Andererseits: Wenn es ein oder das Ziel des Rechtsstaates und auch der freiheitlichen Demokratie ist, die Freiheit des Individuums zu gewährleisten, muss nicht gerade das Gewissen des einzelnen, als der innerste Kern seiner Persönlichkeit, unverletzlich sein und der Staat prinzipiell darauf verzichten, seine Bürger gegen ihr Gewissen zu zwingen?".

[404] Böckenförde, *Staat, Gesellschaft, Freiheit*, 59.

[405] Böckenförde, *Das Grundrecht der Gewissensfreiheit*, 34.

[406] Böckenförde, *Staat, Gesellschaft, Freiheit*, 61.

besondere Nähe zum Prinzip der Repräsentation zuspricht.[407] Schmitt denkt diese Repräsentation klassisch metaphysisch, d.h. auf das Eine hin orientiert. Daraus folgt auch seine Ablehnung gegenüber der plural verfassten Demokratie. Gerade darin aber folgt Böckenförde Schmitt nicht. Klar ist für ihn die konstruktive Rolle, die Religion auch und gerade in einer säkularen Demokratie spielt. Mit Bezug auf Hegel verweist er sogar darauf, dass der säkularisierte Staat nicht als Abfall von Religion verstanden werden muss, sondern durchaus als dessen inkarnierte Vollendung.[408] Und mit Verweis auf Marx hält Böckenförde fest, dass die „Emanzipation des Staates von der Religion ja nicht die wirkliche Religiosität des Menschen aufhebe und aufzuheben strebe"[409]. Was also Böckenförde von Schmitt tatsächlich trennt, ist die Einschätzung über die Fortdauer des Theologisch-Politischen – um mit Lefort zu sprechen – über Feuerbach und Marx hinaus, sozusagen als „Untergrund" des säkularen Staates. Während für Schmitt Demokratie das Ende eines transzendenzbezogenen Souveränitätsbegriffs und seiner Repräsentation bedeutet, bedeutet Demokratie für Böckenförde lediglich einen Rückzug des Transzendenten und dessen Repräsentation aus dem demokratischen Souveränitätsbegriff, nicht aber aus dem eigentlich Politischen. Religion in ihrer institutionellen Verfasstheit spielt keine Rolle mehr für den säkularen Staat. Aber für das einende Band einer Politik innerhalb eines (säkularen!) Staates ist Religion von entscheidender Bedeutung. Böckenförde weist also der Religion einen bestimmten Platz im vorpolitischen Bewusstsein einer liberalen Konzeption von Demokratie zu. Das erinnert einerseits an Lefort und dessen Ansatz des Fortlebens der Religion und ihres Transzendenzbezugs in der Demokratie. Andererseits aber weist Böckenförde im Gegensatz zu Lefort der Religion als solcher, sozusagen vom neutralen säkularen Standpunkt aus, einen bestimmten Platz innerhalb des politischen Prozesses zu.

Wie ist also Böckenfördes Ansatz aus theologischer Sicht genauer zu beurteilen? Auf den ersten Blick scheint er sehr einladend, wenn von säkularer Seite behauptet wird, dass ohne Religion eine säkulare, liberale Demokratie nicht möglich sei.[410] Doch vor einem solchen Triumphalismus ist sicherlich zu warnen, denn es stellt sich die Frage, ob sich die Religion tatsächlich damit zufriedengeben sollte, als Kitt der Zivilgesellschaft zu fungieren. Wo genau läge denn dann der Unterschied zu einer Zivilreligion beispielsweise im Rousseau'schen Sinne?

---

[407]   Vgl. CARL SCHMITT, *Römischer Katholizismus und politische Form* (1923), Stuttgart 1984.

[408]   BÖCKENFÖRDE, *Staat, Gesellschaft, Freiheit*, 59.

[409]   Ebd., 59.

[410]   So stieß Böckenfördes Ansatz auf z.T. großen Zuspruch von katholischer Seite. Dieser dürfte sicher einer der Hauptgründe für einige seiner Ehrungen im katholischen und theologischen Umfeld sein. U.a. wurden ihm die Ehrendoktorwürden der katholisch-theologischen Fakultäten der Universitäten Bochum (1999) und Tübingen (2005) verliehen. Durch Papst Johannes Paul II wurde er 1999 zum Komtur des Päpstlichen Ritterordens des heiligen Gregors des Großen (1999) ernannt.

Verfügen religiöse Traditionen über ein spezielles inneres Vermögen zur Homogenitätsbildung? Und wenn dem so wäre, stellt sich auch die wichtige Frage, ob überhaupt das Herstellen einer Homogenität ein erstrebenswertes Ziel ist – sowohl für die Demokratie als auch für die Religion. So kritisiert auch Johann Baptist Metz Schmitts Gegenüberstellung zwischen religiös-monotheistischer Repräsentation des Einen und einer plural verfassten Demokratie. Wie bei Böckenförde ist auch für Metz religiöse Repräsentation nicht automatisch demokratiefeindlich, auch wenn es historisch nicht an Beispielen hierfür mangeln mag. In Bezug auf Böckenförde spricht Metz von einem „Repräsentationsbedarf" rechtsstaatlicher Demokratien, der über eine legitim gewählte Volksvertretung hinaus- bzw. vorausgeht. So fragt er:

> „Gibt es nicht auch für die moderne rechtsstaatliche Demokratie eine ‚Autorität‘, die der demokratischen Konsensbildung, die dem Prozeß des politischen Diskurses entzogen bzw. ihm vorausgesetzt ist und die auch das Rechtsverständnis des demokratischen Staates berührt, wenn diese nicht rein rechtspositivistisch gefaßt wird?"[411]

Für Metz besteht diese „unaufkündbare Autorität" in der Form einer „Autorität der Leidenden", die insofern religiös fundiert ist, als dass sie auf die Autorität Gottes verweist, in dessen Erinnerung sich die Autorität der Leidenden „darstellen und verkörpern will". Insoweit die Kirche beide Autoritäten eng miteinander verschränkt, kann sie die Demokratie – verstanden nicht allein als prozeduraler Konsens, sondern als Werteordnung – als institutionalisierter Erinnerungsort stützen.[412] Insofern folgt also auch Metz mit seiner Neuen Politischen Theologie Böckenfördes Grundeinsicht, wonach auch die moderne Freiheit zu ihrer Verteidigung „metapolitische Ressourcen" benötigt und kennzeichnet diese innerhalb seines eigenen Ansatzes in der Form eines „kulturellen Gedächtnisses".[413] In diesem Zusammenhang spricht Metz von einer geteilten Grundlage der Neuen Politischen Theologie und der Dialektik der Aufklärung. Um Freiheit zu retten, so Metz, müsse man gegen die abstrakte und traditionskritische Vernunft der Aufklärung eine ebenso starke anamnetische Vernunft hochhalten, um „mit der Moderne gegen sie [zu] denken"[414]. Mit Rückgriff auf Horkheimer schreibt er: „Politik, die, sei es höchst unreflektiert, Theologie nicht in sich bewahrt, wie geschickt sie sein mag, letzten Endes Geschäft (bleibt)."[415] Um also eine Demokratie vor einem reinen Rechtspositivismus und Pragmatismus zu bewahren, braucht sie nach Metz einen Rückgriff auf etwas Unverfügbares und Unvordenkliches. Dieses Unvordenkliche kann nun aber gerade nicht mehr im politischen Prozess

---

[411] JOHANN BAPTIST METZ, *Zum Begriff der neuen Politischen Theologie. 1967-1997*, Mainz 1997, 193.
[412] Vgl. ebd., 193-195.
[413] Vgl. ebd., 177, explizit zu Böckenförde 180-182.
[414] Ebd. 184.
[415] Ebd. 196.

selbst garantiert und repräsentiert werden. Hier stellt Metz zwei Bezüge her: zum einen zum monotheistischen Bilderverbot: politische Macht darf nicht repräsentiert – in Sinne von identifiziert – werden, weder von einer religiösen Institution/Staatskirche noch, wie im Falle von Schmitts dezisionistischem Substitut, vom Staat selbst. Und zum anderen stellt Metz diese Einsicht in Bezug zum Grundanliegen der Demokratietheorien Leforts und Gauchets und nennt explizit das Konzept des leeren Ortes der Macht.[416] Dessen Repräsentation sei auch für das politische Handeln in einer modernen demokratischen Gesellschaft notwendig, um „Legitimierung nicht in seiner Eigengesetzlichkeit erstarren zu lassen" und so vor dem „Terror des Pragmatismus" zu retten.[417] Metz belässt seine Diskussion der radikaldemokratischen Theorie der leeren Mitte bei diesen kurzen Andeutungen. Auch wenn er nicht näher auf deren Potential eingeht, so ist deren Nennung allemal bemerkenswert, steht sie doch eher im Kontrast zur sonst üblichen Lesart des Böckenförde-Paradoxons in der deutschsprachigen Theologie.

So spricht sich beispielsweise Georg Essen in seiner Interpretation des Böckenförde-Paradoxons klar gegen eine „radikaldemokratische Aufhebung" des Paradoxons aus. Darunter versteht er – sogar mit Verweis auf Metz – Demokratietheorien, welche „davon ausgehen, daß sich im Prozedere des demokratischen Diskurses kulturelle Ressourcen gewissermaßen von selbst erzeugen"[418]. Diese Interpretation der Radikaldemokratie ist ganz auf der Linie von Manemann und dessen Kritik an der Schmittrezeption bei linken Autor*innen wie Mouffe. Ob diese Beschreibung tatsächlich den Kern des radikaldemokratischen Selbstverständnisses trifft, kann an dieser Stelle nur ansatzweise diskutiert werden.[419] Anzumerken wäre jedenfalls, dass für eine wie auch immer näher bestimmte radikale Demokratie bei Lefort die Leerstelle gerade den Platz einnimmt, die in anderen

---

[416]   Ganz ähnlich deutet auch Zeillinger das biblische Bilderverbot als ein Verbot der Identifizierung von göttlicher und menschlicher Macht in einer „objektiven Repräsentationsgestalt" und bringt dies mit dem Gedanken der Repräsentation einer Leerstelle der Macht in Verbindung. Siehe PETER ZEILLINGER, „Auszug ins Reale, oder: Repräsentation einer Leerstelle. Zur politischen Bedeutung des biblischen Exodus, der historisch so nicht stattgefunden hat", in: *Zeitschrift für Altorientalische und Biblische Rechtsgeschichte* 25 (2019), 117-172, 141-142, Anm. 68.

[417]   METZ, *Zum Begriff der neuen Politischen Theologie*, 195.

[418]   GEORG ESSEN, *Sinnstiftende Unruhe im System des Rechts. Religion im Beziehungsgeflecht von modernem Verfassungsstaat und säkularer Zivilgesellschaft*, Göttingen 2004, 57.

[419]   So widerspricht beispielsweise Peter Zeillinger einer solchen Interpretation der Leerstelle, wenn es festhält, dass „damit nicht eine Selbstproduktion der Gesellschaft angesprochen [wird], sondern eine nachträglich erschlossene ‚Nötigung zur Selbstinstitution', die gleichwohl auf einer vorausliegenden ‚anwesend-abwesenden Gründung' basiert". Siehe PETER ZEILLINGER, *Nachträgliches Denken. Skizze eines philosophisch-theologischen Aufbruchs im Ausgang von Jacques Derrida. Mit einer genealogischen Bibliographie der Werke von Jacques Derrida*, Münster 2002, 19.

Demokratiemodellen eben jene kulturellen oder vorpolitischen Ressourcen besetzen. Es ist gerade die Sinnspitze der radikalen Demokratietheorie, dass die Demokratie über keine solche Wurzel verfügt. Im Gegenteil, sie betont gerade die
Unmöglichkeit einer solchen „homogenitätsverbürgenden Kraft" (Böckenförde)
und möglicher Ressourcen hierfür sowohl innerhalb als auch außerhalb des politischen Prozesses. Insofern scheint auch Metz den radikaldemokratischen Ansatz
verstanden zu haben: Nicht als selbstreferenzielles Fundament im Prozess einer
pragmatisch verstandenen Demokratietheorie, sondern als Verweis auf eine Unverfügbarkeit im Herzen der Demokratie, die ihre imaginäre Repräsentation in
der Leerstelle der Macht hat. Und insofern erscheint Metz ansatzweise (Auf)Lö-
sung des Böckenförde-Paradoxons in der Tat richtungsweisend.

Allerdings könnte auch Essens Ansatz zur Lösung des Paradoxons bei allen
Unterschieden auf denselben Grundgedanken hinauszulaufen. So spricht Essen
zwar von einer „begründungslogische[n] Unschärfe"[420] in Böckenfördes Verhältnisbestimmung zwischen Staat und Religion. Allerdings ist auch für Essen zentral, dass der demokratische Staat sich durch eine „Bindung an einen vorausliegenden, unverfügbaren Inhalt"[421] konstituiert. Dieser liegt für ihn nicht in der Religion, sondern im Autonomiebewusstsein des freien Subjekts. Es ist diese „subjekthafte Freiheit der auf Vergesellschaftung hin angelegten Staatsbürger"[422], die
der freiheitlich-demokratische Staat selbst nicht einfordern oder erzwingen kann
ohne sein eigenes Gründungsprinzip abzuschaffen. Insofern könnte man also
auch hier zumindest von einer „prekären Schwachstelle" im Herzen der Demokratie sprechen. An dieser Stelle folgt Essen dann auch ganz Metz Vorschlag zur
Verortung von Religion im „metapolitischen Raum". Er nennt diese eine „sinnstiftende Ressource", die in der Form der Erinnerung und Tradition von gesellschaftlichen Institutionen, allen voran den religiösen Institutionen, gesellschaftspolitisch eingebracht werden können. Gerade in diesem „kooperativen Zueinander von Kirche und Staat" sieht Essen auch ein Modell für eine postsäkulare Gesellschaft im Habermas'schen Sinne.[423] Mit Habermas spricht er sich also für ein
Erinnern und Aktualisieren des jüdisch-christlichen Erbes aus. Die Form der Vermittlung ist die Instanz der autonomen Vernunft (des Subjekts), die auch für den
Staat als das unhintergehbare Fundament des Freiheitsprinzips Gestalt annimmt.

Für Essen besteht die vornehmliche Aufgabe der (politischen?) Theologie demnach darin, die „Gottesfrage als Aufgabe der autonomen Vernunft"[424] aufzuzeigen und vor diesem Forum plausibel zu machen. Insofern wählt Essen in der Tat
einen Sonderweg zur Lösung des Böckenförde-Paradoxons: die autonome Vernunft des Subjekts ist zugleich die rechtfertigende Instanz für die neuzeitliche
Rechtsphilosophie und damit des modernen, demokratisch verfassten Staates wie

---

[420] Ebd., 55.
[421] Ebd., 56.
[422] Ebd., 56.
[423] Vgl. ebd., 56-58.
[424] Ebd., 61.

auch einer vernünftigen verantworteten Rede von Gott.[425] Staat und Religion speisen sich also letztlich aus derselben Quelle, der autonomen Vernunft. So gründet sich der Staat „in der als Autonomie bestimmten Freiheit [des Subjekts], die sich selbst Gesetz ist und in der Unbedingtheit des eigenen Wesens den Verbindlichkeitsgrund moralischen Sollens entdeckt"[426]. Von diesem unbedingten Sollen her ist diese subjekthafte Freiheit auch auf eine Vergesellschaftung als Staatsbürger*in hin angelegt.[427] Denselben Charakter eines „unbedingten Selbstvollzug der Vernunft" weist nach Essen nun auch die Denkbarkeit Gottes auf, auch wenn diese die Existenz Gottes selbst nicht beweisen kann. Dazu Essen:

> „Aber Kant konnte zugleich aufweisen, daß der unbedingte Selbstvollzug der Vernunft eine strukturelle Antinomie aufdeckt, die die Denkbarkeit Gottes als Aufgabe der Vernunft erzwingt. Damit aber konnte Kant in der Instanz der autonomen Vernunft einsichtig machen, daß und warum die Frage des Menschen nach Gott zu den unabweisbaren Sinnfragen der menschlichen Existenz gehört."[428]

Die Frage nach Gott ist demnach „Sinngrund" sowohl für das autonome Subjekt also auch für das in ihm angelegte Allgemeinwesen. Insofern kann Essen die *nominatio dei* in der Präambel des Grundgesetzes auch als „anthropologische[n] Sinnbegriff der Zivilgesellschaft"[429] beschreiben. Dieser Gottesbezug hat zwar „geltungstheoretisch" für den Staat keine Funktion, ist aber als „philosophischer Grenzbegriff der Vernunft" mit dem „Autonomiebewusstsein prinzipiell vereinbar" und daher von sinnstiftender Bedeutung.[430] Der Gottesbezug hat demnach also keine direkte staatstragende Funktion. Inwieweit könnte man aber von einer indirekten Funktion sprechen, insofern der Gottesbezug der „Ausdruck des Sinngrundes" des freien und vernünftigen Subjektes ist, aus dessen Zusammenschluss sich in der Zivilgesellschaft letztlich der Staat konstituiert?[431]

Hierbei ist noch hinzuzufügen, dass nach Magnus Lerch die davon abgeleitete formal unbedingte Freiheit à la Thomas Pröpper durchaus als theonom gedeutet werden kann: „Die formal unbedingte Freiheit ist autonom, aber nicht autark, weil sie von Gott als ihrem absoluten, transzendentalen Grund her freigesetzt zu

---

[425]   Vgl. ebd., 61-62.

[426]   GEORG ESSEN, „Harmonische Erbschaftsverhältnisse? Theologisch-philosophische Grenzreflexionen zur Erinnerungskultur des säkularen Verfassungsstaates", in: DERS. (Hg.), *Verfassung ohne Grund? Die Rede des Papstes im Bundestag*, Freiburg 2012, 179-204, 199.

[427]   Vgl. ESSEN, *Sinnstiftende Unruhe*, 56.

[428]   Ebd., 71.

[429]   Ebd. 77.

[430]   Ebd., 80.

[431]   Siehe ebd., 100: „Sie [*nominatio dei*] macht den Sinngrund ausdrücklich namhaft, der unvertretbar zu den realen Konstitutionsbedingungen verantwortlichen Subjektseins gehört, von denen wiederum die Existenz des Staates abhängt. Könnte es sein, dass die christliche Tradition zu jenen realen Vermittlungsprozessen gehört, ohne die der Staat in der Tat ‚in der Luft' hinge?"

denken ist."[432] Wie wäre aber vor diesem Hintergrund das Zusammenrücken von Religion bzw. Gottesbezug und demokratischer Staatlichkeit in der geteilten Instanz der auf Sinnstiftung angelegten autonomen Vernunft des Subjekts zu beurteilen? Würde Essen, indem er Religion und Staatlichkeit auf dieselbe Konstitutionsbedingung stellt, nicht gerade – paradoxerweise – beide näher zusammenrücken, anstatt diese in ihrer je eigenen Dignität klar voneinander zu trennen?[433] Ließe sich darin nicht auf ein gewisses Abhängigkeitsverhältnis des demokratischen Staates von den von der Religion eingebrachten Sinnressourcen schließen? Denn ist es nicht gerade die Religion, die auf ganz besondere Weise die „Bindung an einen vorausliegenden, unverfügbaren Inhalt"[434] garantieren kann? In diesem Zuge wäre auch zu erörtern, inwieweit die radikaldemokratische Konzeption einer repräsentativen Leerstelle der Macht den unverfügbaren Charakter in der Repräsentation politischer Macht besser charakterisiert als dies ein „philosophischer Grenzbegriff der Vernunft" tut, der letztlich einer Sinnstiftung bedarf und darin seinen eigenen Verbindlichkeitsgrund erkennt.

Doch bei all diesen Anfragen ist in jedem Fall hervorzuheben, dass beide Ansätze sich nicht unversöhnlich gegenüberstehen, sondern vielmehr ergänzend ineinander übergehen. Denn Essens Ansatz ermöglicht wie auch Leforts Leerstelle Demokratie und Religion nach denselben Prinzipien hin zu untersuchen. Beide Ordnungssysteme operieren auf demselben Forum und sind an dieselben Prinzipien (der autonomen Vernunft) gebunden. Essens Interpretation des Böckenförde-Paradoxons zeigt deutlich, dass das politische Modell der Demokratie in der Tat eine große Herausforderung für eine traditionell-metaphysisch verfasste Religion/Theologie darstellt. Sie gibt zu denken, nicht nur bezüglich des Ortes innerhalb dessen sich Religion politisch einbringen kann, sondern auch bezüglich der Gesamteinschätzung, inwieweit sich durch das Aufkommen und die faktische Evidenz der säkular verfassten Demokratie die Religion/Theologie als solche grundsätzlich neu gegenüber der Welt und der Politik in Bezug setzen muss, sei dies nun auf dem Forum einer auf Sinnstiftung ausgerichteten autonomen Vernunft oder aber einer prinzipiell offen zu haltenden repräsentativen Leerstelle der Macht. Beide, Lefort und Essen, pochen darauf, dass Demokratie sich nicht einfach aus sich selbst heraus garantieren kann, ihr Zentrum ist unverfügbar und von daher prinzipiell prekär. Für Essen ganz ähnlich wie für Habermas ist der Gottesbezug lediglich nur noch ein „Grenzbegriff der Vernunft".[435] Es ist daher keines-

---

[432] MAGNUS LERCH, *Selbstmitteilung Gottes. Herausforderungen einer freiheitstheoretischen Offenbarungstheologie*, Regensburg 2015, 425.

[433] Wohlgemerkt handelt es sich hier um die Verhältnisbestimmung zwischen Staat und Religion. Aus dem bisher Erörterten ließe sich für die Verhältnisbestimmung zwischen Politik und Religion schließen, dass diese auf dem Forum autonomer Vernunft noch wesentlich näher, also im Bereich der geltungstheoretischen Funktion, zusammengefasst werden.

[434] ESSEN, *Sinnstiftende Unruhe*, 56.

[435] Siehe hierzu die Ausführung zu Habermas in 2.2.1.2.

wegs so, dass die Religion im Gegensatz zur Demokratie über ihren eigenen Ursprung verfügt. Daher kann auch die Religion nicht (mehr) den repräsentativen Mangel im Zentrum der Demokratie ausfüllen, weil auch sie die transzendente Souveränität nicht besitzt. Im Gegenteil, es sind gerade monotheistische Religionen, mit ihrem anti-dualistischen, universalen und einheitlichen Affekt, die unter dem Verdacht stehen, mit den pluralistischen und individuellen Prinzipien der Demokratie nicht vereinbar zu sein.[436] Dies trifft zumindest in Teilen dann zu, wenn – wie es bei Schmitt der Fall ist – Souveränität monotheistisch abgeleitet nur einheitlich-universal gedacht wird.[437]

An dieser Stelle sei nochmals auf eine wichtige Unterscheidung zwischen Schmitts säkularer politischer Theologie und einer theologischen politischen Theologie verwiesen, wie wir sie im folgenden Abschnitt mit der Neuen Politischen Theologie näher diskutieren werden. Aus Metzens Sicht ist der mit dem biblischen Monotheismus verbundene Universalismus dann kein Problem für eine weltanschaulich plurale Demokratie, solange er eine „eschatologische Flanke" aufweist, „die alle Machtverhältnisse unter einen ‚eschatologischen Vorbehalt' stellt und damit z.B. auch zur kritischen Relativierung politischer Macht [...] beitrug"[438]. Es kommt also aus theologischer Sicht darauf an, diesen eschatologischen Vorbehalt in der Repräsentation politischer Macht wirksam zu halten. Dies wiederum fordert die monotheistischen Religionen heraus, ihren Universalismus und Einheitsbezug nicht strikt innerweltlich-politisch zu identifizieren. Es genügt nicht, das Verhältnis zwischen Demokratie und Religion im Böckenförde'schen Sinn neu zu bestimmen, i.e. dahingehend, dass man die homogenisierende Kraft der Religion in das vorpolitische Bewusstsein auslagert. Die homogenisierende Kraft selbst ist es, die von Seiten der Theologie immer unter eschatologischem Vorbehalt zu lesen ist. Aus theologischer wie auch radikaldemokratischer Sicht stellt sich die Frage in umgekehrter Weise: Es geht nicht wie noch bei Böckenförde um die Suche nach einer „homogenitätsverbürgenden Kraft", sondern um die Suche nach einer Kraft, die sich einer solchen Homogenitätstendenz immer wieder widersetzen kann. So wie es in der Radikaldemokratie im Gegensatz zur liberalen Demokratie nicht um Konsens und Einheit geht, sondern um Management der Diversität, so geht es in einer theologischen politischen Theologie nicht um die Identifikation von Gott in weltlicher Repräsentation und Herrschaft im Katechon, sondern um das Offenhalten des Raums für das Einbrechen Gottes und des Eschatons. In beiden Fällen bleibt die Aufgabe und das zu erreichende Ziel fundamental prekär. Damit ist letztlich aber Böckenfördes

---

[436]   Vgl. Jürgen Manemann, „Monotheismus und Demokratie. Eine Standortbestimmung", in: WOLFGANG PALAVER; ROMAN SIEBENROCK; DIETMAR REGENSBURGER (Hg.), *Westliche Moderne, Christentum und Islam. Gewalt als Anfrage an monotheistische Religionen*, Innsbruck 2008, 59-78.

[437]   Vgl. hierzu kritisch TAUTZ, „(E) pluribus unum?", 340-344.

[438]   METZ, *Begriff der neuen Politischen Theologie*, 185.

Frage aktuell wie nie, wenn es bei ihm heißt: „Worauf stützt sich dieser Staat am Tag der Krise?"[439]

Auf diese Frage nach dem Worauf, muss auch die (theologische) politische Theologie eine Antwort geben können. Inwieweit dies vor aktuellem Hintergrund die verschiedenen Traditionsstränge der politischen Theologie bereits tun, und welcher Weg sich besonders zum Voranschreiten eignet, soll im nächsten Unterkapitel dargestellt werden.

2.4 Innerhalb der Theologie: Auf dem Weg zu einer postsäkularen politischen Theologie

Ziel der folgenden Darstellung kann keine auf Vollständigkeit bedachte Erörterung der Entwicklungsprozesse der theologischen Richtung der politischen Theologie der vergangenen Jahrzehnte sein. Stattdessen liegt der Fokus auf der durch die Postsäkularität veränderten Frage nach dem Verhältnis zwischen Politik und Religion und den damit verbundenen Themen Souveränität, Liberalismus, Demokratie (speziell die Theorie der radikalen Demokratie) und der der dafür bedeutsamen theologischen Verhältnisbestimmung zwischen Immanenz und Transzendenz. Damit ist zugleich auch das Ziel dieses Unterkapitels umschrieben, das darin besteht, aufzuzeigen, inwieweit die theologische politische Theologie bereits Antworten auf die oben angeführten Herausforderungen für traditionelle Konzepte der Demokratie, des Liberalismus und der Souveränität entwickelt hat bzw. inwieweit diese noch nicht zufriedenstellend adressiert wurden. Wie auch im oberen Unterkapitel zu den Entwicklungen außerhalb der Theologie, soll auch diese Diskussionsdarstellung innerhalb der Theologie auf die Erschließung des Potentials der Radikaldemokratie hinauslaufen. Inwieweit dies bereits erfolgt ist, soll dabei ebenso dargestellt werden, wie auch die Chancen der Sakramententheologie als noch unerschlossenes Feld für die theologische Diskussion der Radikaldemokratie. Damit ebnen wir schließlich am Ende des Kapitels den Weg zur Diskussion von Cavanaughs genuinem sakramentalen Ansatz für eine politische Theologie, die im anschließenden Kapitel erfolgt.

2.4.1 Neue Politische Theologie: Neubestimmung des Transzendenzbezugs als Antwort auf die Säkularisierung

Während Carl Schmitt mit seiner Definition von politischer Theologie dem Gebiet der Rechtsphilosophie bzw. der politischen Philosophie zuzurechnen ist, entwickelte sich, sozusagen als Antwort auf Schmitt, auch innerhalb der Theologie eine politische Theologie. Diese will sich aber bewusst von Schmitt abgrenzen, wie der Name der sog. „Neuen" Politischen Theologie andeutet. Die folgende

---

[439] BÖCKENFÖRDE, *Staat, Gesellschaft, Freiheit*, 61.

Sektion wird auf drei zentrale Vertreter*innen dieser Neuen Politischen Theologie eingehen: (1) Dorothee Sölle, (2) Johann Baptist Metz und (3) Jürgen Moltmann. Alle drei Autor*innen stehen mit ihrer jeweiligen Ausrichtung für den Ansatz, die Theologie grundsätzlich neu gegenüber der Politik in Bezug zu setzen. Alle drei Autor*innen gehen dabei von zwei entscheidenden Grundannahmen aus. Zum einen von der Erkenntnis, dass die traditionelle Theologie beider Konfessionen angesichts der Schrecken des 2. Weltkriegs und der Shoa neu zu formulieren ist. Die Theologie versagte in Sprachlosigkeit gegenüber den Gräueln der Nazidiktatur und offenbarte darüber hinaus ihre Unfähigkeit, aus christlicher Perspektive zu politischen Themen der Gegenwart Stellung zu beziehen. Zum anderen anerkennen alle drei die Säkularisierung der Gesellschaft in der zweiten Hälfte des 20. Jahrhunderts und machten diese und ihre unmittelbaren Folgen zur Grundlage für ihre jeweilige Theologie. Damit erarbeiteten diese Vertreter*innen die Grundlagen für eine theologische politische Theologie, hinter die man auch in postsäkularen Zeiten nicht mehr zurück kann.

Das Anliegen der folgenden Sektion ist nicht, das Gesamtwerk dieser drei Autor*innen darzustellen, sondern vielmehr einzelne Aspekte aus den jeweiligen Theologien herauszugreifen, welche für die gegenwärtige Untersuchung von Interesse sind. Im Fokus steht dabei die Frage, wie im jeweiligen Ansatz das Beziehungsverhältnis zwischen Theologie und Politik gezogen und theologisch fundiert wird. Dabei kommt es in unserer Betrachtung besonders auf die Art und Weise an, wie der Transzendenzbezug akzentuiert wird.

2.4.1.1 Dorothee Sölle: Politische Hermeneutik und Stellvertretung als Nichtidentität

Dorothee Sölle geht in ihrer Theologie von der Grundthese aus, dass der Vorgang der Säkularisierung nicht nur unumkehrbar, sondern auch als etwas anzusehen ist, dass sowohl historisch als auch prinzipiell im Evangelium angelegt ist.[440] Denn die Botschaft Jesu ist nach Sölle an den gesamten Erdkreis gerichtet und immer dort anwesend, „wo Leben der Freigewordenen anbricht". In diesem Sinne spricht sie auch von einer „latenten Kirche" und einer „heimliche[n] Gegenwart Christi [als] dem Kennzeichen der säkularen Welt"[441]. Diese „Verweltlichung" des Christentums hat bei Sölle gerade aber nicht zur Folge, politische Theologie im Schmitt'schen Sinne als eine Art theologische Legitimation politischer Verhältnisse aufzufassen. Ganz im Gegenteil: Sie wendet sich entschieden gegen

---

[440]   Dieser Ansatz einer prinzipiellen und nicht nur historischen Grundlegung der Säkularisierung hält bereits in den 1960er Jahren Einzug in der protestantischen Theologie, wie das Werk von Friedrich Gogarten oder des weniger bekannten Arend Theodor van Leeuwen belegen. Siehe FRIEDRICH GOGARTEN, *Der Mensch zwischen Gott und Welt*, Stuttgart 1960; DERS., *Verhängnis und Hoffnung der Neuzeit*, München u.a. 1966; AREND THEODOR VAN LEEUWEN, *Christentum in der Weltgeschichte. Das Heil und die Säkularisierung*, Stuttgart u.a. 1966.

[441]   DOROTHEE SÖLLE, *Die Wahrheit ist konkret*, Olten u.a. 1967, 123, 125.

Carl Schmitt und will politische Theologie als „wesentlich kritische Theologie" konzipieren. Zum einen kritisiert sie den bei Schmitt angelegten Dualismus – bei ihr beschrieben als Dualismus zwischen Glaube und Politik –, der für sie im Widerspruch zur Verkündigung Jesu steht. Christ*in sein bedeutet für Sölle in der Welt zu sein. Zum anderen will sie gerade daran festhalten, theologische Transfigurationen allzu weltlicher Mächte als Götzendienst kritisieren zu können.[442] „Sag mir, wie du politisch denkst und handelst, und ich sage dir, an welchen Gott du glaubst"[443], heißt es beispielsweise bei ihr. Bereits hier wird Sölles doppelter Ausgangspunkt deutlich: Einerseits Bultmanns existentiale Theologie und Entmythologisierung und andererseits der Diesseitsbezug Marxens und die daran anschließende ideologiekritische Interpretationstradition in der Lesart von Theodor W. Adorno.

Zunächst zu Bultmann. Diesbezüglich urteilen Reinhold Boschki und Claudia Rehberger treffend: „[D]ie Entmythologisierung [des Neuen Testamentes] wurde für Sölle die Voraussetzung für die Politisierung der Theologie"[444]. Entmythologisierung ist Bultmanns Versuch, die existentiale Bedeutung des Evangeliums für das alltägliche Leben der Menschen in der Gegenwart deutlich zu machen, indem er aufzeigt, dass das Neue Testament aus einem mythologischen Weltbild heraus geschrieben wurde, das inzwischen von einem wissenschaftlichen Weltbild abgelöst wurde. Daher müsse das Evangelium im Lichte der heutigen wissenschaftlichen Weltsicht ausgelegt werden.[445] Damit kommen wir zugleich zu Sölles zweiten Ausgangspunkt, der marxistischen Geschichtsdeutung, die für Sölle Teil des (geistes-)wissenschaftlichen Bestandes ihrer Gegenwart ausmacht. Sie erweitert Bultmanns individuell-existentielle Interpretation des Evangeliums um eine gemeinschaftlich-politische. „‚In-der-Welt-sein' [...] [wird zu] ‚In der Gesellschaft-sein'"[446], wie es Hans Hübner treffend formuliert. Folglich propagiert Sölle mit Rückbezug auf die prophetische Tradition des Alten Testaments: „Die biblisch-kritische Tradition ist aufzunehmen und als Religions- , Herrschafts-

---

[442]   Vgl. DOROTHEE SÖLLE, *Politische Theologie. Auseinandersetzung mit Rudolf Bultmann*, erweiterte Neuausgabe Aufl., Stuttgart 1982, 63-64.

[443]   DOROTHEE SÖLLE, *Das Fenster der Verwundbarkeit. Theologisch-politische Texte*, Stuttgart 1987, 118.

[444]   REINHOLD BOSCHKI; CLAUDIA REHBERGER, „Dorothee Sölle. Religiöse Poesie und befreiende Theologie", *Theologien der Gegenwart. Eine Einführung*, Darmstadt 2006, 221-236, 223.

[445]   Siehe RUDOLF BULTMANN, *Neues Testament und Mythologie. Das Problem der Entmythologisierung der neutestamentlichen Verkündigung* (1941), München 1988. Siehe z.B. SÖLLE, *Politische Theologie*, 45: „Die ‚Autorität' des Textes ist sein geschichtlicher Anspruch in einer Situation. Das als Absolutheitsanspruch verstandene Kerygma – im Gegensatz zu seinen dogmatischen Verdinglichungen – fordert eine weltliche und impliziert theoretisch eine politische Interpretation des Evangeliums."

[446]   HANS HÜBNER, *Politische Theologie und existentiale Interpretation. Zur Auseinandersetzung Dorothee Sölles mit Rudolf Bultmann*, Witten 1973, 109.

und Gesellschaftskritik in unseren gesellschaftlichen Verhältnissen neu zu realisieren"[447]. Politische Theologie wird damit für Sölle vornehmlich politische Hermeneutik der theologischen Botschaft:

> „Politisch' hat in der Zusammensetzung mit Theologie nicht die Bedeutung, als
> solle die Theologie nun ihr Materialobjekt mit dem der Politologie vertauschen;
> […]. Politische Theologie ist vielmehr theologische Hermeneutik, die in Abgren-
> zung von einer ontologischen oder einer existential interpretierenden Theologie
> einen Interpretationshorizont offenhält, in dem Politik als der umfassende und ent-
> scheidende Raum, in dem die christliche Wahrheit zur Praxis werden soll, verstan-
> den wird."[448]

Damit wird für Sölle schließlich der von der Säkularisierung geprägte politische
und öffentliche Raum zum eigentlichen *locus theologicus*. Dies vorurteilsfrei zu
erkennen und theologisch positiv anzuerkennen ist das große Verdienst von Sölle
und anderen Vertreter*innen der Neuen Politischen Theologie. Diese neue Welt-
und Geschichtssicht war eine Herausforderung für die traditionelle Theologie,
denn es bedurfte eines grundsätzlichen Umdenkens in einigen zentralen theologischen Bereichen. Zu den drängendsten Problemen gehörte die Frage, inwieweit
Geschichte als ein eigenständiger, weltlicher Prozess zu verstehen, und inwieweit
die damit verbundene diesseitige/immanente Ausrichtung der Theologie mit dem
jenseitigen/transzendenten Bezugspunkt Gottes in Einklang zu bringen ist.[449] Es
galt und gilt aufzuzeigen, dass diese diesseitige, politische Ausrichtung kein „ver-
kappter Marxismus" ist, sondern in der christlichen Botschaft selbst grundgelegt
ist. Transzendenz Gottes und Immanenz der Welt (des Menschen) müssen in ein
neues Gleichgewicht gebracht werden, das der säkularen Situation gerecht wird,
um diese nicht schlicht als Abfall vom Glauben abzutun.

Hierfür entwickelt Sölle das Konzept der Stellvertretung als eine Grundkategorie ihrer Theologie.[450] Demzufolge gilt, dass Christus für den transzendenten Gott
die Rolle in der Welt übernommen hat, dass sich zugleich aber auch diese Rolle
durch die Übernahme verändert hat, „zu einer Rolle des ohnmächtiges Gottes."[451]

---

[447]   SÖLLE, *Politische Theologie*, 74.
[448]   Ebd., 64-65.
[449]   Beispielsweise sei hier auf den Begriff der Praxis, bzw. Geschichte verwiesen, den
       Sölle auch bewusst marxistisch deutet. Siehe SÖLLE, *Politische Theologie*,, 83:
       „Christlich möglich ist heute nur ein Verständnis von Theorie und Praxis als Einheit,
       das Wahrheit nicht als etwas, das man findet oder von dem man gefunden wird,
       sondern als etwas, das man wahr macht, versteht". An anderer Stelle verweist sie
       auf die Menschwerdung Gottes nicht als einmaliges Ereignis, sondern als „fort-
       schreitender Prozeß göttlicher Selbstverwirklichung", SÖLLE, *Das Fenster der Ver-
       wundbarkeit*, 50.
[450]   DOROTHEE SÖLLE, *Stellvertretung. Ein Kapitel Theologie nach dem ‚Tode Gottes'*,
       hg. v. URSULA BALTZ-OTTO; FULBERT STEFFENSKY (Gesammelte Werke, Bd. 3),
       Stuttgart 2006, 9-140.
[451]   Ebd., 131.

Zwei Punkte sind hier besonders bedeutsam: Zum einen die Betonung der Differenz zwischen Jesus auf Erden und Gott Vater im Himmel. Diese Distanz ist so hoch, dass über den Ostergraben hinweg nur noch von einer Stellvertretung gesprochen werden kann. Dazu heißt es bei Sölle: „Stellvertretung bewahrt in sich das Bewusstsein der Nichtidentität, der Distanz. Sie ist die übernommene Differenz – von Identität und Nichtidentität, von Heimat und Selbstentfremdung, von ‚Gott‘ und Welt.“[452] Zum anderen aber hat diese Selbstentfremdung zur Folge, dass Gott *für* und *in* der Welt eine bestimmte Rolle übernimmt, dich nicht mehr im Schmitt'schen Sinne eine Legitimierung der Welt von einem transzendenten Außen her gewähren kann. Dennoch ist die Rolle, die Jesus als der Gekreuzigte übernimmt, nicht ohne politische Autorität. Diese speist sich aber für Sölle nicht mehr aus einer transzendenten Jenseitigkeit, sondern aus seiner Passion, seinem Mitleiden mit dem Leid der Welt. An Jesus als den Gekreuzigten zu Glauben wird zur Kritik an allen Umständen, die in der Welt Leid erzeugen. Aus der Konzentration auf die Stellvertretung Gottes in der Immanenz der Welt, sozusagen seiner Säkularisierung, wird bis zu einem gewissen Grad (post)marxistische Ideologiekritik, auch wenn klar festzuhalten ist, dass für Sölle das Kriterium für die Kritik gerade nicht die marxistische Geschichtsdeutung, sondern der Glaube an Christus ist. Aus diesem Unterschied im Kriterium ergibt sich auch ein gewichtiger Unterschied in der Geschichtsdeutung. Denn im Gegensatz zur marxistischen Doktrin der geschichtlichen notwendigen Zielgerichtetheit, betont Sölle die Zentralität des Aspekts der Eschatologie und mit ihr genau die Spannung zwischen Aufschub und Erlösung.[453]

Mit ihrer Theologie der Stellvertretung bietet Sölle die Möglichkeit, theologisch verantwortet zu und vor allem mit einer säkular gewordenen Welt zu sprechen. Dies bleibt ihr großes Verdienst. Allerdings haben wir den aktuellen Kontext gerade nicht (mehr) als einen säkularen, sondern als postsäkularen beschrieben. Wie oben angeführt, bedeutet dies zwar nicht schlicht die Umkehrung der Säkularisierung, aber zumindest doch ein Aufbrechen dieses Kontextes. Und genau vor diesem Kontext, den wir oben auch durch einen veränderten Bezug zur Transzendenz bzw. ihrer Substitute beschrieben haben, muss nochmals kritisch auf Sölles Konzept der Stellvertretung geblickt werden. Dabei kann man sich grundsätzlich von einem Gedanken leiten lassen, den Helmut Gollwitzer diesbezüglich bereits 1968 formuliert hat, wenn er schreibt:

„Die Stellvertretung Jesu Christi ist gerade nicht Ersatz für den nicht-erscheinenden, abwesenden Gott, sondern – das meinte die von D. Sölle so mißachtete ‚Zwei-Naturen-Lehre‘ des altkirchlichen Dogmas, und das meint die Rede vom heiligen Geist, der durch Mittel des äußeren Wortes wirkt: – Gott vermittelt sich selbst

---

[452] Ebd., 85.
[453] Vgl. ebd., 85.

durch sich selbst, indem er durch die Erscheinung Jesu Christi und durch das Mittel der Botschaft von ihr zu uns spricht."[454]

Ungeachtet des konkreten historischen Kontextes und der daran angelegten Diskussion, verweist dieser Einwand von Gollwitzer darauf, dass ein christlicher Weltbezug nicht zwangsläufig von einem Transzendenzbezug zu trennen ist. Vielmehr ist es gerade das Proprium des Christentums, und ganz besonders des Katholizismus, beide Sphären als aufs Engste ineinander verwoben zu betrachten. So wäre also an Sölle gewandt zu fragen, ob ihre berechtigte Ideologiekritik aus dem Glauben heraus nicht gerade auch mit einem gewissen Transzendenzbezug zu formulieren wäre, der über eine Stellvertretung in der zu sich selbst gekommenen Immanenz hinausgeht. Und andererseits aber wäre mit Sölle darauf zu achten, dass ein solcher Transzendenzbezug gerade nicht in die Legitimations- und Konstitutionsfalle von Schmitt tappt. Ein möglicher Schlüssel zur Beurteilung der Frage, inwieweit Transzendenzbezug und Machtkonstitution zusammenhängen, liegt in der Betrachtung der jeweiligen übergeordneten geistesgeschichtlichen Vernunftparadigmen, die den jeweiligen Positionen zugrunde liegen.[455] Schmitt will bekanntlich die Differenzerfahrung der Moderne regressiv in eine vormoderne Einheit/Identität zurückführen, wofür die Transzendenz als Zugriff von außen dient. Demgegenüber ist Sölles Interpretation der Stellvertretung als „Nichtidentität" geradezu idealtypisch für das moderne Paradigma der Differenz, das für Sölle, wie bereits oben zitiert, eine „Differenz von Identität und Nichtidentität" ist. Hieran schließt die Frage an, inwieweit aber unter einem geänderten Vernunftparadigma der (Post)Postmoderne, das Verhältnis zwischen Transzendenzbezug und Machtkonstitution neu zu bestimmen wäre. Die Diskussion um Stellvertretung und Transzendenzbezug soll an einer anderen Stelle der Arbeit wieder aufgenommen werden.[456] Im folgenden Schritt wollen wir mit Blick auf Metz eine weitere zentrale Variante der Neuen Politischen Theologie betrachten, die andere Akzente in der Verbindung zwischen Transzendenz und Immanenz setzt.

2.4.1.2   Johann Baptist Metz: Verweltlichung der Welt und innere Dialektik zwischen Transzendenz und Immanenz

Metz' *Theologie der Welt* von 1964 steht nicht nur systematisch, sondern auch zeitlich am Beginn der Neuen Politischen Theologie. Ähnlich wie Sölle gelangte auch Metz von der existentiellen/existentialen Theologie aus zur politischen Dimension des Glaubens. Die anthropologische Wende seines Lehrers Karl Rahner

---

[454]   HELMUT GOLLWITZER, *Von der Stellvertretung Gottes. Christlicher Glaube in der Erfahrung der Verborgenheit Gottes. Zum Gespräch mit Dorothee Sölle*, München 1968, 139-140.

[455]   Siehe hierzu die ideengeschichtliche Einteilung im Begriffsklärungsteil in 1.2.3.

[456]   Siehe 4.3.1.2.

orientierte sich für Metz zu sehr am einzelnen Individuum, um der gesellschaftlichen und politischen Tragweite des Christentums – gerade vor einem zunehmend säkularisierten Hintergrund – gerecht zu werden. Für Metz ist klar, dass
eine Theologie, die geschichtlich denkt, davon ausgehen muss, dass der „Geist'
des Christentums bleibend eingestiftet ist in das ‚Fleisch' der Weltgeschichte"[457].
Insofern wehrt er sich vehement gegen christliche Verfallsmythen der Neuzeit.
Der Säkularisierungsprozess ist für Metz nicht Zeichen für den Abfall von der
Heilsgeschichte, denn insofern dieser tatsächlich etwas geschichtlich Neues darstellt, müsse er nach Metz auch als etwas angesehen werden, dass im Wesen des
Christentums grundgelegt ist.[458] Etwas ausführlicher formuliert er diese These
wie folgt:

> „Die Weltlichkeit der Welt, wie sie im neuzeitlichen Verweltlichungsprozess ent-
> stand und in global verschärfter Form uns heute anblickt [...], ist in ihrem Grunde,
> freilich nicht in ihren einzelnen geschichtlichen Ausprägungen, nicht gegen, son-
> dern durch das Christentum entstanden; sie ist ursprünglich ein christliches Ereig-
> nis und bezeugt damit die innergeschichtlich waltende Macht der ‚Stunde Christi'
> in unserer Weltsituation."[459]

Der tiefere theologische Grund für Metz Ansatz einer „verweltlichten" Theologie
liegt im Christusereignis. In Christus wird die Transzendenz zum geschichtlichen
Ereignis. Transzendenz ist durch die Inkarnation nicht nur „Übergeschichtlich-
Jenseitiges", sondern „geschichtlich An-und Ausständige[s], die Zu-kunft des
Menschen"[460], wie Metz es formuliert. Damit zeigt sich zugleich der eschatologische Charakter der Welt. Sie muss erst werden, was sie in Christus bereits ist.[461]
Für Metz sind also die Immanenz der Welt und die Transzendenz Gottes durch
die Inkarnation in solcher Weise ineinander verwoben, dass sie sich zwar einerseits in ihrem Zusammenspiel gegenseitig bedingen, aber andererseits in ihrer
grundsätzlichen Verschiedenheit nie ineinander auflösen lassen.
    Für unsere Diskussion der politischen Theologie ist besonders wichtig zu beto-
nen, dass sich Metz dabei auch entschieden von einer Immanentisierung der
Transzendenz distanziert. Dieser Punkt ist bereits oben bei Manemanns Diskussion der Unterschiede zwischen der „alten" politischen Theologie Schmitts und
Metz „Neuer" Politischer Theologie hervorgetreten. Dort wurde auch bereits darauf verwiesen, dass Transzendenz für Metz in der Form eines eschatologischen
und messianischen Vorbehalts bestehen bleibt.[462] Andererseits überbetont Metz
auch nicht die Transzendenz, indem der z.B. die Welt in Gott aufhebt. Er führt
an: „[D]ie Welt wird nicht etwa in ihrer Göttlichkeit, sondern gerade in ihrer

---

[457] METZ, *Theologie der Welt*, 25.
[458] Vgl. ebd., 26.
[459] Ebd., 28.
[460] Ebd., 30.
[461] Vgl. ebd., 32.
[462] Vgl. MANEMANN, *Carl Schmitt*, 350.

Nicht-Göttlichkeit oder eben [...] in ihrer Weltlichkeit sichtbar, in der allein Gott sie sich (als das radikal andere von ihm) zuspricht und sie in seinem ‚Geiste‘ durchherrscht."[463] Dieses Beziehungsverhältnis nennt Metz auch eine innere Dialektik der Annahme der Welt.[464]

Vor diesem Hintergrund kann nun Metz den Säkularisierungsprozess im Allgemeinen, und die Trennung von Kirche und Staat im Speziellen, positiv christlich deuten. Für ihn steht am Ende der institutionellen Ausdifferenzierung zwischen Kirche und Staat eine „echte Partnerschaft" zwischen beiden, denn erst der entsakralisierte Staat könne zum „Anwalt der weltlichen Welt" – gegenüber der Kirche als Anwalt des göttlichen Heilsversprechens – werden.[465] Dies bedeutet aber auch, dass die Kirche eine Freiheit vor dem Zugriff des Staates haben muss. Freiheit für Metz ist nicht allein die Freiheit der Individuen, sondern auch die Freiheit der Institutionen.[466] Der Grund hierfür ist letztlich, dass auch für den Staat, wie prinzipiell für jede politische Einheit, ein „eschatologischer Vorbehalt" gelte. Die Säkularisierung ist dabei aber genauso wenig eine Vollendung, wie sie eine Verfallsgeschichte des Christentums ist. Daher spricht Metz von einer Dialektik der Aufklärung; er will „mit der Moderne gegen sie denken", um ihre größte Errungenschaft vor sich selbst zu retten: die Freiheit.[467] Die individuelle Freiheit muss selbst vor den „implodierenden Individualisierungsprozessen" eines „Leviathan[s], eines starken Staats eines Carl Schmitt" bewahrt werden.[468] Hierfür braucht es, ganz im Sinne Böckenfördes, nach Metz „metapolitische Ressourcen", ein kulturelles Gedächtnis und zwar in der Form eines Gedächtnisses der Leidenden wie auch der Freiheit. Und dieses Gedächtnis braucht einen Ort der Erinnerung. An eben diesem Punkt kommt die Kirche wieder zurück ins politische Spiel. Die Kirche hat dabei aber gerade keine metapolitische Autorität über den Staat. Im Grunde unterstehen beide, Staat und Kirche, der gleichen Autorität und zwar der Autorität der Leidenden. Auf Seiten der Kirche ist es die Autorität der Leidenden, die im „Gottgedächtnis dargestellt und verkörpert werden will". Dies ist die Form, wie die Kirche die Autorität Gottes repräsentiert. Nicht in der Form von politischer Macht, sondern in der Erinnerung an politische Ohnmacht.[469] Wie sieht es nun aber mit der Autorität des Staates diesbezüglich aus?

---

463   METZ, *Theologie der Welt*, 36.

464   Vgl. ebd., 36. Wie der Begriff der Dialektik andeutet, kann das Gott-Welt-Verhältnis bei Metz damit als prinzipiell neuzeitlich interpretiert werden. Insofern ist es nicht verwunderlich, dass sich in Metz' Neuer Politischer Theologie eine starke Kritik moderner Denkfiguren finden lässt, die im Vergleich zu klassisch neuzeitlichen keine (dialektische) Balance zwischen Transzendenz und Immanenz ermöglichen. Das Metz gerade in der postmodernen Figur des leeren Ortes bzw. Stuhles der Macht eine mögliche Lösung sieht, ist hier besonders interessant.

465   Vgl. ebd., 42.

466   Vgl. METZ, *Begriff der neuen Politischen Theologie*, 191.

467   Ebd., 184.

468   Ebd., 191.

469   Ebd., 195.

Auch für den Staat konstatiert Metz einen „Repräsentationsbedarf", der in ganz ähnlicher Weise seiner eigenen Autorität entzogen ist, wie die Autorität Gottes der Kirche. An dieser Stelle kommen wir erneut Leforts Konzept der leeren Mitte nahe, wenn Metz in der bereits oben zitierten Textpassage fragt:

> „Gibt es nicht auch für die moderne rechtsstaatliche Demokratie eine ‚Autorität', die der demokratischen Konsensbildung, die dem Prozeß des politischen Diskurses entzogen bzw. ihm vorausgesetzt ist und die auch das Rechtsverständnis des demokratischen Staates berührt, wenn diese nicht rein rechtspositivistisch gefaßt wird?"[470]

Diese Autorität (der Leidenden) ist Metz zufolge dem Staat entzogen und in gewisser Weise vorgeschaltet. Daher kann er sie nicht selbst repräsentieren. Gleichzeitig kann er aber auch nicht ganz darauf verzichten, diese in der ein oder anderen Form ins Gedächtnis zu rufen. Was schlägt Metz in dieser Situation vor? Er verweist auf die Leerstelle und zwar in der Metapher des leeren Stuhls, eine Metapher, die er von Heller entlehnt.[471] Zunächst zu Metz Rückgriff auf die Leerstelle bzw. den leeren Stuhl:

> „Das damit angezeigte Problem besteht also nicht (mehr) darin, wie man verhindern kann, daß dieser ‚leere Stuhl' religiös besetzt wird (Gottesgnadentum, ‚Christkönig', Kirche, ...); es konzentriert sich vielmehr auf die Frage, ob sich moderne demokratische Politik unter der Bildkonstellation des ‚leeren Stuhls' vollzieht oder ob im Namen von Aufklärung und Moderne diese Konstellation selbst aufgegeben werden muß."[472]

Metz selbst belässt es bei dieser suggestiven Frage. Dennoch wird seine Warnung vor der Besetzung oder gar Beseitigung der Leerstelle – gerade auch im Namen der Moderne und Aufklärung – deutlich. Nach Metz braucht auch die Demokratie so etwas wie einen eschatologischen bzw. messianischen Vorbehalt. Wie bereits oben im Vergleich zu Schmitt diskutiert, liegt Metz Neuer Politischer Theologie ein anti-fundamentaler Zug inne. Ihr Transzendenzbezug soll Ordnung nicht garantieren, sondern unterbrechen. Der Garant für diese Unterbrechung ist der transzendente Gott.

Eine ganz ähnliche Ansicht vertritt auch Heller, auf die sich Metz an diesem Punkt beruft. In ihrem Artikel *Politik nach dem Tod Gottes* arbeitet sie das radikaldemokratische Potential der Religion heraus. Dabei geht sie nicht den Weg über den Transzendenzbezug, sondern über den Messianismus, zumindest in der

---

[470] Ebd., 193.

[471] Siehe ÀGNES HELLER, „Politik nach dem Tod Gottes", in: SEYLA BENHABIB; JÖRG HUBER; ALOIS MARTIN MÜLLER (Hg.), *Instanzen, Perspektiven, Imaginationen* (*Interventionen* Bd. 4), Basel 1995, 75-94, 94.

[472] Ebd., 196.

„verdünnten" Form von Derridas *Spectre de Marx*[473]. Doch auch dieser Messianismus hat deutliche Anzeichen eines Substituts der Transzendenz. Für Heller
braucht es eben jenes „Gespenst des Messianischen", um vor der „Wiedergeburt
des pervertierten Heiligen"[474] – Hellers Konzeption des Totalitären – zu bewahren. Die rettende Kraft dieser religiösen Erwartung ist das Moment der Öffnung,
das „unseren Geist und unsere Welt für die Zukunft offen [hält], eine Zukunft,
welche die Gegenwart transzendiert [...]"[475]. Das Gespenst steht für „die heiligen
Räume oder erlösenden, rettenden Kräfte, über die wir nichts wissen, die unver-
körperten Kräfte des Transzensus."[476] Für Heller wie auch Metz ist zwar einerseits klar, dass der Geist der Religion seit der Neuzeit nicht mehr „die Rolle der
legitimierenden Weltanschauung übernehmen"[477] kann. Andererseits aber
braucht es ihr zufolge auch so etwas wie eine geteilte Bezugsgröße, und sei dies
auch nur in der Form eines Gespenstes. Damit wird Politik prekär, ja selbst die
„[d]ie Zukunft der Modernität ist unbekannt"[478]. Mit Anklang an Hegel hält sie
dieses Paradox in der Konstitution des Politischen in der Moderne wie folgt fest:
„Der Geist der Gemeinde ist, daß es einen solchen Geist nicht geben kann."[479]
Die Metapher, die Heller für dieses Paradox benutzt, ist der bereits erwähnte leere
Stuhl im Zentrum des Raumes:

> „Der leere Stuhl wartet auf den Messias. Wenn jemand diesen Stuhl besetzt, kann
> man sicher sein: es handelt sich dabei um den pervertierten oder verlogenen Mes-
> siah. Wenn jemand den Stuhl wegnimmt, dann ist die Vorführung zu Ende und der
> Geist wird die Gemeinde verlassen. Die Politik kann diesen unbesetzten Stuhl
> nicht gebrauchen; aber solange man den Stuhl beläßt wo er ist, genau im Zentrum
> des Raumes, wo er in seiner warnenden, vielleicht sogar pathetischen Leere fixiert
> bleibt, müssen die politischen Handlungsträger sein Dasein immer noch in Rech-
> nung stellen. Zumindest steht es ihnen frei, sein Dasein in Rechnung zu stellen.
> Alles übrige ist Pragmatismus."[480]

Heller und mit ihr auch Metz betonen beide auf ihre jeweilige Art die entscheidende entideologisierende Rolle, die der Bezug auf einen transzendenten Gott
oder aber dessen geisterhafte Spur auch für die Demokratie spielt. Gerade im
Vergleich zu Sölle wird bei Metz aber deutlich, dass das geteilte Ziel der Entideologisierung gerade auch mit und nicht gegen einen Transzendenzbezug erreicht
werden kann. Hierfür ist es freilich nötig, die Transzendenz weltlich aufzubrechen und ihre Bedeutung für die verweltlichte Welt herauszustellen. Dabei zeigt

---

[473]   JACQUES DERRIDA, *Marx' Gespenster. Der Staat der Schuld, die Trauerarbeit und
        die neue Internationale*, Frankfurt a. M. 2005.
[474]   HELLER, „Politik nach dem Tod Gottes", 94.
[475]   Ebd., 91-92.
[476]   Ebd., 93.
[477]   Ebd., 93.
[478]   Ebd., 94.
[479]   Ebd., 90.
[480]   Ebd., 94.

Metz, dass ein Transzendenzbezug nicht in die Legitimations- und Konstitutions-falle von Schmitt tappen muss. Theologisch gesprochen könnte man sagen, dass der Tod Jesu am Kreuz nicht das letzte Wort hat; er ist aufgehoben in der Aufer-stehung. Transzendenz lässt sich nicht einfach gegen die Immanenz der Welt ab-schließen, vielmehr muss sie als dessen Be*gründung* gedacht werden. Oder mit Lefort gesprochen: der Prozess des Politischen wird erst von seinem Außen her lesbar. Metz zeigt dies christologisch auf: mit einem Gott, der sich im Kreuz voll-kommen mit dem Leid der Welt solidarisiert, gerade auch dadurch, dass er dieses nicht nur durchleidet, sondern letztlich auch transzendiert.

Im folgenden Abschnitt diskutieren wir mit Moltmann einen dritten Vertreter der Neuen Politischen Theologie. Auch Moltmann setzt auf eine dezidiert theo-logische Quelle für seine politische Theologie, die Auswirkung auf die Interpre-tation des Verhältnisses zwischen Immanenz und Transzendenz hat: die Trinität.

2.4.1.3 Jürgen Moltmann: Souveränität und Freiheit im Zeichen der trinitari-schen Gemeinschaft

Was Jürgen Moltmann betrifft, so sind auch von ihm ähnliche Analysen zum Ver-hältnis von Christentum und Säkularität bekannt, wie beispielsweise „Säkulari-sierung heißt nicht ‚Verweltlichung‘, sondern Verwirklichung des Religiösen".[481] Diese Beurteilung erklärt auch, warum sich Moltmann so vorurteilsfrei vom Werk des marxistischen Philosophen Ernst Bloch hat inspirieren lassen. Die Spu-ren von Blochs *Prinzip der Hoffnung*[482] sind unverkennbar in Moltmanns erstem Hauptwerk, der *Theologie der Hoffnung*[483] von 1964, welches auch für Metz und Sölle prägend werden sollte. Während Bloch aber Hoffnung als ein im Christen-tum angelegtes Grundprinzip versteht, das in Kombination mit dem Tod Gottes – verstanden als impliziter Atheismus – unter marxistischem Vorzeichen in das Projekt der Etablierung des Himmelreichs auf Erden mündet, geht Moltmanns Theologie der Hoffnung einen entschieden anderen Weg. Hoffnung im christli-chen Sinne ist die Hoffnung auf den gekreuzigten, auferstandenen und wieder-kehrenden Christus.[484] Diese Hoffnung bietet nicht nur Trost im Leid, sondern ist als göttliche Zusage der größtmögliche Protest gegen Leid. Daher rückt für Molt-mann die Eschatologie ins Zentrum seines Denkens. Der Blick auf das Eschaton

---

[481] JÜRGEN MOLTMANN, *Gott im Projekt der modernen Welt. Beiträge zur öffentlichen Relevanz der Theologie*, Gütersloh 1997, 19.

[482] ERNST BLOCH, *Das Prinzip Hoffnung* (Werkausgabe, Bd. 5), Frankfurt a. M. 1985.

[483] JÜRGEN MOLTMANN, *Theologie der Hoffnung. Untersuchungen zur Begründung und zu den Konsequenzen einer christlichen Eschatologie*, München 1964. Für eine Übersicht zu Moltmanns Gesamtwerk siehe z. B. GEIKO MÜLLER-FAHRENHOLZ, „Jürgen Moltmann. In der Befreiungsgeschichte Gottes", *Theologien der Gegen-wart. Eine Einführung*, Darmstadt 2006, 159-178.

[484] Nicht zufällig ist Moltmanns zweites Hauptwerk eine Abhandlung zur Kreuzestheo-logie. Vgl. JÜRGEN MOLTMANN, *Der gekreuzigte Gott. Das Kreuz Christi als Grund und Kritik christlicher Theologie*, München 1972.

ist aber nicht nur Wegweiser in eine ferne Zukunft, sondern zugleich auch der Blick auf die Gegenwart als den Ort, an dem das Versprechen der Zukunft bereits gegenwärtig wird. Anfang und Ende, Zukunft und Vergangenheit, verschmelzen in der Gegenwart des „kommenden Gottes". Das Heilversprechen Gottes spannt einen Horizont zwischen Schöpfungsakt und apokalyptischer Wiederkehr und lässt so die Welt in ihrer Geschichtlichkeit zu sich selbst kommen. Geschichte und Geschichtlichkeit gewinnen damit entscheidend an Bedeutung, aber nicht im Sinne Blochs als einer selbstgewirkten Vollendung der Geschichte à la Marx. Und auch nicht im Sinne von Moltmanns Zeitgenossen, Wolfhart Pannenberg, der Geschichte als bloßen Ort der Offenbarung versteht.[485] Geschichte ist der Ort, an dem wir danach streben, das zu vergegenwärtigen, was wir erhoffen und was uns in Christus versprochen ist. Diese Botschaft hat erhebliche politische Brisanz, weswegen Moltmann seine gesamte Theologie auch als eine politische Theologie oder Befreiungstheologie konzipiert.

Ähnlich wie Sölle ist auch Moltmann bestrebt, sich von Schmitts Konzept der politischen Theologie zu unterscheiden. Er schreibt: „Nicht im apokalyptischen Harmaggedon, wie der Freund-Feind-Ideologe Carl Schmitt proklamierte, sondern auf dem historischen Golgatha hat Christus gesiegt."[486] Auch von Schmitts Souveränitätsbegriff möchte Moltmann sich trennen und proklamiert als Gegenentwurf sein Konzept der Freiheit und des Widerstands:

> „Die berühmte These der Politischen Theologie von Carl Schmitt heißt: ‚Souverän ist, wer über den Ausnahmezustand entscheidet' (1922). Meine These lautet: Frei ist, wer das Widerstandsrecht in Anspruch nimmt. Widerstand ist die legitime Beendigung des rechtlosen, tyrannischen ‚Ausnahmezustands' von unten."[487]

Als Gegenentwurf zu einer politischen Theologie, deren Souveränitätskonzept entweder naturrechtlich oder theokratisch, d.h. von einem Transzendenzbezug hergeleitet wird, beruft sich Moltmann auf die sog. Föderaltheologie bzw. die Theologie des doppelten Bundes im Alten Testament. Demzufolge schließt Gott im Dekalog zunächst einen Bund mit dem Volk Israel und erst in einem zweiten Schritt schließt das Volk vor Gott mit dem König einen weiteren Bund. Bricht der König den Bund mit Gott oder dem Volk, so ist ihm Widerstand zu leisten und die Souveränität kehrt zum Volk zurück.[488] Der Ansatz, Souveränität als etwas zu betrachten, das nicht das Volk transzendiert, sondern vielmehr ihm innewohnt, erinnert freilich an das Souveränitätskonzept der radikalen Demokratie à

---

485 Vgl. WOLFHART PANNENBERG (Hg.), *Offenbarung als Geschichte*, Göttingen 1982; Siehe hierzu CHARLES MOUKALA, *Geschichte als Vermittlung von Gott und Mensch. Eine kritische Auseinandersetzung mit Wolfhart Pannenberg*, Hamburg 2015; GUNTHER WENZ (Hg.), *Offenbarung als Geschichte. Implikationen und Konsequenzen eines theologischen Programms*, Göttingen 2018.

486 MOLTMANN, *Gott im Projekt der modernen Welt*, 26-27.

487 Ebd., 27.

488 Vgl. ebd., 27.

la Hardt und Negri. Im Gegensatz dazu aber basiert Moltmann sein Souveränitätskonzept nicht auf einer radikalen Immanenz, sondern vielmehr trinitätstheologisch.

Darin liegt das eigentliche Proprium der theologischen politischen Theologie
Moltmanns. Ausgehend von dem zentralen theologischen Dogma der Trinität,
entwickelt er seine politische Theologie. Das trinitätstheologische Fundament bedeutet, dass Immanenz und Transzendenz nicht schlicht gegenübergestellt werden, sondern wie die immanente und die ökonomische Trinität miteinander und
ineinander verbunden sind. Für Moltmanns (Trinitäts)Theologie ist das Konzept
der Perichorese zentral. Die Perichorese steht dabei für die wechselseitige Durchdringung von Schöpfergott und Erlöser. Moltmann dynamisiert damit auch das
messianisch-geschichtliche Erbe des Christentums, indem dieses perichoretische
Wesen Gottes auch auf dessen Schöpfung übergeht. Aufgrund dieser Wechsel-
wirkung zwischen Schöpfergott und Schöpfung, grundgelegt in der Trinität, ist
Theologie für Moltmann immer auch Kritik an den politischen Gegebenheiten
der Welt.[489] So richtet er das Konzept der wechselseitigen Durchdringung und
Einwohnung von Vater, Sohn und Geist gegen strikt hierarchische und patriarchale Gottesbilder und deren politischen und klerikalen Entsprechungen. Von
dort ausgehend vergleicht Moltmann die drei göttlichen Personen mit drei verschiedenen Formen der menschlichen Freiheit: die erste Bedeutung ist politisch
in Form der Herrschaft des Schöpfergottes (Vater). Die zweite Bedeutung ist gemeinschaftlich in Form des Lieben- und Verbindenkönnens mit einem*r Anderen
(Sohn). Und die dritte ist die implizit religiöse Bedeutung von Freiheit in der
Form einer Beziehung einzelner Individuen unter einem geteilten Projekt. Diese
Freiheit korrespondiert mit der Beziehung des einzelnen Menschen mit Gott im
Heiligen Geist.[490]

An dieser Stelle kann nicht näher auf Moltmanns Trinitätstheologie eingegangen werden. Stattdessen können wir nur darauf verweisen, dass das Beispiel von
Moltmanns trinitarischer politischer Theologie zeigt, dass die theologische Tradition durchaus als Quelle für alternative Souveränitäts- und menschliche Frei-
heitskonzepte dienen kann. Die Diskussion über das Verhältnis speziell von
Trinitätstheologie und Politik bzw. Souveränität werden wir gegen Ende des letzten Kapitels nochmals ausführlicher aufgreifen.[491] Für Moltmann steht daher fest:
„Ziel der neuen Politischen Theologie ist darum die Entzauberung der politischen
und bürgerlichen Religion und die Kritik der Staatsideologien, die Einheit auf
Kosten der Freiheit schaffen sollen."[492] Politische Einheit darf nicht von einem
transzendenten Monotheismus her legitimiert werden, wie dies bei Schmitt der

---

[489]   Siehe Jürgen Moltmann, *Trinität und Reich Gottes. Zur Gotteslehre*, Gütersloh
        1980. Vgl. Müller-Fahrenholz, „Jürgen Moltmann", 170-171.
[490]   Moltmann, *Trinität und Reich Gottes*, 230-235.
[491]   Siehe 4.4., insbesondere 4.4.1 u. 4.4.2.
[492]   Moltmann, *Gott im Projekt der modernen Welt*, 48.

Fall ist.[493] Moltmann weitet diese Kritik an einer an Einheit ausgerichteten Souveränität zudem um den Aspekt der Repräsentanz aus. Auch hier steht im Hintergrund wieder die Trinität. Gott ist Beziehung. Er ist als trinitarische Einheit nur in Beziehung, in der gegenseitigen Repräsentanz der einzelnen innertrinitarischen Personen untereinander und in der Repräsentanz der immanenten durch die ökonomische Trinität.[494] Daher gilt es für Moltmann nicht allein das demokratische Souveränitätskonzept gegenüber einem absolutistischen, totalitären und auf Ein(s)heit ausgerichteten hervorzuheben, sondern auch die Repräsentanz dieses demokratischen Souveränitätskonzeptes im Sinne der Beziehungshaftigkeit und inneren Pluralität der Trinität zu denken. Seiner Ansicht nach genügt hierfür die gegenwärtige Form der repräsentativen Demokratie nicht, um den Entfremdungserscheinungen und der Politikverdrossenheit weiter gesellschaftlicher Kreise entgegenzuwirken. Hierzu bedarf es nach Moltmann einer direkten Demokratie, eines Föderalismus des politischen Lebens.[495] An diesem Punkt seiner Analyse überlässt Moltmann es anderen, zeitgemäße Vorschläge für eine solche Föderalisierung des politischen Lebens auszuarbeiten.

Dieser Föderalisierung der Demokratie, wie Moltmann sie nennt, versuchen wir in der vorliegenden Arbeit über den Ansatz der radikalen Demokratie näher zu kommen. Wie das Beispiel von Moltmann zeigt, können dafür auch genuin theologische Konzepte, wie das der Trinität, wichtige Impulse geben. Gerade die abschließende Diskussion über eine radikaldemokratische Relecture des theologischen Souveränitätsbegriffs wird dies in aller Deutlichkeit zeigen.

2.4.2   *Postsäkulare und postliberale politische Theologie: Zwischen Eingliederung und Fundamentalopposition*

Während in der vorangegangen Sektion die Grundlagen einer theologischen politischen Theologie diskutiert wurden, wie sie die Vertreter*innen der Neuen Politischen Theologie vor einem sich zunehmend säkularisierenden Hintergrund seit den 1960er Jahren erarbeitet hatten, soll in der folgenden Sektion mit Blick auf die „Pubilic Theology" und die „Radical Orthodoxy" zwei Ansätze einer theologischen politischen Theologie untersucht werden, die sich vor einem Hintergrund entwickelten, der sich gerade nicht als säkular charakterisieren lässt: im Falle der Public Theology die USA mit ihrem einleitend bereits beschriebenen unterschiedlichen Umgang mit Religion in zivilgesellschaftlichen und politischen Fragen (Stichwort Ausnahme USA) und im Falle der Radical Orthodoxy mit einem

---

[493]   Diesbezüglich schreibt Moltmann: „Die Unterscheidungen von Innen und Außen, privat und politisch, sowie von geistlicher und weltlicher Macht reichen nicht aus, um den Leviathan zu bändigen. Der Weg muß – auch das hat Carl Schmitt richtig gesehen, aber falsch beurteilt – von Innen nach Außen und vom Glauben zur politischen Praxis führen". DERS., *Gott im Projekt der modernen Welt*, 47.

[494]   Vgl. MOLTMANN, *Trinität und Reich Gottes*.

[495]   Vgl. ebd., 48.

theologischen Ansatz, der die Säkularisierung als solche ablehnt und bewusst vormoderne Konzepte für ihre (politische) Theologie verwendet. Die leitende Frage in dieser Sektion ist, inwieweit die beiden Ansätze auch einen gewinnbringenden theologischen Ansatz für die oben als postsäkulare und -liberale umschriebene gegenwärtige Situation darstellen. Erneut kann der Blick nur kursorisch, mit dem Fokus auf die für diese Untersuchung wichtigen Entwicklungen geworfen werden. Um dies besonders deutlich zu machen, erfolgt die Darstellung der beiden Ansätze in möglichst starker Akzentuierung der Gegensätze und nicht der Verbindungslinien zwischen beiden.[496]

Hierbei gilt es noch anzumerken, dass beide Ansätze für die gegenwärtige theologische politische Theologie im deutschsprachigen Raum von weit weniger Bedeutung sind als die Neue Politische Theologie. Dennoch ist eine Behandlung beider Ansätze hier durchaus geboten, zum einen, weil sich darin jeweils wichtige Impulse für eine theologische Beurteilung eines postsäkularen wie auch postliberalen Kontexts finden lassen und zum anderen, weil die Diskussion beider politischer Theologien es im weiteren Verlauf der Arbeit ermöglicht, eine bessere Einordnung von Cavanaughs theopolitischem Ansatz treffen zu können.

2.4.2.1   *Public Theology: Staatstheologie eines säkularen liberalen Nationalstaates?*

Ein weiterer wichtiger Strang von Theologie, der sich ebenfalls intensiv mit Säkularismus und dessen Folgen für die Theologie auseinandersetzt, ist die Public Theology. Um den grundsätzlichen Unterschied zur politischen Theologie deutlich zu machen, empfiehlt sich ein Blick auf die unterschiedlichen Entstehungskontexte beider theologischer Denkrichtungen. Während der Entstehungskontext der politischen Theologie wie auch der Neuen Politischen Theologie Deutschland ist, ist die Public Theology ein vorwiegend US-amerikanisches Phänomen. Aufgrund der unterschiedlichen historischen und kulturellen Erfahrungen unterscheiden sich politische Theologie und Public Theology in ihren grundsätzlichen Zielen, trotz eines gemeinsamen Grundanliegens, welches beide auch mit der Befreiungstheologie teilen, wie Hak Joon Lee anführt:

> „They reject the modern premise of secularization – the separation of secular and sacred, fact and value, history and eternity. They also agree that the gospel is concerned with issues beyond individual piety, as it is social and political in nature [...]".[497]

---

[496]   Dass es eine solche Verbindungslinie zwischen beiden gerade auch in der jeweiligen Gnadentheologie gibt, weißt Christiane Alpers nach. Siehe CHRISTIANE ALPERS, *A Politics of Grace. Universal Redemption for Political Theology in a Post-Christendom Context*, London 2018.

[497]   Vgl. HAK JOON LEE, „Public Theology", in: CRAIG HOVEY; ELISABETH PHILLIPS (Hg.), *The Cambridge Companion to Christian Political Theology*, Cambridge

Der soziokulturelle Entstehungshintergrund der Public Theology sind die USA der Nachkriegszeit. Dieser war zunehmend von materiellem Wohlstand, Säkularisierung und religiöser und weltanschaulicher Pluralisierung der Öffentlichkeit geprägt. In diesem Klima war die Public Theology bestrebt, den Sinn für ein öffentliches Gemeinschaftsleben mit theologischen Quellen wiederherzustellen. Der Fokus liegt dabei auf dem Konzept der Wiederherstellung, denn im Selbstverständnis der US-amerikanischen protestantischen Theologien trug die Religion entscheidend zur Genese sowohl der amerikanischen kulturellen Identität als auch des politischen Systems bei.[498] Mit Verweis auf Richard Niebuhr führt Lee an:

> „Just as the ecclesiology of free churches (in particular the governance of the laity) informed the development of popular sovereignty and democracy, the Christian notions of the sanctity of human life, natural law, and natural right have influenced the shape of the modern ideas of constitutional democracy, human rights, and the rule of law, without countenancing the modernist assumptions of individualism and contractualism."[499]

Besonders zwei konstitutionelle Prinzipien haben sich so gebildet, welche in der Folgezeit nicht allein für das politische System der Vereinigten Staaten, sondern auch andersherum für alle dort ansässigen oder sich dort etablierenden Religionen zu unhintergehbaren Grundvoraussetzungen wurden: erstens die Trennung von Kirche und Staat und zweitens die Religionsfreiheit. Jede Religionsgemeinschaft, die diese beiden Prinzipien verinnerlicht hatte, war frei, sich in die öffentlichen Debatten einzubringen und diese auch in Richtung einer zunehmenden Demokratisierung zu bewegen, wie beispielsweise die Bürgerrechtsbewegung von Martin Luther King Jr. zeigt.[500] Dieses zugleich entspannte und produktive Verhältnis

---

2015, 44-65, 63. Weitere einführende Literatur zum Thema: KATIE DAY; SEBASTIAN KIM: „Introduction", in: DIES. (Hg.), *A Companion to Public Theology*, Leiden 2017, 1-21; SEBASTIAN KIM, *Theology in the Public Sphere. Public Theology as a Catalyst for Open Debate*, London 2011; FLORIAN HÖHNE, *Öffentliche Theologie. Begriffsgeschichte und Grundfragen*, Leipzig 2015.

[498]   Vgl. LEE, „Public Theology", 46.

[499]   Ebd., 46. Siehe RICHARD H. NIEBUHR, *The Kingdom of God in America*, New York 1937. Niebuhr führt des Weiteren beispielsweise an: „In these ways then, thorough insistence upon constitutionalism, upon the primacy and independence of the church, and upon the limitation of all human power, the faith in the kingdom of God became a constructive thing in early America. [...] Though Pilgrims, Puritans, Quakers and sectarians may have believed that in America they might construct a society of secure institutions in which to dwell until end of time, their obedience to the sovereign God led them to produce something better – a life directed toward the infinite goal." Ebd., 87.

[500]   Vgl. LEE, „Public Theology", 47.

zwischen Politik und Religion bzw. Theologie beruht zudem auf zwei philosophischen oder theologischen Grundannahmen, die uns helfen, das Verhältnis zwischen Public Theology und Säkularismus näher zu bestimmen.

Die erste Grundannahme ist eine starke Vernunft, die der Möglichkeit von universell gültigen Normen und Werten zugrunde liegt. Nach Ansicht der öffentlichen Theologie benötigt jede Gesellschaft einen geteilten Wertekatalog im Zentrum, um ein gelingendes Sozialleben zu ermöglichen. Liberale und säkulare Normen sind dafür zwar funktional, aber in der Sichtweise der Public Theology nicht ausreichend, weswegen sie um eine tieferliegende theologische Begründung und Vision erweitert werden müssen. Dies ist insofern möglich, da der Mensch als *homo religiosus* auf die Erfahrung des Göttlichen hin angelegt sei, auch wenn diese Erfahrung in den jeweiligen kulturellen und historischen Kontexten unterschiedlich artikuliert wird.[501] Daher ist es das Bestreben der öffentlichen Theologie, sich in den öffentlichen Diskurs einzubringen. Der wichtige Vertreter David Tracy unterscheidet dabei grundsätzlich drei Öffentlichkeiten, mit denen in den Dialog getreten werden soll: (1) Die Gesellschaft, (2) die Akademie und (3) die Kirche.[502] Hierfür braucht es aber so etwas wie eine neutrale Sprache und Vernunft, um allen Beteiligten die gleichen Einbringungsmöglichkeiten garantieren zu können. Spezifisch theologisches Vokabular und Denkfiguren sind daher nicht zulässig.[503]

Im Grunde liegt der Public Theology damit ein Vernunft- und Kommunikationskonzept zugrunde, welches Rawls Konzept des public reason gleicht.[504] Und damit fängt sich die Public Theology im Hinblick auf Säkularismus die gleichen Abhängigkeiten ein, wie oben bei Rawls und Habermas besprochen: Casanovas Kritik an einem „noch verbliebene[n] säkularistische[n] Missverständnis" über die Universalität säkularer gegenüber einer religiösen Vernunft und Ferraras Kritik an einem asymmetrischen Verhältnis der Übersetzungsmöglichkeit zwischen säkularen und religiösen Überzeugungen.[505] In eine ganz ähnliche Richtung geht auch die Kritik an der Public Theology auf theologischer Seite, allen voran von der sog. „Postliberal Theology", auch bekannt als *Yale Divinity School*.[506] Wie der Name bereits andeutet, ist dieser Strang der Theologie darauf ausgelegt, das Programm und den Einfluss des Liberalismus, sowohl in seiner säkularen als auch

---

[501] Vgl. Ebd., 51.

[502] Vgl. DAVID TRACY, *The Analogical Imagination. Christian Theology and the Culture of Pluralism*, London 1981, 3-31.

[503] Stattdessen schlägt Tracy vor, religiöse und speziell christliche Texte als literarische Klassiker zu lesen und zu interpretieren, die im Grunde allen Menschen offenstehen. Vgl. ebd., 99-338.

[504] Vgl. ebd., 9-10.

[505] Vgl. CASANOVA, „Erschließung des Postsäkularen", 28; FERRARA, „The Separation of Religion and Politics in a Post-Secular Society", 6.

[506] Vgl. LEE, „Public Theology", 57-60. Siehe auch RONALD T. MICHENER, *Postliberal Theology. A Guide for the Perplexed*, New York 2013.

theologischen Ausprägung, abzulösen. Zugespitzt formuliert stellt die postlibe-rale Theologie eine Synthese aus Barths Fideismus und Wittgensteins *linguistic turn* dar. Ihre Kritik richtet sich dabei vornehmlich gegen das aufgeklärte Kon-zept einer universellen Vernunft, zusammen mit dem dahinterliegenden An-spruch einer universellen Gotteserfahrung und der Möglichkeit, diese in einer universell verständlichen, neutralen Sprache ausdrücken zu können. Stattdessen wird die Ansicht vertreten, dass religiöse Erfahrungen und deren Reflexion stets kontextabhängig sind und daher nur innerhalb eines bestimmten traditionellen Gefüges erschlossen und kommuniziert werden können. Stanley Hauerwas, der einflussreichste Vertreter dieser Denkschule, vertritt die Meinung, dass christli-ches ethisches Leben nur im Kontext der Kirche(n) vollkommen verständlich ist.[507] Prinzipiell geht es also um die Beurteilung der Frage, inwieweit sich Theo-logie unter die universellen und abstrakten (moralischen) Kategorien und Krite-rien des Säkularismus als neutralem Feld stellen kann und will.

Damit verbunden ist eine weitere zentrale Grundannahme der Public Theology in Bezug auf den Säkularismus. Bereits aus dem Vorangegangenen wird ersicht-lich, dass die Public Theology in ihrer Ausrichtung zwar durchaus politisch, aber ihrer Strategie nach eher reformistisch und pragmatisch, als revolutionär und ra-dikal ist. Dies ist nach Lee ein entscheidender Unterschied zur politischen Theo-logie (und Befreiungstheologie): „Political and liberation theologies in general are markedly critical of liberal democracy and capitalism, while public theology strives for moral progress and political reform within the system [...]"[508]. Hierzu zählt auch eine unterschiedliche Einschätzung des Staates. Während die Public Theology diesen zusammen mit einigen institutionellen und konstitutionellen Prinzipien des modernen Staatswesens sogar für ihre eigene Form der öffentli-chen Theologie voraussetzt, steht der Staat als die Institutionalisierung eines be-stimmten Souveränitätskonzeptes im Fokus (der Kritik) der politischen Theolo-gie. Für die Public Theology hingegen ist, wie der Name bereits verrät, die Öf-fentlichkeit der primäre *locus theologicus*. Wie bereits eingangs erwähnt, ist der Entstehungskontext der Public Theology die USA. Im Selbstverständnis der Public Theology war und ist das Christentum, besonders in seiner protestanti-schen, neuzeitlich-modernen Ausprägung, ein entscheidender Bestandteil auch der öffentlichen und politischen Kultur der Vereinigten Staaten. Ihre Kritik rich-tet sich also prinzipiell nicht gegen das neuzeitlich-moderne Staatsgebilde an sich, denn sie begreift sich selbst als Teil und Ursache eines solchen. Das Souve-ränitätskonzept des modernen (National)Staates, welches im Fokus der politi-schen Theologie ist, liegt analytisch betrachtet eine Stufe tiefer. Das bedeutet nun freilich nicht, dass sich die Public Theology nicht Fragen der Souveränität stellt. Allerdings stellt für sie die spezielle Form der Staatssouveränität der USA den Rahmen für die theologische Reflexion dar, auch der theologischen Reflexion der

---

507   Siehe beispielsweise STANLEY HAUERWAS, *Peaceable Kingdom. A Primer in Chris-tian Ethics*, Notre Dame 1991.

508   Vgl. LEE, „Public Theology", 55.

Souveränität. Deutlich wird dies am Beispiel Niebuhrs, der von der politischen Adaption der göttlichen Souveränität wie folgt schreibt:

> „From the fundamental convictions of divine sovereignty it moved on to three further positions which were defended by all parties [of Protestantism] [...]. We may designate these three positions as Christian constitutionalism, the independence of the church, and the limitation or relativization of human sovereignty."[509]

Dies hat u.a. auch zur Folge, dass dezidiert neuzeitliche und moderne geistesgeschichtliche Entwicklungen, wie beispielsweise der Liberalismus, als integrativer Bestandteil der eigenen Religiosität betrachtet werden.[510] Daher ist es auch umgekehrt nicht verwunderlich, dass US-amerikanische Politiker*innen, wie beispielsweise Barack Obama, auf Niebuhr als wichtige Quelle und Inspiration für ihr eigenes politisches Programm verweisen.[511]

Bekenntnisse wie das von Obama sind aus theologischer Sicht interessant, zeigen sie doch, dass Religion und Politik auch und vielleicht gerade im Projekt der Moderne – zumindest dem der USA – aufs engste miteinander verwoben sein können. Auch die Public Theology wendet sich gegen die Säkularisierung im Sinne einer Privatisierung der Religion. In diesem Sinne hat die Public Theology dazu beigetragen, das postsäkulare Zeitalter einzuläuten. Man könnte von den Vereinigten Staaten und dem dortigen Verhältnis zwischen Religion und Politik daher von einer möglichen Form der verschiedenen multiplen Modernen Eisenstadts sprechen. Doch auch diese Moderne scheint unter dem Vorzeichen der Globalisierung und der religiösen und weltanschaulichen Pluralisierung ins Wanken geraten zu sein.

Dies bringt uns zu den Grenzen des theologischen Programms der Public Theology – zumindest was den Fokus der vorliegenden Arbeit betrifft. Lees Vergleich mit der politischen Theologie im Allgemeinen ist insofern zuzustimmen, dass die Public Theologie im Vergleich tatsächlich nicht *radikal* genug ist.[512] Public Theology kann die modernen, säkularen und damit verbunden auch liberalen Prämis-

---

[509] NIEBUHR, *The Kingdom of God*, 58.

[510] Vgl. ebd., 185: „Liberalism represented again a dynamic element in religious life; it was a revolt against the fatalism into which the faith in divine sovereignty had been congealed, against the biblicism which made Scriptures a book of laws for science and for morals [...] and against the otherworldliness which had made heaven and hell a reward and a punishment."

[511] Siehe DAVID BROOKS, „Obama, Gospel and Verse", in: *New York Times*, 26.04.2007, https://www.nytimes.com/2007/04/26/opinion/26brooks.html?_r=0, abgerufen am 02.08.2018. Siehe hierzu auch EDMUND N. SANTURRI, „Reinhold Niebuhr, Barack Obama, and the sense of a reality that ‚judges yet forgives'", in: *Library of America*, 03.02.2016, https://www.loa.org/news-and-views/1118-reinhold-niebuhr-barack-obama-and-the-sense-of-a-reality-that-judges-yet-forgives, abgerufen am 02.08.2018.

[512] Vgl. LEE, „Public Theology", 55.

sen, die Gegenstand dieser Untersuchung sind, nicht fundamental kritisch hinterfragen, da sie diese als integralen Bestandteil ihres eigenen theologischen Programms betrachtet. Das Souveränitätskonzept des modernen säkularen Nationalstaates, sowie dessen Verhältnis zur Religion, ist aus Sicht der Public Theology relativ klar. Eine Diskussion darüber ergibt sich höchstens aus der Notwendigkeit, dieses Konzept unter pluralem Vorzeichen nachzujustieren – ganz so, wie dies Habermas vorschlägt. Ebenso wenig wird der Säkularismus als politisches Programm hinterfragt. Weder das asymmetrische Verhältnis der Übersetzungsmöglichkeit zwischen säkularen und religiösen Überzeugungen, noch das „säkulare Missverständnis" einer universellen säkularen Vernunft werden kritisch hinterfragt. Insofern könnte man zugespitzt formulieren, dass Public Theology eine Art Staatstheologie eines säkularen liberalen Nationalstaates darstellt.

Einen solchen Vorwurf kann man einer anderen aktuellen Form der politischen Theologie nicht machen, die sich ganz entschieden gegen jegliche Form der Eingliederung der Religion in das moderne Staatswesen richtet: die Radical Orthodoxy. Ihr theologisches Programm soll im nächsten Schritt auf die Verwendbarkeit im Rahmen dieser Arbeit untersucht werden.

2.4.2.2   Radical Orthodoxy: Postsäkulare Theologie einer alternativen Moderne?

Das erste Problem, auf das man stößt, wenn sich der Radical Orthdoxy nähert, ist die Frage, ob es sich dabei um eine eigenständige theologische Schule handelt und welche Personen sich zu diesem Kreis zählen lassen. Mit Verweis auf Catherine Pickstocks Ausspruch bezeichnet Daniel Bell Jr. die Radical Orthodoxy demnach als „sensibility rather than a formal movement"[513]. Auch was die Vertreter*innen dieser „Empfindung" (oder vielleicht besser: Einstellung) betrifft, herrscht keine Eindeutigkeit. Die drei Namen, die jedoch immer in diesem Zusammenhang fallen, sind John Milbank, Cathrine Pickstock und Graham Ward,

---

[513]   DANIEL M. BELL JR., „Postliberalism and Radical Orthodoxy", in: CRAIG HOVEY; ELISABETH PHILLIPS (Hg.), The Cambridge Companion to Christian Political Theology, Cambridge 2015, 110-132, 111. Für weitere einführende Literatur siehe JOHN MILBANK, „The Programme of Radical Orthodoxy", in: LAURENCE PAUL HEMMING (Hg.), Radical Orthodoxy? A Catholic Enquiry, Abingdon 2000, 33-45; JAMES K. A. SMITH, Introducing Radical Orthodoxy. Mapping a Post-secular Theology. Foreword by John Milbank, Grand Rapids, MI 2004.

da sie als Herausgeber*innen der *Radical Orthodoxy series* und des ersten Sammelbandes *Radical Orthodoxy. A new theology*[514] entscheidend zur Prägung beigetragen haben. Als Gründungstext gilt Milbanks *Theology and Social Theory*[515]. Zentral für das Programm der Radikalen Orthodoxie ist die strikte Ablehnung des politischen Liberalismus als einer modernen und in ihrem Analysevokabular „univoken" Ontologie. Dem setzen die Vertreter*innen der Radical Orthodoxy eine partizipative Ontologie und ein analoges Verständnis von Sein entgegen: Sein ist nicht selbsterhaltend, sondern abhängig (vom Schöpfergott). Geschaffenes Sein wiederum, ist weder dasselbe noch vollkommen verschieden vom Sein Gottes, sondern partizipiert durch Gnade daran. Daher ist eine wichtige Quelle für die Radical Orthodoxy die Nouvelle Théologie von de Lubac, von Balthasar, Chenu oder Congar, deren vornehmliches Ziel es ist, die Trennung zwischen Welt/Natur und Gnade aufzuheben. Milbank spricht in diesem Zusammenhang von „supernaturalizing the natural" – im Gegensatz zum Projekt der transzendentalen Theologie, die als „naturalizing the supernatural" umschrieben wird.[516]

Für das Feld der politischen Theologie bedeutet diese Auflösung der Trennung zwischen Natur und Gnade auch eine Auflösung der Trennung zwischen Religion/Theologie und dem Säkularen/der Politik. Für den radikalorthodoxen Ansatz geht es bei der politischen Theologie daher nicht um die Korrelation zwischen religiösen Werten und säkularer Politik, sondern darum, in den politischen und materiellen Gegebenheiten nach Spuren der göttlichen Gnade zu suchen. Offenbarung ist in erster Linie eine politische Kategorie, genauso wie Gnade und Transzendenz nicht unmittelbar in den Seelen oder dem Kern des Individuums eingebettet sind, sondern in der Begegnung und Interaktion mit Personen, Gegenständen und Praktiken gefunden werden können.[517]

In diesem Zusammenhang kann auch kurz auf das Verhältnis der Radical Orthodoxy zur Postmoderne eingegangen werden. Dieses ließe sich am besten so beschreiben, dass die Radical Orthodoxy zwar keine eigentliche postmoderne Form der Theologie darstellt, andererseits aber deren Kritik an den modernen Konzepten einer säkularen Vernunft und Politik als Anfangspunkt für das eigene Programm der partizipativen Ontologie verwendet. Graham Ward zufolge stellt die Postmoderne lediglich eine „Hypermoderne" dar, insofern deren Betonung

---

[514] JOHN MILBANK; CATHRINE PICKSTOCK; GRAHAM WARD (Hg.), *Radical Orthodoxy. A New Theology*, London; New York 1999. Dieser Band ist für unsere gegenwärtige Untersuchung von besonderer Bedeutung, insofern auch William Cavanaugh dazu mit dem Artikel „The City. Beyond secular parodies", 182-200, beigetragen hat. Auf das Verhältnis zwischen Cavanaugh und der Radical Orthodoxy wird in Kapitel zu Cavanaugh noch näher eingegangen. Hier genügt es zunächst darauf zu verweisen, dass Cavanaugh sich nach eigenen Aussagen nicht als Vertreter dieser Theologieform sieht.

[515] JOHN MILBANK, *Theology and Social Theory beyond Secular Reason*, Cambridge, Mass. 1991.

[516] MILBANK, *Theology and Social Theory*, 220-223.

[517] Vgl. Bell, „Postliberalism and Radical Orthodoxy", 121-123.

von Flüchtigkeit und Brüchigkeit von Strukturen den Nachteil mit sich bringt, dem Kapitalismus in die Tasche zu spielen. Demgegenüber müsse die Postmoderne fortgeführt werden, indem deren Postsäkularität in eine alternative, analoge und partizipativmetaphysische Moderne überführt wird. Für Ward bietet das postmoderne Denken den Ansatz für dieses theologische Projekt der Radical Orthodoxy.[518] Daher wäre es auch zu kurz gegriffen, die Radical Orthodoxy als schlicht vormodern oder restaurativ abzutun. Sie ist anti-modern, aber nicht mit dem Ziel, eine längst vergangene mittelalterliche „Christenheit" (Eng. *christendom*) wieder aufleben zu lassen, sondern stattdessen eine alternative Moderne zu entwickeln, welche nicht den negativ interpretierten Entwicklungen der liberalen und säkularen Moderne folgt.[519]

Diese negative Einschätzung der säkularen Moderne hat nach Bell drei Dimensionen: „not freedom, but a new master; not autonomy, but an iron cage; not peace, but endless war."[520] In Bezug auf den modernen liberalen und säkularen Staat widerspricht das radikalorthodoxe Gegennarrativ der landläufigen Auffassung, dass dieser ein Mehr an Freiheit gewährt, indem er von der sakralen Autorität der Religionen bzw. der Kirchen befreit. Demgegenüber steht die Ansicht, dass die sakrale Autorität nicht vernichtet wurde, sondern lediglich von der Kirche in die Aura des säkularen Staates emigrierte. Dies, so weiter, mache deutlich, dass der säkulare Staat eben nicht theologisch neutral, sondern selbst hoch theologisch-sakral aufgeladen ist. Diese Interpretation ist verbunden mit einer kritischen Betrachtung der beiden zentralen modernen Paradigmen der Freiheit und der Autonomie, und zwar dahingehend, dass sie hinter ihr Versprechen zurückfallen. Denn beide, Freiheit und Autonomie, werden vom politischen Liberalismus und dessen univokem Seinsbegriff als der Staatsdoktrin des modernen Nationalstaates tatsächlich mehr beschränkt als gefördert: Zum einen gewinnt das als univok verstandene Individuum eine unbedingte Autonomie und Selbstständigkeit, was zum anderen aber zur Folge hat, dass Theologie und Transzendenz entweder als Eindringen und Verletzen der individuellen Freiheit gesehen werden oder aber als Überlagerung von außen. Außerdem – und das ist der zentrale Kritikpunkt am Liberalismus – ist eine Politik, die auf einem univoken Seinsverständnis beruht, letztlich nicht in der Lage, einen robusten Begriff der Gemeinschaft und des Gemeinwohls zu entwickeln. Solange alles, was ist, in der gleichen Weise ist (Univozität), kann Individualität nur durch Differenz und Distanz geschaffen und erhalten werden. Ein gemeinschaftliches Projekt oder die Bildung

---

518   Vgl. GRAHAM WARD, *Politics of Discipleship*, Grand Rapids, MI 2009, 13-15. Siehe ebd., 13 zu seinem persönlichen Entwurf einer politischen Theologie der Radical Orthodoxy: „*The Politics of Discipleship* is concerned with postmodernity, not as a matter of epistemological debates about foundationalism, but rather in terms of the phenomena we regularly encounter on CNN: the crisis of democracy, the effects of globalization, the resurgence of religion in global politics, the global expansion of materialism and consumerism, and more."

519   Vgl. BELL, „Postliberalism and Radical Orthodoxy", 121-122.

520   Vgl. ebd., 117-121, hier 117.

einer Gemeinschaft stehen dann aber immer unter dem Verdacht, diese Differenzen zu verwischen und die jeweiligen Identitäten aufzuweichen. Daher geht es nach Ansicht der Vertreter*innen der Radical Orthodoxy im politischen Liberalismus nicht um ein geteiltes Gut, Gemeinwohl (Eng. *common good*), sondern um den Konfliktausgleich zwischen individuellen Rechten und Privatbesitz. Doch diese Form der Politik habe unter kapitalistischen, zumal neoliberalen Vorzeichen, gerade nicht zu mehr, sondern zu weniger tatsächlicher Freiheit geführt.

Diesem Gegennarrativ entsprechend, will die Radical Orthodoxy eine Freiheit jenseits der liberalen Freiheit und eine Demokratie jenseits der liberalen Demokratie entwickeln, die sich beide dadurch auszeichnen, dass sie aus den Quellen der theologischen Tradition schöpfen und daher nicht in der Gegenüberstellung zu Religion und Theologie konstruiert werden. Vielleicht lässt sich dieses postliberale und postsäkulare Programm etwas überspitzt formuliert mit dem Slogan „Überholen ohne Einzuholen" charakterisieren. In Bezug auf den Staat wird vorgeschlagen, die Notwendigkeit einer zentralisierten politischen und säkularen Macht aufzugeben und stattdessen, dem (als katholisch interpretierten) Prinzip der Subsidiarität folgend, die politische Autorität zu dezentralisieren und auf verschiedene Organisationsformen zu verteilen.[521] Als Idealbild hierfür wird eine bestimmte Interpretation der Kirche gesehen, wie beispielsweise bei Ward die katholischen Kirche.[522] Es ist dieses Konzept einer politischen Ekklesiologie, welches der Radical Orthodoxy die meiste und schärfste Kritik einbringt. Bei aller berechtigten Kritik ist es aber auch wichtig festzustellen, dass der Mehrheit der Vertreter*innen der Radical Orthodoxy hierbei nicht eine konkrete Ekklesiologie aus der Vergangenheit (oder Gegenwart) vorschwebt, sondern eine, die strikt nach ihrem Prinzip einer partizipativen Ontologie konzipiert ist, d.h. deren Grenzen selbst durchlässig sind, da die Gnade gerade nicht auf eine bestimmte Organisations- oder Seinsform in der Natur beschränkt werden kann. Vor diesem Hintergrund kann man schließlich auch besser einordnen, warum Milbank die Ansicht vertritt, dass Demokratie im eigentlichen Sinne nur theologisch begründet werden könne. Bell zitiert Milbank mit dieser auf den ersten Blick erstaunlich anmutenden Aussage:

> „[T]he only justification for democracy is theological; since the people is potentially the *ecclesia*, and since nature always anticipates grace, truth lies finally dispersed amongst the people (although they need the initial guidance of the virtuous) because the Holy Spirit speaks through the voice of all."[523]

Dieses Zitat zeigt auf prägnante Weise zugleich die Chancen und Grenzen der Radical Orthodoxy für die vorliegende Arbeit auf. Einerseits ist sie sehr hilfreich, wenn es aus dezidiert eigenständiger theologischer Sicht gilt, ein strikt säkulares

---

[521]   Vgl. ebd., 126-127.
[522]   Vgl. WARD, *Politics of Discipleship*, 180.
[523]   BELL, „Postliberalism and Radical Orthodoxy", 126. Siehe auch JOHN MILBANK, *The Future of Love*, Eugene, Oregon 2009, 245.

und liberales Konzept der Trennung von Politik und Religion zu hinterfragen. Sie tut dies ganz im Sinne von Talal Asad, der dahinter eine dezidiert politische Agenda des modernen Nationalstaates sieht. Zudem kann sie die demokratische von der liberalen Tradition trennen und Demokratie, zumindest aus der eigenen Perspektive, auf ein robustes theologisches und ontologisches Fundament stellen. Gerade dieser Umstand ist bei der Konzeption einer dezidiert theologischen politischen Theologie, die sich auch unter postsäkularen und postliberalen Kontext für (mehr) Demokratie einsetzt, nicht zu unterschätzen. In beiden genannten Punkten ist die Radical Orthodoxy gerade wegen ihrer theologischen Eigenständigkeit der Public Theology im Rahmen dieses Projekts vorzuziehen.

Andererseits aber ist eine strikte Gegenüberstellung von Mittelalter und Neuzeit im Allgemeinen und von Autonomie und Transzendenz im Speziellen, wie sie von vielen Vertreter*innen der Radical Orthodoxy dargestellt wird, kritisch zu betrachten. Zwar gibt die Radical Orthodoxy damit der Transzendenz hohes Gewicht, aber sie tut es tendenziell in vormoderner Form. (Legitime) Moderne und vor allem postmoderne Substitute der Transzendenz spielen für sie eine geringe Rolle, vielmehr geht es ihr um eine (neo)augustinische und thomistische Konzeption von Gnade, um „supernaturalizing the natural", wie Milbank es formuliert. Letztlich, so zumindest die Interpretation hier, liefe das „Empfinden" der Radikal Orthodoxy damit auf eine alternative „Moderne" hinaus, die ebenso wenig postmodern wie postsäkular im hier gebrauchten Sinne wäre. Es gelingt ihr zwar, das Bild einer alternativen „Moderne" zu entwerfen. Allerdings auch nur *einer* und ganz in ihrem Sinne nicht univoken „Moderne". Die radikalorthodoxe Moderne ist glaubhaft, aber gerade nicht kommunikabel und kompatibel mit anderen „multiplen Modernen" im Sinne Eisenstadts. Es ist gerade ihr Ansinnen, der säkularen Moderne die Legitimität abzusprechen. Damit ist die Radical Orthodoxy letztlich mit dem hier vorliegenden Vorhaben nicht kompatibel, denn der theologischen Erschließung der Radikaldemokratie liegt zuallererst eine Anerkennung dieser Theorie auf der Grundlage ihrer eigenen Fundamente zugrunde. Wie bereits oben diskutiert, liegt das große, noch zu hebende, theologische Potential der Radikaldemokratie Leforts gerade darin, dass er zwar einerseits eine Eigenständigkeit seiner (säkularen) politischen Philosophie beansprucht, ohne dabei aber andererseits deren theopolitsches Erbe zu vergessen. Freilich steht es der (theologischen politischen) Theologie frei, aus ihrer eigenen Position heraus dieses Erbe anders zu beurteilen, als dies Lefort tut. Darin, so wird sich zeigen, liegt die Herausforderung dieser Untersuchung: im radikaldemokratischen Symbol der leeren Mitte sowohl einen Garanten demokratischer Machtkonstitution zu sehen (und damit der Aufgabe nachzukommen, die das Konzept der individuellen Autonomie in der liberalen Demokratie erfüllt) wie auch eine Spur der religiösen Transzendenz. Public Theology und Radikal Orthodoxy können dabei nur bedingt helfen. Genauer gesagt, konzentrieren sie sich bei der theologischen Erschließung nur auf jeweils einen der beiden Pole: die Public Theology auf die

Autonomie und die Radical Orthodoxy die Transzendenz. Aber weder Eingliederung noch Opposition ist das tragende Paradigma des hier vertretenen theologisch-politischen Ansatzes, sondern Kooperation.

Damit wenden wir uns in der folgenden letzten Sektion dieses Kapitels einigen
der aktuellen neuen theologischen Ansätze im Bereich der politischen Theologie
zu, die für den hier zu entwickelnden Ansatz von Interesse sind.

2.4.3   Neueste Entwicklungen: Auf dem Weg zu einer radikaldemokratischen und sakramentalen politischen Theologie

In dieser Sektion kommen wir schließlich an den Punkt, die vorangegangen Analysen zum politischen Kontext und den Entwicklungen der (theologischen) politischen Theologie zu einem eigenen theologischen Ansatz zu synthetisieren. Ziel
ist hierbei, den Rahmen festzulegen, mit welchem im Fortgang der Arbeit zunächst an die politische Theologie Cavanaughs herangegangen und diese in einem zweiten Schritt weiterentwickelt werden kann. Hierfür gehen wir in drei
Schritten vor. In Schritt eins gehen wir kurz auf die neuesten Entwicklungen im
Feld der theologischen politischen Theologie ein, die wir besonders als eine Öffnung hin zur Postmoderne und dem Paradigma der Performativität beschreiben.
In einem zweiten Schritt wird dargestellt, inwieweit die Theologie bereits Impulse aus der Radikaldemokratie aufgenommen und integriert hat. Hier wird sich
die Diskussion auf die Rezeption Leforts und speziell seines Konzeptes der Leerstelle der Macht konzentrieren. In einem dritten Schritt schließlich wird diskutiert, inwieweit eine theologische Rezeption Leforts von einem sakramententheologischen Ansatz profitieren würde. Die Wahl der Sakramententheologie ist dabei keineswegs zufällig, sondern ergibt sich aus der vorangegangen Analyse, die
gerade die Balance zwischen transzendentem Bezugspunkt und immanenter Repräsentation als eine der zentralen Aufgaben auch gegenwärtiger politischer
Theologie herausgearbeitet hat. Dies führt uns aber auf das Feld des Sakramentalen, das theologisch gesehen (zumindest katholisch) das Paradigma (göttlicher)
transzendenter Repräsentation und wirkmächtiger Konstitution *par excellence*
darstellt. Dabei soll auch auf die entscheidenden Entwicklungen im Feld der Sakramententheologie für dieses Unterfangen verwiesen werden.

2.4.3.1   Neueste Entwicklungen im Feld der politischen Theologie: Postmoderne und Performativität

Die gegenwärtige theologische Landschaft ist von einer Reihe, zum Teil gegen-
läufiger Tendenzen gekennzeichnet. Beinahe könnte man von einem Riss spre-

chen, entlang dessen eine Landschaft zwischen Progression und Regression geteilt wird.[524] Dieser Trend lässt sich auch im Feld der politischen Theologie nachweisen. Auf der einen Seite ist der Trend zu einer unheilvollen Allianz zwischen
rechten nationalen Bewegungen und reaktionär-christlichen – besonders auch katholischen – Kreisen gerade in den Bereichen der Genderdebatte und der Angst
vor „islamischer Überfremdung" zu erkennen.[525] Auf der anderen Seite ist auch
eine Weiterentwicklung und Einarbeitung von Impulsen in die verschiedenen
Formen politischer Theologie zu verzeichnen, die sich dezidiert selbst als „progressiv" beschreiben. Zu nennen wäre hier beispielsweise Ansgar Kreutzers[526]
soziologisches Update der Neuen Politischen Theologie von Metz oder die kontinuierliche Weiterentwicklung der Befreiungstheologie.[527] Eine vollständige
Aufzählung der verschiedenen Forschungsprojekte und Publikationen kann an
dieser Stelle nicht gegeben werden. Stattdessen sollen im Folgenden die Umrisse
einer aktuellen politischen Theologie gezeichnet werden, die im Sinne Schmitts
der gegenwärtigen Bewusstseinslage entsprechen: epistemologisch postmodern,
politisch demokratisch und gesellschaftlich postsäkular bzw. weltanschaulich
plural. Eine solche (theologische) politische Theologie entwirft in ihren Grundzügen beispielsweise Felix Körner[528].

Körner konstatiert, dass wir für die gegenwärtige Lage eine neue politische
Theologie zu benötigen scheinen, die zu verstehen ist als ein „Wissenschaftsbe-
reich [...], der das Glaubensverständnis auf seine Weltgestaltung hin befragt: Wie
kann eine Religion Zusammenleben und Machtverhältnisse beeinflussen – und
wie ist sie selbst davon beeinflusst?"[529] Beide Bewegungen sind wichtig, denn
wie Körner anfügt, ist Religion wie Politik „einer der großen Gestaltungsansprü-
che in Gesellschaften"[530]. Daher können Politik und Religion miteinander zusam-
menarbeiten oder aber auch konkurrieren. Die Bedingung hierfür hängt von der
je eigenen Deutung der Weltordnung und den sich daraus ergebenden Vorstellungen zur Weltgestaltung ab. Das bedeutet nun aber, dass Theologie ebenso wie

---

[524]   Siehe RUHSTORFER (Hg.), *Zwischen Progression und Regression*.

[525]   Siehe MARIANNE HEIMBACH-STEINS; ALEXANDER FILIPOVIĆ; JOSEF BECKER; MA-
REN BEHRENSEN; THERESA WASSERER (Hg.), *Grundpositionen der Partei „Alterna-
tive für Deutschland" und der katholischen Soziallehre im Vergleich. Eine sozial-
ethische Expertise*, Münster 2017; STEPHAN ORTH; VOLKER RESING (Hg.), *AfD,
Pegida und Co. Angriff auf die Religion?*, Freiburg 2017; SONJA STRUBE (Hg.),
Rechtsextremismus als Herausforderung für die Theologie, Freiburg 2015.

[526]   ANSGAR KREUTZER, *Politische Theologie für heute. Aktualisierungen und Konkretionen eines theologischen Programmes*, Freiburg 2017.

[527]   Exemplarisch sei hier auf folgende Publikation verwiesen: FRANZ GMAINER-
PRANZL; SANDRA LASSAK; BIRGIT WEILER (Hg.), *Theologie der Befreiung heute.
Herausforderungen – Transformationen – Impulse*, Innsbruck; Wien 2017.

[528]   KÖRNER, *Politische Religion*.

[529]   Ebd., 14.

[530]   Ebd., 13.

die politische Philosophie bzw. Theorie eigenständige Urteile diesbezüglich treffen kann. Im Gegensatz zu Habermas tendenziell funktionalistischem Modell, bedient die Religion nach Körner „nicht einfach die Erwartungen von Gesellschaften und Gesellschaftswissenschaften, sondern überprüft auch deren Ansprüche auf ihre Berechtigung und bietet der nichtreligiösen Gesellschaftsanalyse und -gestaltung andere Begriffe, Erklärungen und Vorgehensweisen an"[531]. Körners These lautet: „Eine öffentliche Theologie braucht sich nicht auf die Formulierung konsensfähiger Werte zu beschränken. Sie kann ihre eigenen Ausdrucksformen zur Geltung bringen."[532] Klar ist aber auch, dass vor einem pluralen Kontext die Theologie(n) sich nur als eine Stimme in diesem Gespräch sehen können. Als eine Stimme in einer pluralen Religions- und Weltanschauungskultur soll Religion bzw. Theologie bescheiden sein und darf mit Widerspruch rechnen, der „wohltuend entideologisierend" wirken kann.[533] Aus eben jenem Grund verfasst Körner seine politische Theologie zum einen zwar dezidiert aus dem Glaubensverständnis der Reich-Gottes-Botschaft heraus und deren Sozialform der Kirche, zum anderen aber bettet er in seine Überlegung zugleich auch immer eine andere theologische Stimme mit ein, und zwar die des Islam bzw. dessen politischer Theologie. Dabei stellt er aber zugleich klar, dass dieser Bezugspunkt zum Islam immer nur von der Außenperspektive erfolgen kann, denn letztlich ist seine Untersuchung „kein vergleichendes Buch, sondern eine katholische Ekklesiologie, die auch von den Zeugnissen der Muslime lernen will."[534] In diesem Sinne spricht sich Körner für ein „politisches Religionsmodell" aus, das er betitelt als „Religion als Inspiration in einer pluralen Gesellschaft"[535]. Insofern kann man Körners politische Theologie als eine Antwort auf den postsäkularen und weltanschaulich pluralen Kontext verstehen.

Neben diesem Modell der Inspiration führt Körner noch weitere sechs Modelle an, die in seinem letzten Modell, „Religion als Anerkennung des Anderen" zusammenlaufen.[536] Hier entwickelt Körner u.a. die Anerkennung der Person als den (auch religiösen) Maßstab für die Legitimität von politischer Herrschaft. Mit diesem Paradigma der Anerkennung des Anderen folgt Körner einem zentralen Motiv der Postmoderne, ohne sich dabei aber explizit auf diese zu beziehen. Ebenso dient dieses Paradigma als Fundament für eine theologische Begründung der Demokratie. Insofern zeichnen sich bei Körners politischer Theologie neben

---

[531]   Ebd., 14.
[532]   Ebd., 267.
[533]   Vgl. 258-259, 284-285.
[534]   Ebd., 17.
[535]   Vgl. das gleichnamige Kp. 6, 252-286.
[536]   Die anderen Modelle sind Religion jeweils als Kultur (Kp. 1, 22-76), Identität (Kp. 2, 77-13), Legitimation von Herrschaft und Gewalt (Kp. 3, 132-174), Relativierung und Kritik menschlicher Macht (Kp. 4, 175-217), Vergegenwärtigung von Schwäche (Kp. 5, 218-250), Inspiration (Kp. 6, 251-286) und als Anerkennung (Kp. 7, 287-307).

der weltanschaulichen Offenheit in ihrer interreligiösen Methodik auch die anderen beiden zentralen Grundzüge einer aktuellen politischen Theologie ab, i.e. eine postmoderne Epistemologie und ein demokratisches Verständnis des Politischen.

In Bezug auf die letzten beiden Grundzüge soll hier noch auf zwei weitere theologisch-politische Ansätze verwiesen werden, die jeweils einen dieser Punkte noch expliziter herausarbeiten. Was die postmoderne Epistemologie anbelangt, sei zunächst auf Ulrich Engels Buch *Politische Theologie „nach" der Postmoderne*[537] verwiesen. In diesem „diskursiven Versuch" will Engel „die philosophische Dekonstruktion für den politisch-theologischen Diskurs fruchtbar [...] machen"[538], indem er die Grundzüge eines theologisch-schwachen Denkens des Politischen entwirft. Dabei ist das „nach" der Postmoderne durchaus zweideutig gemeint: sowohl kritisch im Sinne Zygmunt Baumans („post")[539] als auch gemäß („secundum") der postmodernen Erfahrung des Nichtidentischen. Auf diese Weise gelangt Engel zu einer zugleich schwachen als auch negativen Vernunftkonzeption, die gerade dadurch nicht inhaltsfrei ist, da sie im Bewusstsein ihrer Begrenztheit auf das Andere verwiesen ist, und so – gleich einer *via negationis*, wie Engel sich ausdrückt – „offene Sinnmarkierungen generieren" kann.[540] Damit geht Engel über das schwache Denken der Postmoderne hinaus, denn für ihn muss eine lebenswirkliche Rationalität nicht schweigen, sondern kann sprechen, wenn sie situativ und gemeinschaftlich verankert ist, wie im Falle der Kirche. Im Gegensatz zur Radical Orthodoxy tritt bei Engel aber nicht eine starke Kirche aus dem schwachen Denken rettend hervor. Das schwache Denken ist nicht Einfallstor für die Rekonstruktion einer starken theopolitischen Konstitution von Kirche (und Politik). Dies macht Engel u. a. an der Diskussion mit Leforts Repräsentationskonzept deutlich, die im Kontext unserer Untersuchung besonders interessant ist.[541] Wir werden auf diese Ausführungen im folgenden Abschnitt zur theologischen Rezeption der Radikaldemokratie und Leforts noch genauer zu sprechen kommen.

Zuvor sei allerdings noch auf einen weiteren theologischen Ansatz zur politischen Theologie verwiesen, der die Demokratie dezidiert ins Zentrum stellt: Martin Kirschners Ansatz einer „performativen Politischen Theologie". Ausgangspunkt seiner Überlegungen ist die gegenwärtige politische Krise des europäischen Projekts, welche sich vornehmlich dadurch kennzeichnet, dass ein übergeordneter Grundkonsens brüchig geworden ist. Dadurch treten nach Kirschner fundamentale politisch-theologische Fragen auf, die im „vor-politischen und metapolitischen Raum" anzusiedeln sind. Aufgabe der politischen Theologie ist es, in

---

537   ULRICH ENGEL, *Politische Theologie „nach" der Postmoderne. Geistergespräche mit Derrida & Co*, Ostfildern 2016.

538   Ebd., 13.

539   Siehe beispielhaft ZYGMUNT BAUMAN, *Unbehagen in der Postmoderne,* übers. v. WIEBKE SCHMALTZ, Hamburg 1999.

540   ENGEL, *Politische Theologie „nach" der Postmoderne*, 14.

541   Vgl. ebd., Kapitel 2 „Repräsentation. Die sichtbar-unsichtbare Demokratie (Claude Lefort)", 37-47.

dieser Situation theologische-religiöse Ressourcen des Vertrauens, der Hoffnung und der Solidarität für die Grundlage der politischen Kultur bereitzustellen.[542] Demnach definiert er eine solche performative Politische Theologie wie folgt:

> „Unter einer performativen Politischen Theologie verstehe ich Formen theologischer Reflexion und glaubensgeleiteter öffentlicher Intervention, die nicht auf die normative Grundlegung einer politischen Ordnung zielen, sondern auf die Ausbildung und Stärkung einer politischen Kultur, die Zusammenhalt und Solidarität, Verständigungs- und Versöhnungsprozesse ermöglicht, in denen sich eine solche Ordnung konstituieren, erneuern bzw. erhalten kann."[543]

Hierzu regt Kirschner an, die theologischen Tugenden Glaube, Liebe, Hoffnung in die politischen Ressourcen Vertrauen, Solidarität, Zukunftsfähigkeit für die Zivilgesellschaft bzw. (vor)politische Kultur umzuwandeln. Analog zu den theologischen Tugenden, die von Gottes Initiative bzw. Gnade und Offenbarung abhängen, können auch diese vorpolitischen Ressourcen nicht von der Politik selbst garantiert und hergestellt werden.[544] Diese entstehen in der von Kirschner bezeichneten vor-politische Sphäre.

An dieser Stelle kommt die Performativität ins Spiel. Beides, der religiöse Glaube an Gott und das Festhalten an einer demokratischen Politik, können vor einem postmodernen Hintergrund nicht mehr schlicht zu einer Lehre reduziert werden, die es anzunehmen gilt, sondern zeigen bzw. bezeugen sich erst in ihrem jeweiligen Vollzug in ihren jeweiligen „Sprach-, Lebens- und Sozialformen". Und dieser Vollzug bzw. die Performance ist mehrdimensional und nicht allein auf eine über- bzw. vorgeordnete Initiative (Gottes) begrenzt, sondern um die Aspekte der menschlichen Freiheit (Verschränkung von Glaube und Vernunft) und der gemeinschaftlichen Weitergabe und Konkretisierung (kirchlich-sakramentale Tradition) erweitert.[545] Daraus ergibt sich nach Kirschner folgende vornehmliche Aufgabe einer gegenwärtigen politischen Theologie, die auch im Rahmen unserer Untersuchung von Bedeutung ist: die Performativität des [religiösen] Zeugnisses als Modell einer „vordiskursiven Grundlage des Diskurses" für die vorpolitische Sphäre fruchtbar zu machen.[546] Glaube, verstanden als dynamische Beziehung, hat ein dezidiert demokratieförderliches politisches Potential für

---

542 Vgl. MARTIN KIRSCHNER, „Einleitung", in: DERS.; KARLHEINZ RUHSTORFER (Hg.), *Die gegenwärtige Krise Europas. Theologische Antwortversuche*, Freiburg 2018, 11-25, 14.

543 MARTIN KIRSCHNER, „Die öffentliche Aufgabe der Theologie in der Krise Europas. Überlegungen im Anschluss an Papst Franziskus", in: DERS.; KARLHEINZ RUHSTORFER (Hg.), *Die gegenwärtige Krise Europas. Theologische Antwortversuche*, Freiburg 2018, 29-66, 58, Fn. 49.

544 Vgl. ebd., 60.

545 Vgl. ebd., 59.

546 KIRSCHNER, „Die öffentliche Aufgabe der Theologie", 66. Zur politischen Dimension der religiösen Kategorie des Zeugnisses siehe auch MARTIN KIRSCHNER, „*Ca-*

eine plural und postsäkular verfasste Gesellschaft, wenn er im vordiskursiven Bereich zu einer „Selbstüberschreitung im Einsatz für den Anderen und [einem] Ausgreifen nach Gott anzustoßen und zu vertiefen"[547] vermag.

Um das Paradigma der Performativität für eine politische Theologie noch weiterzuentwickeln, hat Kirschner begonnen, sich Giorgio Agamben zuzuwenden.[548] Agamben ist nach Kirschner für die politische Theologie dabei besonders interessant, da er „einerseits die ‚säkulare' Trennung des Politischen vom Theologischen [unterläuft], [...] andererseits aber ebenso die klassische Metaphysik und Theologie [hinterfragt]"[549]. Auf dem Feld der politischen Theologie ist es dabei vor allem das Konzept der göttlichen Souveränität, welches neu gedacht werden muss. In deutlicher Abgrenzung zu Schmitt heißt es bei Kirschner:

> „Theologisch konfrontiert Agamben m. E. mit der Frage, wie das Messianische – die *kenōsis* des Logos und die *dynamis* des Pneumas – so gedacht werden kann, dass es dem Schöpfergott und der Schöpfungsordnung nicht entgegengesetzt, also kein gnostischer Dualismus in Gott eingetragen wird, und dass die Königsherrschaft Gottes als eine messianische und eschatologische verstanden wird (vom anbrechenden Reich Gottes her) und nicht als statische Legitimation einer Herrschaftsordnung."[550]

Anstatt statischer Legitimation geht es Kirschner um eine performative Unterbrechung. Die Nähe zu Metz ist dabei unverkennbar, wobei allerdings Metz Ansatz der Unterbrechung nochmal performativ aufgebrochen und nicht von einem transzendenten Außen her konzipiert wird. Hierfür ist Agambens Ansatz der ideale Bezugspunkt, gilt sein Interesse an der Theologie doch nicht so sehr den verschiedenen theologischen Konzepten, sondern vor allem den „inneren Ambivalenzen ihrer Vollzugsformen [...] – die Art und Weise, wie in ihrem Gebrauch Gott in Anspruch genommen wird"[551], wie Kirschner anführt. Für die Frage nach der Souveränität Gottes und mit dieser verbunden aber letztlich auch die Frage nach der Machtkonstitution in der Demokratie, wirft Kirschner nun einen Blick

---

tholicity as Witness and Dialogue. The Council's Foundation of Faith in Dei Verbum as Hermeneutical key", in: SHAJI GEORGE KOCHUTARA (Hg.), *Revisiting Vatican II. 50 Years of Renewal*, Bd. II. Selected Papers of the DVK International Conference, Bangalore 2015, 329-345.

547   KIRSCHNER, „Die öffentliche Aufgabe der Theologie", 57.

548   Siehe vornehmlich MARTIN KIRSCHNER (Hg.), *Subversiver Messianismus. Interdisziplinäre Agamben-Lektüren*, Baden-Baden 2020.

549   MARTIN KIRSCHNER, „Neuer Gebrauch, destituierende Kraft und die Suche nach einer messianischen Lebenskunst – Die Rekapitulation des Homo-Sacer-Projekts im Epilog von *L'uso dei corpi*. Eine theologisch-politische Lektüre", in: DERS. (Hg.), *Subversiver Messianismus. Interdisziplinäre Agamben-Lektüren*, Baden-Baden 2020, 305-364, 309-310.

550   Ebd., 311.

551   MARTIN KIRSCHNER, „Einleitung", in: DERS.,(Hg.), *Subversiver Messianismus. Interdisziplinäre Agamben-Lektüren*, Baden-Baden 2020, 7-26, 16.

auf Agambens Konzept der messianischen Kraft, der „destituierenden Kraft" (Itl. *potenza destituente*). Wie diese Wortschöpfung andeutet, ist dies keine konstituierende Macht, sondern eher als eine subversive Form der Macht zu verstehen, die gleichwohl auch nicht vollkommen in der Negation verharrt. Sie hat damit eine deutliche Nähe zu Gottes „schwacher Macht", die ihren Ausdruck im bereits oben zitierten Verweis auf die *kenosis* findet, verstanden als Vollzugsform der der Macht Gottes, die sich einerseits entäußert und andererseits aber gerade dadurch vollzieht und wirksam wird. Erneut hierzu Kirschner:

> „Dies lässt sich m. E. mit dem Ansatz von Agamben ins Gespräch bringen, insofern die messianische Kraft als ‚potenza destituente' ja gerade nicht als Negation der Ordnung oder Allmacht Gottes verstanden werden darf, sondern als eine andere Form, sie ‚gebrauchend' zu leben. [...] Kenosis, Inkarnation und Kreuz meinen nicht Abdankung Gottes oder Negation seiner Allmacht, sondern sind die Form ihrer Ausübung und Offenbarung – und konfrontieren daher die christliche Theologie mit der Aufgabe einer Reformulierung der Metaphysik und Ontologie in ‚schwachen', geschichtlichen Kategorien."[552]

Dieses Projekt steht allerdings noch in seinen Anfängen, ganz besonders, was auch die Verbindung mit aktuellen säkularen Demokratietheorien betrifft. In der Erschließung der Radikaldemokratie, insbesondere der Leforts, für die theologische politische Theologie versteht sich die vorliegende Arbeit als Beitrag zu diesem Projekt. Damit kommen wir schließlich zur Diskussion der Rezeption der Radikaldemokratie in der Theologie.

2.4.3.2   Erste Schritte in Richtung einer radikaldemokratischen politischen Theologie: Auf der Spur von Lefort

In diesem Abschnitt wird dargestellt, inwieweit das Feld der politischen Theologie bereits Impulse aus der Radikalen Demokratie aufgenommen und verarbeitet hat. Ziel dieser Darstellung ist dabei, zunächst einen Überblick über die recht überschaubare Anzahl an Publikationen zu geben, vor allem was die deutschsprachige Theologie betrifft. Davon ausgehend liegt das Hauptaugenmerk dieses Abschnitts aber in der systematischen Erschließung der vereinzelten theologischen Zugänge zur Radikaldemokratie. Leitend ist hier die Frage, inwieweit bereits erarbeitete theologische Zugänge für einen in diesem Kapitel skizzierten aktuellen theologischen Ansatz für eine politische Theologie vorliegen bzw. wo sich bis dato Lücken in der Forschung ergeben. Daran anschließend soll im folgenden Abschnitt angezeigt werden, inwieweit ein theopolitischer Zugang zur Sakramententheologie diese im Folgenden noch darzustellende Forschungslücke möglicherweise adressieren kann.

---

[552]   KIRSCHNER, „Neuer Gebrauch, destituierende Kraft", 322-323.

Damit werfen wir zunächst einen Blick auf die deutschsprachige Theologie. Im weiteren Umfeld der Radikaldemokratie ist zunächst Annette Langner-Pitschmann zu erwähnen, die mit einem vornehmlichen erkenntnistheoretischen Interesse Castoriadis Konzeption des Imaginären auf dessen Potential für eine Geltungstheorie religiöser Rede hin untersucht.[553] Die Rolle des Imaginären in der Konstitution der gesellschaftlichen Wirklichkeit zu untersuchen, bietet dabei nicht allein, wie Langner-Pitschmann betont, Anschlussmöglichkeiten für den religionsphilosophischen Diskurs, sondern hat auch großes Potential für theopolitische Fragestellungen, wie im folgenden Kapitel mit Cavanaughs Ansatz gezeigt wird.

Neben diesem eher fundamentaltheologischen Interesse ist auch eine verhaltene Rezeption in der katholischen Sozialethik zu verzeichnen. So hat Daniel Bogner einen kurzen Onlineartikel verfasst, in welchem er die Chancen und Möglichkeiten der Radikalen Demokratie für die Sozialethik skizziert.[554] In das Umfeld hierzu passt zudem ein Artikel, in dem sich Bogner mit dem Repräsentationskonzept in der Demokratie befasst.[555] Hierin stellt er die kritische Anfrage an das Verständnis von demokratischer Repräsentation, die zugleich beides und nichts davon ist: weder reine pluralistische Interessensabbildung noch quasi homogene symbolische Verdichtung des Volkswillens. Stattdessen spricht Bogner mit Bruno Latour von einem uneinholbaren Anspruch in der demokratischen Repräsentation und weist der Repräsentation mehr die Rolle eines „verdichteten Symbolbegriffs" zu, der mehr auf die Abbildung einer gesellschaftlichen Vision im Ganzen hinausläuft.[556] Unter diesem Gesichtspunkt spricht sich Bogner für Butlers performative Theorie der Versammlung aus, die auf einem Kernparadox der Demokratie beruht, wonach die Dissonanz zwischen Volkssouveränität einerseits und deren Repräsentation in einem Regime andererseits nie aufgelöst werden kann. Stattdessen könne diese Spannung nur produktiv, i.e. konstitutiv genutzt und ins Zentrum des politischen Prozesses gestellt werden.[557] Daraus schlussfolgert Bogner, dass demokratische Politik nur legitim ist im Bewusstsein von einem

---

[553]   Siehe ANNETTE LANGNER-PITSCHMANN, „‚Es gibt kein Denken ohne das Imaginäre'. Die Vernunft des Glaubens im Horizont der Politischen Philosophie von Cornelius Castoriadis", in: MICHAEL MOXTER; MARKUS FIRCHOW (Hg.), *Vernunft – Fiktion – Glaube*, Leipzig 2020, 55-76.

[554]   Siehe DANIEL BOGNER, „Das Politische neu denken. Braucht die christliche Sozialethik eine Theorie radikaler Demokratie?", www.ethik-und-gesellschaft.de/ojs/index.php/eug/article/download/ 2-2012 art-3/71, abgerufen am 23.11.2017.

[555]   Siehe DANIEL BOGNER, „Krise der Repräsentation – Ende der Demokratie?", in: WALTER LESCH (Hg.), *Christentum und Populismus. Klare Fronten?*, Freiburg 2017, 50-61.

[556]   Vgl. ebd., 57. Siehe auch BRUNO LATOUR, *Wir sind nie modern gewesen. Versuch einer symmetrischen Anthropologie*, Frankfurt a. M. 2008.

[557]   Vgl. ebd., 59-60. Siehe auch JUDITH BUTLER, *Anmerkungen zu einer performativen Theorie der Versammlung*, Berlin 2015.

Außen zu ihren politischen Prozessen, das sich gerade immer wieder in der Gestalt von Revolutionen und Revolten „an der Wurzel der demokratischen Rechtsstaaten" zeigt.[558] Darin lassen sich klare Linien zu Leforts Begriff der Bresche und seinem Symbol der Leerstelle als Repräsentation dieses Außen erkennen.

Neben Bogner beschäftigt sich auch Wolfgang Palaver, ebenfalls aus einer sozialethischen Perspektive, mit der Radikaldemokratie, allen voran mit der Konzeption Mouffes.[559] Sein Zugang ist dabei vornehmlich von Mouffes Befürwortung eines Linkspopulismus geprägt, als Alternative zum Rechtspopulismus als einziger Alternative zum neoliberalen Globalismus. Mit zusätzlichem Verweis auf Žižek und Rancière zeigt Palaver dabei einige Sympathien für Mouffes Ansinnen, das Monopol auf politische Leidenschaft aus dem rechten Lager zu holen und der Gefahr der Entpolitisierung durch Marktherrschaft und Konsens-Demokratie entgegenzuwirken. Allerdings beurteilt er Mouffes Konzeption des Politischen als Antagonismus als „nicht unproblematisch", aufgrund der „gefährliche[n] Nähe [zu] jener Freund-Feind-Unterscheidung, die Carl Schmitt zum Kriterium des Politischen erklärte"[560]. Gleichwohl räumt er aber auch ein, dass Mouffe sich dieser Problematik durchaus bewusst ist und ihr mit der Umwandlung des Antagonismus in Agonismus, von politischer Feindschaft in Gegnerschaft, begegnet.[561] In seiner abschließenden Beurteilung geht es daher Palaver eher um Ergänzungen von Mouffe aus Sicht der Theologie. Zum einen spricht sich Palaver mit Bezug auf Augustinus auf die Notwendigkeit eines Ziels für die (politische) Leidenschaft aus, das bei Augustinus ja gerade nicht im Prozess des Politischen selbst, sondern außerhalb dessen, in Gott, liegt. In diesem Zusammenhang kritisiert er zum anderen auch Mouffes Agonismus für die letztendliche Unausweichlichkeit des Konflikts. Demgegenüber spricht er aus sozialethischer Perspektive von der grundsätzlichen Ausrichtung auf Gott als möglichem Gegengewicht zum Konflikt, die zu einer „Grundhaltung der Geschwisterlichkeit als vorpolitische Voraussetzung" für eine versöhnte Menschheit jenseits aller Konfliktlagen führt und die eine bessere Vision des Politischen mit sich bringt.[562] Im Grunde operiert Palaver damit genauso wie Bogner. Beide beurteilen das Potential der Radikaldemokratie auf der Grundlage der katholischen Sozialethik. Dieser Zugang hat seine Berechtigung und ist für eine breitere Rezeption der Radikaldemokratie in Theologie und Kirche sogar ganz zentral. Was dieser Zugang aber nicht bieten kann, ist eine tiefe Auseinandersetzung mit den Grundannahmen der Radikaldemokratie, wie diese beispielsweise Kirschner in Bezug auf Agamben als Herausforderung zur Reformulierung des theologischen Gottesverständnisses benannt hat.

---

[558]   Vgl. ebd., 61.

[559]   Siehe WOLFGANG PALAVER, „Neue Theorien radikaler Demokratie auf dem Prüfstand", in: WALTER LESCH (Hg.), *Christentum und Populismus. Klare Fronten?*, Freiburg 2017, 62-71.

[560]   Ebd., 67.

[561]   Vgl. ebd., 69.

[562]   Vgl. ebd., 70-71.

Die Anfänge einer solchen Rezeption sind bereits in der deutschsprachigen Theologie, vornehmlich in ihrer lutherischen Ausprägung, unternommen worden. Zwei Sammelbände sind in diesem Zusammenhang besonders hervorzuheben. Der erste davon wurde von dem Philosophen Dominik Finkelde und der bereits oben eingeführten Rebekka Klein unter dem Titel *Souveränität und Subversion. Figurationen des Politisch-Imaginären*[563] herausgegeben. Der Großteil der Beiträge wurde von Philosoph*innen und Literaturwissenschaftler*innen verfasst und befasst sich aus den unterschiedlichsten Blickwinkeln mit einer Rekonzeptionierung der Souveränität unter postmodernem Vorzeichen. Besonders hervorzuheben für die theologische Debatte sind dabei die Beiträge von Klein und dem Heidelberger evangelischen Dogmatiker und Religionsphilosophen Philipp Stoellger.[564] Beide verbinden ihre Ausführungen zur Dekonstruktion der Souveränität mit einer Diskussion über die Folgen für die Konzeption eines transzendenten Gottes. Beide stellen dabei das entideologisierende Potential dieses Transzendenzbezuges heraus und wenden sich entschieden gegen die Schmitt'sche Legitimationstheorie weltlicher Herrschaft aufgrund dieses Bezuges. Kleins Ansatz ist dabei die Totalitarismuskritik Žižeks und Leforts, die sie mit der Theologie Karl Barths in Bezug setzt. Aufgrund dieser Konzentration auf Lefort, werden wir uns am Ende dieses Abschnitts nochmals näher mit Kleins Interpretation befassen. An dieser Stelle sei noch kurz auf die markanten Punkte von Stoellgers Ansatz verwiesen, die im Verlauf unserer Untersuchung noch von größerer Bedeutung sein werden. Stoellger richtet seine Untersuchung, durchgeführt unter der Prämisse, dass Theologie auch immer eine Theorie von Souveränität sei, auf vornehmlich zwei theologische Themen, die es seiner Meinung nach mit einer dekonstruierten oder auch zerstreuten Souveränitätskonzeption im Rücken neu zu denken gilt: zum einen auf die (Aporie der) Souveränität des Papstes und zum anderen auf das „Arcanum der Theopolitik: Wer hat das Sagen in Sachen Eucharistie?"[565] Wie der Verlauf der Arbeit noch zeigen wird, spricht Stoellger damit die zwei zentrale Themen des Amtes und der Sakramente an, die auch die gesamte weitere Untersuchung leiten werden.

Damit kommen wir zu dem zweiten Sammelband, herausgegeben von der evangelischen Theologin Friederike Rass und abermals Klein unter dem Titel *Gottes*

---

[563]   REBEKKA A. KLEIN; DOMINIK FINKELDE (Hg.), *Souveränität und Subversion. Figurationen des Politisch-Imaginären*, Freiburg; München 2015.

[564]   Siehe KLEIN, „Subversion der Souveränität. Ein unmögliches Unterfangen?", in: DIES; DOMINIK FINKELDE (Hg.), *Souveränität und Subversion. Figurationen des Politisch-Imaginären*, Freiburg; München 2015, 277-296, sowie PHILIPP STOELLGER, „Souveränität nach der Souveränität. Zur Delegation und Zerstreuung von Souveränität – und ihrer Unausweichlichkeit", in: REBEKKA A. KLEIN; DOMINIK FINKELDE (Hg.), *Souveränität und Subversion. Figurationen des Politisch-Imaginären*, Freiburg; München 2015, 19-67.

[565]   Ebd., 50. Den Begriff des Arcanums der Theopolitik übernimmt Stoellger von Agamben, auf den er sich in seinen Ausführungen stützt.

schwache Macht. Alternativen zur Rede von Gottes Allmacht und Ohnmacht[566].
In den verschiedenen Beiträgen, zumeist verfasst von evangelischen Theolog*innen, geht es in dieser „nach-metaphysischen Spurensuche" um die Erschließung des Konzeptes der schwachen Macht Gottes jenseits von Allmacht und Ohnmacht. Die Stoßrichtung dieses Sammelbandes, der eine eher lose Sammlung von Beiträgen zu Žižek, Levinas, Vattimo, Foucault, Agamben und anderen postmodernen Denkern darstellt, ist dabei doppelt: zum einen gerichtet auf die Weiterentwicklung der Theologie und zum anderen eher politisch-theologisch auf das Freilegen der subversiven Kraft des Konzeptes der schwachen Macht Gottes für die (post)säkulare Gesellschaft. Dieser Spur soll auch in der vorliegenden Arbeit gefolgt werden. Wie die große Bandbreite der Beiträge in diesem Band belegt, steht die Forschung im Bereich der theologischen politischen Theologie hierzu noch in den Anfängen und dies ganz besonders mit Blick auf den deutschsprachigen katholischen Raum. Diese Sachlage, zumindest was das breite Umfeld der Radikaldemokratie anbelangt, liegt im englischsprachigen Raum, zumal den USA, ein wenig anderes.

Zunächst sei in aller Kürze auf die theologische Rezeption von Wolins *Fugitive Democracy* verwiesen. Hier gilt es auf zwei Artikel hinzuweisen. Der erste davon wurde von dem US-amerikanischen katholischen Systematiker Chad C. Pecknold verfasst, mit dem Ziel, den Einfluss von Henri de Lubac auf Wolin darzustellen.[567] Der zweite Artikel stammt von William Cavanaugh. Darin zeigt er eine prinzipielle Vereinbarkeit zwischen Wolins *Fugitive Democracy* und Augustinus *De civitate Dei* auf.[568] Auf beide Publikationen wird noch in der Diskussion von Cavanaugh detailliert eingegangen werden. Wie aber in der oberen Darstellung von Wolin bereits angedeutet wurde, ist der Nutzen von Wolin für die hier angestrebte Reformulierung einer theologischen politischen Theologie nur begrenzt. Der Hauptgrund hierfür liegt in seiner Absage an einen Transzendenzbezug bzw. dessen Substitut.

Ein ähnliches Problem zeigte sich auch in der Diskussion von Negris und Hardts demokratischen Projekts der *Multitude*. Ungeachtet dessen, ist es aber gerade dieser Zugang zur Radikaldemokratie, der in der US-amerikanischen Theologie die größte Resonanz hervorgerufen hat. Negri und Hardts Konzeption stehen am Anfang einer neuen theologischen politischen Theologie, die sich selbst den Namen *Radical Political Theology* gegeben hat. Die Namensgeber und zentralen Figuren sind Jeffrey W. Robbins und Clayton Crockett, die zusammen mit

---

[566]   REBEKKA A. KLEIN; FRIEDERIKE RASS (Hg.), *Gottes schwache Macht. Alternativen zur Rede von Gottes Allmacht und Ohnmacht*, Leipzig 2017.

[567]   PECKNOLD, „Migrations of the Host".

[568]   CAVANAUGH, „A Politics of Multiplicity. Augustine and Radical Democracy", in: DERS., *Field Hospital*, 140-156.

Creston Davis und Žižek auch eine Buchserie mit dem Titel *Insurrections: Critical Studies in Religion, Politics, and Culture* herausgeben.[569] Wenn schon nicht als eigenständige Schule, so kann man Crockett und Robbins doch ein gemeinsames theopolitisches Programm zuschreiben, das seinen Ausgang in einem postliberalen und postsäkularen Zugang zu Fragen der politischen Theologie hat. Bezugsgröße für beide ist die nachmetaphysische kontinentale Philosophie, allen voran postmoderne Denker*innen.[570] Aus dieser philosophischen Ausrichtung ergibt sich auch deren Anschlusspunkt an die theologische Diskussion, den diese vornehmlich über John Caputo und Gianni Vattimo gehen.[571] Auf den ersten Blick scheinen Crockett und Robbins damit die Art einer theologischen politischen Theologie zu betreiben, nach der hier gesucht wird. Letztlich aber ist dies nicht der Fall und dass aus dem bereits oben angedeuteten Grund: aus einer zu „säkularisierten", i.e. immanentisierten Form der theologischen Komponente in ihrem Ansatz. Um dies genauer zu explizieren, soll im Folgenden etwas näher auf die jeweiligen Ansätze von Robbins und Crockett eingegangen werden.

Zunächst zu Robbins, der seine Untersuchung ausgehend von folgender Frage anstellt: „Does the postliberal and postsecular require us also to be postdemocratic as well?"[572] Um diese Frage mit *Nein* beantworten zu können, müssen nach Robbins zwei Bewegungen vollzogen werden: „A truly radical political theology would be one that put both the political and the theological order in question"[573]. Zum einen muss die demokratische Tradition von der des Liberalismus und dem Säkularismus getrennt werden. Dies zeigt Robbins mit Verweis auf Jeffrey Stout und Stephen Carter auf.[574] Und zum anderen muss darauf aufbauend

---

[569]   Siehe CLAYTON CROCKETT; WARD BLANTON; JEFFREY W. ROBBINS; NOELLE VAHANIAN, *An Insurrectionist Manifesto. Four New Gospels for a Radical Politics*, New York 2016.

[570]   Siehe CLAYTON CROCKETT (Hg.), *Secular Theology. American Radical Theological Thought*, New York 2001; DERS., *Radical Political Theology. Religion and Politics After Liberalism*, New York 2011; DERS.; JEFFREY W. ROBBINS, *Religion, Politics, and the Earth. The New Materialism*, New York 2012; sowie JEFFREY W. ROBBINS, *Radical Democracy and Political Theology*, New York 2011. Eine erste Rezension zu Crocketts *Radical Political Theology* und Robbins *Radical Democracy and Political Theology* bietet DANIEL COLUCCIELLO BARBER in: *Political Theology* 14 (1/2013), 131-134.

[571]   Siehe Siehe JOHN D. CAPUTO, *The weakness of God. A Theology of the Event*, Bloomington, Ind. 2006; GIANNI VATTIMO, *After the Death of God*, hg. v. JEFFREY W. ROBBINS, New York 2007.

[572]   ROBBINS, *Radical Democracy and Political Theology*, 4.

[573]   Ebd., 9.

[574]   Vgl. ebd., Kapitel 3, „Political and the Postsecular", 77-97. Hier heißt es auf Seite 90 z. B.: „At its best the public, political sphere is not neutral but conflictual, involving competing religious (and nonreligious) conceptions of the good." Siehe auch STEPHEN L. CARTER, *The Culture of Disbelief. How American Law and Politics Trivialize Religious Devotion*, New York 1994; JEFFREY STOUT, *Democracy and Tradition,* Princeton 2004.

eine theologische Begründung der Demokratie erarbeitet werden oder sogar eine neue, der Demokratie spezifische Theologie.[575] Hierfür ist es zunächst entscheidend, den von Carl Schmitt aufgemachten Gegensatz zwischen politischer Theologie und Demokratie aufzulösen. Auf den großen Einfluss Schmitts führt Robbins auch den undemokratischen Unterton in der politischen Theologie zurück, der sich in den USA gerade in konservativen Kreisen mit einem Antiliberalismus verbunden hat. Im Zentrum dieser Form der politischen Theologie steht nach Robbins Schmitts Konzept von Souveränität. Analog zu Schmitts Souveränitäts-konzepts des *Einen*, das absolut und jenseits konstituiert ist, sowie dessen Autoritätsbegriff des Ausnahmezustandes, habe man sich auch in der theologischen Betrachtung der Politik zu sehr von dem Konzept eines allmächtigen und absolut transzendenten Gottes leiten lassen. Demgegenüber sucht Robbins nach einem alternativen Souveränitätskonzept, das er in der demokratischen Tradition ausfindig macht. Hierbei verweist er beispielsweise auf Alexis de Tocqueville, der in seiner berühmten Abhandlung über die amerikanische Demokratie festhält: „The people reign over the American political world like God over the universe"[576]. Zudem stellt Robbins fest, dass vor dem Hintergrund der Globalisierung und eines sich immer weiter ausbreitenden kapitalistischen Marktes das Konzept der nationalen Souveränität an seine Grenzen stößt.[577] Die Antwort auf diese Herausforderung kann nach Robbins nur mehr Demokratie bedeuten. Dieser Spur folgend gelangt Robbins zur Theorie der Radikalen Demokratie, allen voran Michael Hardts und Antonio Negris Konzept der *Multitude*.

In Anlehnung an deren Ontologie der reinen Immanenz will Robbins zu einer „political theology without sovereignty", einer „political theology of the multitude" gelangen, weg von „an antiquated ontology of sovereignty in which the nation-state stands as the autonomous subject"[578]. Der Weg dahin führt weg von monopolaren und vereinheitlichenden theopolitischen Konzepten der Souveränität. Stattdessen verortet Robbins politische Macht mit Negri und Ranciére im sozialen, vorpolitischen Bereich, eine Macht, die sich erst im Moment der Kooperation der Menge konstituiert.[579] Dieser Aspekt der Machtkonstitution lässt sich mit dem zweiten Aspekt aus Robbins Untersuchung verbinden, der auch für unsere eigenen Überlegungen von Interesse ist: die (politische) Vorstellung bzw. Imagination als politischer Akt (Eng. *act of political imagination*). Robbins fragt: „What if the very imagination of a more democratic future is itself a political act?"[580] Dieser politische Akt der Vorstellung hat zwei Momente: Zum einen Derridas berühmtes Axiom, wonach Demokratie das Versprechen von immer mehr

---

[575] Vgl. ROBBINS, *Radical Democracy and Political Theology*, 184-185.

[576] Ebd., 24. Siehe ALEXIS DE TOCQUEVILLE, *Democracy in America*, übers. v. GERALD E. BEVAN, New York 2003, 611.

[577] Vgl. ROBBINS, *Radical Democracy and Political Theology*, 41-46.

[578] Ebd., 182.

[579] Vgl. ebd., 72-74.

[580] Ebd., 49.

Demokratie ist. „Democracy is its own promise"[581]. Demokratie ist damit prinzipiell unabgeschlossen. Und zum anderen erwächst daraus aber auch die demokratische Verpflichtung, kontinuierlich die Legitimität einer bestimmten politischen Ordnung zu hinterfragen. Dieses zweite Moment gewinnt Robbins von Sheldon Wolins *fugitive democracy*.[582] Diese Festlegung auf den flüchtigen Charakter der Demokratie erklärt auch, warum Robbins auf theologischer Seite eine große Sympathie für die prophetische Tradition und das Exodusmotiv hegt.[583]

Leider versäumt Robbins die Chance, diese theologischen Motive für die Diskussion der radikalen Demokratie wirklich fruchtbar zu machen. Diese Feststellung passt gut in die Gesamteinschätzung von Robbins Werk, das einerseits eine sehr gute Rezeption der radikaldemokratischen Theorie darstellt, andererseits aber bei der theologischen Durchdringung dieser Theorie in den Ansätzen verbleibt. In seiner Rezension spricht Daniel Colucciello Barbe diesbezüglich sehr treffend von Robbins „verbliebenem Humanismus" (Eng. *residual humanism*). Mit Negri vollzieht er allzu unkritisch den Wechsel von Transzendenz zu Immanenz, ganz besonders in Negris Lesart von Spinoza, der auch für Robbins als oberster Gewährsmann für die Ontologie einer radikaldemokratischen politischen Theologie gilt.[584] Dies bringt uns erneut zu einer der zentralen Fragen dieser Untersuchung, nämlich zu der Frage, wie Transzendenz und Immanenz miteinander verschränkt werden können, ohne dabei die eine in die andere Seite aufzulösen.

Auch für Crockett ist Negris radikalimmanente Lesart von Spinoza von großer Bedeutung. Gestützt auf Spinoza und Negri bezeichnet sich Crockett als Vertreter einer „radical theology that affirms the death of God is freed from transcendence"[585]. Für Crockett ist es die post-marxistische Theorie, die eine echte Alternative zur immer gleichen Gegenüberstellung von liberal und konservativ darstellt, welche beide für Crockett letztlich immer im säkularen Paradigma verwurzelt bleiben. Die Zuschreibungen liberal und konservativ sind dabei beides, politisch und theologisch, denn für Crockett gilt auch, dass in einer postsäkularen

---

[581]   Ebd., 49. Vgl. auch ebd., 28. Siehe Jacques Derrida, *Das andere Kap. Die vertagte Demokratie. Zwei Essays zu Europa*, übers. v. Alexander García Düttmann, Frankfurt a. M. 1992.

[582]   Vgl. Robbins, *Radical Democracy and Political Theology*, 26-27, 32, 37.

[583]   Vgl. ebd., 182.

[584]   Vgl. Rezension von Daniel Colucciello Barbe, 133. Siehe Antonio Negri, *Die wilde Anomalie. Baruch Spinozas Entwurf einer freien Gesellschaft*, Berlin 1982; Ders., *Spinoza for Our Time*, New York 2013. Zu einer alternative Lesart von Negirs Interpretation von Spinoza, die zumindest eine Offenheit gegenüber Substituten der Transzendenz wahrt siehe auch Tautz, „(E) pluribus unum?".

[585]   Crockett, *Radical Political Theology*, 165. Jedoch führt er diesbezüglich kurz zuvor auf Seite 164 etwas vorsichtiger aus: „This trajectory is neither an embrace nor an exclusion of transcendence, but thinks beyond liberalism and eschews conservatism as well as nostalgia for liberal and traditionalist theologies and political theories."

(oder besser: „postsäkular*istischen*") Situation, die Trennung zwischen politischer Philosophie und politischer Theologie nicht aufrechterhalten werden kann.[586] Teil dieser postsäkularen Situation ist die Krise der Demokratie, die wie bei Robbins nur mit dem Ruf nach mehr Demokratie beantwortet werden kann. Daher konstruiert Crockett seine „Interventionen" zu einer radikalen politischen Theologie rund um das Konzept der Potentialität. Entlehnt ist dieses Konzept der Potentialität (Lat. *potentia*) den Werken *Empire* und *Multitude* von Negri und Hardt, worin die beiden Autoren die Potentialität der Menge dem traditionellen Souveränitätskonzept der *potestas* des Herrschers gegenüberstellen.[587] Die Interpretation der Freiheit als Potentialität lässt dabei nicht von ungefähr an die Postmoderne denken. Die zentralen Personen, entlang derer Crockett seine einzelnen Interventionen aufbaut, sind Vertreter*innen der Postmoderne wie Cathrine Malabou mit ihrem Konzept der messianischen Plastizität, Catherine Keller und John Caputo mit ihren jeweiligen Konzepten eines zugleich schwachen und starken Gottes und Giorgio Agamben und Gilles Deleuze mit ihrem jeweiligen Konzept des Ereignishaften des Rechts jenseits des Rechts.

Im Rahmen unserer Untersuchung bietet besonders das zweite Kapitel, „Sovereignty and the Weakness of God" wichtige Impulse. Crockett beginnt darin mit der Analyse des modernen Macht- und Souveränitätsbegriffs, wie er ihn vor allem bei Machiavelli und besonders bei Hobbes verwirklicht sieht. Dieses moderne, auf das Eine bezogene Souveränitätskonzept habe sich im Laufe der Zeit bis zur Etablierung der Demokratie nicht grundsätzlich geändert, weswegen Crockett zufolge bis dato noch kein der Demokratie eigenes Souveränitätskonzept bestehe: „Popular sovereignty is derived from absolute, monarchical sovereignty because it is the unitary will of the people that is sovereign, not the individual whims of the multitude"[588]. Souveränität in einer liberalen Demokratie unterscheidet sich nach Crockett demnach nicht prinzipiell von der in einer Monarchie, solange die Souveränität in den Grenzen des modernen Nationalstaates und des einen und vereinheitlichenden Volkswillen gefasst ist.[589] Demgegenüber will Crockett die Möglichkeit eines demokratischen Gegenbegriffs zum positiven Souveränitätskonzept abwägen, das er folgendermaßen beschreibt: „Sovereignty, if it can still be called sovereign, will be seen as a ‚power not to', the ability to resist exercising positive power"[590]. Eine Macht also, die sich in der bloßen Potenzialität, d.h. Möglichkeit zu Handeln zeigt. Um zu dieser Art von Souveränität zu gelangen, folgt Crockett der Spur von Derridas und Agambens Dekonstruktion der Souveränität. Ansatzpunkt ist dabei, die Verbindung zwischen der (All-)Macht Gottes und dessen Einheit aufzubrechen. Im Grunde gedenkt Crockett Souveränität zu

---

[586] Vgl. ebd., 2-3, 163.
[587] Vgl. ebd., Kapitel 3 „Baruch Spinoza and the Potential for a Radical Political Theology", 60-76.
[588] Ebd., 46.
[589] Vgl. ebd., 48.
[590] Ebd., 45.

demokratisieren, indem er die Einheit Gottes „demokratisiert", von der sich letztlich jedes einheitliche Souveränitätskonzept entweder systematisch oder genealogisch ableitet. An dieser Stelle bringt Crockett Caputos *The Weakness of God*
ins Spiel, wenn er schreibt: „God's power is a radical promise, the hope of an
event to come, an event absolutely unforseen and unconditional"[591]. Den zweiten
theologischen Input stellt die Prozesstheologin Catherine Keller dar. Auch sie
beruft sich in *God and Power*, in welchem sie die Konzepte *theo-poetics* und
theopolitics of becoming entwickelt, auf die zukünftige und prinzipiell unabge-
schlossene Dimension des Politischen wie auch des Theologischen.[592]

Tatsächlich aber sind Crocketts Ausführung zu Caputo und Keller vom Umfang
her lediglich erste Denkanstöße. Sie dienen ihm als erste Gewährspersonen auf
theologischer Seite, mit deren Hilfe man auf Souveränität als Potentialität, als
„nonsovereign sovereignty", eingehen kann. Gleiches gilt auch für Crocketts kurzen Verweis auf Judith Butlers Interpretation von Walter Benjamins Essay *Zur
Kritik der Gewalt*[593]. Auch hier begnügt sich Crockett mit dem Verweis darauf,
dass nach Benjamin und Butler Gottes messianische Gewalt als „Gewalt ohne
Gewalt" gesehen werden kann, die sich wiederum in Bezug zum Konzept der
Souveränität als Potentialität bringen lasse. Auch wenn Crocketts Versuch einer
Genese eines alternativen, radikaldemokratischen Souveränitätskonzeptes lediglich in den Ansätzen vorhanden ist, gebührt seinem Ansatz doch große Anerkennung für diesen ersten entscheidenden Schritt in Richtung einer radikaldemokratischen politischen Theologie.

Doch bei aller Anerkennung, die Robbins und Claytons Ansatz zuzusprechen
ist, bleibt das Problem des fehlenden Transzendenzbezugs, der bereits in der Darstellung und Diskussion zu Hardt und Negris radikalimmanenter Demokratie der
Multitude angesprochen wurde. So kann ihnen zwar zugestanden werden, dass
sie (zumindest die Ansätze für) eine Theologie entwerfen, die zur Radikaldemokratie im Sinne der beiden Autoren passt. Allerdings besteht auch genau darin
letztlich ihre Schwachstelle aus theologischer Sicht: indem sie exakt einem bestimmten radikalimmanenten Ansatz folgen, lassen sie die politische Philosophie
nicht zu einem Dialogpartner für eine theologische politische Theologie werden.
Stattdessen geht die Theologie vollkommen auf in deren radikaler politischer
Theologie, die aber der Sache nach vor allem eine säkulare bzw. „politische" (und
nicht „theologische) politische Philosophie ist, die sich für ihre Konzeption lediglich passende theologische Konzepte sucht. Sie verfallen damit letztlich dem,
was Jared Schumacher eine „secularist temptation" nennt, die er mit Bezug auf

---

[591]   Ebd., 51.
[592]   Vgl. ebd., 52-54. Siehe CATHERINE KELLER, *Face of the Deep. A Theology of Becoming*, London 2003; DIES., *God and Power. Counter-apocalyptic Journeys*, Minneapolis 2005.
[593]   Vgl. ebd., 58-59. Siehe JUDITH BUTLER, „Critique, Coercion, and Sacred Life in
Benjamins' ‚Critique of Violence'", in: HENT DE VRIES; LAWRENCE SULLIVAN
(Hg.), *Political Theologies. Public Religions in a Post-Secular World*, New York
2006, 201-219.

Crockett in folgenden scharfen Worten beschreibt: „The other temptation is that of theological *cooption* or *reduction*, in which theological language comes under the control of political and immanentist secular ideologies, who instrumentalize god-talk to license political regimes that are established prior to or apart from meaningful theological appeal.“[594] Eine immanente säkulare Ideologie muss dabei nicht abwertend verstanden werden. Das Problem liegt im Falle von Hardt und Negri nicht in deren Neukonzeption von Demokratie und dem ihr zugrundeliegenden Souveränitätskonzept. Lediglich innerhalb dieser Konzeption ist es die Reduktion auf einen immanenten Rahmen, die Probleme aus theologischer Sicht bereitet, auch wenn versucht wird, diesen in einem (unendlichen?) Prozess des Politischen vor seinem totalitären Impetus zu schützen. Mit Schumacher könnte man das Problem so fassen: „Each ideology relies on some immanent principle that must be taken in a strictly univocal way (e.g., reason *alone*, class struggle, human freedom, etc.) such that it is capable of serving as the final grounding for sociopolitical action as a whole.“[595] Zugespitzt formuliert könnte man sagen, dass das Programm der Radikalen Politischen Theologie Robbins und Crocketts nicht radikal genug ist in dem Sinne, als es letztlich noch einem finalen Grund verhaftet bleibt, wie sehr auch dieser selbst aufgebrochen ist. Schumacher spricht sich daher – aus theologischer Sicht auf das theopolitische Feld – für einen „metaphysischen Realismus" (Eng. *metaphysical realism*) und eine „inkarnative Politik" (Eng. *incarnational politics*) aus.[596] Ob tatsächlich ein metaphysischer Realismus die einzige Strategie zum Durchbrechen des soziopolitischen Raumes darstellt, kann hier nicht weiter erörtert werden. Klar ist aber, um mit Lefort zu sprechen, dass die Konstitution des gesellschaftlich-politischen Raumes auf ein Außen angewiesen bleibt, um den inhärenten totalisierenden Tendenzen zu widerstehen. Garant für dieses Außen ist in der Theologie Gott bzw. dessen Transzendenz. Diese aber zeichnet sich gerade nicht dadurch aus, dass sie vollkommen von der Welt abgeschlossen ist. Die Frage ist also damit nicht so sehr die Unterscheidung, ob man sich nach der Immanenz ausrichtet, wie dies beispielsweise Hardt, Negri, Crockett und Robbins tun, oder aber an einer strikten Transzendenz, sondern wie

---

[594]   JARED SCHUMACHER, „Mapping the Theo-political: Metaphysical Prolegomenon for Political Theology", in: ANDREW T. J. KAETHLER; SOTIRIS MITRALEXIS (Hg.), *Between Being and Time. From Ontology to Eschatology*, London 2019, 221-246, 236.

[595]   Ebd., 235.

[596]   Ebd., 237: „Without a metaphysical realism open to theological transcendence, there is nothing to prevent a Feuerbach or a Freud from offering purely psychological or socio-political interpretations to theological phenomena, foreclosing the possibility of a realm of meaning beyond the material. This foreclosure is crucial to secularist and totalitarian ideologies that seek to instrumentalize theology in service to their preferred political programs." Sowie seine kurze Beschreibung der inkarnativen Politik auf Seite 240 als „a politics which maintains belief in the reality of the Incarnation and in the possibility of meaningfully participating in that reality through the goods common to human life."

man beide Sphären miteinander verbindet, ohne dass sich eine in die andere auflöst. Dies ist letztlich eine Frage der Repräsentation.

Damit kommen wir in unserer Darstellung der theologischen Rezeption der Radikaldemokratie schließlich zu Lefort, dessen Konzeption sich mit dem Symbol
der Leerstelle der Macht zentral um den Begriff der Repräsentation formiert. Wie
bereits oben dargelegt, ist sich Lefort der Fortdauer des Theologisch-Politischen
seines Ansatzes durchaus bewusst. Denn Repräsentation, als Darstellung eines
Unverfügbaren im Zentrum des soziopolitischen Raumes, ist ein genuin theologisches Thema. So rückt auch das Konzept der Repräsentation ins Zentrum von
Engels Untersuchung von Lefort, auf die wir bereits oben verwiesen haben. An
dieser Stelle bietet sich nun ein näherer Blick auf das zweite Kapitel zu Claude
Lefort in seinem Buch *Politische Theologie „nach" der Postmoderne* an.[597] Darin
diskutiert er die Folgen des *iconic turn* (die Differenz zwischen Sag- und Sichtbaren), der sowohl in der Politik als auch der Theologie zu einer Krise der Repräsentation geführt hat. Auf theologischer Seite kritisiert Engel scharf Schmitts Entwurf eines „ontologischen Kausalverhältnisses", mit dem Schmitt die Krise auch
der katholischen Repräsentation in der Moderne zu überwinden sucht, indem er
Autorität in der höheren, transzendenten Sphäre des Seins ansiedelt, woran in einem Folgeschritt die konkreten Erscheinungen stufenweise partizipieren. Dem
hält Engel entgegen, dass aus genuin theologischer Sicht die vorrangigen Träger
der Repräsentanz – Jesus und die Kirche – nicht die „Differenz zwischen der *repräsentierenden* Wirklichkeit einerseits und der *repräsentierten* Wirklichkeit andererseits"[598] aufheben, sondern diese gerade in Form einer „Unterbrechung"
oder „Bresche" verinnerlichen: Jesus als „Antityp üblicher Potentaten" und als
bleibende kritische Anfrage an Macht. Dabei tritt ein Bild von Kirche in den Vordergrund, die sich in der Tradition der negativen Theologie und einem Überrest
der „apophatische[n] Geste des Bilderverbots gegen eine allzu lineare und ungebrochene Repräsentanz der vollmächtigen göttlichen Souveränität in ihrer kirchlichen Struktur erwehren müsse.[599] Auf politischer Seite wiederum, konzentriert
Engel seine Analyse auf die „politische Ontologie" Leforts, den er mit Oliver
Marchart auch als „Post-Fundamentalist[en]" bezeichnet.[600] Diese Form der Ontologie zeichne sich dadurch aus, dass sie nicht mehr auf das Eine oder das Sein
hin orientiert ist, sondern lediglich davon ausgeht, dass jedes diskursive Denken
in irgendeiner Art und Weise auf ein Unvordenkliches zurückgreifen müsse. Dies
zeigt sich bei Lefort, wie bereits oben dargelegt, in der Form der Leerstelle, die

[597]   Vgl. ENGEL, *Politische Theologie „nach" der Postmoderne*, Kapitel 2, „Repräsen-
         tation. Die sichtbar-unsichtbare Demokratie (Claude Lefort)", 37-47.
[598]   Ebd., 38.
[599]   Vgl. ebd., 39-40.
[600]   Vgl. ebd., 41-43. Siehe hierzu OLIVER MARCHART, „Claude Lefort. Demokratie und
         die doppelte Teilung der Gesellschaft", in: ULRICH BRÖCKLING; ROBERT FEUSTEL
         (Hg.), *Das Politische denken. Zeitgenössische Positionen*, Bielefeld 2010, 19-32,
         20.

besetzt und zugleich immer neu freigehalten werden muss. Die Mitte der politischen und der religiösen Praxis muss als leer, als unverfügbar verstanden werden. Daraus ergibt sich für Engel die spezifische Aufgabe der politischen Theologie nach der Postmoderne, das in der Theologie tradierte Wissen um die Unverfügbarkeit des Zentrums, das in den verschiedensten theologischen Konzepten von Ekklesiologie, Christologie bis hin zur Sakramentenlehre Ausdruck findet, auch für das politische Feld fruchtbar zu machen. Anders ausgedrückt geht es darum, die Illusion einer reinen Immanenz zu durchbrechen, bei der Politik lediglich zur Erhaltung der vorgefundenen Ordnung dient und keine Öffnung der Gesellschaft auf sich selbst erzeugen kann.[601]

Das Muster der Öffnung der Gesellschaft auf sich selbst und der damit verbundene antiideologische Impuls des Transzendenzbezugs stehen auch bei Klein im Vordergrund ihrer Interpretation von Lefort. Die evangelische Dogmatikerin kann als die zentrale Person zur theologischen Rezeption von Lefort im deutschsprachigen Raum gelten. Der Ausgangspunkt für Klein ist die postmoderne „Subversion der Souveränität", wie sie in den Werken von Claude Lefort und Slavoj Žižek vorgenommen wird.[602] Hierbei stellt sie zunächst die theologische Relevanz beider Ansätze heraus: Während Lefort „die religiöse Transzendenz und Entzogenheit souveräner Macht säkular [mit seinem Konzept der Leerstelle der Macht] nachzubilden und fruchtbar zu machen sucht", stellt für Žižek das politische Erbe des Christentums selbst eine Quelle für die Subversion der Souveränität dar, insofern man den Kreuzestod Jesu als das versteht, was Žižek darin erkennt. Er sieht darin einen „Akt der Befreiung von Souveränität, als Abschied von der Religion, ihrem Sinnuniversum und ihrem allmächtigen Subjekt ‚Gott' [...] [und damit einen] endgültigen Zusammenbruch souveräner Macht".[603]

Klein geht aber weiter als nur den religiös-theologischen Gehalt dieser Souveränitätskonzepte zu erörtern. In einem weiteren Schritt verbindet sie die Diskussion mit einem genuin theologischen Feld. Der theologische Dialogpartner für Klein hierfür ist die Theologie Karl Barths. Anschlusspunkte hierfür ist zum einen Barths starke ideologiekritische Ausrichtung, mit der er sich gegen jede Form der Verabsolutierung politischer Macht wendet und zum anderen sein Versuch „mit der Figur des souveränen Christus ebenfalls die herrschende Souveränitätsfigur umzubesetzen, indem er einen neuen Ort (Gottes Wirklichkeit) und ein neues Subjekt (Jesus Christus) der Souveränität imaginiert."[604] Daraus leitet Klein eine neue, eigenständige Neubegründung von Politik durch Theologie ab, jenseits der (De-)Autorisierung politischer Ordnung. (Politische) Theologie

---

[601]　Vgl. ebd., 46. In diesem Zuge verweist Engel auch auf JÜRGEN MANEMANN, „Politische Gegenreligion. Theologisch-politische Einsprüche in der ‚Berliner Republik'", in: *Jahrbuch für Christliche Sozialwissenschaften* 45 (2004), 170-188.

[602]　Siehe REBEKKA A. KLEIN, *Depotenzierung der Souveränität. Religion und politische Ideologie bei Claude Lefort, Slavoj Žižek und Karl Barth*, Tübingen 2016; DIES., „Subversion der Souveränität".

[603]　KLEIN, „Subversion der Souveränität", 292.

[604]　KLEIN, *Depotenzierung der Souveränität*, 189.

könne demnach einen dritten, eigenständigen Weg beschreiten. Darauf aufbauend
weitet Klein diese Diskussion noch um die Frage der Repräsentation und Vergegenwärtigung dieser subversiven Macht aus, die ihr theologisches Pendant in der
Schwachheit Gottes hat.[605] Dabei beschreibt Klein den „Glaube[n] an Jesus
Christus als imaginäre Formation eines entschwindenden und sich absentieren-
den Machtkörpers [...]", dessen anti-autoritäres Potential sich gerade in dieser
„sinnlich-sinnhaften" Unverfügbarkeit entfalte.[606] Wie bereits oben angeführt,
sieht Klein die Parallele zwischen der Demokratie Leforts und der modernen Religion (des Christentums?) in dem beidseitigen Mangel einer „positiven Repräsentation" ihres eigenen Ursprungs.[607] Die Repräsentation und mit ihr die Souveränität, mit all ihrer Ideologieanfälligkeit kann zwar nicht ganz verschwinden,
aber sie kann nur noch in der Form der Subversion dargestellt werden. Diese
Grundeinsicht Kleins stellt einen entscheidenden Fortschritt in der Diskussion um
die Entwicklung einer gegenwärtigen theologischen politischen Theologie dar.
Kleins Ausgangspunkt ist zunächst ein politisches wie theologisches Programm
zur Entideologisierung von Macht. Diese Negation weltlich-immanenter Machtansprüche, genauso wie die Abkehr von deren Legitimation durch einen Transzendenzbezug, bilden die Grundvoraussetzung für eine gegenwärtige politische
Theologie, sei diese nun säkular oder dezidiert theologisch. Klein geht aber noch
einen entscheidenden Schritt weiter, denn sie verharrt nicht in strikter Negation.
Souveränität kann sich nicht „einfach in Luft auflösen". Daher geht es ihr um eine
kritische Reinterpretation ihrer Repräsentation, die subversiv sein muss, um nicht
wieder einem ideologischen Muster zu verfallen. Kleins Analyse ist damit die
unhintergehbare Ausgangslage für unsere eigene Diskussion.

Doch wollen wir einen Schritt weiter gehen, den Klein selbst nicht geht. Denn
bei aller Unverfügbarkeit des Machtkörpers stellt sich doch die Frage, ob es nicht
trotzdem so etwas wie eine Spur von Positivität in seiner Repräsentation benötigt.
Oder mit Bezug auf Lefort gefragt: ist die Leerstelle der Macht wirklich leer, ein
Vakuum, ein vollkommen materieloser „neutraler" Raum? Oder wie Scheulen
und Szankay in ihrer bereits oben zitierten Einleitung schreiben: „Der ‚leere Ort‘
ist auch in diesem Sinn nicht buchstäblich leer [...]", sondern, so weiter, „[i]n ihm
ist ‚etwas‘ von dem Gewesenen anwesend, das unsere Beziehung zum Symbolischen und zur Dimension des Anderen mit ermöglicht"[608]. Ist nicht die Leerstelle
selbst in der Gefahr, eine in sich geschlossene Repräsentation des soziopolitischen Raums zu werden? Wo ist, zugespitzt ausgedrückt, der Stachel in der Leerstelle, der sie davor bewahrt, sich vollkommen in die Welt hinein zu entleeren?
Wie kann Lefort jene innere Transzendenz des Sozialen gewährleisten, wenn der

---

605   Siehe REBEKKA A. KLEIN, „Die Schwachheit Gottes als subversive Macht. Eine
       kreuzestheologische Relektüre der Körperimaginationen der Moderne", in: DIES.,
       FRIEDERIKE RASS (Hg.), *Gottes schwache Macht. Alternativen zur Rede von Gottes
       Allmacht und Ohnmacht*, Leipzig 2017, 227-243.
606   Ebd., 243.
607   KLEIN, „Das Andere in der Repräsentation", 170.
608   SCHEULEN; SZANKAY, „Zeit und Demokratie", 23.

leere Ort der Macht nur mehr eine „instance purement symbolique, en ce sens qu'elle n'est plus localisable dans le réel"[609] ist? Theologisch gewendet ist das die Frage, wie Transzendenz in der Immanenz der Welt wahrhaft anwesend sein kann, ohne aber sich vollkommen darin aufzulösen. Zugleich aber steht man immer wieder vor der Herausforderung, mit der Identifizierung von diesem „etwas", von dem Scheulen und Szankay sprechen, nicht wieder in die Ideologisierung zurückzufallen. Gibt es eine positive Repräsentation, die zugleich subversiv ist? Dies ist die entscheidende Frage für die Weiterentwicklung eines theologischen Ansatzes zu einer politischen Theologie, die hier in ihren Grundzügen unternommen werden soll. Und tatsächlich hat bereits Engel in seiner kursorischen Lektüre von Lefort in die Richtung gewiesen, in der hier diese Frage erörtert werden soll: die Sakramententheologie. In ihrem Zentrum steht, wie Engel anführt, das Bewusstsein von der Unverfügbarkeit, von Gottes Voraus, dass klassisch theologisch ausgedrückt wird durch das *ex opere operato*. Und doch verfügt das Sakrament zugleich über eine Positivität in seiner Repräsentation, ja sogar eine Materialität. Diese ist derart konkret, dass sie als anstößig empfunden wird und nicht selten auch Anlass zum Ideologieverdacht gibt. Gleichzeitig ist wohl kein theologisches Konzept so theopolitisch aufgeladen, wie das Sakrament. Darauf weist nicht zuletzt auch Stoellger hin, wenn er mit Verweis auf Agamben nach dem „Arcanum der Theopolitik" wie folgt fragt: „Wer hat das Sagen in Sachen Eucharistie?"[610] Theologie, und ganz besonders Sakramententheologie, ist politisch nicht „unschuldig". Zugleich könnte ein sakramentaler Zugang zur Radikaldemokratie Leforts, wie er hier unternommen werden soll, einen Beitrag leisten für ein zugleich prekäres und positives Repräsentationsverständnis. Hierfür soll im Rahmen dieser Untersuchung zunächst ein genauer Blick auf das dezidiert katholische Sakramentenverständnis geworfen werden. Nicht ohne Grund kann man die Sakramentalität als das Wesen des *Katholischen* bezeichnen.[611] Sakramententheologie ist in Schumachers Sinne prinzipiell inkarnatorisch: bei all ihrem Transzendenzbezug verwirklicht sich das Sakrament *als* Sakrament nur in der Welt. Inwieweit dabei von einem metaphysischen Realismus ausgegangen werden muss und inwieweit dieser selbst gewisser ideologischer Tendenzen entkleidet werden kann und muss, gilt es dabei noch in Detail zu erörtern und durch eine radikaldemokratische Relektüre herauszuarbeiten.

Damit kommen wir also in unserem letzten Schritt im folgenden Abschnitt zur Frage, inwieweit bereits ein sakramentaler Zugang zur politischen Theologie vollzogen wurde. Diese Darstellung soll uns schließlich den Weg zum zweiten Kapitel ebnen, in dem wir Cavanaughs politische Theologie als eine dezidiert sakramentale politische Theologie beschreiben und interpretieren werden.

---

[609]   LEFORT „Démocratie et avènement d'un ‚lieu vide‘", 465.
[610]   STOELLGER, „Souveränität nach der Souveränität, 50.
[611]   Vgl. KARL-HEINZ MENKE, *Sakramentalität. Wesen und Wunde des Katholizismus*, Regensburg 2012. Siehe auch die Ausführungen zur Übertragung des Sakramentenbegriffs auf die Kirche durch Karl Rahner in 4.3.1.

2.4.3.3 Sakramententheologie als Zugang zu einer theologischen politischen Theologie

In *Lumen gentium* 1 steht der berühmte ekklesiologische Leitsatz, wonach die Kirche „in Christus gleichsam das Sakrament bzw. das Zeichen und Werkzeug (Lat. *sacramentum seu signum et instrumentum)* für die innigste Vereinigung mit Gott wie für die Einheit der ganzen Menschheit" ist.[612] Kirche wird hier von ihrer Sakramentalität her verstanden. Sakramentalität ist das Charakteristikum für die Beziehung zwischen Christus und Kirche, zwischen Christus als dem „Ursakrament" und seinem Leib als dem „Grundsakrament", wie Rahner diese Beziehung gefasst hat.[613] Insofern also die Sakramentalität auf Christus und dessen Sendung verweist, ist sie auch die grundlegende Wesensbestimmung der Kirche. Und wie es in *Lumen gentium* 1 heißt, ist Kirche nicht allein informierendes Zeichen, sondern Werkzeug, d.h. Instrument zur Verwirklichung dessen, was sie erhofft. Damit aber kann ihre konkrete Gestalt in der Welt nicht abgetrennt von ihrem innersten Wesen betrachtet werden. Oder wie es in *Lumen gentium* 8 heißt: „[D]ie sichtbare Versammlung und die geistliche Gemeinschaft [...] sind nicht als zwei Dinge zu betrachten, sondern bilden eine einzige komplexe Wirklichkeit [Lat. *unam realitatem complexam*], die aus menschlichem und göttlichem Element zusammenwächst".[614] Und was die Kirche als Ganzes zutrifft, trifft auch auf die einzelnen Handlungen im Namen der Kirche zu, auf die einzelnen Sakramente. Kirche realisiert sich in den Sakramenten, in ihnen vergegenwärtigt sich das Heilshandeln Jesu mit dem Reich Gottes als Referenzpunkt. Damit kann man mit Jürgen Kroth Sakramente verstehen „als Sichtbarmachung einer Dimension, die in letzter Konsequenz noch aussteht"[615]. Als solche aber, so Kroth weiter, sind Sakramente „daher im Horizont des Reiches Gottes immer auch politische Sakramente"[616], die nicht erst nachträglich politisiert werden können. Gottes Reich mag zwar nicht von dieser Welt sein, aber es ist dem christlichen Verständnis nach *in* dieser Welt bereits angebrochen. So wie Jesus mit seinem Heilswirken in dieser Welt tätig war, so ist auch dessen Leib, die Kirche, – bei aller gebotenen Differenz zu ihm – in der Welt anwesend als dessen Werkzeug zur Transformation der Welt in Richtung des Reiches Gottes. Und in eben diesem Sinne kann die Kirche verstanden als (Grund)Sakrament nicht apolitisch sein. So zumindest das Selbstverständnis der Kirche.

Damit ist freilich noch nichts Genaueres gesagt über die Art und Weise, wie die Kirche politisch ist und wie davon ausgehend ihr Verhältnis zu anderen politi-

---

[612]   DH 4101.

[613]   Vgl. KARL RAHNER, *Beiträge aus dem Handbuch der Pastoraltheologie* (Sämtliche Werke, Bd. XIX), Freiburg 1995, 47-499, 63-64.

[614]   DH 4118.

[615]   JÜRGEN KROTH, *Dein Reich komme. Studien zu einer politischen Theologie sakramentaler Theorie und Praxis*, Regensburg 2018, 215.

[616]   Ebd., 428.

schen Körpern, wie beispielsweise dem (National)Staat, zu verstehen ist. Im Folgenden werden wir die spezielle Art der Kirche politisch zu sein als sakramental beschreiben. Dabei ist es gewiss nichts Neues, die Kirche von ihrer Sakramentalität her zu verstehen. Etwas anderes ist es aber, diese Sakramentalität im Kern als ein politisches Konzept zu begreifen bzw. genauer: als das theopolitisches Konzept *par excellence*. Im Grunde folgen wir damit auch Agambens Ansatz, für den Sakramente wie kaum ein anderes theologisches Konzept die Vollzugsform der Inanspruchnahme Gottes aufzeigen , einschließlich der darin zu Tage treten-den inneren Ambivalenzen.[617] Sakramentale Machtkonstitution ist in zweierlei Sicht prekär: sie kann einerseits prekär-subversiv weltlich-säkulare Machtansprüche unterlaufen und damit hinterfragen. Zugleich kann aber dieser subversive Zug selbst zur Etablierung und Stabilisierung prekär-unterdrückender Strukturen im Innern der Kirche führen.

Gerade diese Tendenz ist im deutschsprachigen Raum vor allem auch im Zuge der von der MGH-Studie ausgehende Diskussion einer breiten Öffentlichkeit klar geworden.[618] Die Studie zum „Sexuelle[n] Missbrauch an Minderjährigen durch katholische Priester, Diakone und männliche Ordensangehörige im Bereich der Deutschen Bischofskonferenz" hat dabei erschreckende systemische Missstände zu Tage gefördert, die nicht mehr mit dem Verweis auf Einzelfälle abgetan werden können. Die Vertuschung und Deckung der Täter wurde dabei allzu oft mit der Motivation betrieben, die Sakralität der Kirche in den Augen der Öffentlichkeit nicht durch die Taten ihrer gleichsam sakralen Repräsentanten, der Priester, zu schädigen. Darin kommt ein falsches und zutiefst gefährliches Verständnis der Sakralität von Kirche und Amt zum Ausdruck, das sich u.a. auch aus einem falschen, sozusagen der Welt „enthobenen" Verständnis der Sakramentalität von Kirche speist. Exemplarisch spricht Gregor Maria Hoff hierbei sehr treffend von einer „Sakralisierungsfalle".[619] Dahinter verbirgt sich letztlich ein theologisches

---

[617] Vgl. KIRSCHNER, „Einleitung", 16. Siehe GIORGIO AGAMBEN, *Opus Dei. Archeologia dell'ufficio* (Homo sacer Bd. II.5), Torino 2012. Deutsche Übersetzung: *Opus Dei. Archäologie des Amts* (Homo sacer Bd. II. 5), übers. v. MICHAEL HACK, Frankfurt a. M. 2013.

[618] „Sexueller Missbrauch an Minderjährigen durch katholische Priester, Diakone und männliche Ordensangehörige im Bereich der Deutschen Bischofskonferenz", https://www.dbk.de/fileadmin/redaktion/diverse_downloads/dossiers_2018/MHG-Studie-gesamt.pdf, abgerufen am 11.03.2021. Zur Diskussion der Ergebnisse siehe z.B. MAGNUS STRIET; RITA WERDEN (Hg.), *Unheilige Theologie! Analysen angesichts sexueller Gewalt gegen Minderjährige durch Priester*, Freiburg 2019; KONRAD HILPERT; STEPHAN LEIMGRUBER; STEFAN SAUTERMEISTER; GUNDA WERNER (Hg.), *Sexueller Missbrauch von Kindern und Jugendlichen im Raum von Kirche. Analysen – Bilanzierung – Perspektiven*, Freiburg 2020; GREGOR MARIA HOFF; JULIA KNOP; BENEDIKT KRANEMANN (Hg.), *Amt – Macht – Liturgie. Theologische Zwischenrufe für eine Kirche auf dem synodalen Weg,* Freiburg 2020; STEFAN KOPP (Hg.), *Macht und Ohnmacht in der Kirche. Wege aus der Krise*, Freiburg 2020, .

[619] Siehe GREGOR MARIA HOFF, „Die Sakralisierungsfalle. Zur Ästhetik der Macht in der katholischen Kirche", in: DERS.; JULIA KNOP; BENEDIKT KRANEMANN (Hg.),

Missverständnis von Sakramentalität, die in solchen Fällen mit Sakralität gleichgesetzt wird. Die bleibende Differenz zwischen repräsentierendem Zeichen (Sakrament) und repräsentierter Wirklichkeit (Gott) muss immer mitbedacht werden.
Ein sakramentales Verständnis von Macht und Amt, wie zuvor für die katholische
Kirche in seinen Ansätzen dargestellt, darf nicht nur von seinem transzendenten
entzogenen Ursprung her gedacht werden, sondern gerade auch in seiner konkreten, wirklichkeitssetzenden Gestalt. Andernfalls ist die Gefahr sehr groß, genau
in jene Falle der Schmitt'schen absolutistisch-totalitären Konzeption von Repräsentation und Souveränität zu tappen, vor der zu Recht alle Anhänger*innen einer
freiheitlichen Demokratie warnen und die viele Vertreter*innen der (säkularen)
politischen Philosophie dazu veranlassen, die Transzendenz komplett aus der politisch-theologischen Diskussion zu entfernen. Demgegenüber käme es gerade
darauf an, Sakramentalität in weltlich-politischen Dimensionen zu denken und
nicht in überweltlich-sakralen. In diesem Sinne mahnt auch Magnus Striet dazu,
„das sakramentale Amt künftig [neu] zu denken [...]"[620]. Freilich stehen wir erst
am Beginn dieses zugleich sehr großen wie wichtigen Unterfangens. Die vorliegende Arbeit versteht sich in der gegenseitigen Durchdringung von Radikaldemokratie und (einer politisch verstandenen) Sakramententheologie als ein Schritt
in eben diese Richtung.

Hierbei können wir uns auf einige bereits erarbeitete Ansätze stützen, die hier
noch kurz eingeführt werden sollen. Zunächst sei hier auf den bereits oben zitierten Jürgen Kroth verwiesen, der die Grundzüge einer „praktischen Fundamentaltheologie" bzw. einer „fundamentalen Praktischen Theologie" entwickelt hat.
Darin setzt er zur Grundlegung einer theologisch-politischen Sakramentenpraxis
an, in der das Reich Gottes als Referenzpunkt eine die Welt transformierende
Praxis inspirieren und initiieren soll.[621] Dass Kroths Akzent auf der Eucharistie
und der in ihr zum Ausdruck kommenden „fragilen Präsenz eucharistischer Vergegenwärtigung" von besonders hoher Bedeutung für die vorliegende Arbeit ist,
wird sich im Verlauf der Untersuchung noch zeigen.[622]

Als weiterer wichtiger Ansatz, der im Grunde sehr nahe an Kroths Anliegen ist,
ist Louis-Marie Chauvets „Fundamentaltheologie der Sakramentalität", wie er sie
in *Symbole et sacrement*[623] entworfen hat. Die Rezeption Chauvets ist im deutschsprachigen Raum noch nicht weit vorangeschritten, wobei die Übersetzung seines

---

      *Amt – Macht – Liturgie. Theologische Zwischenrufe für eine Kirche auf dem syno-
dalen Weg,* Freiburg 2020, 267-285.

[620] MAGNUS STRIET, „Alles eine Frage der Berufung? Über Kirche und Macht", in:
STEFAN KOPP (Hg.), *Macht und Ohnmacht in der Kirche. Wege aus der Krise*, Freiburg 2020, 148-162, 161.

[621] Vgl. KROTH, *Dein Reich komme*, 256-266, hier 260.

[622] Vgl. ebd., 325-385, hier 382.

[623] LOUIS-MARIE CHAUVET, *Symbole et sacrement. Une relecture sacramentelle de
l'existence chrétienne*, Paris 1988. Eine dt. Übersetzung ist 2015 erstmals erschienen
unter LOUIS-MARIE CHAUVET, *Symbol und Sakrament. Eine sakramentale Relecture der christlichen Existenz*, übers. v. THOMAS FRIES, Regensburg 2015.

Hauptwerkes, das 2015 zum ersten Mal in Verbindung mit einem Sammelband erschien, zur Behebung dieses Desiderats beitragen sollte.[624] Hinter dem Titel seines Hauptwerks verbirgt sich nicht weniger als das sehr anspruchsvolle Programm, die Sakramente im Lichte der Zeichentheorie des *linguistic turns* zu interpretieren. So definiert Chauvet seinen Ansatz wie folgt:

> „Vielmehr behandelt sie die Sakramente wie symbolische Zeichen, durch welche die für das Gesamt der christlichen Existenz grundlegende, (Ur)-Sakramentalität' sichtbar und erlebbar wird. Auch wenn es den Anschein haben mag, so ist dieser Vorschlag doch keineswegs selbstverständlich [...]"[625],

wie er zu Recht anfügt. Gemäß der postmodernen Zeichentheorie ist es die Vermittlung, die im Zentrum steht und nicht die Entität(en), auf die die Zeichen verweisen. In diesem Sinne interpretiert Chauvet Sakramente als „*die* Erscheinungsweise der Vermittlung schlechthin"[626]. *In* der Vermittlung selbst wird *das* erfahrbar, *was* vermittelt werden soll. Und das Medium der Vermittlung im religiösen Bereich ist für Chauvet der Körper, während die Sakramente so etwas wie die Grammatik darstellen: „Die Leiblichkeit, welche der Mensch ist, ist der Ort Gottes. Das ist letztlich das, was die Tatsache besagen will, dass der Glaube oder die christliche Identität durch Riten, die die Kirche Sakramente nennt, verwoben sind."[627]

Dieser Vorschlag zur Interpretation der Sakramentalität (und der Liturgie als deren feiernder Vollzug) weist ein großes Potential für eine theologisch-politische Entfaltung auf, die bei Chauvet selbst nur grundgelegt, aber nicht expliziert wird. Denn Sakramente sind symbolische Zeichen, die einen Zugang zu dem realisieren, was wir bei Castoriadis als das Imaginäre kennengelernt haben. Und wie auch bei Castoriadis radikaldemokratischer politischer Philosophie, setzen auch für Chauvet die Sakramente das Imaginäre in eine die Wirklichkeit transformierende Gestalt um. Hierzu nochmals Chauvet:

> „Einerseits halten uns die sakramentalen Feiern in der Ordnung des Bildhaften. Andererseits gehören sie einer pragmatischen Ordnung an: Was in ihnen *zum Ausdruck gebracht* wird, ist gleichzeitig *erlebbar*. Das Symbol hat eine Wirkung. Der Indikator wird an dieser Stelle selbst zum Operator. Und würde umgekehrt der Operator nicht wie ein Indikator agieren, so wäre er bedeutungslos."[628]

Dass dieser Ansatz auch entscheidend für Cavanaughs eigene Methode der theologischen Imagination ist, wird sich noch im Verlauf der Arbeit zeigen. Aber auch für die Bezugsgröße von Lefort und seinem Konzept der Leerstelle der Macht ist

---

[624]   Siehe STUFLESSER (Hg.), *Fundamentaltheologie des Sakramentalen.*
[625]   CHAUVET, *Symbol und Sakrament*, 19.
[626]   Ebd., 120.
[627]   Ebd., 500.
[628]   Ebd., 19-20.

Chauvets Sakramentenverständnis ein geradezu ideales theologisches Pendant. Zwei weitere Zitate sollen dies an dieser Stelle nun eindrucksvoll anzeigen. Zunächst verweist Chauvet auf die offene Stelle im Zentrum des Sakramentalen: „Die Sakramente verweisen die Kirche auf die *offene Stelle* ihres Herrn, den sie nicht einnehmen kann, ohne sich selbst zu zerstören und an den sie nur das Gedächtnis erhalten kann."[629] Und dann eine weitere, beinahe noch erstaunlichere Parallele zu Leforts Konstitution der Gesellschaft von außen, die das Symbol der Leerstelle bezeichnen soll:

> „Aus dem Innersten der Bresche heraus ‚spricht es' an erster Stelle. Und durch die Vertiefung der Bresche gibt sich der verherrlichte Christus wie in Emmaus als ‚geistlichen Leib' – *soma pneumatikon*, 1 Kor 15,44; vgl. Röm 8,11 – zu erkennen. Diese Leere für das Andere ist dem *sacramentum* eigen: Indem es das Brot von Innen her öffnet, zeigt es, dass die Gegenwart Christi durch eine Öffnung geschieht."[630]

Chauvet verwendet sogar das Wort „Bresche" (Fr. *brèche*), das Lefort zur Beschreibung der prinzipiellen Grundlosigkeit des soziopolitischen Feldes dient. Aber hier deutet sich bereits auch ein kleiner Unterschied an, der aber nichtsdestotrotz von großer Bedeutung für die Fortgang der Diskussion ist: in Chauvets Sakrament findet sich eine Anwesenheit (Christi), „es spricht", während Leforts leere Mitte – zumindest dem ersten Anschein nach – leer(er) ist, auch wenn man mit Scheulen und Szankay von einem „Etwas" sprechen kann, das vom Gewesenen noch anwesend ist.[631] Dieser Spur gilt es zu folgen.

Hierzu gilt es auf der bereits erfolgten Erschließung von Chauvets sakramententheologischem Ansatz aufzubauen. Wie bereist eingangs erwähnt, steht die Rezeption Chauvets im deutschsprachigen Raum noch in den Anfängen. So konstatiert Martin Stuflesser: „Desiderat ist ein konsequenter ‚liturgical turn' in der Sakramententheologie, der zu einer konsistenten und kohärenten Theologie/Theorie der Sakramente führt [...]."[632] Ein wichtiger Schritt bei der Entwicklung einer allgemeinen Sakramententheologie auf der Höhe der Zeit wäre demnach, die Liturgie als genuinen *locus theologicus* zu sehen.[633] In eine ganz ähnliche Richtung geht auch der Vorschlag von Julia Knop, die in Anschluss an Chauvet den Vollzugscharakter von Kirche in der Liturgie betont: „Liturgie ist Kirche *in actu*."[634]

---

629   Ebd., 366.
630   Ebd., 389-390.
631   SCHEULEN; SZANKAY, „Zeit und Demokratie", 23.
632   MARTIN STUFLESSER, „Mit Chauvet über Chauvet hinaus ...", in: DERS. (Hg.), *Fundamentaltheologie des Sakramentalen. Eine Auseinandersetzung mit Louis-Marie Chauvets „Symbol und Sakrament"*, Regensburg 2015, 197-206, 199.
633   Vgl. Ebd., 202.
634   JULIA KNOP, „Glaube im Symbol. Anmerkungen zu Louis-Marie Chauvets symbolhermeneutischem Vorstoß", in: MARTIN STUFLESSER (Hg.), *Fundamentaltheologie des Sakramentalen. Eine Auseinandersetzung mit Louis-Marie Chauvets „Symbol und Sakrament"*, Regensburg 2015, 135-148, 148.

Dies hat für Knop auch Konsequenzen für die Art und Weise, wie Dogmatik gedacht und betrieben werden kann. Denn die Liturgie ist keine Veranschaulichung oder Anwendung der Lehre, sondern „Lebens- und Selbstvollzug der Kirche", wie sie andernorts herausarbeitet.[635] In diesem Zusammenhang betont Knop die performative und illokutionäre Dimension der Sakramente, die gleichfalls nicht „etwas" vermitteln, sondern vornehmlich dazu dienen, sich in ein Narrativ einzuschreiben.[636] Kritisch beurteilt Knop hingegen Chauvets starke Trennung der von ihm favorisierten pneumatologischen von einer christologischen Fundierung seiner sakramententheologischen Relektüre. Sie betont demgegenüber, dass bereits in *Lumen gentium* ein „Christomonismus" überwunden worden ist und die Gefahr, die Kirche vor allem als „Verlängerung der Christuspräsenz" zu interpretieren, so nicht mehr gegeben sei.[637] Dieser Einwand ist nicht allein in Bezug auf Chauvets Ansatz wichtig, sondern verweist darüber hinaus auf ein zentrales theologisches Forschungsfeld, dass es im Zuge dieser Untersuchung, zumindest in seinen Ansätzen, zu erschließen gilt.

Hierbei handelt es sich um die dogmatischen, d.h. vor allem christologischen, pneumatologischen und trinitarischen Ressourcen für eine als dezidiert politisch interpretierte Sakramententheologie, die ihren Fokus gerade auf den performativen bzw. liturgischen Vollzug legt. Ein theologisches Forschungsfeld mit exakt dieser Ausrichtung besteht in dieser Form nicht. Allerdings gibt es, vornehmlich im englischsprachigen Raum, einige Ansätze einer Sakramententheologie, die auf ihre politisch-theologische Bedeutung hin interpretiert werden können. Zu nennen sind hier zum einen David Fagerbergs *Liturgical Dogmatics. How Catholic Beliefs Flow from Liturgical Prayer*[638] und Kimberly Belchers *Efficacious Engagement. Sacramental Participation in the Trinitarian Mystery*[639]. Fagerberg schägt allgemein vor , „[to use] the noetic eyes formed by liturgy see dogmatic truths" und diskutiert aus diesem Blickwinkel heraus alle klassischen Traktate der Dogmatik. Im Zentrum dieser Untersuchung steht dabei die perichoretische Verschränkung der *kenosis* der innergöttlichen Trinität mit der *theosis* des Menschen in der Liturgie.[640] Belcher folgt dieser Interpretationsrichtung, konzentriert sich dabei aber auf die Trinität als dogmatischem Fundament. In diesem Zusammenhang beschreibt sie „sacraments as the epitome of human participation in God's life in order to reinterpret sacraments as the ritual formation of the Christian self through the self-gift of the Trinity"[641]. Die in beiden Ansätzen betonte

---

[635]   Vgl. JULIA KNOP, *Ecclesia orans. Liturgie als Herausforderung für die Dogmatik*, Freiburg 2012, 198-212, hier 211.

[636]   Vgl. KNOP, „Glaube im Symbol", 147.

[637]   Vgl. ebd., 145-146.

[638]   DAVID FAGERBERG, *Liturgical Dogmatics. How Catholic Beliefs Flow from Liturgical Prayer*, San Francisco 2021.

[639]   KIMBERLY HOPE BELCHER, *Efficacious Engagement. Sacramental Participation in the Trinitarian Mystery*, Collegeville, Minnesota 2011.

[640]   Vgl. FAGERBERG, *Liturgical Dogmatics*, 9.

[641]   BELCHER, *Efficacious Engagement*, 4.

Verschränkung zwischen göttlicher und menschlicher Realität im liturgischen Vollzug der sakramentalen Verfasstheit von Kirche gilt es auf deren theopolitisches Potential hin zu untersuchen. Die leitende Frage hierbei ist, inwieweit der jeweilige dogmatische Unterbau, insbesondere die Christologie und die Trinität, dazu beitragen kann, die liturgisch-performative Interpretation des Sakramentalen zu fundieren. Darauf aufbauend ist zu klären, wie ein solcher liturgischer Zugang dabei behilflich sein kann, Sakramentalität als Paradigma eines alternativen Souveränitätskonzeptes näher zu definieren.

Damit kommen wir zu einem letzten theologischen Ansatz einer Sakramententheologie mit Signifikanz für die politische Theologie. Diesen Impuls stellt Stephan van Erps Programm einer Sakramententheologie als öffentlicher (und politischer) Theologie dar.[642] Was diesen Ansatz auszeichnet, ist, dass er aufgrund eines sakramentalen Verständnisses von Ontologie, entlehnt aus der Nouvelle Théologie, keine strikte Trennung zwischen der Kirche und dem säkularen Raum einführt, die dann erst wieder in einem zweiten Schritt durch eine „öffentliche" Theologie überbrückt werden muss. Van Erp kommt es dagegen darauf an, auch in einer säkularen Kultur Spuren von Gottes Heilshandeln in der Welt zu erkennen.[643] Sakramente sind damit eine Grammatik für unser theologisches Verständnis von Gnade, die nicht allein der Kirche als Besitz zusteht, sondern gerade auch in den sozialen und politischen Gegebenheiten gefunden werden kann.

Wie gelangt van Erp zu dieser Schlussfolgerung? Zur Beantwortung dieser Frage müssen wir einen genaueren Blick auf sein Programm werfen, wie er es in dem Artikel *World and Sacrament* skizziert. Darin vertritt van Erp die Ansicht, dass die Fundamentaltheologie von der epistemologischen Ausrichtung zu einer sozialen bzw. politischen Herangehensweise wechseln muss, um im gegenwärtigen Kontext ihre Aufgabe noch erfüllen zu können.[644] Hierbei merkt van Erp an, dass diese soziale und politische Ausrichtung keineswegs erst seit dem späten 19. Jahrhundert mit *Rerum novarum* (1891) eingesetzt habe, sondern bereits in den frühesten Anfängen des Christentums grundgelegt ist. So habe die Apologetik von Beginn an die politischen Akte der Märtyrer als Fundament für die Glaubhaftigkeit des Christusglaubens gedeutet, wie auch Thomas in seiner *Summa contra gentiles* argumentiere, dass „certain moments in the political history of the Church function as a sign, and as a foundation of the credibility of faith"[645].

---

[642]   STEPHAN VAN ERP, „World and Sacrament. Foundations of the Political Theology of the Church", in: *Louvain Studies* 46 (2/2016), 100-118. Siehe auch STEPHAN VAN ERP, „Living with the Hidden God. Sacramental Theology as Public Theology", in: *Encounter. A Journal of Interdisciplinary Reflections of Faith and Life* 9 (1/2018), 20-39.

[643]   Vgl. besonders VAN ERP, „Living with the Hidden God".

[644]   Vgl. ebd., 108-109. Van Erp spricht hier genauer von „its ultimate foundation in natural theology – or transcendental-Kantian meta-formalism" der traditionellen Fundamentaltheologie.

[645]   Ebd., 105.

Für die Frage, was van Erp genau unter dem Politischen und dessen Verbindung mit der Theologie versteht, muss man einen näheren Blick auf sein Verständnis von Sakrament werfen und auf das, was er in diesem Zusammenhang „politics of sign making"[646] nennt. Zunächst einmal ist festzuhalten, dass Sakramente wirkmächtige Zeichen von Gottes bleibender Präsenz in der Welt sind. Darauf aufbauend führt van Erp an: „The sacrament makes manifest that it is not merely the natural that forms the foundation of theology, but the salvific in the secular, God's becoming in the world, of which we can become sign and instrument".[647] In besonderer Weise steht die Eucharistie im Zentrum dieser „Politik des Zeichensetzens", ist sie doch am Anfang und im Zentrum einer Gemeinschaft von zugleich Empfangenden und Gebenden.[648] Damit tritt van Erp für ein Verständnis der Kirche als Sakrament für/der Welt ein, wie es seit dem Zweiten Vatikanischen Konzil vertreten wird. Im Hintergrund dieses Ansatzes steht ganz deutlich die Nouvelle Théologie, allen voran die Theologen Edward Schillebeeckx und dessen Betonung der Anwesenheit von Gottes Heilswirken außerhalb der Kirche sowie Henri de Lubac und dessen sakramentale Ontologie.[649] Van Erp hat dabei eine andere Interpretation der Nouvelle Théologie als die Radical Orthodoxy. Denn im Gegensatz zur deren Anti-Säkularismus zeigt die Nouvelle Théologie für van Erp ihre Stärke gerade als ein „branch of Catholic theology that embraced secular culture before the generation of Robinson liberalism without resigning to non-religious or non-theological arguments to be able to do so."[650]

Letzteres ist andererseits aber auch genau das, was van Erp an der Public Theology und deren Verhältnis zum Säkularismus kritisiert. Hierfür unterteilt er die verschiedenen Ansätze der Public Theology nach ihrem Verhältnis zu einer säkularen Öffentlichkeit in die Gruppen Anpassung (Eng. *accommodationism*), Dialog (Eng. *dialogue*) und Partikularismus (Eng. *particularism*). Grundsätzlich wirft van Erp allen drei Gruppen vor, letztlich nicht in der Lage zu sein, eine

---

[646] Ebd., 119. Siehe hierzu auch Stephan van Erp, „God Becoming Present in the World. The Sacramental Foundations of Public Theology", in: Stephan van Erp; Lieven Boeve; Martin G. Poulsom (Hg.), *Grace, Governance and Globalization. Theology and Public Life*, London 2018, 13-27.

[647] van Erp, „World and Sacrament", 119.

[648] Siehe ebd., 119: „In the Eucharist, a community of hospitality is given, in which vulnerability and mutual dependency are recognised, in which the hungry and poor, the criminal and unworthy even, can trust that the common resources of a society will work for their good, a sign and instrument of the enabling of others to become givers to the power that gives. It is that particular, universal power that has become the new starting point of fundamental theology".

[649] Vgl. ebd., 110-111. Siehe hierzu auch Hans Boersma, *Nouvelle Théologie and Sacramental Ontology. A Return to Mystery*, Oxford 2012; Edward Schillebeeckx, *Mensen als verhaal van God*, Baarn 1989, zu finden auch in Ders., *Collected Works*, Vol. X, London 2014.

[650] Stephan van Erp, „The Sacrament of the World. Thinking God's Presence Beyond Public Theology", in: *ET-Studies* 6 (1/2015), 119-134, 127.

tatsächliche Brücke zwischen der Kirche und der säkularen Öffentlichkeit schlagen zu können, da sie entweder zu sehr das säkulare Paradigma als Fundament annehmen oder – wie im Falle der Radical Orthodoxy – gar nicht mehr den Versuch einer Verständigung unternehmen.[651] In einem gewissen Sinne bewegt sich van Erp also zwischen den ontologischen Analysen der Nouvelle Théologie einerseits und der positiven Einschätzung der säkularen Öffentlichkeit der liberalen theologischen Tradition andererseits, da es ihm eben darauf ankommt, „[to] find[] God in a secularised world"[652].

Bindeglied zwischen beiden Positionen ist das Verständnis der Kirche als Sakrament und dessen politische Konsequenzen. Wichtig für dieses Verständnis von Sakrament ist das, was man einen willentlichen Bestandteil des Sakraments nennen könnte. Hierbei verweist van Erp mit Regina Schwartz und Giorgio Agamben auf die Ursprünge der Sakramentenlehre im römischen Eidschwören.[653] Diese ursprünglich intrinsische Verbindung zwischen Vertrauen und Anbetung, die darin zum Ausdruck kam, wurde erst im Laufe des Mittelalters zu einem verfügbaren Gut einer hierarchischen Kirche umgewandelt. Doch damit wurde das Sakrament größtenteils um seinen aktiven, d.h. über die Grenzen der katholischen Hierarchie hinausgehenden Charakter beraubt. Letztlich wurde die Eucharistie als Zeichen der bleibenden Gegenwart Gottes in der Welt unter die Kontrolle der Kirche gestellt, die auf diese Weise selbst die Entwicklung hin zu einer allmählichen Trennung zwischen Kirche und Welt anstieß.[654] Um dieser Entwicklung entgegenzuwirken braucht es nach van Erp eine um den aktiven bzw. performativen Aspekt erweiterte Sakramentenlehre. Ein solches weiter gefasstes Sakramentenverständnis erlaubt es schließlich, einen dezidiert theologischen Blick in das als postsäkular und postliberal beschriebene theopolitische Feld zu werfen.

Diesem Ansinnen folgend, wird im kommenden Kapitel eine detaillierte Analyse der sakramentalen politischen Theologie Cavanaughs durchgeführt. Als Übergang zu diesem zweiten großen Schritt der Untersuchung sollen in einem abschließenden Fazit die Erträge dieses Kapitels nochmals gebündelt und auf Cavanaughs genuinen theopolitischen Ansatz ausgerichtet werden.

---

[651]   Vgl. ebd., 126.
[652]   VAN ERP, „The Sacrament of the World", 132.
[653]   Siehe REGINA M. SCHWARTZ, *Sacramental Poetics at the Dawn of Secularism. When God Left the World*, Stanford 2008; GIORGIO AGAMBEN, *Il sacramento del linguaggio. Archeologia del giuramento* (Homo sacer Bd. II.3), Roma; Bari 2008. Deutsche Übersetzung: *Das Sakrament der Sprache. Eine Archäologie des Eides* (Homo sacer Bd. II.3), übers. v. STEFANIE GÜNTHER, Frankfurt a. M. 2010.
[654]   Vgl. VAN ERP, „The Sacrament of the World", 131-132. In diesem Zusammenhang verweist van Erp auch auf MICHEL DE CERTEAU, *The Mystic Fable*, Bd. I, *The Sixteenth and Seventeenth Century*, Chicago 2002.

2.5 Zwischenfazit: 9 Thesen für eine theologische politische Theologie in postsäkularen und postliberalen Zeiten

Aus dem vorangegangenen Kapitel ergeben sich einige Eckpunkte für die inhaltliche Ausrichtung dieser Untersuchung und das weitere Vorgehen, die in an dieser Stelle nochmals thesenhaft zusammengefasst werden. Diese Thesen fassen damit auf komprimierte Weise die in diesem Kapitel erarbeitete Antwort auf die erste (Unter)Forschungsfrage zusammen, die auf eine politische wie theologische Beschreibung und Einordnung des gegenwärtigen geistesgeschichtlichen Kontexts abzielt, zusammen mit der Suche nach einer potentiell besonders adäquaten Form einer politischen Theologie für diesen Kontext.

Postsäkularität als geteilter Kontext für politische und theologische Diskussionen. Ausgehend von José Casanovas Dreiteilung des Begriffs Säkularismus (Säkularisierung als (1) *Ausdifferenzierung der säkularen Sphäre,* (2) *Niedergang religiöser Überzeugungen und Praktiken* und (3) *Privatisierung der Religion*)[655] wird Postsäkularität dahingehend verstanden, dass die Privatisierung der Religion als ein normativer Vorgang und/oder als Vorbedingung sowohl von Modernisierung als auch von demokratischer Politik hinterfragbar ist. Dies ist verbunden mit einer Abkehr vom Stadialbewusstsein (Casanova), wonach Modernisierung auf normative Weise mit Säkularisierung und Demokratisierung gleichgesetzt wird.

Gleichzeitig gilt, dass die mit der Postsäkularität verbundene Wahrnehmungsänderung mit Blick auf die Säkularisierung(-sthese) keine Umkehrung des Säkularisierungsprozesses bedeutet. Es kann weder von einer Rückkehr der Religion noch von einem Sieg des religiösen Lagers über das säkulare Lager die Rede sein. Zudem ist klar, dass auch religiöse Vertreter*innen, in einem postsäkularen Zeitalter, nicht hinter die (politischen und epistemologischen) Errungenschaften der säkularen Moderne zurück können. Dafür bietet ein postsäkularer Kontext die Chance, dem Beziehungsverhältnis zwischen Politik und Religion jenseits einer dichotomen Gegenüberstellung oder (mono-)kausalen und linearen Abhängigkeit in all seiner Komplexität gerecht zu werden.

Die ersten Ansätze einer postsäkularen Konzeption des politischen Diskurses sind bezeichnenderweise von den bekanntesten Vertretern der liberalen und säkularen Moderne gegeben worden. So sind sich Habermas und Rawls einig, dass die Annahme der Säkularisierungsthese nicht mehr als Basis für eine politische Ordnung anzusehen ist. Unterschiede ergeben sich in der Diskussion bis zu welchem Grad und in welcher Art und Weise Religion(en) eine öffentliche und politische Einflussnahme zuzugestehen ist. Verbunden ist diese Diskussion mit dem Bedürfnis nach einem neuen Austarieren zwischen säkularem und religiösem Sprach- und Vernunftgebrauch im öffentlichen Raum, welcher letztlich nicht

---

[655] Vgl. CASANOVA, „Erschließung des Postsäkularen", 18-19.

mehr auf einem „säkularen Missverständnis" (Casanova) der vollkommenen Übersetzbarkeit aller religiösen Konzepte in säkulare Werte beruht.

Für die Politik bzw. die politische Philosophie bedeutet dies einerseits, sich – entgegen einem strikt säkularistischen Programm – auf die Religion und ihren unverfügbaren Grund hin zu öffnen, um einer Abkapselung der Vernunft in sich selbst (Habermas) zu verhindern. Für die Theologie bedeutet dies andererseits, auch auf ihrem genuinen Feld nach Quellen und Ressourcen für Politik und Demokratie zu suchen und diese auch ebenso vernünftig vermittelt (*post-secular reasonableness*) in den Diskurs einzubringen. Ihr Proprium ist dabei der „transzendenzbezogene Stachel" (Joas), aufgrund dessen eine vollkommene Identifikation einer Religion mit einer konkreten politischen Ordnung ausgeschlossen ist.

Säkularismus als politisches Programm des modernen Nationalstaats auf dem Prüfstand multipler Modernen. Gestützt auf die Untersuchungen von Casanova und Asad wird davon ausgegangen, dass es unterschiedliche Modelle für das Beziehungsmuster zwischen Religion, Staatlichkeit, Nation und Gesellschaft gibt. Es hängt vom geschichtlichen und kulturellen Hintergrund ab, ob man zum Etablieren einer nationalen Identität und Souveränität einer homogenisierenden Strategie bedarf oder ob man Heterogenität zulassen kann. Je nach Modell hängt auch die Beurteilung des Säkularismus davon ab, ob es sich dabei lediglich um ein Prinzip für die Garantie der Religionsfreiheit handelt oder um ein Machtinstrument des monopolar verfassten modernen Nationalstaats. Asad verweist zusätzlich darauf, dass die kategoriale Trennung zwischen Politik und Religion eng verbunden ist mit der essentialistischen Definition dieser beiden Felder. Beides lässt den Säkularismus als ein politisch motiviertes Projekt neuzeitlich-moderner Nationalstaaten erscheinen, als deren Strategie zum monopolisierten Machtausbau auf nationaler und internationaler (Kolonialismus) Ebene.

Demgegenüber besagt Eisenstadts Konzept der multiplen Modernen, dass sich aus der Wechselbeziehung zwischen religiös-kulturellen und strukturell-funktionalen Faktoren, zusammen mit verschiedenen historischen und kontextgebundenen Erbschaften, vielfältige Ausprägungen der Moderne gebildet haben und dies auch weiterhin tun. Es gibt daher nicht nur die eine, westliche und säkulare Moderne. Der gegenwärtig wahrnehmbare Prozess der Globalisierung steht hierbei Beispiel für den kontinuierlichen Prozess der Reinterpretation des kulturellen Programms der Moderne in einer Vielzahl von unterschiedlichen Submodernen. An dieser Schwelle zu einer globalen Identität (Ruhstorfer) muss sich die westliche politische Tradition ihrer eigenen Ursprünge radikal neu bewusst werden und vor dem Forum anderer politischer Traditionen kritisch hinterfragen. Hierzu zählt auch ein genauer Blick auf das theopolitische Erbe, das ganz besonders in der Form des Transzendenzbezugs und seiner jeweiligen (post)modernen Substitute (Rentsch) in der Konstitution von Souveränität weiterhin wirksam ist.

Die Krise des Universalitätsanspruchs liberaler Demokratietheorie und die Zukunft der Demokratie. Die Krise des Säkularismus ist verbunden mit der Krise der liberalen Konzeption von Demokratie. Im Kern handelt sich dabei um verschiedene, aber miteinander verbundene Phänomene, die letztlich auf dieselbe Ursache zurückzuführen sind: ein Wechsel in der Epistemologie und den Paradigmen der Vernunft, die den Übergang von Neuzeit und Moderne zur Postmoderne in ihrer vollsten Ausprägung markiert (Raschke). Verbunden mit diesem Wechsel ist auch eine Transformation der neuzeitlich-modernen liberalen Konzepte der Souveränität und Repräsentation und ihrer vornehmlichen institutionellen Trägerinnen, der Volkssouveränität und Nationalstaatlichkeit.

Hardt und Negri nennen die neue Logik und Struktur der Herrschaft in globalisierten Zeiten *Empire* und charakterisieren dieses als ein Netzwerk globaler, transterritorialer und dezentraler Ausprägung. Ihre Analyse macht deutlich, dass damit auch die Notwendigkeit erwächst, neue Formen der Demokratie zu entwickeln, die über das liberale, nationalstaatliche Modell hinausgehen. Wolin zufolge verfügt der Liberalismus mit seiner Konzentration auf den politischen Individualismus und private Freiheiten nicht mehr über die robuste Dynamik, um den anti-demokratischen Kräften einer neoliberalen Wirtschaftsweise entschieden entgegentreten zu können. Daher bedarf es einer grundsätzlich neuen Konzeption der Demokratie. Negri und nennen dieses Gegenmodell zur Macht des Empires *Multitude*, Wolin *fugitive democracy*. Zwei Aspekte dieser Demokratietheorien sind für unsere Untersuchung von besonderem Interesse: zum einen die Wende von einer transzendent begründeten Souveränität hin zu einer immanenten Fundierung. Und zum anderen eine Abkehr von einer homogenen Einheitslogik hin zu dem einer unauflösbaren Vielheit. Wichtig ist hierbei auch die Erkenntnis, dass dieses alternative Souveränitäts- und Demokratiekonzept nur auf den ersten Blick unvereinbar mit der theologischen Tradition erscheint. Tatsächlich sind sie von der Theologie wie auch der geteilten philosophischen Tradition nicht losgelöst, sondern verstehen sich vielmehr als deren postmoderne, demokratische Erben. Allerdings werfen sie die zentrale Frage auf, wie der Transzendenzbezug politisch und theologisch zu verstehen ist, sodass darin ein zugleich subversives wie konstitutives Moment zum Ausdruck kommt, das vor dem Hintergrund der Postsäkularität und Postliberalität die Freiheiten der liberalen Konzeption der Demokratie nicht preisgibt, zugleich aber über deren Repräsentation- und Souveränitätsform hinausgeht.

Die Radikale Demokratie als eine mögliche Form postsäkularer und postliberaler Demokratie und das damit verbundenen Souveränitäts- und Repräsentationskonzept. Im Rahmen dieser Auseinandersetzung mit den Wandlungsprozessen der Demokratie und ihres Souveränitätskonzeptes haben wir einen ersten Blick auf die Theorie der Radikalen Demokratie im Allgemeinen und Leforts Konzeption im Speziellen geworfen. Diese zeichnet sich vor allem durch eine grundlegend neue „ontologische Theorie" des Politischen (Marchart) aus, die sich in zwei Grundsätze zusammenfassen lässt: zum einen der Auflösung der Grundlagen aller Sicherheit im Fundament des Sozialen und zum anderen dem Symbol des leeren Ortes der Macht in der Demokratie.[656] Während der erste Grundsatz auf eine alternative Sozialontologie – und damit verbunden Epistemologie – verweist, ist besonders der Slogan der Leerstelle der Macht und das damit verbundene Repräsentationskonzept für unser eigenes postsäkulares theopolitisches Verständnis von Souveränität von großer Bedeutung. Lefort offenbart darin gegenüber der liberalen und säkularen Tradition ein Bewusstsein der „Fortdauer des Theologisch-Politischen". Und mit einem Sozial- und Repräsentationsmodell, das in der Form der Leerstelle der Macht auf der „inneren Transzendenz des Sozialen"[657] beruht, ermöglicht dieser radikaldemokratische Zugang eine Diskussion des zentralen Themas des Transzendenzbezugs für die Konstitution demokratischer Souveränität. Hierbei gilt es allerdings zu beachten, dass auch die Religion nicht über ihren eigenen transzendenten Ursprung verfügt und den transzendenten Bezug ihrer Souveränität nicht selbst „herstellen" kann.

Der neue Platz der Religion in der Demokratie muss von der Religion in radikaler Weise selbst gesucht werden und kann ihr nicht von außen zugesprochen werden. Daher bedarf es einer selbstständigen theologischen politischen Theologie. Carl Schmitts Auffassung, wonach einer bestimmten Bewusstseinslage bestimmte politische und auch metaphysische bzw. philosophische Konzepte entsprechen, hat auch im gegenwärtigen Kontext nicht an Plausibilität verloren, wie die Diskussion zu Böckenförde gezeigt hat. Für das gegenwärtige Bewusstsein, das als postsäkular, postmodern und demokratisch beschrieben werden kann, ergibt sich daraus die Frage nach einer Neubestimmung des Verhältnisses zwischen Religion und Politik im Allgemeinen und zwischen Transzendenzbezug und demokratischer Souveränität im Speziellen. (Monotheistische) Religionen sind dazu herausgefordert, ihren Universalismus und Einheitsbezug mit einem pluralistischen Ansatz und einer Subversion von Souveränität zu verbinden, um nicht in Schmitts Souveränitätskonzept zurückzufallen, welches Souveränität, monotheistisch abgeleitet, einheitlich-universal konzipiert. Daher genügt es auch nicht, das Verhältnis zwischen Demokratie und Religion im Böckenförde'schen Sinne dahingehend zu bestimmen, dass man die homogenisierende Kraft und die

---

[656]   Vgl. MARCHART, *Die politische Differenz*, 118-119. Hierbei warnt Marchart aber zugleich vor der Trivialisierung beider Slogans. Siehe, ebd., 119: „In Kontext von Leforts Theorie gestellt, verraten diese Thesen hingegen etwas über die quasi-transzendentale Bedingung von Gesellschaft. Im Fall des leeren Ortes der Macht ist offensichtlich, dass Macht nicht verschwindet, sondern präsent bleibt als Ort, der entleert wurde, als Dimension, deren tatsächlicher (oder ontischer) Inhalt verschwinden kann, während die Dimension als solche operativ bleibt. Und ihrerseits ist die ,Auflösung der Grundlagen der Sicherheit' bei Lefort kein partikulares Problem, sondern definiert den universalen, d. h. wiederum ontologischen Horizont unsrer Welt."

[657]   Vgl. LEFORT, „Démocratie et avènement d'un ,lieu vide"', 468.

inneren Regulierungskräfte der Religion in das vorpolitische Bewusstsein auslagert und so in den Dienst des Staates stellt. Stattdessen kommt es in der gegenwärtigen geistesgeschichtlichen Bewusstseinslage gerade darauf an, sich dieser die Pluralität gefährdenden Homogenitätstendenz zu widersetzen ohne dabei aber zugleich sich ganz in eine „Gesellschaft der Singularitäten" (Reckwitz) aufzulösen. Dies stellt die traditionelle politische Theologie vor die Herausforderung, ihr metaphysisches Fundament radikal antiideologisch und plural neu zu denken. Politische Philosophie wie auch die politische Theologie operieren hierbei mit je eigenen Zugängen zu den zentralen Konzepten der Souveränität und Repräsentation im geteilten theopolitischen Feld.

Daher bedarf es einer selbstständigen theologischen politischen Theologie, die sich von einer säkularen politischen Theologie (z.B. Schmitts) durch eigenständige theologische Quellen und Rahmengebung unterscheidet, aber grundsätzlich im selben theopolitschen Feld operiert.

Die bleibende Bedeutung der Neuen Politischen Theologie für eine aktuelle theologische politische Theologie. Die bleibende Bedeutung der Theologien von Sölle, Metz, Moltmann und anderen über ihren jeweiligen historischen und kulturellen Kontext hinaus erwächst aus dem von allen in je unterschiedlicher Form geteiltem Bestreben, das Verhältnis zwischen Gott und Welt, Religion und Politik radikal neu zu bestimmen. Die Neue Politische Theologie zeigt die Möglichkeit auf, die Säkularisierung nicht als Verfallserscheinung zu deuten, sondern ihr auch aus dezidiert theologischer Sicht etwas Positives abzugewinnen. Egal ob der Säkularisierungsprozess als „heimliche Gegenwart Gottes" (Sölle), „Weltlichkeit der Welt" (Metz) oder „Verwirklichung des Religiösen" (Moltmann) angesehen wird, alle drei Autor*innen gehen davon aus, dass die Säkularisierung als Vorgang zu betrachten ist, welcher sowohl historisch als auch prinzipiell im „Wesen" des Christentums selbst grundgelegt ist. Diese Erkenntnis hat auch bis in die Postsäkularität hinein große Bedeutung, da diese, wie oben angeführt, nicht einfach als eine Rückkehr in vorsäkulare Zeiten zu verstehen ist.

Der politische Kontext wird in seiner Wertigkeit anerkannt, dadurch, dass er den Kontext für eine Hermeneutik der biblischen Botschaft bietet (Sölle). Die Neue Politische Theologie hat darüber hinaus aufgezeigt, dass die theologische Tradition durchaus als Quelle für alternative demokratische Souveränitätskonzepte und ein neues Verständnis des Verhältnisses von Transzendenz und Immanenz fungieren kann. Ob durch das Konzept der Stellvertretung Gottes in der Immanenz der Welt (Sölle), durch das ideologiekritische Konzept eines „eschatologischen Vorbehalts" (Metz) oder trinitätstheologisch, als perichoretische wechselseitige Durchdringung (Moltmann), die Geschicke der Welt und (der Glaube an) Gott sind intrinsisch miteinander verwoben und können nicht strikt getrennt voneinander betrachtet werden.

Die Notwendigkeit einer theologischen politischen Theologie jenseits von Public Theology und Radical Orthodoxy. Um der Spur der Neuen Politischen Theologie in unseren gegenwärtigen postsäkularen Kontext zu folgen, wurde die Ausrichtung der vorliegenden Untersuchung in einem nächsten Schritt gegenüber den Projekten der Public Theology und der Radical Orthodoxy abgegrenzt. Der Public Theology muss man einerseits zu Gute halten, dass sie von ihrem gesamten Ansatz her aufzeigt, wie sehr Religion und Politik auch im Projekt der Moderne – zumindest dem der USA – aufs engste miteinander verbunden sind. In diesem Sinne hat die Public Theology dazu beigetragen, das postsäkulare Zeitalter einzuläuten. Andererseits wurde aber auch deutlich, dass die Public Theology die modernen, säkularen Prämissen, die Gegenstand dieser Untersuchung sind, nicht fundamental kritisch hinterfragen kann, da diese integraler Bestandteil ihres eigenen theologischen Programms sind. In diesem Sinne ist sie gerade nicht postliberal.

Auf der anderen Seite des theologisch-politischen Spektrums liegt die Radical Orthodoxy. Dieser gelingt es, das Bild einer alternativen Moderne jenseits des Säkularismus zu entwerfen. Zudem kann sie die demokratische von der liberalen Tradition trennen und Demokratie und deren Souveränität auf ein robustes theologisches und (partizipativ-)ontologisches Fundament stellen. Allerdings bleibt diese radikalorthodoxe Moderne letztlich auf fast ironische Art und Weise den Paradigmen der Moderne verhaftet. Es ist das Bild lediglich *einer* anderen Moderne, und folglich nicht kommunikabel mit all jenen, die nicht die gleichen epistemologischen und ontologischen Grundüberzeugungen teilen. In diesem Sinne ist die Radical Orthodoxy gerade nicht postsäkular.

Bei unserer Suche nach weiteren theologischen Ansätzen jenseits der Eingliederung der Public Theology und der Fundamentalopposition der Radical Orthodoxy sind wir auf die zentralen Paradigmen der Dialogorientierung (Körner), Postmodernität (Engel) und Performativität (Kirschner) gestoßen. So muss sich eine theologische politische Theologie nicht auf die Anforderung beschränken, konsensfähige Werte zu formulieren. Gleichzeitig darf sie dabei aber auch nicht die Dialogbereitschaft und Anerkennung anderer Weltgestaltungsansprüche außer Acht lassen (Körner). Dies wird epistemologisch dadurch erreicht, wenn sich die Theologie der philosophischen Dekonstruktion zu öffnen vermag. Ziel wäre, hier einen eigenständigen theologischen Zugang zum theologisch-schwachen Denken des Politischen zu erarbeiten (Engel). Für die gegenwärtige Untersuchung ergibt sich damit die Aufgabe einer Reformulierung der theologischen Metaphysik in schwachen Kategorien, wofür das Paradigma der Performativität in seiner theologischen Relevanz zu erschließen ist. Wie Kirschner aufzeigt, können dabei dezidiert postmoderne Interpretationen des theologischen Erbes richtungsweisend sein, wie diese beispielsweise in Agambens Interpretationen von der kenotischen und messianischen Kraft als *potenza destituente* vorliegen.

Auf dem Weg zu einer radikaldemokratischen politischen Theologie. Die radi-kale Demokratie- und Politiktheorie geht einher mit einem neuen, in weiten Tei-len noch unbestimmten Verhältnis zur Religion. Auf analytischer Ebene stellt sich die Frage, inwieweit die radikale Demokratie eine der Religion analoge Grundstruktur aufweist, da sie wie diese über keine positive, sondern lediglich symbolische Repräsentation ihres Ursprungs und Zentrums verfügt (Klein). Von dieser analogen Grundstruktur aus ergeben sich zwei mögliche Herangehenswei-sen, Theologie und Radikaldemokratie miteinander ins Gespräch zu bringen. Ei-nem ersten Ansatz geht es dabei „theologisch" darum, das in der Theologie tra-dierte Wissen um die Unverfügbarkeit des Zentrums, das in den verschiedensten theologischen Konzepten wie Ekklesiologie oder Sakramentenlehre Ausdruck findet, auch für das politische Feld furchtbar zu machen (Engel). Der andere An-satz hingegen geht den umgekehrten Weg, der darin besteht, auf der „säkularen" Grundlage der Sozialontologie der Radikaldemokratie eine Reformulierung be-stimmter theologischer Konzepte vorzunehmen, allen voran das der göttlichen Souveränität und deren Repräsentation.

Die zweite „säkulare" Herangehensweise haben wir in der Form von Robbins und Crocketts Radical Political Theology näher betrachtet. Dabei kamen wir letztlich zu dem Schluss, dass dieser Ansatz im Rahmen unserer Untersuchung weniger erfolgsversprechend ist, als der erste. Wie schon die von Hardt und Negri entwickelte Radikaldemokratie der *Multitude*, die für beide Autoren zentraler Be-zugspunkt ist, ist auch deren daran orientierte Theologie letztlich einem imma-nenten und säkularen Rahmen verhaftet (Schumacher). Demgegenüber betont die erste Herangehensweise, die wir in Kleins Zusammenschau von Lefort und Barth betrachtet haben, gerade den Transzendenzbezug bzw. dessen Substitut im Sym-bol der leeren Mitte der Macht als zentrales antiideologisches Merkmal eines ra-dikaldemokratischen Souveränitätsbegriffs. Das darauf aufbauende Konzept ei-ner subversiven Souveränität bildet daher die unhintergehbare Ausgangslage für unsere eigene Diskussion. Diese aber geht einen entscheidenden Schritt „weiter", als dies Kleins antiideologischer Ansatz erlaubt.

Sakramententheologie als neue Form einer theologischen politischen Theolo-gie. Bei aller Betonung der Unverfügbarkeit des Machtkörpers durch einen anti-ideologischen Transzendenzbezug stellt sich letztlich doch die Frage, ob er nicht trotzdem so etwas wie eine Spur von Positivität in seiner Repräsentation benötigt. Dieser Frage soll im weiteren Verlauf anhand der Diskussion der Sakramenten-theologie nachgegangen werden. Ausgangspunkt dabei ist die Annahme, dass die Unverfügbarkeit (Gottes) im Zentrum des Sakraments nichtsdestotrotz wirksam und somit auf eine bestimmte, kenotisch-performative Weise präsent ist. Entspre-chendes gilt auch für den leeren Ort der Macht, der im buchstäblichen Sinn nicht als vollkommen leer zu betrachten ist. Geleitet von einem Sakramentenverständ-nis, wonach ein Sakrament nicht allein informierendes Zeichen ist, sondern zu-gleich auch Vergegenwärtigung des Dargestellten, soll das radikaldemokratische Symbol der Leerstelle der Macht sakramental interpretiert werden. Für diese

„theologische" Interpretation der Radikaldemokratie braucht es aber ebenso sehr auch eine „politische" und antiideologische Erschließung des radikaldemokratischen Potentials der klassischen Sakramententheologie, die dieser sogar vorausgehen muss. Hierfür aber ist zunächst ein grundlegendes theologisches Verständnis vom theopolitischen Wesen der Sakramentalität von Nöten. Dieses soll im folgenden Kapitel mit Hilfe von Cavanaughs sakramentaler politischer Theologie in Detail erarbeitet werden.

Mit diesen Thesen im Hintergrund können wir nun im folgenden Kapitel daran gehen, die (theologische) politische Theologie Cavanaughs näher zu analysieren. Wie gezeigt werden wird, korrespondiert sein genuiner Ansatz in vielerlei Hinsicht mit dem soeben thesenhaft zusammengefassten Rahmen. Dieser ist zunächst im hier verstandenen Sinne sowohl postsäkular als auch postliberal. Cavanaugh kritisiert sehr deutlich den Ansatz der Public Theology, wobei er sich gleichzeitig auch von der Radical Orthodoxy distanziert. Er ist zumindest in den Ansätzen mit der Radikaldemokratie vertraut, allen voran mit Wolin und Castoriadis. Vor allem die Nähe zu Castoriadis Zugang zum Imaginären ist für Cavanaughs eigene Interpretation der politischen Bedeutung der Liturgie und der Sakramente, allen voran der Eucharistie, nicht zu unterschätzen. Sakramente sind für Cavanaugh zugleich Ursprung und Grammatik seiner theopolitischen Imagination, seinem genuinen theologischen Ansatz einer politischen Theologie der Kirche, die er stark von der säkularen politischen Theologie des liberalen und säkularen Nationalstaat abgrenzt. Für diese politische Lesart der Sakramente sind es aber gerade auch weniger klassische, sondern neuere Ansätze, wie beispielsweise der Chauvets, die für Cavanaugh zentral sind.

Hieraus ergeben sich einige Fragen an Cavanaughs politische Theologie, die es im folgenden Kapitel zu adressieren gilt: Welche eigene Definition (und Abgrenzung) von politischer Theologie bietet er und inwieweit ist diese genuin theologisch? Was ist die eigenständige theopolitische Identität und Methode der Religion und inwieweit kann diese als sakramental charakterisiert werden? Wie positioniert Cavanaugh Theologie und Kirche gegenüber anderen theopolitischen Akteuren, allen voran dem liberalen Nationalstaat? Und schließlich gilt es zu analysieren, inwieweit Cavanaughs Ansatz einer sakramentalen politischen Theologie bereits wichtige Elemente der Radikaldemokratie aufgenommen hat bzw. mit diesem kompatibel ist und inwieweit sein Ansatz von einer tieferen Auseinandersetzung mit dieser, allen voran mit Lefort, profitieren würde.

3 WILLIAM T. CAVANAUGHS POLITISCHE THEOLOGIE DER EUCHARISTIE

Der Mensch glaubt entweder an Gott,
oder er glaubt an einen Götzen. Kein Drittes!
Max Scheler[658]

Die Eucharistie erklären – eine Naivität, die zugleich vielfältig,
unvermeidlich und lehrreich ist. Mit anderen Worten:
der entscheidende Moment im theologischen Denken.
Jean-Luc Marion[659]

3.1 Cavanaughs sakramentaler Ansatz im Kontext der politischen Theologie(n)

Im folgenden Kapitel wird die sakramentale politische Theologie von William T. Cavanaugh als Ressource für eine politische Theologie für den im vorausgegangenen Kapitel dargestellten Kontext analysiert. Die Untersuchung von Cavanaughs genuinem Ansatz verfolgt dabei zwei übergeordnete Ziele. Zum einen gilt es zunächst, seinen sakramentalen Zugang zur politischen Theologie als eine potentiell besonders ergiebige Ressource für eine im zuvor eruierten Kontext benötigte Theologie im Detail darzustellen. Und zum anderen muss diese Darstellung zugleich auch vor diesem Kontext diskutiert und vor dem Hintergrund der theologischen Entwicklungen, gerade auch des deutschsprachigen Raums, eingeordnet werden. Aus dieser Diskussion und Einordnung, ergibt sich am Ende des Kapitels ein Desiderat, an dem es in einem letzten Kapitel sozusagen mit Cavanaugh über Cavanaugh hinaus weiterzuarbeiten gilt.

Aus diesen Zielen ergeben sich folgende zentrale Schritte in der Diskussion von Cavanaughs Theologie, die im Detail noch zu Beginn der einzelnen Unterkapitel bzw. Sektionen dargelegt werden. In einem ersten Schritt soll Cavanaughs genuiner sakramentaler Zugang zur politischen Theologie vorgestellt und vor dem Hintergrund anderer (theologischer) politischer Theologien eingeordnet werden. Dieses Unterkapitel dient damit zugleich auch als Anschlusspunkt an das vorausgegangene Kapitel, da die Einordnung unter die im vorigen Kapitel erarbeiteten Kategorien (wie postliberal, postsäkular etc.) und Vorschläge für eine aktuelle politische Theologie erfolgt. In einem zweiten Schritt wird Cavanaughs Kritik am politischen Programm des liberalen (National)Staats behandelt. Hier sind es

---

[658] MAX SCHELER, *Vom Ewigen im Menschen*, München 1968, 399.
[659] JEAN-LUC MARION, *Gott ohne Sein*, hg. v. KARLHEINZ RUHSTORFER, übers. v. ALWIN LETZKUS, Paderborn 2014, 247.

vornehmlich zwei Aspekte, die besonders interessant für die vorliegende Untersuchung im Insgesamten sind: Zum einen bietet seine dezidiert theologische Kritik am Liberalismus und Säkularismus einen theologischen Anschlusspunkt und damit eine inhaltliche Weiterentwicklung der im vorangegangenen Kapitel eruierten Linien hinein in eine postsäkulare und -liberale politische Theologie. Und zum anderen führt Cavanaugh mit seinem genuinen Ansatz einer theopolitischen Imagination des Sakramentalen auch eine Methode für das Feld der politischen Theologie ein, die nicht allein bei der kritischen Beurteilung des Verhältnisses zwischen Theologie und Politik aufschlussreich ist, sondern auch in Bezug auf das Verhältnis zwischen Demokratie und moderner Staatlichkeit und darüber hinaus eine zentrale Bedeutung für die radikaldemokratische Diskussion innehat. In einem dritten Schritt wird anschließend Cavanaughs Alternative zur theopolitischen Imagination des modernen säkular-liberalen Staates dargestellt und eingeordnet, seine theopolitische Imagination der Eucharistie. Hierbei liegt ein großes Augenmerk auf der Art und Weise, wie Cavanaugh das Sakramentale zum Paradigma einer solchen alternativen politischen Imagination einführt. Der weitere Verlauf der Untersuchung wird zeigen, dass gerade diese theopolitische Interpretation des Sakramentalen besonders fruchtbar für eine Verbindung zwischen Theologie und Radikaldemokratie ist. Diese weiterführende Diskussion wird in einem Zwischenfazit vorbereitet, welchem in einem vierten Schritt eine Evaluation vorangestellt ist, bei der eruiert wird, inwieweit Cavanaughs eigene Ausführung bereits in die Richtung einer sakramentalen Interpretation der Demokratie, allen voran ihres Souveränitätskonzeptes als unverfügbares Machtzentrum in ihrer Mitte, deutet.

Damit kommen wir zum ersten Schritt, der Einführung in Cavanaughs genuinen sakramentalen Zugang zur politischen Theologie vor dem Hintergrund anderer (theologischer) politischer Theologien. Bereits in der Einleitung wurde in die Person und den genuinen theologischen Ansatz von William Cavanaugh eingeführt, was daher an dieser Stelle nicht mehr wiederholt werden soll.[660] Stattdessen soll im Folgenden nochmals genauer auf Cavanaughs eigenes Verständnis und Konzept von politischer Theologie vor dem im vorangegangenen Kapitel erarbeiteten Kontext eingegangen und darüber hinaus in Bezug zu anderen aktuellen Positionen politischer Theologie gesetzt werden.

Wie bereits eingangs erläutert, nimmt Cavanaugh einen besonderen Platz innerhalb der Disziplin der politischen Theologie ein, der sich z.T. erheblich von den im deutschsprachigen Raum etablierten Positionen und Grundüberzeugungen unterscheidet. Doch darin bemisst sich auch der positive Beitrag Cavanaughs, gerade auch zur deutschsprachigen Diskussion in diesem Feld, fordert er doch zu einer erneuten prinzipiellen Auseinandersetzung mit dem für unsere Zeit zentralen Beziehungsverhältnis zwischen Religion und Politik, zwischen (Post-) Säkularität und Demokratie heraus. Aus Cavanaughs Interpretation von Nationalstaat, Säkularismus und Demokratie stellt sich die Frage nach Inhalt und Methode von

---

[660]   Siehe 1.3.

politischer Theologie in radikal neuer Weise, da er gewisse gesellschaftspoliti-sche Gegebenheiten, allen voran die liberal-demokratische und nationalstaatliche Verfasstheit unseres Gemeinwesens nicht als einzig mögliche – oder genauer: bestmögliche – ansieht. Aus dieser Grundansicht ergibt sich Cavanaughs Ver-ständnis davon, was genau politische Theologie bedeutet und was deren Inhalte und Methoden sind. In der zweiten Edition des von ihm zusammen mit Peter Scott herausgegebenen *Wiley Blackwell Companion to Political Theology*[661], machen Scott und Cavanaugh grundsätzlich vier verschiedene Auffassungen von der Auf-gabe und dem Arbeitsfeld von politischer Theologie ausfindig, die für eine ge-nauere Bestimmung von Cavanaughs eigenem theologisch-politischen Projekt hilfreich sind:

(1) Zunächst eine „säkulare" politische Theologie, die Gott als Fiktion be-trachtet, welche als Konzept aber nichtsdestoweniger wichtig ist für die Kon-stitution des Politischen. Eng verbunden ist dieser säkulare Typ der politi-schen Theologie mit Carl Schmitt, der auch gegenwärtige Vertreter*innen po-litischer Theologie wie beispielsweise Giorgio Agamben beeinflusst. Dem ge-genüber stellen sie drei verschiedene Typen von „theologischer" politischer Theologie.

(2) Der erste Typ theologischer politischer Theologie beschreibt in etwa das, was wir im deutschsprachigen Raum als die von Johann Baptist Metz und Fol-genden entwickelte Neue Politische Theologie kennen. Sie ist gekennzeichnet dadurch, dass Politik als etwas „Gegebenes" betrachtet wird, mit eigenständi-ger säkularer Autonomie. Die Aufgabe einer politischen Theologie besteht demnach darin, religiöse Überzeugungen mit gesellschaftspolitischen Themen in Relation zu bringen und zu beurteilen, ohne dabei aber die Autonomie bei-der Sphären zu vermischen.

(3) Der zweite Typ theologischer politischer Theologie betont demgegenüber mehr die Rolle der Theologie als kritisches Interpretationsinstrument des Po-litischen. Die Aufgabe einer so verstanden politischen Theologie besteht darin darzustellen, wie ein theologischer Diskurs gesellschaftliche Ungleichheiten in Klasse, Gender etc. begünstigt. Demgegenüber wird dann eine andere Theologie stark gemacht, die sich gegen diese Ungerechtigkeiten stellt. Hier wäre u.a. die sog. Black Political Theology anzuführen, wie sie beispielsweise M. Shawn Copeland betreibt.

(4) Der dritte Typ theologischer politischer Theologie, schließlich, beschreibt Politik und Religion als prinzipiell dieselbe Aktivität, und zwar als das Gene-rieren von metaphysischen Bildern anhand derer Gemeinschaften organisiert

---

661 WILLIAM T. CAVANAUGH; PETER SCOTT (Hg.), *The Wiley Blackwell Companion to Political Theology*, Hoboken, NJ 2019.

werden. Die Aufgabe dieses Typs von politischer Theologie besteht darin, „falsche" von „richtiger" Politik zu unterscheiden, wobei das Kriterium dafür die der jeweiligen Politik zu Grunde liegenden (auch säkularen) Theologien darstellen.[662]

Cavanaughs politische Theologie entspricht genau diesem letztgenannten Typ von theologischer politischer Theologie und damit auch der Definition, die im vorhergehenden Kapitel in der Auseinandersetzung mit Schmitt und Böckenförde erarbeitet wurde.[663] Tatsächlich kann man festhalten, dass Cavanaugh mit seinem genuinen sakramentalen Ansatz der wohl bekannteste Vertreter und Verfechter einer spezifisch theologischen politischen Theologie ist. Programmatisch betitelt er demnach beispielsweise ein Kapitel in *Field Hospital* mit *The Mystical and the Real. Putting Theology Back into Political Theology*[664]. Beinahe sein gesamtes Werk kann als Versuch gelesen werden, die „richtige" politische Theologie als Grundlage für eine „richtige" Politik auszuarbeiten. Oder wie Cavanaugh es einmal prägnant formuliert: „What needs to be separated is good political theology from bad political theology. The idea that we can and must make a Great Separation between theological politics and sensible politics is itself a piece of bad political theology."[665] Oder an anderer Stelle: „In other words, supposedly ‚secular' political theory is really theology in disguise."[666] Diesen hermeneutischen Schlüssel zur Interpretation von (auch säkularer) politischer Theorie und Philosophie, der auf die Grundeinsicht Carl Schmitts zurückgeht, muss man immer vor Augen haben, wenn man sich Cavanaughs politischer Theologie nähert. Dies bedeutet nun nicht, dass jede „säkularisierte" theologische Fundierung von Politik und Staatlichkeit automatisch als „häretischer Abfall" von der „wahren Theologie" zu verurteilen ist. Eine solche Lesart der säkularen Neuzeit bzw. Moderne würde eher der Radical Orthodoxy entsprechen, zu der Cavanaugh bisweilen gerechnet wird. Er selbst lehnt diese Zuschreibung aber ab und auch Brison kommt in seiner Auseinandersetzung mit Cavanaughs Theologie zu dem Schluss, dass dies nicht zutreffe.[667] Der Hauptunterschied zur Radical Orthodoxy, den wir im

---

[662]   Vgl. CAVANAUGH; SCOTT, „Introduction", 3-4.

[663]   Siehe 2.3.

[664]   CAVANAUGH, Kp. 5 „The Mystical and the Real. Putting Theology Back into Political Theology", in: *Field Hospital*, 99-120.

[665]   Ebd., 218. Der Ausdruck „Great Separation" bezieht sich in diesem Zusammenhang auf das zentrale Anliegen in Lillas Buch *The Stillborn God*. Siehe zur kritischen Auseinandersetzung mit Lilla auch die einleitenden Ausführungen in 2.3.

[666]   CAVANAUGH, *Theopolitical Imagination*, 2.

[667]   Vgl., BRISON, *L'imagination théologico-politique*, 19-21. Der Hauptgrund für diese Zuschreibung liegt vermutlich in einem Beitrag, den Cavanaugh im ersten Sammelband zur Radical Orthodoxy veröffentlicht hat. Siehe WILLIAM T. CAVANAUGH, „The City. Beyond Secular Parodies", in: MILBANK; PICKSTOCK; WARD (Hg.), *Radical Orthodoxy*, 182-200.

folgenden Kapitel noch deutlich herausarbeiten werden, liegt darin, dass Cavanaugh nicht daran gelegen ist, eine vollkommenen andere, nicht-säkulare Moderne für alle zu entwerfen. Diesen alternativ-konstruktiven Aspekt teilt Cavanaugh nicht mit der Radical Orthodoxy. Andererseits gibt es große Überschneidungsmengen im deskriptiv-dekonstruierenden Aspekt. Denn Cavanaugh geht es vor allem darum, die theologische Spur hinter bestimmten Konzepten säkularer Politiktheorie ausfindig zu machen und diese aus Sicht (seiner eigenen) Theologie zu beurteilen. Damit folgt Cavanaugh einem Ansatz, der nicht von einem strikten Bruch zwischen religiöser Vormoderne und säkularer Neuzeit/Moderne ausgeht, sondern diesen Übergang mehr als einen stufenweisen säkularen Transformationsprozess versteht.

Was Cavanaughs politische Theologie demgegenüber aber besonders auszeichnet, ist der explizite Bezug auf religiöse Gemeinschaft als dem Bezugs- und Konstruktionspunkt seiner politischen Theologie. Sie bildet die Gemeinschaft, aus der heraus eine bestimmte (theopolitische) Imagination erwächst. Darin ist eine Nähe zum postliberalen Ansatz von Hauerwas zu erkennen. Diese Form der politischen Theologie bedingt auch Cavanaughs Sicht auf Kirche – in einem systematisch-ekklesiologischen und nicht schlicht konkret-institutionellem Sinne – als den genuinen Ort und Bezugspunkt für (politische) Theologie. Kirche kann für ihn keine entpolitisierte private Organisation sein. Sie ist genauso politisch, wie umgekehrt auch der Staat theologisch ist. Gleichzeitig bedeutet das aber nicht, dass die Kirche auf dieselbe Art politisch ist wie der Staat, noch, dass der Staat auf dieselbe Art theologisch ist wie die Kirche. Dies bedeutet letztlich aber auch, dass nationale Grenzen und staatliche Organisationsstufen nicht die richtigen Kategorien sind, nach denen das politische Potential der Kirche ausgerichtet werden kann. In einer prägnanten Textstelle heißt es diesbezüglich:

> „We must cease to think that the only choices open to the Church are either to withdraw to some private or ‚sectarien' confinement, or to embrace the public debate policed by the nation-state. The Church as Body of Christ transgresses both the lines which separate private from public and the borders from nation-states, thus creating a space for a different kind of political practice, one that is incapable of being pressed into the service of wars or rumours of wars."[668]

Der radikale Charakter des Leibes Christi ist also der Maßstab und die Methode für eine politische Theologie nach Cavanaughs Vorstellung. Auffallend hier ist zunächst der Bezug auf das paulinische Kirchenbild des Leibes Christi. Die Betonung dieses Bildes, gegenüber anderen Bildern, wie beispielsweise dem Volk Gottes oder Communio aus *Lumen gentium*, kann auf den ersten Blick „vorkonzilliar" wirken. Doch wie noch im Detail gezeigt wird, ist dies bei Cavanaugh keineswegs der Fall. Er bedient sich nicht des Bildes des Leibes Christi, um für eine Neuauflage einer vorkonzilliaren Verhältnisbestimmung zwischen Kirche

---

[668] CAVANAUGH, *Theopolitical Imagination*, 90.

und Staat, im Sinne einer Staatskirche zu argumentieren, die den Staat theologisch untermauert. Ihm ist, ganz im Gegenteil daran gelegen, die Eigenständigkeit von Staat und Kirche zu betonen, indem beide ihren je eigenen Körper aus-
bauen: Staatskörper bzw. Leib Christi.

Deutlich wird dieses Verhältnis in Cavanaughs Auseinandersetzung mit der
Public Theology. Auch hier lässt sich an die Diskussion aus dem vorangegange-
nen Kapitel anschließen. Dort waren wir zu dem Schluss gekommen, dass die
Public Theology zwar gegenüber dem Ansatz der Radical Orthodoxy gewisse
Vorzüge aufweist, vor allem was die Dialogfähigkeit in einem (post)säkularen
Kontext betrifft, letztlich aber daran scheitert, eine dezidiert eigenständige theologische Position gegenüber säkularen Akteuren und Positionen zu behaupten.[669]
In eben dieses Zwischenfeld zwischen Radical Orthodoxy und Public Theology
kann man nun Cavanaughs Position verorten. Um dies zu veranschaulichen, soll
nochmals ein genauerer Blick auf das geworfen werden, was im englischsprachigen Raum unter Public Theology verstanden wird und wie sich Cavanaugh dieser
gegenüber in Bezug setzt.

Cavanaugh versteht sich nicht als ein Vertreter der Public Theology, als deren
wichtigste Vertreter er u.a. John Courtney Murray, Richard John Neuhaus oder
Reinhold Niebuhr nennt.[670] Mit diesen teilt er zwar wichtige Grundannahmen,
wie etwa, dass die Kirche ein freier Raum ist, der sich nach eigenen, theologischen Maßstäben selbst setzt, weswegen Religion weder reine Privatsache sein
kann noch dazu berufen ist, die Herrschaft über die Gesellschaft zu übernehmen.
Die Lösung, die „Murray and Friends" vorschlagen, ist die Kirche als zivilgesellschaftliche Institution sozialer Kritik im Dienste der Freiheit mit dem theologischen Werkzeug des „eschatologischen Vorbehalts" aufzubauen. Auch wenn
Cavanaugh dieser Intention große Sympathie entgegenbringt, bezweifelt er doch
die Wirksamkeit dieser Strategie. Das Problem liegt für ihn in der Verortung der
Kirche als zivilgesellschaftliche Institution. Er bezweifelt, dass die Kirche auf
dieser Grundlage ihre wirkliche und wirksame Freiheit bewahren kann und be-
fürchtet stattdessen, dass sie, wie alle zivilgesellschaftlichen Organisationen,
letztlich unter den Einfluss des Staates gerät. Diese Verortung der Kirche an dem
ihr vom Staat zugesprochenen Ort hat nach Cavanaugh auch Einfluss auf die Art
und Weise, wie Kirche (politische) Theologie betreibt. Sie kann sich nicht mehr
ihrer eigenen Sprache und Rituale bedienen, sondern ist darauf angewiesen, diese
gemäß dem öffentlichen Rahmen zu übersetzen. Dieser Rahmen aber wird maßgeblich vom Staat selbst gesetzt. Damit besteht die Gefahr, dass Theologie letztlich zu einer (zivilgesellschaftlichen) Funktion des Staates wird.[671] Mit Bezug auf
Böckenförde führt Cavanaugh seine Kritik wie folgt aus:

---

[669]   Siehe 2.4.2.1.
[670]   Vgl. CAVANAUGH, *Theopolitical Imagination*, 53-95, hier besonders 53-58.
[671]   Vgl. ebd., 70, 76-80.

„Whatever view we take on this, it is hard to escape the conclusion that public theology is *derivative*: it emerges as the condition of its emergence – the liberal public realm – deteriorates. If the Böckenförde thesis is accurate, public theology is thereby a function of liberal society and is created as that society's operating system crashes. In attempting to recover ‚normative preconditions‘, public theology thereby risks performing an obscuring or ideological role and raises the question as to whether this is a suitable task for theology."[672]

Dieser Bezug auf das Böckenförde-Paradoxon ist insofern doppelt aufschlussreich, als dass er nicht allein Cavanaughs Position gegenüber der Public Theology im englischsprachigen Raum verdeutlicht, sondern auch gegenüber dem gegenwärtigen Konsens in der deutschsprachigen Theologie. Auch im deutschsprachigen Kontext wendet sich die Theologie gegen die Vereinnahmung der Religion als normative Vorbedingung des liberalen Staates. So hält beispielsweise Georg Essen fest, dass eine kulturelle Rückbindung des Staates an ein christliches Fundament gerade im Sinne der auf Freiheit hin orientierten Ordnung nicht rechtlich erzwungen werden darf.[673] Demgegenüber verweist er mit Hermann Krings auf „die subjekthafte Freiheit der auf Vergesellschaftung hin angelegten Staatsbürger", die als Letztbegründung in der Form des Grundgesetzes „als dem vor-rechtlichen Geltungsgrund rechtsstaatlicher Ordnung" ihre normative Geltung entfaltet.[674] Dabei kommt allerdings eine unterschiedliche Motivation zum Vorschein. Während Essen vornehmlich darauf bedacht ist, die „Entkoppelung" der säkularen politischen Sphäre von der Religion zu garantieren, um so die staatlich-säkulare Eigenständigkeit zu wahren, geht es Cavanaugh vornehmlich um die Garantie der religiös-kirchlichen Eigenständigkeit, um Theologie letzten Endes nicht zu einer zivilgesellschaftlichen Funktion des Staates zu machen – auch wenn dieser, wie gegenwärtig der Fall, als „Reich der Freiheit" verstanden werden kann. Inwieweit Essen mit seinem Rekurs auf eine „mögliche Angewiesenheit" des Staates auf „religiöse Sinnressourcen" letztendlich doch dieser Kritik Cavanaughs ausgesetzt wäre, kann hier nicht weiter erläutert werden.[675] Ebenso

---

[672] CAVANAUGH; SCOTT, „Introduction", 8.
[673] ESSEN, „Harmonische Erbschaftsverhältnisse?", 193.
[674] Ebd., 197. Siehe auch HERMANN KRINGS, „Staat und Freiheit", in: DERS., *System und Freiheit. Gesammelte Aufsätze*, Freiburg 1980, 185-208.
[675] Vgl. ESSEN, „Harmonische Erbschaftsverhältnisse?", 200. Siehe auch ebd., 201: „Religiösen Überlieferungen kommt, so mein Vorschlag, keine *geltungsfundierende* Funktion zu, wohl aber eine *sinnorientierende* Bedeutung." Die entscheidende Frage für eine Beurteilung ist, ob man Essens Argument einer „Verschränkung zwischen politischen Liberalismus und Kants Republikanismus" zustimmt, wonach das grundständige Wertesystem verankert ist „in der als Autonomie bestimmten Freiheit, die sich selbst Gesetz ist und in der Unbedingtheit des eigenen Wesens den Verbindlichkeitsgrund moralischen Sollens entdeckt". Ebd., 199. Religion, wie sie z.B. in der *nominatio Dei* in der Präambel des deutschen Grundgesetzes in Erscheinung tritt, kommt demnach eine vorausgeordnete „sinnstiftenden Unruhe im System des Rechts" zu. Vor dem Hintergrund Kants, der nach Essen „in der Instanz der

wie die Frage, inwieweit Cavanaughs Verteidigung theologischer Neutralität nicht auch als eine theologische Variante von Essens Fundament der Entkopplung des staatlich-politischen von der kirchlich-religiösen Sphäre interpretiert werden kann, wenn Cavanaughs abschließend urteilt: „Public theology is simply not public enough. What is lost is an important possibility of challenging in a fundamental way the dreary calculus of state and individual by creating truely free alternative spaces, cities of God in time."[676]

Demgegenüber macht Cavanaugh eine dezidiert „theologische" politische Theologie stark, die ihren Ausgangs- und Bezugspunkt in einem solchen alternativen Raum hat, dem Leib Christi – sowohl in seiner kirchlich-gemeinschaftlichen als auch eucharistisch-sakramentalen Repräsentation. Public Theology vergisst seiner Ansicht nach eine der wichtigsten Erkenntnisse von Augustinus, und zwar, dass die Kirche einen alternativen sozialen Raum eröffnet, geprägt vom Anbrechen des Reiches Gottes. Nur wenn Theologie und Politik, Kirche und Staat, ihren je eigenen Raum haben, aus dem heraus sie operieren können, bleibt nach Cavanaughs Interpretation von Augustinus die Unterscheidung und Eigenständigkeit zwischen irdischer und göttlicher Sphäre gewährleistet. Public Theology hingegen, leidet letztlich an einer Ekklesiologie, die nicht in der Lage ist, Kirche als eigenständigen Ort, unabhängig vom säkularen Staat, zu denken.[677]

Wie lässt sich diese Position mit der für den deutschsprachigen Raum zentralen Neuen Politischen Theologie vergleichen? Hier lassen sich große Schnittmengen zwischen Cavanaugh und den Positionen von Sölle, Metz und Moltmann ausmachen. Zunächst kann ganz allgemein festgestellt werden, dass Cavanaughs zentrales Anliegen einer robusten und eigenständigen Theologie gegenüber den Machtansprüchen des Staates auch zentral für die Neue Politische Theologie ist, die sich als Antwort auf das kirchliche bzw. religiöse Versagen im politischen Kampf gegen die Gräuel der Nazidiktatur oder die sozial-politischen Missstände der Nachkriegszeit verstand. Ebenso erkennen sowohl Cavanaugh als auch Sölle, Metz und Moltmann die Säkularisierung der Gesellschaft in der zweiten Hälfte des 20. Jahrhunderts an und machen diese und ihre unmittelbaren Folgen zur Grundlage für ihre jeweilige Theologie. Für alle ist der von der Säkularisierung geprägte politische und öffentliche Raum der *locus theologicus*. Allerdings lässt sich eine gewisse Differenz in der Beurteilung der Säkularisierung ausmachen. Während Cavanaugh diese vornehmlich als eine Migration des Heiligen von kirchlicher zu staatlicher Sphäre tendenziell kritisch betrachtet, wird gerade bei Metz und Moltmann die Säkularisierung als eine im Christentum grundgelegte

---

autonomen Vernunft einsichtig machen [konnte], dass die Frage nach Gott zu unabweisbaren Sinnfragen des Menschen gehört", kann ein Staat, dessen Ausgang eben solche autonomen Freiheitssubjekte darstellen, durchaus diese „Angewiesenheit auf Sinnvorgaben benennen, die er um der Freiheit willen nicht verbürgen kann". Vgl. ESSEN, *Sinnstiftende Unruhe im System des Rechts*, 70-74. Siehe auch 2.3.2.

[676] CAVANAUGH, *Theopolitical Imagination*, 95.

[677] Vgl. ebd., 83-84.

Bewegung der ‚Verweltlichung der Welt' grundsätzlich positiv gedeutet.[678] Trotz dieses Unterschieds zeigt sich aber eine große Überschneidung bei der Frage nach der Aufgabe und Stellung der Theologie in diesem säkularen Kontext. Das ist prinzipiell auf die geteilte tieferliegende theologische Grundausrichtung zurückzuführen, der es darum geht, Transzendenz und Immanenz Gottes neu auszutarieren. Egal ob in Sölles Konzept der Stellvertretung, Moltmanns präsentischer Interpretation der Eschatologie oder Metz Betonung des inkarnatorischen Zugs des Christentums, alle teilen mit Cavanaugh das vorrangige Ziel, die Transzendenz Gottes nicht der Welt gegenüberzustellen, sondern diese als *in* der Welt wirksam zu interpretieren. Und in diesem transzendenten Stachel, der gleichwohl immanent wirksam ist, liegt für alle das politische Potential der Religion. Unterschiede bestehen wieder in der Beurteilung, inwieweit die Kirche(n) als sichtbares Zeichen dieses Potential zu repräsentieren vermag. So spricht beispielsweise Sölle eher von einer „latenten Kirche" und einer „heimliche[n] Gegenwart Christi"[679], während Metz bisweilen auch den institutionellen Charakter der Kirche gegenüber dem Staat betont, dem die Kirche als Partner gegenübertritt.[680] Gleichwohl kann bei Metz wie auch bei Cavanaugh nicht die Rede davon sein, dass die Kirche, als eine bestimmte Institution, über das politische Potential des transzendenten Gottes verfügt, wie über einen Besitz. Auch oder gerade die Kirche(n) in ihrer(n) gesellschaftlichen Realität(en) steht (bzw. stehen) unter dem Anspruch dieses transzendenten Stachels oder des „eschatologischen Vorbehalts", was sich beispielsweise bei Metz in der Instanz der Autorität der Leidenden zeigt oder bei Cavanaugh im „judgement of Christ in the Eucharist"[681]. Wie bereits einleitend dargestellt, kann bei Cavanaugh nicht von einer Überhöhung des theologisch-kirchlichen Bereichs über den politisch-säkularen die Rede sein, auch wenn Cavanaughs dezidiert ekklesiologische und sakramentale Methode eine solche (Miss)Interpretation bisweilen nahezulegen scheint bzw. begünstigt

Daher ist für Cavanaugh die Liturgie der Kirche, und in ganz besonderer Weise die Eucharistie, der zentrale Ort theologisch-politischen Denkens. Doch auch hier ist Vorsicht vor allzu schnellen Fehlschlüssen geboten, denn: „What interests me is not the Church as just one more institution of civil society, but the Church as Body of Christ that sometimes stands in tension with the body politic orchestrated by the state."[682] Es geht also nicht darum, die Kirche als Ideal für Gemeinschaft darzustellen und dieser den modernen Nationalstaat gegenüber- oder gar zu unterstellen. Allerdings stehen sich Kirche und Staat in ihrer jeweiligen liturgischen Ausgestaltung des Politischen gegenüber. Sie operieren zwar im gleichen Feld,

---

[678] Vgl. METZ, *Theologie der Welt*, 28; MOLTMANN, *Gott im Projekt der modernen Welt*, 19.

[679] Vgl. SÖLLE, *Die Wahrheit ist konkret*, 123, 125.

[680] Vgl. METZ, *Begriff der neuen Politischen Theologie*, 191.

[681] CAVANAUGH, „The Church in the Streets ", 389.

[682] Ebd., 389.

aber mit anderen Mitteln und Zielen. Wie bereits in der Einleitung dargelegt, beschreibt Cavanaugh in *Torture and Eucharist* die Folter des chilenischen Staatsapparates unter Pinochet als „Anti-Liturgie". Politik und Liturgie sind nach
Cavanaugh auf intime Weise verbunden, denn für Cavanaugh stellt sich
politische Macht vor allem als Interpretations- und Imaginationsmacht auf
Körper dar: „Political power is largely about configuring bodies in space in order
to tell stories with them, creating a larger ‚body politic' out of individual bodies,
to use the metaphor that dates back at least to ancient Greece"[683]. Damit wählt
Cavanaugh ein Verständnis von Politik, das dem der radikaldemokratischen
Gründerfigur Castoriadis sehr ähnlich ist. Dieser betont, wie Cavanaugh, die
zentrale Rolle des Imaginären bei der Konstitution von gesellschaftlicher Wirklichkeit.[684] Dies erinnert auch an Robbins, der in einer bereits oben zitierten Frage
auf die zentrale Bedeutung der Imagination für die Konstitution des Politischen
wie folgt zu sprechen kommt: „What if the very imagination of a more democratic
future is itself a political act?"[685] Für Cavanaugh nun ist es die Liturgie, die zugleich als Ursprung und Grammatik der theopolitischen Imagination der Kirche
fungiert.[686] Daher ist es für ihn von zentraler Bedeutung, diesen imaginären politischen Kern christlicher Liturgie wiederzuentdecken und die daraus
resultierende Bedeutung für das gemeinschaftliche Zusammenleben zu verdeutlichen:

> „If the Christian liturgy is to reclaim its centrality to the imagination of a redeemed
> world, we must look with a critical eye on liturgies that compete for our allegiance.
> We must not quarantine the liturgy into a ‚sacred' space, but must allow it to shape
> the way we form our mundane communities, our goals, allegiances, purchases, and
> relationships."[687]

Christliche Liturgie ist also als Gegenprogramm zur Staatsliturgie für Cavanaugh
nicht auf eine jenseitige oder private Gemeinschaft ausgerichtet, sondern auf das
konkrete gesellschaftliche Leben im Hier und Jetzt. In diesem Zusammenhang ist
auch Cavanaughs Bezug auf das ekklesiologische Bild des Leibes Christi zu lesen. Den Kristallisationspunkt des liturgischen Lebens der Kirche und damit auch
in der politischen Theologie Cavanaughs stellt das Sakrament der Eucharistie dar.

---

[683]   Ebd., 385. In der gleichen Linie führt Cavanaugh ebd., 401, an: „‚politics' is defined
not as the achievement of state power but more broadly as the ordering of bodies in
space and time."

[684]   Vgl. CASTORIADIS, *Gesellschaft als imaginäre Institution.*

[685]   ROBBINS, *Radical Democracy and Political Theology,* 49.

[686]   Vgl. hierzu auch Brisons generelle Interpretation von Cavanaughs Theologie als
eine „narrative Ekklesiologie" bzw. „theopolitische Imagination der Kirche". Wichtigste Bezugsperson zur Erschließung des Konzepts der Imagination für die Theologie Cavanaughs ist für ihn dabei Paul Ricœur. Siehe BRISON, *L'imagination théologico-politique,* zusammenfassend festgehalten 31-33, 245-255.

[687]   CAVANAUGH, *Migrations of the Holy,* 122.

„The Eucharist is an authoritative touchstone for configuring bodies in space and time."[688] Kirche ist nach *Lumen gentium* 1 *sacramentum et res*, zugleich Zeichen und Werkzeug, wie Rahner und Vorgrimler die sakramentale Bestimmung der Kirche in *Lumen gentium* 1 übersetzen.[689] Und die Eucharistie ist für Cavanaugh die Erinnerung und Erneuerung dieses Ursakraments und mithin der zentrale Ort, an welchem Körper performativ in eine Teilhabe untereinander und in Gott eingeschrieben werden.[690] Wegen dieses Fokus auf der Eucharistie kann man Cavanaughs politische Theologie auch als eine sakramentale politische Theologie der Eucharistie bezeichnen. Dieser Fokus auf Sakramentalität und besonders auf das Sakrament der Eucharistie stellt, neben der Leib-Christi-Metapher, für eine nachkonziliare Ekklesiologie eine bestimmte Herausforderung dar, die noch einzuordnen und zu diskutieren sein wird. Umso mehr gilt dies für eine gegenwärtige politische Theologie.

Eine ebenso große Herausforderung stellt die bereits angesprochene Kritik Cavanaughs am Säkularismus bzw. der Säkularisierung der Neuzeit dar. Zurückzuführen ist diese auf die bereits diskutierte Grundannahme Cavanaughs, wonach sich Politik und Religion nicht strikt voneinander trennen lassen, ja, dass selbst die Kategorien von Politik und Religion irreführend sind. Das zentrale Argument in *The Myth of Religious Violence* ist, dass diese beiden Kategorien erst mit dem Aufkommen der modernen (National)Staaten im Laufe der Neuzeit *erfunden* wurden, um den monopolen Souveränitätsanspruch einer sich als autonom definierenden Zentralmacht zu begründen.[691] Gemeint ist hier nicht eine *Unterscheidung* zwischen weltlicher/säkularer und geistlicher/kirchlicher Macht, wie dies z.B. im Mittelalter der Fall war, sondern die klare Trennung beider Sphären voneinander bei gleichzeitiger vollkommenen Verlagerung des Machtanspruchs auf die eine, politische-säkulare Seite.

Eng damit verbunden ist auch Cavanaughs kritischer Blick auf den modernen Nationalstaat als dem zentralen Projekt neuzeitlich-moderner und säkularer politischer Theologie. Denn für Cavanaugh kann sich auch der säkulare moderne Staat, der sich zwar augenscheinlich weit weg von jedem religiös-theologischen Fundament entfernte, dennoch einer bestimmten, wenn auch säkularisierten theologischen Fundierung nicht ganz entziehen. Damit bietet Cavanaugh eine dritte Option als Alternative zur Säkularisierungsthese. Seiner Meinung nach treffen weder der Rückgang der Religion noch gegenteilig die Rückkehr der Religion als Beschreibungen zu. Vielmehr bietet es sich an, mit Blick auf den Wandlungsprozess, den die Religion in öffentlichen und politischen Belangen im Laufe der letzten Jahrhunderte durchlaufen hat, von einer „Migration des Heiligen" von einer vormals kirchlichen zur staatlichen Sphäre zu sprechen: „public devotion for-

---

688   CAVANAUGH, „Church in the Streets", 389.
689   DH 4110.
690   Vgl. CAVANAUGH, „Church in the Streets", 386-389.
691   Siehe CAVANAUGH, *The Myth of Religious Violence*.

merly associated with Christianity, largely migrated to new realm defined by nation-state"[692]. Daraus ergibt sich für Cavanaugh eine kritische Distanz zum säkularen politischen Programm des neuzeitlich-modernen Staates. Für den aufkommenden Nationalstaates der Neuzeit ist nach Cavanaughs Interpretation der Säkularismus gerade nicht eine gesellschaftliche Voraussetzung für dessen Entstehung, sondern dessen zentrales politisches Ziel: „The separation of religion and
politics helps to promote the separation of one's loyalty to the church from one's
loyalty to the nation-state, and thus the ,migration of the holy' – to borrow a
phrase from historian John Bossy – from church to state."[693] Säkularismus ist
demnach also gerade nicht ein theopolitisch neutrales Programm, also nicht der
Versuch, die weltanschaulich neutrale Politik von deren religiösem Überbau zu
entkleiden, sondern selbst ein politisches Programm mit ideologischem Über-
oder Unterbau.

Es kommt Cavanaugh nun darauf an, dieses ideologische säkularisierte theologische Grundgerüst, auf dessen Füßen moderne Politik ruht, theologisch zu lesen
und zu beurteilen. Und dieses ideologische Grundgerüst des modernen Nationalstaates ist nach Cavanaugh der Liberalismus. Auch hier folgt Cavanaugh einer
weithin etablierten theologischen Grundansicht, wonach die säkularen christlichen Werte, allen voran die (individuelle) Freiheit, auf eine religiös-christliche
Wurzel zurückzuführen sind. Jedoch vertritt Cavanaugh die Ansicht, dass bei dieser Übersetzungsarbeit vom christlich-religiösen zum säkular-liberalen Wert etwas verloren ging. Denn das große Versprechen des Liberalismus, die Ermöglichung privater Wahlmöglichkeit durch übergeordnete Neutralität, ist für Cavanaugh aber nur bedingt wahr. In Bezug auf die radikale Neuheit der individuellen
Wahlmöglichkeit hält er fest:

> „If we cannot opt out of optionality, if liberalism has become the overarching my-
> thos of the modern age, then perhaps secular optionality is the same kind of naiveté
> that Taylor thinks we have outgrown or lost, and the ,secular age' is not such a
> radical departure from all previously known types of social order that are theolo-
> gically informed."[694]

Hierbei ist aber auf eine wichtige Unterscheidung hinzuweisen, die Cavanaugh
selbst sehr deutlich zieht, die aber leicht übersehen werden kann: Die Unterscheidung zwischen Liberalismus und Demokratie. Da sich in den westlichen Gesellschaften im Verlauf des 20. Jahrhunderts eine Vielzahl von verschiedenen liberal-demokratischen Staatsformen gebildet hat, ist man leicht geneigt, Liberalismus und Demokratie gleichzusetzten, bzw. zumindest den Liberalismus als
Grundvoraussetzung für Demokratie anzusehen. Diesem Grundverständnis stellt
sich Cavanaugh entgegen. Dies bedeute aber gerade nicht, dass Cavanaugh gegen

---

[692] CAVANAUGH, *Migrations of the Holy*, 2.
[693] Ebd., 4. Siehe hierzu JOHN BOSSY, *Christianity in the West. 1400-1700*, Oxford
      1985.
[694] CAVANAUGH, *Migrations of the Holy, 2*.

Demokratie ist, sondern nur gegen deren prinzipielle und ausschließliche Fundierung im Liberalismus, mit allen Folgen für die Konzeption von Individuum, Gemeinschaft und Gemeinwohl. Dieses Thema ist gerade zu einer Zeit besonders
prekär und daher mit besonderer Vorsicht zu behandeln, in der vielerorts dezidiert
illiberale Demokratie- und Staatskonzepte massiv an Unterstützer*innen in weiten Teilen liberal-demokratisch geprägter Gesellschaften gewinnen. Allerdings
ist es gerade aus diesem Grund auch geboten, demokratische Grundwerte erneut
stark zu machen und ggf. anders zu begründen. Von daher rührt auch Cavanaughs
Interesse an alternativen Demokratietheorien, allen voran Sheldon Wolins *Fugitive Democracy*[695] und Raymond Coles Variante der *Radical Democracy*[696]. Gerade diese Offenheit gegenüber alternativen Demokratiekonzepten ist es, die im
Zuge dieser Untersuchung genauer beleuchtet werden soll.

Aus dieser knappen Darstellung von Cavanaughs politischer Theologie vor
dem Hintergrund des vorangegangenen Kapitels und zentraler Positionen im Feld
der (theologischen) politischen Theologie ergibt sich die weitere Vorgehensweise
in der Analyse von Cavanaugh im Zuge unserer Gesamtuntersuchung. Im nächsten Unterkapitel soll Cavanaughs Entmythologisierung bzw. Entideologisierung
des theologisch-politischen Programms des Säkularismus dargestellt und eingeordnet werden, wie er sich in der Form des modernen Nationalstaat und dem Liberalismus als dessen gedanklichem Grundgerüst zeigt. Wir beginnen mit der dekonstruktiven kritischen Seite in Cavanuaghs Werk, weil diese zum einen den
Großteil desselben ausmacht, und weil dieses Vorgehen zum anderen auch der
inneren Logik seines Werkes entspricht. Demnach konstruiert Cavanaugh seine
sakramentale politische Ekklesiologie als eine dezidierte Antwort auf eine Problemlage, die er zuvor in der säkularen Kultur festgestellt hat. Diesem Gang seines
Arguments folgend, wird erst in einem dritten Unterkapitel Cavanaughs alternatives sakramentales theopolitisches Programm nachgezeichnet und vor dem gegenwärtigen, vornehmlich deutschsprachigen, theologischen Kontext eingeordnet.

3.2 Dekonstruktion: Ein Programm zur Entmythologisierung säkularer Narrative der Moderne

Im folgenden Unterkapitel soll Cavanaughs Kritik am politischen Programm des
Säkularismus in seinen verschiedenen institutionellen und ideengeschichtlichen
Konkretionen dargestellt und eingeordnet werden. Als vereinheitlichendes Cha-

---

[695] Siehe WOLIN, *Politics and Vision*; DERS., *Democracy Incorporated*.

[696] ROMAND COLES, *Beyond Gated Politics. Reflections for the Possibility of Democracy*, Minnesota 2005; DERS., STANLEY HAUERWAS, *Christianity, Democracy, and
the Radical Ordinary. Conversations Between a Radical Democrat and a Christian*,
Eugene 2007.

rakteristikum für diese Form der Kritik wird der Begriff der Dekonstruktion gewählt, wie sie Marianne Heimbach-Steins in einem anderen Kontext wie folgt definiert hat:

„Dekonstruktion bedeutet also nicht Destruktion, Zerstörung, sondern einen notwendigen Analyseschritt, um die Funktionsweise einer Ordnung zu verstehen, die unter spezifischen Hinsichten fragwürdig erscheint, weil bestimmte Gruppen von Menschen keinen Platz darin finden, ausgeschlossen oder an den Rand gedrängt werden. Dekonstruktion ist eine Vorgehensweise, um herauszufinden, worin solche Exklusion gründet, wie sie begründet wird und wie tragfähig die dafür bemühten Argumente sind."[697]

Damit wählen wir zur Einordnung von Cavanaughs Kritik, die sich vornehmlich gegen den modernen Nationalstaat und die ihm zugrundeliegenden Legitimierungsmuster richtet, bewusst einen anderen Begriff wie er selbst.[698] In seiner dezidiert theologischen Kritik verwendet er vornehmlich die Konzepte der Entmythologisierung und Idolatrie. Wie im Folgenden noch gezeigt werden soll, ist die Verwendung dieser Kategorien innerhalb Cavanaughs genuinem Ansatz sehr treffend, für eine Gesamteinordnung seiner politischen Theologie, gerade vor einem deutschsprachigen Kontext, allerdings leicht misszuverstehen. Allzu schnell könnte der Eindruck entstehen, als stünde Cavanaugh in reaktionärer Fundamentalopposition gegenüber Säkularität und moderner Staatlichkeit, was definitiv nicht der Fall ist. Vielmehr geht es ihm in seiner Analyse der spezifischen Funktionsweise der säkularen Ordnung und ihrer Begründungsmuster darum, inwiefern diese potentiell exkludierend anstatt inkludierend – gerade was das Religiöse betrifft – wirken können. Wie Frederik Portin diesbezüglich treffend festhält:

„Cavanaugh is aware that different states developed different models for their rule. Therefore, his description should not be seen as an exhaustive description of how a modern liberal state functions, but merely as a heuristic tool that makes it possible to discern, as he expresses it, ‚the pathologies which modern states seem to share ... and the common stories which serve to enact these pathologies'".[699]

---

[697] MARIANNE HEIMBACH-STEINS, „Die Gender-Debatte. Herausforderungen für Theologie und Kirche", in: MARGIT ECKHOLT (Hg.), *Gender studieren. Lernprozess für Theologie und Kirche*, Ostfildern 2017, 39-53, 46.

[698] Auch Derridas eigene Definition von Dekonstruktion als „performatives Sich-selbst-riskieren-im-Nichts-sagen-Wollen" weicht von der hier vorgenommenen Verwendung ab, teilt mit ihr aber den „entmystifizierenden" Impuls von Cavanaughs Ansatz. Siehe JACQUES DERRIDA, „Implikationen. Gespräch mit Henri Ronse", in: *Positionen*, Graz; Wien 1986, 33-51, 50.

[699] FREDRIK PORTIN, „Liturgies in a Plural Age. The Concept of Liturgy in the Works of William T. Cavanaugh and James K. A. Smith ", in: *Studia Liturgica* 49 (1/2019), 122-137, 124 Fn. 1. Das Zitat Cavanaughs im Zitat stammt aus CAVANAUGH, „The City. Beyond Secular Parodies", 183; bzw. DERS., *Theopolitical Imagination*, 10.

Genau in diesem Sinne einer Analysekategorie soll im Folgenden Cavanaughs Kritik am politischen Programm des Säkularismus gelesen und eingeordnet werden. Nicht der politische Säkularismus als solches, sondern bestimmte Anfälligkeiten für „Pathologien", die poststrukturalistisch gesehen in jedem Ordnungssystem stecken, sollen kritisch hinterfragt werden. Ebenso wenig geht es darum, von einem religiösen Standpunkt aus schlicht alles abzulehnen, was nicht-religiös säkular ist. Eine solche simple Gegenüberstellung würde Cavanaughs Ansatz einer politischen Theologie widersprechen, denn wie auch Stanley Hauerwas anmerkt: „Rather in light of Cavanaugh's account of the development of the modern state we are confronted with the uncomfortable realization: Christians have met the enemy and it is us."[700] Das Säkulare und dessen verschiedene politischen Ausformungen ist nicht das ganz Andere zum Religiösen, sondern dessen Spiegelbild, das nicht unabhängig oder losgelöst von dessen theologischen Ursprung zu betrachten ist. Von dieser Perspektive aus betrachtet ergibt Cavanaughs theologische Analyse des Säkularen anhand von theologischen Kategorien Sinn. Letztlich unterscheidet er damit, wie bereits angemerkt, zwischen guter und schlechter politischer Theologie.[701]

Daraus ergibt sich folgender Aufbau des Unterkapitels. In einer ersten Sektion wird Cavanaughs Interpretation und Kritik am säkular-liberalen Nationalstaat dargestellt und diskutiert. Zentral für Cavanaugsh Ansatz ist hier, die implizite (säkulare) politische Theologie des Staates, wie er sich mit Beginn der Neuzeit bis hin in die Moderne entwickelt hat, herauszuarbeiten und diese dann in einem zweiten Schritt aus seiner dezidiert theologischen politischen Theologie heraus zu kritisieren. Von daher spielen hier Kategorien wie Idolatrie oder Soteriologie eine große Rolle, besteht doch für Cavanaugh der grundsätzliche Verdacht, dass das Heilige bzw. die damit verbundene politische Macht und Autorität im Laufe der Neuzeit von der kirchlichen in die neu entstandene säkular-staatliche Sphäre emigriert ist. Von dieser Warte aus gesehen verwundert es auch nicht, wenn Cavanaugh bei seiner Dekonstruktion viel Aufmerksamkeit auf die Gründungs- bzw. Legitimationsmythen des Staates richtet. Die entscheidende Frage für Cavanaugh ist letztlich, welche (theopolitische) Machtkonfiguration in Form einer politischen Imagination sich hinter diesen Narrativen ausmachen lässt. Dieser Spur soll in einer zweiten Sektion gefolgt werden, wenn auch die speziellen liberalen Freiheitskonzeptionen auf nationalstaatlicher und globaler Ebene untersucht werden. Auch hier folgt Cavanaugh seinem theopolitischen Ansatz und stellt den liberalen Konzeptionen ein theologisches Pendant gegenüber. In einer dritten Sektion wird abschließend auf das eingegangen, was Cavanaugh den Mythos der religiösen Gewalt nennt. Da der Vorwurf, Religionen seinen potentiell

---

[700] STANLEY HAUERWAS, „Foreword", in: JOEL HALLDORF; FREDERIK WENELL (Hg.), *Between the State and the Eucharist. Free Chruch Theology in Conversation with William T. Cananaugh. With a Foreword by Stanley Hauerwas*, Eugene 2004, xi-xii.

[701] Vgl. CAVANAUGH, *Field Hospital*, 218.

besonders gewalttätig, zentral für die Legitimation des säkularen Staates als Friedens- und Schutzmacht ist, erfährt die Analyse und Dekonstruktion dieses Narrativs auch besondere Aufmerksamkeit bei Cavanaugh. An diesem Thema lässt sich
daher auch am besten ablesen, wie die Machtkonstitution des modernen säkularen
(National)Staates funktioniert.

3.2.1   *Der moderne Nationalstaat unter Idolatrieverdacht*

3.2.1.1   *Der Staat als Retter – eine säkulare Soteriologie?*

Wie bereits eingangs erläutert, spielt der neuzeitlich-moderne (National)Staat
eine zentrale Rolle in Cavanaughs Kritik am säkularen Programm einer strikten
Trennung von Politik und Religion. Diese Trennung stellt für Cavanaugh nicht
etwa die Bedingung für dessen Entstehung dar, sondern ist ein zentrales Element
seines politischen Programms zur Verwirklichung seines monopolen Souveränitätsanspruchs, der ebenfalls eine geschichtliche Entwicklung durchgemacht hat:
von seinen Anfängen im Übergang von Spätmittelalter zur Neuzeit, über neuzeitlichen Absolutismus, bis hin zur Nationalstaatlichkeit des 19. Jahrhunderts, die
noch bis in die heutige Zeit prägend ist.[702] Damit ist der Nationalstaat zunächst
einmal als der entscheidende Agent dieser Trennung in der Kritik. Doch Cavanaughs Kritik am Nationalstaat gründet sich nicht vornehmlich an seinem Programm der Entpolitisierung der Religion. Vielmehr kritisiert er, dass er auch seinen selbstgesetzten Zielen und Ansprüchen nicht gerecht wird. Der Staat ist nicht
automatisch der Garant für Gemeinwohl, Freiheit und Frieden, für den er sich
ausgibt. Er kann sogar, wie prinzipiell jede politische Vereinigung, Gemeinwohl,
Freiheit und Frieden gefährden. Cavanaughs Maßstab für die Beurteilung, inwieweit dies der Fall ist oder nicht, ist die der jeweiligen Agenda zugrundeliegenden
Grundüberzeugung vom Wesen und Ziel des Menschen und einem gelingenden
Zusammenleben.[703] Dabei spielt es keine Rolle, ob diesen Grundüberzeugungen

---

[702]   Insofern unterscheidet Cavanaugh in seiner Analyse und Kritik am (National)Staat
nicht strikt zwischen (früh)neuzeitlichem Territorialstaat und modernen (National)Staat, da für ihn nicht so sehr der jeweilige gesellschaftspolitisch-historische
Kontext entscheidend ist, sondern das sich dahinter abzeichnende abstrakte Souveränitätsmodell in der „Logik des Einen", das im Verlauf der Geschichte immer deutlicher zum Vorschein kommt. Dieser gelegentlichen Trennschärfe wird hier dadurch
begegnet, dass in der Diskussion um das Souveränitätskonzept im Allgemeinen vom
„neuzeitlich-modernen" Staat die Rede ist, in kontextgebundenen Analysen aber jeweils vom „neuzeitlichen" oder „modernen" Staat.

[703]   Vgl. CAVANAUGH, *Theopolitical Imagination*, 2: „Far from being merely ‚secular'
institutions and processes, these ways of imagining organize bodies around stories
of human nature and human destiny which have deep theological analogues."

theologische oder aber „säkularisierte" theologische Begründungsstrukturen zugrunde liegen. Denn Politik ist für Cavanaugh „a practice of the imagination"[704] und „[t]he nation-state is, as Benedict Anderson has shown, one important and historically contingent type of ‚imagined community' around which our conceptions of politics tend to gather."[705] An die Definition des Staats als eine der vielen möglichen Formen imaginierter Gemeinschaften schließt sich die Notwendigkeit an, die Narrative und Gründungsmythen, auf denen diese spezielle politische Imagination beruht, näher zu betrachten. Tatsächlich stellt die sog. Rechtfertigung (Legitimation) einen wichtigen Bestandteil auch heutiger Staatslehre dar. Reinhold Zippelius macht hier drei Argumentationslinien für die Legitimation des Staates aus: (1) das Gemeinwesen als Bedingung für die Entfaltung der Persönlichkeit, (2) der Staat als Schutz- und Friedensordnung und (3) die demokratische Rechtfertigung des Staates.[706] Für Cavanaugh sind es dabei vornehmlich die ersten zwei Legitimationslinien säkularer Staatlichkeit, die einer kritischen theopolitischen Prüfung bedürfen. Das Bild des Staates als Retter vor (religiöser) Gewalt und als Rahmengeber einer Zivilgesellschaft als Ort des Gemeinwohls und individueller Freiheit hat für ihn einige Risse.[707]

In seiner Kritik setzt er zunächst am Gründungsmythos des neuzeitlichen Staates an, in dem die Religion eine zentrale Rolle einnimmt.[708] Demzufolge wurde die Grundformel moderner Staatsgewalt, der wir die Religions- und Gewissensfreiheit verdanken, aus der geschichtlichen Lehre gezogen, dass eine Pluralität an Religionen, die keiner solchen übergeordneten Ordnungsmacht unterstehen, unweigerlich zu „heillosen Glaubenskämpfen und Bürgerkriegen" führt, wie es z.B. an prominenter Stelle in Zippelius Studienbuch zur Staatslehre heißt.[709] Beispiele dafür gibt es genug: Die Bürgerkriege in England und Frankreich des 16. und 17. Jahrhunderts oder auf deutschem Boden die neuzeitlichen Kriege zwischen protestantischen Reichsständen und dem katholischen Kaiser, die letztlich zum Dreißigjährigen Krieg führen sollten. Mit diesem bis heute wichtigen Begründungs- und Legitimitätsmythos neuzeitlicher-moderner Staaten befasst sich Cavanaugh intensiv. Die erste Entscheidung, vor die uns Cavanaugh stellt, ist, welchem Gründungsmythos des (National)Staats wir anhängen wollen: entstanden die verschiedenen europäischen Staaten als Folge und als Lösungsstrategie religiöser Konflikte der frühen Neuzeit oder waren es andersherum die entstehen-

---

704   CAVANAUGH, *Theopolitical Imagination*, 1.
705   Ebd., 1. Siehe auch BENEDICT ANDERSON, *Imagined Communities. Reflections on the Origin and Spread of Nationalism*, London 2006.
706   Vgl. REINHOLD ZIPPELIUS, *Allgemeine Staatslehre. Ein Studienbuch*, München 2017, 104-119.03.07.22 15:56:00
707   Vgl. hierzu auch BRISON, *L'imagination théologico-politique*, 145-154.
708   Vgl. hierzu CAVANAUGH, *Migrations of the Holy*, 9-24 u. CAVANAUGH, *Theopolitical Imagination*, 15-20.
709   ZIPPELIUS, *Staatslehre*, 52, 109.

den frühneuzeitlichen Staaten, welche die Kategorien von (konfessioneller) Religion und der von ihr autonomen säkularen Politik im Zuge ihrer Machtausweitung „erfunden" haben?[710]

Hier ist zunächst anzumerken, dass bei der Frage nach der historischen Entstehung und Entwicklung der verschiedenen modernen (National)Staaten die Meinungen nicht weit auseinandergehen. Die Spur führt über die Errichtung königlicher Gerichtshöfe im Mittelalter über zunehmende juristische und herrschaftliche Zentralisierung von Königreichen und Landesherrschaften über den Ausbau einer zentralen Bürokratie im Zusammenhang mit umfassenden Steuerfinanzierung in der frühen Neuzeit bis hin zur Entstehung moderner Nationalstaaten im 18. und 19. Jahrhundert.[711] Cavanaugh ist auch nicht an der Untersuchung einer bestimmten Form von Nationalstaatlichkeit gelegen. Ihm geht es um die politische Idee des säkularen Staates im Allgemeinen, als der Ausdrucksform säkularer politischer Imagination. Entscheidend ist also nicht die Sicht darauf, *wie* der moderne (National)Staat entstanden ist, sondern auf welcher philosophisch-theologischen Grundlage und wie diese theologisch zu deuten und zu beurteilen ist.

Vor diesem Hintergrund weitet Cavanaugh seine Kritik der neuzeitlich-modernen Staatstheorie aus auf das zugrundeliegende Menschenbild, als einem im Prinzip „vereinzelten" Individuum, dessen politische und persönliche Verwirklichung nicht von sich aus, sondern erst in einem zweiten Schritt, im Rahmen des Staates gewährleistet ist. Hierbei setzt Cavanaugh bei der Beschreibung des Zustands der menschlichen Natur in neuzeitlich-modernen Staatstheorien an. Die bekanntesten Beispiele hier sind wohl Hobbes *homo homini lupus*[712] und Rousseaus „Der Mensch ist frei geboren, und überall liegt er in Ketten"[713]. Ausgangspunkt ist also der Mensch als Individuum, der er in einem zweiten Schritt mit seinen Mitmenschen in Kontakt tritt und dabei seine eignen natürlichen Rechte mit denen des Gegenübers abgleichen muss. Daher wird die auf dieser politischen Anthropologie beruhende Staatstheorie auch Vertragsdenken genannt. Ziel des

---

[710] Siehe hierzu die Ausführungen in 2.2.1.3 zu Talal Asad, der das Programm des Säkularismus und die essentialistischen Definitionen und Religion und Politik als politisches Projekt des aufkommenden neuzeitlich-modernen Nationalstaates interpretiert.

[711] Zur Entstehung des modernen Staates und dessen Diskussion siehe ALEXANDER THIELE, *Der gefräßige Leviathan. Entstehung, Ausbreitung und Zukunft des modernen Staates*, Tübingen 2019, bsonders Kp. I.C, „Die historischen Wesensmerkmale des modernen Staates", 44-108.

[712] THOMAS HOBBES, „Widmung an S. Exz. den Grafen Wilhelm von Devonshire, meinen hochzuverehrenden Herrn", in: DERS., *Vom Bürger*, eingl. u. hg. v. GÜNTER GAWLICK, Hamburg 1994, 59.

[713] JEAN-JACQUES ROUSSEAU, *Contrat social* I, 1. In deutscher Übersetzung: DERS., *Vom Gesellschaftsvertrag oder Grundsätze des Staatsrechts*, übers. u. hg. v. HANS BROCKARD i. Zus. m. EVA PIETZCKER, vollständig überarbeitete und ergänzte Ausgabe, Stuttgart 2011.

Staates ist es nun, den unausweichlichen Konflikt aller gegen alle möglichst friedlich zu lösen. Er ist der Garant des friedlichen Miteinanders. Erst im Staat, im *Leviathan*, ist die Vielzahl der Individuen miteinander versöhnt, *e pluribus unum*. Diese Ver*ein*igung der vielen wird nun aber gerade nicht durch die vielfältigen Beziehungen der einzelnen Individuen untereinander hergestellt, sondern durch die jeweils individuelle Beziehung zum Zentrum, dem Staat. Daher spricht Cavanaugh von einer Umkehrung des Menschenbilds im neuzeitlichen Vertragsdenken. „Humankind was created for communion, but is everywhere divided"[714], urteilt er diesbezüglich. Ihm zufolge kann der Entstehungsmythos des Levianthans auch umgekehrt betrachtet werden. Dieser führe, so Cavanaugh, nicht zur Gemeinschaft der Menschen untereinander, sondern gerade zu ihrer Vereinzelung gegenüber dem Staat. Denn um seiner Rolle als Friedensgarant möglichst effektiv nachzukommen, muss der Staat über ein Macht- und Interpretationsmonopol verfügen, damit nicht irgendeine andere Organisation im Prozess des Interessensausgleichs intervenieren kann. Und genau an dieser Stelle tritt nun die Religion ins Spiel, oder besser gesagt, verschiedene religiöse Gruppierungen.

Wie Cavanaugh nachzeichnet, sind diese auf zwei Weisen friedensgefährdend: Zum einen dadurch, dass mit ihnen zwischenmenschliche Zusammenschlüsse entstehen, die zwischen dem einzelnen Individuum und dem Staat stehen. Der Staat verliert somit das absolute Monopol auf Loyalität. Und zum anderen besteht die Gefahr, dass sich der Kampf aller gegen alle von der individuellen auf die gesellschaftliche Ebene verlagert, als Kampf verschiedener Parteien gegeneinander. So wird der geschichtliche Gründungsmythos zum beständigen stets aktuell gehaltenen Begründungsmythos des säkularen Staates. Das Problem religiöser Gewalt klar vor Augen, besteht eines der zentralen Anliegen des neuzeitlichen Vertragsdenkens in der Ausschaltung politischer Autorität religiöser Akteure. Dafür stehen dem Staat im Prinzip zwei Strategien zur Verfügung: Einerseits die Etablierung einer Staatsreligion, deren Auslegung und Feier ganz in der Hand des Staates liegen. Diesen Weg wählen Hobbes und Rousseau. Und andererseits die vollkommene Verlagerung des Religiösen ins Private. Diesen Weg wählt Locke. Der Vorteil gegenüber der ersten Strategie besteht nun darin, dass man nicht mehr auf eine einzige (staatstragende) Religion angewiesen ist, sondern zugleich viele verschiedene Religionen tolerieren kann, solange sie nicht in der Sphäre des Staates, also der Politik, aktiv sind. Nachteil im Sinne des Staates ist dabei, dass er sich selbst Schranken für seine Machtbefugnisse in Fragen der Religion und Moral setzten muss.

Welche der beiden Strategien letztlich verfolgt wird, spielt für Cavanaughs grundsätzliche Kritik nur eine untergeordnete Rolle. Diese richtet sich vornehmlich gegen das Konzept des neuzeitlichen souveränen Staates, der im Zuge seiner Entwicklung die Rolle Gottes im öffentlichen Leben übernimmt. Von daher spricht Cavanaugh auch von einer Migration des Heiligen in die Staatsphäre und

---

[714] Cavanaugh, *Theopolitical Imagination*, 9.

nicht von einer Verbannung aus dem nun säkularen Geschäft der Politik. In diesem Zuge gilt seine Aufmerksamkeit besonders den verschiedenen Ausprägungen einer säkularen Soteriologie des Staates als Retter vor Gewalt und Armut und als Garant der Freiheit. Dieser säkularen Soteriologie liegt Cavanaugh zufolge auch eine eigene Liturgie zugrunde, durch welche der Staats- bzw. Volkskörper ins Leben gerufen wird. Als Imitation der Liturgie der Kirche als Leib Christi ist die Staatsideologie allerdings defizitär, geht sie doch von einer in Cavanaughs Augen falschen Auffassung der Einheit der Menschen im Staat und nicht in Gott aus. Wie wir im Folgenden sehen werden, spielen innerhalb dieser Soteriologie und Liturgie des Staates die Konzepte des Nationalismus und des Patriotismus eine zentrale Rolle. Der moderne Nationalstaat als Weiterentwicklung des neuzeitlichen Staates rückt mit diesem ideologischen Grundgerüst für Cavanaugh in die Nähe des Idolatrieverdachts.

Wie schon bei seiner Kritik am Gründungsmythos der Religionskriege oder seinem Konzept der Migration des Heiligen in die staatliche Sphäre, folgt auch Cavanaughs Kritik am modernen Nationalstaat seinem genuinen theopolitischen Ansatz. Dieser lässt sich wie folgt skizzieren. In einem ersten Schritt wird in der Entstehung säkularer Konzepte deren theologischer Gehalt bzw. deren Übersetzung herausgelesen, interpretiert und eingeordnet. Hier durchbricht Cavanaugh die strikte Trennung von Religion und (säkularer) Politik und diskutiert säkulare Konzepte vor einem mit der Religion geteilten theopolitischen Hintergrund. In einem zweiten Schritt folgt Cavanaugh dieser theopolitischen Herangehensweise, konzentriert sich aber auf die jeweilige Funktionsweise des dezidiert säkularen Narratives, Konzeptes, liturgischen Rituals oder Gemeinschaftsbildes. Hier stellt sich die Frage, welche konkrete Machtstruktur und Machtkonfiguration hinter den jeweiligen säkularen Mustern zum Vorschein tritt und welche potentiellen Gefahren darin ausfindig gemacht werden können. In dieser Diskussion auf dem Gebiet des geteilten theopolitischen Feldes geht es also nicht um eine religiöse Kritik an säkularer Politik, sondern um die Beurteilung der Frage, inwieweit eine bestimmte theopolitische Legitimation im Sinne einer Staatslehre dem Anspruch der (1) Entfaltung der individuellen Persönlichkeit, (2) der Friedensordnung und (3) der demokratische Rechtfertigung gerecht wird oder nicht.[715] Dieser Herangehensweise Cavanaughs soll in den folgenden Sektionen zum Gründungsmythos des Staates, der Migration des Heiligen und der Machtkonstitution des modernen Nationalstaates nachgegangen werden.

3.2.1.2   Die „Religionskriege" der Neuzeit: Gründungsmythos oder Geburtswehen des neuzeitlichen Staates?

In der Tat spielen die sogenannten Religionskriege der Neuzeit eine wichtige Rolle als eine Art allgemeingültige Lehre aus der Vergangenheit, niemals das rationale, kühle Geschäft der Politik mit der Irrationalität und Emotionalität der

---

[715]   Vgl. ZIPPELIUS, *Allgemeine Staatslehre*, 104-119.

Religion zu vermischen. Diese Grundüberzeugung hat für Cavanaugh den Status eines Mythos, weil sie so tief im kollektiven geschichtlichen Bewusstsein des Westens verankert ist, dass sie keiner Argumente oder einer kritischen historischen Überprüfung bedarf. Auf diesen Erfahrungswert beziehen sich nicht allein die Vordenker der liberalen Tradition wie Hobbes, Rousseau und Locke, sondern auch gegenwärtige liberale Denker wie John Rawls oder Mark Lilla.[716] Lilla zufolge stellen die neuzeitlichen Religionskriege den Höhepunkt einer Krise dar, die bereits im gesamten Projekt christlichen politischen Denkens – als einer Vermischung von Politik und Religion – grundgelegt ist. Diese Grundproblematik haben die Religionskriege endgültig zu Tage treten lassen und Denker wie Hobbes zu der entscheidenden Erkenntnis von der Notwendigkeit der Trennung von Politik und Religion gebracht. Wichtig ist bei Lillas Ansatz, dass diese Erkenntnis über den kontingenten historischen Rahmen hinaus eine universelle Geltung entfalten sollte.[717]

Genau an diesem Punkt setzt Cavanaugh mit seiner Kritik an: „But what Lilla does not grasp is that early modern figures like Hobbes did not so much *discover* the religion/politics distinction as *invent* it"[718]. Vehement tritt Cavanaugh „[a] normative choice about the correct way of organizing society"[719] entgegen. Die Gefahr hinter einem solchen Anspruch tritt Cavanaugh zufolge auch offen zu Tage, in einer typisch (post)kolonialen Einstellung des „the West and the rest"[720]. Lilla betont zwar einerseits, dass es in keinem anderen Erdteil zu einem vergleichbaren politisch-theologischen Projekt wie dem europäischen Säkularismus kam, misst diesem aber zugleich eine universelle, weltgeschichtliche Bedeutung für alle Erdteile (und Zeitalter) bei. Demgegenüber würde Cavanaugh kritisch allenfalls von einer Universalisierung dieses Konzeptes im Zuge der Kolonialisierung anderer Erdteile sprechen.[721] Die Geschichte führt für Cavanaugh nicht linear zur universellen Erkenntnis des Säkularismus, die es fortan zu verteidigen gilt. Um dies zu verdeutlichen, setzt er zunächst am Beginn der Geschichte des Säkularismus an, den sogenannten „Religionskriegen" der europäischen Neuzeit.

Dieser „Mythos der Religionskriege" besteht Cavanaugh zufolge aus vier Komponenten, die alle wahr sein müssen, damit auch der Mythos als eine historisch akkurate Darstellung und nicht als Legitimation oder „Gründungsmythos" säkularer politischer Arrangements gelten kann. Diese vier Komponenten sind:

---

[716] Siehe z.B. LILLA, *The Stillborn God*, 52.

[717] Vgl. ebd., 43.

[718] Zur Kritik an Lilla und der liberalen Historiographie der „Great Separation" siehe WILLIAM T. CAVANAUGH, „Political Theology as Threat", in: CRAIG HOVEY; ELISABETH PHILLIPS (Hg.), *The Cambridge Companion to Christian Political Theology*, Cambridge 2015, 236-254, auch erschienen als Kp. 10 in *Field Hospital*, hier 211.

[719] CAVANAUGH, *Field Hospital*, 214.

[720] Ebd., 203.

[721] Ebd., 212-213.

1. „The combatants opposed each other based on religious difference. […]
2. Combatants killed each other for religious reasons, as opposed to political, economic, social reasons.
3. Religious causes must be at least analytically separable from political, economic, and social causes at the time of the wars.
4. The rise of the modern state was the solution to the wars."[722]

In der folgenden kurzen Darstellung von Cavanaughs Entmystifizierung dieser Geschichtsdeutung kann allein aus Platzgründen keine detaillierte historische Gegendarstellung gegeben werden. Klar ist für Cavanaugh, der sich bei seiner Überprüfung der vier Komponenten auf eine Vielzahl von Expert*innen der frühen Neuzeit stützt, dass keine davon in dieser Klarheit zu halten ist.[723] Dies ist zum Teil auch ohne weiteres einsichtig, wenn man sich beispielsweise vor Augen hält, wie im Falle des Dreißigjährigen Kriegs das katholische Frankreich zusammen mit dem lutherischen Schweden gegen das katholische Heilige Römische Reich kämpften. Weder war die Religionszugehörigkeit in diesem Fall ein entscheidendes Kriterium für Gegnerschaft, noch lässt sich erkennen, inwiefern sich die unterschiedlichen Parteien aus dezidiert religiösen Motiven (gegenüber beispielsweise politischen) bekriegt haben. Darauf kommt es Cavanaugh aber letztlich auch nicht an. Entscheidender für ihn ist vielmehr die Frage, inwieweit auf die sog. Religionskriege zurückgegriffen wird, um das säkulare Programm der Trennung (und analytischen Unterscheidung) von Religion und Politik zu erklären. Denn diese Trennung gab es zum einen zur Zeit der frühen Neuzeit (noch) nicht, weswegen eine Verwendung solcher späteren Analysekategorien der historischen Situation nicht gerecht wird. Und zum anderen aber soll diese Trennung gerade aus der Geschichte der kriegerischen Auseinandersetzungen der frühen Neuzeit historisch hergeleitet und mithin legitimiert werden. Die Geschichte gilt als faktischer Beleg für die Universalität des Säkularismus. Weil Cavanaugh aber die Grundannahme der strikten Trennung von Politik und Religion bezweifelt, bezweifelt er auch deren geschichtliche Entstehung, zumindest als eine historische Notwendigkeit. Um diese in seinen Augen als Mythos zu betrachtende Sichtweise zu widerlegen, muss er dieser eine alternative Interpretation der Konflikte der frühen Neuzeit entgegenstellen, die der historischen Situation in seinen Augen gerechter wird. Dies tut er, indem er anstelle von Religionskriegen von den „Geburtswehen" der modernen Staaten spricht.

In dieser Interpretation liegt der Fokus auf dem komplexen Gefüge aus Staatsbildung und Konfessionalisierung. Diese Interpretation gilt dabei in der Geschichtswissenschaft im Gegensatz zu anderen geisteswissenschaftlichen Disziplinen keineswegs als umstritten. So spricht beispielsweise auch die Historikerin

---

[722]   CAVANAUGH, „Secularization of the Holy", 168.
[723]   Eine genaue Analyse und Kritik des „Mythos der Religionskriege" findet sich in CAVANAUGH, *Myth of religious violence,* Kp. 3, „The Creation Myth of the Wars of Religion", 123-180.

Luise Schorn-Schütte von Konstitutionskriegen moderner Staaten.[724] Der eigentliche historische Agent hinter diesen Kriegen war demnach also weder die Religion noch die entstehenden neuzeitlichen Staaten, denn ebenso wie das Beziehungsverhältnis zwischen Politik und Religion damals vielschichtig war, war dies auch der Entstehungsprozess der neuzeitlichen Staaten, wie Harriet Rudolf diesbezüglich festhält. Rudolf urteilt: „By destroying the myth of the state as a general peacemaker, one should not try to establish a new myth: the myth of religion as a genuine peacemaker that was merely instrumentalized by early modern rulers to pursue mundane political aims and to legitimate the use of force."[725] Dies tut Cavanaugh freilich auch nicht. Es geht ihm nicht darum, die Religion von ihrer Verstrickung in diesen kriegerischen Konflikten freizusprechen, sondern vielmehr darum aufzuzeigen, dass diese nicht allein verantwortlich gemacht werden kann und dass daher die Trennung von Politik und Religion auch nicht zur Lösung aller kriegerischen Konflikte beigetragen hat, damals wie heute. Insofern waren diese Kriege weder rein religiös noch rein politisch, sondern eine Gemengelage aus beiden Faktoren und insofern die Religion bzw. der Glaube eine zentrale Rolle für das private wie öffentliche Leben der damaligen Gesellschaft spielte, kam dieser auch ein zentrale in dieser Gemengelage zu.[726]

Um die komplexe historische Gemengelage der Geburtswehen der modernen Staaten ein wenig zu erhellen, verweist Cavanaugh zunächst auf die schlichte historische Tatsache, dass die Trennung von Politik und Religion keine unmittelbare Folge aus den frühneuzeitlichen Kriegen war. Denn worauf Cavanaugh zurecht hinweist, wurde die groß(artig)e Trennung, von der Lilla spricht, erstmals 150 Jahre nach dem Ende des Dreißigjährigen Kriegs mit der Gründung der USA vollzogen. Der Westfälische Friede wandte nicht das Prinzip des Säkularismus an, sondern, im Gegenteil, das Prinzip des *cuius regio, eius religio*[727], und schuf so ein Europa mit konfessionellen Territorialstaaten, in welchen gerade der Staat die Religion dominierte.[728] Insofern würde auch Alexander Thiele Cavanaughs

---

[724] Vgl. LUISE SCHORN-SCHÜTTE, *Konfessionskrieg und europäische Expansion. Europa 1500-1648*, München 2000.

[725] HARRIET RUDOLF, „Religious Wars in the Holy Roman Empire? From the Schmalkadic War to the Thirty Years War", in: WOLFGANG PALAVER; DERS.; DIETMAR REGENSBURGER (Hg.), *The European Wars of Religion. An Interdiscilinary Reassessment of Sources, Interpretations, and Myths,* Farnham 2016, 87-118, 117-118.

[726] Vgl. CAVANAUGH, „Secularization of the Holy": „The wars were not, however, religious *as opposed to* merely mundane wars about ‚political' matters such as the centralization of the state." In diesem Zusammenhang zitiert er auch Peter Wilson wie folgt: „The war was religious only to the extent that faith guided all early modern public policy and private behaviour." Siehe PETER WILSON, *Europe`s Tragedy. A New History of the Thirty Years War*, London 2010, 9, hier zitiert nach Cavanaugh, „Secularization of the Holy", 170.

[727] Erstmals wurde dieses Rechtsprinzip im Augsburger Reichs- und Religionsfrieden von 1555 angewandt.

[728] CAVANAUGH, *Field Hospital*, 210.

Richtigstellung zustimmen, wenn er in seiner Analyse der Entstehungsgeschichte des modernen Staates festhält: „Entscheidend für den modernen Staat war also nicht die Trennung von Religion und Staat, sondern die Übernahme der politischen Führung auch und gerade in Religionsfragen."[729] Anstatt also eine Trennung von Politik und Religion auf europäischer Ebene zu garantieren, schuf der Westfälische Frieden eine Vielzahl konfessionell voneinander getrennter Territorialstaaten. Teil dieser Geschichte, sozusagen deren Rückseite, ist die allmähliche Machtzentralisierung dieser neu entstehenden Staaten. Demzufolge waren die Religionskriege nicht der Anlass für das Entstehen von Staaten, sondern Teil von deren Entstehungsprozess.

Ihnen vorausgegangen war bereits ein Wegbrechen der spätmittelalterlichen Ordnung, in der Kirche und Reich in einem gewissen politischen Konkurrenzverhältnis standen. Während im mittelalterlichen Europa die Zwei-Schwerter-Lehre der kirchlichen Autorität eine gewisse Dominanz gegenüber der zivilen Autorität einräumte, wurde dieses Verhältnis im Laufe des Entstehungsprozesses neuzeitlicher Staaten umgekehrt. Wichtige Wegbereiter in diesem Umkehrungsprozess waren neben weltlichen Herrschern wie der englische König Heinrich VIII. und Frankreichs Philipp II. auch Vertreter des geistlichen Standes wie beispielsweise der Deutsche Martin Luther.[730] Auch hier kann man also nicht von rein religiösen oder rein politischen Faktoren sprechen.

Um diese Vermischung beider Faktoren zu verdeutlichen, genügt ein kurzer Blick auf den Einfluss Luthers. In seinen Schriften *Von weltlicher Obrigkeit* (1523)[731] und *An den Christlichen Adel deutscher Nation* (1520)[732] interpretiert Luther die mittelalterliche Zwei-Schwerter-Theorie zu einer Zwei-Reiche- oder Regimente-Theorie um. Alle Christ*innen sind demnach zugleich dem geistlichen und dem weltlichen Reich Untertan. Da nun aber die weltliche Macht von Gott ordiniert ist, um den Frieden auf Erden sicherzustellen, muss diese auch ohne Beschränkungen seitens der Kirche(n), Bischöfe, etc. walten können. Für Cavanaugh definiert Luther Gewalt(ausübung) (Eng. *coercive power*) damit als etwas rein Weltliches, demgegenüber die Kirche lediglich über eine rein spirituelle und überredende Autorität verfügt. Cavanaugh zufolge hat Luther damit zum Mythos des Staates als Friedensstifter beigetragen, der ein wichtiges Werkzeug war, um die öffentliche und politische Autorität der Kirche(n) gegenüber dem Staat weiter zu beschränken.[733] Diese Tendenz von Luthers Zwei-Reiche-Lehre

---

[729]   THIELE, *Der gefräßige Leviathan*, 65.
[730]   Vgl. CAVANAUGH, *Theopolitical Imagination*, 22-25.
[731]   MARTIN LUTHER, *Von weltlicher Obrigkeit. Wie weit man ihr Gehorsam schuldet* (1523), Deutsch-Deutsche Studienausgabe, Bd. 3, hg. v. HELLMUT ZSCHOCH, Leipzig 2016, 217-289.
[732]   MARTIN LUTHER, *An den christlichen Adel deutscher Nation: Von der Reform der Christenheit* (1520), Deutsch-Deutsche Studienausgabe, Bd. 3, hg. v. HELLMUT ZSCHOCH, Leipzig 2016, 1-135.
[733]   CAVANAUGH, *Theopolitical Imagination*, 24. An anderer Stelle führt Cavanaugh bezüglich Luther zudem aus: „Martin Luther theorized this shift by denying that

sieht beispielsweise auch Joel Meyer kritisch, wenn er deren Zweischneidigkeit wie folgt charakterisiert: „Even while the doctrine of the two kingdoms intends to make any given government relative to God's work through Christ, it can simultaneously create the space for governments to control the master narrative"[734], womit er in diesem Zusammenhang gerade solche Gründungsmythen des Staates wie den der Religionskriege der Neuzeit versteht. Als zusätzliche Folge dieser Verschiebung Luthers führt Cavanaugh die Privatisierung der Religion an: „Luther's distinction between inward and outward would be used eventually to support the privatization of religion as a belief in liberal social orders."[735] Luther und im weitesten Sinne die Reformation übernehmen also so etwas wie eine „Katalysatorenrolle" bei der Herausbildung des säkularen Staates. Luther und die damaligen theologischen Kontroversen sind demnach nicht Urheber, sondern vielmehr Teil des Entstehungsprozesses des Staates, wie auch Horst Dreier resümiert.[736] Folglich kann es auch unterschiedliche theologische Beurteilungen dieses Prozesses geben. So weist beispielsweise der schwedische lutheranische Theologe Lars Trägårdh in seiner Auseinandersetzung mit Cavanaughs kritischer Betrachtung des Entstehungsprozesses neuzeitlicher Staaten darauf hin, dass dieser aus Sicht der lutherischen Tradition anders interpretiert werden kann als aus katholischer Sicht. Trägårdh kann zwar zum einen nachvollziehen, wie Cavanaugh den Entstehungsprozess neuzeitlicher Staaten nachzeichnet, betont aber zum anderen, dass diese Entwicklung auch als Teil der theologischen Entwicklung – zumindest der lutherischen – betrachtet werden kann und nicht als Bewegung weg von Kirche und Tradition.[737] In gewisser Weise könnte man also davon sprechen, dass die Einstellung der lutherischen Theologie gegenüber dem neuzeitlichen Staat

---

temporal and spiritual formed two bodies [...]". Des Weiteren: „Luther's division between the two kingdoms is not a division between two bodies politic, but a division of labor that runs not only within each polity but through each individual." Siehe CAVANAUGH, „Separation and Wholeness", 19-20.

[734] JOEL P. MEYER, „Taking War Captive. A Recommendation of Daniel Bell's *Just War as Christian Discipleship*", in: *Concordia Theological Quarterly* 79, (3-4/2015), 301-313, 311.

[735] Vgl. CAVANAUGH, „Separation and Wholeness", 20.

[736] Vgl. HORST DREIER, „Zur Bedeutung der Reformation bei der Formierung des säkularen Staates", in: MAIK REICHEL; HERMANN SOLMS; STEFAN ZOWISLO (Hg.), *Reformation und Politik. Europäische Wege von der Vormoderne bis heute*, Halle 2015, 301-346, 301, 346.

[737] LARS TRÄGÅRDH, „Statist Individualism: The Swedish Theory of Love and Its Lutheran Imprint", in: JOEL HALLDORF; FREDERIK WENELL (Hg.), *Between the State and the Eucharist. Free Church Theology in Conversation with William T. Cavanaugh*, Eugene 2014, 13-38. Siehe ebd., 14: „I will argue that while the nation-state, and the individualsim that appears to go with it, may well be conceived as antithetical to Catholic doctrine and practice, it looks quite different if we choose to view the interplay between modernization and religion through the lens of Lutheranism, especially in its Nordic instantiation."

bereits die neuzeitliche Verschiebungen im Verhältnis von kirchlicher und ziviler/säkularer Autorität widerspiegelt. In diesem Zuge weist Cavanaugh zusätzlich auf einen interessanten Zusammenhang zwischen dem Erfolg der Reformation und den vorreformatorischen staatlichen Bestrebungen zur Eindämmung der überstaatlichen Autorität der katholischen Kirche hin:

> „[..] [W]herever concordats between the Papacy and temporal rulers had already limited the jurisdiction of the Church within national boundaries, there the princes saw no need to throw off the yoke of Catholicism, precisely because Catholicism had already been reduced, to a greater extent, to a merely suasive body under the heel of the secular power."[738]

Als Beispiele hierfür nennt Cavanaugh das Königreich Frankreich, welches im *Konkordat von Bologna* (1516) der Krone weitreichende Befugnisse in Fragen der kirchlichen Amtsernennungen und Einkünfte einräumte oder Spanien, wo zwischen 1482 und 1506 noch weitreichendere Zugeständnisse gemacht wurden. Dies alles deutet nach Cavanaugh darauf hin, dass die Kriege der frühen Neuzeit nicht als ein spezifisch religiöses Problem zu betrachten sind, das politisch gelöst werden musste, sondern als multikomplexe Ereignisse, in deren Zentrum nicht etwa eine bestimmte theologische Auseinandersetzung zum Wesen der Eucharistie stand, sondern machtpolitische Interessen der sich entwickelnden Staaten. Auch die Historikerin Barbara Diefendorf, die in ihrer Forschung die religiöse Dimension der neuzeitlichen Religionskriege in Frankreich betont, stimmt Cavanaugh nichtsdestotrotz dahingehend zu, dass Religion in diesen Konflikten nicht als unabhängige Variable gesehen werden kann, und es demnach ein Anachronismus wäre, Religion von Politik, Ökonomie und anderen sozialen Faktoren zu trennen. Vielmehr spricht Diefendorf von der Religion als einer Art Katalysator, aber allein aus dem Grund, weil „Religion provided a fundamental – perhaps the fundamental – lens through which people understood their world in early modern times."[739] In diesem Zuge weist sie z.B. auch darauf hin, dass das Plündern von Kirchen von Seiten der Calvinisten einen Angriff auf das gesamte soziale Gefüge darstellte. Die neuzeitlichen Kriege sind also vielmehr Ausdruck von großen gesellschaftlichen Umbruchprozessen, an deren Ende der moderne Staat steht. Und für diesen Prozess der Staatsbildung waren die neuzeitlichen Kriege nicht allein Auslöser, sondern auch Mittel.

Um diesen politischen Faktor des Krieges im Entstehungsprozess des modernen Staates genauer aufzuzeigen, verweist Cavanaugh auf eine Reihe von Historikern der frühen Neuzeit und Staatsgeschichte.[740] So verdeutlicht z.B. Charles

---

[738]   CAVANAUGH, *Theopolitical Imagination*, 26-27.

[739]   BARBARA DIEFENDORF, „Were the Wars of Religion about Religion?", in: *Political Theology 15/6* (2015), 552–563, 553.

[740]   Eine ausführliche Auseinandersetzung mit der Entstehung des Staates findet sich in WILLIAM T. CAVANAUGH, „Killing for the Telephone Company. Why the Nationstate is not the Keeper of the Common Good", in: *Modern Theology 20* (2/2004),

Tilly den inneren Zusammenhang zwischen Staatsbildung und der Fähigkeit der
Führungsschicht zur Kriegsführung, die wiederum von der Fähigkeit abhing,
möglichst effektiv der Bevölkerung Ressourcen zu entziehen. Dies wiederum benötigte eine effektiv arbeitende Bürokratie. In diesem Zusammenhang zitiert
Cavanaugh Tilly mit „War made the state, and the state made war"[741]. Dabei
macht Cavanaugh aber auch deutlich, dass alle von ihm zitierten Autoren die Fähigkeit zur Kriegsführung nicht als den alleinigen Faktor moderner Staatsgrün-
dung ansehen. Mit Bruce Porter legt er aber nahe, dass „war was the catalyst and
the sine qua non mobilizing the factors in the formation of the state"[742]. Für
Cavanaugh ist es wichtig, die komplexen Zusammenhänge in der neuzeitlichen
Staatenbildung genau vor Augen zu haben, um nicht dem Mythos des friedensstiftenden säkularen Staates aufzusitzen, der als einziger in der Lage sei, einen
Ausgleich zwischen (potentiell) kriegerischen religiösen Differenzen zu schaffen. Mit Bezug auf Thomas Ertman hält Cavanaugh fest, dass sich der territoriale
Nationalstaat gegenüber anderen politischen Formen wie dem Reich oder den
Stadtstaaten im Verlauf der Neuzeit gerade deswegen durchsetzen konnte, weil
er den anderen politischen Formen in der Organisation der Kriegsführung über-
legen war, vornehmlich aufgrund eines möglichst effizientem Staatsapparates.[743]
Außerdem wird deutlich, dass der Staat selbst so tief in kriegerische Auseinandersetzungen verstrickt ist, dass er unmöglich als Retter und Friedensgarant auftreten kann. Für Cavanaugh entstand zusammen mit dem modernen Staat auch
eine neue, moderne Form der Gewalt: die säkulare Gewalt, die in keiner Weise
besser oder vernünftiger ist als religiös motivierte Gewalt. In Bezug auf den Mythos des modernen Staates als Retter vor irrationaler Gewalt hält Cavanaugh abschließend fest: „The Great Separation that Lilla describes simply never happened"[744] und fügt an anderer Stelle hinzu: „The religious/secular binary does not

---

243-274, auch erschienen als Kapitel 1 in *Migrations of the Holy*, 7-45. Zitate und
Bezüge sind im Folgenden aus der Publikation in *Migrations of the Holy* entnom-
men. Für wichtige historische Bezugsquellen für Cavanaugh siehe CHARLES TILLY
(Hg.), *The Formation of National States in Western Europe*, Princeton 1975; AN-
DERSON, *Imagined Communities*; HENDRIK SPRUYT, *The Sovereign State and Its
Competitors*, Princeton 1994; VICTOR LEE BURKE, *The Clash of Civilizations. War-
Making and State Formation in Europe*, Cambridge 1997; THOMAS ERTMAN, *Birth
of the Leviathan. Building States and Regimes in Medieval and Early Modern Eu-
rope*, Cambridge 1997; MICHAEL HOWARD, *The Invention of Peace: Reflections on
War and International Order*, New Haven 2000; BRUCE D. PORTER, *War and the
Rise of the State. The Military Foundations of Modern Politics*, New York 1994.

[741] CHARLES TILLY, „Reflections on the History of European State-Making", in: DERS.,
(Hg.), *Formation of National States*, Princeton 1975, 3-83, 42. Siehe CAVANAUGH,
Migrations of the Holy, 15.

[742] CAVANAUGH, *Migrations of the Holy*, 18. Siehe auch PORTER, *War and the Rise of
the State*, 7, 24, 60-61.

[743] Vgl. CAVANAUGH, *Migrations of the Holy*, 17. Siehe auch ERTMAN, *Birth of the
Leviathan*, 4.

[744] CAVANAUGH, *Field Hospital*, 217.

relate to the wars of sixteenth- and seventeenth-century Europe as cause/cure. The wars are perhaps better understood as what happened when the holy was transferred from one locus to another"[745]. Selbst heutige, liberal-demokratisch verfasste Staaten sind „perfectly capable of generating its own political messianism"[746]. Dies führt Cavanaugh auf ein Phänomen zurück, das er die Migration des Heiligen nennt, welches er dem liberalen Mythos eines durch und durch säkularen und vernünftigen Staates, der durch das reinigende Feuer der Aufklärung und der Säkularisierung hindurchgegangen ist, entgegensetzt.

3.2.1.3   Der Nationalstaat: Verbannung oder Migration des Heiligen?

Cavanaugh versteht seine These der Migration des Heiligen als eine Alternative zur Säkularisierungsthese. Diese These fasst er zu Beginn des gleichnamigen Buches wie folgt zusammen: „the kinds of public devotion formerly associated with Christianity in the West never did go away, but largely migrated to a new realm defined by the nation-state."[747] Und mit Verweis auf Schmitts Interpretation der neuzeitlichen Staatstheorie als säkularisierte Theologie fügt Cavanaugh hinzu: „The story of the death of the sovereign God and his rebirth in the sovereign state is not a story of progressive stripping of the sacred from some secular remainder. It is instead the transfer of care for the holy from church to state."[748] Besonders deutlich wird dieser Transfer bei den Herrscherkulten der europäischen neuzeitlichen Staaten. Als Beispiele nennt Cavanaugh den Kult um Karl VIII. von Frankreich, der u.a. mit dem Titel „Lamm Gottes, Retter, Haupt des mystischen Leibes Frankreichs" bedacht wurde, oder auch dessen Nachfahre, den „Sonnenkönig" Ludwig XIV., sowie Elisabeth I. von England, in deren Herrscherkult Elemente aus dem Fronleichnamsfest transformiert wurden, bei denen ihre Person die Stelle der konsekrierten Hostie einnahm.[749] Diese markanten Beispiele stehen dabei aber nur exemplarisch für einen sich größtenteils im Stillen und allmählich immer weiter fortsetzenden Transfer des Heiligen, bei dem die übergeordnete Loyalität sich zusehens auf die Seite des Staates und schließlich auf die Idee der Nation übertrug. Die Konfessionalisierung war hierbei ein wichtiger Entwicklungsschritt, zumindest bis zu dem Punkt, an dem es nicht mehr die Kirche(n) benötigte, um Gottes Unterstützung des Staates zu gewährleisten, weil die Nation selbst den Stellenwert eines Heiligen eingenommen hatte.

Die Interpretation des Nationalismus als (Zivil)Religion ist dabei kein genuin neuer Gedanke Cavanaughs, sondern kann sich in ein ganzes Forschungsfeld einreihen, auf das an anderer Stelle bereits verwiesen wurde.[750] Letztlich spielt auch

---

[745]   CAVANAUGH, „Secularization of the Holy", 184.

[746]   CAVANAUGH, *Field Hospital*, 216.

[747]   CAVANAUGH, *Migrations of the Holy*, 1.

[748]   Ebd., 3.

[749]   Vgl. CAVANAUGH, „Secularization of the Holy", 183-184. Siehe auch BOSSY, *Christianity in the West*, 154-155.

[750]   Siehe insbesondere die Ausführungen zu Asad in 2.2.1.3.

bei Lefort eine ähnliche Interpretation der Moderne eine zentrale Rolle in seiner Beurteilung der Fortdauer des Theologisch-Politischen in der Souveränität und Repräsentation moderner Demokratien. Wie Klein anmerkt, geht auch Lefort von einer parallelen Entwicklung der Säkularisierung und Laisierung religiös-kirchlicher Autorität bei gleichzeitiger Mystifizierung weltlich-politischer Institutionen aus.[751] Die weitläufige Diskussion, inwiefern der Nationalismus als Religion zu verstehen sei oder nicht, ist für unsere gegenwärtige Untersuchung nicht zentral. Entscheidender für unser theopolitisches Erkenntnisinteresse ist der Transformationsprozess selbst, die Säkularisation, den das Heilige als *der* Ort der Macht in diesem Zuge erfahren hat. Denn dieses Heilige bildet das Zentrum, um das herum die politische Imagination gebildet wird, sowohl mittelalterlich-kirchlich, als auch neuzeitlich-staatlich. Mit der Migration des Heiligen nun, wird für Cavanaugh der Staat zum Regisseur des Metanarratives von Gemeinschaft und Gemeinwohl, in das sich dann auch die Religion mit ihrer Heilsvorstellung ein- bzw. unterordnet. Diese theopolitische Folge steht im Zentrum von Cavanaughs kritischer Analyse:

> „We have too often assumed that the nation-state defines the boundaries of a unitary common space and promotes the common good within that space. We have allowed those borders to define identity and belonging, and have turned those attachments into a kind of ersatz religion with its own ersatz liturgy."[752]

Dieser Interpretation einer staatlichen Ersatzreligion bzw. -liturgie liegt eine Interpretation der Moderne zu Grunde, die diese nicht als etwas radikal Neues ansieht, sondern eher als eine bestimmte Interpretation (oder Säkularisierung?) theologischer Konzepte des Menschen, seiner politischen Natur und seiner Erlösung. In dieser Lesart der Neuzeit und Moderne zeigt Cavanaughs Ansatz eine Nähe zur *Radical Orthodoxy*, allen voran zu John Milbank, auf dessen *Theology and Social Theory*[753] er sich in seiner Analyse des modernen (National)Staates und dessen philosophischen Vorbedingungen stützt. Vor diesem Hintergrund ist es verständlich, warum Cavanaugh den Staat als „simulacrum, a false copy, of the Body of Christ"[754] bezeichnet. Demnach verfügen sowohl das Christentum als auch der Staat über ähnliche Soteriologien: „salvation is essentially a matter of making peace among competing individuals."[755] Der Staat tritt nun als Garant für dieses Ziel auf, das er gerade dadurch erreicht, indem er alle Macht auf sich

---

[751]   Vgl. REBEKKA A. KLEIN, „Säkularisierung als Ideologie. Claude Leforts alternatives Deutungsmuster der Moderne", in: PHILIPP STOELLGER; MARTINA KUMLEHN (Hg.), *Wortmacht – Machtwort. Deutungsmachtkonflikte in und um Religion*, München 2017, 153-170.

[752]   CAVANAUGH, *Migrations of the Holy*, 3.

[753]   MILBANK, *Theology and Social Theory*.

[754]   CAVANAUGH, *Theopolitical Imagination*, 10.

[755]   Ebd., 18.

vereint. Hierfür bedient er sich einer säkularisierten Form der Leib Christi Metaphorik der Kirche, indem er ebenfalls durch die Inszenierung eines Gesellschaftskörpers (Eng. *enactment of a social body*) Einheit zwischen den verschiedenen Individuen schafft. Am deutlichsten ist dies laut Cavanaugh an der Metapher von Hobbes Leviathan zu sehen, doch auch Rousseau und Locke benutzen Körpermetaphorik.[756] Cavanaugh bezeichnet den Staatskörper als eine „falsche Kopie", insofern er zwar die gleichen Heilsvorstellungen mit dem Ursprungsglauben teilt, sich allerdings an einem entscheidenden Punkt sich von diesem abkehrt. Dieser Divergenzpunkt ist für Cavanaugh die Vorstellung des natürlichen Zustands des Menschen. Wie bereits oben angeführt, beruht der Gründungsmythos des Staates auf der primären Individualität des Menschen, welcher erst in einem zweiten Schritt mit seinen Mitmenschen in Kontakt tritt.[757] Mit Milbank liest Cavanaugh diese Anthropologie als Gegenstück einer theologischen Wende weg von einer partizipativen Theologie hin zu einer voluntaristischen Theologie des Willens etwa bei Duns Scotus.[758] Mit Aufkommen der voluntaristischen Theologie wird demzufolge die Gottesebenbildlichkeit des Menschen nicht mehr durch die Teilhabe an der Trinität durch den Logos verwirklicht, sondern liegt begründet in der individuellen Souveränität der Einzelperson und ihrem Willen.[759] Diese spätmittelalterliche Wende in der theologischen Anthropologie bildet den Hintergrund für die sich in der Neuzeit entwickelnden säkularen politischen Theologien des Staates. Diesem anthropologischen Konzept einer natürlichen Teilung der Menschen stellt nun Cavanaugh das theologische Konzept der übernatürlichen Einheit der Menschen entgegen: „The supernatural unity effected in the Body of Christ rests upon a prior natural unity of the whole human race founded on the creation of humankind in the image of God (Gen. 1.27)."[760] Der Staat kehrt nun in seinem Gründungsmythos des Leviathans diese ursprüngliche Einheit um und geriert sich so erst als Retter einer sonst hoffnungslos zerstreuten Herde. Der Staat, Hobbes sterblicher Gott auf Erden, nimmt im Verlauf der neuzeitlichen Migration des Heiligen den Platz des göttlichen Souveräns ein; er ist zugleich Garant seiner eigenen Soteriologie und Haupt seiner eigenen säkularisierten Ekklesiologie, seines Volks- bzw. Staatskörpers; und er ist der Hohepriester seiner eigenen Liturgie, durch die er alle Glieder seines Körpers fester in sich einschreibt. So könnte man zugespitzt die politische Theologie des säkularen Staates zusammenfassen. Damit wäre der Idolatrieverdacht stark erhärtet. Um aber nicht allzu schnell zu einem solchen Urteil zu kommen, ist es wichtig, die Rolle der Kirche(n) hierbei nicht zu unterschlagen. Denn diese war in jenem Prozess keine unbeteiligte Zuschauerin, sondern durchaus auch Agentin. Auch Cavanaugh geht es in seiner

---

[756]   Vgl. ebd., 19-20.
[757]   Vgl. ebd., 16-17.
[758]   Siehe hierzu z.B. NICOLAS FAUCHER, *La Volonté de Croire au Moyen Âge. Les Théories de la foi dans la Pensée Scolastique du XIIIe Siècle*, Turnhout 2019, zu Duns Scotus besonders 346-368.
[759]   Vgl. ebd., 16-17. Siehe auch MILBANK, *Theology and Social Theory*, 12-15.
[760]   Ebd., 11.

Analyse nicht um Schuldzuschreibungen und Verurteilungen, sondern um die Frage, wie Glaube und Kirche sich in diesem Kontext neu zu verorten haben. Diese Frage gewinnt vor dem Hintergrund des Nationalstaats als dem Nachfolgemodell und der Weiterentwicklung des neuzeitlichen Staatskonzeptes besondere Dringlichkeit und Aktualität.

Der Nationalstaat nimmt für Cavanaugh eine Sonderstellung ein, da die in den frühneuzeitlich entstehenden Staaten bereits grundgelegte Monopolisierung politischer Souveränität – und damit verbunden auch Entpolitisierung der Religion – in der Form des Nationalstaats voll entwickelt ist.[761] Dies gelingt dem Staat durch das Einspannen des Nationalismus für die eigene politische Agenda. Cavanaugh definiert wie folgt: „As the hyphen implies, the nation-state is the result of the fusion of the idea of nation – a unitary system of shared cultural attributes – with the political apparatus of the state."[762] Damit definiert Cavanaugh den Nationalstaat als ein historisches Phänomen, das zunächst im 18. Jahrhundert entstand und seine volle Bedeutung im 19. Jahrhundert entwickelte. Denn so wie der Staat keineswegs natürlich ist, so Cavanaugh, ist es auch nicht die Nation.[763] Dies soll aber nicht darüber hinwegtäuschen, dass sich auch der Nationalismus Gründungsmythen bedient, bei denen die jeweilige nationalen Wurzeln oftmals bis in die Antike zurückreichen. Und genau um diese Mythen und deren Funktion für die politische Agenda des Nationalstaates geht es Cavanaugh. Hier hält er zunächst fest, dass historisch gesehen so etwas wie ein Nationalsinn erst mit dem Staat auftritt oder genauer: erstmals vom Staat organisiert wird, um kulturell zu vereinen, was sich innerhalb seiner klar definierten Grenzen versammelt hat.[764] In gewisser Weise übernimmt der Nationalismus die Aufgabe, die ein Rousseau noch der Zivilreligion zugeschrieben hat. An die Stelle der (Zivil- oder Staats)Religion als vereinheitlichendes System tritt der Staat, der als einziger in der Lage ist, die verschiedenen Interessen friedlich auszugleichen. So

---

[761] Auch Thiele charakterisiert den Nationalstaat nicht als eigene Staatsform, sondern als Unterkategorie des modernen Staates. Vgl. THIELE, *Der gefräßige Leviathan*, 212.

[762] CAVANAUGH, *Migrations of the Holy*, 11.

[763] Hierbei verweist Cavanaugh auf die Mehrheitsmeinung der historischen Forschung, wonach der Nationalismus als politische Idee erstmals im 18. Jahrhundert nachweisbar ist. Cavanaugh beruft sich auf u.a. die Studien zum Nationalismus von Carlton Hayes und Hans Kohn, deren Ergebnisse in weiten Teilen auch in der aktuellen Forschung noch geteilt werden. Siehe CARLTON JOSEPH HUNTLEY HAYES, *The Historical Evolution of Modern Nationalism*, New York 1955; HANS KOHN, *The Idea of Nationalism. A Study in its Origins and Background*, New York 1944. Zur aktuelleren Rezeption ihrer Analyse siehe ERIC J. HOBSBAWM, *Nations and Nationalism since 1780. Programme, Myth, Reality*, Cambridge 1990; ANDERSON, *Imagined Communities*.

[764] Vgl. CAVANAUGH, *Migrations of the Holy*, 11.

wird der Mythos des Staates als Retter vor dem Krieg jeder gegen jede*n begründet. Doch Cavanaugh fragt nun kritisch an, wie viel individuelle Freiheit und internen Pluralismus dieser Nationalstaat tatsächlich bietet.

Denn Cavanaugh sieht den säkularen liberalen Staat vor der Gefahr, dass das Bedürfnis nach Einheit größer wiegt, als das Aushalten der internen Spannungen und Widersprüche. In dieser Situation kann der Nationalstaat zu einem Ziel in sich selbst werden, sozusagen als immanentisierte Umleitung eines transzendenten Referenzpunktes. Der so konstituierte Nationalstaat entwickelt das, was staatstheoretisch die Staatsraison genannt wird und im Grunde so viel bedeutet wie ein selbstständiges Eigeninteresse.[765] Diese Entwicklung hat für Cavanaugh eine potentiell pluralismus- und demokratiegefährdende Unterseite, wie das folgende längere Zitat darlegt:

> „How will a modern liberal nation-state resolve the question of the one and the many in the body politic if participation in Christ is no longer the common goal? Liberalism is said to allow for a greater pluralism of ends: there are no longer two cities – the followers of Christ and the ‚world‘ – but one city with a diversity of individuals, each with the freedom to choose his or her own ends, whether to worship no god, one god, or twenty. But the longing for unity persists, along with the fear that diversity will produce conflict and tear the body politic apart. In the absence of a transcendent *telos*, plurality is not simply a promise but a threat, one that must be met by an even greater pull toward unity. But what could be the source of unity in a nation-state of diverse ends without a transcendent reference to participation in any single god? It can only be that the nation-state becomes an end in itself, a kind of transcendent reference needed to bind the many to each other.“[766]

Diese Tendenz, den Staat als quasitranszendenten (allerdings immanentisierten) Referenzpunkt zu verstehen, von dem aus Gemeinschaft und Gemeinwohl definiert wird, sieht Cavanaugh am deutlichsten in den USA verwirklicht. Unter einem gewissen Blickwinkel kann man den US-amerikanischen Nationalismus als Religion bezeichnen, wobei dem „Land of the Free" als Götzen in eigenen Symbolen und einer eigenen Liturgie gehuldigt wird. Besonders eindrückliche Beispiele hierfür sind der ausgeprägte Flaggenkult (selbst im Altarraum), die allmorgendlichen Eidzeremonien in den Schulen mit Blick zur Flagge und rechter Hand auf dem Herzen (Eng. *Plegde of Allegiance*) oder der *Flag Day* am 14 Juni.[767] Es ist im Grunde kein neuer Ansatz, Nationalismus als eine Religion zu beschreiben. So stellt z.B. für Emile Durkheim jede Religion eine Form der Zivilreligion dar, deren Aufgabe es ist, eine Gemeinschaft für sich selbst lesbar und repräsentierbar zu machen, um sich selbst dann anbeten zu können. Der US-amerikanische Natio-

---

[765]   Vgl. THIELE, *Der gefräßige Leviathan*, 67. Thiele verweist in diesem Zusammenhang auch auf HERFRIED MÜNKLER, *Im Namen des Staates. Die Begründung der Staatsraison in der Frühen Neuzeit*, Frankfurt a. M. 1987.

[766]   CAVANAUGH, *Migrations of the Holy*, 47.

[767]   Siehe hierzu CAVANAUGH, *Migrations of the Holy*, Kapitel 6, „The Liturgies of Church and State", 115-122.

nalismus genügt dieser Durkheim'schen Interpretation von Religion, wie Cavanaugh festhält.[768] Dies aus theologischer Sicht als Idolatrie zu bezeichnen, ist wenig abwegig, denn jede Form von Verehrung, die nicht Gott gewidmet ist, steht unter Idolatrieverdacht.

In den USA sieht Cavanaugh aber noch eine speziellere Form der Migration des Heiligen am Werk, die durch eine Verschmelzung von religiösen und staatlichen Elementen gekennzeichnet ist und nicht allein durch eine Ablösung. Hierbei handelt es sich um das Konzept des US-amerikanischen Exeptionalismus, der mit der Hinzufügung von „under God" in den *Plegde of Allegiance* bisweilen messianische Züge annehmen kann.[769] Der *Plegde of Allegiance* in seiner aktuellen Fassung aus dem Jahre 1954 lautet: „I pledge allegiance to the Flag of the United States of America, and to the Republic for which it stands, one Nation under God, indivisible, with liberty and justice for all"[770]. Dass der Zusatz „under God" erst aus dem Jahr 1954 stammt, wäre dabei ebenso interessant zu diskutieren, wie der Umstand, dass bis in das Jahr 1942 hinein der sogenannte „Bellamy Salute", der exakt dem Hitlergruß gleicht, üblich war. Auch wenn beiden Aspekten hier nicht weiter nachgegangen werden kann, verweist es doch auf das darin grundgelegte Problem, welches Cavanaugh wie folgt benennt: „My basic argument is that, when a direct, unmediated relationship is posited between America and a transcendent reality, either God or freedom, there is a danger that the state will be divinized."[771] Dies wiederum hat zur Folge, dass das Volk, welches sich den Willen Gottes auf die Fahnen geschrieben hat, zu dessen unmittelbarem Mediator und Agent auf Erden wird. Das Volk wird zum Volk Gottes, zur Kirche: „What has happened in effect is that America has become the new church. When the relationship of America and God is thus direct, there is little to check the identification of God's will with America's"[772]. Und dies kann schwerwiegende Auswirkungen auf den demokratischen Charakter der in diesem Namen geführten Politik haben.

Diese Tendenz zur Identifikation von Gottes Wille mit Amerikas Kampf für Freiheit in der Welt ist ein Narrativ, das über eine „Nationalliturgie" immer wieder neu aktualisiert wird. Diese Nationalliturgie erlaubt es Geschichte und Gegenwart in einem bestimmten Licht zu sehen und konstituiert so erst Realität. Mit Rückgriff auf Alexander Schmemann verweist Cavanaugh darauf, dass es gerade diese Funktion als „passage into imagining the world in a certain way" ist, die

---

[768]   Vgl. ebd., 96.

[769]   Siehe zum US-amerikanischen Exeptionalismus, ebd., Kapitel 4 „Messianic Nation: A Christian Theological Critique of American Exceptionalism", 88-108.

[770]   Siehe https://web.archive.org/web/20060923131158/http://www.wvsd.uscourts.gov/outreach/Pledge.htm, abgerufen am 16.5.2021. Zum Hinzufügen des Gottesbezugs siehe auch KEVIN M. KRUSE, *One Nation Under God. How Corporate America Invented Christian America*, New York 2015.

[771]   CAVANAUGH, *Migrations of the Holy*, 89.

[772]   Ebd., 104-105.

nationalen Ritualen ihren liturgischen Charakter gibt. Daher macht Cavanaugh auch eine Konkurrenz zwischen christlicher und nationaler Liturgie aus, denn beide bringen durch ihre jeweiligen Rituale eine unterschiedliche Gemeinschaft mit einer unterschiedlichen Weltinterpretation hervor.[773] Diese Gegenüberstellung bringt Cavanaugh mit folgenden Worten prägnant auf den Punkt: „When the shrine is emptied of the biblical God and replaced with a generic principle of transcendence, the danger is that we will not come to worship God but will worship our freedom to worship God. The empty shrine is surreptitiously filled"[774]. Diese „schleichende Füllung des leeren Schreins" erinnert nicht zufällig an Leforts Warnung vor der Besetzung der Leerstelle der Macht. Was Lefort als inhärente Gefahr der Ideologisierung in der Demokratie benennt, beschreibt das, was für Cavanaugh innerhalb seines theopolitischens Ansatzes die Gefahr der Idolatrie des modernen Nationalstaates ist. Mit Lefort könnte man davon sprechen, dass im Falle des US-amerikanischen Exeptionalismus sich die US-amerikanische Gesellschaft nicht mehr von einem Außen her lesbar und repräsentierbar macht, sondern von Innen, indem die Leerstelle mit ihrem Staat als dem Garanten des höchsten Gutes (Freiheit) identifiziert und damit besetzt wird. Aus Sicht von Leforts radikaldemokratischen Ansatz spielt es dabei keine Rolle, ob diese Besetzung nun religiös oder politisch-säkular konnotiert ist. Entscheidend ist vielmehr die davon ausgehende Gefahr für die Demokratie. Insofern stellt also eine solche „schleichende Besetzung des leeren Schreins" eine Herausforderung für die demokratische Rechtfertigung des Staates dar, wie sie Zippelius als eine von drei Kriterien für die Legitimation des Staates festgelegt hat.[775] Auf der anderen Seite gilt es aber auch auf die Gefahr hinzuweisen, den leeren Schrein schlicht mit Gott füllen zu können, als ob dieser etwas wäre, über das verfügt werden kann. Wie der weitere Verlauf der Arbeit zeigen wird, kommt es also darauf an, wie man sich mit dem leeren Schrein (oder eben mit Gottes Anwesenheit im leeren Schrein) in Bezug setzen kann. Hierfür wird das Konzept der Transzendenz von großer Bedeutung sein.

In diesem Zusammenhang sei hier nochmals kurz auf den Nationalismus verwiesen, der durchaus als ein quasitranszendentes Substitut (im Sinne einer zwar immanentisierten, jedoch Grenzen und Zeitenüberschreitenden Entität) den leeren Schrein besetzen kann. Für Cavanaugh kommt es aber letztlich nicht darauf an, ob man nun den US-amerikanischen Nationalkult als religiös – und damit als Idolatrie – interpretiert oder auch ob die Anhänger*innen eines US-amerikanischen Nationalismus selbst jeglichem religiösen Unterton ihrer nationalen Hingabe widersprechen würden. Tatsächlich weist Cavanaugh mit Carolyn Marvin und David Ingle darauf hin, dass es auch aus Sicht von Nationalist*innen zentral sein kann, die religiöse Natur des Nationalismus zu verneinen, denn damit würde

---

[773]   Vgl. ebd., 116-117. Siehe auch ALEXANDER SCHMEMANN, *For the Life of the World*, Crestwood 1988.

[774]   CAVANAUGH, *Migrations of the Holy*, 96.

[775]   Vgl. ZIPPELIUS, *Allgemeine Staatslehre*, 104-119.

man sich gerade der möglichen Anfechtung aussetzen, eine von vielen möglichen Religionen zu sein. Ziel des Nationalismus als theopolitische Imagination ist es aber gerade, eine übergeordnete Einheit unter den Schwingen des Nationalstaates herzustellen.[776] Entscheidend ist für Cavanaugh gerade diese Funktion des Nationalismus für den modernen Staat, wobei die „religious and lethal devotion to the unity of the nation-state itself is assumed to be a normal part of one's civic duties".[777] Es ist die Selbstverständlichkeit, mit der dem Staat Ergebenheit entgegengebracht wird, die für Cavanaugh aufschlussreich ist, ganz gleich, ob diese von den Bürger*innen selbst als quasireiligiös gesehen wird oder nicht. Entscheidend für Cavanaugh ist, was man bereit ist für den Staat zu tun. Und an dieser Stelle tritt die Frage der Gewalt und des Krieges erneut in den Vordergrund. Wie im Abschnitt zum Argument der religiösen Gewalt noch gezeigt werden wird, ist für Cavanaugh die entscheidende Frage, für wen oder was ich bereit bin, mein Leben einzusetzen. Wem gehört meine Loyalität, meinem Land oder meinem Gott – sofern beide nicht ein und dasselbe sind?[778] In wessen Narrativ oder theopolitische Imagination lasse ich mich einschreiben oder mit Schmitt gesprochen, „[t]he real question is, Who decides?"[779]

Gewiss stellt der US-amerikanische Exzeptionalismus eine besondere Form moderner Staatsform dar, die nicht eins zu eins auf den europäischen oder deutschen Kontext übertragen werden kann. Gerade der deutsche Kontext zeichnet sich vor seinem historischen Hintergrund besonders durch eine erhöhte Sensibilität gegenüber Nationalismus und Nationalkult aus. Dennoch ist Cavanaughs Kritik an gewissen idolatrischen Tendenzen der USA auch für Deutschland interessant, und dies nicht allein aus aktuellem Anlass zunehmender nationalistischer Tendenzen. Vielmehr ist Cavanaughs allgemeine Analyse des modernen Nationalstaats deshalb von Nutzen, weil sie in aller Deutlichkeit auf eine idolatrische oder ideologische Tendenz aufmerksam macht, die ihm zufolge prinzipiell in jeder Form moderner Nationalstaatlichkeit grundgelegt ist. Diese „schleichende Besetzung des leeren Schreins" des Politischen ist dabei aber nicht eine Tendenz, die nur der nationalstaatlichen Konzeption der Demokratie allein innewohnt, sondern eine prinzipielle Gefahr, die allen Organisationsformen des Politischen innewohnt. Tatsächlich könnte man sagen, dass diese Tendenz in einer Diktatur oder einer absolutistischen Monarchie voll entwickelt ist. Es geht also nicht darum, die Demokratie an sich zu kritisieren, sondern vielmehr, diese auf Tendenzen kritisch aufmerksam zu machen, denen auch sie nicht entkommen kann. Insofern lohnt ein genauer Blick auf die Art und Weise, wie Macht sich innerhalb

---

[776] Vgl. CAVANAUGH, *Migrations of the Holy*, 54-55. Siehe auch CAROLYN MARVIN; DAVID W. INGLE, *Blood Sacrifice and the Nation Totem Rituals and the American Flag*, Cambridge 1999.

[777] CAVANAUGH, *Migrations of the Holy*, 55.

[778] Ebd., 104. Cavanaugh warnt diesbezüglich: „[T]he state, which represents both the will of God and the will of the people, will come to identify the two."

[779] Ebd., 103.

des modernen Nationalstaates konstituiert. Auch hier bietet Cavanaugh eine kritische Lesart an. Und auch hier gilt, dass eine bestimmte politische Struktur nicht prinzipiell gut oder schlecht ist, i.e. freiheitsermöglichend oder -vermindernd, sondern prinzipiell beide Seiten der Medaille aufweist, wie Cavanaugh anhand der beiden staatlichen Formen des Folter- bzw. des Wohlfahrtsstaats aufzeigt.

3.2.1.4   Die Machtkonstitution des modernen Nationalstaats: Zuckerbrot und Peitsche bzw. Wohlfahrt und Folter

Neben diesen religiösen und liturgischen Zügen des Nationalismus gibt es zwei weitere Elemente des Nationalstaats, die nach Cavanaugh in besonderem Maße die typisch moderne Machtstruktur und Machtkonfiguration offenlegen. Das ist zum einen die staatlich organisierte Folter als negative Sinnspitze moderner Staatsmacht. Hier wird am deutlichsten, wie der moderne Staat seine staatsrechtliche Legitimation als Garant der Entfaltung der Persönlichkeit und der Schutz- und Friedensordnung unterlaufen kann.[780] Doch auch in seiner positiven Sinnspitze, dem Wohlfahrtsstaat, so Cavanaugh, lässt sich die negative Unterseite moderner Machtkonstitution ablesen, denn beides, Zuckerbrot und Peitsche, sind zwei Seiten derselben Medaille. Auch hier sei aber gleich zu Beginn angemerkt, dass es in der folgenden Betrachtung nicht darum geht, moderne Staatlichkeit als solche zu kritisieren, sondern die tieferliegende Machtkonstitution jenseits des Narratives der Zivilgesellschaft als dem Reich der Freiheit zu analysieren und auf die für jede politische Ordnungsform eigene negative Schattenseite der Machtstruktur aufmerksam zu machen.

Wir beginnen bei der negativen Sinnspitze der modernen Staatsstruktur und damit mit Cavanaughs Dissertation *Torture and the Eucharist*, in welcher er die Staatsfolter als eine besondere Form der Staatsliturgie interpretiert, wobei die folternde Person als „Vikar des Staates" auftritt. Anhand des Beispiels von Chile unter der Militärdiktatur von Pinochet beschreibt Cavanaugh den Mechanismus, wie Staatsmacht durch Folterpraktiken in Kraft gesetzt wird: „Torture is an efficacious sign by which the state enacts its power over subjects' bodies in purest form."[781] Dies geschieht in zwei Schritten: Zunächst wird das Folteropfer von der Gesellschaft isoliert, es wird vollkommen atomisiert. Der Zugang zur Außenwelt wird genauso zerstört wie der zum eigenen Ich. Dies betrifft besonders auch die Art und Weise, wie das Opfer Zeit wahrnimmt: „The elimination of the victim's world has a temporal dimension as well. Past attachments and future hopes are destroyed by the brute present immediacy of pain."[782] Im zweiten Schritt wird dann dieser Atomisierungsprozess in die Gesellschaft getragen, sodass es zu keinem Zusammenschluss von Menschen kommen kann, der die Macht des Staates herausfordert: „Victims then reproduce the same dynamic in society itself, with

---

[780]   Vgl. ZIPPELIUS, *Allgemeine Staatslehre*, 104-119.
[781]   CAVANAUGH, *Torture and Eucharist*, 34.
[782]   Ebd., 37.

the net result that all social bodies which would rival the state are disintegrated and disappeared."[783] Cavanaugh nennt diesen Prozess eine „Anti-Liturgie", eine Form von Imagination des Staates. Erst durch die Folterpraxis wird der Folterstaat zu dem, was er ist. Hierbei verweist Cavanaugh auf Castoriadis, der aufzeigt, dass es die Imagination des Staates ist, die bestimmt, was als real wahrgenommen wird und was nicht. Die soziale Vorstellung (Eng. *social imagination*) ist kein ideologischer Überbau, der sich auf eine materielle Basis bezieht. Für Castoriadis gibt es keinen entscheidenden Unterschied zwischen materieller und kultureller Produktion, da gilt: „The imagination of a society is the condition of possibility for the organization and signification of bodies in a society."[784]

Die Staatsmacht, die aus der sozialen Imagination der Folter hervorgeht, beschreibt Cavanaugh anhand Foucaults Interpretation von Jeremy Benthams *Panoptikum*. Im Zentrum steht der omnipotente und allwissende Staat, auf den hin alle Individuen einzeln ausgerichtet sind. Angst vor der Folter übernimmt hierbei die Funktion, das Individuum zu vereinzeln und es gleichzeitig vollkommen vom Staat abhängig zu machen. Was Foucault mit der Figur des Panoptikums verdeutlichen will, ist die Funktionsweise moderner Machtkonstitution. Sie ist unsichtbar, weil sie nicht mehr wie mittelalterliche oder neuzeitliche Bestrafungen und Hinrichtungen möglichst publikumswirksam inszeniert werden muss, sondern im Grunde auf die Selbstdisziplinierung jedes einzelnen Subjekts abzielt. Moderne Macht als Staatsmacht hat Einfluss auf jeden Aspekt modernen Lebens und ist damit effektiver als die vormoderne Macht, die auf die öffentliche Inszenierung angewiesen war.[785] Der moderne Folterstaat treibt diese moderne Machtkonstitution auf die Spitze, wie Cavanaugh in Bezug auf Pinochets Chile anmerkt: „A decentralized, hyper-panopticism resulted, with each citizen playing the simultanious rules of watcher and watched."[786] Selbstverständlich wirft Cavanaugh nicht jedem Nationalstaat das Praktizieren von Folter vor. Aber dennoch ist der Extremfall Folterstaat in Hinblick auf die typische Art und Weise, wie im modernen Staat Macht konstituiert wird, aufschlussreich. Er zeigt in extremer und damit besonders deutlicher Weise, wie der moderne Staat sich verschiedener Praktiken und Methoden bedienen kann, um seine Bevölkerung zu atomisieren und zu entpolitisieren, um sie im selben Zug noch enger individuell an sich zu binden. Folter ist dabei nur eine mögliche Methode.

Eine andere, durchaus für die einzelnen Büger*innen vorteilhafte Methode, ist die soziale Vorsorge. Diese stellt mit Sicherheit eine gewaltige soziale Errungenschaft des modernen Staates dar. Entscheidend an dieser Stelle ist aber, wie für

---

[783] Ebd., 34.

[784] CAVANAUGH, *Torture and Eucharist*, 57. Siehe auch CORNELIUS CASTORIADIS, *The Imaginary Institution of Society*, übers. v. KATHLEEN BLAMEY, Cambridge, Mass. 1987, 115-164.

[785] Vgl. CAVANAUGH, *Torture and Eucharist*, 47-50. Siehe auch MICHEL FOUCAULT, *Überwachen und Strafen. Die Geburt des Gefängnisses*, Frankfurt a. M. 2009.

[786] CAVANAUGH, *Torture and Eucharist*, 48.

Cavanaugh auch im Wohlfahrtsstaat die unterschwellige Dynamik zwischen vereinzeltem Individuum und Staat am Werk ist, die die staatliche Machtkonstitution und -imagination auszeichnet. Die Analyse hierzu verfasste er mit Blick auf Schweden, was uns wesentlich näher an den gegenwärtigen deutschen Kontext heranführt als Pinochets Diktatur in Chile.[787] Hierbei geht es Cavanaugh nicht darum, den Wohlfahrtsstaat aus sozialethischer Sicht als eine moderne soziale Errungenschaft zu kritisieren oder zu loben. Stattdessen folgt er seinem genuinen theopolitischen Ansatz und konzentriert sich auf die Frage, welche Auswirkungen es auf die Kirche – und deren politische Dimension – hat, wenn sie sich ganz dem modernen Wohlfahrtsstaat angleicht bzw. unterordnet.[788] Auch hier wird Cavanaughs politisch-theologischer Ansatz deutlich, denn er schlägt vor, den Wohlfahrtsstaat als eine säkulare und institutionelle Ausarbeitung des christlichen Gebots der Nächstenliebe zu interpretieren. Cavanaugh geht es also erneut nicht darum, einen radikalen Bruch zwischen modernem Wohlfahrtsstaat und authentischer christlicher Nächstenliebe zu konstatieren. Damit deckt sich Cavanaughs Grundansicht in weiten Teilen mit der Sozialforschung, die ebenfalls den religiös-christlichen Einfluss auf die Entstehung des Wohlfahrtsstaats betont. Karl Gabriel unterscheidet hier grundsätzlich vier Ebenen, auf denen der religiöse Faktor eine Rolle spielte und auch bis heute noch spielt: kulturell, institutionell, organisatorisch und individuell.[789] Mit Verweis auf Franz-Xaver Kaufmann spricht Gabriel daher auch von einer „religiös-kulturellen Tiefengrammatik des Wohlfahrtsstaats"[790]. Für Cavanaughs kritischen Blick auf den modernen Wohlfahrtsstaat ist es zunächst vor allem der von Gabriel als kulturell bezeichnete Faktor, der im Vordergrund steht. Gemeint damit ist die im Christentum veranlagte

---

[787] CAVANAUGH, „Separation and Wholeness"; DERS., „Eucharistic Identity in Modernity", in: JOEL HALLDORF; FREDERIK WENELL (Hg.), *Between the State and the Eucharist. Free Church Theology in Conversation with William T. Cavanaugh*, Eugene 2014, 155-172.

[788] Siehe CAVANAUGH, „Separation and Wholeness", 28: „The ecclesiologcal question that arises in this context is whether the church can rely on the state-body to carry its corporal presence into the world, or whether, instead, the church must be a social – even political – body in its own right, the body of Christ. In other words, the question of the chruch's encounter with the welfare state is never simply a matter of identifying which social values are truly Christian and judging whether or not they are put into practice by the state. [...] But the question cannot simply be one of abstract values; it must be a question of concrete social bodies. It is always an ecclesiological question, a question of what kind of social bodies are formed and how authority is mediated through those bodies. The church cannot content itself with being the putative soul of society, while delegating its body to the nation-state."

[789] KARL GABRIEL, „Die religiös-kulturelle Tiefengrammatik des Wohlfahrtsstaats", in: DANIEL GERSTER; VIOLA VAN MELIS; ULRICH WILLEMS (Hg.), *Religionspolitik heute. Problemfelder und Perspektiven in Deutschland*, Freiburg 2018, 223-228, 225-226.

[790] Vgl. ebd., 227. Siehe auch FRANZ-XAVER KAUFMANN, *Sozialstaat als Kultur. Soziologische Analysen*, Bd. 2, Wiesbaden 2015, 36.

spezifische Wertschätzung des Individuums.[791] Laut Gabriel war es diese Wertschätzung, insofern sie mit „internen Modernisierungsprozessen auf die strukturellen und sozialen Umbrüche der Moderne reagiert[e]"[792], die das Christentum
zu einer kulturellen Vorbedingung für den Wohlfahrtsstaat machte.

An diesem Punkt setzt Cavanaughs Kritik an. Zum einen ist ihm zwar daran
gelegen, gewisse wohltätige Aktivitäten des modernen Staates als „in part an attempt to institutionalize the Gospel"[793] zu sehen. Andererseits aber fordert ihn
dies dazu heraus, aus Sicht seiner theologischen politischen Theologie mögliche
(Übersetzungs)Mängel am säkularisiert-theologischen Programm des Wohlfahrtsstaates aufzuzeigen. Und diese Mängel liegen Cavanaugh zufolge vornehmlich in der Abkehr von einer wirklich solidarischen und persönlichen Form der
Fürsorge und Sozialität, hin zu einer Individualisierung und direkten Abhängigkeit vom Staat: „The welfare state liberates the individual from dependence upon
others by creating a direct relationship to dependence between the individual and
the state"[794]. In diesem Sinne stellt der Wohlfahrtsstaat gerade nicht die Erfüllung
und Vollendung des Evangeliums dar, sondern die „Verzerrung" „of a truer
Christian sociality that can be located in the Eucharist as the Christian social practice *par excellence.*"[795] Demgegenüber beruhe auch der Wohlfahrtsstaat auf einer
individualisierten Anthropologie, wie sie bereits oben diskutiert wurde: „We
should note that, in this sense, the welfare state is the mirror image of libertarian-
ism; both seek to liberate the individual from personal dependence on others"[796].
Diese steht im Wiederspruch der Sozialpraxis der Eucharistie, die alle in einem
Leib zusammenbringt. Cavanaugh macht aber deutlich, dass diese Betonung von
Individualismus und Egalitarismus keineswegs anti-christlich ist, sondern wiederum nur eine Überbetonung und säkulare Weitung einer christlichen Grundeinsicht darstellt. In diesem Zusammenhang verweist Cavanaugh auch auf Ivan Illich, welcher ebenfalls die Moderne als einen „Prozess der Entkörperlichung"
(Eng. *process of disembodiment*) beschreibt: „Disembodiment comes in the dis-
tancing of personal and spontaneous relations via the institutionalization of care
for others in modern state."[797] Theologisch gewendet, betrachtet Illich das Konzept der Entkörperlichung als Gegenentwurf zum Grundgedanken des Christentums, der Inkarnation. In diesem Sinne stellt die Entkörperlichung der christlichen Nächstenliebe in der Form eines säkularen Staates, der sich um jeden Menschen als Individuum sorgt, eine Perversion des Christus und seiner Beziehung
zur Kirche dar, „corruptio optimi que est pessima", um es mit den Worten Illich

---

[791] Vgl. GABRIEL, „Die religiös-kulturelle Tiefengrammatik", 225.
[792] Ebd., 225.
[793] CAVANAUGH, „Eucharistic Identity in Modernity", 155.
[794] Ebd., 170.
[795] Ebd., 156.
[796] Ebd., 166.
[797] Ebd., 168.

zu sagen.[798] Daraus schlussfolgert Cavanaugh: „When Christian charity is secu-larized, in the precise sense of its transfer from church to civil control, the risk that the Spirit of Jesus will be disembodied and lost is magnified"[799]. Cavanaughs Argument ist also zunächst einmal ein theologisches: Es geht ihm nicht darum, gewisse Sozialaufgaben des Staates abzuschaffen oder gar in die Kirche(n) aus-zulagern, sondern aus dezidiert theologsicher Sicht gewisse anthropologische Grundüberzeugungen, die den Ausgangspunkt für die Sozialpolitik des Staates bilden, kritisch zu hinterfragen. So führt er aus: „The danger of the state is not simply that it will accure too much power vis-à-vis the church, but that the story it will tell about human sociality is that the best we can do is to be independent of one another."[800] Mit dieser Gefahr wird die Frage nach der Beurteilung des Wohlfahrtsstaates, oder zumindest dessen anthropologischen und sozialen Grundannahmen, theologisch bedeutsam. Auch hier könnte man vom Staat als einem Panoptikum sprechen, im Vergleich zum Folterstaat aber natürlich mit (au-genscheinlich) positiven Folgen für das Individuum.

Zu Tage tritt hierbei, etwas zugespitzt formuliert, ein Konkurrenzverhältnis zwischen Kirche und Staat, in dem die Kirche dazu aufgerufen ist, die säkulare Soteriologie von individueller Unabhängigkeit voneinander zu kritisieren.[801] Nach Cavanaugh ist diese individualisierte Soteriologie des Staates verbunden mit dem ideengeschichtlichen Umbruch in der politischen Diskussion weg von der Frage nach dem Guten, hin zu der Frage nach dem Willen und dem Recht des Individuums. Damit bricht der moderne Staat mit der Orientierung am Konzept des Gemeinwohls, „[...] the nation-state is simply not in the common good busi-ness."[802] Das Gegenteil ist für Cavanaugh der Fall: „[...] [T]he state is not enacted to realize a common good or common *telos*, but rather to liberate the individual to pursue his or her own ends without fear of interference from other individu-als."[803] Diese Analyse Cavanaughs trifft recht genau auf eines von Zippelius staatstheoretischen Legitimationskriterien zu, i.e. die Schaffung eines Gemein-wesens als Bedingung für die Entfaltung der individuellen Persönlichkeit. Das Problem für Cavanaugh besteht in der Vereinzelung der Individuen. Es fehlt mit Rousseau gesprochen der *volonté general*, der das Individuelle *mit* und *im* Allge-meinen verbindet. Diese Verbindung wird für Cavanaugh in der Form des Fest-haltens an der Orientierung am Gemeinwohl garantiert, dem wiederum das christ-liche Menschenbild der intimen Verbundenheit aller Menschen miteinander zu-grunde liegt. Daher ist für ihn eine Form der Sozietät und der sozialen Fürsorge, die von einer prinzipiellen Unabhängigkeit und nicht einer Verbundenheit aller

---

[798]   Vgl. ebd, 167-169. Siehe auch IVAN ILLICH, *The Rivers North of the Future – The Testament of Ivan Illich as told to David Cayley*, Toronto 2005, 206-207.

[799]   CAVANAUGH, „Eucharistic Identity in Modernity", 169-170.

[800]   Ebd., 171.

[801]   Vgl. CAVANAUGH, *Theopolitical Imagination,* 44; CAVANAUGH, *Migrations of the Holy,* 21-24.

[802]   CAVANAUGH, *Migrations of the Holy*, 42.

[803]   Ebd., 20.

Menschen ausgeht, defizitär. Stattdessen tritt er für eine persönlichere Form des sozialen Miteinanders ein, die über die unpersönliche Vorsorge des Wohlfahrtsstaats hinausgeht.[804] Denn im Grunde ist für Cavanaugh individuelle Unabhängigkeit „not only undesirable, it is a myth, an untruth"[805]. Und letztlich hat dieser Mythos erhebliche potentielle negative Konsequenzen, gerade auch für das Individuum, denn die Unabhängigkeit voneinander wird um die noch größere individuelle Abhängigkeit vom Staat erkauft. Cavanaugh warnt davor, mit dem augenscheinlich natürlichen Zustand individueller Autonomie im Auge, nicht den Blick für die dahinterliegende Machtstruktur außer Acht zu lassen. Diese charakterisiert Thiele für den Wohlfahrtsstaat zugespitzt wie folgt: „In einer säkularisierten Welt tritt letztlich der Wohlfahrtsstaat an die Stelle Gottes."[806] Letztlich konfrontiert uns Cavanaugh also mit der Frage, welche Form eines sterblichen Gottes wir erhalten, wenn Gemeinschaft nur mehr vom Zentrum, vom Haupt, gestiftet wird und nicht mehr auf die Gemeinschaft aller Mitglieder untereinander abzielt. Vor dieser Frage will Cavanaugh unbedingt an der Interdependenz aller mit allen als anthropologischen und politischen Ausgangspunkt von Gemeinschaft festhalten. Er vertritt damit auch die Ansicht, dass gegenseitige Abhängigkeit Diversität und Pluralität nicht schwächt, sondern, im Gegenteil, stärkt, weil sie auf einer persönlicheren Form der sozialen Praxis beruht.[807]

Mit dieser Präferenz fällt Cavanaugh deutlich in das Umfeld eines sozialen Katholizismus, welches Gabriel vom lutherisch-protestantischem Umfeld als zwei verschiedene „religiöse-konfessionellen Tiefengrammatiken des Wohlfahrtsstaats" voneinander abgrenzt. Gabriel zufolge sind im sozialen Katholizismus vornehmlich die Wertideen Solidarität und Subsidiarität zentral, während der Kern der lutherisch-protestantischen Tiefengrammatik „in der Zuschreibung von Verantwortung an den Staat für das soziale Schicksal seiner Bürger" liegt.[808] Was hier anhand von Cavanaughs Kritik am Menschenbild und der staatlichen Rolle für Fürsorge deutlich wird, ist der Umstand, dass es aufgrund von unterschiedlichen theologischen Ausgangslagen zur Bildung von unterschiedlichen Wohlfahrtskonzepten moderner Nationalstaaten gekommen ist. Selbstverständlich spielten im Entstehungsprozess der verschiedenen Modelle des Wohlfahrtsstaats eine Vielzahl von anderen Faktoren eine ebenso große Rolle, wie dies religiöskonfessionelle Faktoren taten. Und diese religiös-konfessionellen Faktoren, wiederum, sind auch entscheidend für die generelle Beurteilung des nationalstaatlichen Projekts, wie wir bereits oben mit Bezug auf Luthers Interpretation der Zwei-Reiche-Lehre diskutiert haben. Verschiedene Christentümer haben zum neuzeitlichen, liberalen Staat ein sehr unterschiedliches Verhältnis. Der Grund hierfür liegt zum einen darin, wie die verschiedenen „religiösen Traditionen mit

---

[804] Vgl. CAVANAUGH, „Eucharistic Identity in Modernity", 170-171.
[805] Ebd., 171.
[806] THIELE, *Der gefräßige Leviathan*, 68.
[807] Vgl. CAVANAUGH, „Eucharistic Identity in Modernity", 170-171.
[808] Vgl. GABRIEL, „Die religiös-kulturelle Tiefengrammatik", 227.

internen Modernisierungsprozessen auf die strukturellen und sozialen Umbrüche der Moderne reagiert"[809] haben. In den Kontexten, in denen diese Umbrüche vornehmlich konstruktiv vor sich gingen, wie beispielsweise in Schweden und den Niederlanden, hatten, so Gabriel, die nationalstaatlich-bürgerlichen Revolutionen des 19. Jahrhunderts keine antichristliche bzw. antireligiöse Dimension.[810] Mit Blick auf den katholisch geprägten Süden Europas lässt sich dahingegen vielerorts ein Konflikt zwischen entstehendem Nationalstaat und Kirche ausmachen. Insofern könnte man also von einem Modernisierungsdefizit der katholischen Kirche sprechen. Zum anderen aber sollte darüber nicht außer Acht gelassen werden, dass es unterschiedliche „Regime" entwickelter Sozialstaatlichkeit gibt, auch welche, die eher der katholischen Tiefengrammatik entsprechen und stärker von Konzepten wie Subsidiarität und Solidarität geprägt sind. Dass es in Skandinavien keinen Staat-Kirche-Konflikt gab, liegt Philip Manow zufolge auch daran, dass „die lutherische Staatskirche sich nicht nur nicht in einem Konflikt mit dem aufstrebenden Nationalstaat befand, sondern mehr oder weniger identisch mit ihm war"[811]. Lutherische Staatskirche und Nationalstaat entwickelten sich mehr oder weniger in einem parallelen historischen Prozess, aus denselben neuzeitlichen Umbrüchen, die sowohl zur Reformation als auch zur Bildung neuzeitlichmoderner Staaten geführt haben. Aus dieser zusammenhängenden kontingenten historischen Entwicklung ergibt sich ganz augenscheinlich eine größere Plausibilität zwischen beiden Bezugssystemen. Da es sich hierbei allerdings um eine kontingente historische Entwicklung handelt, hat diese Plausibilitätskonvergenz keine absolute Geltung. Aus Sicht der katholischen Theologie ist es daher entscheidend, eine eigenständige – und vor allem konstruktive – Haltung gegenüber moderner Staatlichkeit zu entwickeln. Dies muss nicht konfliktfrei geschehen, zu beiderseitigem Gewinn: so verweist Gabriel darauf, dass ein Staat-Kirche-Konflikt, wie er vielerorts zwischen Nationalstaat und katholischer Kirche herrschte, durchaus „wohlfahrtsstaatsproduktiv" wirken konnte, wenn er die Form eines Interessenkonflikts im Feld der Armenfürsorge annahm, und zwar besonders dort, wo eine relativ große katholische Minderheit der Gesamtbevölkerung „sich in Konkurrenz mit dem Mehrheitsprotestantismus den sozialen Fragen zuwandte"[812]. Gerade dieser Umstand charakterisiert den deutschen Kontext. Von daher könnte man Cavanaughs dezidiert katholische Kritik an bestimmten konzeptionellen Engführungen des nationalstaatlichen Wohlfahrtskonzepts genau in diese Linie des produktiv wirksamen sozialen Katholizismus stellen. So können

---

[809]   Ebd., 225.

[810]   Vgl. ebd., 225.

[811]   PHILIP MANOW, „Die religiöse Prägung des bundesdeutschen Wohlfahrtsstaates im europäischenVergleich", in: DANIEL GERSTER; VIOLA VAN MELIS; ULRICH WILLEMS (Hg.), *Religionspolitik heute. Problemfelder und Perspektiven in Deutschland,* Freiburg 2018, 203-222, 208.

[812]   Ebd., 226.

wir mit ihm fragen, wie es tatsächlich um die Orientierung am Gemeinwohl be-
stellt ist und inwieweit interpersonelle Solidarität ein Thema in politischen Diskursen ist.

3.2.2 Liberale Freiheitsmythen: Zivilgesellschaft und Globalisierung als Reiche der Freiheit

Damit kommen wir zu einem zweiten Aspekt des theopolitischen Programms des
Säkularismus, dass neben der Rolle des (National)Staates als ordnende Zentralmacht entscheidend ist: die Art und Weise wie sich der Staat als Garant für Freiheit und Pluralismus und als Retter vor den negativen Auswirkungen der Globalisierung darstellt. Wichtig hierbei ist erneut anzumerken, dass Cavanaugh sehr
wohl daran gelegen ist, Pluralismus zu garantieren und vor den negativen Auswirkungen der Globalisierung zu schützen. Allerdings fragt er kritisch an, ob der
Staat hierfür tatsächlich der richtige Akteur ist, sowohl auf nationaler als auch auf
globaler Ebene. Dies führt uns auch zu der Frage, inwieweit die liberale Konzeption des Verhältnisses zwischen Vielheit und Einheit über eine robuste Pluralität
und Freiheit gegenüber dem Einheitsstreben des Staates und der Globalisierung
verfügt. Während also in der vorangegangenen Sektion mit Cavanaugh der Frage
nachgegangen wurde, inwieweit die Vision des Staates als Einheitspunkt auch
kritische und negative demokratische Tendenzen aufweist, so verweist die Diskussion des liberalen Pluralitätskonzepts auf nationaler und globaler Ebene in
dieser Sektion auf gewisse schwache Punkte in der liberalen Strategie selbst.

3.2.2.1 Zivilgesellschaftliche Freiheit und staatliche Ordnungsmacht

„How will a modern liberal nation-state resolve the question of the one and the
many [...]"[813]? In dieser Frage sieht Cavanaugh ein entscheidendes Grundproblem des modernen Staates und seines liberalen Fundaments. Nach liberalem
Selbstverständnis ist es aber gerade die Erfindung des säkularen Staates, dier dieses Grundproblem gelöst haben will. Dafür bedient er sich eines einfachen, aber
überzeugenden Kniffes: Er trennt den Staat, der notwendig einer ist, ab von der
Zivilgesellschaft, in der die unterschiedlichsten Vorstellungen und Meinungen
aufeinandertreffen können. Und gerade dadurch, dass der Staat – verstanden als
abstrakte Institution – getrennt ist von der plural verfassten Zivilgesellschaft,
kann er diese garantieren. Der weltanschaulich neutrale Staat sichert die weltan-
schauliche Pluralität und Freiheit auf gesellschaftlicher Ebene. Hierzu ist der
Staat zwar getrennt von der Zivilgesellschaft, aber nicht losgelöst von dieser, sondern repräsentiert diese vielmehr als deren politisches Instrument zur Umsetzung
des in der Gesellschaft durch intensiven Dialog und Austausch ausgehandelten

---

813 CAVANAUGH, *Migrations of the Holy*, 47.

Kompromisses. Der Staat geht also als einigendes politisches Band aus der pluralen Gesellschaft hervor. Dies ist kurz zusammengefasst das säkular-liberale Narrativ vom Gemeinwohl des modernen Staates, das Cavanaugh bei seiner Analyse vor Augen hat.[814]

Was Cavanaughs hieran kritisiert ist nicht etwa, dass der Staat nicht ausreichend soziale Einheit herzustellen in der Lage ist, sondern im Gegenteil, dass der Pluralismus, den der Staat in der Zivilgesellschaft zu garantieren vermag, nicht stark genug ausgeprägt ist, denn er wird um den Preis der Trennung von politischer Macht erkauft: „Plurality is desirable only at the level of civil society and only as long as it does not interfere with the sacred duty to stand together at the level of the state."[815] Das Problem für Cavnaugh liegt also darin, dass der zivilgesellschaftliche Pluralismus innerhalb der liberalen Konzeption des Staates nicht durch einen machtpolitischen Pluralismus ergänzt wird, sondern, im Gegenteil, in eine machtpolitische Monopolstellung des Staates als einzigen politischen Akteur mit Souveränität zurückgeführt wird. Er besetzt, um mit Lefort zu sprechen, die Leerstelle der Macht. Daher fällt Cavanaughs Einschätzung bezüglich des Pluralismus und der demokratischen Verfasstheit im Nationalstaat negativ aus:

> „[T]he problem with the contemporary nation-state is that it is neither sufficiently democratic nor pluralistic. The mythos of the nation and the reach of the state have created a unitary and homogenized space that is not truly pluralistic, and democracy has been reduced to a caricature."[816]

Hinzu kommt das, was Cavanaugh als einen „unitary and homogenized space"[817] bezeichnet. Darunter versteht er nicht so sehr eine Zustandsbeschreibung einer gleichgeschalteten Zivilgesellschaft, sondern eher die Tendenz des modernen Staates, die vielfältigen sozialen Verflechtungen in einer Gesellschaft zugunsten einer Hinordnung der einzelnen Individuen auf sich selbst aufzulösen: „What happens is a shift from ‚complex space' – varied communal contexts with overlapping jurisdictions and levels of authority – to a ‚simple space', characterized by a duality of individual and state."[818] Entlehnt hat Cavanaugh das Konzept des „simple und complex space" von John Milbank, der anhand dieser gegenteiliger Begriffe die historische Entwicklung auf dem Weg zur modernen Souveränität

---

[814] Vom Verhältnis von Staat und Zivilgesellschaft bei Cavanaugh siehe CAVANAUGH, *Theopolitical Imagination*, 53-95 sowie CAVANAUGH, *Migrations of the Holy*, 18-39, hier 23, sowie Vgl., BRISON, *L'imagination théologico-politique*, 155-164.

[815] CAVANAUGH, *Migrations of the Holy*, 55.

[816] CAVANAUGH, *Field Hospital*, 198.

[817] Ebd., 198.

[818] Ebd., 198.

erklärt.[819] Geschichtlich betrachtet ist das Verhältnis zwischen Staat und Zivilgesellschaft also gerade andersherum, als es das liberale Selbstverständnis darstellt: „Rather, the state ‚creates' society by replacing the complex overlapping loyalties of medieval *societates* with one society, bounded by borders and ruled by one sovereign to whom allegiance is owed in a way that trumps all other allegiances."[820] Tatsächlich ist es erst der neuzeitliche Leviathan – der sterbliche Gott – der durch seine zentrierte Machtfülle das Konzept der Souveränität als die *eine* Zentralautorität – innerhalb bestimmter territorial definierten Grenzen – entstehen ließ.[821] Diese Tendenz des Staates, die komplexen sozialen Bindungen auf sich hin aufzulösen und die Zivilgesellschaft auf sich hin zu ordnen, betrachtet Cavanaugh nicht als abgeschlossenen historischen Prozess, sondern auch als noch gegenwärtig anhaltende Bedrohung der pluralen Zivilgesellschaft. Er warnt davor, die Zwangsgewalt (Eng. *coercive power*) des Staates auf die Gesellschaft zu unterschätzen. Als Beleg für diesen stetigen Trend zur staatlichen Absorbierung der Gesellschaft und dem damit verbundenen „Verschwinden"[822] der Gesellschaft nennt Cavanaugh empirische Studien, die auf den Kontext der USA bezogen sind. Zu diesem Trend zählen das kontinuierliche Wachsen des Staatsapparats (auch als Arbeitgeber), das nachweislich vermehrte Verschwinden zwischenstaatlicher Instanzen und die zunehmende Symbiose zwischen Staat und (Groß)Konzernen, die die prinzipielle Trennung von Staat und Ökonomie zusehens untergraben.[823]

Um dieser Tendenz des Absorbierens entgegenzuwirken, ist die Strategie des Liberalismus nach Cavanaughs Einschätzung nicht geeignet. Mit Verweis auf Pierre Manent fragt er an, ob dessen Prinzip der Repräsentation ausreicht, um die staatlich-politische Sphäre und die gesellschaftlich-plurale zu verbinden. Man könnte also auch hier von einer Krise der Repräsentation sprechen.[824] Cavanaugh sieht die vornehmliche Gefahr in „subsuming the many of civil society into the one state as the unitary representative of the multiplicity of wills"[825]. Dies setzt nach Manent eine Gegenläufigkeit zwischen Absorbieren der Gesellschaft und Verschwinden des Staates in Gang, die zur Auflösung in eines der beiden Extreme drängt.[826] Und in dieser Gegenläufigkeit verfügt der (National)Staat über die

---

[819] Siehe JOHN MILBANK, *The World Made Strange. Theology, Language, Culture*, Oxford 1997.

[820] CAVANAUGH, *Migrations of the Holy*, 19.

[821] Vgl. ebd., 18.

[822] Bezüglich des Verschwindens der Zivilgesellschaft bezieht sich Cavavaugh auf MICHAEL HARDT, „The Withering of Civil Society", in: *Social Text* 14 (4/1995), 27-44. Siehe CAVANAUGH, *Migrations of the Holy*, 30.

[823] Vgl. CAVANAUGH, *Migrations of the Holy*, 27-30.

[824] Siehe zur Frage der Repräsentationskrise auch 2.2.2.1.

[825] Ebd., 31.

[826] Siehe PIERRE MANENT, *An Intellectual History of Liberalism*, übers. v. REBECCA BALINSKI, Princeton 1994, 26-27: „The distinction between civil society and the state, and their union through the idea of representation, sets off a natural oscillation

entscheidenden Machtmittel. Er ist nicht so sehr Instrument der Gesellschaft als ein eigenständiger Akteur. Repräsentation darf für Cavanaugh daher nicht zum Transfer von (politischer) Macht weg von dem/der Wählenden auf den Souverän führen, zur Ab- und Aufgabe der *eigenen* Souveränität an *den* Souverän.[827]

Am deutlichsten wird dieser Punkt bei Cavanaugh in seiner Behandlung der Kirche und ihrem vom Staat zugesprochenen Platz in der Zivilgesellschaft. Auch auf der Ebene der Gesellschaft herrscht zunächst einmal ein grundsätzliches Misstrauen gegenüber einer allzu großen Bedeutung von Religion(en), gefährdet(n) diese doch mit ihrem Wahrheitsanspruch die plurale Verfasstheit der Gesellschaft.[828] Treffend benennt Cavanaugh diese Grundeinstellung gegenüber der Religion im liberalen (national)Staat als ein „Problem des Grades". Er führt an: „The problem with religion is a problem of *degree*. [...] In liberalism, individuals have a right to believe anything they want, and we cannot adjudicate between true and false. We can merely ask that these beliefs not be taken too seriously in public."[829] Die so zugespitzte Skizzierung der liberalen Einstellung gegenüber Religion widerspricht Cavanaughs bereits eingangs dargelegtem Selbstverständnis von der Bedeutung des Glaubens für das Leben – auch des gesellschaftlichen. Aber noch wichtiger für Cavanaugh sind die indirekten Folgen für die Kirche selbst, die aus einer solchen Eingliederung in die Zivilgesellschaft und unter die Flügel des Staates resultieren würden. Im Grunde besteht die gleiche Gefahr bezüglich des Verhältnisses zwischen Kirche und der Zivilgesellschaft eines Staates, wie die zuvor beschriebene zwischen Staat und Zivilgesellschaft. Wer bedient sich wessen bzw. wer hat das Sagen? Hierzu Cavanaugh:

> „The great irony, then, is that in trying to arrange for the Church to influence ‚the public', rather than simply *be* public, the public has reduced the Church to its own terms. Citizenship has displaced discipleship as the Church's public key. [...] The flows of power from Church to public are reversed, threatening to flood the Church itself."[830]

So stellt sich die Frage nach dem Ausgleich zwischen „the one and the many" als eine Machtfrage dar. Wer interpretiert und ordnet den politischen Raum und mit welcher Imagination werden die verschiedenen Körper in diesem Raum arran-

---

between two extreme possibilities: the ‚withering away' of the state on the one hand, the absorption of civil society by the state on the other. It is a distinction that calls out for negation, a negation that can benefit only one of the two terms." Zitiert nach CAVANAUGH, *Migrations of the Holy*, 31.

[827] Vgl. CAVANAUGH, *Migrations of the Holy*, 22-23.

[828] Vgl. ebd., 55.

[829] WILLIAM T. CAVANAUGH, „Sins of Omission. What ‚Religion and Violence' Arguments Ignore", in: *The Hedgehow Review. Critical Reflections on Contemporary Culture* 6 (1/2004), 34-50, 49.

[830] CAVANAUGH, *Theopolitical Imagination*, 83.

giert? Für Cavanaugh ist dies eine theologische, eine liturgische und ekklesiologische Frage. Wer ist das Partikulare, das sich unter welcher Universalität vereint? Dabei ist für Cavanaugh klar, dass man dem modernen Staat nicht die Rolle des Universalen zusprechen darf, wenn Kirche und Glaube nicht zu einer Funktion des Staates werden sollen. Er warnt: „When the church is viewed as particular – as one of the many in civil society – and the nation-state is viewed as universal – as the larger unifying reality – then it is inevitable that the one will absorb the many, in the putative interests of harmony and peace."[831] Besonders gefährdet dieser Tendenz nachzugeben sieht Cavanaugh konservative christliche Kreise in den USA, die zum einen zwar ein starkes Auftreten in der Öffentlichkeit zeigen, wenn es um Fragen wie beispielsweise die Abtreibung geht, es aber gleichzeitig für ihre oberste Pflicht halten, dem Staat Folge zu leisten, wenn dieser zu einem Krieg aufruft.[832] Theologie darf für Cavanaugh nicht zu einer Legitimation der politischen Gegenwart verkommen – selbst wenn die gegenwärtige politische Lage generell als positiv beurteilt wird.

Laut Cavanaugh trifft für die Kirche als einer bestimmten zivilgesellschaftlichen Organisation im Speziellen das zu, was auch für die Zivilgesellschaft im Allgemeinen im Verhältnis zum Staat gilt: Die entscheidende Frage ist, wer als das vorangestellte Universale gilt, i.e. wer die Interpretationshoheit über die jeweils andere Größe hat. Ist dies der Staat, so gilt in der Tat *e pluribus unum*. Ist dies aber die Zivilgesellschaft, aus der nach liberalem Narrativ der Staat hervorgeht, dann muss das *unum* des Staates in irgendeiner Form plural aufgebrochen werden, wenn die zivilgesellschaftliche Pluralität an der Schwelle zur Souveränität nicht einfach abgegeben werden soll. Genau in diese Kerbe schlägt auch die radikaldemokratische Kritik an der liberalen Konzeption demokratischer Macht, die in ihrer Konsensorientierung noch stets der Logik des Einen verhaftet bleibt.[833] Für Cavanaugh ist dies systematisch betrachtet letztlich eine Frage des Verhältnisses zwischen dem Partikularen bzw. Lokalem und dem Universalen bzw. Globalen. Das Verhältnis zwischen universal und partikular spielt auch in der Konzeption der Katholizität als einem Wesensmerkmal der Kirche eine zentrale Rolle. Diese theologische Konzeption von Katholizität stellt Cavanaugh nun der Globalisierung gegenüber. Seiner Herangehensweise folgend, beschreibt er Globalisierung als eine säkularisierte – und damit auch missinterpretierte – Version von Katholizität, eine, so Cavanaugh, „secular parody of catholicity"[834], wie er schreibt. Zu dieser Diskussion kommen wir nun.

---

[831] CAVANAUGH, *Migrations of the Holy*, 68.
[832] Vgl. Ebd., 67-68.
[833] Siehe auch 2.2.3.2.
[834] WILLIAM T. CAVANAUGH, „Balthasar, Globalization, and the Problem of the One and the Many", in: *Communio* 28 (2/2001), 324-347, 346; auch erschienen als Kp. 3, „The Global and the Local", in DERS., *Being Consumed*, 59-88.

3.2.2.2   *Globalisierung als Parodie von Katholizität*

Cavanaugh hat sich intensiv mit der Frage nach der theologischen Bedeutung und Deutung der Globalisierung auseinandergesetzt.[835] Zunächst weist er auf die Schwierigkeit hin, einschätzen zu können, inwieweit die zunehmende Globalisierung Einfluss auf seine Kritik am Nationalstaat haben könnte:

> „Those of us who have been critical of the nation-state as such are also confused. One would think that we would be pleased [...] now that the global economy has rendered national borders increasingly irrelevant. [...] A catholicity undreamed by the original *Catholica* is now dawning."[836]

Auf der anderen Seite gibt es auch viele Stimmen aus der Theologie, die die Globalisierung und ihre transnationale und ausbeuterische Wirtschaftsweise scharf kritisieren, nicht zuletzt auch Papst Franziskus. Kommt also dem Nationalstaat als Garant sozialer und rechtlicher Sicherheiten auf nationaler Ebene in diesem globalen Kontext nicht gerade wieder eine entscheidende Rolle zu? Cavanaugh verneint dies. Zum einen, weil er den Nationalstaat selbst als wichtigen Faktor und Player im Prozess der Globalisierung betrachtet, und zwar „as an important factor in the neutralization of opposition to globalization and its acceptance as natural and inevitable".[837] Und zum anderen – und das ist das Entscheidende hier – interpretiert Cavanaugh die Globalisierung gerade nicht als Ende des Nationalstaates, sondern als Ausweitung (Eng. *hyperextension*) der nationalstaatlichen Tendenz, das Lokale und Partikulare unter das Universale zu subsumieren. Cavanaugh vergleicht die Projekte des Nationalstaats und der Globalisierung wie folgt:

> „If the state project is characterized by the subsumption of the local under the universal, then globalization hyperextends this project. Just as the nation-state freed the market from the ‚interventions' of local custom, and freed the individual to relate to other individuals on the basis of standardized legal and monetary systems, so globalization frees commerce from the nation-state, which, as it turns out, is now seen as one more localization impeding the universal flow of capital."[838]

Damit produziert die Globalisierung ebenso sehr wie der Nationalstaat einen „simple space", indem sie die Verbindung und Einbindung in die lokalen und

---

[835]   Siehe WILLIAM T. CAVANAUGH, „The World in a Wafer. A Geography of the Eucharist as Resistance to Globalization", in: *Modern Theology* 15 (2/1999), 182-196; auch erschienen als Kp. 3, „The Myth of Globalisation as Catholicity", in: DERS., *Theopolitical Imagination,* 97-122; sowie Kp. 3, „Migrant, Tourist, Pilgrim, Monk: Identity and Mobility in a Global Age", in: DERS., *Migrations of the Holy,* 69-87.

[836]   CAVANAUGH, „The World in a Wafer", 181.

[837]   Ebd., 185.

[838]   Ebd. 185. Hierbei verweist Cavanaugh auf ANTHONY GIDDENS, *The Nation-State and Violence*, Berkeley 1987, 148-171.

partikularen Kontexte auflöst. Ihr liegt die gleiche homogenisierende Struktur zugrunde.[839] Für Cavanaugh reicht es demnach nicht aus, die Globalisierung nur als
Fragmentierung zu beschreiben, sondern gerade diese Fragmentierung selbst als
neues universales Moment, als neues Narrativ, zu sehen.[840] Cavanaugh: „Yet this
by no means signals simply ‚the end of masternarratives‘, as Lyotard would have
it. It is instead a new catholicity, or, to quote Jameson, ‚the return of narrative as
the narrative of the end of narratives.‘“[841] Dieses globale Narrativ hat zwar den
Anschein von Diversität, es bietet ein plurale und heterogene Auswahl an lokalen
Produkten der verschiedensten Weltregionen und -kulturen. Aber eigentlich, so
Cavanaugh, verbirgt sich dahinter ein „universal homogeneous consumer, whose
‚catholic‘ tastes preclude it from attachment to any particular narratives“[842]. Auf
die gleiche Weise interpretiert Cavanaugh auch eine in seinen Augen missver-
standene Form von Multikulturalität. „[M]ulticulturalism as an ideology is in fact
post-cultural and anti-cultural, for it subjects every culture to the withering he-
gemony of cultural relativism and individual choice“[843], schreibt er, denn „[t]he
idea is not to replace the one in a given space with another one, but to replace it
with the many.“[844] Auf das Individuum angewandt könne man daher auch mit
Christopher Clausen von „Massenindividualismus“ sprechen: Je mehr wir individuelle Unterschiede brauchen, desto ähnlicher werden wir einander.[845]

Diese Erscheinungsformen der Globalisierung kritisiert nun Cavanaugh als eine
falsch verstandene Katholizität, denn „[g]lobalisation gets both particularity and
universality wrong.“[846] Der Globalisierung liegt demnach also ein schlechtes (säkularisiertes) theologisches Konzept von Katholizität zugrunde. Denn Katholizität richtig verstanden macht keinen Dualismus auf zwischen partikular/lokal und
universal. Es geht nicht wie in der Globalisierung um die Auflösung der Zugehö-
rigkeit zu einer Partikularität. In dieser Warnung kommt Cavanaugh der Kritik
von Papst Franzikus an einem Globalisierungsmodell eines abstrakten Universalismus sehr nahe, wie er sie u.a. in der Enzyklika *Fratelli tutti* äußert. Darin wendet sich Franzikus scharf gegen Globalisierungsmodelle, hinter denen eine eindimensionale Uniformität steht und in denen das Universale „zu einer homogenen
einheitlichen und standardisierten Domäne“ wird. Hinter diesem Globalisierungsmodell, so Franzikus weiter, stehe „eine andere Art von Einheit [...] als die,

[839]   CAVANAUGH, „Balthasar, Globalization“, 325.
[840]   CAVANAUGH, „The World in a Wafer“, 182-184.
[841]   Ebd., 188. Zum Zitat von Frederic Jameson siehe: FREDERIC JAMESON, *Postmod-
        ernism, or, The Cultural Logic of Late Capitalism*, Durham, NC 1991, xii.
[842]   CAVANAUGH, „The World in a Wafer“, 188.
[843]   CAVANAUGH, „Balthasar, Globalization“, 331-332.
[844]   Ebd, 330.
[845]   Vgl. ebd, 332. Siehe auch CHRISTOPHER CLAUSEN, *Faded Mosaic. The Emergence
        of Post-Cultural America*, Chicago 2000, 7.
[846]   CAVANAUGH, „Balthasar, Globalization“, 333.

die Gott für die Völker vorgesehen hatte (vgl. *Gen* 11, 1-9)"[847]. Cavanaugh nun verweist darauf, dass der Dualismus zwischen partikular/lokal und universal/global alternativ dadurch aufgelöst wird, indem gerade *in* und *durch* die Partikularität die Universalität ausgedrückt wird. Am deutlichsten wird diese „orthodoxe" Interpretation von Katholizität für Cavanaugh in der eucharistischen Gemeinschaft als einem universalen Mikrokosmos: „One becomes more united to the universal the closer one is attached to the particular community gathered around one particular altar."[848] Die Eucharistie ist das „dezentrierte Zentrum" (Eng. *de-centered center*), sie verbindet mit dem universellen Christus, aber nicht indem sie das Lokale und Partikulare hinter sich lässt, sondern gerade durch die konkrete Einbindung *in* das Lokale.[849] Hinter dieser Interpretation der Eucharistie steht letztlich von Balthasars Konzept von Christus als dem „konkreten Universellen", auf das wir an anderer Stelle noch genauer eingehen werden.[850] Bezüglich von Balthasar hält Cavanaugh fest: „The doctrine of the Incarnation, as Balthasar says, is the claim that the ‚all' has become identical with the a tiny ‚someone'. […] We have here the apparent antithesis of the process of globalization"[851]. Das darin zum Vorschein tretende Konzept von Katholizität stellt er dem Konzept der Globalität wie folgt gegenüber: „The transcendence of spatial and temporal barriers does not depend on a global mapping, therefore, but rather on a collapsing of the world into the local assembly."[852] Damit ist richtig verstandener „katholischer" Raum nicht eindimensional (Eng. *simple space*), sondern komplex. Dies hat zur Folge, dass das Partikulare bzw. Lokale nicht einfach in das Universale als übergeordneter Raum aufgelöst wird. Stattdessen kann man von einem komplexen Raum sprechen, in dem das Partikulare/Lokale und das Universale als zwei aufeinander bezogene Pole interpretiert werden. So wird die Einbettung in das Lokale zugleich Ausdruck für die Universalität von Gemeinschaft. An die Stelle von Auflösung tritt das Ineinander, der Raum wird bzw. bleibt mehrdimensional und plural.

Ähnlich wie schon bei der Frage der Pluralität der Zivilgesellschaft im Verhältnis zum Staat, hat auch Cavanaughs kritischer Blick auf die Globalisierung und dessen „katholische" Alternative Bedeutung für eine dezidiert politische Betrachtung des Sachverhalts. Wie schon in Bezug auf das Verhältnis zwischen Zivilgesellschaft und Staat, stellt Cavanaugh auch im Hinblick auf die Globalisierung die liberale Strategie, ausgedrückt im Adagium *e pluribus unum*, grundsätzlich in Frage. Auf dem Prüfstand steht dabei die Konzeption des Einen, auf das hin die Vielen geordnet sind. Wie schon aus der Diskussion von Cavanaughs Kritik am Nationalstaat deutlich wurde, warnt Cavanaugh vor einer Machtkonstitution, in

---

[847]   Papst Franziskus, Enzyklika *Fratelli tutti* über die Geschwisterlichkeit und soziale Freundschaft (3.Oktober 2020), 144. Vgl ebd., 100.
[848]   Ebd., 333.
[849]   Vgl. ebd., 333-335.
[850]   Siehe 3.3.2.2.
[851]   Cavanaugh, *Being Consumed*, 77-78.
[852]   Cavanaugh, „The World in a Wafer", 190.

der die vielen vereinzelt, jede*r für sich, auf das eine Zentrum hingeordnet sind, wie es im Bild des Panoptikums veranschaulicht wird. Während in der vorange-gangenen Sektion mit Cavanaugh der Frage nachgegangen wurde, inwieweit die Vision des Staates als dieser Einheitspunkt auch kritische Unterseiten beinhaltet, so verweist die Diskussion des liberalen Pluralitätskonzepts in dieser Sektion auf gewisse schwache Punkte in der liberalen Strategie selbst, sofern sie auf globaler Eben zum Tragen kommt. Sowohl was den (National)Staat anbelangt als auch auf globaler Ebene, ist die Tendenz der Auflösung der Vielen in ein übergeord-netes Eine zu vermeiden, wenn man tatsächliche politische Pluralität wahren will. Damit ist freilich nicht gesagt, dass Liberalismus diese Tendenz bzw. Gefahr vollkommen übersieht. Allerdings gilt es, eine neue, schwächere und ambigui-tätsoffenere Form dieser Einheit zu entwickeln. Die Demokratie flieht, um es mit den Worten Wolins zu sagen, vor dem einen absoluten Referenzpunkt. Das poli-tische Subjekt, und damit auch die Souveränität, ist plural und multipel, wie Hardts und Negris Konzept der *Multitude* als demokratischer Gegenentwurf zum global vernetzten Empire aufzeigt.[853] Der Ort der Macht kann ganz im Sinne Le-forts nicht mehr besetzt werden, auch wenn er gleichfalls nicht vollkommen auf-gelöst werden kann. Stattdessen könnte man mit Cavanaugh besser von einem „dezentrierten Zentrum" sprechen, das den politischen Raum nicht vereinheit-licht, sondern stattdessen die Pluralität der Räume offenhält und dabei aber auch sich einbezieht. Wie Cavanaugh dies über das Sakrament der Eucharistie etab-liert, wird im folgenden Unterkapitel eingehend dargestellt und diskutiert werden. Zuvor soll allerdings noch ein letzter „säkularer Mythos" diskutiert werden, der nach Cavanaugh neben dem Mythos des Staates als Retter und dem Liberalismus als Garanten von Pluralität und Freiheit einen zentralen Platz im theopolitischen Programm des Säkularismus einnimmt: der Mythos der religiösen Gewalt.

3.2.3   Religiöse Gewalt als säkularer Legitimationsmythos

Die Frage nach dem Wesen religiöser Gewalt und inwieweit diese zur Legitimie-rung des säkularen Programms des liberalen Nationalstaats Verwendung findet, wurde bereits in den Grundzügen im Abschnitt zum Gründungsmythos des mo-dernen Staates in Verbindung mit den sog. Religionskriegen der Neuzeit erörtert. In diesem Zuge wurde auch kurz auf die Entstehung des Konzeptes der Religion eingegangen. Da die Auseinandersetzung mit dem, was Cavanaugh „the Myth of Religious Violence"[854] nennt, zentral ist für Cavanaughs politisch-theologisches Denken im Allgemeinen, wie auch für seine Kritik an der Trennung von Politik

---

[853]   Siehe 2.2.2.2.

[854]   Siehe das gleichnamige Buch CAVANAUGH, *Myth of Religious Violence*. Eine wei-tere Auseinandersetzung mit dem Thema religiöser Gewalt und Antworten auf ei-nige Kritiken zu seiner Monographie findet sich außerdem in DERS.: „*Religious Vio-lence as Modern Myth*", in: *Political Theology* 15/6 (2014), 486-502, auch erschie-nen als Kapitel 9 in *Field Hospital*, 177-199.

und Religion im Speziellen, empfiehlt sich im Rahmen der vorliegenden Untersuchung eine genaue Analyse des gesamten Komplexes der religiösen Gewalt. Hierbei ist anzumerken, dass Cavanaughs Arbeit zu diesem Thema die größte Aufmerksamkeit, sowohl innerhalb als auch außerhalb der theologischen Diskussion, erfuhr. Zu nennen wären hier vornehmlich zwei Symposien, an denen so namhafte Denker*innen teilgenommen haben wie Charles Taylor, Rowan Williams, Cyrill O'Regan oder Barbara Diefendorf.[855]

Cavanaugh definiert den Mythos der religiösen Gewalt wie folgt und stellt zugleich dar, inwieweit dieser Mythos zur Legitimierung des Nationalstaates verwendet wird:

> „What I call the ‚myth of religious violence' is the idea that religion is a transhistorical and transcultural feature of human life, essentially distinct from ‚secular' features such as politics and economics, which has a peculiarly dangerous inclination to promote violence. Religion must therefore be tamed by restricting its access to public power. The secular nation-state then appears as natural, corresponding to a universal and timeless truth about the inherent dangers of religion."[856]

Für dieses Legitimationsmuster des Nationalstaates ist es wichtig, ein essentialistisches universelles Konzept von Religion zu haben, egal ob explizit oder wie in den meisten Fällen nur implizit. Cavanaugh wendet sich gegen ein solches essentialistisches Konzept von Religion und Politik. Er weist darauf hin, dass die Definition dafür, was in einem gegebenen Kontext als Religion gilt, nicht nur stark variiert, sondern, dass die Definition selbst eine Funktion innerhalb bestimmter Machtkonfigurationen einnimmt. Das Programm, Politik von Religion zu trennen, ist für ihn immer an bestimmte Machtinteressen gebunden und keineswegs das neutrale und friedensstiftende Projekt, als das es sich darstellt.[857] Hierzu Cavanaugh etwas ausführlicher:

> „The point is that when words do change meaning and when outside observers describe insider's behavior, there are often acts of power involved that need attention. Modern Westerners have created the religious/secular distinction as an accompaniment to certain shifts in power between ecclesiastical and civil authorities,

---

[855]   Das erste Symposion, an dem neben Garrett Green, Cyril O'Regan, Rowan Williams, Charles Taylor und William T. Cavanaugh mitwirkten, erschien unter dem Titel „Symposium on William Cavanaugh's *The Myth of Religious Violence. Secular Ideology and the Roots of Modern Conflict*", in *pro ecclesia* 20 (4/2011), 337-357. Das zweite Symposion unter Mitarbeit von James Murphy, Craig Martin, Michael Kirwan, Carolyn Marvin, Ronald Weed und Barbara Diefendorf erschien mit dem Titel „Religious Violence. Myth or Reality? A Symposium on William T. Cavanaugh's *The Myth of Religious Violence*", in *Political Theology* 15 (6/2014), 479-563.

[856]   CAVANAUGH, *Myth of Religious Violence*, 3.

[857]   Diesen Punkt unterstreicht ganz besonders auch Craig Martin. Siehe, CRAIG MARTIN, „*What Is Religion?*", in: *Political Theology* 15 (6/2014), 503-508.

among other shifts. To impose this lens on other societies – distant in time and/or space – that do not arrange society as we do is not necessarily an innocent act of objective description."[858]

Gerade der letztgenannte Punkt, die globale und transkulturelle Übertragung des säkularen Programms der Trennung von Politik und Religion als zeitloses und universelles Projekt ist im Hinblick auf unsere Untersuchung besonders interessant. Cavanaugh macht deutlich, dass es gegenwärtig vor allem muslimisch geprägte Gesellschaften sind, gegen die der Mythos der religiösen Gewalt ins Feld geführt wird. Dies ist gerade mit Blick auf die Legitimierung bestimmter außenpolitischer Agenden des Westens und vor allem der USA besonders deutlich zu sehen, wie Cavanaugh mit stark ironischem Unterton anführt:

> „In foreign policy, the myth of religious violence serves to cast nonsecular social orders, especially Muslim societies, in the role of villain. *They* have not yet learned to remove the dangerous influence of religion from political life. *Their* violence is therefore irrational and fanatical. *Our* violence, being secular, is rational, peace making, and sometimes regrettably necessary to contain *their* violence. We find ourselves obliged to bomb them into liberal democracy."[859]

Sicherlich kann dieses schematische Denkmuster nicht unter jede militärische Aktion liberaldemokratischer Staaten gelegt werden. Dennoch macht Cavanaugh eindrücklich deutlich, dass der Vorwurf der religiösen Gewalt eine entscheidende Rolle dabei spielt, wenn es darum geht, Glauben und bestimmte Konsequenzen, die man daraus für das Zusammenleben ziehen möchte, aus den Entscheidungsinstanzen herauszuhalten.

Daher soll nach einem ersten Abschnitt näher auf die Entstehung und Verwendung des essentialistischen Konzepts der Religion eingegangen werden, gefolgt von einer kritischen Betrachtung von Cavanaughs Alternative eines konstruktivistischen Religionsbegriffs, den er auch von einem funktionalen unterscheidet. Ein dritter Abschnitt untersucht die Funktionsweise des Mythos religiöser Gewalt, i.e. welche säkulare politische Imagination diese Betrachtung der Religion mit sich bringt und inwieweit diese zur Machtkonstitution auf säkularer Seite, gerade auf globaler Ebene, dient.

3.2.3.1   Die Erfindung der Kategorie Religion als politische Agenda

Wie bereits angeführt, gilt für Cavanaugh, dass die Trennung zwischen religiös und säkular nicht transkulturell und -geschichtlich ist. Vielmehr hält er entgegen, dass dies erfundene Kategorien sind und „not just the way things are"[860]. Im zweiten Kapitel von *The Myth of Religious Violence* stellt Cavanaugh ausführlich die

---

858   CAVANAUGH, *Field Hospital*, 187.
859   CAVANAUGH, *Myth of Religious Violence*, 4. Vgl. auch ebd., 178.
860   CAVANAUGH, *Field Hospital* , 184.

Genealogie dieser Trennung und die damit verbundene Erfindung und Entwicklung der Kategorien von Religion und Säkularität dar.[861]

Demnach ist das heutige Konzept von Religion als universaler menschlicher Impuls nicht in vormodernen europäischen und außereuropäischen Kulturen zu finden. Das Wort Religion ist zwar dem Lateinischen „religio" entlehnt, jedoch bezeichnete es zu Zeiten Roms eine bindende soziale Verpflichtung (Lat. *re ligare*), die daran anschließend als eine Verbindung zu Gott interpretiert wurde. Cavanaugh führt zum Beleg dafür auch Augustinus an, der zwar in seinem *De civitate Dei* den Begriff der *religio* neben dem des *cultus* und der *pietas* benutzt, sich aber der Ambiguität des Begriffs in Hinblick auf die eigentliche Bedeutung als Verpflichtung gegenüber anderen Menschen und nicht Gott gegenüber bewusst ist.[862] Auch im weiteren geschichtlichen Verlauf bis zur Neuzeit spielt der Begriff und das Konzept der Religion nur eine unbedeutende Rolle. Im Mittelalter wurde *religiosus* vornehmlich zur Bezeichnung von Klerikern in Orden verwendet, um diese von diözesanen Klerikern zu unterscheiden. Als eines der wenigen Beispiele für die explizite Verwendung von *religio* im scholastischen Mittelalter nennt Cavanaugh Thomas von Aquin. Doch auch bei Thomas bedeutet Religion weder ein System aus Glaubensvorstellungen, noch ein rein innerlicher Impuls der Seele und gewiss keine institutionelle Gewalt, die sich von so etwas wie einer nichtreligiösen Gewalt unterscheiden ließe.[863] Eine wirkliche Veränderung sollte erst mit dem 15. Jahrhundert einsetzen: „The transition took place in thinkers like Nicholas of Cusa, Marsilio Ficino, Guillaume Postel, and Herbert of Cherbury; in these thinkers, religion became a universal human impulse, the genus of which various ‚religions' were species."[864] Cusanus bietet im Rahmen unserer Betrachtung das vermutlich anschaulichste Beispiel für diesen Umschwung im Umgang mit *religio*. Mit Blick auf *De Pace Fidei* hält Cavanaugh fest: „In Cusa, we see the beginnings of religion as an interior impulse that is universal to human beings and therefore stands behind the multiplicity of exterior rites that express it."[865] Cavanaugh macht dies fest an Cusanus Verwendung von *religio*, die nun nicht mehr fest an eine bestimmte Form von Riten gebunden ist, sondern eine Vielzahl unterschiedlichster Weisen wie Gott verehrt werden kann beschreibt: christlich, jüdisch und arabisch (muslimisch). Für Cusanus gibt es demnach auch eine Vielzahl von christlichen, jüdischen und arabischen Religion*en*. Bei Cusanus kann man also den entscheidenden ersten Schritt auf dem Weg zum modernen Konzept

---

[861] Siehe Kp. 2, „The Invention of Religion", in: CAVANAUGH, *Myth of Religious Violence*, 57-122.

[862] Vgl. CAVANAUGH, *Myth of Religious Violence*, 62-64.

[863] Vgl. ebd., 64-69. Siehe auch STh II-II, q. 80, a. 1.

[864] CAVANAUGH, *Field Hospital*, 182.

[865] CAVANAUGH, *Myth of Religious Violence*, 71.

von Religion ablesen. Er definiert Religion als einen universellen innerlichen Impuls, der hinter den verschiedenen Riten steht.[866] Für die weitere Entwicklung des modernen Religionsbegriffs im Verlauf des 16. und 17. Jahrhunderts spielte dann die zunehmende Hervorhebung des Glaubens gegenüber der Praxis eine wichtige Rolle. In der Reformationszeit wird es immer wichtiger, sich anhand klar definierter Glaubenssätze von anderen abzugrenzen. Diese verschiedenen *Konfessionen* stellen nach Cavanaugh einen weiteren wichtigen Schritt in der Herausbildung der Religion als innere Einstellung (Eng. *state of mind*) und Glaubenssystem dar.[867] Cavanaugh fasst im Bezug auf diese Entwicklungen wie folgt zusammen: „The internal-external and belief-practice binaries were crucial to the continued formation of the religious-secular binary in the sixteenth century.“[868] Mit der Darstellung der Entwicklung des Begriffs der Religion will Cavanaugh letztlich aufzeigen, „that the idea of religion *has a history*“[869]. Für die weitere geschichtliche Entwicklung des Konzepts der Religion ist Cavanaugh zufolge nicht allein die theologische Entwicklung entscheidend, sondern auch das Aufkommen des Staates in der frühen Neuzeit, wie bereits oben erläutert wurde.

Der nächste wichtige Schritt auf dem Weg zum modernen Konzept von Religion führt nach Cavanaugh also nicht mehr über theologische Entwicklungen, sondern über politische Umwälzungen in der frühen Neuzeit. Wie bereits oben dargestellt, ist es für Cavanaugh kein Zufall, dass „the birth of the concept of religion and the birth of the sovereign state occurred in the same period.“[870] Die Entstehung des Staates wird durch die zunehmende Konsolidierung der souveränen Zentralmacht gegenüber mittelalterlichen Institutionen, allen voran der Kirche, verwirklicht. In Bezug auf die Entstehung des Konzepts der Religion in diesem von Cavanaugh als *Migrations of the Holy* beschriebenen Prozess heißt es:

> „[T]he invention of the modern concept of religion accompanies the decline of the church as the public, communal practice of the virtue of *religio*. The rise of religion is accompanied by the rise of its twin, the secular realm, a pairing which will gradually remove the practice of Christian *religio* from a central place in the social order of the West.“[871]

---

866 Vgl. ebd., 70-71. Siehe auch NICHOLAS DE CUSA, *De Pace Fidei,*, I, XIII, XVI, lateinisch-deutsch, übers. u. hg. v. KLAUS BERGER u. CHRISTIANE NORD, Frankfurt a. M.; Leipzig, 2002, 37, 109, 125-127.

867 Vgl. CAVANAUGH, *Myth of Religious Violence*, 72-73.

868 Ebd., 73.

869 Ebd., 81.

870 CAVANAUGH, *Field Hospital*, 182.

871 CAVANAUGH, *Myth of Religious Violence*, 70. In diesem Zusammenhang verweist Cavanaugh auf WILFRED CAntwell SMITH, *The Meaning and End of Religion*, New York 1962, 19.

Dieser Prozess wurde bereits ausführlich im Abschnitt zur Migration des Heiligen geschildert. Festzuhalten ist hier lediglich, dass sich das Konzept der Religion als klar getrennt von dem Konzept der Politik aus einem bestimmten, kontingenten geschichtlichen Kontext herausentwickelt hat, der geprägt war von einem langwährenden Konflikt zwischen kirchlichen und zivilen Autoritäten.

Wesentlich wichtiger ist an dieser Stelle der letzte Schritt auf dem Weg zum modernen Konzept von Religion. Dieser ist für Cavanaugh tief verbunden mit dem Aufkommen des Kolonialismus und zieht sich hinein bis zur Entstehung der Religionswissenschaften im 19. Jahrhundert. Ähnlich wie bei der Entwicklung des Religionsbegriffs im Umfeld der Entstehung des neuzeitlichen Staates ist es Cavanaugh zufolge auch der politische Kontext des Kolonialismus, der mitbedacht werden muss bei dem letzten entscheidenden Entwicklungsschritt des Religionsbegriffs hin zu einem System von Weltreligionen. Anhand einer kurzen Darstellung des Umgangs kolonialer Mächte mit den vorgefundenen indigenen Kulturen, zeigt Cavanaugh auf, inwieweit das Konzept der Religion ein (in)adäquates Mittel war und ist, sich andere, nicht-westliche Kulturen zu erklären. Die Art und Weise, wie die Kolonialmächte und ihre Missionar*innen aus den vorgefundenen Kulturen eine klar definierte Religion zu extrahieren versuchten, die von anderen Bereichen des öffentlichen und privaten Lebens unterschieden werden kann, zeigt für Cavanaugh auf, dass das Konzept der Religion nicht nur nicht transhistorisch ist, sondern auch nicht transkulturell.[872] Die Beispiele, die Cavanaugh bei dieser Darstellung verwendet sind u.a. die Entwicklungen der Konzepte des Hinduismus, Buddhismus, Jainismus und Sikhismus in Indien, des Schintoismus in Japan oder des Konfuzianismus in China. Doch ganz gleich, wo Europäer*innen anlandeten, das Muster in Hinblick auf den Umgang mit der indigenen Bevölkerung ähnelte sich stets, wie Cavanaugh mit Rückgriff auf zahlreiche Religions- und Kulturhistoriker*innen, wie etwa David Chidester anführt:

> „In their initial encounters, Europeans' denying religion to indigenous peoples was a way of denying them rights. If they lacked a basic human characteristic like religion, then native peoples could be treated as subhumans without legitimate claim to life, land, and other resources in their possession. Once the native peoples were conquered and colonized, however, it was ‚discovered‘ that they did in fact have religions after all, which were then fitted into genus-and-species taxonomies of religion."[873]

Westliche Missionar*innen und Forscher*innen entwickelten ihre Konzepte von den unterschiedlichen nicht-christlichen Religionen in Anlehnung an ihre eigene Konzeption des Christentums, um einen Vergleich zu ermöglichen. Dass dieses Unterfangen problematisch ist, macht Cavanaugh in seiner Darstellung anhand

---

[872] Vgl. CAVANAUGH, *Myth of Religious Violence, 85-101.*

[873] Ebd., 86. Siehe auch DAVID CHIDESTER, *Savage Systems. Colonialism and Comparative Religion in Southern Africa*, Charlottesville 1996, 35-69.

von unzähligen Beispielen und Belegen aus der Religionswissenschaft deutlich.[874]

Doch Autoren wie Cantwell Smith, David Chidester, Derrek Peterson, Darren Walhof, Daniel Dubuisson, Talal Asad und Tomoko Masuzawa zeigen anhand ihres jeweiligen Spezialisierungsfelds nicht nur auf, dass es kein zufriedenstellendes transkulturelles Konzept von Religion gibt, sondern verweisen gleichzeitig auch auf den politischen Charakter, den die Einführung der Kategorie Religion in fremde Kulturen hatte. Ein bestimmtes Konzept von Religion konnte von Kolonialmächten als Strategie für soziale Kontrolle genutzt werden, indem den indigenen Kulturen Interpretations- und Ordnungskonzepte vorgelegt wurden, die ihnen selbst fremd waren und daher nur durch größere Anlehnung an das westliche Denken erklärbar waren. Die Kategorie der Religion war nicht nur ein Mittel um die gesellschaftliche Realität zu beschreiben, sondern diese auch zu formen. Und die entscheidende Interpretationskategorie der Kolonialstaaten war dabei die Trennung von Politik und Religion.[875] Wichtig ist in diesem Zusammenhang auch, dass Cavanaugh darauf hinweist, dass dieser Prozess keineswegs nur einseitig von der Kolonialmacht aus auf die unterworfene Kultur vollzogen wurde. Auch die kolonialisierten Völker nutzen die Kategorie der Religion teilweise kreativ und selbstbewusst, um ihre eigene Identität als Hindus, Buddhist*innen, Sihks etc. zu entwickeln. Dabei spielten auch sozioökonomische Faktoren eine wichtige Rolle. Sich zu „Verwestlichen" in Lebens- und Denkweise wurde identifiziert mit Modernisierung und den damit verbundenen Vorteilen.[876] Gerade das Label „westlich geprägt", welches auch in aktuellen Debatten noch gerne Verwendung zur Beschreibung anderer Kulturen findet, macht deutlich, dass die Konzepte von Religion und Säkularität auch heute noch nicht an Attraktivität verloren haben. Denn, so könnte man mit Cavanaugh sprechen, sie dienen immer noch prinzipiell der gleichen Funktion wie zur Zeit des Kolonialismus. Freilich

---

[874] Siehe SMITH, *Meaning and End of Religion*; DEREK PETERSON; DARREN WALHOF (Hg.), *The Invention of Religion. Rethinking Belief in Politics and History*, New Brunswick 2002; DANIEL DUBUISSON, *The Western Construction of Religion. Myths, Knowledge, and Ideology*, Baltimore 2003; ASAD, *Formations of the Secular*; TOMOKO MASUZAWA, *The Invention of World Religions, or, How European Universalism was preserved in the Language of Pluralism*, Chicago 2005; NONGBRI, *Before Religion*.

[875] Vgl. CAVANAUGH, *Myth of Religious Violence*, 85-90. Ebd., 85, wo es heißt: „It is crucial to underscore that the category of religion does not simply describe a new social reality but helps to bring it into being and to enforce it. Religion is a normative concept. The normative ideal that has come to define Western modernity is, in Locke's words, ‚to distinguish exactly the business of civil government from that of religion.'"

[876] Vgl. ebd., 92 und 99, wo es heißt: „The West, however, is a modernizing ideal, a project pushed forward by certain interests both within and without countries identified as Oriental. The production of religion took place in a context established by pressures, both external and internal, to modernize and Westernize."

erinnert Cavanaughs Kritik damit auch an die Diskussion des Stadialbewusstseins bzw. der Abkehr davon unter postsäkularem Vorzeichen.

Damit weist Cavanaugh auf ein prinzipielles Problem in Bezug auf die Verwendung eines essentialistischen Religionsbegriffs hin. Für ihn ist jede Definition von Religion im Grunde Ausdruck bestimmter gesellschaftspolitischer Umstände, ganz besonders geprägt durch die säkulare Agenda des modernen Staates und dessen Trend zur Machtexpansion sowohl innerhalb als auch außerhalb seiner Grenzen.[877] Das Konzept der Religion dient dabei als Instrument, bestimmte Größen als politische Konkurrenz auszuschalten. Wie Cavanaugh treffend formuliert: „The idea [of religion] itself should be interrogated for the kinds of power that it authorizes. The attempt to domesticate certain practices as religion, both at home and abroad, is not innocent of political use."[878] Mit Rückgriff auf Dubuisson verweist Cavanaugh auf die Dichotomie zwischen uns/dem Westen und den anderen/dem Rest, die dadurch aufgebaut wird: „[P]resenting the Western concept of religion as universal declares the Western subject to be universal and the non-Western Others, therefore, as parochial."[879] Eben dieses Grundmuster liegt auch dem Vorwurf religiöser Gewalt zugrunde, wie er etwa von Mark Lilla vertreten wird: Staaten, welche nicht das säkulare Programm der Trennung von Politik und Religion – die Great Separation – als oberstes politisches Prinzip erkannt haben, laufen stets Gefahr, in die Irrationalität und Gewaltbereitschaft der Religion zu verfallen. Ganz besonders trifft dieser Verdacht von westlicher Seite muslimisch geprägte Kulturen. Auf diese Weise wird der vormalige westliche Kolonialismus vom Aggressor zum Verteidiger vor dem nicht-westlichen irrationalen Aggressor.[880]

Um dieser widersprüchlichen Gefahr zu entgehen, ist es Cavanaugh wichtig, die dahinterstehende politische Agenda offenzulegen. Der erste Schritt hierfür ist die Natürlichkeit der Kategorien von Religion und (säkularer) Politik zu widerlegen. Dafür dient die Genealogie des Religionsbegriffs, verbunden mit der Analyse der dahinterliegenden politischen Agenden moderner Staaten. Dieser Beitrag ist es, der Cavanaugh die größte Aufmerksamkeit und Anerkennung einbrachte. Zu nennen sind hier u.a. Garrett Green und Rowan Williams. Green hält fest: „Cavanaugh's own contribution to the analysis and critique of the modern concept of religion is to show that it always functions as one pole of a duality."[881] Und dieser Dualismus funktioniert wie folgt: „He shows the power of a culturally embedded dualism – in this case secular / religious – to serve the interests of the

---

[877]   Ebd., 69: „The problem with transhistorical and transcultural definitions of religion is not just that all phenomena identified as religious are historically specific, but that the definitions themselves are historical products that are part of specific configurations of power."

[878]   Ebd., 101.

[879]   Ebd., 100. Siehe auch DUBUISSON, *Western Construction of Religion*, 21.

[880]   Vgl. CAVANAUGH, *Field Hospital*, 178.

[881]   GARRETT GREEN, „The Myth of Religion. How to think Christianity in a Secular World", in: *Pro ecclesia* 20 (4/2011), 337-342, 340.

powerful – in this case modern secularists – against those they perceive as the others – in this case Christians and other advocates of ‚religion‘.“[882] Und jede*r, so Green weiter, „who employs this notion of religion, Cavanaugh implies, has already bought into the false implication that religion is something located out-side of everyday ‚secular‘ reality.“[883] Auch für Rowan Williams liegt die Stärke in Cavanaughs Ansatz in der Kritik am essentialistischen Religionsbegriff. Williams Fokus liegt auf der Kritik an einem transkulturellen Ansatz. So bezeichnet er mit Rückgriff auf Cavanaugh den Hinduismus als „Frankensteins's creation of colonial misunderstanding“[884]. Besonderes Augenmerk legt Williams aber auf die Auswirkungen des Religionsbegriffs auf Muslim*innen und begrüßt ausdrück-lich Cavanaughs Warnung, diese in westlich-säkularen Kategorien zu interpretie-ren: „The lack of such caution is manifest, for example, in the way in which Mus-lims are categorized as ‚radical‘ or ‚moderate‘ by Western political analysts, de-pending on their supposed openess to modern Western values.“[885]

Aus Cavanaughs Ablehnung des essentialistischen Religionsbegriffs folgt aber, dass er genötigt ist, eine Alternative zu diesem zu geben. Dieser konstruktivisti-sche Gegenentwurf ist Gegenstand des nächsten Abschnitts.

3.2.3.2   Der Funktionale Religionsbegriff und Cavanaughs konstruktivistischer Gegenentwurf

Cavanaugh unterscheidet grundsätzlich drei verschiedene Weisen, Religion zu definieren: essentialistisch/substantialistisch, funktionalistisch und konstruktivis-tisch. Wie oben bereits verdeutlicht, grenzt sich Cavanaugh klar von einem es-sentialistischen Religionsbegriff ab. Aber auch ein funktionalistischer Ansatz ist für Cavanaugh letztendlich nicht befriedigend. Darunter versteht er Ansätze wie den von Carolyn Marvin und David Ingle, die auch Nationalismus als Religion beschreiben. Für ihre funktionalistische Definition von Religion spielt es keine Rolle, was man bezeugt zu glauben, sondern wie sich eine bestimmte Ideologie oder Praxis im Leben auswirkt und funktioniert.[886] Diesen Ansatz hält Cavanaugh zwar für brauchbar, gerade wenn es darum geht, aufzuzeigen, dass auch vermeint-lich areligiöse säkulare Instanzen wie der Staat sich eines Absolutheitsanspruchs bedienen können, der sonst nur die Religion(en) kennzeichnet. Allerdings geht auch der funktionalistische Religionsbegriff noch von einer bestimmten Essenz von Religion aus, denn es werden feste Kriterien dafür entwickelt, was als Reli-gion gilt und was nicht. Dagegen wendet sich Cavanaugh mit seinem kon-struktivistischen Religionsbegriff: „I think a more satisfactory approach is neither substantivist [essentialist] nor functionalist but constructivist. That is, there is no

---

[882]   Ebd., 341.

[883]   Ebd., 340.

[884]   ROWAN WILLIAMS, „The Kingdoms of this World“, in: *Pro ecclesia* 20 (4/2011), 352-357, 354.

[885]   Ebd., 354.

[886]   Vgl. MARVIN; INGLE, *Blood Sacrifice and the Nation Totem Rituals*.

once-and-for-all definition of religion or the secular."[887] Demnach existiert so etwas wie Religion zwar, aber immer nur als konstruierte Kategorie. Und diese Konstruktion einer Kategorie spielt sich nach Cavanaugh nie im machtleeren Raum ab, sondern ist immer Ausdruck bestimmter gesellschaftspolitischer Verhältnisse. Damit wendet sich Cavanaugh gegen den Vorwurf, er löse den Mythos religiöser Gewalt, indem er die Existenz der Kategorie der Religion als solche negiere.[888] Tatsächlich ist dies bei Cavanaugh nicht der Fall. Er spricht sogar von religiös und säkular als Sichtweisen: „We do need to talk about religion, but as lens, not an object. The categories of religious and secular are a way of seeing the world."[889] Aber diese Sichtweisen sind nicht unabhängig von Zeit und Raum. Für Cyril O'Regan allerdings wird nicht genug deutlich, wie Cavanaugh seinen konstruktivistischen vom funktionalistischen Religionsbegriff abgrenzt. Je mehr man sich auf die politische Funktion und Agenda hinter der Konstruktion der Kategorie der Religion konzentriere, desto weniger werde auch deutlich, was Religion an sich überhaupt bedeuten kann. Dies aber führe dazu, so O'Regan, dass Cavanaugh „dissolved rather than resolved the problem of the relation between religion and violence"[890]. Dieser Kritikpunkt O'Regans trifft zumindest insofern zu, als dass Cavanaughs Dekonstruktion des Mythos der religiösen Gewalt, wie wir noch sehen werden, ebenfalls auf einem zumindest behavioristischen, wenn nicht sogar funktionalem Verständnis von Gewalt beruht.

In diesem Zusammenhang sei aber noch auf ein mögliches Missverständnis in Cavanaughs Kritik am Mythos der religiösen Gewalt einzugehen, i.e. die Ansicht, dass Cavanaugh abstreite, Religion habe nicht das Potential gewalttätig zu sein oder Gewalt zu fördern und zu motivieren, womit jegliche Form von Gewalt letztlich politischen Charakters und nicht religiös sei. Cavanaugh grenzt sich wiederholt und vehement von dieser falschen Interpretation ab. Nicht zuletzt würde eine solche Argumentation seinem eigenen Ansatz zuwiderlaufen, wonach ja gerade die klare Unterscheidung zwischen religiös und politisch nicht aufrechterhalten werden kann.[891] Er führt an: „The entire burden of my argument is to show that the enchantment that produces violence is just as likely to appear in so-called

---

[887]   CAVANAUGH, *Field Hospital*, 181.

[888]   Vgl. z. B. HECTOR AVALOS, „Explaining Religious Violence. Retrospects and Prospects", in: ANDREW R. MURPHY (Hg.), *The Blackwell Companion to Religion and Violence*, Malden, MA 2011, 137-146.

[889]   CAVANAUGH, *Field Hospital*, 189.

[890]   CYRILL O'REGAN, „What Comes after Essentialist Religion?", in: *Pro ecclesia* 20 (4/2011), 342-348, 347. Stattdessen schlägt er den Pragmatismus als eine weitere Alternative zur Definition von Religion vor. Siehe ebd., 347: „A pragmatist approach to religion allows us to talk more than conventionally about religious and nonreligious factors in violence and keeps religions responsible in a way the functionalist account does not."

[891]   Vgl. CAVANAUGH, *Field Hospital*, 191-197. Dort denn Cavanaugh als Beispiel für eine solche Missinterpretation EPHRAIM RADNER, *A Brutal Unity. The Spiritual Politics of the Christian Church*, Waco 2012, 189.

secular form – such as the putatively secular nation-state – as it is in the so-called religions such as Christianity.“[892] Was Cavanaugh also kritisiert, ist die Existenz einer speziell religiösen Form der Gewalt gegenüber einer säkularen Form: „What I deny is that such kinds of violence belong in a wholly different category – ‚religious violence‘ – than violence done in the name of the state, the nation, capitalism, and other supposedly ‚secular‘ causes.“[893]

Teil des Mythos religiöser Gewalt ist aber nicht nur, dass es so etwas wie dezidiert religiöse Gewalt gibt, sondern dass diese schlimmer, d.h. irrationaler und grausamer ist als säkulare Gewaltanwendung, weil sie von der Religion den absolutistischen, spaltenden und irrationalen Charakter übernimmt. Für Cavanaugh ist dieser Aspekt genauso falsch wie der erste. Im ersten Kapitel von *The Myth of Religious Violence* untersucht er neun Vertreter eines strikten Säkularismus, für die die Trennung von Politik und Religion im Grunde eine Schutzmaßnahme vor dem Chaos religiöser Gewalt darstellt. Cavanaugh zeigt in seiner Analyse auf, dass alle neun Argumentationsstränge zwar auf der Trennung zwischen säkular und religiös beruhen, aber keiner davon in der Lage ist, ein kohärentes Argument dafür geben zu können, warum sogenannte säkulare Ideologien wie Nationalismus, Patriotismus, Marxismus etc. weniger Gefahr laufen, absolutistisch, spaltend und irrational zu sein als der Glaube an den biblischen Gott.[894] Ihm zufolge ist es nicht genug, zu behaupten, dass der Glaube an Gott absolutistisch ist, wohingegen z.B. der Kapitalismus als menschengemachte Konvention nur einen geringen Geltungsanspruch und daher Gewaltpotential enthält. Entscheidend sind für Cavanaugh vielmehr zwei andere Aspekte: „The real question is, what god is actually being worshipped?“ Und: „[T]he question is not simply one of belief, but of behavior.“[895] Daher schlägt Cavanaugh auch zur Lösung der Frage, was als absolutistisch gelten kann, eine empirisch basierte Definition vor, die er wie folgt begründet:

> „An empirically testable definition of absolute, then, might be ‚that for which one is willing to kill‘. This test has the advantage of covering behavior and not simply what one claims to believe. Now, let us ask the following two questions: what percentage of Americans who identify themselves as Christians would be willing to kill for their Christian faith? What percentage would be willing to kill for their country?“[896]

Die beiden Fragen sind für US-Amerikaner*innen wesentlich suggestiver als für Deutsche, verfehlen aber in keinem der beiden Kontexte ihren Kern. Im Grunde

---

[892]   CAVANAUGH, *Field Hospital*, 192.
[893]   Ebd., 194.
[894]   Vgl. CAVANAUGH, *Myth of Religious Violence*, 55-56; CAVANAUGH, *Field Hospital*, 178-180.
[895]   CAVANAUGH, *Myth of Religious Violence*, 55.
[896]   Ebd., 56.

ist Cavanaughs Argumentation hier zweigleisig. Einerseits widerlegt er die säkulare Argumentation, indem er mit einem funktionalen Religionsbegriff die säkulare Prämisse der kategorialen Trennung von Religion und Politik aufhebt und gleichzeitig der Politik religiös zugeschriebene Funktionen und gefährliche Tendenzen ebenfalls zuschreibt.

Und andererseits argumentiert Cavanaugh auch theologisch – wenn auch meist implizit. „My argument about religion and violence is really an argument about idolatry [...].“[897] Ausgehend vom biblischen Begriff von Idolatrie definiert Cavanaugh Idolatrie wie folgt: „The main problem is betrayal, not stupidity“. Wieder ist das Verhalten entscheidend: „Idolatry is not primarily considered a metaphysical error, a question of ontology. The key question is not what people believe but how they behave.“[898] Und diese Frage richtet sich besonders an Christ*innen. Wem oder auf was vertrauen wir? Cavanaugh: „Christians are highly susceptible to idolatry, and it is not at all clear that our first trust is in God and not in the nation's military might or our retirement accounts.“[899] Das soll nun nicht bedeuten, dass für Cavanaugh jede Form der Gewaltanwendung automatisch Götzendienst ist, genauso wenig wie dies Altersvorsorge oder Staatsdienst sind. Aber die Frage, wem oder was unsere höchste Loyalität gehört, ist eine wichtige Frage und für Cavanaugh ein Indiz dafür, dass entgegen der allgemeinen Überzeugung der Säkularisierungsthese weder Gott noch eine Vielzahl anderer möglicher Götter und Götzen abgeschafft wurden. Welchen Gott verehren wir also wirklich und bis zu welchem Grad? Den Gott der Bibel, der Nation, des Geldes? Dies ist die Frage, die sich für Cavanaugh tatsächlich stellt. Sie ist eine Frage der politischen Theologie, ob nun aus religiöser/theologischer oder säkularer Sichtweise. Seiner Einteilung in gute und schlechte politische Theologie folgend, schlägt er zur Lösung der Frage nach der Verbindung zwischen Religion und Gewalt eine empirische Herangehensweise vor, die sich nicht nur religiösen Phänomenen widmet, sondern all jenen, die ein Gewaltpotential enthalten:

„An adequate approach to the problem must begin with empirical investigations into the conditions under which beliefs and practices such as jihad, the invisible hand of the market, the sacrificial atonement of Christ, and the role of the United States as worldwide liberator turn violent.“[900]

Es ist also nicht die Unterscheidung religiös oder säkular, die Cavanaugh zufolge hilfreich ist, wenn man sich dem Phänomen der Gewalt nähern will. Eine ähnliche Herangehensweise an das Phänomen des Zusammenhangs von Gewalt und Religion vertritt auch Palaver. Wie Cavanaugh, hält auch er die Kategorie der religiösen Gewalt als notorisch schwierig zu definieren und von säkularer Gewalt zu

---

[897]   CAVANAUGH, *Field Hospital*, 219.
[898]   Ebd., 224.
[899]   Ebd., 232.
[900]   CAVANAUGH, *Myth of Religious Violence*, 56. Siehe auch CAVANAUGH: „Sins of Omission“, 50.

trennen. Stattdessen spricht er sich dafür aus, Gewalt als eine anthropologische Konstante zu betrachten und analysiert dieses Phänomen anschließend mit René Girards mimetischer Theorie des Sündenbockmechanismus.[901] Girard zufolge ist Gewalt die „Seele des Sakralen", was sich in archaischen Religionen durch (teils unbewusste) kollektive Vorgänge ausdrückte, bei denen ein Gruppenmitglied als „Sündenbock" als Verursacher*in aller Probleme identifiziert und geopfert wurde. Dadurch wurde der Sündenbock aber auch geleichzeitig zum Spender des Segens und insofern zeigt Girard zufolge der Sündenbockmechanismus die Divinisierung der Gewalt auf. Die Bibel nun, so Girard weiter, deckt diesen Sündenbockmechanismus auf und durchbricht ihn, indem sie sich mit den Sündenböcken wie beispielsweise Joseph solidarisiert. Diese Solidarisierung erfährt in Jesus eine nicht mehr überbietbare Steigerung. In der säkularen Moderne allerdings geht mit Gott diese archaische Abschiebung der Gewalt auf Gott verloren, und kehrt sozusagen, als Vermögen des weltlichen Menschen zurück. Mit der Abwesenheit Gottes muss der Mensch selbst die Gewalt an sich reißen und in einer Umkehrung des Sündenbockmechanismus im Namen der Opfer verhindern bzw. ausüben. Dadurch aber schafft der Mensch (potentiell) neue Opfer. Wie Palaver nun aufzeigt, folgt daraus aber nicht allein eine Kritik am säkularen gewalttätigen „Gott auf Erden", sondern auch eine Kritik an einem religiösen Gott im Jenseits. Gott kann nicht (mehr) der „Herr der Gewalten" sein, ohne zum Götzen zu werden.[902] Orientierung an Macht und (Entscheidungs)Gewalt ist Götzendienst, ganz gleich ob dieser in ein religiöses oder ein säkulares Gewand gehüllt ist. Und oftmals wird Gewalt gerade auch dadurch legitimiert, dass man (vermeintlich) noch größere Gewalt verhindern will. Der Mythos religiöser Gewalt ist hierfür ein gutes Beispiel, wie in der folgenden Sektion dargelegt wird.

3.2.3.3   Die säkulare Machtkonstitution durch den Mythos religiöser Gewalt

Damit kommen wir schließlich zur folgenden zentralen Frage: „If the myth of religious violence is so incoherent, why is it so prevalent?"[903] Im vierten Kapitel von *The Myth of Religious Violence* geht Cavanaugh dieser Frage nach und sucht die Antwort darauf, indem er untersucht, welche Art der Macht dieser Mythos autorisiert und stützt.[904] Diese Macht liegt in den Händen des modernen Nationalstaats und ist grundsätzlich auf zwei Ziele gerichtet: Zum einen nach Innen in

---

[901]   Vgl. WOLFGANG PALAVER, „Wahre Religion und falscher Götzendienst. Zum Zusammenspiel von Gewalt und Religion", in: *Herder Korrespondenz Spezial* (1/2014), 21-25; ausführlicher DERS., *René Girards mimetische Theorie. Im Kontext kulturtheoretischer und gesellschaftspolitischer Fragen*, Münster 2008. Siehe RÉNE GIRARD, *Gewalt und Religion. Ursache oder Wirkung?*, hg. v. WOLFGANG PALAVER, Berlin 2010. Auch Cavanaugh ist sich der Nähe zu Girards Theorie bewusst. Siehe CAVANAUGH, *Field Hospital*, 169.

[902]   Vgl. PALAVER, „Wahre Religion und falscher Götzendienst", 24-25.

[903]   CAVANAUGH, *Myth of Religious Violence*, 182-183.

[904]   Vgl. ebd., 181-230.

die eigene Gesellschaft und zum anderen nach Außen, auf andere Staaten und Bevölkerungen. Wichtig ist hierbei anzumerken, dass es sich bei dem Mythos der religiösen Gewalt eher um eine quasi allgemeingültige unbewusste Auffassung handelt und nicht so sehr um ein bewusstes Machtinstrument und Propagandamittel einer bestimmten Gruppe von Verschwörer*innen, die damit ihre persönliche Macht sichern will. Dies gilt sowohl innen- als auch außenpolitisch.[905] Cavanaugh fasst die innen- und außenpolitische Funktionsweise wie folgt zusammen:

> „In domestic politics, it serves to marginalize certain types of discourse labeled religious, while promoting the idea that the unity of the nation-state saves us from the divisiveness of religion. In foreign policy, the myth of religious violence helps to reinforce and justify Western attitudes and policies toward the non-Western world, especially Muslims, whose primary point of difference with the West is their stubborn refusal to tame religious passions in the public sphere."[906]

Die innenpolitische Verwendung des Mythos untersucht Cavanaugh anhand von Urteilen des Supreme Courts zu Fragen der Religionsfreiheit seit den 1940er Jahren. Auf die Analyse der außenpolitischen Verwendung richtet Cavanaugh mehr Aufmerksamkeit und diskutiert zum einen Beispiele, wie der Mythos der religiösen Gewalt dazu dient, eine Dichotomie zwischen dem säkularen und rationalen Westen und den nicht-westlichen, irrationalen Anderen, ganz besonders den Muslim*innen, aufzubauen. Zum anderen nennt Cavanaugh auch Beispiele dafür, wie der Mythos verwendet werden kann, um Gewalt gegen nicht-westliche Andere zu legitimieren.

Die Verwendung des Mythos in der US-amerikanischen Innenpolitik ist für den Gegenstand unserer Untersuchung von nicht allzu großem Interesse, denn Cavanaugh bezieht sich bei seinen Beispielen ausschließlich auf Urteile des Supreme Courts. Allenfalls die Tendenz, die er aus den Urteilen herausarbeiten kann, ist auch für unseren Kontext beachtenswert: „Religion was no longer seen as the glue of society, but as a non-rational and potentially regressive force that must be confined to private life to protect rational public conversation from the subjectivity and divisiveness of religion."[907] Besonders einprägsam ist hierbei das Beispiel des Falls *Minersville School District v. Gobitis* (1940), worin an der Verpflichtung zum Treueschwur auf die Flagge festgehalten wird. Diesem Urteil war eine Klage der Zeugen Jehovas vorangegangen, die sich einem solchen Treueschwur aus religiösen Gründen verweigerten. Auch wenn die Zeugen Jehovas etwa drei Jahre nach diesem Urteil sich das Recht erstritten, am Treueschwur nicht mehr teilnehmen zu müssen, zeigt dieses Beispiel, wie sehr eine bestimmte Sicht auf

---

[905]   Vgl. ebd., 183, 206-207.
[906]   Ebd., 183.
[907]   Ebd., 184.

Religion dazu verwendet werden kann, Hingabe zum Staat zu stützen und zu verfestigen oder bestimmte Gewohnheiten wie Gebete an öffentlichen Schulen abzuschaffen.[908]

Von weitaus größerem Interesse für unsere Untersuchung sind Cavanaughs Analysen die Außenpolitik betreffend. Wie bereits erörtert, liegt Cavanaughs Fokus auf der Dichotomie, die gegenüber der muslimischen Welt aufgebaut wird. Cavanaugh analysiert mehrere Beispiele für diese Funktionsweise des Mythos der religiösen Gewalt, am interessantesten und aufschlussreichsten wohl die von Bernhard Lewis und Mark Juergensmeyer.[909] Lewis, nach Cavanaughs Einschätzung einer der einflussreichsten Forscher zum islamisch-westlichen Verhältnis (im englischsprachigen Raum), sprach in seiner *Jefferson Lecture in the Humanities*[910] von 1990 mit dem Titel „The Roots of Muslim Rage"[911] über den prinzipiellen Unterschied in der Auffassung von Politik zwischen dem säkularen Westen und der muslimischen Welt. Dieser liege in der Erkenntnis der Notwendigkeit der Trennung von Politik und Religion, die der Westen – anders als der islamisch geprägte sog. Orient – durch seine Geschichte hindurch gelernt habe. Entscheidend für diese Erkenntnis waren dabei vor allem die geschichtlichen Erfahrungen der Religionskriege der Neuzeit. Die Muslim*innen hingegen hätten diese Erfahrungen nicht gemacht – oder zumindest nicht in dem Ausmaß wie das neuzeitliche Europa – und haben daher nicht die Notwenigkeit der Trennung von Politik und Religion erfasst. Daraus speise sich zum einen ein großer Widerstand gegenüber dem Säkularismus und zum anderen, und meist auch unbewusst, zur Moderne. Dies schließlich, so Lewis, resultiere in dem heutigen „clash of civilisations". Die direkte Ursache des gegenwärtigen Kulturkampfes stellt Lewis als ein antimodernes religiöses Wiedererwachen dar. Cavanaugh kritisiert Lewis scharf für dessen grundsätzliche Gegenüberstellung „between a rational, secular civilization, on the one hand, and a civilization that has not learned to tame the dangerous, irrational passions of religion in public, on the other."[912] Der Mythos der religiösen Gewalt führt Cavanaugh nach dazu, dass für Lewis eine genaue Prüfung des historischen Kontextes nicht erforderlich ist. Er zeigt dies anhand einer kritischen Analyse von Lewis Interpretation der iranischen Revolutionen von 1953 und 1979.[913] Dabei kommt er zu dem Schluss, dass „[t]he myth of religious violence thus allows those in the West to shrug off any specific grievances that

---

[908] Vgl. ebd., 184-192.

[909] Vgl. ebd., 194-202.

[910] Diese gilt als die prestigeträchtigste Ehrung, mit der die US-Regierung eine/n Forscher*in in den Humanities auszeichnen kann.

[911] Erschienen als BERNHARD LEWIS, „The Roots of Muslim Rage. Why so many Muslims deeply resent the West, and why their Bitterness will not easily be mollified", in: *The Atlantic* 266 (3/1990), 47-60.

[912] CAVANAUGH, *Myth of Religious Violence*, 198.

[913] Vgl. BERNHARD LEWIS, *The Crisis of Islam. Holy War and Unholy Terror*, London 2003.

the Muslim world might have about U.S. foreign policy and U.S. relations with the rest of the world."[914]

Um das Problem des Mythos der religiösen Gewalt bei der Konstruktion einer Dichotomie zwischen Westen und muslimischer Welt weiter zu verdeutlichen, geht Cavanaugh auch auf Mark Juergensmeyer ein.[915] Dieser ist – anders als Lewis – nicht dem konservativen Lager zuzuordnen und sein Anliegen besteht gerade darin, Verständnis für religiöse Akteur*innen zu schaffen. In *The New Cold War?* baut aber auch Juergensmeyer eine Dichotomie auf, und zwar zwischen dem Wiederaufleben einer provinziell-konfessionellen Identität (Eng. *resurgence of parochial identities*) auf muslimischer Seite gegenüber dem säkularen Westen. „As in Lewis, religious actors come from the past and represent parochial, as opposed to universal, identities,"[916] schlussfolgert Cavanaugh. Dies führe letztlich zu dem gleichen Problem, dass Cavanaugh bereits bei Lewis in Bezug auf dessen Interpretation der Situation der iranischen Revolution von 1979 herausgearbeitet hat:

> „Juergensmeyer does not present the Shah as innocent, but as in Lewis, actual analysis of specific grievances is secondary to a consideration of the archaic religious ideas of Iranian Muslims as the factor that blows mundane matters such as torture and coups and oil trading into a cosmic war. [...] The danger of Juergensmeyer's analysis, in other words, is that it calls attention to anticolonial violence, which is labeled religious, and calls attention away from colonial or neocolonial violence, which is labeled secular."[917]

Sobald eine bestimmte Religion als besondere Quelle für Gewalt identifiziert ist – wie im Falle Juergensmeyers der schiitische Islam – wird unser Blick auf den jeweiligen Kontext bereits von westlichen Gesichtspunkten gelenkt, die Religion abgesondert von politischen, ökonomischen und sonstigen Faktoren betrachten. Dies kann letztendlich nur dazu führen, dass Religion als gefährlich eingestuft wird, da diese gerade die verschiedenen Gesichtspunkte miteinander vermischt, allen voran Religion und Politik.[918]

Diese zwei Beispiele sollen genügen, um Cavanaughs Argumentation zu illustrieren. Er selbst nennt noch weitere Autoren, bewusst aus den unterschiedlichsten politischen und wissenschaftlichen Spektren. Doch im Grunde zeigt sich bei allen das gleiche Muster in der Verwendung des Mythos religiöser Gewalt. In diesem Zuge verweist Cavanaugh auf Elisabeth Hurds *The Politics of Secularism*

---

[914]   CAVANAUGH, *Myth of Religious Violence*, 198.

[915]   Siehe MARK JUERGENSMEYER, *The New Cold War? Religious Nationalism Confronts the Secular State*, Berkeley 1993; DERS., *Die Globalisierung religiöser Gewalt*.

[916]   CAVANAUGH, *Myth of Religious Violence*, 198.

[917]   Ebd., 202.

[918]   Vgl. ebd., 202.

in International Relations[919], worin sie darlegt, wie es dem westlichen säkularistischen Diskurs gelungen ist, sich als neutrales Instrument der deskriptiven Analyse zu präsentieren. Er nennt drei politische Konsequenzen, die Hurd in Bezug auf einen säkularen Blick auf die muslimische Welt herausarbeitet: (1) Säkularismus wird als Voraussetzung für Demokratie angesehen. (2) Alle Versuche, die Grenzen des Religiösen und des Politischen neu zu verhandeln, werden als unpassend zur Verwirklichung eines modernen säkularen Ideals abgelehnt. Und (3) die säkulare Vorbedingung zur Trennung von Religion und Politik verhindert im Vorhinein ein Engagement zwischen Säkularen und gemäßigten „zivilen Islamisten".[920] Im Grunde zeigt Hurd damit auf, wie stark der Mythos religiöser Gewalt in das eingeflossen ist, was im ersten Kapitel mit Casanova als Stadialbewusstsein des Säkularismus beschrieben und letztlich als unhaltbar kritisiert wurde.[921]

Doch wie wird aus dieser Haltung gegenüber der muslimischen Welt selbst Gewalt oder zumindest deren Legitimation? Auch hier ist es Cavanaugh wichtig zu betonen, dass der Mythos religiöser Gewalt in den allerwenigsten Fällen direkt und bewusst, sozusagen als Propaganda, eingesetzt wird, um Gewalt zu rechtfertigen.[922] Der Mythos religiöser Gewalt funktioniert indirekt, sozusagen als Rechtfertigung säkularer Notwehr gegenüber religiöser Gewalt. Entscheidend hierfür ist eine prinzipielle Unterscheidung zwischen verschiedenen Formen der Gewalt, wovon manche besser sind als andere, ja, sogar manchmal ein notwendiges Übel. Hierzu Cavanaugh:

> „The categorization of certain acts of violence as religious renders them subject to immediate disapproval. Violence that is deemed secular, on the other hand, is often necessary and sometimes praiseworthy, especially when used for the purposes of bringing the blessings and peacefulness of liberalism to places like Vietnam, where freedom has been repressed. This is even more the case when secular violence is deemed necessary to contain or prevent religious violence."[923]

Dies ist verbunden mit dem, was Cavanaugh mit Verweis auf Charles Kimball eine „Hierarchisierung der Gewalt" nennt. Während religiöse Gewalt ausnahmslos böse ist, kann es sein, dass säkulare Gewalt manchmal notwendig ist und daher der religiösen immer vorgezogen werden muss.[924] Dies klingt auf den ersten

---

[919] ELISABETH SHAKMAN HURD, *The Politics of Secularism in International Relations*, Princeton 2008.

[920] Vgl. CAVANAUGH, *Myth of Religious Violence*, 206. Siehe auch HURD, *The Politics of Secularism,* 123-128.

[921] Siehe hierzu 2.2.1.1.

[922] Siehe CAVANAUGH, *Myth of Religious Violence*, 208: „The myth of religious violence is not a deliberate piece of propaganda meant to justify acts of war. I do not suggest that theories of religion and violence are constructed with this purpose in mind."

[923] Ebd., 208.

[924] Vgl. ebd., 208-212. Siehe auch CHARLES KIMBALL, *When Religion Becomes Evil*, San Francisco 2002.

Blick sehr vernünftig. Doch Cavanaugh weist auf zwei inhärente Gefahren dieses Ansatzes hin:

> „The first is that beliefs that are characterized as religious may be subordinated in the matter of violence to beliefs that are secular, thereby weakening the possibility of religious resistance to violence. [...] The second danger in the hierarchization of types of violence is that there is a pro-Western bias built into the analysis. Those who have not yet learned to disassociate religion from the use of force are threats to the peace of the world."[925]

Gerade die zweite Gefahr, die bewusste oder unbewusste Verwurzelung in der westlichen und aufklärerisch-säkularen Weltsicht, ist hier besonders bemerkenswert. Auch die westliche, rationale Aufklärung hat ihr Sendungsbewusstsein, das gleichzeitig als Brille zur Erschließung der restlichen Welt dient. Diesen Aspekt der aufklärerischen Weltsicht betont besonders O'Regan in seinem Beitrag über Cavanaughs *The Myth of Religious Violence*. Seiner Einschätzung nach könnte Cavanaugh hierbei noch mehr auf die Rolle aufklärerischer Autor*innen verweisen, allen voran Voltaire und dessen *Candide*, das O'Regan als besonders einflussreich für die Entstehung des Mythos religiöser Gewalt und der anti-islamischen Einstellung des Westens sieht.[926] Kritik und Rationalität sind die wichtigsten Aspekte dieser „aufgeklärten" Weltsicht, zumindest im Zuschnitt eines Christopher Hitchens oder Sam Harris.[927] Und alles, was auf dem Feld der rationalen Kritik nicht verhandelt werden kann, wie nach Ansicht dieser beiden Autoren die Religion(en), hat in der öffentlichen Diskussion und vor allem in Fragen öffentlicher Belange keinen Platz. Wer dies nicht anerkennt, wie der Großteil der muslimischen Welt, stellt eine große Gefahr dar, und zwar nicht nur für die eigenen Gesellschaften, sondern auch für den Weltfrieden. Und in diesem Ausnahmezustand ist die Logik eines Harris bestechend: „Harris's logic is impeccable: if religious people hold irrational beliefs so fervently that they will do violence for them, then there is no use trying to reason with them. They can only be dealt with by force."[928] Diese Ansicht kann im äußersten Fall tatsächlich Gewalt legitimieren, wie Cavanaugh mit Blick auf US-amerikanische Kriegseinsätze verdeutlicht. Diese Form der Gewalt bezeichnet Cavanaugh treffend als „Liberal War of Liberation". Ein gutes Beispiel hierfür ist Hitchens säkulare Rechtfertigung für die Kriegseinsätze in Afghanistan und Irak. Cavanaugh zitiert in diesem Zusammenhang eine Reihe von Aussagen Hitchens, die in etwa alle wie die folgende klingen: „I think the enemies of civilization should be beaten and killed and defeated,

---

[925]   CAVANAUGH, *Myth of Religious Violence*, 210-211.
[926]   Vgl. O'REGAN, „What Comes after Essentialist Religion?", 345.
[927]   Siehe u.a. CHRISTOPHER HITCHENS, *God Is Not Great. How Religion Poisons Everything*, New York 2007; SAM HARRIS, *The End of Faith. Religion, Terror, and the Future of Reason*, New York 2004.
[928]   CAVANAUGH, *Myth of Religious Violence*, 215.

and I don't make any apology for it."[929] Natürlich ist nicht jede Rhetorik der „liberalen Befreiungskriege" so scharf wie die von Hitchens. Doch das Grundmuster ist dasselbe, wie Cavanaugh z.B. auch mit Bushs „National Security Strategy" von 2002 veranschaulicht. Im Grunde wird der Mythos der religiösen Gewalt dazu verwendet, einen irrationalen und gefährlichen Gegner aufzubauen, den es im globalen Kampf für Freiheit und Demokratie zu überwinden gilt. Diese Werte sind wahr und gelten für alle Zeiten und Orte und es ist unsere Pflicht, diese Werte zu verteidigen und zu verbreiten. Und Angriff ist bisweilen die beste Verteidigung.[930] Oder wie Cavanaugh an anderer Stelle zusammenfasst: „[L]iberal democracy is perfectly capable of generating its own political messianism"[931]. So gesehen ließe sich auch sagen: „The clash of civilizations is a crusade from both directions."[932]

Diese potentielle negative Rückseite des politischen Programms des Säkularismus und eng mit diesem verbunden des neuzeitlich-modernen Staates wurde bereits in den vorangegangenen Abschnitten erörtert. Der Mythos religiöser Gewalt stellt insofern nur eine weitere Spielart dieser negativen Tendenz dar, an dem die anderen Mythen zusammenkommen: Religiöse Gewalt spielt eine große Rolle für die Legitimation des neuzeitlichen Staates, für dessen Gewaltmonopol und auch für die Art und Wiese, wie gesellschaftliche und globale Freiheit und Pluralität gedacht werden. Religiöse Gewalt als ein Mythos besetzt unsere politische Imagination auf den unterschiedlichsten Feldern. Dabei kann dieser Mythos bewusst oder unbewusst unser politisches Denken beeinflussen. Entscheidend ist, dass er den Rahmen vorgibt, innerhalb dessen politische Arrangements (weltweit) gedacht werden. Doch wie Cavanaugh auch bezüglich der potentiellen Gefahren des Mythos der religiösen Gewalt auf globaler Ebene darlegt, kann man auch hier von einer Art „Dialektik der Aufklärung" sprechen. Im Namen der Freiheit können unterdrückende postkoloniale Untertönen weitertransportiert werden. Und im schlimmsten Fall kann der Mythos selbst wieder zur Gewaltlegitimation dienen. Auf diese gefährliche Tendenz in aller Deutlichkeit hinzuweisen, ist das Verdienst Cavanaughs. Es geht ihm dabei keineswegs darum, Religion von der Verstrickung von Gewalt zu lösen, sondern vielmehr den Boden zwischen säkularem und religiösem Feld diesbezüglich anzugleichen. Seinem theopolitischen Ansatz folgend geht es Cavanaugh nicht um die Gegenüberstellung zwischen in diesem Falle säkularer und religiöser Gewalt, sondern vielmehr um die Frage, auf welcher Grundlage Gewalt gerechtfertigt oder kritisiert wird und inwieweit in diesen Reflexionen theologische Muster zu erkennen sind. Erst auf dieser Ebene der theopolitschen Imagination lässt sich für Cavanaugh ein Urteil zwischen guter und

---

[929]   Christopher Hitchens in einer öffentlichen Debatte in San Franciso, zitiert nach CHRIS HEDGES, *I Don't Believe in Atheists*, New York 2008, 23. Hier zitiert nach CAVANAUGH, *Myth of Religious Violence*, 219.

[930]   Vgl. CAVANAUGH, *Myth of Religious Violence*, 225.

[931]   Ebd., 216.

[932]   Ebd., 4.

schlechter politischer Theologie fällen. „The task then might become one of ex-
posing the false theologies underlying supposedly ‚secular' politics and promo-
ting the true politics implicit in a true theology,"[933] so Cavanaugh. Nachdem wir
in diesem Unterkapitel den ersten Teil dieser Aufgabe nachgezeichnet und eingeordnet haben, folgt nun im nächsten Unterkapitel der zweite Teil, Cavanaughs
Darstellung der „wahren" Politik, gegründet in „wahrer" Theologie.

Abschließend lässt sich nochmals auf das zu Beginn dieses Unterkapitels eingeführte Paradigma der Dekonstruktion verweisen, unter dem diese Analyse
Cavanaughs zum Teil sehr scharfer Kritik bzw. Entmythologisierung unternommen wurde. Dekonstruktion wurde demnach aufgefasst nicht als Destruktion,
sondern als ein notweniger Analyseschritt, „um die Funktionsweise einer Ordnung zu verstehen, die unter spezifischen Hinsichten fragwürdig erscheint"[934].
Cavanaughs grundsätzliche Kritik an der Funktionsweise säkularer und liberaler
Machtkonstitution, allen voran des (National)Staates, wirft viele Fragen auf. Wie
angezeigt, muss auch nicht jeder seiner Interpretationen gefolgt werden. Letztlich
beruht seine Interpretation und Einordnung des theopolitschen Programms der
säkularen Moderne auf seinem genuinen theologischen Ansatz, welcher auch aus
theologischer Sicht nicht von allen geteilt werden muss. Dies wurde besonders
im Verhältnis zu evangelischen Positionen deutlich, die, wie beispielsweise in
Fragen des Wohlfahrtsstaates, ein anderes Verhältnis zur neuzeitlich-modernen
Staatlichkeit offenbaren. Dennoch hat sich Cavanaughs Stimme gerade vor einem
postsäkularen und postliberalen Hintergrund als besonders hilfreich erwiesen,
wenn es darum geht, auf bestimmte Anfälligkeiten für „Pathologien", die poststrukturalistisch gesehen in jedem Ordnungssystem stecken, aus dezidiert theologischer Sicht hinzuweisen. Dass dieselben Anfälligkeiten für Pathologien auch in
der (liturgischen) Machtkonstitution der Kirche(n) auftauchen, gilt es dabei nicht
außer Acht zu lassen. Wie das nächste Unterkapitel zeigt, gilt es diesen Umstand
auch bei Cavanaughs konstruktiven Gegenentwurf mitzubedenken, zu dessen
Darstellung und Einordnung wir nun gelangen.

3.3   Rekonstruktion: Theopolitische Imagination der Eucharistie oder „to eucharisize the world"

„Our greatest contemporary problem may not be the politization of Islam, but the
religionization of Christianity."[935] Damit will Cavanaugh zum Ausdruck bringen,

---

[933]   CAVANAUGH; SCOTT, *Wiley Blackwell Companion to Political Theology*, 4.
[934]   Heimbach-Steins, „Die Gender-Debatte", 46.
[935]   CAVANAUGH, *Field Hospital*, 246. Siehe auch WILLIAM T. CAVANAUGH, „Spaces
of Recognition. A Reply to my Interlocutors", in: *Pro ecclesia* 20 (4/2011), 357-
362, 362.

dass die Rolle, die dem Glauben im politischen Leben liberaldemokratischer Nationalstaaten zugesprochen wird, nicht dem christlichem Selbstverständnis entspricht. „[R]eligion is defined in liberal society as a matter of beliefs about the otherworldy and only indirectly applies to the social and political."[936]Allerdings, so Cavanaugh, „[o]nly an utterly anachronistic reading of the Gospel could divide religion and politics."[937] Dies macht Cavanaugh beispielhaft mit der Perikope von Mt 22,15-22[938] deutlich, in der Jesus von Pharisäern und den Anhängern Herodes danach gefragt wird, ob man als Gläubige*r Steuern an den Kaiser zu entrichten habe. Hierzu schreibt Cavanaugh:

> „When Jesus suggests that God and Caesar each be rendered his due, he does not thereby envision a division of labor between two divine beings. There is no realm of life called ,politics' that is only indirectly under God's providential care. Once one renders to God what is God's [...], there is nothing left that belongs properly to Caesar. Strictly speaking, the world is a theocracy: it is ruled by God."[939]

Diese Interpretation wirkt auf den ersten Blick prekär, vor allem wenn man die Perikope als zentrale Belegstelle für die Trennung von Politik und Religion lesen will. Wenn auch eine solche hermeneutische Tradition besteht, ergibt aber ein näherer Blick auf die exegetische Tradition dieser Perikope, dass Cavanaughs Interpretation weitaus adäquater ist als Interpretationen, die darin einen Beleg für die Trennung von Politik und Religion sehen.

Hier ist zunächst einmal festzuhalten, dass die Aussageabsicht des Evangelisten in erster Linie ist, zu zeigen, wie die Gegner Jesu vergeblich versuchen, „eine Schlinge um Jesus zu ziehen", wie Ulrich Luz klarstellt.[940] Jesus wird vor das Dilemma gestellt, sich entweder auf die Seite der Zeloten zu stellen, die die römische Besatzung und damit verbunden die Steuerzahlungen radikal ablehnen. Hierbei würde er Gefahr laufen, als anti-römischer Rebell angeklagt und verurteilt zu werden. Oder aber, er heißt Besatzung und Steuern gut, womit er sich wiederum Kritik auf Seiten religiöser Juden und Jüdinnen einfangen würde. In dieser Situation wählt Jesus statt einer eindeutigen Antwort eine „geschickte Zuspitzung" und kompromittiert so seine Gegner.[941]

Bereits Tertullian deutet diese Zuspitzung so: Der Kaiser ist auf der Münze eingeprägt, also kann man ihm auch dieses Abbild seiner selbst zukommen lassen. Dahingegen aber ist der Mensch das Abbild Gottes, weswegen ihm im Grunde

---

[936]   CAVANAUGH, *Field Hospital*, 245-246.
[937]   CAVANAUGH, *Migrations of the Holy*, 4.
[938]   Siehe auch die synoptischen Parallelstellen in Mk 12,13-17 u. Lk 20,20-26.
[939]   CAVANAUGH, *Migrations of the Holy*, 4-5.
[940]   Vgl. ULRICH LUZ, *Das Evangelium nach Matthäus*, Bd. 3, *Mt 18-25*, Neukirchen-Vluyn 2012, 253-254.
[941]   Vgl. NICLAS FÖRSTER, *Jesus und die Steuerfrage. Die Zinsgroschenperikope auf dem religiösen und politischen Hintergrund ihrer Zeit mit einer Edition von Pseudo-Hieronymus, De haeresibus Judaeorum*, Tübingen 2012, 278.

alles, was am Menschen ist, zusteht. Nach Tertullian, wie in der gesamten Tradition der Alten Kirche, gibt es also keine Aufteilung der Loyalitäten zwischen Kaiser/Staat und Gott, sondern eine Unterordnung. Diese deutet Jesus aber nur an. In diesem Sinne interpretiert auch Luz Mt 22,21. Ihm zufolge stehen beide Gebote nicht parallel nebeneinander, sondern es liegt eine Betonung auf dem Letzteren, wonach „Gehorsam gegenüber Gott das Gebot aller Gebote [ist], das alle anderen umschließt".[942] Vor dem historisch-kulturellen Hintergrund stimmt dieser Interpretation auch Niclas Förster zu. In Jesu Aussage findet sich demnach eine Anspielung auf die Vorstellung des „göttliche[n] Universalbesitz[es]": Gott als Schöpfer ist – „strictly speaking" – Eigentümer von allem. Für Förster muss diese tiefere Sinnspitze der Aussage Jesu dessen Zeitgenoss*innen klar gewesen sein, betrachtet man sie vor dem Hintergrund zahlreicher prophetischer Texte, wie 1 Chr 29,14 oder Hag 2,8 und Joel 4,5, die davon handeln, dass Gott von allen irdischen Herrschern das von ihm geschaffene Gold eines Tages zurückfordern wird.[943]

Wie und wann konnte es also zu der Interpretationslinie kommen, die der Perikope vornehmlich Bedeutung für die Verhältnisbestimmung zwischen christlichen Gemeinden und dem Staat bemisst? Luz zufolge stellt hier die Neuzeit die entscheidende Wende dar. Zunehmend wurde dem Kaiser nicht nur (Steuer)Geld zugeordnet, sondern alle *temporalia* (weltliche Güter), wohingegen der Kirche bzw. dem Feld der Religion, die *spiritualia* (Kult u. Frömmigkeit) zugesprochen wurde. Ganz besonders tritt dies dann in der Reformation zu Tage, in der Zwei-Reiche- bzw. Zwei-Regimenterlehre von Luther und Calvin. Auch wenn der zweite Teilsatz, der Gehorsam gegenüber Gott, weiterhin Geltung hatte, kam es doch zu einer deutlichen Betonung des Gehorsams gegenüber der staatlichen Obrigkeit, wie bereits im Abschnitt zur Entstehung des neuzeitlichen Staates dargestellt.[944] Die inhärente Gefahr dieser Interpretationsline wurde letztendlich in den Erfahrungen des Kaiserreichs und der NS-Diktatur deutlich, weswegen sich Luz zufolge nach 1945 im protestantischen wie katholischen Umfeld eine eher staatskritische Interpretation durchsetzte.[945] Für die heutige Zeit hält Luz demnach abschließend fest: „Christliche Theologie des Staates ist Irrweg"[946]. So urteilt beispielsweise auch Palaver bezüglich Mt 22,21, das er zwar einerseits in Bezug zum Aufruf zum Gehorsam gegenüber dem Staat in Röm 13 setzt, andererseits aber auch in Spannung zur *clausula Pertri* in Agp 5,29, wo es heißt: „Man muss Gott mehr gehorchen als den Menschen". Aus dieser Spannung zwischen diesen Textstellen ergibt sich für ihn keine einheitliche Systematik: „Sie münden weder in

---

[942]   LUZ, *Evangelium nach Matthäus*, 260.

[943]   Vgl. FÖRSTER, *Jesus und die Steuerfrage*, 279-280.

[944]   Vgl. 3.2.1, insbesondere 3.2.1.2. Siehe auch MANOW, „Die religiöse Prägung des bundesdeutschen Wohlfahrtsstaates", 208.

[945]   Vgl. LUZ, *Evangelium nach Matthäus*, 254-257.

[946]   Ebd., 260.

einem dualistischen Parallelismus von Religion und Politik noch in einer einfachen Unterordnung des einen Bereichs unter den anderen."[947] Das bedeutet also auch keine Unterordnung der Politik bzw. des Staates unter die Religion bzw. Kirche. Aber genauso auch keine Unterordnung der Religion unter den Staat, wie Palaver es im absolutistischen Staatsdenken Hobbes auf die Spitze getrieben sieht.[948]

In eben dieser Absicht ist auch Cavanaughs Interpretation von Mt 22,21 zu lesen. Für ihn ist klar, dass sich Kirche und Theologie nicht in den Dienst des Nationalstaates – selbst des liberaldemokratischen – stellen lassen dürfen. Gleichzeitig kann es aber auch nicht darum gehen, den Staat unter religiöse oder gar kirchliche Autorität zu stellen. In diesem Sinne spricht Cavanaugh von der „dual nature of Christian political witness"[949], die nicht nur die Kritik an bestimmten politischen und gesellschaftlichen Verhältnissen verlangt, sondern auch das aktive Eintreten für das, was im Glauben als der Weg zum Leben erkannt wird. Die Kirche muss einerseits also politisches Zeugnis abgeben für Gottes Herrschaft über die Welt, darf aber anderseits nicht dem idolatrischen Impuls nachgeben und sich mit Gott gleichsetzen oder aber der „konstantinischen Versuchung", der Ausübung der Staatsgewalt, nachgeben. Um diese schwierige Position zu beschreiben, charakterisiert Cavanaugh Christ*innen als prinzipiell „politisch heimatlos" in der Gegenwart.[950] Demnach kann es keine Identifikation zwischen christlichem Glauben und einem einzigen, bestimmten politischen Programm (z.B. einer best. Partei) oder einer Staatsform geben. Worauf sich diese politische Heimatlosigkeit gründet, worin also der politische Kern des Christentums für Cavanaugh besteht, soll im nächsten Abschnitt erörtert werden. Doch gleich zu Beginn sei eine Warnung vorangestellt, wie sie Luz bezüglich der Vorrangstellung des Gottesgehorsams gegenüber dem Obrigkeitsgehorsam ausspricht: „Problematisch wird sie [staatskritische Interpretation] erst dann, wenn an die Stelle der Verordnung Gottes diejenige der Kirche tritt."[951] Die Vorsicht, die gegenüber der staatlichen Vereinnahmung der Religion geboten ist, ist auch im Hinblick auf die Vereinnahmung des Gottesgehorsams von Seiten der Kirche (als Institution) geboten.

Ausgangspunkt für unsere Untersuchung ist zunächst die Wiederentdeckung der sozialen und politischen Bedeutung der kirchlichen Metapher des *corpus mysticum* in der Nouvelle Théologie. Ausgehend von Henri de Lubacs Theologie des *corpus mysticum* soll in einer ersten Sektion Cavanaughs *eucharistic counterpolitics* und deren Opposition zur säkularen Politik des modernen Nationalstaates

---

[947]   WOLFGANG PALAVER, „„Gebt dem Kaiser, was dem Kaiser gehört, und Gott, was Gott gehört!' Über das komplexe Verhältnis von Religion und Politik", in: MONIKA DATTERL; WILHELM GUGGENBERGER; CLAUDIA PAGANINI (Hg.), *Glaube und Politik in einer pluralen Welt*, Innsbruck 2017, 17-34, 25.

[948]   Vgl. ebd., 27-28.

[949]   CAVANAUGH, „Spaces of Recognition", 361.

[950]   Vgl. CAVANAUGH, *Migrations of the Holy*, 5.

[951]   LUZ, *Evangelium nach Matthäus*, 260.

erörtert und vor aktuellem theologischen Hintergrund eingeordnet werden. Die zweite Sektion widmet sich dezidiert Cavanaughs politischer Sakramententheologie der Eucharistie als dem genuinen Ort christlicher Sozialität und Gemeinschaft. Hierbei liegt besonderes Augenmerk auf der Art und Weise, wie die Eucharistie eine politische Imagination freisetzt, in der Raum und Zeit neu konfiguriert werden. Diese eucharistische Rekonfiguration gilt es in einer dritten Sektion vor einem klassisch katholischen Sakramenten- und Kirchenverständnis einzuordnen und darauf aufbauend in eine ökumenische und darüber hinaus postsäkulare Richtung hin zu öffnen. Bereits hier soll ein erster Vorschlag für eine solche Weitung über die Diskussion mit der radikaldemokratischen Theorie gegeben werden, den es dann im weiteren Verlauf der Arbeit immer weiter zu spezifizieren und überprüfen gilt.

3.3.1   Die politische Bedeutung des corpus mysticum

3.3.1.1   Henri de Lubacs Wiederentdeckung der eucharistischen Ekklesiologie

Wie bereits eingangs erläutert, steht im Zentrum von Cavanaughs theologischer politischer Theologie die Eucharistie. Sie ist das Zentrum der sozialen Natur des Christentums im Allgemeinen, und des Katholizismus im Speziellen. Cavanaugh reiht sich bewusst in verschiedene theologische Entwicklungen des 20. Jahrhunderts ein, in deren unterschiedlichen Zentren die Eucharistie steht. Angefangen von der Mysterientheologie Odo Casels, über die liturgische Bewegung der ersten Hälfte des Jahrhunderts bis hin zu der communio-Ekklesiologie des II. Vatikanischen Konzils, ist die Eucharistie die „Mitte der Theologie".[952] Auch Enzykliken wären hier zu nennen, allen voran die Enzyklika *Mystici corporis* (1943) von Pius XII. und Johannes Pauls II. *Ecclesia de Eucharistia* (2003). Nicht ganz grundlos nennt Cavanaugh einmal das 20. Jahrhundert auch das „Jahrhundert der Eucharistie"[953]. Helmut Hoping fasst die besondere Form dieses Kirchenverständnisses unter dem Term „eucharistische Ekklesiologie" zusammen und charakterisiert diese wie folgt: „Die eucharistische Ekklesiologie unterstreicht, dass die Eucharistie nicht ein isoliertes Einzelsakrament neben anderen sakramentalen Zeichen

---

[952]   Vgl. HELMUT HOPING, *Mein Leib für euch gegeben. Geschichte und Theologie der Eucharistie*, Freiburg 2015, 13-24. Hoping nennt eine Vielzahl von Belegstellen in den unterschiedlichen Dokumenten des II. Vatikanischen Konzils für eine solche „Eucharistische Ekklesiologie", vgl. ebd. 15 u. 414, u.a. *Lumen gentium* 3 und 11 (DH 4103, 4127), wo die Eucharistie zugleich als „Quelle und Höhepunkt" christlichen Lebens eingeführt wird, aber auch *Sacrosanctum concilium* 10 (DH 4010) („Gipfelpunkt und Quelle") oder aber auch *Unitatis redintegration* 15 (DH 4193) („Quelle und Unterpfand").

[953]   CAVANAUGH, „The Church in the Streets", 384.

ist, sondern Eucharistiegemeinschaft und Kirchengemeinschaft in engstem Zusammenhang miteinander stehen."[954] Wie bereits dargestellt, zeichnet Cavanaughs theopolitischen Ansatz genau dieses eucharistische Kirchenverständnis
aus. Wichtigster Gewährsmann für Cavanaughs eucharistische politische Theologie ist Henri de Lubac, in seinen Worten „[p]erhaps the greatest Catholic theologian of the twentieth century."[955]. Dessen bahnbrechende Studie *Corpus Mysticum* prägt maßgeblich Cavanaughs Konzeption der Kirche als wahrem Leib
Christi (Eng. *true Body of Christ*) konzipiert. Über de Lubacs Entdeckung ber-
ichtet er wie folgt:

> „In the patristic and early medieval periods, then, the Church was regarded not as
> *corpus mysticum*; it was commonly identified as the *corpus verum*, the true body
> of Christ which was the effect of the sacramental action: ,the Eucharist makes the
> Church' in de Lubac's famous phrase."[956]

In aller Kürze soll auf die wichtigsten Aspekte von de Lubacs Theologie eingegangen werden, die auch für Cavanaughs Konzeption einer politischen Theologie
der Eucharistie von zentraler Bedeutung sind. Man kann sich Cavanaughs Interpretation von de Lubac am besten über die drei Werke *Catholicisme* (1938), *Corpus mysticum* (1944) und *Surnaturel* (1946) nähern.[957] Alle drei Schriften von de
Lubac beleuchten jeweils verschiedene Aspekte seines zentralen theologischen
Anliegens, i.e. die Überwindung des Pietismus seiner Tage, der gepaart mit einer
neoscholastischen Konzeption der Kirche als *societas perfecta* auftrat und seiner
Auffassung nach Glauben und Kirche weg von der natürlichen Welt in eine übernatürliche verlagerte. De Lubac gilt damit auch als einer der prominentesten Vertreter der Nouvelle Théologie, deren zentrales Anliegen die Überwindung der
modernen Dichotomie zwischen Transzendenz und Immanenz bzw. Gnade und
Natur ist.[958] Hans Boersma sieht in diesem zentralen Anliegen der Nouvelle

---

[954] HOPING, *Mein Leib für euch gegeben*, 415.

[955] CAVANAUGH, „The Church in the Streets", 392. Zu Cavanaughs Bezugnahme auf
de Lubac siehe auch BRITTE CHOLVY, „William T. Cavanaugh, lecteur d'Henri de
Lubac", in: SYLVAIN BRISON; HENRI-JÉRÔME GAGEY; LAURENT VILLEMIN (Hg.),
Église, Politique et Eucharistie. Dialogue avec William Cavanaugh, Paris 2016, 69-
88.

[956] Ebd., 395. Siehe auch DE LUBAC, *Corpus mysticum*, 113.

[957] Auf Deutsch erschienen sind bisher HENRI DE LUBAC, *Glauben aus der Liebe. Catholicisme*, übers. v. HANS URS VON BALTHASAR, Einsiedeln 1992; und DERS., *Corpus mysticum. Kirche und Eucharistie im Mittelalter. Eine historische Studie*; in
englischer Übersetzung liegt vor: DERS., *The Mystery of the Supernatural*, New
York 1998.

[958] Cavanaugh ist sich der Kritik, der sich de Lubac und andere Vertreter der Nouvelle
Théologie gegenübersahen und noch stets gegenübersehen dabei voll bewusst:
„[D]e Lubac is sometimes portrayed as a grumpy opponent of ,the world' by those
who conflate the goodness of God's creation with its ,autonomy'. De Lubac had
already faced such a critique in the 1930s from Arquillière, who regarded de Lubac

Théologie ein gemeinsames Anliegen mit einem sakramentalen Verständnis von Ontologie. Die Verbindung komme zum Ausdruck indem

> „historical realities of the created order served as divinely ordained, sacramental means leading to eternal divine mysteries. The interpretation of sign (signum) and reality (res) meant, according to the nouvelle theologians, that external, temporal appearances contained the spiritual, eternal realities which they represented and to which they dynamically pointed forward."[959]

Genau in diesem Sinne interpretiert Cavanaugh Sakramente als „anticipations of eternity in the material reality of temporal existence"[960]. Für Cavanaugh folgt aber mit dieser Aufhebung der strikten Trennung zwischen Natur und dem Übernatürlichen auch die Aufhebung der Trennung zwischen Politik und Religion:

> „De Lubac's breaking down of the separation between nature and grace – without thereby obliterating the distinction between the two – allows the breaking down of the separation between politics and theology. Theology is not something cordoned off into a supernatural layer resting on top of an autonomous natural substrate of politics, work, and so on."[961]

Vor diesem Hintergrund ist auch die Frage, ob die Kirche als mystischer oder wahrer Leib Christi zu verstehen ist, von großer Bedeutung. Die amtliche Ekklesiologie der Zwischenkriegszeit, wie sie schließlich Ausdruck in der Enzyklika *Mystici corporis* (1943) fand, war einerseits geprägt von einem Mystizismus im heutigen Sinne der Innerlichkeit und Unmittelbarkeit der Gotteserfahrung, die andererseits aber in der Kirche einen institutionellen, äußeren Gegenpol als dem ausschließlichen Ort dieser Gottesbegegnung hatte. Hiergegen wandte sich beispielsweise auch de Lubacs Zeitgenosse, der Dominikaner Mannes Dominikus Koster, der sich in seiner *Ekklesiologie im Werden*[962] für das Kirchenbild des

---

as deprecating the integrity of the natural world and thereby eroding the autonomy of the natural law and human government." Tatsächlich liegt für Cavanaugh aber das Problem dieser Kritik in einem Genusfehler, der Gott und Welt in die gleiche Kategorie einteilt und so gerade verhindert, das Übernatürliche im Natürlichen eingewoben zu sehen: „The separation became endemic in modern Catholic theology, which sees nature and supernature as in some sense juxtaposed, and in spite of every intention to the contrary, as contained in the same genus, of which they form as it were two species." Siehe CAVANAUGH, „Ecclesial Ethics and the Gospel sine glossa", 514, 515.

[959]   BOERSMA, *Nouvelle Théologie and Sacramental Ontology*, 288.
[960]   CAVANAUGH, „Ecclesial Ethics and the Gospel sine glossa", 520. Siehe ebd., 520: „For de Lubac, the ordinary, mundane, temporal activities of work and politics and art and culture always bear within them the spark of eternity; the supernatural always penetrates the natural."
[961]   Ebd., 517.
[962]   MANNES DOMINIKUS KOSTER, *Ekklesiologie im Werden*, Paderborn 1940.

Volk Gottes aussprach. Damit wollte Koster eine Alternative zur Leib-Christi-Ekklesiologie geben, die seiner Einschätzung nach zu der beschriebenen doppelten Tendenz der Mystifizierung bei gleichzeitiger Institutionalisierung führe, da sie nicht scharf genug zwischen Christus und der Kirche unterscheide.[963] Eine ähnlich anti-mystifizierende Stoßrichtung hat auch de Lubacs Forschung jener Tage. In *Catholicisme* konzentriert sich de Lubac auf die sozialen Aspekte von Dogmen und arbeitet heraus, dass Katholizität essentiell eine soziale Kategorie ist, gegründet in der mystischen Einheit aller Menschen in der Ebenbildlichkeit Gottes. Diese prinzipielle soziale Einheit der Menschheit ist grundgelegt in der mystischen Gemeinschaft aller Menschen in der Eucharistie als dem *corpus mysticum*. Im gleichnamigen Werk arbeitet de Lubac die ursprüngliche patristische und frühmittelalterliche Bedeutung des *corpus mysticum* heraus, wonach mystisch gerade nicht spirituell-innerweltlich bedeutet, sondern als sakramental im Sinne der oben angeführten ontologischen Bedeutung verstanden wird, wonach das Sakrament als äußeres natürliches Zeichen einer ewigen übernatürlichen Wahrheit zu verstehen ist.[964] Demnach liegen für de Lubac Ursprung und Identität der Kirche in der eucharistischen Versammlung. Und in *Surnaturel* überwindet de Lubac schließlich die Dichotomie zwischen Natur und Gnade, indem er aufzeigt, dass das Konzept der reinen Natur bei Thomas nur rein hypothetisch angedacht war und erst von dessen Kommentatoren im 16. Jahrhundert den Stand einer wirklichen Gegebenheit bekam.[965]

Wie oben bereits angemerkt, ist es vor allem *Corpus mysticum*, das wichtig ist für ein Verständnis von Cavanaughs eucharistischer Ekklesiologie. Noch dazu legt ein kurzer Blick auf die zentralen Aussagen dieser Untersuchung eine wichtige Erkenntnis offen, und zwar, dass sowohl die Säkularisierung als auch die Entstehung des neuzeitlich-modernen Staates auch theologische und kirchliche Quellen und Antriebe haben, also nicht als etwas betrachtet werden können, dass „they did to us"[966], wie auch Cavanaugh diesbezüglich festhält. De Lubacs Untersuchung des Konzepts des mystischen Leib Christis, das seine Ursprünge in Paulus Leibmetaphorik in 1 Kor 12 hat, untersucht den Bedeutungswandel des

---

[963] Koster war hierbei auch der Ausgangspunkt für die Promotionsschrift von Joseph Ratzinger, *Volk und Haus Gottes in Augustinus Lehre von der Kirche* (1951). Darin folgt er zwar Kosters Kritik an einer Mystifizierung von Kirche im Sinne einer Verinnerlichung und Entweltlichung. Allerdings hält Ratzinger dabei am Kirchenbild des mystischen Leib Christi fest, da er, de Lubac folgend, mystisch im Sinne der Kirchenväter als „sakramental" auffasst. In ihrer sakramentalen Verfasstheit sei die Kirche nun aber gerade beides, innerlich-transzendent und konkret-weltlich. Vgl. BENEDIKT HANKYU CHO, *Universale Concretum. Die Bestimmung des unterscheidend Christlichen in den Gesammelten Werken von Joseph Ratzinger*, Sankt Ottilien 2015, 105, 109.

[964] Zu de Lubacs sakramentalem Verständnis der Kriche siehe BOERSMA, *Nouvelle Théologie and Sacramental Ontology*, 244-259.

[965] Vgl. ebd., 88-99.

[966] CAVANAUGH, „Eucharistic Identity in Modernity", 155.

Konzeptes des *corpus mysticum*, das ursprünglich das Sakrament der Eucharistie meinte, dann aber auf die Kirche als Institution als mystischer Leib überging. Verbunden damit war ein Prozess im Laufe des Mittelalters, in dem die Kirche ihre Quelle nicht mehr in der Eucharistie, sondern mehr und mehr in formalen legalen Konzepten sah. Unter Papst Bonifaz VIII. wird die Strategie besonders deutlich, die kirchliche Macht gegenüber weltlicher Macht dadurch zu sichern, dass man sie als kirchliches Königreich, als *mystischen* Leib Christi, interpretierte. Der mystische Leib verlor seinen sakramentalen Ursprung und wurde sozialisiert. Der Leib Christi wird nun institutionell mit einer eigenständigen juridischen Macht garantiert und nicht mehr eucharistisch verwirklicht. Die Kirche wurde ein eigenständiges, spirituelles Reich – *corpus mysticum* – in Gegenüberstellung zum weltlichen, kaiserlichen Reich. Parallel dazu setzte auch eine Spaltung zwischen sichtbarer Kirche als Institution und unsichtbarer Kirche ein, verbunden mit der Ausweitung mystischer Aspekte. Im Sakrament der Eucharistie wurde nun die leibliche Anwesenheit Christi in der somatischen Realpräsenz betont – *corpus verum*. Auf lange Sicht sollte dies schließlich zur Trennung zwischen Weltlichkeit und Geistlichkeit, zwischen Politik und Religion, als zwei unterschiedlichen Sphären führen. Auf der Grundlage von de Lubacs Arbeit konnte unter anderem Ernst Kantorowicz zeigen, wie die Kirche nach dem Vorbild des entstehenden neuzeitlichen Staates modelliert wurde.[967] Kantorowicz beschreibt diesen Vorgang, der mit dem Investiturstreit einsetzte, als eine Säkularisierung der Kirche bei gleichzeitiger Betonung des mystischen Charakters der Institution:

> „It [Investiturstreit] was the beginning of the so-called secularization of the medieval church, a process which was balanced by an all the more designedly mystical interpretation of the administrative body. The new term *corpus mysticum* linked the building of the visible church organism, it is true, with the former liturgical sphere; but, at the same time, it places the church as a body politic or a political organism on one level with the secular bodies politic which by that time began to assert themselves as self-sufficient communities."[968]

Palaver bringt diese komplizierte historische Entwicklungslage treffend auf den Punkt, wenn er davon spricht, dass durch die Uminterpretation des mystischen Aspekts der Kirche, der Papst zu einer Art mystischem Kaiser wurde, während auf der anderen Seite der neuzeitliche Staat, wie es sich bei Hobbes zeigt, ein säkulares eindimensionales Spiegelbild dieser mystisch-politischen Kirche darstellt.[969]

---

[967]   KANTOROWICZ, *Die zwei Körper des Königs*.

[968]   ERNST KANTOROWICZ, „‚Pro Patria Mori' in Medieval Political Thought", in: *The American Historical Review* 56 (3/1951), 472-492, 485, zitiert nach PALAVER, „The Debate About the European Wars of Religion", 256.

[969]   Vgl. WOLFGANG PALAVER, „Hierarchie ist nicht gleich Hierarchie. Das Konzept der ‚verwickelten Hierarchie' und seine Bedeutung für das zukünftige Verhältnis von

Als einen wichtigen Schritt in diese Richtung interpretiert Cavanaugh auch die reformatorische Kritik an der spätmittelalterlichen Sakramentenlehre, die vor allem gegen die Sakramentenfrömmigkeit des einfachen Volkes gerichtet war. Hauptangriffspunkt war die „Fetischisierung der Eucharistie", also die Verehrung der Hostie als materielles Objekt, das mit der Präsenz Gottes sozusagen „aufgeladen" war. Wichtiger als diese äußere Welt voller verzauberter Gegenstände war Reformatoren wie Calvin die innerliche Spiritualität. Diese Abkehr von „weißer Magie" und der gleichzeitige Fokus auf Innerlichkeit spielte nach Charles Taylor eine entscheidende Rolle in der örtlichen Trennung zwischen Gott und Welt.[970] Cavanaugh schlussfolgert: „This type of disenchantment, meant to protect God from the world, would eventually lead to a world in which God was unnecessary."[971] Wie bereits oben erläutert, ist Cavanaugh aber kein Anhänger der Entzauberungsthese. Vielmehr spricht er von einer Migration des Heiligen in die politisch-säkulare Sphäre des Nationalstaates.

Entscheidend für unsere Diskussion ist hier der Verweis auf die gemeinsame theologische Wurzel moderner, säkularer Konzeption von Politik auszumachen, die Cavanaugh mit de Lubac letztendlich auf die Bedeutungsverschiebung des *corpus mysticum* im Mittelalter zurückführt. Bei aller Kritik am Nationalstaat betont Cavanaugh aber, dass es ihm nicht darauf ankomme, die mittelalterliche eucharistische Sozialität zu idealisieren. Besonders die „rigide Hierarchisierung" widerspreche dem paulinischen Ideal des Leib Christi.[972] Wenn es aber darum geht, die Kirche als eine alternative Sozialform dem (National)Staat gegenüberzustellen, ist das Konzept des *corpus mysticum*, wie es de Lubac zu Tage gefördert hat, von großer Bedeutung für Cavanaugh. Er schreibt: „[I]t becomes possible, perhaps even necessary, to look at the Eucharist as an alternative liturgical enactment of a communal body, the Body of Christ."[973] Wichtig ist hierbei zu erkennen, dass wenn Cavanaugh diesen kirchlichen Sozialkörper als mystisch charakterisiert, er mit de Lubac versucht „to move behind the modern inversion in order to recapture a sense of the mystical that is not opposed to the real [...]"[974], er also mystisch nicht typisch modern als Gegenbegriff zu real oder wahr versteht. Mystisch soll demnach also auch nicht nur auf die sakramentale, wundersame Präsenz Gottes in der Eucharistie verweisen, sondern charakterisiert den sozialen

---

kirchlich-hierarchischer und staatlich-demokratischer Ordnung", in: ROMAN SIEBENROCK; WILLIBALD SANDLER (Hg.), *Kirche als universales Zeichen. In memoriam Raymond Schwager SJ*, Münster 2005, 173-185, 181-182.

[970] Vgl. TAYLOR, *Ein säkulares Zeitalter*, 127-134.

[971] CAVANAUGH, „Eucharistic Identity in Modernity", 162.

[972] Siehe ebd., 157: „We should add that Eucharistic sociality in the medieval period was never idyllic; the medieval social body was constructed of rigid hierarchies that were far from Paul's ideal, and those excluded from full participation in the social body, especially Jews, were oppressed."

[973] CAVANAUGH, „The Church in the Streets", 389.

[974] CAVANAUGH, *Field Hospital,* 116.

Vorgang in der Eucharistie, durch welchen Kirche als sozialer Körper konstituiert wird. Hierzu nochmals Cavanaugh:

> „De Lubac's slogan ‚The Eucharist Makes the Church' was an attempt to emphasize the social body of the church as an action, a dynamic calling together of a group of people by the living God [...]. In early the tradition, the Eucharist was the ‚mystery of unity', a social action binding people to one another."[975]

Und genau diesen Aspekt sozialer Aktion des Sakraments der Eucharistie interpretiert Cavanaugh nun politisch. Damit geht er entschieden über die Schlussfolgerungen de Lubacs hinaus. Dieser habe zwar entscheidend zum sozialen Verständnis der Eucharistie beigetragen, die weitreichenden politischen Implikationen seines eigenen Ansatzes aber nicht zu Ende gedacht: „But de Lubac does not do enough to consider the Church as a social body in its own right. Because [...] he wrongly equates politics with the state, de Lubac stops short of the full political implications of his own work on the Eucharist."[976] Gegenüber de Lubac schlägt Cavanaugh ein breiteres Verständnis von Politik vor: „‚politics' is defined not as the achievement of state power but more broadly as the ordering of bodies in space and time [...]"[977]. Politik in diesem Sinne, als Imagination von Körpern in Raum und Zeit, kommt nicht allein dem Staat zu. Auch die Kirche, und zentral in ihr die Eucharistie, hat ihre spezifische Art des Einordnens von Körpern. Dies bedeutet für Cavanaugh nun aber gerade nicht politisch zu sein wie der Staat und mit diesem wie im Model eines mystischen Kaisertums in direkte Konkurrenz zu treten. Wie genau Cavanaugh aber den Leib Christi mit dem Staatskörper in Beziehung setzt, soll im folgenden Abschnitt dargestellt und diskutiert werden.

3.3.1.2   *Corpus verum und der Staatskörper: Die Kirche als tertium quid*

Die politische Ausrichtung der Kirche als eucharistische Gemeinschaft lässt sich vor dem Hintergrund ihrer heilsgeschichtlichen Bedeutung verdeutlichen. Eine zentrale Bezugsgröße für Cavanaugh ist hier Gerhard Lohfinks Verständnis von Kirche als endzeitliche Sammelbewegung, das er in seinem Buch *Braucht Gott die Kirche?* entwickelt.[978] Darin betont Lohfink die Zentralität des Exodusmotivs, wobei der geographische Exodus nur eine Sonderform darstellt von dem systematischen Paradigma des Exodus des Gottesvolkes aus einer alten Gesellschaft in eine neue.[979] Diese neue Gesellschaft ist geprägt von der „sakramentalen

---

[975]   Ebd., 116.

[976]   CAVANAUGH, „The Church in the Streets", 400.

[977]   Ebd., 401.

[978]   GERHARD LOHFINK, *Braucht Gott die Kirche? Zur Theologie des Volkes Gottes*, Freiburg 1998. Bezüge zu Lohfink finden sich u.a. in CAVANAUGH, *Theopolitical Imagination*, 86; DERS. *Migrations of the Holy*, 125-126, 143-150, 168; DERS., *Field Hospital*, 17.

[979]   Vgl. LOHFINK, *Braucht Gott die Kirche?*, 97.

Grundstruktur des Handeln Jesu" und der bleibenden Verbindung zu seinem Leib im Leib der Kirche. Hierzu eine entscheidende Textstelle bei Lohfink:

> „Nimmt man all das zusammen – die Einheit von Zeichen und Wort im Auftreten Jesu, sein vollmächtiges Handeln, sein Handeln am Gottesvolk und die endzeitliche Struktur dieses Handelns –, so kommt man nicht daran vorbei, von ‚sakramentaler Struktur' zu sprechen. Denn Sakramente leben von der Einheit zwischen Zeichen und Wort. Mehr noch: Sie sind eschatologische Zeichen. Mit ihnen beginnt bereits neue Schöpfung."[980]

Es ist diese eschatologische Öffnung hin zur neuen Schöpfung im Sakrament, die zentral ist für Cavanaughs politisches und soziales Verständnis der Eucharistie. Auch Körner hält in diesem Zusammenhang treffend fest: „Die Sozialform des Evangeliums ist sakramental, weil zugleich Zeichen und Werkzeug. In diesem Sinn ist die Sozialform des Evangeliums Kirche. Sie ist bereits sichtbar werdende eschatologische Gemeinde."[981] In der Eucharistie beginnt für Cavanaugh immerfort und ganz konkret der Auszug aus der alten Gesellschaft in die neue. Befreiung und Erlösung ereignen sich im konkreten Vollzug der Gottesnähe in der konkreten Versammlung des Gottesvolkes als Leib Christi.

Diese Versammlung stellt für Cavanaugh eine alternative Sozialform dar, die es auch mit dem modernen Staatskörper in Beziehung zu setzen gilt. Hierbei versucht Cavanaugh die richtige Balance zu finden zwischen kritischer Distanz zum Staat einerseits und andererseits der zu vermeidenden Versuchung zur Unterordnung des Staates unter die Sozialform des Evangeliums. Zum einen will er also verhindern, dass Glaube zu einer rein spirituellen Angelegenheit ohne Auswirkungen auf das soziale und politische Leben degradiert wird. Andererseits ist es Cavanaugh aber auch wichtig, sich von der Vorstellung abzugrenzen, die Kirche solle den Platz des Staates einnehmen. Genauso wenig geht es darum, auf vormaligen Rechten und Privilegien zu bestehen. Ebenso wendet sich Cavanaugh scharf gegen einen Ekklesiozentrismus. Dies liege in der kenotischen Natur der Eucharistie begründet, denn „[...] if the Eucharist remains quarantined in a separate, supernatural, sphere, then it is not the true Body of Christ, the *corpus verum*, at all."[982] Die Sinnspitze seiner eucharistischen Gegenpolitik bringt Cavanaugh wie folgt auf den Punkt: „the point is not to politicize the Eucharist, but to ‚eucharistize' the world"[983]. Es geht ihm um eine andere Art von theopolitischer Imagination in der Eucharistie, nicht allein um eine andere Politik der Kirche, die den Platz des Staates einnimmt. „Es geht in der Eucharistiefeier um Macht", wie auch Gregor Maria Hoff festhält, aber „um die Macht des Lebens gegenüber dem Tod, um die Ermächtigung von Menschen im Zeichen des Gekreuzigten"[984] und nicht

---

[980] Ebd., 196.
[981] KÖRNER, *Politische Religion*, 192.
[982] CAVANAUGH, „The Church in the Streets", 402.
[983] CAVANAUGH, *Torture and Eucharist*, 14.
[984] HOFF, „Die Sakralisierungsfalle", 274.

um Staatsgewalt. Es geht Cavanaugh also auch weniger um die Kirche als eine politische, zivilgesellschaftliche Institution an sich, sondern um die besondere Art der Politik, die die theopolitische Imagination der Eucharistie ausdrückt.[985] Und diese andersartige Form der Politik, die bisweilen im Widerspruch zur Politik des Staates steht, lässt sich grundsätzlich auch in anderen politischen Bewegungen jenseits der Kirche finden, wie seine inklusivistische Interpretation von Kirche und Eucharistie nahelegt: „The point is rather that the same Spirit of Christ who makes the Church in the Eucharist, who calls together bodies into the Kingdom of God, is also at work in these movements producing new types of social bodies […] that participate in the Body of Christ.“[986] An anderer Stelle heißt es ebenfalls:

> „If we, however, do not simply identify the church with the hierarchy, but with all those gathered by the Eucharist (including, potentially, those members of the Mystical Body of Christ who do not belong to the visible church), then it becomes possible to imagine groups of people who decide to live a kind of eschatological hopefulness, that is, as if the world has already begun to be changed by God, with the effects on material life that might entail: doing the works of mercy, sharing goods, making peace, witnessing against injustice, running businesses guided by the common good […], and so on.“[987]

Es geht Cavanaugh also einerseits ganz allgemein um eine andere Form von Politik, die sich aus einer anderen theopolitischen Imagination speist, die er über die Eucharistie definiert. Anderseits aber ist für ihn entscheidend, dass diese andere Form der Politik konkret ist und in diesem Sinne hat er Interesse an der Kirche als konkrete Gemeinschaft, die in der Eucharistie herausgerufen wird aus der Gesellschaft: „But in my view the crucial question is how the Church will not only make pronouncements but act to organize bodies in space and time.“[988] Den genauen Ort, den die eucharistische Gemeinschaft einnimmt, benennt Cavanaugh wie folgt:

> „[T]he Church can participate in Eucharistic bodies in space and time that stand as a counter-politics to violence and injustice, while avoiding both Church-state entanglement and the secularization and irrelevance of the Church in the West. [...] [T]he Church can act as a *tertium quid*, a body which is neither seeking to use coercive state power nor is reduced to a semi-private club“[989].

---

[985]   Vgl. CAVANAUGH, „The Church in the Streets“, 400: „What interests me is not the Church as just one more institution of civil society, but the Church as Body of Christ that sometimes stands in tension with the body politic orchestrated by the state.“

[986]   CAVANAUGH, „The Church in the Streets“, 391.

[987]   CAVANAUGH, „Ecclesial Ethics and the Gospel sine glossa“, 522-523.

[988]   CAVANAUGH, „The Church in the Streets“, 400.

[989]   Ebd., 401.

Kirche als Leib Christi, als *tertium quid*, soll Gewalt, auch jener, die im Namen des Staates oder der Nation verübt wird, widerstehen. Die Form der Politik ist aber von anderer Art als die des Staates. Mit Verweis auf John Howard Yoder macht Cavanaugh deutlich, dass im Zeichen des Kreuzes Macht radikal neu definiert wird. „Jesus does have a politics, but it is not politics defined in the same way that politics is usually defined".[990] Dabei ist aber vollkommen klar, dass dies in der Geschichte des Christentums nicht immer der Fall war, und dass die Kirche(n) nicht auf das Aufkommen des modernen Staats angewiesen war(en), um Gewalt zu legitimieren oder zu verüben. Im vollen Bewusstsein vergangener Vergehen geht es Cavanaugh auch darum, Buße in Form von Engagement zu tun, wenn er schreibt: „Our penance, then, would take the form of resisting the idolatry of nation and state and its attendant violence. Catholicism should be particularly equipped for this, since it is a worldwide Church that transgresses the artificial boundaries of all nation-states."[991]

Und dies ist die Stelle, an der die Liturgie als der zweite und zentrale Strang in Cavanaughs theopolitischer Imagination der eucharistischen „Gegenpolitik" ins Spiel kommt. Neben de Lubac, sind es vor allem Louis-Marie Chauvet und der orthodoxe Theologe Alexander Schmemann, die für Cavanaughs Konzeption seiner „Eucharist counter-politics" wichtig sind. Das Leitmotiv dieser Politik lautet: „The body of Christ is liturgically enacted, not institutionally guaranteed"[992]. Hierbei werden zwei theologische Stränge von Cavanaugh ineinandergewoben: zum einen die bereits oben erwähnte sakramentale Grundstruktur als das Wesen dieser Politik und zum anderen ihre Form in der Gestalt der liturgischen Inszenierung. Die entscheidende Gewährsperson für die sakramentale Grundstruktur ist Louis-Marie Chauvet, der in *Symbol und Sakrament*[993] eine detaillierte und weitreichende Vertiefung des Sakramentenbegriffs vor dem Hintergrund postmoderner Sprach- und Zeichentheorie entwickelt hat. Wie bereits kurz im zweiten Kapitel dargestellt, zeigt Chauvet auf, inwieweit Sakramente gerade nicht als bloß verweisende Zeichen zu verstehen sind, sondern als Symbole. Vermittlung ist hier das entscheidende Konzept für Chauvet. Sakramente sind, verstanden als

---

[990] CAVANAUGH, *Field Hospital*, 170; Siehe auch JOHN HOWARD YODER, *Die Politik Jesu - der Weg des Kreuzes*, Maxdorf 1981.

[991] CAVANAUGH, *Migrations of the Holy*, 113.

[992] CAVANAUGH, *Torture and Eucharist*, 221.

[993] Die deutsche Übersetzung des französischen Originals von 1982 erschien 2015 unter LOUIS-MARIE CHAUVET, *Symbol und Sakrament. Eine sakramentale Relecture der christlichen Existenz*, übers. von. Thomas FRIES, Regensburg 2015. Eine erste tiefergehende Auseinandersetzung mit Chauvets sakramentaltheologischen Ansatzes findet sich bei MARTIN STUFLESSER (Hg.), *Fundamentaltheologie des Sakramentalen*. In der kurzen Darstellung der Kerngedanken Chauvets, zusammen mit den zentralen Zitaten aus dessen Werk, wird hier auf die Einführung von Karl Kardinal Lehmann zurückgegriffen, die im oben angeführten Werk erschien, unter KARL KARDINAL LEHMANN, „Chauvets Symbol und Sakrament. Zur Einführung", 16-20.

Symbol, „*die* Erscheinungsweise der Vermittlung schlechthin"[994]. Das Sakrament, so Karl Kardinal Lehmann in seiner Einführung in die deutsche Übersetzung von Chauvets Werk, geht in die ganze Tiefe der christlichen Existenz, da in ihm die Gnade und das Leben Gottes vermittelt ist in der Wirklichkeit des Menschen.[995] Mit dieser Verortung in der Wirklichkeit der Menschen aber sind Sakramente nach Chauvet „auf den *Leib* verwiesen, der die unumgängliche ursymbolische Vermittlung jeglicher subjektiven Identifikation ist."[996] Sakramente werden also nicht schlicht als Heilsinstrumente verstanden, „sondern als Vermittlungen, das heißt Ausdrucksmittel, in denen sich die Identifizierung und damit das Werden der Subjekte als Glaubende ereignet."[997] Solche Symbole haben aber gleichzeitig auch einen illokutionären Charakter, sie inszenieren die Beziehung zwischen Subjekten in Bezug zueinander in diesem besonderen Bezugssystem. Und dieses Bezugssystem für die Sakramente ist Chauvet zufolge – und damit auch für Cavanaugh – die Kirche.[998] Hierzu zwei kurze Zitate zu Cavanaughs Verwendung von Chauvets Sakramententheologie:

> „Symbols mediate the world for subjects by enacting a body language in which people live and move. This mediation constructs the world of human subjects, and does not merely reflect or ‚symbolize' it. A symbol system is a complex web of language acts which constitutes relations among people."[999]

Und dieses komplexe Netz aus Sprachspielen kann nun von mehreren Akteuren gespielt werden:

> „If we can see the rituals of the authoritarian state as seeking to organize bodies in space and create a kind of communal body, then it becomes possible, perhaps even necessary, to look at the Eucharist as an alternative liturgical enactment of a communal body, the Body of Christ."[1000]

Zentral an dieser alternativen liturgischen Inszenierung eines Gemeinschaftskörpers ist für Cavanaugh dabei seine Lokalisierung als ein *tertium quid*, also zwischen semi-privater Organisation und Staatlichkeit. Sie findet statt in einem Zwischenbereich oder nochmals mit Lohfink gesprochen in einer „eschatologischen Zwischenzeit". Genau diesen Aspekt soll der sakramentale Charakter verdeutlichen. Hierzu nochmals ein etwas längeres Zitat aus Chauvets *Symbol und Sakrament* mit dem er auch gleichzeitig sein Werk beschließt:

---

[994]   CHAUVET, *Symbol und Sakrament*, 120.
[995]   Vgl. LEHMANN, „Einführung", 18.
[996]   CHAUVET, *Symbol und Sakrament*, 120.
[997]   Ebd., 120.
[998]   Vgl. ebd., 120.
[999]   CAVANAUGH, „The Church in the Streets", 386.
[1000]   Ebd., 389.

„Das Sakrament sagt somit die eschatologische *Zwischenzeit* aus. Die Zeit eines ‚bereits‘, aber versperrt von einem ‚noch nicht‘, um zu vermeiden, dass ‚Reich Gottes‘ auf ein einfaches ‚anderes‘ [...] dieser Welt zu reduzieren, ohne Beziehung zu dieser Welt. [...] *Es* [das Sakrament] ist Zeuge eines Gottes, der nicht aufgehört hat zu kommen: wundersamer Zeuge eines Gottes, der unablässig kommt; geduldiger Zeuge, bisweilen bis zur Ermüdung, eines Gottes, der nicht anders da ‚ist‘ als im Modus des Übergangs. Sakrament – Spur ... .“[1001]

Auf eben diesen eschatologischen Charakter der eucharistischen Theologie Cavanaughs werden wir zu einem späteren Zeitpunkt noch genauer zurückkommen. Vorerst soll der Verweis darauf genügen, dass der eschatologische Aspekt, vor allem in der Interpretation einer präsentischen Eschatologie, zentral ist für Cavanaughs Verständnis sowohl von Sakrament(en) als auch von Liturgie. Präsentische Eschatologie soll hier auf das Ineinander von historischen und eschatologischen Aspekten in der eucharistischen Zeitkonstitution verweisen, also auf die Ansicht, dass die eschatologische Vollendung bereits im Hier und Jetzt anwesend ist. Diesen Link genau zu definieren ist nach Daniel Wright die große Herausforderung, die Cavanaugh zu bewältigen hat. Diesbezüglich urteilt er:

„If the goal of political theology is to articulate a way in which the Church may be actively involved *in* the world without being *of* the world, then it seems perfectly reasonable to identify the Eucharistic event as the paradigmatic political act of the Church because the Eucharist is the nexus of history and the eschaton.“[1002]

Eine ganz ähnliche komplexe Struktur haben wir im vorangegangenen Kapitel für die Verhältnisbestimmung zwischen Transzendenz(bezug) und Immanenz für eine gegenwärtige politische Theologie ermittelt, die darum kreist, Transzendenz in der Immanenz der Welt als wahrhaft anwesend und wirksam zu begreifen, ohne dass sie sich darin aber vollkommen auflöst. Auch auf diese Strukturparallele gilt es an späterer Stelle noch genauer einzugehen.

Damit kommen wir zum Liturgieverständnis des russisch-orthodoxen Theologen Alexander Schmemann, der neben Chauvet die zentrale Quelle für Cavanaughs theopolitische Interpretation der Eucharistie darstellt. Wie im folgenden Zitat deutlich wird, entspricht Schmemanns Konzept der Liturgie, das keine Trennung zwischen einer rein heiligen und einer profanen Sphäre kennt, Cavanaughs Grundkritik an der Trennung zwischen einer religiösen und säkularen Sphäre:

„For Schmemann, liturgy proper does not reinforce a distinction between the everyday, profane world and the sacred; instead, it calls such a distinction into question. The liturgy of the Church enacts a foretaste of the Kingdom of God on earth,

---

[1001] CHAUVET, *Symbol und Sakrament*, 552.
[1002] DANIEL WRIGHT, „The Eucharist Makes the Church Repent Eucharistic Ecclesiology and Political Theology“, in: ANDREW T. J. KAETHLER; SOTIRIS MITRALEXIS (Hg.), *Between Being and Time From Ontology to Eschatology*, Lanham 2019, 247-263, 260.

which signifies precisely the blessing and transformation of everyday life. The cordoning off of a separate "sacred" realm is precisely the denial of the eschatological import of the Church's liturgy, because it reinforces the status quo of worldly order. The liturgy should rather be seen, Schmemann thinks, as that authoritative source of Christian thought and action which calls social norms into question."[1003]

Die Liturgie – und an ihrem „Höhepunkt" in der Eucharistiefeier – folgt ihrer eignen Form der sozialen Imagination (Eng. *social imagination*). Auf diese Weise ruft sie eine ihr eigene Sozialform ins Leben. Kennzeichnend für diesen sakramentalen Leib ist, dass er den Staatskörper kritisieren kann, wo er es nach eigenen Maßstäben für nötig erachtet. Er lässt sich auch nicht von diesem einen Platz innerhalb seines eigenen Körpers zuweisen – was aber Kooperationen und eine gute Beziehung auch nicht ausschließt. Der Leib Christi konkurriert zwar mit dem Staatskörper auf dem gleichen Gebiet, nicht aber auf dem gleichen Level der Macht(ausübung). Denn für Cavanaugh ist die dualistische Gegenüberstellung zwischen religiös und säkular bzw. zwischen heilig und profan hinfällig. Schöpfungstheologisch gesprochen, ist Gott nicht gegen die Welt begrenzt. Um auf die staatskritische Interpretation von Mt 22, 21 zurückzukommen, leitet sich aus dem „Universalbesitz" Gottes auch ein Vorbehalt ab gegenüber der strikten Aufteilung der Loyalität einerseits gegenüber dem Staat in weltlich-politischen Angelegenheiten und andererseits gegenüber Gott und seiner Kirche in rein spirituell-religiösen Belangen. Dabei ist aber auch klar, dass Gott nicht so herrscht wie der Kaiser. Jesu Reich ist nicht von dieser Welt (Joh 18,36) – zumindest nicht bis zum Ende der Zeit. Doch es bleibt ein Reich, also eine irgendwie politisch geartete Entität. Aber dieses Reich Gottes, wiederum, ist auch nicht identisch mit der Kirche. Sie ist allerdings, als Leib Christi, auf intimste Weise (eschatologisch) mit dem kommenden Reich Gottes verbunden.

Es ist gerade dieses „schillernd[e] Spiel von Identität und Differenz"[1004], das die Leib-Christi-Ekklesiologie so reich macht. Der Angelpunkt für dieses Spiel ist nach Cavanaugh die liturgische Feier des Sakraments der Eucharistie, insofern sie einen sozialen Körper ins Leben ruft, der am Körper Christi partizipiert. Theologisch wird dies von Cavanaugh trinitätstheologisch rückgebunden. Hierbei bezieht er sich auf Kathryn Tanner.[1005] Diese warnt zunächst davor, immanente und

---

[1003]   CAVANAUGH, „The Church in the Streets", 388. Siehe auch SCHMEMANN, *For the Life of the World*, 11-22.

[1004]   MATTHIAS REMENYI, „Von der Leib-Christi-Ekklesiologie zur sakramentalen Ekklesiologie. Historische Entwicklungslinien und hermeneutische Problemüberhäng", in: DERS.; SASKIA WENDEL (Hg.), *Die Kirche als Leib Christi. Geltung und Grenze einer umstrittenen Metapher*, Freiburg 2017, 32-70, 34.

[1005]   Vgl. CAVANAUGH, „The Church in the Streets", 391-392.; Siehe auch KATHRYN TANNER, „*Trinity*", in: PETER SCOTT; WILLIAM T. CAVANAUGH (Hg.), *The Wiley Blackwell Companion to Political Theology*, Hoboken, NJ 2019, 363-375.

ökonomische Trinität voneinander zu lösen, um dann anschließend aus dem immanenten Leben der Trinität ein Modell für menschliche Politik zu gewinnen. Diese Herangehensweise würde genau zu einer Zweiteilung zwischen Gott und Welt, und letztlich zwischen Religion und Politik führen oder aber – und das wäre wohl noch gefährlicher – zu einer Identifikation beider Begriffspaare. Stattdessen muss sich politische Theologie an dem Gedanken der Partizipation am Leben der Trinität ausrichten. Cavanaugh: „The Trinity enters into our world by means of Jesus' incorporation of humanity into the life of God and invites us to participate in the divine life."[1006] Doch auch hier eine Warnung vor Missverständnissen: „Participation in the Body of Christ does not mean that we become Christ, for our politics will always be infected with finitude and sin."[1007] Von daher seine folgende Sicht auf die Eucharistie und die Art und Weise, wie sie uns mit Gott und seinem kommenden Reich verbindet:

> „I would suggest analogously that the Eucharist is not a ‚model' of political life but is instead a participation in the life of God through a non-identical following of the way of Jesus through the power of the Spirit. [...] The Eucharist is the ongoing action of Christ in the Spirit to go out from the altar into the streets and reconcile the world to the Father."[1008]

Die Kirche ist im steten Prozess, mehr und mehr zum Leib Christi zu werden. Das Ende dieses Prozesses wird eschatologisch bereits in der Eucharistie gegenwärtig, indem wir Christi Leib in uns aufnehmen.[1009] Mit Ivan Illich verweist Cavanaugh auf das inkarnatorische Link, denn für Illich ist Kirche die Verlängerung (Eng. *extention*) der Inkarnation, „a network of personal relations that crosses human-made boundaries but does not obliberate differences".[1010] Die Gemeinschaft der Kirche ist nach Cavanaugh also durch Diversität und Interdependenz gekennzeichnet und ist damit ein Gegenmodell zum modernen Wohlfahrtsstaat, der auf möglichst große individuelle Unabhängigkeit setzt, solange der Staat soziale und körperliche Sicherheit garantieren kann. Diversität hingegen wird gerade dadurch gestärkt, dass Gemeinschaft durch das Knüpfen eines Netzwerks aus persönlichen Kontaken untereinandner hergestellt wird: „What we can do is to turn to what is at the heart of Christian sociality, our call into the

---

[1006] CAVANAUGH, „The Church in the Streets", 392.

[1007] Ebd., 392.

[1008] Ebd., 392.

[1009] Auch hier ist es Cavanaugh wichtig zu betonen, dass die gegenwärtige Kirche nicht identisch ist mit Leib Christi in seiner Fülle. Siehe z.B.: CAVANAUGH, *Torture and Eucharist*, 207: „In the Eucharist the church is always called to become what it eschatologically is. The Eucharist does make the church *ex opere operato*, but the effects are not always visible due to human sin."

[1010] Vgl. CAVANAUGH, „Eucharistic Identity in Modernity", 167. Siehe auch ILLICH, *The Rivers North of the Future*, 197-199.

Body of Christ, and build communities that offer the world a more personalized practice of social life."[1011]

Erneut ist eine genaue Unterscheidung wichtig: Kirche als eucharistische Gemeinschaft ist zwar nicht identisch mit dem (institutionellen) Modell für die alternative Gegenpolitik, die Cavanaugh vorschlägt. Aber in ihr scheint bereits das durch, was als so etwas wie das Gegenmodell bezeichnet werden könnte: das Reich Gottes. Dieses können wir aber nicht selbst etablieren, wie wir etwa einen Staatskörper aufbauen. Das Reich Gottes kommt zu uns, indem wir an Gott teilhaftig werden, indem wir „teilhaben an Christi Leib und Blut".

Die Leibmetaphorik ist dabei alles andere als zufällig gewählt. Biblisch ist diese Leibmetapher nur bei Paulus belegt[1012], was Exeget*innen dazu veranlasst, deren Ursprung in der römischen Staatsideologie zu sehen.[1013] Dort wird das Imperium als Leib des Kaisers interpretiert, der dieses wiederum als Haupt zusammenhält. Besonders interessant ist außerdem, dass schon Augustus im gesamten Imperium stilisierte Statuen von sich aufstellen ließ, denen der gleiche heilige Status zugesprochen wurde wie seiner eigenen Person. Auf diese Weise wurde die Allgegenwart des Leibes des Kaisers und die dadurch gewirkte Einheit des Reiches sichergestellt. Parallelen zu Paulus Leib- und Gliedermetaphorik der Kirche sind nicht zufällig. Das Reich Gottes ist der Gegenentwurf zum Imperium Romanum. Doch dieses Reich folgt einer ganz anderen Logik wie der des römischen Reiches. Dies ist zum einen durch ein anderes Verständnis von Zeit bedingt und zum anderen durch eine andere Art und Weise Macht und Autorität zu verteilen.

Um zunächst die alternative Art der Machtverteilung zu verdeutlichen, lohnt sich ein kurzer Blick auf Carl Schmitt. Dessen Einsichten sind für Cavanaughs Verständnis von der politischen Natur der Kirche von großer Bedeutung, auch wenn er sich klar von dessen Schlussfolgerungen distanziert.[1014] Dennoch gilt für Cavanaugh: „Schmitt saw clearly as few others have what is at stake on political theology: the contest of the Leviathan and the corpus mysticum of the God-man, the state-body and the body of Christ."[1015] Dies führt Schmitt auf das prinzipiell unterschiedliche Konzept von Politik zurück. Während neuzeitliche Denker, allen voran Hobbes, bestrebt waren, die heidnische soziale Einheit zwischen spiritu/eller und ziviler Macht erneut unter säkularem Vorzeichen zusammenzuführen,

---

[1011] CAVANAUGH, „Eucharistic Identity in Modernity", 170-171.

[1012] Paulus kommt an zahlreichen Stellen auf die Leibmetaphorik zurück: 1 Kor 12; Röm 12, 3-5, sowie in der deuteropaulinischen Literatur, in der der Hauptcharakter Christi besonders betont wird: Eph 1, 22-23 u. 4,15-16; Kol 1,18.

[1013] JOHANNES CORNIDES, *Corpus Christi. Biblische Vorausbilder, sakramentale Vergegenwärtigung und ekklesiologische Vorwegnahme des ‚neuen Menschen'*, Paderborn 2018, 152-155.

[1014] Siehe z.B. CAVANAUGH, „*Separation and Wholeness*", 9, wo Cavanaugh anmerkt, dass Schmitt „understood the nature of ecclesio-political questions so clearly – though he came to conclusions that no Christian theologian ought to accept."

[1015] Ebd., 11.

liegt dem Christentum ein Impuls zu Grunde, der gerade nach der Trennung dieser beiden Sphären verlangt. „Schmitt was exactly right to see that the splitting of the original political-spiritual unity of pagan culture is a fundamental and typical aspect of Christian belief and practice."[1016] Schmitts Lösung ist folglich, diese Trennung in Richtung des Staates hin aufzulösen – eine Migration des Heiligen also. Für Cavanaugh ist dieser Weg nicht gangbar. Dennoch möchte auch Cavanaugh den christlichen Impuls zur Trennung von spirituell und zivil wahren. Dies tut er wie folgt: „Precisely because there is no separation of religion and politics, there must be separation of church and state".[1017] Und etwas ausführlicher: „The Christian division of political unity is between the way the world appears to be run and the way it really is. The political task of the church is to witness to the way that Christ rules, through servanthood that does not look much like sovereignty in the world's eyes."[1018] Christus als Diener ist das Leitbild für die Art und Weise, nach der die Kirche in Cavanaughs Augen ihre politische Macht ausrichten sollte. Wie genau sich dies darstellt, legt Cavanaugh mit Rückgriff auf Augustinus *De civitate Dei* dar.

Bekannterweise unterscheidet Augustinus in seinem Werk *De civitate Dei* zwei Staaten, zum einen den Gottesstaat (Lat. *civitas Dei/caelestis*) und zum anderen den irdischen Staat (Lat. *civitas terrena*). Cavanaugh bedient sich dieser Aufteilung um zu verdeutlichen, welchen „dritten Ort" die Kirche mit ihrer *Eucharistic counter politics* einnimmt. „A Eucharistic counter-politics is not otherworldly or ,sectarian' – it cannot help but be deeply involved in the suffering of this world – but it is in sharp discontinuity with the politics of the world which killed the savior."[1019] Dies ist nach Cavanaugh auch eine der Grundintensionen von Augustinus in *De civitate Dei*. Es gibt nicht nur einen „Staat", auf den hin das Leben ausgerichtet ist und mit und in dem sich die Gemeinschaft der Gläubigen zurechtfinden muss, sei es durch die Übernahme des Staates (Konstantinismus), Verweigerung und Absonderung (Sekte) oder innerhalb der vom Nationalstaat dominierten Zivilgesellschaft (Public Theology). Der Vorteil in Augustinus Konzept zweier Staaten liegt darin, dass er Raum und Zeit so neu konzipiert, dass beide Staaten nicht eindeutig voneinander zu trennen sind. „The two cities are not the sacred and the profane spheres of life. The two cities are the *already* and the *not yet* of the kingdom of God."[1020] Damit benutzt der werdende Gottesstaat dieselben zeitlichen Güter wie der weltliche Staat. Sie sind auch nicht räumlich getrennt, sondern nur in der Art und Weise, wie sie Zeit wahrnehmen. Die Zeit des Gottesstaates ist die Heilsgeschichte als die Zeitspanne zwischen Christi erstem und zweitem Kommen. Die Kirche als Antizipation des Gottesstaates ist auf „Pilgerschaft zum Reich des Vaters", wie es in *Gaudium et spes* 1 heißt. Dabei gilt aber

---

[1016] Ebd., 11.
[1017] Ebd., 15.
[1018] Ebd., 16.
[1019] CAVANAUGH, *Torture and Eucharist*, 13-14.
[1020] CAVANAUGH, *Migrations of the Holy*, 60.

die „ontological priority of the *already* over the *not yet*"[1021], denn Christus hat
bereits über den Tod triumphiert. Der Unterschied lässt sich also nicht in der
Form von verschiedenen Institutionen darstellen, sondern mehr als unterschiedliche Öffentlichkeiten, die durch unterschiedliche – zum Teil ineinander verwobene – Inszenierungen (Eng. *performances*) aktualisiert werden: „The church is
not a polis but a set of practices or performances that participate in the history of
salvation that God is unfolding on earth. The earthly city likewise is not simply
identified with the state as institution [...]."[1022] Und an anderer Stelle: „The difference is that the city of God tells the story that we believe to be true, that God
in Christ through the Spirit has saved us from the tragedy of inevitable violence."[1023] Die Gestalt, welche die Inszenierung (Eng. *performance*) dieser
(Heils)Geschichte annimmt, ist die der liturgischen Feier des Sakraments der Eucharistie. Von daher gilt für Cavanaugh: „The Eucharist is the true ‚politics', as
Augustine saw, because it is the public performance of the true eschatological
City of God in the midst of another City which is passing away."[1024] In der Eucharistie bildet sich eine neue, eigenständige Öffentlichkeit der Gläubigen heraus,
die aus der Weltlichkeit der Welt herauswächst in Richtung der Ewigkeit Gottes.
Diese Öffentlichkeit ist aber nicht privat oder rein spirituell. Sie ist weder *polis*
noch *oikos*, sondern *ekklesia*, i.e. eine Versammlung. Und mit Bezug auf Gerhard
Lohfink spezifiziert Cavanaugh diese Versammlung als die „eschatologische
Versammlung Israels".[1025] Diese Interpretation von Augustinus ist, wie Brison
anmerkt „pour le moins originale"[1026], macht aber deutlich, dass es sich um eine
konkret-politische Vision der Kirche handelt (wenn auch nicht im Sinne des Staates).

3.3.1.3 Leib-Christi: Demokratische Neuausrichtung mit einer „verbrauch-
ten" Metapher?

Georg Essen spricht stellvertretend für einen Großteil der deutschsprachigen
Theo-log*innen, wenn er der Leib-Christi-Metaphorik eine „notorisch[e] Ideologieanfälligkeit" zuschreibt und diese eine „verbrauchte Metapher" nennt, „ver-
braucht, weil vielfach missbraucht"[1027]. Jürgen Werbick fasst diese Ideologieanfälligkeit wie folgt zusammen:

[1021] Ebd., 62.
[1022] Ebd., 66.
[1023] Ebd., 64.
[1024] CAVANAUGH, *Torture and Eucharist*, 14.
[1025] Vgl. CAVANAUGH, *Theopolitical Imagination*, 86-87.
[1026] BRISON, L'imagination théologico-politique, 197.
[1027] GEORG ESSEN, „,Leib Christi' – eine verbrauchte Metapher. Eine freiheitstheoreti-
      sche Kritik der Leib-Christi-Ekklesiologie in dogmatischer Absich", in: MATTHIAS
      REMENYI; SASKIA WENDEL (Hg.), *Die Kirche als Leib Christi. Geltung und Grenze
      einer umstrittenen Metapher*, Freiburg 2017, 263-294, 267.

„Die unbiblische, auch in den Pastoralbriefen noch nicht greifbare organologische-körperschaftliche Sicht der Kirche denkt ganz von den ‚Oberhäuptern' her, die den Leib – die Körperschaft – vollmächtig repräsentieren und in seinem bzw. ihrem Namen handeln, eine *Societas perfecta* mit den ihnen von Rechts wegen zustehenden Vollmachten regieren."[1028]

Eine solche hierarchozentrische Sicht auf den Leib Christi trifft zwar nicht auf Cavanaughs Gebrauch der Leib-Metaphorik zu, jedoch versäumt es Cavanaugh, genauer den theologischen Gehalt der Leib-Christi-Metaphorik gegenüber diesen und ähnlichen Vorwürfen abzuschirmen. So folgt Cavanaugh zwar de Lubacs Analyse des Bedeutungswechsels des *corpus mysticum* im Spätmittelalter, verliert dann aber die erneute Verschiebung der Leibmetaphorik in der Neuzeit, und ganz besonders die aus (liberal)demokratischer Sicht prekäre Leib-Christi-Ekklesiologie des späten 19. und frühen 20. Jahrhunderts aus dem Blick. Dies kann den Anschein erwecken, dass Cavanaugh autoritär-hierarchische bis hin zu anti-moderne Kirchenkonzeptionen gutheißt, solange diese nur seine eigene kritische Haltung gegenüber (liberaler) Nationalstaatlichkeit teilen. Ob und inwiefern dies der Fall ist (oder nicht), gilt es daher zu untersuchen. Dabei zeigt sich zugleich in einem ersten Schritt, dass Cavanaugh in seiner Verwendung der Leib-Christi-Metaphorik wesentlich nuancierter vorgeht als es zunächst den Anschein macht. In einem zweiten Schritt wird darauf aufbauend nach Möglichkeiten gesucht, die Leib-Christi-Metaphorik im Sinne der von Cavanaugh in Teilen nur angedeuteten notwendigen auch innerkirchlichen Pluralisierung und Demokratisierung zu weiten.

Blickt man generell auf die ekklesiologische Verwendung der paulinischen Organismusanalogie, so gilt es mit Hartmut Westermann zunächst von einer „Applikationsuniversalität" zu sprechen.[1029] In seiner Skizze der Traditionslinien von Stoa, römischer Annalistik und klassischer griechischer Philosophie (Platon und Aristoteles), welche in der Leib-Christi-Ekklesiologie zusammenlaufen, zeigt er auf, dass sich die Organismusanalogie zur Legitimierung der verschiedensten Ordnungs- und Herrschaftsformen eignet. Daraus folgert Westermann treffend: „Was alles rechtfertigt, rechtfertig nichts."[1030] Hier schließt sich die Frage an, inwieweit Cavanaugh die Leib-Christi-Metaphorik tatsächlich zur Legitimierung seiner Kritik an der Trennung von Politik und Religion verwendet. Legt man hierbei Cavanaughs allgemeine Definition von Politik „as the ordering of bodies in

---

[1028] JÜRGEN WERBICK, „Leib Christi. Eine Kommunikationsmetapher? Ein ekklesiologisches Modell in der Transformationskrise", in: MATTHIAS REMENYI; SASKIA WENDEL (Hg.), *Die Kirche als Leib Christi. Geltung und Grenze einer umstrittenen Metapher*, Freiburg 2017, 15-31, 17.

[1029] Vgl. HARTMUT WESTERMANN, „Zur Genese der paulinischen Organismusanalogie. Historische Bemerkungen und ideologiekritische Intuition", in: MATTHIAS REMENYI; SASKIA WENDEL (Hg.), *Die Kirche als Leib Christi. Geltung und Grenze einer umstrittenen Metapher*, Freiburg 2017, 73-90, 88-89.

[1030] Ebd., 89.

space and time"[1031] zugrunde, wird jedoch schnell ersichtlich, dass das Leibbild nicht zur Legitimierung dient, sondern zur Plausibilisierung und vor allem zur Definition der Politik, die in seinen Augen die Kirche gegenüber der Politik des Staates betreibt: nicht als Staatskörper, sondern als Leib Christi. Demzufolge stellt Cavanaugh also die Leibmetaphorik der sakramental-eucharistischen Politik der Leibmetaphorik säkular-staatlicher Politik schlicht gegenüber. Damit ist aber noch nichts über den Charakter der jeweiligen Politik ausgesagt.

In den Umkreis des Applikationsuniversalimus gehören die verschiedenen Verwendungsmöglichkeiten, die sich aus der paulinischen Organismusanalogie ableiten lassen. Westermann zählt folgende drei auf: funktionale Differenzierung (im Kontext der Aufforderung zur Eintracht), sympathische Integrierung und hierarchische Strukturierung.[1032] Interessant hierbei ist, dass es vornehmlich die deuteropaulinischen Briefe an die Epheser und Kolosser sind, die die Einheit durch die Rolle des Hauptes Christi definieren.[1033] Gegenüber dieser hierarchischen Interpretation der Organismusanalogie liegt die Betonung in den einschlägigen Passagen in 1 Kor 12 und Röm 12,4-5 auf der Ausdifferenzierung der verschiedenen Glieder mit ihren unterschiedlichen Gaben und der gegenseitigen Abhängigkeit der einzelnen Glieder voneinander. Nach 1 Kor 12,15-20 hat jedes Glied eine eigene Funktion, die jedoch für den Leib als Ganzes wichtig ist.[1034] Ähnliches gilt von der gegenseitigen Abhängigkeit der Glieder voneinander in 1 Kor 12, 26: „Wenn darum ein Glied leidet, leiden alle Glieder mit; wenn ein Glied geehrt wird, freuen sich alle Glieder mit." Je nach Interpretationsstrang, ob man also eher einer auf das Haupt ausgerichteten hierarchischen Struktur des Leibes anhängt oder doch eher einer auf gegenseitige Abhängigkeit der einzelnen Glieder untereinander, bildet sich auch eine andere Ekklesiologie heraus. So schlägt z.B. Saskia Wendel eine plurale Aktualisierung der Ekklesiologie vor, wobei sie sich dezidiert auf die Leibmetaphorik berufen kann.[1035] Demnach setzt sich Kirche aus der Vielfalt der je einzelnen Leiber Christi zusammen; eine Kirche, die nicht mehr nur als umfassende Einheit von einem „Haupt beherrscht"

[1031] CAVANAUGH, „Church on the Streets", 401.

[1032] WESTERMANN, „Genese der paulinischen Organismusanalogie", 74-77.

[1033] Westermann zitiert hierbei u.a. Eph 4,15-16: „Er, Christus, ist das Haupt. Durch ihn wird der ganze Leib zusammengefügt und gefestigt in jedem einzelnen Gelenk."

[1034] 1 Kor 15-20: „[15] Wenn der Fuß sagt: Ich bin keine Hand, ich gehöre nicht zum Leib!, so gehört er doch zum Leib. [16] Und wenn das Ohr sagt: Ich bin kein Auge, ich gehöre nicht zum Leib!, so gehört es doch zum Leib. [17] Wenn der ganze Leib nur Auge wäre, wo bliebe dann das Gehör? Wenn er nur Gehör wäre, wo bliebe dann der Geruchssinn? [18] Nun aber hat Gott jedes einzelne Glied so in den Leib eingefügt, wie es seiner Absicht entsprach. [19] Wären alle zusammen nur ein Glied, wo bliebe dann der Leib? [20] So aber gibt es viele Glieder und doch nur einen Leib."

[1035] Vgl. SASKIA WENDEL, „Leib Christi – Grenzen und Chancen einer ekklesiologischen Metapher", in: MATTHIAS REMENYI; DIES. (Hg.), Die Kirche als Leib Christi. Geltung und Grenze einer umstrittenen Metapher, Freiburg 2017, 295-313, 311-313.

wird, sondern sich gerade als Vielfalt konstituiert. „*Corpus Christi*, das ist die Pluralität von Verkörperungen der Nachfolge und des Zeugnisses, historisch, sozial, kulturell geprägt und unterschieden."[1036] Anstatt für ein „Ständemodell prämoderner Feudalherrschaften", spricht sich Wendel für die Metapher des Netzwerkes und des Rhizoms aus: „Dessen Einheit ist nicht vorgängig oder übergeordnet, sondern besteht in der Konstellation der je einzelnen ‚Leiber' zueinander, basierend auf den Relationen, die sie miteinander verbinden."[1037]

Eine solche explizite anti-hierarchische Interpretation der Leibmetaphorik, wie Wendel oder auch Werbick[1038] bieten, hat Cavanaugh nicht aufzuweisen, auch wenn er sich gelegentlich wie folgt kritisch gegenüber einer hierarchischen Interpretation von Pauls Organismusanalogie äußert:

> „We should add that Eucharistic sociality in the medieval period was never idyllic; the medieval social body was constructed of rigid hierarchies that were far from Paul's ideal, and those excluded from full participation in the social body, especially Jews, were oppressed."[1039]

Entscheidender für eine Beurteilung sind allerdings einige Anhaltspunkte für eine implizite anti-hierarchische Interpretation der Leibmetaphorik, die sich aus Cavanaughs theopolitischem Ansatz selbst ergeben. Zunächst wäre hier seine scharfe Kritik an moderner staatlicher Machtkonstitution im Bild des Panoptikums zu nennen. Diese kritisiert er vornehmlich aufgrund der Vereinzelung der Individuen gegenüber dem Staat und stellt dieser die Interdependenz aller gegenüber. Dies allein deutet schon auf eine Leibinterpretation in Richtung eines Netzwerkes hin anstatt auf eine am zentralistischen Haupt ausgerichtete. Ebenso widerspricht eine feudalistische Ständehierarchie dem theopolitischen Grundanliegen Cavanaughs. Er wendet sich entschieden gegen das Bild von Kirche als *societas perfecta*. Bereits in der Einleitung zu *Torture and Eucharist* hält Cavanaugh diesbezüglich fest: „This analysis of the church is also far from a nostalgia for Constantinianism, some absurd clarion call for the church to take up the sword once more."[1040] Es geht Cavanaugh nicht darum, die Kirche als Idealbild von Gemeinschaft darzustellen und dieser den modernen Nationalstaat gegenüberzustellen, denn für Cavanaugh stehen Staat und Kirche gleichsam „under the judgement

---

[1036] Ebd., 311.
[1037] Ebd., 312.
[1038] Werbicks Vorschlag ist es, die Leibmetapher als Kommunikationsmetapher zu interpretieren. Kirche gründet sich in der „Selbst-Kommunikation Gottes", ihr Selbstvollzug ist die „Mitteilung des Selbstmitteilung Gottes in einer menschlichen Kommunikationsgemeinschaft", wobei diese „Leib-Kommunikation [...] aber immer eine Kommunikation im Austausch [ist]." WERBICK, „Leib Christi. Eine Kommunikationsmetapher?", 19, 24.
[1039] CAVANAUGH, „Eucharistic Identity in Modernity", 157.
[1040] CAVANAUGH, *Torture and Eucharist*, 14.

of Christ in the Eucharist"[1041]. Wie die Analyse von Cavanaughs Diskussion von Augustinus deutlich machte, geht es Cavanaugh gerade nicht um eine simple Gegenüberstellung von heiliger Kirche vs. profanen Staat, auch wenn kritisch anzumerken ist, dass Cavanaugh nicht ansatzweise den gleichen Aufwand betreibt, um Schieflagen in der kirchlichen Theopolitik zu dekonstruieren, wie bei denen des Staates. Eine gute Chance hierfür böte sich in dem Umstand, dass auch die Kirche nicht mit dem Reich Gottes identisch ist. Es ist aber gerade der Charakter des Verhältnisses zwischen Reich Gottes und Kirche, das auch für die Interpretation der Leibmetaphorik entscheidend ist. Dieses Verhältnis wurde als sakramental beschrieben. Auf die Leibmetaphorik bezogen bedeutet dies, dass der historische Leib Christi mit dem wahren, politischen Leib der Kirche auf sakramentale, i.e. mystische Weise verbunden ist. Und diese sakramentale Verbindung hat für Cavanaugh die Form von liturgischen Vollzügen: „The church is not a polis but a set of practices or performances that participate in the history of salvation [...]"[1042], wie Cavanaugh dem gegenüber festhält. Kirche partizipiert an der Heilsgeschichte, sie ist nach *Lumen gentium* 1 Zeichen und Werkzeug für Gottes Heilswirken in der Welt. Oder wie Saskia Wendel zusammenfasst:

> „Die Kirche vergegenwärtigt die im ‚Ursakrament' Christus ergangene Heilszusage Gottes an seine Schöpfung, dies aber in bleibender Differenz, da Christus und Kirche nicht aus dem gleichen ontologischen Material sind, und da weder Christus noch das von ihm verkündete Gottesreich direkt sich in endlicher Gestalt präsentieren lassen."[1043]

Diese bleibende ontologische Differenz gilt es ganz besonders zu beachten, wenn man eine Ekklesiologie anhand der Leib-Metapher konstruiert. Wie besonders im folgenden Unterkapitel gezeigt werden wird, stellt Cavanaugh dies mit der Betonung der eschatologischen Dimension in der Konstitution der Kirche sicher. Eng damit verbunden ist eine andere Möglichkeit, um einer Sakralisierung der Kirche theologisch entgegenzuwirken, die darin besteht, den sakramentalen Charakter kirchlicher Repräsentation zu betonen. Hierauf stößt uns Cavanaugh in ganz besonderer Weise. Laut Matthias Remenyi wehrt ein sakramentales Verständnis von Kirche gleich zwei Gefahren ab: zum einen einen „magischen Sakramentalismus", also die Identifikation von sakramentalem Zeichen und Bezeichnetem und zum anderen aber auch eine strikte Trennung zwischen beiden.[1044] Inwieweit Cavanaugh, welcher ja immerhin das Sakrament der Eucharistie zum Konvergenzpunkt seiner politischen Ekklesiologie macht, diesen Weg geht, wird im Detail noch im folgenden Unterkapitel zu diskutieren sein.

[1041]   CAVANAUGH, „The Church in the Streets", 389.
[1042]   CAVANAUGH, *Migrations of the Holy*, 66.
[1043]   WENDEL, „Leib Christi – Grenzen und Chancen", 312-313.
[1044]   Vgl. REMENYI, „Von der Leib-Christi-Ekklesiologie zur sakramentalen Ekklesiologie", 51-52.

An dieser Stelle soll aber zunächst diese Diskussion dahingehend vorbereitet werden, als dass darauf hinzuweisen ist, dass de Lubacs Wiederentdeckung der ursprünglichen sakramentalen Bedeutung des *Corpus mysticum* bzw. der sozialen Bedeutung des *Corpus verum* auch einen genaueren Blick auf hierarchische oder netzwerkartige Leibinterpretationen ermöglicht. Denn hier ist zunächst mit de Lubac festzustellen, dass die Leib-Metaphorik im ersten Jahrtausend vornehmlich dazu diente, die Kirche als „realistisches geistliches Gebilde" zu beschreiben, mit dem Fokus auf der Einigung der Gläubigen in diesem Gebilde. Tatsächlich sind es die Streitigkeiten um die Frage, wie genau Kirche als Leib zu verstehen ist, die im Spätmittelalter zum ersten Mal einen eigenständigen Traktat zur Ekklesiologie entstehen lassen. Der entscheidende Umbruch hierzu findet zur Zeit der Gregorianischen Reform statt, deren Hauptziel die Herstellung eines päpstlichen Primats war.[1045] Bereits hier wird eine Verschiebung im Verständnis der Relation zwischen Haupt und Gliedern von einer ursprünglich soteriologischen hin zu einer mehr und mehr juristischen Bedeutung erkennbar. Das Verhältnis Christi zu seiner Kirche (Haupt zu Gliedern) wird uminterpretiert und identifiziert mit dem Verhältnis des Papstes zu den Kirchengliedern.[1046] Diese Tendenz setzt sich im Verlauf der Neuzeit und Moderne im katholischen Kirchenverständnis immer weiter durch. Eine entscheidende weitere Etappe in diesem Prozess zunehmender Juridifizierung findet in der Gegenreformation statt. Hier ist man bemüht, die Kirche als eine sichtbare Institution, in Analogie zu den entstehenden weltlichen Staaten, darzustellen. Dabei wird die Kirche selbst immer wichtiger; sie wird wie Klaus Unterburger formuliert, „immer mehr selbst zum Gegenstand ihrer Verehrung"[1047]. Wenngleich darüber nicht deren unsichtbarer, mystischer Gehalt ganz vergessen wurde, rückte dieser doch in den Hintergrund. Dies ist besonders deutlich an der Figur des Theologen Johann Adam Möhler (1796-1838) zu sehen. Bezüglich seiner Verwendung der Leib-Metaphorik hält Unterberger fest: „Die Bestimmung der Kirche als Leib Christi diente durchaus dazu, die gnadenhafte, unsichtbare Seite der Kirche als Innenseite der hierarchischen, äußeren Struktur zu erfassen."[1048] Christus vergegenwärtigt sich nicht allein in den Sakramenten der Kirche, sondern wird in der Person des Papstes als dem Haupt der Kirche in der Welt repräsentiert. Der Leib koordiniert das Verhältnis der Glieder untereinander, die hierarchisch auf das Haupt ausgerichtet sind. An dieser prinzipiellen hierarchischen Grundausrichtung ändern weder die Enzyklia *Mystici corporis* (1943) etwas, noch letztlich die kirchenrechtliche Interpretation des Zweiten Va-

---

[1045] Vgl. KLAUS UNTERBURGER, „Zwischen Realidentität und symbolischer Repräsentation. Weichenstellungen der Leib-Christi-Ekklesiologie in kirchenhistorischer Perspektive", in: MATTHIAS REMENYI; SASKIA WENDEL (Hg.), *Die Kirche als Leib Christi. Geltung und Grenze einer umstrittenen Metapher*, Freiburg 2017, 91-109, 91, 97.

[1046] Vgl. ebd., 109.

[1047] Ebd., 99.

[1048] Ebd., 105-106.

tikanischen Konzils im CIC, in dem die Leib-Metapher als „theologisches Leit-bild" für das starre Verharren in einer hierarchischen Ordnung Verwendung findet.[1049]

Wie ist vor diesem historischen Hintergrund nun Cavanaughs Verwendung der Leib-Metapher einzuschätzen? Die Antwort fällt in zwei Richtungen aus. Zum einen ist dem Anfangsverdacht zuzustimmen, wonach Cavanaugh es versäumt, sich in aller Deutlichkeit kritisch mit der Verschiebung der Leibmetaphorik hin zu einem juristisch-hierarchischem Verständnis auseinanderzusetzen. Zwar kritisiert er die hierarchische Struktur der eucharistischen Gemeinschaft im Mittelalter, scheint aber aus dem Blick zu verlieren, dass diese bis in jüngste Zeit besteht. Wie eingangs in diesem Kapitel erörtert, ist es vornehmlich de Lubac, der die zentrale Quelle für Cavanaughs Interpretation von Kirche als Leib prägt. Die zahlreichen hierarchiekritschen Studien, die seit dem Erscheinen von de Lubacs ekklesiologischen Werken in den 1940er Jahren zunehmend tonangebend sind, spielen bei Cavanaugh, wenn überhaupt nur eine geringe Rolle. Dies kann auf den ersten Blick den Anschein erwecken, als würde Cavanaugh mit seinem Rück-bezug auf die Kirche als Leib Christi genau jene juristisch-hierarchische Struktur der Kirche als alternatives Gegenmodell zum liberalen Nationalstaat aufbauen. Doch dieser Eindruck verfehlt voll und ganz Intention und Inhalt von Cavanaughs Ausführungen. Denn im Grunde ist seine Ekklesiologie, obwohl explizit politisch, soteriologisch von ihrer Ausrichtung. Kirche steht nicht im Widerspruch zum säkularen Nationalstaat, indem sie ihn in der Art und Weise, wie dieser Politik macht imitiert und sozusagen theologisch überbietet. Sie ist kein Vorbild für die ideale Staatsmacht, sondern das ganz andere zur Politik des Staates, auch weil sie nicht Politik für sich macht, sondern für das Reich Gottes. Das Heil, für das Kirche Zeichen und Werkzeug ist, ist nicht das Heil, das von irgendeiner weltlichen politischen Macht (auch der Institution Kirche!) erzeugt werden kann. De Lubac ist zentral für Cavanaugh, weil er für ihn den Schlüssel zurück zu der Zeit vor der juristischen Interpretation von der Kirche (als mystischen Leib Christi) bietet, mit der die Kirche der Neuzeit und der Moderne sich in Analogie zu den Staaten konstituierte. Und dies nicht, um das mittelalterliche Bild von Kirche zu einem Idealbild zu erheben, sondern nur, um den eigenständigen politischen Charakter der Kirche als Leib Christi zu betonen. Hierbei ist entscheidend, die bleibende ontologische Differenz zwischen den einzelnen voneinander unterschiedenen Leibern Christi zu wahren. Genau darum spielt für Cavanaugh ein sakramentales Verständnis von Repräsentation die zentrale Rolle in der Konstitution der Kirche und nicht etwa die Hierarchie oder die Frage nach der Amtssukzession. Die Sakramentalität der Kirche ist die besondere Art und Weise, wie Kirche (gegenüber dem säkularen Staat und an sich) politisch ist. Doch wie zu zeigen sein wird, kommt es auf die Interpretation dieser Sakramentalität an, die entweder auf

---

[1049]   Vgl. ESSEN, „‚Leib Christi' - eine verbrauchte Metapher", 266, 269. Essen verweist hierbei auf NORBERT LÜDECKE; GEORG BIER, *Das römisch-katholische Kirchen-recht. Eine Einführung*, Stuttgart 2012, 77.

ein absolutistisch-monarchisches oder aber subversiv-demokratisches Kirchenverständnis hinauslaufen kann. Zu einer genaueren Betrachtung sakramentaler Politik kommen wir nun im folgenden Unterkapitel.

3.3.2   Eucharistische Rekonfiguration von Zeit und Raum

Damit kommen wir zur Diskussion des eigentlichen Kerns von Cavanaughs theopolitischer Imagination der Eucharistie. Hierbei stellt die politische Erschließung des Sakramentalen gleichzeitig auch das Zentrum der gesamten Arbeit dar, insofern dieser sakramentale Zugang das theologische Bindeglied zur postsäkularen und radikaldemokratischen Diskussion der Unverfügbarkeit im Zentrum der Macht darstellt, wie sie bereits in der Einleitung und im zweiten Kapitel erläutert wurde.[1050] Um nochmals auf Engels Vorschlag einer politischen Theologie „nach" der Postmoderne zurückzukommen, geht es also darum, das in der Theologie tradierte Wissen um die Unverfügbarkeit des Zentrums, das in den verschiedensten theologischen Konzepten von Ekklesiologie, Christologie und besonders auch in der Sakramentenlehre Ausdruck findet, auch für das politische Feld fruchtbar zu machen.[1051] Mit Blick auf Cavanaugh kann dies vornehmlich über die Sakramententheologie und ihre Verbindung zur Ekklesiologie geschehen. Vornehmlich im sakramentalen Charakter der Kirche kommt eine politische Form der Repräsentation von Souveränität zum Ausdruck, die nach Engel die „Unterbrechung" bzw. „Bresche" zwischen repräsentierender und repräsentierter Wirklichkeit verinnerlicht.[1052] Diese „Bresche" im Sakramentalen weist eine nicht bloß zufällige oder oberflächige Nähe zu Leforts Konzept der Konstitution der demokratischen Gesellschaft durch einen Bezug auf ein Außen in der Form einer Leerstelle auf. Beides, sakramentale und radikaldemokratische Imagination des Politischen verweisen auf das Unverfügbare im Zentrum der Macht, um so den ideologischen und totalitären Tendenzen oder theologisch gesprochen: der Idolatrie einen Riegel vorzuschieben. Diese Abwehr gegen das, was für Lefort die totalitäre Tendenz in der Demokratie ist, haben wir bei Cavanaugh in der Form seiner Kritik an bestimmten idolatrischen Tendenzen (national)staatlicher Imagination nachgezeichnet. Wie Lefort will auch Cavanaugh die Pluralität des politischen Raums vor der vereinheitlichenden und vereinnahmenden Tendenz säkular-politischer Imagination des Staates wahren.[1053] Als theologisches Gegenprogramm entwirft Cavanaugh eine theopolitische Imagination der Eucharistie, welche einen alternativen politischen Raum eröffnet, mit einer ihm eigenen (und

---

[1050]   Siehe 2.4.3.3.
[1051]   Vgl. ENGEL, *Politische Theologie „nach" der Postmoderne*, 46.
[1052]   Vgl. ebd., 38.
[1053]   Vgl. Lefort, „Démocratie et avènement d'un ‚lieu vide'", 468.

.

nicht linearen oder eindimensionalen) zeitlichen und örtlichen Struktur. Zur Darstellung und Einordnung dieser sakramentalen Rekonfiguration von Zeit und
Raum gelangen wir nun.

3.3.2.1   Eucharistie als Sakrament einer „realisierten Eschatologie"

Die Eucharistie stellt für Cavanaugh den Punkt in Zeit und Raum dar, wo die
eschatologische Zukunft des Reiches Gottes bereits präsent ist. Sie konfiguriert,
wie bereits oben erwähnt, Raum und Zeit neu: „The eschatological imagination
of the Eucharist will be key to reconfiguring the temporal not as a space but as a
time, namely, the time connecting Christ's first coming with His second."[1054] Mit
dieser Aussage verdeutlicht Cavanaugh die besondere Rolle, die die eschatologische Zeitfigur im christlich-politischen Denken einnimmt. Auch Matthew
Allen Shadle hebt bei aller Kritik an der in seinen Augen allzu negativen Lesart
des modernen Staates von Cavanaugh dessen Konzentration auf den zeitlichen
Aspekt als zentralen theologischen Impuls positiv hervor. Shalde schreibt:

> „Cavanaugh is right to link the temporal and spiritual with time rather than space.
> I believe that he is largely correct to reject spatial language for characterizing the
> differentiation between church and state. [...] Catholic social thought has not ade-
> quately integrated this insight, and Cavanaugh is moving in the right direction
> here."[1055]

Cavanaugh erläutert die alternative christliche Zeitkonfiguration mit Rückgriff
auf Walter Benjamins Gegenüberstellung von „messianischer" und „säkularer"
Zeit. Dieser charakterisiert die säkulare Zeit als homogen und leer, als uniforme
lineare Abfolge aus der Vergangenheit über die Gegenwart in die Zukunft. Die
messianische Zeit hingegen, wie sie beispielsweise im Mittelalter wahrgenommen wurde, ist demgegenüber geprägt von einer „Gleichzeitigkeit von Vergangenheit und Zukunft in der Gegenwart"[1056]. Es ist dieses messianische Zeitverständnis, das für das Verstehen des politischen Gehalts der Eucharistie wichtig
ist. In der Eucharistie kommt es zu der Gleichzeitigkeit von Vergangenheit und
Zukunft – von Jesu erstem und zweitem Kommen. Boersma charakterisiert dieses
eucharistische Zeitverständnis mit Verweis auf Augustinus als sakramental, weil
es partizipativ ist: so wie wir in der Eucharistie teilhaben am Leib Christi, so hat
Christus Teil an der Ewigkeit Gottes, an der auch wir in einem zweiten Schritt
auf „mysteriöse", i.e. sakramentale Weise teilhaben:

> „[...] [T]he participation in Christ that we are given in the Eucharistic celebration
> is possible because time itself gets reconfigured around the table. Past, present,

---

[1054]   CAVANAUGH, *Torture and Eucharist*, 207.
[1055]   SHADLE, „Cavanaugh on the Church and the Modern State ", 259.
[1056]   CAVANAUGH, *Torture and Eucharist*, 222-223.

and future merge into one, since in Christ himself, ordinary, chronological time comes to participate in the eternity of God."[1057]

Boersma stellt dieses sakramentale Zeitverständnis dem univoken Zeitverständnis des „säkularen Zeitalters" (Taylor) gegenüber.[1058] Ganz ähnlich geht auch Cavanaugh vor, für den die eucharistische Rekonfiguration von Zeit das lineare Zeitverständnis aufbricht, unter dem auch die säkulare Staatlichkeit konfiguriert wird, wodurch ein neuer Raum, eine neue Öffentlichkeit, entsteht. Diese Unterbrechung der linearen Zeitstruktur kann am Beispiel des Sonntags als dem Tag der Feier der Eucharistie und dessen „herausragender" Bedeutung innerhalb des Wochenalltags veranschaulicht werden: indem er uns aus dem Wochenalltag buchstäblich herausnimmt, ermöglicht er es zugleich auch, uns mit der Zeit in Bezug zu setzen und in ihr aktiv zu werden. Insofern ermöglicht uns dieses eschatologische Moment des liturgischen Zeitverständnisses Zeit einen Sinn abzugewinnen, wie Guanzini mit Verweis auf den jüdischen Sabbat klarstellt. Zum jüdischen Ruhegebot am Sabbat (Heb. *menucha*) führt sie aus:

> „Der Sonnabend unterbricht die Zeit der Erschöpfung, aber er ist kein Moment, der einfach zur Wochenzeit hinzuzuzählen wäre. Er ist vielmehr ein Moment, der die gewöhnliche Zeit vollendet, deren Unzulänglichkeit aufzeigt und ihren unvollständigen Charakter offenbart. Nicht nur von der Arbeit allein lebt der Mensch, daher soll er des Sabbats gedenken. Die Menschen sind nicht mit ihren Funktionen, ihren Unternehmungen, ihren Leistungen, ihren sozialen Routinen gleichzusetzen. Es genügt nicht, zu tun – man muss sich auch retten vor dem, was man tut, und so auch dieses retten, was man tut."[1059]

Der zentrale Mechanismus dieses Zeitverständnisses ist eschatologisch, denn entscheidend für diese Rekonfiguration von Zeit (in der Eucharistie, wie auch im Sabbat) ist das Spannungsverhältnis zwischen „schon" und „noch nicht", welches die Eschatologie auszeichnet. Bezüglich des Aspekts der Gegenwartskonstitution der Eschatologie hält Essen treffend fest,

> „dass die Eschatologie der Prüfstein ist, an dem sich nicht nur die Konsistenz menschlichen Selbst-, Welt- und Gottesverständnisses bewährt, sondern dass sich an den vorgeblich ‚letzten Fragen' bereits jetzt Grundlegendes entscheidet für die Suche des Menschen nach verdanktem Dasein und gelingendem Leben!"[1060]

[1057] HANS BOERSMA, *Eucharistic Participation. The Reconfiguration of Time and Space*, Vancouver 2021, 40. Vgl. ebd., 21, 36.

[1058] Vgl. ebd., 20. Siehe TAYLOR, *A Secular Age*, 59.

[1059] ISABELLA GUANZINI, *Zärtlichkeit. Eine Philosophie der sanften Macht*, München 2019, 143.

[1060] GEORG ESSEN, *Geschichtstheologie und Eschatologie in der Moderne. Eine Grundlegung*, Münster 2016, 58.

Das Zukünftige, noch Ausstehende wird entscheidender Prüfstein für das Hier und Jetzt und hat damit gerade auch eine politische Bedeutung, indem es einen Horizont bildet für die Beurteilung der gegenwärtigen Situation und den Weg, der noch in Richtung zur erhofften Zukunft zurückzulegen ist. Damit Eschatologie dieses kritische, politische Moment beibehält, ist es aber entscheidend, dass man sie weder in Richtung des Jetzt noch in das Zukünftige auflöst, sondern gerade diese dynamische Spannung hält. Dies hat auch Folgen für das Bild der in der eucharistischen Rekonfiguration von Zeit konstituierten Eucharistiegemeinschaft.

Die Kirche ist zwar, wie Körner festhält, das „antizipatorische Zeichen des kommenden Gottesreiches", aber gerade deswegen nicht identisch mit diesem. Beides gehört zusammen, Vergegenwärtigung und Selbstunterscheidung (vom Reich Gottes).[1061] Insofern kann also einerseits Ratzinger recht gegeben werden, wenn er warnt, dass „die Trennung von Eschatologie und Politik eine der grundlegenden Aufgaben der christlichen Theologie dar[stellt]"[1062]. Dies trifft insofern zu, wenn Eschatologie einseitig in eine politische Utopie, verstanden als konkretes politisches Programm, umgewandelt wird. Andererseits aber gilt auch vor einer Entpolitisierung zu warnen, bei der das Zukünftige nicht die Art und Weise, wie das Jetzt gestaltet wird, beeinflusst.[1063] Dies wäre für Cavanaugh ein großes Missverständnis, denn wie bereits oben angeführt ist die Eucharistic counter-politics „not otherworldly or ,sectarian' – it cannot help but be deeply involved in the suffering of this world [...]"[1064]. Mit dieser Konzentration auf das eschatologische Spannungsverhältnis kommt Cavanaugh dem sehr nahe, was der Cambridger Neutestamentler Charles Harold Dodd (1884-1973) in Bezug auf Jesu Verkündigung der Reich-Gottes-Botschaft „realized eschatology" genannt hat.[1065] Obwohl Cavanaugh sich nicht auf Dodd beruft, ist die Ähnlichkeit zwischen beiden Ansätzen sehr eindrücklich, wenn Dodd beispielsweise feststellt: „It appears that while Jesus employed the traditional symbolism of apocalypse to indicate the ,other-worldly' or absolute character of the Kingdom of God, He used parables to enforce and illustrate the idea that the Kingdom of

---

[1061]   Vgl. KÖRNER, *Politische Religion*, 212-214.

[1062]   JOSEPH RATZINGER, *Eschatologie. Tod und ewiges Leben* (Gesammelte Schriften, Bd. 10), Freiburg 2012, 31-278, 86.

[1063]   Vgl. ebd., 85. Inwieweit Ratzingers eigener Gegenentwurf einer moraltheologischen und persönlich-individuellen Interpretation der Reich-Gottes-Botschaft Gefahr läuft, zu einer solchen Entpolitisierung zu tendieren, kann hier nicht weiter erörtert werden. Vgl. ebd., 88.

[1064]   CAVANAUGH, *Torture and Eucharist*, 13-14.

[1065]   CHARLES HAROLD DODD, *The Parables of the Kingdom*, London; Glasgow, 1961, 148: „This world has become the scene of a divine drama, in which the eternal issues are laid bare. It is the hour of decision. It is realized eschatology." Zur Kritik an Dodds Konzept, vornehmlich aus exegetischer Perspektive, siehe CLAYTON SULLIVAN, *Rethinking Realized Eschatology*, Macon 1984.

God had come upon men there and then."[1066] Diese Ähnlichkeit wird an einem Punkt geradezu verblüffend, wenn der reformierte Theologe Dodd kurz auf die Eucharistie als dem Sakrament der realisierten Eschatologie zu sprechen kommt:

> „Above all, in the Sacrament of the Eucharist the Church recapitulates the historic crisis in which Christ came, lived, dies and rose again, and finds in it the ‚efficacious sign' of eternal life in the Kingdom of God. In its origin and in its governing ideas it may be described as a sacrament of realized eschatology."[1067]

Eine genauere systematische Ausarbeitung unterbleibt bei Dodd allerdings. Mit Blick auf die Zentralität des präsentischen und zugleich transformativ-partizipativen Charakters von Cavanaughs Interpretation der eschatologischen Dimension in der eucharistischen Rekonfiguration von Zeit, ist der Begriff des „Sakraments der realisierten Eschatologie" für die Eucharistie sicher zutreffend.

Dies wird nochmals deutlicher, wenn man einen näheren Blick darauf wirft, wie Cavanaugh die eschatologische Zeitdimension der Eucharistie weder in die Gegenwart verflacht noch als bloße Erinnerung der Vergangenheit interpretiert:

> „As the church made itself at home in the world's time, the urgent sense of pilgrimage through a temporary world toward an eternal end was muted. The Eucharist became a sacrifice performed for the benefit of the church which re-presented before God the historical process of redemption which had already been achieved in the past. The Eucharist as the inbreaking of the future Kingdom of God into time was suppressed."[1068]

Dies bedeutet nicht, dass Eucharistie nicht auch Erinnerung ist, Anamnese: „Tut dies zu meinem Gedächtnis" (Lk 22,19). Doch wie Cavanaugh mit John Zizoulas klarstellt, hat diese Erinnerung einen eschatologischen Unterton: „*Anamnesis* is not the mere recall of ever-more-distant past events; it is rather, in John Zizoulas's apt phrase, the ‚memory of the future'".[1069]

Cavanaugh verdeutlicht dies anhand von Jean-Luc Marions eschatologischer Analyse der eucharistischen Gegenwart.[1070] Diese stellt eine Interpretation der

---

[1066] DODD, *Parables of the Kingdom.*, 147. Zudem wendet sich auch Dodd gegen eine welt-jenseitige Interpretation der mystischen Dimension der Religion. Ebd., 154: „His teaching therefore is not rightly described as mystical, if we understand the mystic to one who seeks escape from the moving world of things and events. There remains in His teaching a certain tension between ‚other-worldlyness' and ‚this-worldlyness', represented by the apparent contradiction between the prayer, ‚Thy Kingdom come', and the declaration, ‚The Kingdom of God has come upon you'".

[1067] Ebd., 151.

[1068] CAVANAUGH, *Torture and Eucharist*, 222.

[1069] Ebd., 234. Siehe auch JOHN ZIZOULAS, *Being as Communion. Studies in Personhood and the Church*, Crestwood, NY 1997, 180.

[1070] CAVANAUGH, *Torture and Eucharist*, 227-229. Siehe auch MARION, *Gott ohne Sein*, 262-282.

Transsubstantiation dar, in der die eucharistische Präsenz als Präsent, als Gabe, verstanden wird. Dadurch wird nach Marion Gottes Gegenwart in der Eucharistie nicht als eine Gegenwart im „Hier und Jetzt" verstanden, sondern als Gegenwart des gesamten Christus, des vergangenen, zukünftigen und gegenwärtigen. Es ist nicht die gegenwärtige Erinnerung an Christi Opfer in der Vergangenheit, die das Geheimnis der Gottesgegenwart „erzeugt" oder garantiert, sondern genau andersherum, „[t]he very present is only possible as an extension of what Christ accomplished in the past"[1071]. Und noch genauer: „The present, then, is not a self-sufficient reality defined over against the nonpresence of an extinct past and a not-yet-existent future; in the Eucharist the future fulfillment of the past governs the present."[1072] Die Gegenwart des Reich Gottes in der Eucharistie ist nicht gegen die Vergangenheit oder die Zukunft beschränkt. Daher bevorzugt Marion die eucharistische Präsenz gegenüber der Realpräsenz als Gegenwart in Form eines *res*. Vielmehr sei die eucharistische Präsenz *res et sacramentum*, also auch *sacramentum*, Zeichen, das auf die Bildung des kirchlichen Leibs verweist, der letztendlich der wahre Leib ist.[1073] Dieser Leib lebt nun in und durch Christus. Von ihm hat er seine Identität, an ihm partizipiert er und auf ihn hin ist er ausgerichtet. Cavanaugh hierzu:

> „The Eucharistic community lives on borrowed time. The temporal is never a stable space autonomous from the spiritual, but rather the time between the first and the second comings of Christ during which the members of the Eucharistic community live as aliens in any earthly country."[1074]

Diese Fremdartigkeit in der Welt, der Charakter als pilgerndes Volk durch die Zeit, ist das entscheidende Motiv, mit dem Cavanaugh die politische Natur des Leib Christi bestimmt.[1075] In ganz ähnlicher Weise, jedoch ohne die dezidiert politische Stoßrichtung wie Cavanaugh, spricht auch Boersma von Realpräsenz (Eng. *real presence*) und grenzt diese von Transsubstantiation und Transelementation ab. „The ultimate reality, the ultimate purpose is our change, not that of the elements"[1076], schlussfolgert er und legt damit den Nachdruck auf den transformativen Charakter der eucharistischen Konfiguration wie auch der Struktur der

---

[1071]   CAVANAUGH, *Torture and Eucharist*, 228.
[1072]   Ebd., 228. Siehe auch MARION, *Gott ohne Sein*, 265: „Die Gegenwart der eucharistischen Gabe zeitigt sich keineswegs ausgehend vom *Hier und Jetzt*, sondern als Gedenken (eine von der Vergangenheit ausgehende Zeitigung), dann als eschatologische Ankündigung (eine von der Zukunft ausgehende Zeitigung), und schließlich, und nur schließlich, als täglich Brot und Wegzehrung (eine von der Gegenwart ausgehende Zeitigung). Im Gegensatz zum metaphysischen Begriff der Zeit ist hier die Gegenwart nicht leitend für die Zeitlichkeit in ihrer Gesamtheit, sondern sie geht aus dieser hervor."
[1073]   Vgl. MARION, *Gott ohne Sein*, 279-280.
[1074]   CAVANAUGH, *Torture and Eucharist*, 228.
[1075]   Vgl., BRISON, *L'imagination théologico-politique*, 177-189.
[1076]   BOERSMA, *Eucharistic Participation*, 72.

Gemeinde, die darin gestiftet wird. Dieser transformative Charakter wird, wie dargelegt, in der zeitlichen Imagination bzw. Rekonfiguration bei Cavanaugh über die eschatologische Spannung zwischen „schon" und „noch nicht" durchdekliniert. In der örtlich-räumlichen Imagination bzw. Rekonfiguration hingegen läuft dies über ein bereits diskutiertes theologisches Konzept, die konkrete Universalität. Wie genau nach Cavanaugh die Rekonfiguration des Raumes aussieht, an dem sich der Leib der Kirche konstituiert, soll im folgenden Abschnitt dargestellt werden.

3.3.2.2   Eucharistie als Sakrament einer „konkreten Universalität"

Man könnte mit Boersma festhalten, dass „[…] just as time gets reconfigured in the Eucharist, so too space gets reconfigured"[1077]. Dies trifft voll und ganz auch auf Cavanaughs Sicht zu, auch wenn er ein größeres Gewicht auf den zeitlichen, i.e. eschatologischen Aspekt legt, wie wir bereits in dessen Interpretation von Augustinus *De civitate Dei* und dem daraus abgeleiteten Verhältnis zum (National)Staat gesehen haben.[1078] Dennoch kann man in Bezug auf den Ort, an dem sich die Eucharistiegemeinschaft konstituiert, auch von einer ähnlich spannungsvollen, nicht-eindimensionalen Imagination bzw. Rekonfiguration sprechen. Denn so wie die Kirche als Leib Christi ein *tertium quid* ist, so ist auch deren Raumkonfiguration nicht einfach analog zu der des Staates oder anderer rein immanenter (säkularisierter) Organisationsformen zu betrachten. Am deutlichsten wurde dies bereits in der Gegenüberstellung zwischen (säkularer) Globalisierung und Katholizität.

Wie bereits oben angeführt, sieht Cavanaugh in der Globalisierung eine schlechte Imitation echter Katholizität. Das Problem liegt seiner Ansicht nach darin, dass die Globalisierung eine Hyperextension des nationalstaatlichen Projekts darstellt, das das Lokale und Partikulare unter das Universale subsumiert. Der Katholizität liegt dahingegen nicht die Logik der Verbreitung zugrunde, sondern die Logik der Versammlung. Daher formiert sich auch eine andere Art von Raumverständnis, das zum einen nicht homogen geordnet ist, was zum anderen dazu führt, dass sich das Partikulare nicht in das Universale auflösen muss. Hier wird die Strukturanalogie zur Gegenüberstellung von (säkularer) univoker bzw. linearer Zeit und (religiöser) messianischer bzw. eschatologischer Zeit deutlich. Cavanaugh schreibt hierzu: „Catholic space, therefore, is not a simple, universal space uniting individuals directly to a whole; the Eucharist refracts space in such a way that one becomes more united to the whole the more tied one becomes to the local."[1079] Wieder wird die zentrale Rolle der Eucharistie in diesem Prozess der Raumkonfiguration deutlich. „The preeminent ‚spatial story' is that of the

---

[1077]   Ebd., 40.
[1078]   Siehe 3.3.1.2. Vgl. auch z. B. CAVANAUGH, „Ecclesial Ethics and the Gospel sine glossa", 518-519.
[1079]   CAVANAUGH, „The World in a Wafer", 190.

formation of the Body of Christ in the Eucharist."[1080] Und in diesem Formationsprozess ist es gerade die Partikularität, der konkrete Kontext, der die entscheidende Rolle spielt: „[I]n the Eucharist the particular is of the utmost importance, for this particular piece of bread at this particular place and time *is* the body of Christ, and is not merely a pointer to some abstract transcendent standing behind the sign."[1081] Universalität und Partikularität stehen nicht im Gegensatz zueinander, sondern wahre Universalität zeigt sich in Partikularität bzw. Konkretheit. Dies führt Cavanaugh auch unter dem Stichwort „konkrete Universalität" (Eng. *concrete universality*) zusammen.[1082] Um dies näher zu erläutern, greift Cavanaugh auf von Balthasars Ausspruch über das Kreuz als „concretissimum" zurück.[1083] Die Fülle von Gottes innerem Leben wird offenbar in diesem konkreten Akt. Allerdings nicht so, dass dieser Akt der Selbstentleerung Gott etwa limitiert, denn Gott offenbart sich am Kreuz gerade in und als seine Verborgenheit. Cavanaugh weiter: „The particularity of the cross does not limit God, but opens up the world to participate in the drama enacted on the stage of the Trinity itself."[1084] Die Eucharistie ist also beides: einerseits Band mit der Konkretheit der gegenwärtigen Versammlung an einem bestimmten Ort zu einer bestimmten Zeit und andererseits zugleich auch tiefe Verbundenheit mit Gottes pilgerndem Volk durch alle Zeiten und Orte hindurch. Die Eucharistie ist Zentrum, aber ein „decentered center"[1085]. Und es sind nicht wir, die Menschen, die dieses Zentrum bilden, sondern Christus, das Haupt, das uns zur Teilhabe an seinem Leib einlädt. Erneut Cavanaugh: „Consumption of the Eucharist consumes one into the narrative of the pilgrim City of God, whose reach extends beyond the global to embrace all times and places."[1086]

Dieses Muster des Ausgleichs zwischen Universalität und Partikularität gilt auch in Bezug auf das konkrete Individuum. In Cavanaughs Konzept der konkreten Universalität läuft auch das konkrete Subjekt nicht Gefahr, in das Übernarrativ des Reiches Gottes aufgelöst zu werden. Wer die Eucharistie in sich aufnimmt wird zwar Teil des Leibes Christi, verliert aber seine Eigenständigkeit als Teil dessen nicht. „The eucharist is wholly kenotic in its form. To consume the eucharist is an act of anti-consumption, for here to consume is to be consumed, to be taken up into something larger than the self, yet in a way in which the identity of

---

[1080] CAVANAUGH, *Theopolitical Imagination* , 93.
[1081] CAVANAUGH, „The World in a Wafer", 192.
[1082] Vgl. CAVANAUGH, „Balthasar, Globalization, and the Problem of the One and the Many", 338.
[1083] Vgl. ebd., 341-342. Siehe zu Balthasars Konzeption des universale concretum auch EVA-MARIA FABER, „Universale concretum bei Hans Urs von Balthasar", in: *IKaZ* 29 (2000), 258-273.
[1084] CAVANAUGH, „Balthasar, Globalization, and the Problem of the One and the Many", 342.
[1085] Ebd., 345.
[1086] CAVANAUGH, „The World in a Wafer", 182.

the self is paradoxically secured."[1087] Denn das eigene Ich wird als Teil des Leibes Christi nicht identisch mit ihm oder seinem Haupt, sondern es wird sich erst dort seiner Eigenartigkeit bewusst. Diese Grundintention Cavanaughs buchstabiert auch Wendel weiter aus, wenn sie Kirche als eine konkrete Versammlung von Individuen wie folgt definiert:

> „Nicht ‚die' Kirche *in abstracto* und als den einzelnen Christinnen und Christen vorgängige Einheit und als homogener ‚Sozialkörper' ist also sakramentale Gestalt dieses göttlichen Heils, sondern *in concreto* die einzelnen Zeuginnen und Zeugen des Reiches Gottes, die gemeinsam Kirche konstituieren und leben."[1088]

Um zu verdeutlichen, wie diese einzelnen Subjekte in der Welt verortet sind, verwendet Cavanaugh ein interessantes Bild, das des „globalen Dorftrottels" (Eng. *global village idiot*).[1089] Dieser wird an anderer Stelle wie folgt definiert: „The consumer of the Eucharist begins to walk in the strange landscape of the body of Christ, while still inhabiting a particular earthly place."[1090]

Der konkrete Ort wird also zum Ort der Verbindung bzw. der bleibenden Spannung zwischen dem Konkreten bzw. Partikularen und dem Globalen bzw. Universalen. Damit findet gerade keine Auflösung der Spannung hin zum Pol des Konkreten statt. Diese Spannung zwischen Konkretem und Universalem kennzeichnet dabei nicht allein die klassische katholische Soziallehre, wie beispielsweise in *Fratelli tutti*[1091], sondern ebenso das Denken der türkisch-US-amerikanischen Philosophin Seyla Benhabib. In ihren zahlreichen Arbeiten zum Verhältnis von universalen Menschenrechten und deren Einbettung in konkrete, historisch-kontingente Kontexte, entwickelt sie ebenfalls ein Konzept der „concrete universality" bzw. des „interactive universalism". Sie erläutert diese wie folgt:

> „The point is not to deny this tension by embracing only one or another of the moral alternatives but to negotiate their interdependence by re-situating or reiterating the universal in the concrete context. This is a project I had called ‚interactive universalism' in *Situating the Self* and ‚democratic iterations' in subsequent works."[1092]

[1087] CAVANAUGH, „Balthasar, Globalization, and the Problem of the One and the Many", 345.
[1088] WENDEL, „Leib Christi – Grenzen und Chancen", 312-313.
[1089] CAVANAUGH, „The World in a Wafer", 182.
[1090] Ebd., 193.
[1091] Vgl. PAPST FRANZISKUS, Enzyklika *Fratelli tutti*, Nr. 142
[1092] SEYLA BENHABIB, „Another Universalism. On the Unity and Diversity of Human Rights", in: *Proceedings and Addresses of the American Philosophical Association* 81 (2/2007), 7-32, 19. Siehe auch DIES., *Situating the Self. Gender, Community and Postmodernism in Contemporary Ethics*, New York 1992, 148-178; DIES., *Another*

Das darin zum Ausdruck kommende Konzept von Universalität (der Menschen-rechte) beschreibt Benhabib mehr als Ziel, nach dem es *in* und *über* die verschie-denen Kontexte hinweg zu streiten gilt, denn als ein Faktum oder ein Wesenszug, der *dem* Menschen qua Natur zukommt.[1093] Wie die Konzepte des „interaktiven Universalismus" und der „demokratischen Wiederholungen" andeuten, hat die Verschränkung zwischen dem Konkreten und dem Universalen bei Benhabib ei-nen dynamischen oder prozesshaften Charakter.

Und eben dieses Charakteristikum kann uns auch beim Verständnis von Cavan-aughs Konzept der konkreten Universalität und der darin zum Vorschein treten-den Rekonfiguration des Raums in der Eucharistie behilflich sein. Auch der so konfigurierte eucharistische Raum ist dynamisch; er wird stets aufs Neue in der liturgischen Feier geöffnet, ohne dabei aber voll und für immer Gestalt anzuneh-men. Analog zur eschatologischen Spannung bei der zeitlichen Rekonfiguration, liegt auch hier das Augenmerk auf dem transformativen, i.e. dem sakramentalen Charakter. Das in der Eucharistie versammelte Volk ist eine Pilgergemeinschaft, die einerseits zwar *in* der Welt unterwegs ist, in ihr aber andererseits nicht zum Ziel gelangt. Ihr Ort ist ein Zeltlager, sie ist ein Feldlazarett, wie Cavanaugh die Kirche in seinem gleichnamigen Buch mit Verweis auf Franziskus Metapher be-schreibt.[1094]

3.3.3   Einordnung von Cavanaughs theopolitischer Imagination der Eucha-ristie vor katholischem, ökumenischem und postsäkularem Hinter-grund

In der folgenden Sektion soll nochmals der Blick auf Cavanaughs theopolitische Imagination der Eucharistie geweitet werden. Hierfür soll diese in einem ersten Abschnitt in Bezug zu anderen katholischen Ansätzen einer sakramentalen Ek-klesiologie gesetzt werden. In einem zweiten Abschnitt wird anschließend die Diskussion auf die ökumenische Dimension geweitet und hierbei ein erster Vor-schlag für die Öffnung von Cavanaughs Ansatz hin zu einem postsäkularen Kon-text gegeben, den es im weiteren Verlauf der Arbeit immer weiter auszubauen und zu verifizieren gilt.

3.3.3.1   Eucharistische Konstitution der Kirche als „schillerndes Spiel zwi-schen Identität und Differenz"

Zunächst einmal lässt sich festhalten, dass Cavanaughs Ekklesiologie, in der Kir-che als Leib Christi im Sakrament der Eucharistie konstituiert wird, auf den ersten

---

Cosmopolitanism. Sovereignty, Hospitality, and Democratic Iterations. With Re-sponses by Jeremy Waldron, Bonnie Honig and Will Kymlicka, hg. v. ROBERT POST, Oxford 2006.

[1093]   Vgl. BENHABIB, „Another Universalism", 16.

[1094]   Vgl. CAVANAUGH, *Field Hospital*, 2.

Blick zunächst sehr klassisch ist. Nicht zuletzt hat auch der junge Ratzinger nachgewiesen, dass auch bei Augustinus und anderen Kirchenvätern das Bild der Kirche als Volk Gottes seinen Ausgang im Leib Christi hat, „als Gemeinschaft mit
der *Catholica*, als sakramentale Einheit durch Teilhabe an ihrer eucharistischen
pax"[1095]. Kirche als Ursakrament ist aufs Engste mit dem Sakrament der Eucharistie verbunden, in der sich Gott immer wieder neu seinem Leib schenkt. Wie
für Cavanaugh ist auch für Ratzinger diese so stets neu aktualisierte Kirche als
Leib Christi weder mystisch noch unsichtbar, sondern sichtbar und konkret. Für
Ratzinger verweist der Leib Christi „vielmehr auf die Kirche als in der Eucharistie konkret verfasste, von ihr her gebaute und durch sie zugleich ganz innerliche
und ganz öffentliche Wirklichkeit"[1096]. Ratzinger folgt hierbei, genau wie Cavanaugh, de Lubacs Einsicht, dass Kirche in ihrem Grundvollzug sakramental zu
verstehen ist. Dadurch ist sie zugleich konkret und universal, *universale concretum*. In der konkreten Eucharistiefeier an einem bestimmten Ort zu einer bestimmten Zeit, wird jede*r Konsument*in Teil von Christi universellem Leib,
wird, wie Ratzinger sich ausdrückt, zum neuen Adam und damit verbunden mit
der ganzen Menschheit und schließlich so auch Teil und Fortführung der Men-
schwerdung Christi selbst.[1097] Ratzinger selbst:

> „Durch seinen sakramentalen Leib zieht Christus die Christen in sich hinein, die
> so seine Existenz weitertragen durch die Zeiten. In ihnen erfüllt sich erst der volle
> Sinn dessen, was Gott mit der Menschwerdung beabsichtigt hatte, in ihnen geht
> die Menschwerdung fort, in ihnen wird Jesus erst zum ‚ganzen Christus', wie die
> Väter sagen, der aus Haupt und Leib besteht."[1098]

Damit wird Sakramentalität zum Schlüssel für das Verständnis der Identität der
Kirche. Diese bezieht ihre Identität von der Identität Gottes (die sie in der Eucharistie immer wieder konkret aktualisiert[1099]), ohne dabei aber mit Gott identisch
zu werden. Gerade in der Unterscheidung zwischen Christus und seiner Kirche,
ihrer „bleibenden ontologischen Differenz" liegt der tiefere Sinn dafür, diese Beziehung sakramental aufzufassen. Gleichzeitig muss diese Beziehung aber auch
intim zusammengehalten werden. Ganz besonders eng fasst diese Beziehung

---

[1095] CHO, *Universale Concretum*, 111.

[1096] JOSEF RATZINGER, Vorwort zur Neuauflage zu *Volk und Haus Gottes in Augustinus
       Lehre von der Kirche*, (Gesammelte Schriften, Bd. 1), Freiburg 2011, 48-57, 52f.
       Zitiert nach CHO, *Universale Concretum*, 109.

[1097] Vgl. CHO, *Universale Concretum*, 109-110. Dort zitiert Cho JOSEF RATZINGER, *Die
       Einheit der Nationen*, Salzburg 1971, 35: „Hier, am Tisch Gottes, ist zugleich der
       Ort der wahren Kommunikation der Menschheit miteinander: Wo Menschen mit
       Gott kommunizieren, kommunizieren sie zugleich untereinander, begibt sich die
       Verschmelzung zum neuen Menschen."

[1098] JOSEF RATZINGER, „Vom Ursprung und Wesen der Kirche", in *Das neue Volk Got-
       tes*, Düsseldorf 1969, 82. Zitiert nach CHO, *Universale Concretum*, 117.

[1099] Vgl. CHO, *Universale Concretum*, 127-128.

Ratzinger, wenn für ihn Kirche „für unsere Zeit dasselbe [bedeutet] wie Christus für die seinige, nämlich Gegenwart des Göttlichen in sinnhafter Gestalt"[1100].

Um also die Spannung zwischen beiden Polen zu wahren, spricht der bereits oben zitierte Remenyi in Bezug auf die Leib-Christi-Metapher von einem „schillernden Spiel von Identität und Differenz"[1101], das sie zugleich anzeigt und befeuert – und dies in doppelter Hinsicht: Einerseits bezüglich des Verhältnisses zwischen Mensch/Welt und Gott, einer vertikalen Sinnrichtung. Darunter versteht Remenyi die bereits oben angeführte Spannung zwischen Identifikation und hartem Differenzdenken von Christus und Kirche. Zusätzlich macht er aber andererseits auch eine horizontale Sinnrichtung aus. Hier geht es um die Spannung zwischen Kirche und Welt, da „der Metapher vom mystischen Leib Christi eine potentiell universale, weltumspannende und geschichtsübergreifende Dynamik eignet"[1102]. Im Grunde geht es also hier um die Verhältnisbestimmung zwischen Partikularität und Universalität.[1103] Hinzuzufügen wäre hier noch der Aspekt der Verhältnisbestimmung zwischen partikularer Gemeinde und universaler Kirche. Um das Problem der Vertikalachse zu verhindern, plädiert Remenyi, ebenso wie Cavanaugh, für den eschatologischen Charakter der Kirche. Sie ist Zeichen und Werkzeug des Reich Gottes, aber noch nicht dessen Verwirklichung. Genau das drückt nach Rememyi Sakramentalität aus.[1104] Cavanaugh hierzu: „In the Eucharist the church is always called to become what it eschatologically is. The Eucharist does make the church *ex opere operato*, but the effects are not always visible due to human sin."[1105] Grundsätzlich besteht hierhin kein Wiederspruch zwischen Remenyi und Cavanaugh.

Der Unterschied, den man zwischen beiden Konzeptionen ausmachen kann, ist der, dass Remenyi eine sakramentale Ekklesiologie getrennt von einer Leib-Christi-Ekklesiologie betrachtet, wohingegen Cavanaugh diese mit seiner eucharistischen Theologie im Herzen seiner Leib-Ekklesiologie zusammendenkt. Was das Problem der Horizontalachse betrifft, schlägt Remenyi eine pneumatologische und anthropologische Weitung des Sakramentenbegriffs vor, um das Ineinander von Kirche und Welt weiterzudenken. In diesem Zuge verweist Remenyi auf Knut Wenzel, welcher vom Menschen als einem sakramentalen Selbst spricht. Daraus schlussfolgert Remenyi: „Ekklesiale Sakramentalität ereignet sich demzufolge dort, wo Menschen diese sakramental-anthropologische Struktur im Füreinander und Miteinander zum Ausdruck bringen und auf diese Weise

---

[1100] JOSEF RATZINGER, „Der Ansatz zum Volk-Gottes-Verständnis im Glaubensbegriff" (Gesammelte Schriften, Bd. 1), 72-95, 94. Zitiert nach CHO, *Universale Concretum*, 109.
[1101] REMENYI, „Leib-Christi-Ekklesiologie", 34.
[1102] Ebd., 34.
[1103] Vgl. ebd., 34-35.
[1104] Vgl. ebd., 50-51.
[1105] CAVANAUGH, *Torture and Eucharist*, 207.

das *extra nos* des Heils gleichermaßen bezeugen wie gegenwärtig sein lassen."[1106] Demzufolge soll die sakramentale Verwobenheit von Welt und Kirche nicht als Einbahnstraße gesehen werden, nicht als einen Schatz, den die Kirche der Welt zu bringen hat. Stattdessen spricht sich Remenyi für das Bild des Netzwerkes zur Bestimmung dieses Verhältnisses von Kirche und Welt aus.[1107] Cavanaugh kommt einem solchen Verständnis von Kirche nahe, wenn er von der Eucharistie als ihrem „decentered center"[1108] spricht. Und in Bezug auf die liturgische Feier der Eucharistie fügt er an, dass „the Body of Christ is not partitioned, for the whole Body of Christ is present in each fraction of the elements: the world in a wafer"[1109]. Jedoch unterlässt Cavanaugh eine eigenständige ausgebreitete theologische Auseinandersetzung mit der Sakramententheologie unter diesem Aspekt. Ähnlich wie bei der Entscheidung zwischen einer hierarchischen oder einer netzwerkartigen Interpretation der Leib-Metapher ist der/die Leser*in darauf angewiesen, seine/ihre eigenen Schlüsse bezüglich Cavanaughs Sakramentenverständnisses zu ziehen. Aber auch hier deutet Cavanaughs strikte Ablehnung der Kirche als *societas perfecta*, seine Fundierung in de Lubacs Theologie des Sakramentalen und besonders seine vehemente Ablehnung des Säkularismus als eine Abtrennung der Religion in eine innerliche, private Sphäre, weg von der konkreten Politik klar darauf hin, dass auch für Cavanaugh Welt und Kirche, gerade durch das Konzept des Sakraments, aufs engste miteinander verbunden sind. Kirche und Welt sind nicht gegeneinander begrenzt und das Sakramentale kann gerade Aufschluss über das innere Aufeinanderbezogensein beider geben. Dies im Detail aufzuzeigen, ist Aufgabe für das letzte Kapitel dieser Arbeit. Ausgangspunkt hierfür ist Cavanaughs Interpretation der Sakramentalität als das eigentliche Wesen der Kirche (und damit auch ihres politischen Charakters).

Damit kommen wir zum zweiten Aspekt der Horizontalachse, das Verhältnis zwischen partikularer Ortskirche und der universalen Kirche. Auch hier weist Cavanaughs Konzept der konkreten Universalität in eine bestimmte Interpretationsrichtung, doch wenn es um die genaue Ausdifferenzierung, z.B. in den Bereichen Amt und Autorität geht, ist Cavanaugh ähnlich vage:

„Because the church is the body of Christ, authority in the church is sacramental [...]. The Eucharist makes the church, as Henri de Lubac famously put it. This means that priestly authority is decisive in the body of Christ. Christ joins the offices of priest, prophet, and king, but the priestly office – in which the laity shares – is that which sacramentally constitutes the body of Christ."[1110]

[1106] REMENYI, „Leib-Christi-Ekklesiologie", 68. Siehe auch KNUT WENZEL, *Sakramentales Selbst. Der Mensch als Zeichen des Heils*, Freiburg 2003.

[1107] Vgl. REMENYI, „Leib-Christi-Ekklesiologie", 65.

[1108] CAVANAUGH, „The World in a Wafer", 190.

[1109] Ebd., 190

[1110] CAVANAUGH, „Separation and Wholeness", 17.

Joseph Ratzinger ist an dieser Stelle demgegenüber wesentlich präziser. Die zentralen Begriffe bei ihm sind Kommuniongemeinschaft und apostolische Nachfolge. Diesbezüglich fasst Cho zusammen:

> „Als eucharistische Tischgemeinschaft verwirklicht jede einzelne Gemeinde das Kirchesein der gesamten Kirche dadurch, dass sie mit allen anderen Gemeinden in Kommunionverbindung steht. Dies ist aber nur deswegen der Fall, weil derjenige, der die Worte ‚Das ist mein Leib, das ist mein Blut‘ spricht, in der apostolischen Nachfolge steht [...].“[1111]

In einem anderen Sinne spricht also auch Cho von einem Netzwerk, und zwar dem Netzwerk von Ortsbischöfen, die in apostolischer Nachfolge in Gemeinschaft mit dem Bischof von Rom stehen.[1112] Im Gegensatz zu Werbicks pneumatologischer und anthropologischer Weitung des Sakramentenbegriffs wird dieser hier institutionell und amtlich ausgelegt.[1113] Zwar teilen alle Gläubigen das priesterliche Amt Jesu im Sinne einer „Teilnahme an Sakramentalität des Menschsein Jesu [...], aber natürlich nicht im Sinne einer Nachfolge der Apostel, die Christus vor der Kirche in besonderer Weise repräsentieren [...]“[1114]. Soweit die klassische Ekklesiologie, die Cho aus den Werken Ratzingers herausarbeitet. Damit stellt sich die Frage, inwieweit eine solche sakramentale Ekklesiologie mit der Cavanaughs übereinstimmt.

Hier ist zunächst festzuhalten, dass Cavanaugh die sakramentale Fundierung der Kirche als Leib-Christi mit Ansätzen wie denen von Ratzinger und Cho teilt. Sakramentalität ist für Cavanaugh das Wesen der Kirche, auch ihr besonderes politisches Wesen. Doch wie angemerkt wurde, dekliniert Cavanaugh sein Verständnis von Sakramentalität nicht so deutlich aus, wie dies z.B. Werbick pneumatologisch-anthropologisch oder Ratzinger/Cho institutionell-amtlich tun. Allerdings ließe sich mit Blick auf Cavanaughs massiver Kritik gegenüber den Vereinheitlichungstendenzen moderner Staatspolitik schließen, dass Cavanaugh einer parallelen Entwicklung in der Ausgestaltung sakramental-kirchlicher Politik ebenfalls kritisch gegenübersteht. Cho offenbart ein auf Einheit, aber auch auf Eindeutigkeit ausgerichtetes Verständnis der Sakramentalität der Kirche, wenn er resümiert:

> „Man kann nicht die Vielfalt auf der sichtbaren und die Einheit in Christus auf einer unsichtbaren, transzendenten oder eschatologischen Ebene ansiedeln. Das

---

[1111] CHO, *Universale Concretum*, 123. Cho bezieht sich hierbei besonders auf JOSEF RATZINGER, „Das geistliche Amt und die Einheit der Kirche“ (Gesammelte Schriften, Bd. 12), Freiburg 2010, 51-69.

[1112] Vgl. CHO, *Universale Concretum*, 112, 124.

[1113] Vgl. ebd., 119.

[1114] Vgl. ebd., 120-121.

wäre ein desinkarniertes Christentum, das wäre die Trennung von *universale* und *concretum*."[1115]

Darauf ließe sich erwidern, dass man diese Feststellung, um die „ontologische Differenz" zwischen Christus und Kirche zu wahren, auch andersherum formulieren könnte: Aus der Teilhabe an der Sakramentalität des Menschsein Jesu und der Fortsetzung der Inkarnation des Christus folgt die Notwendigkeit zur Wahrung der bleibenden eschatologischen Differenz zwischen *universale* und *concretum*. Daran anschließend könnte man mit Cavanaugh argumentieren, dass der sakramentale Charakter kirchlicher Politik gerade nicht in Analogie zur Politik des Staates zu verstehen ist.

Der Leib Christi ist nicht konkret, wie der Staat konkret ist. Er ist eucharistisch, d.h. geschenkt, und harrt seiner eschatologischen Verwirklichung. Jesu Reich ist nicht von dieser Welt, wie es an exponierter Stelle in Joh 18,36 heißt. Der exegetische Befund zu dieser Textstelle stellt hierzu fest, dass die *Basileia* Jesu in der Tat nicht in weltlich-politischen Kategorien zu denken ist.[1116] Es geht Jesus nicht um machtpolitische Fragen nationaler Art. Jesus trat auch nicht im Sinne eines jüdisch verstandenen weltlich-politischen Messianismus auf; er verkündete vielmehr die Ankunft des Reich Gottes und nicht seines Reiches, wie ihm nachösterlich von Johannes in den Mund gelegt wird. Dennoch kehrt Johannes dabei die eigentliche Stoßrichtung des Auftreten Jesu hervor: Gerade weil sein Königtum keinen weltlichen Ursprung hat, stellt es die existierenden Machtstrukturen infrage. Sein Reich ist nicht *von* dieser Welt, durchaus aber *in* dieser Welt. Es ist damit keineswegs unpolitisch, wie Josef Blank festhält. Dieser führt wie folgt an: „Es ist gerade der nichtweltliche Charakter dieses Reiches, durch den es auch die gesamte politische Sphäre an ihrer Wurzel tangiert und in Frage stellt."[1117] Es ist eben jener nichtweltliche Charakter, den Cavanaugh in seiner eucharistischen couter-politics gegen die von ihm identifizierten Fehlentwicklungen der Politik moderner, liberaler Nationalstaaten stellt und mit einem sakramentalen Charakter definiert. Nochmals Blank bezüglich des Charakters des Reich Gottes: „Dieses Reich ist das Reich der absoluten, wahren Freiheit, wo die ‚Unverfügbarkeit Gottes' zugleich die letzte ‚Unverfügbarkeit und Freiheit des Menschen' enthüllt und

---

[1115]   Vgl. ebd., 124.

[1116]   Vgl. UDO SCHELLE, *Das Evangelium nach Johannes* (Theologischer Handkommentar zum Neuen Testament), Leipzig 2016, 353; JEAN ZUMSTEIN, *Das Johannesevangelium*, Bd. 2, (Kritisch-exegetischer Kommentar über das Neue Testament), Göttingen 2016, 697-698.

[1117]   JOSEF BLANK, *Das Evangelium nach Johannes*, Bd. 3 (Geistliche Schriftlesung), Düsseldorf 1977, 83. Siehe auch LUISE SCHOTTROFF, „‚Mein Reich ist nicht von dieser Welt'. Der johanneische Messianismus", in: JACOB TAUBES (Hg.), *Gnosis und Politik*, Bd. 2, Paderborn 1984, 97-108. Schottroff fällt darin ein ähnliches Urteil, wenn es ebd., 106 heißt: „Mit dem Schritt ins Jenseits wird ein fester Grund gefunden, von dem aus die ‚Welt zu besiegen' (16, 33) ist." Siehe ebenso KÖRNER, *Politische Religion*, 138-139.

garantiert."[1118] Doch Kirche ist nicht identisch mit dem Reich Gottes, wie auch Cavanaugh unmissverständlich festhält. Gerade aus dieser Differenz ergibt sich ihr sakramentales Wesen. Daraus ließe sich mit Cavanaugh die kritische Anfrage formulieren, inwieweit eine streng institutionell-amtliche Auslegung des sakramentalen Charakters der Kirche nicht zu sehr in Analogie zu säkular-weltlicher Macht definiert wird. Es ist die Frage, inwieweit man dem eschatologischen Charakter der Gottesherrschaft in weltlich-politischen Strukturen gerecht werden kann. Damit ließe sich aber auch die im ersten Kapitel von Metz gestellte kritische Anfrage an moderne demokratische Politik auch gegen die Kirche selbst richten. Dieser verweist mit Rückgriff auf das Bild eines „leeren Stuhls" auf die Unverfügbarkeit politischer Macht und die daraus abgeleitete Notwendigkeit zur Verhinderung der religiösen wie politischen Besetzung des Stuhls.[1119] Diesen Hinweis kann man auch an Kirche in ihrer sakramentalen Verfassung richten. Genauso wie ein Gottesgnadentum theologisch angefragt werden kann, kann auch ein hierarchisch-exklusivistisches Sakramentenverständnis politisch angefragt werden. Um mit Cavanaugh zu sprechen: „What needs to be separated is good political theology from bad political theology."[1120]

Wie jedoch gezeigt wurde, ist Cavanaugh selbst bei seiner Auslegung des politischen Sakramentenverständnisses nicht explizit genug. Daraus ergibt sich die Aufgabe für das letzte Kapitel, ein Sakramentenverständnis mit Bezug auf die radikaldemokratische Theorie zu reformulieren.

3.3.3.2   Die ökumenische und postsäkulare Tragweite einer Theopolitik der Eucharistie

Hierfür ist aber zunächst ein weiterer Zwischenschritt von Nöten. Denn zuvor gilt es noch unter dem Gesichtspunkt von Cavanaughs sakramental-eucharistischem Ansatz der wichtigen Frage nachzugehen, inwieweit dieser ökumenisch, wenn nicht sogar interreligiös und (post)säkular-politisch anwendbar und generalisierbar ist. Auf den Punkt bringt Paul S. Rowe seine Kritik wie folgt: „The very Eucharist that Cavanaugh describes as the ideal archetype of unity is a source of disunity for the various sects of Christendom."[1121] Inwieweit trifft diese Kritik auf Cavanaughs Ansatz tatsächlich zu? Diese Frage kann grundsätzlich auf zwei Weisen beantwortet werden: zunächst im strengen Sinne, d.h. anhand eines Vergleichs zentraler Eckpunkte in Cavanaughs Verständnis von Eucharistie mit dem Verständnis von Eucharistie und Abendmahl anderer Konfessionen. Dieser Ansatz bleibt dabei allerdings noch immer beschränkt auf einen christlichen Kontext. Daher erscheint es zielführender, die Frage ebenso in einem weiteren Sinne

[1118] BLANK, *Das Evangelium nach Johannes*, 84.
[1119] Vgl. METZ, *Zum Begriff der neuen Politischen Theologie*, 196.
[1120] CAVANAUGH, *Field Hospital*, 218.
[1121] ROWE, „Render Unto Caesar. . . What?", 604.

zu beantworten, d.h. anhand eines Vergleichs zentraler Prinzipien und Mechanismen der Gemeinschaftsbildung in Cavanaughs eucharistischem Ansatz und den Prinzipien anderer (Religions)Gemeinschaften.

Doch zunächst kurz zum ökumenischen Potential von Cavanaughs eucharistischem Ansatz. Da eine detaillierte Analyse dieser Frage den Rahmen der Untersuchung sprengen würde, soll hier nur kurz auf zentrale Stellen des gemeinsamen Arbeitspapiers *Gemeinsam am Tisch des Herrn* des *Ökumenischen Arbeitskreises evangelischer und katholischer Theologen* eingegangen werden.[1122] Darin findet sich ein eigenes Kapitel 7 zum Thema „Das Verhältnis zwischen Kirchen- und Eucharistiegemeinschaft". Hierin wird der gemeinschaftsstiftende Charakter der Mahlgemeinschaft betont, ausgehend vom geteilten exegetischen Befund, „dass der Begriff *koinonia* (Gr. *Gemeinschaft*) das Schlüsselwort der eucharistischen Texte des Paulus ist"[1123]. Als grundlegend hierfür wird 1 Kor 10,16f angeführt und zitiert.[1124] In diesem Zuge wird auch explizit auf die Leibmetaphorik eingegangen. Hierzu heißt es ebenfalls in 7.2:

> „Die innere Verbindung der Gläubigen mit Christus und untereinander kommt zum Ausdruck in dem Ineinander der drei Bedeutungen von ‚Leib Christi', wie sie gerade für Paulus zentral ist: der Leib Jesu Christi am Kreuz als Hingabe, der Leib Jesu Christi als Eucharistie, der Leib Jesu Christi als Kirche. Die Teilhabe am eucharistischen Leib schließt den Zusammenhang mit dem ‚Leib Christi' ein."[1125]

Dies ist insofern besonders bedeutsam, als die Leibmetaphorik, wie oben bereits diskutiert, in den Binnendiskursen der einzelnen Konfessionen wesentlich kritischer betrachtet wird, als es dieser ökumenische Text vermuten lässt. In diesem Zuge wird auch darauf eingegangen, dass die liturgischen Bewegungen des 20. Jahrhunderts auf beiden Seiten zu einer „Wiederentdeckung der gemeinschaftlichen Grundstruktur jeder liturgischen Feier" geführt haben.[1126] Dabei wird besonders von Seiten der katholischen Theologie der Geschenkcharakter

---

[1122] Siehe https://www.uni-muenster.de/imperia/md/content/fb2/zentralseiten/aktuelles/gemeinsam_am_ tisch_ des_herrn._ein_votum_des__kumenischen_arbeitskreises_evangelischer_und_katholischer_theologen.pdf, abgerufen am 30.05.2021. Auch erschienen unter VOLKER LEPPIN; DOROTHEA SATTLER (Hg.), *Gemeinsam am Tisch des Herrn. Ein Votum des Ökumenischen Arbeitskreises evangelischer und katholischer Theologen. Together at the Lord's table. A statement of the Ecumenical Study Group of Protestant and Catholic Theologians*, Freiburg 2020. Zitate, (Unter)Kapitel- und Seitenangaben sind dem aus dem Internet abrufbaren Dokument entnommen.

[1123] LEPPIN; SATTLER, *Gemeinsam am Tisch des Herrn*, 50.

[1124] 1 Kor 10,16f: „Ist der Kelch des Segens, über den wir den Segen sprechen, nicht Teilhabe am Blut Christi? Ist das Brot, das wir brechen, nicht Teilhabe am Leib Christi? Ein Brot ist es. Darum sind wir viele ein Leib; denn wir alle haben teil an dem einen Brot." Siehe LEPPIN; SATTLER, *Gemeinsam am Tisch des Herrn*, 50-51.

[1125] Ebd., 50.

[1126] Vgl. ebd., 50-51.

dieses gemeinschaftsstiftenden Handelns Gottes in der Liturgie betont.[1127] Das Zentrum der durch die Eucharistie/Abendmahl gestifteten Gemeinschaft ist Geschenk, es ist als solches für die Beschenkten unverfügbar.

Folgt man dieser kurzen Aufzählung der ökumenisch geteilten Grundannahmen über das Verhältnis zwischen Kirchen- und Eucharistiegemeinschaft, so ließe sich damit eine eucharistische Kirchenkonstitution ableiten, die Cavanaughs Grundanliegen sehr nahekommt. Ebenso erscheint es auf Basis der lutherischen Theologie auch möglich, eine – wie Luther sich ausdrückt – vom „hochwürdigsten Sakrament des heiligen wahren Leichnams Christi" ausgehende Ekklesiologie zu erarbeiten, war es doch gerade das Anliegen Luthers, den gemeinschaftlichen Charakter des Sakraments gegenüber einem allzu starken subjektivistischen und verobjektivierenden Verständnis des Sakraments hervorzuheben.[1128] Dieser Strategie folgend könnte für eine Vielzahl von Konfessionen eine im Abendmahl/Eucharistie und paulinischer Leibmetaphorik grundgelegte Ekklesiologie (re)konstruiert werden. Doch wie bereits oben erwähnt, erscheint dies keine zielführende Strategie zu sein, um die Anwendbarkeit und Generalisierbarkeit von Cavanaughs eucharistischem Ansatz zu überprüfen, denn letztlich muss sich diese nicht allein im christlichen Kontext bewähren, sondern auch konstruktiv in Diskussionen innerhalb (und zwischen) anderer(n) Religionen und nicht zuletzt innerhalb eines (post)säkularen Rahmens.

Daher empfiehlt es sich gewissermaßen eine Ebene höher zu gehen und das übergeordnete Prinzip zu eruieren, wonach Cavanaughs spezielle Interpretation seines eucharistischen Ansatzes funktioniert. Dieses ist bei Cavanaugh das Prinzip des Sakramentalen mit seiner ihm eigenen theopolitischen Imagination. Das Sakramentale steht dabei für ein Konzept der Vermittlung (Chauvet), für das „schillernde Spiel zwischen Identität und Differenz" (Remenyi), das bei Cavanaugh in der Imagination von Raum als konkreter Universalität und Zeit als eschatologischer Präsenz Ausdruck findet. Die Eucharistie als Zentrum der Gemeinschaft ist das dezentrierte Zentrum, oder mit Lefort gesprochen: das, was die Gemeinschaft zusammenführt, ist selbst der Gemeinschaft entzogen und nur als ein Geschenk anwesend, an dem man partizipiert. Zwei Aspekte in dieser theopolitischen Imagination des Sakramentalen sind dabei für eine (post)säkulare Weitung von besonderem Interesse. Dies ist zum einen die Unverfügbarkeit im Zentrum des Sozialen, wie wir sie bereits mit Leforts Konzept der Leerstelle der Macht eingeführt haben und wie sie auch in der eucharistischen Ekklesiologie zum Ausdruck kommt. Und zum anderen ist es die Pluralisierung des politischen Raums, die bei Mouffe den Garanten für das Freihalten der Leerstelle darstellt und bei Cavanaugh die Form seiner Kritik an den Vereinheitlichungstendenzen säkularer Staatlichkeit annimmt.

[1127]   Vgl. ebd., 52-53.

[1128]   Der vollständige Titel einer Predigt Luthers, die auf S. 52 genannt wird, lautet: „Ein Sermon von dem hochwürdigsten Sakrament des heiligen wahren Leichnams Christi und von den Bruderschaften".

Als Alternative hierzu entwirft Cavanaugh das Konzept der konkreten Universalität. Es ist genau diese Konzentration auf die konkrete Versammlung, auf die Verwobenheit des Lokalen in das Universale ohne dabei das Lokale im Universalen aufzulösen, die die Schnittstelle zwischen Cavanaughs eucharistischem Ansatz und anderer Gemeinschaftskonzepte, auch demokratischer, darstellt. Der Kern von Cavanaughs eucharistischer Konzeption von Gemeinschaft beruht dabei gerade nicht auf einer ver*ein*heitlichenden Strategie, die keine Unterschiede im Konkreten zulässt. Nur eine eindimensionale temporale und lokale Interpretation des *unum* löst die *plures* in sich auf. Dies anhand der Eucharistie aufzuzeigen und dem liberalen und säkularen Konzept der Einheit eines Staatsvolkes kritisch gegenüberzustellen, ist das Anliegen Cavanaughs. Er spricht sich dafür aus, Politik jenseits eines einzigen und vereinheitlichten öffentlichen Raums zu konzipieren. Stattdessen will er den öffentlichen Raum in eine Vielzahl von freien Räumen überführen, die auf ihre je eigene Art und Weise öffentlich sind.[1129] Dies ermögliche erst, so Cavanaugh, „to reach beyond the ‚clash of civilizations‘ to establish real dialogue among distant neighbors of all faiths"[1130]. Cavanaugh deutet damit auf ein zentrales Problem des säkularen-liberalen Entwurfs von Politik im Allgemeinen und von Demokratie im Speziellen hin, und zwar dem inhärenten Drang nach Einheit. Das grundsätzliche Problem ist dabei nicht so sehr das Paradigma der Einheit – schließlich will auch die Kirche in Cavanaughs Konzeption die Einheit mit Gott und unter den Menschen[1131] –, sondern die Ebene, auf der diese Einheit hergestellt werden soll. Diese Ebene kann für Cavanaugh nicht in einer eindimensional-universalen Konzeption von Gemeinschaft, Sprache, Vernunft etc. liegen, sondern nur im Konkreten, der konkreten Handlung. Lefort interpretiert diese Tendenz als die totalitäre Unterseite der Demokratie. Wie für Cavanaugh ist auch für Lefort entscheidend, Politik – für Lefort prinzipiell die Frage nach dem Sozialen – auch jenseits des Rahmens des Nationalstaates zu denken: „En bref, si la ‚question sociale‘ pouvait être pleinement posée, c'est parce qu'il y avait une vie politique qui débordait le cadre de l'État."[1132] Das bedeutet, dass man in einer Demokratie auch abrücken muss von einer Konzeption von Macht als Staatsmacht und ihr ein anderes Bild von demokratischer Macht zur Seite stellen muss, das Lefort als ein mobiles System beschreibt: „un système mobile qui suppose la reconstitution périodique des organes de délibération et de décision publiques"[1133]. Daher braucht es neben dem politischen Raum, den der

---

[1129] Vgl. CAVANAUGH, *Theopolitical Imagination*, 94.

[1130] CAVANAUGH, *Migrations of the Holy*, 5.

[1131] So kann man beispielsweise bei Gerhard Lohfink, der für Cavanaughs Verständnis von Eucharistie und Kirche zentral ist, in Bezug auf die Einheit der Kirche lesen: „Das heißt aber, daß die Kirche von ihren konkreten Versammlungen lebt. Sie sind ihr Existenzvollzug. In ihnen stellt sie sich dar. In ihnen wird am klarsten deutlich, was sie ist und was Gott von ihr will". Und: „Der *eine* Ort ist wichtig. Er zeigt die Einheit der Ekklesia." Siehe LOHFINK, *Braucht Gott die Kirche?*, 271 u. 272.

[1132] LEFORT, „Démocratie et représentation", 620.

[1133] Ebd., 621.

Staat aufmacht, noch einen weiteren, der dem Staat entzogen ist. Dies ist der Raum, den Cavanaugh gegenüber der panoptischen Machtkonstitution des modernen Nationalstaates freihalten will, indem er dessen Zugriff auf die theopolitische Imagination mit sakramentalen Verständnissen von Raum, Zeit und Gemeinschaft unterläuft. Er entwirft ein eucharistisches Gegenbild. Lefort wiederum entwirft das Symbol der Leerstelle der Macht, das aber ebenso im Zentrum den Topos der Entzogenheit, der Unverfügbarkeit hat. Diese strukturelle Nähe zwischen beiden Ansätzen ist auch François Picart aufgefallen, weswegen er vorschlägt, an diesem Punkt die ökumenische und interreligiöse Öffnung von Cavanaughs politischer Theologie anzusetzen. In nahezu verblüffender Nähe zum hier vorgelegten Untersuchungsansatz heißt es bei ihm: „De manière analogique, l'autel serait à l'Église de Dieu ce que, chez Claude Lefort, la ‚case vide' est au politique: un lieu indisponible au poivoir des hommes mais qui, comme tel, leur donne accès la paix, en l'espèce la paix de Dieu qui transcende les espaces particuliers."[1134] Picart belässt es bei dieser Anmerkung. Dabei übersieht er aber einen zentralen Unterschied: Bei Lefort hat dieses Moment der Unverfügbarkeit vor allem eine antiideologische bzw. antitotalitäre Stoßrichtung, der Vermeidung der Besetzung des Ortes der Macht. Bei Cavanaugh hingegen lässt sich aufgrund der sakramentalen Natur dieses Unverfügbarkeitsmoments auch eine positive Spur erkennen. Die Eucharistie ist der Ort der Transformation der Welt in Richtung Reich Gottes.

Eben dieser transformativen Spur einer politischen Interpretation des Sakramentalen gilt es zu folgen. Cavanaugh selbst gibt hierfür erste Anhaltspunkte, die im folgenden Unterkapitel dargestellt und eingeordnet werden. Darauf aufbauend, wird es schließlich die Aufgabe des letzten Kapitels sein, eine eigenständige radikaldemokratische Weitung des sakramentalen Politikverständnisses zu erarbeiten.

3.4   Neukonfiguration: Ansätze einer theopolitischen Imagination der Demokratie

In diesem Unterkapitel wird erörtert, wie Cavanaugh trotz seiner Kritik am säkularen Programm des modernen Nationalstaats an der Demokratie als bleibender und unumstößlicher politischer Grundordnung festhält. Cavanaughs Grundgedanke hierfür ist, die Demokratie als eigenständige Tradition zu betrachten, die

---

[1134] FRANÇOIS PICART, „Imaginer la visibilité politique du corps du Christ généré par l'eucharistie", in: SYLVAIN BRISON; HENRI-JÉRÔME GAGEY; LAURENT VILLEMIN (Hg.), *Église, Politique et Eucharistie. Dialogue avec William Cavanaugh*, Paris 2016, 39-54, 54. Deutsche Übersetzung: „Analog wäre der Altar für die Kirche Gottes das, was bei Claude Lefort der ‚leere Ort' für die Politik ist: ein Ort, der den Menschen nicht zur Verfügung steht, der ihnen aber als solcher Zugang zum Frieden verschafft, in diesem Falle dem Frieden Gottes, der alle partikularen Orte transzendiert."

nicht allein liberal und säkular interpretiert werden kann, sondern durchaus auch mit theologischen Mustern, die er in seiner Analyse der politischen Bedeutung der Eucharistie herausgearbeitet hat. Hierfür allerdings, braucht Cavanaugh alternative Konzepte zur säkularen und liberalen Konzeption von Demokratie.

Der erste Abschnitt betrachtet Cavanaughs Ansatz, Demokratie von der Tradition des Liberalismus zu lösen. Ein zweiter Abschnitt untersucht Cavanaughs Verwendung der Katholischen Soziallehre, allem voran des Prinzips der Subsidiarität, als Ausgangspunkt für seine demokratische Alternative zum liberalstaatlichen Demokratiekonzept. In einem dritten Abschnitt wird schließlich Cavanaughs Auseinandersetzung mit zwei konkreten alternativen Demokratietheorien diskutiert: zum einen mit Sheldon Wolins *Fugitive Democracy* und zum anderen mit Romand Coles Modell einer *Radical Democracy*.

3.4.1   *Demokratie jenseits der liberal(staatlich)en Tradition*

Es ist eine der Stärken von Cavanaughs Ansatz, dass er Demokratie losgelöst von den Prinzipien des Liberalismus betrachtet.[1135] Cavanaughs kritische Auseinandersetzung mit den „Mythen des Liberalismus", i.e. der Zivilgesellschaft als dem Ort von Freiheit und Pluralismus und dem Globalismus als Weitung dieser Freiheitsordnung, wurde bereits in der Sektion 3.2.2 dargestellt und soll daher nicht nochmals diskutiert werden. Stattdessen soll hier explizit auf das Verhältnis von Liberalismus und Demokratie eingegangen werden, ähnlich wie dies im Vergleich zwischen liberaler und radikaler Demokratie im Abschnitt 2.2.3.2 unternommen wurde. Demokratie und Liberalismus sind für Cavanaugh keineswegs Synonyme, noch ist Liberalismus die Vorbedingung für Demokratie. Jeffrey Stout folgend, betrachtet Cavanaugh Demokratie als eine eigenständige Tradition.[1136] Damit folgt Cavanaugh in der Grundausrichtung seinem Doktorvater Hauerwas und anderen sog. *New Traditionalists* wie Alistair MacIntyre und Milbank, die sich von liberalen Denkern wie John Rawls und Richard Rorty abgrenzen. Das Problem, welches Hauerwas und die anderen *New Traditionalists* mit dem Konzept liberaler Demokratie haben, ist, dass ihr höchstes Gut der individuellen Freiheit eine ernsthafte Ausrichtung an Konzepten wie Tugend (MacIntyre),

---

[1135]   Zum Verhältnis von Demokratie und Liberalismus bei Cavanaugh, siehe WILLIAM T. CAVANAUGH, *„A Politics of Vulnerability. Hauerwas and Democracy"*, in: CHARLES PINCHES; KELLY JOHNSON; CHARLES COLLIER (Hg.), *Unsettling Arguments. A Festschrift on the Occasion of Stanley Hauerwas' 70th Birthday*, Eugene 2010, 89-111; auch erschienen als Kp. 9, „A Politics of Vulnerability", in CAVANAUGH, *Migrations of the Holy*, 170-195. Die folgenden Zitate sind dem Buchkapitel entnommen.

[1136]   Vgl. CAVANAUGH, *Migrations of the Holy*, 172-173; Siehe auch JEFFREY STOUT, *Democracy and Tradition*, Princeton 2004.

Gemeinwohl (Hauerwas) und Tradition (Milbank) nicht ermögliche.[1137] Für Cavanaugh liegt das Problem mit dem Liberalismus ein wenig anders, und zwar in seiner intimen Verbindung mit dem (modernen) Nationalstaat. Wie in der breiten Diskussion seiner Kritik am modernen (National)Staat gezeigt, ist dieser seiner Ansicht nach nicht ausreichend demokratisch, weil nicht ausreichend pluralistisch. Erneut ein bereits bekanntes Zitat:

> „[T]he problem with the contemporary nation-state is that it is neither sufficiently democratic nor pluralistic. The mythos of the nation and the reach of the state have created a unitary and homogenized space that is not truly pluralistic, and democracy has been reduced to a caricature."[1138]

Cavanaugh geht es also um mehr Demokratie und seiner Ansicht nach ist der Nationalstaat durch die liberalen Grundprinzipien nicht ausreichend demokratisch konzipiert. Ihm zufolge übersieht Stout, dass der Staat kein neutraler, extrinsischer Faktor im politisch-demokratischen Ringen ist, sondern durchaus aktiv und zum Teil anti-demokratisch in das Ringen eingreift. Das Grundproblem des (National)Staates ist seine (theo)politische Imagination des politischen Raums als „simple, unitary and homoginized space", charakterisiert von der Dualität zwischen Individuum und Staat.[1139] Dieser Vereinheitlichungstendenz des Staates als politischem Akteur setzt der Liberalismus als politisches Programm nach Cavanaughs Auffassung kein ausreichend starkes pluralistisches und damit demokratisches Gegengewicht entgegen. Für Cavanaugh hat Hauerwas dies viel klarer vor Augen als liberale Denker*innen, wenn er vor allzu großen Loyalitätsansprüchen gegenüber dem Nationalstaat warnt.[1140]

Damit ist die Kritik Cavanaughs am Liberalismus zunächst nicht auf den Liberalismus an sich ausgerichtet, sondern auf die mit ihm verwobene Form der Staatlichkeit. Aber bei näherem Hinsehen folgt auch der Liberalismus selbst der Raumimagination und damit der Machtkonstitution des Staates. Das Prinzip des *e pluribus unum* ist nämlich selbst darauf ausgerichtet, so etwas wie *einen* eindimensionalen Raum (Eng. *homogenized space*) zu kreieren. Mit dieser Feststellung und seiner Kritik daran kommt Cavanaugh sehr nahe an die Kritik am liberalen Konzept von Demokratie von Seiten der Radikaldemokratie heran, wie sie

---

[1137]   Inwieweit die Einschätzungen der *New Traditionalists* im Einzelnen zutreffen, kann hier nicht weiter erörtert werden. Der „springende Punkt" in der Einschätzung des Liberalismus ist wohl – wie bereits an anderer Stelle in dieser Arbeit angezeigt – die Frage, inwieweit es in den jeweiligen liberalen Ausgestaltungen von Demokratie, Gemeinwohl etc. zu einer wirklichen Verschränkung zwischen dem Allgemeinen und dem Besonderem im Einzelnen kommt. Abseits davon sieht Jeffrey Stout eine Möglichkeit zur Annäherung beider Denkrichtungen über den Pragmatismus. Siehe JEFFREY STOUT, *Democracy and Tradition*.

[1138]   CAVANAUGH, *Field Hospital*, 198.

[1139]   Vgl. ebd., 198.

[1140]   CAVANAUGH, *Migrations of the Holy*, 178-183.

im ersten Kapitel bereits diskutiert wurde. Nochmals kurz zur Rekapitulation: Während in der liberalen Demokratie der letztendliche Konsens und die Einheit des Volkes als des politischen Souveräns das Ziel sind, steht in der radikalen Demokratie das Symbol der leeren Mitte als Verweis auf die Unmöglichkeit einer Gesellschaft, sich vollständig für sich selbst lesbar und repräsentierbar zu machen. Während das liberale Demokratiemodell also die pluralen Differenzen in der Zivilgesellschaft letztlich im Feld des Politischen überwinden will, kann es für Lefort immer nur um das Management der pluralen Differenz gehen, die als Kern seiner Sozialontologie auf den eigentlichen Charakter des Politischen an sich, und nicht allein der Demokratie verweist. Diese Sozialontologie kann die liberale Ideologie nicht ausreichend adressieren, weil sie u.a. am Staat als dem einheitsstiftenden politischen Rahmen des Sozialen festhält.[1141] Cavanaughs Strategie zum Aufbrechen der Vereinheitlichungstendenzen des (national)staatlichen, wie auch des liberalen politischen Programms folgt dabei grundsätzlich der der Radikaldemokratie, auch wenn sich bei ihm kein Äquivalent zu Leforts Symbol der Leerstelle der Macht findet. Dafür steht bei ihm die Rekonfiguration von Raum und Zeit in der theopolitischen Imagination der Eucharistie. Wohl aber setzt Cavanaugh mit Bezug auf die lehramtliche Theologie des späten 19. und frühen 20. Jahrhunderts auf die „Zerstreuung" (Eng. *to disperse*) und Dezentralisierung des sozialen Raums.[1142] Durch die Zerstreuung des sozialen Raums folgt für Cavanaugh eine Zerstreuung der politischen Autorität (Eng. *dispersed political authority*[1143]). Cavanaugh verfügt also über keine eigenständige Sozialontologie des Politischen wie etwa Lefort. Und auch Leforts Interpretation einer prinzipiellen Grundlosigkeit der Demokratie ist bei Cavanaugh nicht ebenso stark und klar ausgearbeitet. Dieser Frage gilt letztlich auch nicht seine Aufmerksamkeit, die er vielmehr auf die Kirche und ihren Platz in der Welt richtet. Jedoch folgt Cavanaugh sehr wohl der radikaldemokratischen Spur, Demokratie von der „Logik des Einen" zu lösen. Das Konzept, dessen er sich hierfür bedient und der Katholischen Soziallehre entlehnt, ist das der Subsidiarität: „[...] the principle of subsidiarity can be read as more than a procedural principle, as rooted in a theological anthropology that is deeply subversive of the modern state's tendency to reduce social relations to an oscillation between the state and the individual."[1144] Zur Diskussion von Cavanaughs Verwendung von Subsidiarität kommen wir nun in einem nächsten Schritt.

[1141] Vgl. LEFORT, „Démocratie et représentation", 620-624.

[1142] Vgl. CAVANAUGH, *Field Hospital*, 134-139.

[1143] Vgl. ebd., Kp. 6, „Dispersed political Authority'. Subsidiarity and Globalisation in *Caritas et veritate*", 121-139.

[1144] Ebd., 130.

3.4.2   Katholische Soziallehre als demokratische Ressource: Das Prinzip der Subsidiarität

Es ist eine der markanten Eigenheiten in Cavanaughs theologischem Ansatz, dass er bestimmte philosophische und theologische Quellen auch gegen die dominante Interpretationslinie liest. Dies haben wir bereits bei seiner Interpretation von Carl Schmitt gesehen, auf dessen Analysen sich Cavanaugh zwar stützt, um dann aber auf gegenteilige Schlussfolgerungen wie Schmitt zu kommen. Ein weiteres Beispiel für diesen methodischen Vorzug bietet Cavanaughs Umgang mit der Katholischen Soziallehre, und ganz besonders hier deren Anfänge in Leos XIII. *Rerum novarum* (1891) und Pius XI. *Quadragesimo anno* (1931).[1145] Beide Enzykliken gelten gemeinhin als lautstarke Kritik an einer modernen Sicht auf Politik und Gesellschaft. Tatsächlich ist die Ablehnung der Moderne, gerade auch die Verurteilung des modernen Individualismus, ein zentraler Zug in *Rerum novarum*, der man auch ein gewisses Maß an Nostalgie für die mittelalterliche Ständeordnung ablesen kann. Diese Problematik sieht und kritisiert auch Cavanaugh und dennoch kann er z.B. der Diagnose von Leo XIII. viel abgewinnen, auch für die heutige Situation: „[B]ut his diagnosis is insightful: the source of injustice is the modern creation of simple space, the individual cut loose from community and left isolated.“[1146] In dieser sozialen und ökonomischen Situation schlägt Leo XIII. vor, zwischen Individuum und Staat Organisationen dazwischenzuschalten, die in etwa so organisiert sind wie die mittelalterlichen Zünfte. Dies ist natürlich nicht der Schritt, den Cavanaugh gehen möchte, doch das Prinzip, den einfachen, eindimensionalen Raum des modernen Staates (Eng. *simple space*) aufzubrechen in ein komplexes Geflecht von Gemeinschaften (Eng. *complex spaces*) hält Cavanaugh für zielführend, wie oben bereits erläutert wurde. Aus diesem Grund spricht sich Cavanaugh auch für ein soziales Ordnungsschema aus, das Pius XI. in *Quadragesimo anno* vorgelegt hat: die Subsidiarität. Dieses Prinzip spielt sowohl in der an *Quadragesimo anno* anschließenden Katholischen Soziallehre als auch für Cavanaughs Ansatz von Demokratie eine große Rolle. Daher soll an dieser Stelle auf Cavanaughs genaue Verwendung des Prinzips der Subsidiarität für seine Konzeption einer demokratischen Alternative zur liberalen Demokratie eingegangen werden.

Diese legt er im sechsten Kapitel von *Field Hospital*, betitelt mit „‚Dispersed Political Authority‘. Subsidiarity and Globalisation in *Caritas in Veritate*“[1147], dar. In diesem Text interpretiert Cavanaugh Benedikts XVI. Enzyklika *Caritas*

[1145]   Vgl. CAVANAUGH, *Migrations of the Holy*, 43. Siehe auch LEO XII., Enzyklika *Rerum novarum* (15. Mai 1891) (DH 3265-3271) u. PIUS XI., Enzyklika *Quadragesimo anno* (15. Mai 1931) (DH 3725-3744).

[1146]   CAVANAUGH, *Migrations of the Holy*, 43.

[1147]   Siehe CAVANAUGH, *Field Hospital*, 121-139.

in veritate (2009)[1148] nicht als eine konkrete Lösungsanweisung für die Verbesserung der Welt, sondern hebt ihren Wert als „seeking to imagining new spaces for a more human society to be enacted"[1149] hervor. Dies tue sie vornehmlich mit dem darin behandelten Konzept der Subsidiarität und der Art und Weise, wie dadurch alternative soziale Räume zur Zweiteilung zwischen Staat und Wirtschaft eröffnet werden können. Hierbei unterscheidet Cavanaugh grundsätzlich zwei verschiedene Auffassungen von Subsidiarität: eine mehr prozedurale Interpretation, die mehr staatlich orientiert ist und eine mehr fundamentale, staatskritische Interpretation, welche nach Cavanaughs Ansicht mehr in *Caritas in veritate* verfolgt wird. Daran anschließend diskutiert Cavanaugh die Möglichkeit, dieses Motiv als Teil einer größeren theologischen Denkrichtung zu sehen, die sich etwa seit dem Ende des 19. Jahrhunderts gebildet hat und sich für eine komplexe und dezentrale Ordnung des sozialen bzw. politischen Raums ausspricht. Hierbei bezieht sich Cavanaugh auf die *Continental Catholic Corporatist Tradition*, mit deutschen Vertretern wie Friedrich von Schlegel und Adam Müller und die *Englisch Tradition of Pluralist Social Thought* mit Personen wie John Neville Figgis und Gilbert Keith Chesterton. Cavanaugh räumt ein, dass die Einordnung von *Caritas in veritate* in diese Tradition nicht zwangsläufig der Intention von Benedikt XVI. folgt, wenngleich er für diese Lesart argumentiert. Der Vorteil, den Cavanaugh in seiner Lesart sieht, ist der, dass sie ihm ermöglicht, „[to] connect Catholic social thought to some of the interesting work being done by ‚radical democrats' like Sheldon Wolin and Romand Coles"[1150]. Um die Diskussion dieser radikaldemokratischen Theoretiker und deren Potential für eine Demokratie jenseits der liberalen Trennung von Politik und Religion soll es im nächsten Abschnitt gehen. Ihr gehen aber noch ein paar Anmerkungen zu Cavanaughs Interpretation von Subsidiarität voraus.

Wie erwähnt, unterscheidet Cavanaugh zwei Interpretationen von Subsidiarität: einerseits „as a mere procedural principle that takes current political and social structures for granted but states that social problems should be addressed at the lowest level at which they can be addressed effectively."[1151] Und andererseits, und das ist Cavanaughs favorisierte Interpretation, die Definition, die bereits am Ende des letzten Abschnitts gegeben wurde: „the principle of subsidiarity can be read as more than a procedural principle, as rooted in a theological anthropology that is deeply subversive of the modern state's tendency to reduce social relations to an oscillation between the state and the individual."[1152] Das Prinzip der Subsidiarität ist für Cavanaugh also ein politisches Prinzip, um einen seiner größten

---

[1148]   BENEDIKT XVI, Enzyklika *Caritas in veritate* (29. Juni 2009), siehe http://w2.vatican.va/content/benedict-xvi/de/encyclicals/documents/hf_ben-xvi_enc_20090629_caritas-in-veritate.html, zuletzt abgerufen am 11.08.2019.
[1149]   CAVANAUGH, *Field Hospital*, 121.
[1150]   Ebd., 139.
[1151]   Ebd., 129.
[1152]   Ebd., 130.

(theologischen) Kritikpunkte am Nationalstaat zu begegnen, i.e. der diesem zugrunde liegenden Anthropologie, die den Menschen prinzipiell als Einzelwesen und nicht als prinzipiell mit allen anderen Menschen verbunden betrachtet. Die Lösung, um sowohl der gemeinschaftlichen Natur des Menschen gerecht zu werden als auch der Ohnmacht der/des Einzelnen gegenüber dem Staat zu begegnen, sieht Cavanaugh in Benedikts XVI. Vorschlag, durch die Schaffung von dazwischengeschalteten Gruppen, um so „to encourage the formation of alternative spaces that outwit the logic of both market and state."[1153] Ökonomisch bedeutet dies „creating economic spaces that are neither state-run enterprises nor obey market logic."[1154] Beispiele hierfür sieht Cavanaugh in Firmen wie Mondragón Cooperative, einem spanischen Konzern, der vollkommen in Arbeitnehmer*innenbesitz ist. Politisch bedeutet dies den Aufbau von anderen politischen Akteur*innen von kultureller, sozialer, territorialer oder religiöser Natur. Dieses Prinzip wird in *Caritas in veritate* 41 auch als eine „verteilte und auf verschiedenen Ebenen wirkende politische Autorität" bezeichnet. Auch wenn *Caritas in veritate* nicht näher auf diese „dispersed political authority" und „other political players" eingeht, sind es diese beiden Prinzipien, die Cavanaugh am meisten faszinieren.[1155] Letztlich ist der Grund hierfür, dass Cavanaugh in diesen politischen Prinzipien die Grundlage für das gelegentliche und lokal begrenzte Aufscheinen des Gottesstaates innerhalb der irdischen Staaten sieht. Eine verteilte/zerstreute politische Autorität und eine Vielzahl verschiedener politischer Akteur*innen neben dem Nationalstaat destabilisieren letztlich auch „the modern boundaries between ‚secular' and ‚religious' phenomena."[1156] Dies ist auch theologisch bedeutsam, denn:

> „Theology does not face economics and politics across a wide divide; to the contrary, economics and politics are radically incomplete without theology. And theology does not complete them merely by adding on to the foundation they establish; the grace of God of which theology speaks transforms justice, transforms the economic and the political, into anticipations of the city of God."[1157]

In diesem Zitat bringt Cavanaugh seinen theopolitischen Ansatz auf den Punkt, wobei dessen Fundierung in der Nouvelle Théologie und Augustinus nochmals deutlich werden. Spannend für unsere weitere Untersuchung wird dabei der transformative Charakter von Gottes Gnade und deren Wirksamkeit in (ökonomischen und besonders) politischen Strukturen sein.

[1153]   Ebd., 125. Vgl. auch *Caritas in veritate*, 7.
[1154]   Ebd., 126. Vgl. auch *Caritas in veritate*, 38.
[1155]   Vgl. ebd., 126.
[1156]   Ebd., 124.
[1157]   Ebd., 124.

Bevor wir uns dieser Frage nähern, noch ein letzter Verweis auf die Funktionsweise der Subsidiarität, die Cavanaugh anhand der Konzeption von Robert Vischer erläutert.[1158] Vischers Konzept von Subsidiarität ist in einer christlichen Anthropologie begründet, die Menschen prinzipiell als miteinander verbunden betrachtet. Daher kritisiert er den liberalen Staat für dessen Tendenz, nur Individuen als Träger von Rechten zu betrachten, nicht etwa auch soziale Gruppierungen. Eine subsidiär geordnete Gesellschaft kann dieser Tendenz entgegenwirken, und zwar auf zweifache Weise: „Subsidiarity works against both individualism and collectivism by establishing the priority of deep forms of face-to-face community."[1159] In dieser Präferenz des face-to-face können wir das zentrale Motiv in Cavanaughs politischer Konzeption der Eucharistie erkennen, die unter dem Stichwort der konkreten Universalität verhandelt wurde. So wie es die lokale Gemeinschaft ist, die als konkrete eucharistische Versammlung nicht nur auf den universalen und eschatologischen Leib Christi verweist, sondern diesen verwirklicht/aktualisiert, so ist es der konkrete Kontakt mit einem menschlichen Gegenüber, in dem die menschliche politische Natur als Gemeinschaftswesen zum Vorschein kommt. Dieses zu fördern und wo nötig zu schützen, ist Ziel und Aufgabe der Demokratie – auch und gerade wenn dies manchmal Schutz vor dem Staat selbst bedeuten kann, wie im nächsten Abschnitt gezeigt werden soll.

3.4.3 Mehr Demokratie wagen

3.4.3.1 Sheldon Wolins Fugitive Democracy und Augustinus Politik der Pilgerschaft

Cavanaugh findet in Sheldon Wolin eine für seine Konzeption einer nicht-liberalen Demokratie sehr interessante und fruchtbare Bezugsperson. Wolin ist als säkularer Jude und als einer der führenden Vertreter (radikal)demokratischer Politiktheorie im englischsprachigen Raum zunächst keine Person, der man mit allzu großem Misstrauen bezüglich seiner „Demokratietauglichkeit" aufgrund von etwaigen religiösen Sentimentalitäten begegnen würde.[1160] Seine Sympathie gilt nicht der Religion oder der Theologie, sondern der Demokratie als einer eigenständigen Tradition, die er auch von der Tradition des Liberalismus löst. Für Wolin gilt sogar, dass Liberalismus – und mit ihm der liberale Nationalstaat – der Feind der Demokratie sein kann, „precisely insofar as it tries to make one from

---

[1158] Vgl. CAVANAUGH, *Field Hospital*, 132-133. Siehe auch ROBERT K. VISCHER, „Subsidiarity as Subversion. Local Power, Legal Norms, and the Liberal State", in: *Journal of Catholic Social Thought* 2 (2/2005), 277-311.

[1159] Ebd., 133.

[1160] An dieser Stelle sei an die Auseinandersetzung in 2.2.2.3 erinnert. Dort wurde erläutert, inwieweit Wolin seine Kritik am mystischen bzw. transzendenten Einheitsstreben im Liberalismus gerade als säkulares Erbe eines religiösen Impulses interpretiert.

many, *e pluribis unum*"[1161], wie Cavanaugh diesbezüglich auf Wolin referiert. Das Problem des politischen Liberalismus, wie bereits dargestellt wurde, liegt nicht in dessen Fundierung in den Individualrechten eines jeden Subjekts. Dieser freiheitliche Impuls ist gerade auch für Cavanaugh und Wolin ein zentraler politischer Impuls. Allerdings kann ein nationalstaatlich verfasster Liberalismus diesem Anspruch selbst nicht gerecht werden, wenn man dessen auf Homogenität ausgerichtete Mechanismen zur Gemeinschaftsbildung betrachtet.[1162] Dies ist der Punkt, an dem in klassisch liberaler Konzeption die Nation oder das Volk als Einheitsfunktion des Staates ins Spiel kommen.[1163] Jede*r Staatsbüger*in ist Teil des Staatsvolkes, welches als Ganzes im Staat repräsentiert ist und so den Souverän bildet. Diese Konzeption führt nun aber zu dem bereits diskutierten paradoxen Umstand, dass das Individuum als solches, obwohl Ausgangspunkt des Politischen im Liberalismus, praktisch entmachtet wird. Man ist nur noch souverän qua Teilhabe am Volk, also qua dessen, was gerade nicht die jeweilige Individualität ausmacht. Die kritische Betrachtung dieses Mechanismus des Liberalismus ist für Cavanaugh der Anschlusspunkt an das politische Denken Wolins.

Dessen Denken nähert er sich in Kapitel 7 von *Field Hospital* an, betitelt „A Politics of Multiplicity. Augustine and Radical Democracy"[1164]. Wichtig bei diesem Vergleich zwischen Wolins Hauptwerk *Politics and Vision*[1165] und Augustinus *De civitate Dei* ist für Cavanaugh, Augustinus nicht als „verkappten" radikalen Demokraten zu entlarven, sondern lediglich einige Konvergenzen zwischen beiden Ansätzen darzulegen und damit Augustinus als wertvolle theologische Quelle für die politische Diskussion zu etablieren. Dabei geht Cavanaugh in zwei Schritten vor. Zunächst vergleicht er Wolins Kritik am Liberalismus und dem ihm zugrundeliegenden Souveränitätskonzept der *Superpower* mit Augustinus Kritik am irdischen Staat und dem ihm zugrundeliegenden Souveränitätsprinzips der *libido dominandi*. Anschließend geht Cavanaugh dazu über, Wolins alternatives Konzept einer *Fugitive Democracy* Augustinus *Politik als Pilgerschaft* (Eng. *pilgrim politics*) gegenüberzustellen, um eine gewisse strukturelle Ähnlichkeit beider Konzeptionen herauszuarbeiten.

Mit *Superpower* verweist Wolin nicht etwa auf einen besonders mächtigen Staat, also eine Supermacht, sondern auf eine bestimmte Modalität von Macht, und zwar Macht als expansives System.[1166] Mit diesem Begriff charakterisiert er die Machtverschiebungen der vergangenen Jahrzehnte in partizipativen Demokratien, gekennzeichnet durch den von ihm als liberal charakterisierten Antrieb zur Vereinheitlichung und zur Überwindung von Partikularität, der gleichzeitig

---

1161   CAVANAUGH, *Field Hospital*, 142.
1162   Vgl. GROYS, BORIS; VITTORIO HÖSLE, *Die Vernunft an die Macht. Ein Streitge-spräch*, zus. m. LUCA DI BLASI, hg. v. LUCA DI BLASI u. MARC JONGEN, Wien 2011, 32.
1163   Vgl. GAUCHET, *Erklärung der Menschenrechte*, 50-51.
1164   Siehe CAVANAUGH, *Field Hospital*, 140-156.
1165   Vgl. WOLIN, *Politics and Vision*.
1166   Vgl. ebd., 594-595.

die Bürger*innen immer passiver und ohnmächtiger werden lässt. Bereits hier wird die Nähe zu Cavanaughs Analyse des modernen Nationalstaats – und ganz besonders des Folterstaates – und dessen Tendenz zur Atomisierung der Bevölkerung bei gleichzeitiger Rückbindung an den Staat deutlich. Aber Wolins Konzept der *Superpower* geht über die Machtkonstitution des Nationalstaates hinaus. Sie meint kein Regime als solches, sondern mehr ein Prinzip der Vorherrschaft (Eng. *predominance*), das sich bereits bestehender Systeme bedient. Nationalstaaten werden also nicht einfach aufgelöst, sondern in das Machtgewebe der *Superpower* integriert und transformiert. Wie bereits im ersten Kapitel zu den Linien, die hinein in die Postliberalität führen, erörtert wurde, hat diese Macht im Zuge der Globalisierung ebenfalls an Mobilität und Flexibilität gewonnen und die Grenzen zwischen Politik und Ökonomie verschwimmen lassen.[1167]

Wolins Interesse richtet sich auf die Veränderungen, die diese transformierende Machtstruktur auf die Demokratie hat, zumal wenn diese auf liberalen Prinzipien gegründet ist. Den Effekt, den er ausmacht, nennt er *inverted totalitarianism*. Umgekehrter Totalitarismus deshalb, weil der Kontrollmechanismus im System der *Superpower* nicht durch die Logik des Zusammenschlusses des Volkes oder einer Klasse ausgeübt wird, sondern, im Gegenteil, durch die Zerstreuung, Demobilisierung und Depolitisierung der Bevölkerung. *Superpower* verstärkt also den im liberalen Nationalstaat grundgelegten Zug zur Vereinheitlichung der politischen Ordnung mit letztlich besonders schwerwiegenden Folgen für die politische Autorität des Individuums, das nicht mehr in der Lage ist, aus sich heraus mit anderen – face-to-face – Politik aufzubauen. Hier setzt Cavanaugh mit seinem Vergleich mit Augustinus an. Wie Wolin ist auch Augustinus in seinen politischen Betrachtungen nicht an einer Staatstheorie im eigentlichen Sinne interessiert, sondern an unterschiedlichen Konfigurationen von Macht, eine auf Gott ausgerichtet und die andere einem innerweltlichen Zirkel verfallen, „two ways of handeling the goods of this world, one that transcends the temporal by acknowledging its own limits and accepting eternity from the hand of God, and another that is tragically doomed because it tries to grasp eternity for itself rather than receive it"[1168], wie Cavanaugh zusammenfasst. „And like Wolin, Augustine tells the story of the negative type of power as embodied in a kind of empire."[1169] Nach der Feststellung dieser Ähnlichkeit zwischen beiden Ansätzen, fährt Cavanaugh fort Augustinus Theorie näher wie folgt zu erläutern. Der irdische Staat basiert nach Augustinus auf der *libido dominandi*, einer Macht, die gekennzeichnet ist durch einen grenzenlosen Expansionswunsch. Im Herrschaftsbereich, wo diese *libido dominandi* regiert, kann es kein wirkliches Gemeinwohl geben, sondern höchstens den Kompromiss. Grund dafür ist nach Augustinus, dass im Vergleich zum Gottesstaat im irdischen Staat die wahre Einheit unter den Menschen fehlt,

---

[1167] Siehe 2.2.2.2.
[1168] CAVANAUGH, *Field Hospital*, 147.
[1169] Ebd., 145.

die für Augustinus letztlich auf der Einheit jedes Menschen in Gott beruht.[1170] Der Gottesstaat anerkennt diese ursprüngliche und eschatologische Einheit der Menschen. Aber er verwirklicht diese nicht durch eine vereinheitlichende Politik, wie man etwa ein Reich oder eine Nation einen würde. Der Gottesstaat unterscheidet sich vom irdischen Staat, wie wir gesehen haben, durch eine andere Zeitkonfiguration: in ihm herrscht das *noch nicht* statt des *schons* des irdischen Staates. Daher ist die Politik in Augustinus Sinne, genauso, wie er sich selbst beschreibt: rastlos. Um dies zu verdeutlichen, bedient sich Augustinus des Bildes des „pilgernden Volkes durch die Zeit". Politik ist Pilgerschaft, und nicht das Aufbauen idealer politischer Strukturen für die Regierung einer einzigen politischen Einheit.[1171]

Dies ist auch eine der zentralen Überlegungen Wolins. Demokratie ist in seiner Konzeption keine Regierungsform für ein Volk, schlicht weil es seiner Ansicht nach kein solches präexistentes Volk gibt, das sich seinen Staat schafft. Es verläuft genau andersherum: Erst mit dem Aufkommen des Nationalstaates entstehen Konstrukte wie Nation oder Gesellschaft. Auch hier ist die Nähe zu Cavanaughs Kritik am neuzeitlich-modernen Staat und dessen Einflussmöglichkeit auf die Zivilgesellschaft deutlich. Auch für Wolin kann es daher auch keine vereinheitlichende Politik geben (Eng. *unitary politics*), die gleichzeitig demokratisch bleibt. Cavanaugh kommentiert wie folgt: „The solution is not to seek to control the *unum*, but to recognize that in reality there is not one unitary people or society or nation."[1172] Demokratie im eigentlichen Sinne ereignet sich für Wolin dort, wo Menschen im direkten Kontakt miteinander, face-to-face, in den Austausch treten und zusammen beschließen, was für ihr unmittelbares Leben Auswirkungen hat. Hierfür muss eine Vielzahl alternativer Räume geschaffen werden, die der Logik der *Superpower* entfliehen. In einem Auszug bei Wolin, den auch Cavanaugh zitiert, heißt es hierzu:

> „The power of a democratic politics lies in the multiplicity of modest sites dispersed among local governments and institutions under local control [...] and in the ingenuity of ordinary people in inventing temporary forms to meet their needs. Multiplicity is anti-totality politics: small politics, small projects, small business, much improvisation, and hence anathema to centralization, whether of the centralized state or of the huge corporation."[1173]

Die demokratische Revolution, die Wolin also fordert, ist keine Revolution im Sinne eines Umsturzes einer Hegemonie zum Aufbau einer anderen, vermeintlich gerechteren Hegemonie. Die einzige Möglichkeit, der *Superpower* zu widerstehen und sich nicht in ihre Reihen eingliedern zu lassen, ist nach Wolin die Einsicht in die eigene politische Begrenztheit. Macht muss zurück in die Hände der

---

[1170] Vgl. ebd., 145-147.
[1171] Vgl. ebd., 150-153.
[1172] Ebd., 149.
[1173] WOLIN, *Politics and Vision,* 603; zitiert nach CAVANAUGH, *Field Hospital,* 148.

Menschen gelegt werden, um es ihnen zu ermöglichen, ihr Umfeld eigenhändig und selbstverantwortet zu gestalten. Demokratie ist untrennbar mit diesem Selbstanspruch der Begrenzung des Expansionsstrebens der Macht verbunden, und dies sowohl territorial durch die Stärkung des Lokalen gegenüber dem Globalen als auch temporal, mit der Betonung des provisorischen Charakters jeglichen politischen Projekts. Dies meint der Begriff *Fugitive Democracy*, ein Begriff den Wolin erfunden hat: „[...] I have called it ‚fugitive democracy' in order to emphasize its necessary occasional character."[1174]

Cavanaugh fasst die Konvergenzen zwischen Augustinus und Wolin wie folgt zusammen: „The pilgrim politics that Augustine describes, then, has some features in common with the fugitive democracy of Sheldon Wolin. Both are, in the first place, a recognition of limits on the face of a power that tries to transcend all limits."[1175] Und daher folgt auch für beide: „There is no one unitary polity to which we owe our earthly allegiance; Augustine's pilgrims, like Wolin's fugitives, resist being scripted into the overarching narrative of empire."[1176] Die Konvergenzen sind strukturell, sie unterliegen derselben Logik, die sich gegen vereinheitlichende und homogenisierende Tendenzen in der politischen Konstitution von Raum und Zeit eines jeden Herrschaftssystems wendet.

Indem Cavanaugh dies anhand dieser beiden Autoren aufzeigt, macht er deutlich, dass für die Konzeption einer (radikalen) Demokratie die Aufteilung in die Kategorien Politik und Religion keinen entscheidenden Faktor darstellt. Entscheidend ist vielmehr die prinzipielle Ähnlichkeit zwischen der Form, wie Wolin Demokratie konstituiert und wie Cavanaugh die eucharistische Gemeinschaft fundiert. In Wolins fliehender Demokratie findet sich eine Spur von der eucharistischen Zeitkonfiguration, die dem säkularen und linearen Zeitverständnis mit einer prinzipiellen Offenheit gegenüber der Zukunft entgegensteht. Auch bei der (Re)Imagination des Raums gibt es die Parallele der Konzentration auf das Lokale als dem genuinen Ort des Politischen. Demokratische Macht im Sinne von Wolin folgt Cavanaughs Raumkonstitution und -pluralisierung, wie sie in Cavanaughs Konzept der konkreten Universalität diskutiert wurde. Darin betont Cavanaugh, genauso wie Wolin dies in seiner *Fugitive Democracy* tut, die Einsicht, dass Gemeinschaft nicht durch Ver*ein*heitlichung hergestellt werden kann, bei der die individuelle Ebene zu Gunsten der universalen Ebene aufgelöst wird. Demgegenüber vertritt Cavanaugh die Position, dass Universalität sich nur *in* der Partikularität ausdrücken kann. Ansonsten läuft man Gefahr, Universalität im Sinne einer Ganzheit/Totalität zu interpretieren. Und gegen eben diese säkulare Transformation des Universalitätskonzeptes wendet sich auch Wolin, indem er es als das Prinzip der *Superpower* kritisiert. Insofern könnte man mit Cavanaugh sagen,

---

[1174] WOLIN, *Politics and Vision*, 601-606, hier 602. Siehe auch WOLIN, „Fugitive Democracy", 31-45.

[1175] CAVANAUGH, *Field Hospital*, 155.

[1176] Ebd., 155.

dass Wolin eine bessere politische Theologie betreibt, als es Vertreter*innen des säkularen Liberalismus tun.

Bei allen strukturellen Ähnlichkeiten macht aber auch Cavanaugh zentrale Unterschiede zwischen den Konzeptionen von Gemeinschaft bei Wolin und Augustinus aus. Letztlich scheint es also doch einen Unterschied zu geben zwischen einer theologischen politischen Theologie und einer säkularen politischen Theologie, auch wenn sie in der Gestalt eines Wolin vertreten wird. Den wichtigsten Unterschied nennt Cavanaugh selbst: „At the same time, Augustine and Wolin eventually part ways, because the pilgrim is not the fugitive."[1177] Wer pilgert, kommt irgendwann an. Für Wolins Flüchtlinge gilt das nicht, es gibt nur vorübergehende sichere Häfen vor dem Zugriff der *Superpower*. Daher ist Augustinus in Cavanaughs Augen letztlich „revolutionärer" als Wolin, denn bei ihm gibt es ein gutes Ende für die rastlosen Herzen in Gott. Auf diesen Unterschied kommen wir im nächsten Abschnitt noch genauer zu sprechen. Dort sollen Konvergenzen zwischen Cavanaughs Ansatz und einem anderen alternativen und radikalen Demokratiekonzept diskutiert werden, dem von Romand Coles. Im Vordergrund dieser Auseinandersetzung steht hierbei die Frage, wie der demokratische Raum bei Coles bzw. der eucharistische Raum bei Cavanaugh konstituiert werden.

Zuvor soll allerdings noch kurz vor dem Hintergrund des soeben erörterten Vergleichs Cavanaughs von Wolin und Augustinus die Diskussion Wolins aus dem ersten Kapitel aufgegriffen und weitergeführt werden.[1178] Dort hatten wir, mit Verweis auf Pecknold, Wolins Ansatz der *Fugitive Democracy* als eine „negative politische Theologie"[1179] beschrieben, der es darum geht, dem Einheitsstreben des Liberalismus zu entkommen. Bei der Analyse Wolins wurde aber deutlich, dass für Wolin dieser Drang zur Einheit ein religiös-mystisches Erbe darstellt, welches der Liberalismus als mystischen und transzendenten Impuls vom *corpus mysticum* vererbt bekommen hat.[1180] Tatsächlich hatte die Diskussion aber ergeben, dass das eigentliche Problem des Liberalismus dessen „unterdrückter religiöser Impuls"[1181] ist, der sich dann in der Form eines immanenten Mystizismus der Einheit zeigt. Vor dem Hintergrund der Diskussion von Cavanaughs eucharistischer Rekonfiguration von Zeit und Raum erschließt sich aber eine alternative politische Imagination, die den räumlich immanenten und zeitlich linearen Rahmen sprengt, aber dennoch durch die Motive der Eschatologie und der konkreten Universalität eine Verbindung zu diesem Rahmen beibehält, bei dem der transzendente Bezugspunkt nur in einer schwachen, prekären und darin nichtsdestotrotz transformativen Weise aktualisiert wird. In diese Richtung weist auch

---

[1177]   Ebd., 155.

[1178]   Siehe 2.2.2.3.

[1179]   PECKNOLD, „Migration of the Host", 97.

[1180]   Vgl. WOLIN, *Politics and Vision*, 120. Vgl. auch PECKNOLD, „Migration of the Host", 97.

[1181]   WOLIN, *Politics and Vision*, 542.

Pecknolds bereits zitiertes Resümee: „For democracy to embody its fugitive character it will also need something beyond it to which it can flee so that it doesn't
become a totalizing, immanent space."[1182] Bei Cavanaugh gibt es im Sakrament
der Eucharistie einen solchen Ort, wenn auch dieser Ort nur prekär und liturgisch
immer wieder aufs Neue aktualisiert wird. Und im Gegensatz zu Wolin hat auch
die politisch-säkulare Demokratie Leforts einen solchen prekären Ort, die symbolische Leerstelle der Macht. Wie aber beide Motive, das Sakrament der Eucharistie mit seinem positiv-transformativen politischen Charakter und das Symbol
der Leerstelle mit seiner negativ-anti-totalitären politischen Stoßrichtung, miteinander in Bezug gebracht werden können, stellt den Inhalt des nächsten Kapitels
dar. Um diese Weiterentwicklung von Cavanaughs theopolitischer Imagination
des Sakramentalen mithilfe von Leforts Radikaldemokratie noch mit einem weiteren Schritt vorzubereiten, soll im direkten Anschluss auf Cavanaughs Interpretation eines weiteren Radikaldemokraten, Romand Coles, eingegangen werden.

3.4.3.2 *Romand Coles Radikale Demokratie und die Komplexität öffentlicher Räume*

Auch Coles radikaldemokratischer Ansatz ermöglicht es Cavanaugh, über die
Kirche jenseits der Verortung innerhalb des Staates, in der Form bloßer „oscillation between parts and the whole", zu sprechen. Er setzt sich näher mit Coles in
dem bereits zitierten Artikel *A Politics of Vulnerability*[1183] auseinander, in dem
Cavanaugh Hauerwas Sicht auf Demokratie diskutiert. Neben dem bereits zitierten Stout, ist es Coles, den Cavanaugh als Vergleichsgröße heranzieht. Hauptbe-
zugspunkt hierfür ist das Buch *Christianity, Democracy, and the Radical Ordinary*[1184], eine gemeinsame Essaysammlung von Coles und Hauerwas. Cavanaugh
beurteilt Hauerwas Auseinandersetzung mit Coles wie folgt:

> „Hauerwas might be contend that he has been saying the same thing all along, but
> radical democracy does seem to have given Hauerwas ways of more adequately
> conceptualizing how the church might enact the politics of Jesus without needing
> to adopt any position at all vis-á-vis ‚wider society'. Wider society, America, na-
> tion-state, civic nation – all are imaginative projects that oversimplify the com-
> plexity of political space."[1185]

Dieses Defizit von Hauerwas, „of articulating the complexity of space in such a
way as to present a positive account of the church's political life"[1186], kann nach

---

[1182]   PECKNOLD, „Migration of the Host", 99.
[1183]   CAVANAUGH, „*A Politics of Vulnerability*". Siehe auch DERS., *Migrations of the Holy*, 170-195. Die folgenden Zitate stammen aus dem Buchkapitel.
[1184]   COLES; HAUERWAS, *Christianity, Democracy, and the Radical Ordinary.*
[1185]   CAVANAUGH, *Migrations of the Holy*, 189.
[1186]   Ebd., 187.

Einschätzung von Cavanaugh nicht dessen Konversationspartner, i.e. Coles, angelastet werden. Im Gegenteil, Cavanaugh zufolge bietet Coles radikaldemokratischer Ansatz tatsächlich die Möglichkeit, das politische Leben der Kirche jenseits der Dichotomie zwischen sektiererischer Absonderung und Übernahme der (Staats)Herrschaft zu verorten.

Zunächst einmal folgt Coles Wolins Kritik am Projekt des Nationalstaates, welches oft genug dazu genutzt werde, tatsächliche demokratische und damit plurale Impulse zu unterdrücken. Auch für Coles gibt es nicht das *eine* Volk und nicht den *einen* öffentlichen Raum (Eng. *simple space*), innerhalb dessen in einem zweiten Schritt und untergeordnet Vielheit organisiert werden kann. Er bezieht sich auch direkt auf Wolins Vorschlag, das Lokale und den direkten Kontakt als den genuinen Ort von Demokratie zu verstehen. Doch Coles geht einen entscheidenden Schritt über Wolin hinaus, indem er diese Konzentration auf die lokale Ebene aufbricht in Richtung eines Netzwerks aus translokalen Zusammenschlüssen. An anderer Stelle benutzt Coles sogar das Adjektiv „liturgisch", um den Charakter dieser radikaldemokratischen Verbindung aus lokaler und translokaler Sphäre zu beschreiben: „A key character of radicaldemocratic liturgical experience is that it *virtually always happens between as well as within singular settings*"[1187]. Die Gegenmacht zur invasiven *Superpower* ist ein ebenso invasives demokratisches Netzwerk.

Die Ähnlichkeit dieses Demokratiemodells zu Cavanaughs eigener eucharistischen (Re)Konfiguration komplexer Räume (Eng. *complex spaces*) wird hier besonders deutlich. Es ist nicht allein das Lokale und Partikuläre, das in Coles demokratischer Konzeption aufgewertet wird, wie wir es bereits im Abschnitt zur Subsidiarität diskutiert haben. Coles kommt Cavanaughs Motiv der „konkreten Universalität" auf eine bestimmte Weise noch näher als das Konzept der Subsidiarität, denn hier ist das Lokale noch verbunden mit einem größeren Rahmen, der es wiederum mit anderen lokalen Räumen verbindet. Auch die konkrete eucharistische Gemeinschaft weiß sich in der Mahlfeier vereint mit allen anderen eucharistischen Gemeinschaften. Doch Cavanaughs eucharistische Gemeinschaft ist nicht nur translokal mit anderen Gemeinschaften verbunden, sondern auch transtemporal, über alle Zeiten hinweg, letztlich, weil sie als konkreter Leib Christi eschatologisch Teil hat an Gottes Ewigkeit. Und dies trifft auf Coles radikaldemokratische Netzwerke nicht zu. Er kann dem Bekenntnis Gottes nicht nur nominell nicht zustimmen, sondern auch aus systematischen Gründen, weil Gott als Endpunkt auch ein Ende des prinzipiell unabgeschlossenen politischen Prozesses der Radikaldemokratie bedeuten würde. Dies ist die „Lücke", die Cavanaugh schließlich zwischen Coles und Hauerwas, aber auch ihm selbst ausmacht. So heißt es: „For Hauerwas, however, Christ and radical democracy cannot be

---

[1187]   Vgl. ROMAND COLES, „Democracy and the Radical Ordinary. Wolin and the Epical Emergence of Democratic Theory", in: DERS.; STANLEY HAUERWAS, *Christianity, Democracy, and the Radical Ordinary*, 113-173, hier 149.

symmetrically related, because Christ is the goal and radical democracy is a process."[1188] Auch den Versuch Coles, Christus nicht als Ziel, sondern als anti-teleologischen Weg, als „vulnerable way of radical hope", zu interpretieren, überzeugt Cavanaugh nicht gänzlich. Es hält nur wage fest: „It is not clear how far a Christian can go with Coles here."[1189]

Tatsächlich bleibt in Cavanaughs Auseinandersetzung mit der Radikaldemokratie insgesamt eine „Lücke" zurück, die er mit einem leichten Augenzwinkern wie folgt umschreibt: „Insofar as ‚democracy' indicates the rule of the *demos*, however, a gap remains between democrats and those who believe that God rules."[1190] Damit benennt er als zentrales Thema der politischen Theologie die Frage nach dem Ursprung bzw. Konstitutionsort der Souveränität, ganz gleich ob diese politisch-säkular interpretiert wird wie bei Wolin oder Coles oder theologisch, wie bei ihm. Und er benennt zudem auch das zentrale Konzept, um das es im Fortgang dieser Untersuchung im nächsten, letzten Kapitel gehen soll. Denn wie bereits im vorangegangenen Abschnitt zu Wolins *Fugitive Democracy* festgestellt, gilt es an diesem Punkt mit Cavanaugh über Cavanaugh hinauszugehen: Souveränität kann nicht allein anti-ideologisch, anti-totalitär oder anti-idolatrisch, transzendental durchdekliniert werden, sondern muss auch affirmativ als in der Welt präsent und aktiv konfiguriert werden. Wie zu zeigen ist, gilt es analog zur eucharistischen Rekonfiguration von Zeit und Raum als eschatologischer Zeit bzw. konkreter Universalität, einen Modus von Souveränität (und deren Repräsentation) zu definieren, der sich durch einen dezidiert prekären und zugleich transformativen Charakter auszeichnet. Als erster Anhaltspunkt hierfür dient uns Leforts Symbol der Leerstelle der Macht. Bevor wir im Detail zu dieser Diskussion kommen, soll diese noch mit einem kurzen Zwischenfazit vorbereitet werden, indem einerseits die verschiedenen argumentativen Stränge dieses Kapitels zusammengefasst werden und andererseits auf das Konzept der Sakramentalität als dem politischen Wesen von Kirche und als theopolitisches Pendant zu Leforts Symbol der Leerstelle verwiesen wird.

3.5 Zwischenfazit: Eine Politik des Sakramentalen als Impulsgeber für einen zugleich unverfügbaren wie konkreten Zugang zur Macht im Zentrum der Demokratie

Welches Resümee können wir nach dieser ausführlichen Darstellung und Besprechung von Cavanaughs Kritik am politischen Programm des modernen, liberalen und demokratischen Nationalstaates und seiner alternativen thepolitischen Imagination der Eucharistie ziehen? Wie lässt sich also abschließend die zweite (Un-

---

[1188] CAVANAUGH, *Migrations of the Holy*, 193.
[1189] Ebd., 193.
[1190] Ebd., 195.

ter)Forschungsfrage beantworten, die zum einen danach fragte, inwieweit Cavanaughs sakramentale oder eucharistische politische Theologie eine adäquate theologische Reaktion auf den zuvor analysierten Kontext darstellt, und zum anderen auch, inwieweit Cavanaughs eigenes theopolitisches Projekt anschlussfähig an den radikaldemokratischen Diskurs um Lefort ist.

In Hinblick auf die gegenwärtige Entwicklung im Bereich der politischen Theologie lässt sich Cavanaughs Ansatz als wichtiger Impuls sehen, um das Verhältnis zwischen Politik und Religion neu, d.h. jenseits einer strikt liberalen Trennung zu denken. Die größte Stärke von Cavanaughs *Eucharistic counter-politics* liegt wohl darin, dass sie mit Bezug auf die soziale und politische Bedeutung der Eucharistie in der Lage ist, ein Konzept von Gemeinschaft zu entwickeln, welches in erster Linie keine nicht-religiöse, säkulare Bezugsgröße benötigt, um über Politik aus dezidiert theologischer Sicht sprechen zu können. Damit geht Cavanaugh über weite Teile der politischen und öffentlichen Theologie hinaus, für die der säkulare Staat die eigentliche, selbstständige politische Größe darstellt, die nur in einem zweiten Schritt theologisch interpretiert werden kann. Cavanaugh greift dabei allerdings genauso wenig die Eigenständigkeit säkularer, nationalstaatlicher Politik an. Diese gilt für ihn jedoch nicht als die einzige Form des Politischen, sondern vielmehr nur als eine spezielle Form. Insofern ermöglicht Cavanaughs Ansatz eine Weitung der Diskussion von Politik um die theopolitische Dimension, die dabei aber keineswegs nur der theologischen Seite vorbehalten ist, sondern auch der säkularen, sofern sie bereit ist, in das geteilte theopolitische Feld zu treten. Dies ist wiederum aber auch ein Spiegel für den Umstand, dass unter säkularem und liberalem Vorzeichen die Übersetzungsleistung vornehmlich auf der theologischen/religiösen Seite liegt, d.h. dass sich die theologische Diskussion politischer Themen säkularen Rahmenvorgaben und Konzepten zumeist anzupassen hat und erst in einem zweiten Schritt theologisch werden kann. Cavanaugh dreht diese Übersetzungsleistung nun gewissermaßen herum, indem er explizit theologisch die für ihn implizit theologischen Programme von Säkularismus, Liberalismus und neuzeitlicher bzw. moderner Staatlichkeit beurteilt und zum Teil scharf kritisiert. Darin liegt die größte Stärke seines genuinen Ansatzes, denn indem er säkular-politische Konzepte gewissermaßen in theologisch-politische übersetzt und auf eben dieser Ebene diskutiert, gibt er der Theologie ihre Sprachfähigkeit zurück. Darin liegt aber zugleich auch die größte Gefahr in Cavanaughs Ansatz, denn auch das „säkularistische Missverständnis"[1191], vor dem Casanova warnt, kann allzu leicht in ein „religiöses Missverständnis" umschlagen. Cavanaughs dezidiert theologische Diskussion säkular-politischer Konzepte hat ihre Berechtigung, ganz besonders vor einem religiösen und theologischen Hintergrund. Aber darüber darf gewissermaßen nicht die „Rückübersetzung" in einen säkularen bzw. gerade postsäkularen Kontext vergessen werden. Diese „Rückübersetzung" steht bei Cavanaugh jedoch nicht im Fokus. Daraus ergibt sich für den Fortgang der vorliegenden Untersuchung aber genau dies

---

[1191] CASANOVA, „Erschließung des Postsäkularen", 28.

als eine Aufgabe, wenn es darum geht, im folgenden Kapitel über Cavanaugh hinaus weiterzudenken.

Nichtsdestotrotz zeigt sich aber bereits nach der vorliegenden Analyse von Cavanaughs Dekonstruktion des säkularen Programms des modernen (National)Staates und dessen Narrativen bzw. Mythen, dass diese eine Bedeutung hat, die über die (katholische) theologische Beurteilung eines säkularen politischen Akteurs weit hinausgeht. Vor einem postsäkularen Hintergrund und einer politischen Diskussion, die um die theopolitische Dimension erweitert ist, stellt uns Cavanaugh vor die Aufgabe, das Verhältnis zwischen Demokratie und (moderner) Staatlichkeit grundsätzlich neu zu denken. Dieser Aufgabe widmet sich auch die Radikaldemokratie, die wie Lefort in der Demokratie nicht allein eine Staatform sieht, sondern eine grundsätzlich neue Form der Institutionalisierung des Sozialen.[1192] Mit der demokratischen Revolution wurde nicht allein der*die Monarch*in abgelöst, sondern auch ein neues Paradigma für Herrschaftsordnung bzw. Souveränität eingeführt, das im Vergleich zur Monarchie die ursprüngliche Teilung der Gesellschaft nicht mehr verdecken kann. Vor diesem Hintergrund wohnt nach Lefort jedem Versuch, diese vormoderne repräsentative Einheit in den zwei Körpern des Königs wiederherzustellen, d.h. die Identität des Volkes mit sich selbst, eine totalitäre Tendenz inne. An dieser Stelle treffen sich radikaldemokratische Analyse des Politischen und Cavanaughs Kritik an der homogenisierenden politischen Imagination des modernen Staates, wenn er schreibt: „The solution is not to seek to control the *unum*, but to recognize that in reality there is not one unitary people or society or nation."[1193]

An diesem Punkt formiert sich aber auch die größte Kritik an Cavanaugh. So fragt z.B. Thaddeus Konzinksy an, ob Cavanaughs Ansatz, falls dieser auf eine Art katholische Anarchie hinauslaufe, nicht auch gegen die klassische Soziallehre der Kirche ist.[1194] Die Frage hier ist nicht, ob Cavanaugh wirklich Anarchist im strengen Sinne ist, sondern wie Rowe es treffend formuliert: „Cavanaugh may be right that the state is the wrong category. But he may also have ruled out more promising venues."[1195] Es gilt, die vielen Errungenschaften des liberaldemokratischen Staates – gerade auch was die Garantie von Pluralität betrifft – anzuerkennen und zu eruieren, inwieweit sich eine (bessere) Alternative konzipieren lässt. Leforts Vorschlag hierfür ist der leere Ort der Macht als das Symbol für eine plurale und damit demokratische Machtkonstitution, die nicht mehr der Logik des Einen folgt und stattdessen die unauflösliche Teilung betont, ohne dabei aber zugleich den Zusammenhalt ganz der Teilung zu opfern.

Auch wenn Lefort mit dieser Repräsentationsformel für das Unverfügbare auf eine Fortdauer des Theologisch-Politischen anspielt, ist Cavanaughs Vorschlag

---

[1192] Siehe hierzu die Ausführungen in 2.1.3.1.
[1193] CAVANAUGH, *Field Hospital*, 149.
[1194] KONZINSKY, „William Cavanaugh, Radical Orthodoxy, and the Myth of the State", 141-142.
[1195] ROWE, „Render Unto Caesar… What?", 604.

demgegenüber wesentlich expliziter theologisch. Auf die für ihn typische zugleich sehr unkonventionelle und doch sehr klassische Weise stellt Cavanaugh dar, wie ein katholisches Verständnis der Eucharistie als eine alternative, eigenständige Form der Imagination des Politischen zur Ordnung von Körpern in Raum und Zeit gesehen werden kann. Treffend resümiert der freikirchliche schwedische Theologe Sune Fahlgren bezüglich Cavanaughs Ansatz: „The challenge is to have theological visions that make Christians less at home in this world."[1196] Damit ist nun gerade aber nicht eine Weltfremdheit im Sinne einer politischen Bedeutungslosigkeit des Glaubens gemeint, sondern das genaue Gegenteil: eine Politik, die nicht blind der Logik der Welt folgt, weil sie im Zeichen eines Gottes steht, dessen Reich zwar nicht *von*, sehr wohl aber *in* der Welt ist. Ausdruck dieser zwischen Identität und Differenz schillernden Form des Politischen ist das Sakrament. Das Sakramentale wird so zum Wesen des Kirchlichen, auch zum Modus von dessen Politik. Dies macht Kirche und Handeln für Cavanaugh nicht weniger konkret, sondern mehr, wie mit dem Konzept der konkreten Universalität dargelegt wurde. Diese Erkenntnis hat auch über den Kontext katholischer politischer Theologie hinaus Bedeutung. Erneut Fahlgren: „These visions must be made rooted in practices, so as to create concrete communities."[1197] Genau diese Konzentration auf die konkrete Versammlung, auf die Verwobenheit von Lokalem und Universalem *im* Lokalen/Konkreten, ist die Schnittstelle zwischen Cavanaughs eucharistischem Ansatz und alternativer radikaldemokratischer Konzepte wie denen von Wolin und Coles. Entscheidend ist auch hier das Aufbrechen der Logik des Einen, hier in Form einer eindimensionalen Raumkonfiguration, die das Lokale nur als Teilbereich unter das Universale subsumiert. Demgegenüber geht es Cavanaugh gerade um die Zerstreuung des Raums, um die Vielzahl von politischen Räumen. Im Gegensatz zu Wolin und Coles rekonfiguriert Cavanaugh diese alternativen politischen Räume nicht allein topologisch, sondern vor allem auch temporal. Mithilfe einer eschatologischen Interpretation von Zeit können bereits jetzt bestimmte Orte und Handlungen das Reich Gottes für einen Moment zum Vorschein bringen. Diese Verwobenheit und dynamische Spannung zwischen „schon" und „noch nicht" kann als ein sakramentales Zeitverständnis charakterisiert werden. Darin kommt letztlich ein konstitutiver Transzendenzbezug zum Ausdruck, ein „transzendenter Stachel" (Joas), der Cavanaughs sakramentale theopolitische Imagination letztlich radikaler und subversiver erscheinen lässt, als die immanenzbezogenen politischen Demokratietheorien von Wolin und Coles. Denn letztlich müssen Wolin und Coles immer auf den prinzipiell nie endenden Prozess des Politischen verweisen, wohingegen bei Cavanaughs eschatologischer Rekonfiguration der Zeit die Zukunft ins Jetzt

---

[1196]   SUNE FAHLGREN, „The Loss of Theological Vision. Free Church Ecclesiologies in Sweden form the Ninetenth Century to the Present", in: JOEL HALLDORF; FREDERIK WENELL (Hg.), *Between the State and the Eucharist. Free Church Theology in Conversation with William T. Cavanaugh*, Eugene 2004, 55-67, 67.

[1197]   Ebd., 67.

einbricht. Cavanaugh ist radikaler, weil er in letzter Konsequenz konkreter ist. Genau an diesem Punkt scheint auch der vermutlich größte Unterschied zwischen Cavanaughs und Leforts Imagination des Politischen auf. Hierzu nochmals ein bereits bekanntes Zitat von Cavanaugh, das Leforts Symbol der Leerstelle sehr nahe kommt: „When the shrine is emptied of the biblical God and replaced with a generic principle of transcendence, the danger is that we will not come to worship God but will worship our freedom to worship God. The empty shrine is surreptitiously filled."[1198] Auch Cavanaugh warnt vor der Besetzung der Leerstelle bzw. des leeren Schreins, aber im Gegensatz zu Lefort, Wolin, Coles & Co. ist Cavanaughs Transzendenzbezug ein konkreter: Gott. Daher muss er die Transzendenz auch nicht in die Form eines „Außen" oder eines „unendlichen politischen Prozesses" übersetzen, um deren subversiven politischen Stachel beizubehalten. Gleichzeitig darf er aber auch nicht Gott als das Transzendente vollkommen mit einer immanenten Identität oder gar Institution identifizieren. Genau dafür dient die sakramentale Interpretation von Gottes Gegenwart in der Eucharistie als eben jenes dynamische schillernde Spiel zwischen Identität und Differenz, das in seiner theopolitischen Imagination seinen besten Ausdruck findet. Und darin findet sich auch der zentrale Impuls einer sakramentalen Interpretation des Politischen für einen zugleich unverfügbaren wie konkreten Zugang zur Macht im Zentrum der Demokratie.

Doch wie kommen wir von Cavanaughs eucharistischem Ansatz für die Kirche wieder zurück in das (postsäkulare) theopolitische Feld; wie kann die oben angesprochene „Rückübersetzung" gelingen? Oder mit Cavanaugh gesprochen: wie können wir die Welt „Eucharistisieren"[1199]? Mit Engel geht es also um die Frage, wie das in der Theologie tradierte Wissen um die Unverfügbarkeit des Zentrums, das in Cavanaughs theopolitischer Interpretation der Sakramentenlehre Ausdruck findet, auch für das politische Feld fruchtbar gemacht werden kann.[1200] Wie bereits am Ende des vorangegangenen Abschnitts angeführt, soll dies hier dahingehend unternommen werden, dass ausgehend von Cavanaughs theopolitischem Verständnis des Sakramentalen, (demokratische) Souveränität bzw. deren Repräsentation reinterpretiert wird. Leforts Symbol der Leerstelle, die sich wie Cavanaughs theopolitische Imagination durch einen prekären und zugleich transformativen Charakter auszeichnet, wird dabei als Bezugs- und Vergleichsgröße dienen.

Damit adressieren wir zugleich ein Desiderat, das in Cavanaughs Verwendung seiner zentralen theologisch-politischen Begriffe der Leib-Christi-Ekklesiologie und der Fundierung von Kirche im Sakrament der Eucharistie ausgemacht wurde. Diese bringt er zwar erfolgreich theologisch gegenüber dem säkularen Staat in Stellung. Aber wenn es darum geht, dieselben Begriffe auch theologisch neu zu

---

[1198] CAVANAUGH, Migrations of the Holy, 96.

[1199] Vgl. CAVANAUGH, *Torture and Eucharist*, 14: „the point is not to politicize the Eucharist, but to ‚eucharistize' the world".

[1200] Vgl. ENGEL, Politische Theologie „nach" der Postmoderne, 46.

denken, um sie nach innen, sozusagen politisch-demokratisch in die Kirche hin-
einzutragen, bleibt Cavanaughs Analyse nur schablonenhaft. Wie Striet bezüglich
einer solchen allgemeinen Tendenz treffend festhält, kann sich Kirche als Gegen-
gesellschaft zur säkularen Gesellschaft (und deren Missständen) gerieren, allerdings können solche Gegengesellschaften auch dazu neigen, „dass in ihnen in
einer sublimieren, aber umso wirkmächtigeren Weise regressive Gewalt ausgeübt
wird [....]“[1201]. Daher gilt es in Bezug auf Cavanaugh die von ihm kritisierten
Homogenisierungstendenzen nicht allein als das Problem staatlich-liberaler Politik anzusehen, sondern auch einer sakramental konzipierten Politik des Leib
Christi. Denn auch eine sakramentale Politik ist im hohen Maße der Gefahr der
Ideologisierung ausgesetzt. Die zentrale Unterscheidung ist auch hier die zwischen Glaube und Ideologie, die theologisch gesehen bisweilen die Form der
Idolatrie annimmt, wie Cavanaugh immer wieder aufzeigt. Wenn also staatliche
(absolute) Souveränitätsansprüche im Namen der transzendenten und unverfügbaren Souveränität Gottes kritisiert werden, muss dies auch Folgen für die Art
und Weise haben, wie diese unverfügbare Souveränität im Leib Christi repräsentiert und (performativ) aktualisiert wird. Mit Cavanaughs eigenen Worten ausgedrückt, geht es also darum, dass auch und gerade die Kirche unter dem „judgement of Christ in the Eucharist“[1202] steht. So lässt sich also mit Cavanaugh in
gewisser Weise über Cavanaugh hinaus fragen, ob ein strikt institutionell-amtli-
ches Sakramenten- und Repräsentationsverständnis, das in seinen Grundzügen
gerade den säkular-staatlichen Prinzipien von Politik gleicht, dieser Anforderung
gerecht wird. Steht nicht gerade die katholische Kirche mit ihrer sakramentalen
Amtsstruktur und Hierarchie im Verdacht der „Logik des Einen“, die Cavanaugh
an der liberalen Souveränitätskonstitution von *e pluribus unum* kritisiert? Operiert nicht auch das katholische Magisterium mit Zuckerbrot und Peitsche? Und
ist nicht gerade auch in der katholischen Kirche eine Interpretation von Globalität
bzw. Katholizität zu finden, die noch weniger plural konzipiert ist, also die von
Cavanaugh zu recht kritisierte liberale Globalität? Cavanaughs eucharistische Rekonfiguration kann zwar klar als ein subversiver Gegenentwurf interpretiert werden, allerdings erübrigt das noch nicht die Aufgabe einer Reformulierung gerade
des sakramentalen Amts- und Hierarchieverständnisses.

Dieser Aufgabe widmet sich das folgende Kapitel, das danach fragt, was ein
um den radikaldemokratischen anti-ideologischen Impuls geweitetes sakramentales Verständnis von Macht für die Kirche bedeuten kann.

[1201]   STRIET, „Alles eine Frage der Berufung?“, 151.
[1202]   CAVANAUGH, „The Church in the Streets“, 389.

4 EINE POLITISCHE THEOLOGIE RADIKALER SAKRAMENTALITÄT

Da hörte ich eine laute Stimme vom Thron her rufen:
Seht, die Wohnung Gottes unter den Menschen!
Er wird in ihrer Mitte wohnen, und sie werden sein Volk sein;
und er, Gott, wird bei ihnen sein.
Off, 21,3; vgl. Ez 37, 37; Jer 31, 31

Um die neunte Stunde schrie Jesus mit lauter Stimme:
Eli, Eli, lema sabachtani?, das heißt:
Mein Gott, mein Gott, warum hast du mich verlassen?
Mt 27,46

4.1 Perichorese zwischen radikaler Demokratie und sakramentaler Eucharistie

In diesem letzten Kapitel sollen alle Fäden, welche in den vorangegangenen Kapiteln einzeln entsponnen wurden, wieder zusammengeführt werden: aus Kapitel 2 die Analyse des postliberalen und postsäkularen Kontexts, vor dessen Hintergrund die Entwicklung einer politischen Theologie zukunftsweisend ist, welche das Potential der Radikaldemokratie für sich entdeckt. Aus Kapitel 3 die Analyse der eucharistischen politischen Theologie von Cavanaugh mit ihren einzelnen Aspekten: zunächst die Kritik am säkularen Programm des modernen Nationalstaates zur Trennung von Politik und Religion; daran anschließend sein postsäkularer Gegenentwurf einer sakramentalen und eucharistischen politischen Theologie; und schließlich die Diskussion darüber, inwieweit Cavanaughs politische Theologie sich mit postliberaler und radikaldemokratischer Demokratietheorie verbinden lässt. Die Zusammenführung dieser Stränge in diesem letzten Kapitel 4 wurde dabei bereits in den vorherigen Kapiteln je einzeln vorbereitet. In Kapitel 2 wurde vor dem Hintergrund der Kontextbestimmung als postsäkular und postliberal nach möglichen daran anschließenden Diskursen in der politischen Philosophie und der Theologie gesucht. Als potenziell besonders bereichernde Beiträge wurden dabei auf politischer Seite die radikale Demokratietheorie eingeführt und auf theologischer Seite die Sakramententheologie. In Kapitel 3 wurde zunächst Cavanaughs politische Theologie dargestellt, die in ihrer eigenen Form postliberal bzw. postsäkular ist. Entscheidend hierbei ist, dass Cavanaughs politische Theologie, auch wenn sie unter den gegenwärtigen Vorzeichen der Postliberalität und Postsäkularität gedeutet werden kann, keine dezidiert „neuen" theologischen Quellen zur Grundlage hat, sondern vielmehr auf einer Rückbesinnung auf ihren vorsäkularen und vormodernen Ursprung in der klassischen Sakramenten- und Eucharistietheologie beruht. In der Diskussion der Verwendung dieser beiden Theologiefelder innerhalb der politischen Theologie Cavanaughs wurde deutlich, dass die Lösung für eine Neuausrichtung einer politischen Theologie für einen gegenwärtigen Kontext nicht allein auf den Rückgriff altbekannter theologischer Konzepte beruhen kann – keinen alten Wein in neue Schläuche also. Wie die Diskussion von Cavanaughs politischer Theologie gezeigt hat, kommt es auch auf eine Neuinterpretation von Eucharistie und Sakramentalität an. Zunächst gilt es, die bestehende Kluft zwischen Religion und Kultur zu überwinden, eine Anstrengung, die nur dadurch zu bewerkstelligen sei, indem man das katholische Denken mit der Neuzeit, der Moderne und der Postmoderne versöhne.[1203] Die vorliegende Arbeit will dies durch einen Ansatz zur Relektüre der klassischen onto-theologischen Sakramententheologie im Zeichen postmoderner Zeichentheorie anbieten. Erst dann kann eine eucharistische Politik ihr Potential für den postliberalen und postsäkularen Kontext voll entfalten.

Dieses letzte Kapitel folgt also der Spur Cavanaughs, will aber darüber hinausführen. Es soll mit Cavanaugh über Cavanaugh hinaus gedacht werden in Richtung einer radikaldemokratischen politischen Theologie, die wie bei Cavanaugh ihren Ausgangspunkt in der Sakramententheologie hat. Insofern stellt der im Folgenden entwickelte „radikal sakramentale" Ansatz eine selbstständige Interpretation und Weiterführung von Cavanaughs sakramentaler und eucharistischer politischer Theologie vor dem Hintergrund der Radikaldemokratie dar. Hierbei soll an wichtigen Wegmarken immer wieder auf Cavanaugh verwiesen werden. Bezugspunkt für die Diskussion mit der Radikaldemokratie ist hierbei vornehmlich Lefort und dessen säkular-philosophisches Konzept des leeren Orts der Macht. Neben der nötigen inhaltlichen Begrenzung für dieses „konstruktive Gespräch" sind es vor allem systematische Erwägungen in Hinblick auf die guten Anknüpfungspunkte zur Sakramententheologie, die eine Rolle bei der Wahl Leforts als Referenzpunkt spielen. Was die Sakramententheologie betrifft, soll dabei das Hauptaugenmerk auf ihre „klassisch-konservative" Interpretation in der deutschsprachigen Theologie gelegt werden, wie sie gegenwärtig am prominentesten von Karl-Heinz Menke vertreten wird. Dieser Ausgangspunkt wird dabei immer wieder mit eher „progressiven" sakramententheologischen Ansätzen ins Gespräch gebracht, wie etwa denen von Chauvet, Fagerberg, Faber, Knop und Belcher. Diese Wahl der jeweiligen Bezugspunkte, eine „radikale" Interpretation der Demokratie (Lefort) einerseits und eine „konservative" Interpretation der Sakramententheologie andererseits, mag auf den ersten Blick unausgewogen erscheinen, folgt aber bei näherem Hinsehen genau der Spur Cavanaughs: mit bewusst klassischer (Sakramenten)Theologie neue Wege im Diskussionsfeld zwischen Politik und Religion einzuschlagen. Es wird der Versuch unternommen, mit der radikaldemokratischen Theorie eine Spur der konstitutiven Unverfügbarkeit, die deren politisches Zentrum auszeichnet, auch in der klassisch-konservativen Sakramententheologie zu bergen. Dahinter steht die Überzeugung, dass das Sakrament als

---

[1203] Vgl. RUHSTORFER, *Befreiung des „Katholischen"*, 17, 22.

Paradigma von Souveränität prinzipiell radikal im Sinne von prekär-subversiv ist und diese Lesart gegenüber einer prekär-ideologischen wieder neu zur Geltung gebracht werden muss. Gelingt dieser Aufweis, so die Prämisse dieser Untersuchung, ist das Argument für ein intensiveres Zusammendenken von theologischen und politischen Motiven unter postsäkularem Vorzeichen deutlich stärker, als wenn man als Bezugsgröße beispielsweise ein funktionales Sakramentenverständnis – und damit verbunden auch Kirchenverständnis – wählen würde. Dieses ließe sich zwar einfacher mit zentralen Grundmotiven gerade der liberalen Konzeption von Demokratie verbinden, kann letztlich aber nur um den Preis einer Neubestimmung theologischer Grundmuster unter liberalem Vorzeichen gelingen.[1204] Dieser Grundintention zwar folgend, soll hier aber eine andere Strategie verfolgt werden. Vor dem Hintergrund einer radikaleren Neuinterpretation der Demokratie und der sie konstituierenden subversiv-aporetischen Souveränität im Symbol der leeren Mitte, kann auch nochmals „radikal" über die theologische Bestimmung der Sakramente und deren politische Implikationen nachgedacht werden. Ziel ist also ein *ressourcement*, eine Erneuerung durch Rückbesinnung und gleichzeitige Reinterpretation der Tradition (der Sakramententheologie) vor dem aktuellen Hintergrund. Es soll also beispielsweise in Fragen des Amtes nicht um eine Neubestimmung des Amtes an sich gehen (z.B. ein rein funktionales Verständnis), sondern um das, was Magnus Striet im Zuge des Missbrauchsskandals in der katholischen Kirche u. a. als Desiderat angemahnt hat: „das sakramentale [sic!] Amt künftig [neu] zu denken [...]"[1205]. Mit dieser Herangehensweise gelingt schließlich auch das zweite große Anliegen dieser Untersuchung, i.e. die Übersetzung einer sakramental inspirierten politischen Theologie, die ihren Ursprung in der politischen Theologie Cavanaughs vor US-amerikanischem Hintergrund hat, in den deutschsprachigen Kontext.

Das Vorgehen in diesem Kapitel folgt dabei einem Muster, welches man mit einer Perichorese vergleichen kann. Zwei Bewegungen sollen hierbei ineinander verwoben werden: zum einen soll die Radikaldemokratie à la Lefort im Spiegel

---

[1204] Es ist wichtig hier zu bekräftigen, dass das dahinterliegende Anliegen einer „freiheitlichen" Fortschreibung theologischen Denkens genau auf der Linie auch dieses Projektes liegt. Der Unterschied ergibt sich vornehmlich dadurch, dass als demokratische Bezugsgröße nicht die klassisch liberale Konzeption von Demokratie dient, sondern deren radikaldemokratische Interpretation. Aber genau dieses radikale Konzept der Demokratie und deren subversive Interpretation der konstitutiven Macht ermöglicht auch einen „radikalen" Blick auf die „Wurzeln" theologisch-politischen Denkens, wie es sich im katholischen Feld vornehmlich auf dem Gebiet des Sakramentalen zeigt. Dies mag auf den ersten Blick wegen der Kritik an liberaler Demokratie einerseits und der Wahl klassischer Sakramententheologie andererseits gegen das Anliegen „liberaler", im Sinne von progressiver, Theologie gerichtet erscheinen, versteht sich aber ganz im Gegenteil als dessen Weiterführung und „Radikalisierung" im Sinne einer „freiheitlichen" Fortschreibung theologischen Denkens.

[1205] STRIET, „Alles eine Frage der Berufung?", 161.

der Sakramententheologie interpretiert werden und zum anderen soll andersherum die Sakramententheologie im Spiegel der Radikaldemokratie interpretiert werden. Im Gegensatz zu einem einfachen Vergleich sollen die dabei jeweils zum Vorschein tretenden Unterschiede hierbei für die weiterführende Durchdringung der jeweiligen theologischen bzw. politischen Position genutzt werden. Diese wechselseitige Durchdringung beider Theorieelemente findet ihren Ausdruck in den einzelnen Überschriften der jeweiligen Unterkapitel, die mit (Re)Interpretation, (Re)Konstruktion und (Re)Formulierung überschrieben sind, wobei das „(Re)" jeweils auf die dynamische Bewegung des Hin und Her verweist, die dieses Gespräch kennzeichnet. Damit ergibt sich folgendes Schema.[1206]

Zunächst wird im folgenden zweiten Unterkapitel Leforts Demokratietheorie als eine säkulare Nachbildung des neuzeitlichen theologisch-religiösen Verständnisses von Souveränität interpretiert. Darauf aufbauend wird in einem nächsten Schritt der umgekehrte Weg gegangen, d.h. Leforts Lösungsansatz für die Repräsentationskrise moderner, demokratischer Politik in Form der symbolischen Leerstelle der Macht wird als Modell zur Interpretation des theologischen bzw. kirchlichen Macht- und Politikverständnisses genutzt. Hierbei tritt bereits der entscheidende Unterschied zwischen einem säkularen Symbolverständnis und einem theologischen Sakramentenverständnis zu Tage, der vornehmlich darin besteht, dass Leforts Verständnis des Symbols des leeren Orts der Macht nicht über das rein negative, entideologisierende Moment hinausgeht, während das klassische Sakramentenverständnis über eine stark affirmative Form der Ver*ort*ung von Macht und Souveränität verfügt, dass seinerseits anfällig ist für prekär-ideologische Vereinnahmung. Im darauffolgenden dritten Schritt des zweiten Unterkapitels, der (Re)Interpretation, wird daher das negative Moment der Lefort'schen Radikaldemokratie auf das klassische Sakramentenverständnis angewendet. Mittels dieses radikaldemokratischen Werkzeugs zur Entideologisierung kann ein theopolitisches Sakramentenverständnis erarbeitet werden, das sensibel ist sowohl gegenüber dem Fehlschluss einer Identifikation zwischen göttlicher Souveränität und kirchlich-amtlicher Repräsentation einerseits und einem radikaldemokratischen Symbolverständnis andererseits, das über das rein negativ-dekonstruktive Moment nicht hinausreicht. Ein eben solches politisches Sakramentenverständnis wird in seinen Grundzügen im dritten Unterkapitel, der (Re)Konstruktion, entwickelt. Dem Bild der Perichorese folgend geht es dabei also genau genommen nicht allein um eine radikaldemokratische Interpretation des Sakramentalen, sondern vielmehr um eine gegenseitige Durchdringung beider Theorieelemente – radikaldemokratischer Subversion und sakramententheologischer Affir-

---

[1206] Eine erste, prinzipielle Untersuchung, die hier zunächst als Ausgangspunkt dient, ist bereits erschienen unter STEPHAN TAUTZ, „Symbol or Sacrament? A Theological Discernment of Radical Democracy's 'Empty Place of Power'", in: *Louvain Studies* 44 (1/2021), 25-39.

mation von Macht –, sodass eine neue Form prekär-affirmativer Machtkonstitution entstehen kann, die sich vor allem durch den performativen Charakter ausweist. Im Zentrum dieser Untersuchung stehen dabei ein „radikal-sakramentales" Verständnis von Kirche und Amt.

In einem vierten Unterkapitel soll der Blickwinkel nochmals gewendet werden, indem im Lichte der zuvor entwickelten „radikal-sakramentalen" Interpretation von Kirche und Amt als subversive Repräsentationsmodelle die Ansätze eines radikal-sakramentalen Verständnis von Souveränität (re)formuliert werden. Der Wesenskern dieser Souveränität liegt in ihrer aporetischen Natur. Dies bedeutet, dass aus radikal-sakramentaler Sicht nicht allein der Repräsentation von (göttlicher) Souveränität ein subversives Moment innewohnt, sondern auch, dass Souveränität an-und-für-sich immer schon subversiv und aporetisch ist. Den Hintergrund für diese Überlegungen bilden christologische und trinitarische Spekulationen von Carl Schmitt und Giorgio Agamben, welche in je eigener Weise die innertrinitarischen Unterscheidungen der göttlichen Personen als eine dezidiert christliche Interpretation von Souveränität betrachten. Analog zur Unterscheidung zwischen ökonomischer und immanenter Trinität wird an dieser Stelle der Untersuchung deutlich, dass der subversive Charakter der innertrinitarischen Zersplitterung göttlicher Souveränität auf die verschiedenen Personen auch in ihrer weltlichen, immanenten Kommunikation und Repräsentation nicht aufgelöst werden kann. Souveränität in einem radikal-sakramentalen Verständnis ist wesentlich aporetisch. Sie „offenbart" sich nur anhand ihrer Operativität. Ihre Repräsentation kann nur im Modus einer dynamischen Performativität gelingen, im stets aufs Neue unternommenen Versuch. Im Lichte dieses radikal-sakramentalen Verständnisses von Souveränität und Repräsentation wird in einem letzten fünften Unterkapitel nochmals der Blick zurück auf die (radikal)demokratische Konzeption von Macht und deren Repräsentation gerichtet, um einige Thesen zu deren potenzieller Weiterentwicklung aus Sicht einer radikaldemokratischen politischen Theologie anzubringen.

4.2 (Re)Interpretation: Leforts Demokratietheorie als Interpretament einer politischen Sakramententheologie

Wie bereits in Kapitel 2 angeführt, wird in diesem ersten Unterkapitel zunächst der Interpretation Kleins folgend Leforts Demokratietheorie als eine säkulare Nachbildung des neuzeitlichen theologisch-religiösen Verständnisses von Souveränität gelesen. Hier kommt es darauf an, Leforts Symbol der Leerstelle nicht schlicht als Substitut Gottes zu lesen, sondern genauer als Substitut für die Funktion, die der transzendente Gott innerhalb der Konstitution einer vordemokratischen Gesellschaft hatte. Auf Grundlage dieser Unterscheidung lässt sich dann ein Vergleich zwischen der Funktion von Leforts Symbol der Leerstelle und Cavanaughs Sakrament der Eucharistie ziehen. Dieser Vergleich wird in einem zweiten Schritt vermittels des Unterschieds zwischen dem Symbolverständnis von Lefort und einem theologischen, von Cavanaugh inspirierten, politischen Verständnis des Sakraments in Bezug auf das jeweilige Repräsentationsmodell gezogen. Damit aber nun ein politisches Verständnis von sakramentaler Souveränität und Repräsentation nicht zurückfällt hinter Leforts anti-ideologisches Verständnis von Souveränität und Repräsentation, wie es im Symbol der Leerstelle Ausdruck findet, gilt es in einem dritten Schritt dieses zweiten Unterkapitels die Interpretationsrichtung nochmals umzukehren und nach einem „post-souveränen", subversiven und prekären Sakramentenverständnis zu suchen. In diesem Sinne handelt es sich hierbei also nicht allein um eine radikaldemokratische Interpretation eines politischen Sakramentenverständnisses, sondern auch um eine Reinterpretation, da auch das radikaldemokratische Symbolverständnis um das theologische Sakramentenverständnis erweitert wird. Anschlusspunkt hierfür ist die letztendliche Entzogenheit und Verschiedenheit Gottes im bzw. vom Sakrament.

4.2.1   Leforts Demokratietheorie als säkulare Nachbildung eines neuzeitlichen theologisch-religiösen Konzeptes von Souveränität

„Die Aporie eines unmöglichen und dennoch nötigen Abschieds von der Souveränität beschäftigt seit geraumer Zeit die politische Philosophie."[1207] Diese Feststellung steht am Anfang von Rebekka Kleins Untersuchung zum Verhältnis von Religion und politischer Ideologiekritik im Denken von Lefort, Žižek und Barth.[1208] Am Ende der Untersuchung dieser sehr unterschiedlichen Denker kommt sie zu dem Schluss, dass „alle drei die Macht der Souveränität nicht abschaffen wollen, sondern stattdessen Wege zu ihrer Entideologisierung aufzeigen [...]"[1209]. Diese Entideologisierung wiederum, „im Sinne einer post-souveränen Umbesetzung und Ablösung ihrer [der Souveränität] imaginären Subjekte und Orte kann [...] jedoch gelingen"[1210]. Im Rahmen unserer Untersuchung werden wir uns vornehmlich auf den neuen Ort der Souveränität, den Lefort den leeren Ort der Macht genannt hat, konzentrieren. Kleins Untersuchung hierzu bietet gleich in doppelter Weise einen Anschluss an eine theologische Reflexion. Zum einen stellt sie bündig dar, auf welche Weise Lefort selbst Bezüge zu Religion

---

[1207]   KLEIN, „Subversion der Souveränität", 277.
[1208]   Neben dem oben zitierten Artikel sind hier vornehmlich drei weitere Untersuchungen zu nennen, allen voran die Habilitationsschrift, erschienen unter KLEIN, *Depotenzierung der Souveränität,* sowie zweit weitere Artikel, erschienen unter DIES.,, „Das Andere in der Repräsentation", u. DIES., „Die Schwachheit Gottes als subversive Macht".
[1209]   KLEIN, „Subversion der Souveränität", 296.
[1210]   Ebd., 296. Vgl. KLEIN, *Depotenzierung der Souveränität,* 273-282.

und Theologie zieht. Zum anderen legt sie eine eigenständige und ausgearbeitete theologische Reflexion auf der Grundlage von Barths Theologie vor.[1211]

Zunächst zu Leforts eigener Bezugnahme auf Religion und Theologie. Diese Bezugnahme ist zentral zum Verständnis von Leforts Theorie der Demokratie, wie auch deren negativer Unterseite, dem Totalitarismus. Die Grundannahme seiner Analyse ist dabei eine *Fortdauer des Theologisch-Politischen* Erbes des neuzeitlichen Souveränitätskonzepts des Absolutismus. In seiner Genealogie der modernen demokratischen Repräsentation, die nach seiner Diktion in der Französischen Revolution aufkommt, gelangt er zu dem Schluss, dass das theologisch-politische Konzept von Souveränität nicht einfach abgelöst wurde, sondern in verwandelter Form eines imaginären Glaubens an die Einheit von Volk, Nation und Staat wiederkehre. Der absolutistische Monarch, der sowohl die Einheit des Volkes als auch die Allmacht Gottes auf Erden repräsentierte, hat seinen Kopf verloren. Damit ist in der Tat die Realpräsenz der Souveränität in ihrer klassisch theologisch-metaphysischen Gestalt gestorben. Sie hat sich allerdings nicht aufgelöst, sondern sich „in ein imaginäres Register verschoben und damit vollständig der schöpferischen Einbildungskraft des Menschen überantwortet"[1212]. Die Nähe zu dem, was Cavanaugh die Migration des Heiligen nennt, ist offensichtlich. Der Erfolg moderner Demokratie hängt nun nach Lefort davon ab, wie gut man in der Lage ist, dieser schöpferischen Einbildungskraft in ihrem Streben nach absoluter Identität und Einheit Grenzen zu setzen. Das Worst-Case-Szenario dieser Verdrängung der Verkörperung des souveränen Subjekts ist dessen Wiederkehr in der Form einer Ideologie. Diese ist am stärksten in einem totalitärem Regime entwickelt und besteht in der Illusion, dass jede ursprüngliche Teilung der Gesellschaft in der Gestalt einer Führerperson oder einer Einheitspartei vollständig aufgehoben werden könne. Hier ereignet sich in der Tat die Wiedergeburt eines „sterblichen Gottes auf Erden" (Hobbes), der allerdings, weil er vollkommen losgelöst ist vom unsterblichen Gott im Himmel, noch größere Machtfülle besitzt als vormoderne Monarchen. Insofern markiert der Totalitarismus die negative Spitze der Wiederkehr des totgeglaubten souveränen Subjekts in der Moderne. Oder wie Klein resümiert: „In ihm [Totalitarismus] werde die Kehrseite einer Verschiebung des theologisch-politischen Dispositivs der Macht in ein symbolisch-imaginäres Register sichtbar."[1213] Dieser gefährlichen Tendenz muss sich nach Lefort die moderne Demokratie immer bewusst sein, denn auch sie könne ihre eigenen Ideologien, allem voran die der Einheit der Nation oder des Volkes, entwickeln. Um dies zu verhindern, muss sich die Demokratie also zunächst des Erbes vormoderner theologisch-politischer Souveränität bewusst sein.

[1211]   Siehe hierzu ausführlich die jeweiligen Kapitel in KLEIN, *Depotenzierung der Souveränität*: „Lefort: Reduktion der Souveränität auf ein negatives Imaginäres", 34-92 und „Barth: Radikaler Entzug der Souveränität und Depotenzierung in Christus", 191-272.

[1212]   Vgl, KLEIN: „Subversion der Souveränität", 278, 285; siehe auch LEFORT, „Die Frage der Demokratie"; DERS., *Fortdauer des Theologisch-Politischen?*.

[1213]   KLEIN, „Subversion der Souveränität", 287.

Religion oder zumindest ihr theopolitisches Erbe, besteht weiterhin fort und verweist bleibend auf den Ursprung auch moderner demokratischer Repräsentation.
Doch damit allein erschließt sich noch nicht die Rolle, die der Religion für Lefort auch in der modernen Demokratie zukommt. Denn Lefort zufolge erinnern Religion und Theologie nicht allein an den Ursprung der Repräsentation der Souveränität, sondern können auch den besten Umgang mit dieser lehren, wenn es also darum geht, dem ideologiegetriebenen Einheitsstreben Grenzen zu setzten. Klein fasst Leforts Vorschlag diesbezüglich bündig wie folgt zusammen:

> „Um das demokratische Projekt fortzuführen, schlägt Lefort daher vor, die souveräne Macht – ähnlich wie es im modernen Christentum mit ‚Gott' geschehe – als ein ‚konstitutives Außen' der gesellschaftlichen Wirklichkeit zu verstehen, das ihr gegenübertritt, aber entzogen bleibt."[1214]

Und dieses konstitutive Außen wird in der Gestalt des leeren Orts der Macht symbolisiert. Er ist Symbol eines Entzugs, der für die moderne Demokratie konstituierend ist. Statt Realpräsenz der Souveränität im Körper des Monarchen zur Zeit des Absolutismus soll in der Demokratie also nur eine symbolische Souveränität repräsentiert werden, da die ursprüngliche Teilung innerhalb der Gesellschaft nie mehr (ganz) in der Gestalt des einen Volkskörpers eingeholt werden kann. Klein beurteilt diesen Zugriff Leforts auf Religion als eine säkulare Nachbildung. Mithilfe des Symbols des leeren Orts der Macht versucht Lefort ihr zufolge „die religiöse Transzendenz und Entzogenheit souveräner Macht säkular nachzubilden und fruchtbar zu machen [...], um ihre Eskalation innerhalb einer totalitären Ideologie zu verhindern [...]."[1215] Damit entwirft nach Kleins Ansicht Lefort (wie auch Žižek) „neue religiös-theologische Leitbilder, um die politischen Leitbilder der Souveränität emanzipatorisch und radikal-subversiv zu wenden."[1216] Das Gelingen der Subversion oder Depotenzierung der Souveränität – auch in ihrer modernen Form – ist also letztlich von den religiös-theologischen Denkfiguren der Transzendenz und Entzogenheit (Gottes) abhängig.[1217] Dieses theologisch-politische Erbe wachzuhalten und säkular übersetzt für die Demokratie wirksam zu halten, ist das zentrale Anliegen von Leforts Demokratietheorie. Nochmals Lefort selbst:

> „Wenn wir einmal anerkannt haben, daß die Menschheit sich auf sich selber öffnet, indem sie an einer Öffnung teilhat, die sie selbst nicht erzeugt, müssen wir zugeben, daß der Religionswandel nicht nur die Zeichen einer menschlichen Erfindung des Göttlichen zu lesen gibt, sondern auch die einer Entschlüsselung des Göttlichen, oder, in der Erscheinung des Göttlichen, eines Überschusses des *Seins* über

---

1214   Ebd., 288; vgl. LEFORT, *Fortdauer des Theologisch-Politischen?*, 46-47, 65.
1215   KLEIN, „Subversion der Souveränität", 292.
1216   Ebd., 292.
1217   Vgl. KLEIN, *Depotenzierung der Souveränität*, 77-85.

der *Erscheinung*. In diesem Sinn erweist sich die moderne Religion, das Christentum, als diejenige, die den Philosophen lehrt, was er zu denken hat."[1218]

Natürlich ist in diesem Zitat das „Göttliche" eine Chiffre für die Öffnung hin zum Sein, die gleichwohl konstituierend für den Menschen ist, dabei aber dennoch immer entzogen bleibt. Man könnte also sagen, dass Lefort so etwas wie eine „säkulare" politische Theologie des demokratischen Souveränitätskonzepts entwirft. Dies aufzuzeigen und für die „theologische" politische Theologie lesbar zu machen, ist das Verdienst von Klein.

Doch sie geht in ihrem eigenen Ansatz noch über diese Erschließung hinaus, indem sie mit der Theologie von Karl Barth dem Ansatz von Lefort (und Žižek) eine theologische Interpretation zur Seite stellt. Barth dient als Gewährsmann für eine Theologie, deren Ziel es ist, eben jener schöpferischen politischen Einbildungskraft in ihrem Streben nach absoluter Identität und Einheit Grenzen zu setzen. Statt wie Lefort auf die symbolisch-formale Begrenzung der Souveränität setzt Barth dabei auf den transzendenten Gott.[1219] Im Rahmen dieser Untersuchung müssen wir uns auf einige wenige Aspekte dieser Diskussion von Barths Theologie beschränken, die für den weiteren Verlauf unserer eignen Diskussion von Bedeutung sind. Hier ist zunächst auf die Gestalt des souveränen Gottes hinzuweisen, mit der Barth seinen Widerstand gegen die politischen Ideologien seiner Zeit – verstanden ganz im Sinne von Lefort – aufbaut. Gott als souveränes Subjekt delegitimiert nicht einfach als transzendenter allmächtiger Herrscher jeden weltlichen Souveränitätsanspruch, sozusagen schlicht, weil er als absoluter Alleinherrscher keine, auch keine weltliche, Macht neben sich duldet. Barth geht Klein zufolge einen anderen Weg, indem er sich auf „Jesus Christus [...] als Mittler und Offenbarer einer konkreten neuen Wirklichkeit der Freiheit [konzentriert], in der Gott die menschengemachte Dialektik von Herrschaft und Unterwerfung unterläuft und aussetzt"[1220]. Barth wendet sich also gleich gegen zwei Ideologien der Souveränität: „die menschengemachte Ideologie der Souveränität, aber auch die religiöse Ideologie von Gott als dem allmächtigen Herrn über alle Dinge [...]"[1221]. Diesen zweiten Aspekt gilt es hervorzuheben und an späterer Stelle nochmals ausführlicher zu diskutieren. Die Souveränität Gottes kann nicht einfach einer weltlichen Souveränität auf gleicher Ebene entgegengestellt werden: „Mein Reich ist nicht von dieser Welt" (Joh 18,36). Im Kreuzestod Christi und dessen Auferstehung findet tatsächliche eine Subversion, wenn nicht sogar einer „Perversion" (Lat. *perversus*, verdreht, verkehrt) weltlicher Macht statt. Sie ist zumindest von anderer Art als die Macht der Welt. Auch auf diesen zentralen Umstand, weist Cavanaugh mit seiner alternativen theopolitischen Imagination der Eucharistie hin.

[1218]   LEFORT, *Fortdauer des Theologisch-Politischen?*, 46.
[1219]   Vgl. KLEIN, „Subversion der Souveränität", 293-95.
[1220]   Ebd., 293. Vgl. KLEIN, *Depotenzierung der Souveränität*, 191-207.
[1221]   KLEIN, „Subversion der Souveränität", 293. Vgl. KLEIN, *Depotenzierung der Souveränität*, 229-245.

Daran schließt sich hier die Frage an, wer im Namen der Macht Gottes sprechen kann außer Gott selbst? Es bleibt höchstens eine Repräsentation der Macht Gottes und diese muss sich unter gegenwärtigem demokratischen Vorzeichen anders durchdeklinieren lassen als die Repräsentation im Gottesgnadentum zur Zeit des Absolutismus. Auch auf diesen Aspekt gilt es später noch im Detail einzugehen. Hierzu bietet Kleins Interpretation von Barth ebenfalls einen interessanten Denkanstoß. Ihr zufolge bietet Barth mit seinem Gegenentwurf der göttlichen Macht auch ein sachliches, sozusagen säkularisiertes, Moment und zwar das der Freiheit. Demnach „habe Gottes Macht in der Geschichte von Jesus Christus die Form eines dynamischen Beziehungsgeschehens angenommen, das die Befreiung des Menschen zu gleichberechtigter Teilhabe zum Gegenstand habe"[1222]. Die Freiheit des Menschen ist das Kriterium zur Unterscheidung zwischen „wahrer" und „falscher" Macht und nicht die Frage, ob diese Macht von der Welt stammt oder von jenseits davon. Die Realität der Macht Gottes zeigt sich also in der Lebenswelt der Menschen, in der sie frei sind von allen Ideologien.

Letztlich aber ließe sich dennoch einwenden, dass Barth grundsätzlich doch mit der Autorität bzw. der Souveränität Gottes argumentiert, ganz gleich, ob diese Souveränität, die Gott allein zukommt, die Ideologie menschlicher Souveränitätsansprüche depotenziert. Er geht mit dem Bezug auf Christus über eine rein formal-symbolische Begrenzung hinaus und geht darin einen Schritt, den Lefort nicht mehr gehen kann. Letztlich wäre für Lefort, so räumt auch Klein ein, Barths Ansatz wieder ideologisch: „Ganz klar bekämpft er eine Ideologie mit einer anderen Ideologie"[1223]. Aber dennoch, so Klein weiter, lässt sich nicht von der Hand weisen, dass zumindest mit Blick auf den historischen Verlauf Barth und seinen Anhänger*innen rein faktisch ein großes Maß an Widerstandkraft gegen die Souveränitätsideologien ihrer Zeit anzuerkennen ist. Dafür ist der „transzendente Stachel" (Joas) im Souveränitätskonzept Barths wohl ebenso wichtig wie die Erkenntnis, die mit Klein gesprochen darin besteht, dass es unmöglich ist, sich vollkommen vom Konzept der Souveränität zu lösen.

Dies erkennen auch die zwei US-amerikanischen Theologen Crockett und Robbins an, wobei für diese beiden der Schlüssel zu einer „nonsovereign sovereignty" (Crockett) gerade darin besteht, Transzendenz nicht wie Barth stark zu machen, sondern diese aufzulösen. Robbins argumentiert dabei in Anlehnung an Hardts und Negris Konzept der *Multitude* und deren Ontologie der reinen Immanenz für eine „political theology without sovereignty"[1224]. Im Sinne einer *Fugitive Democracy* Wolins entwickelt er großes Interesse für das theologische Exodusmotiv: Eine Demokratie also, die ganz im Sinne Leforts stets „unterwegs" ist und sich nur so einem ideologisierten Abschluss erwehren kann. Crockett sieht

---

[1222] Ebd., 294. Klein bezieht sich hierbei auf TIMOTHY J. GORRINGE, *Karl Barth. Against Hegemonie*, Oxford; New York 1999.

[1223] Ebd., 295.

[1224] ROBBINS, *Radical Democracy and Political Theology*, 182.

sich als Vertreter einer „radical theology that affirms the death of God [and therefore] is freed from transcendence"[1225]. Hier wird der transzendente Stachel im Souveränitätskonzept dadurch beseitigt, dass man sich dezidiert theologischer Interpretationen eines schwachen Gottes (John Caputo) oder eines sich in und durch die Welt verändernden Gottes (Catherine Keller) bedient. Beide Strategien von Robbins und Crockett zu einer Subversion oder Demokratisierung der Souveränität verbindet also die je eigene Weise zur „Auflösung" des transzendenten Bezugspunktes der Souveränität. Wie wir gesehen haben, geht Lefort hingegen einen anderen Weg: Mithilfe des Symbols des leeren Orts der Macht versucht er religiöse Transzendenz und Entzogenheit souveräner Macht säkular nachzubilden. Robbins und Crockett versuchen demgegenüber zugespitzt formuliert ein säkulares Gottesbild entsprechend der (immanenten) Demokratietheorien von Hardt/Negri, Wolins etc. nachzubilden. Beide Ansätze haben ihre je eigenen Vorteile und Grenzen. In dieser Untersuchung werden wir der Spur Leforts folgen.[1226] Der entscheidende Vorteil von Leforts Ansatz liegt darin, dass er einen guten Anschlusspunkt an die theologische Diskussion der Frage bietet, wie Transzendenz und Immanenz miteinander verschränkt werden können, ohne die eine Seite in die jeweils andere aufzulösen, wozu Robbins und Crockett in je eigener Weise tendieren. Wie unsere kurze Diskussion von Leforts symbolischem Ort der Macht bereits an diesem Punkt gezeigt hat, spielt gerade die Berücksichtigung dieser Balance für Lefort eine große Rolle in seinem demokratischen Souveränitätskonzept. Klein zeigt sowohl in der Darstellung von Leforts eigenem Denken, als auch besonders durch ihre weitergehenden Analysen auf, dass Leforts Demokratietheorie und in ihrem Zentrum das Symbol des leeren Orts der Macht, durchaus anschlussfähig für eine theologische Diskussion sind.

Lefort zeigt, dass auch die Demokratie ihr theologisch-politisches Erbe der Souveränität im Blick behalten muss. Das Heilige, um es in den Worten von Cavanaugh zu sagen, ist mit dem Aufkommen neuzeitlicher Staaten und Demokratien nicht einfach verschwunden, sondern migriert. Ganz im Sinne Cavanaughs ist es daher auch nicht die Unterscheidung zwischen säkularer und religiöser politischer Theologie, welche zählt, sondern die zwischen guter und schlechter politischer Theologie, d.h. in diesem Kontext zwischen ideologiekritischer bzw. ideologieanfälliger. Dieses Heilige im Blick zu behalten, ist auch das Ansinnen von Leforts politischer Philosophie, die eben nicht dem einfachen Trennungsschema religiös-säkular folgt. Für ihn steht zwar fest, dass das religiös-theologische Souveränitäts- und Repräsentationskonzept vor dem Hintergrund der modernen Demokratie seine Geltung verloren hat, nicht aber das darin zum Ausdruck gekommene Bemühen, Macht und deren Repräsentation in einem Außen zur Gesellschaft zu verankern. Dazu dient das Symbol des leeren Orts der

---

[1225] CROCKETT, *Radical Political Theology*, 165.

[1226] Für eine erste, kurze Einordnung der theologisches Anknüpfungspunkte der radikal-immanenten Demokratietheorie Negris siehe z.B. TAUTZ, „(E) pluribus unum?".

Macht. Die am weitesten reichenden Folgen hierzu hat vielleicht Jürgen Manemann gezogen, wenn er schreibt: „Politik bedarf der Religion, denn ohne die Religion würde sie auf die Erhaltung der vorgegebenen Ordnung begrenzt und in
der Illusion einer reinen Immanenz leben."[1227] Religion ist in diesem Sinne Garant einer Öffnung der Gesellschaft, die ganz im Sinne Leforts dieser letztlich
entzogen sein muss. Damit ist freilich weder gesagt, dass Religion der einzige
Garant ist, noch dass Religion notwendig immer als solcher auftritt. Anstatt die
Rolle dieses Garanten zu übernehmen, kann Religion auch als Ideologie auftreten, die die Leerstelle der Macht zu besetzen droht.

In einem solchen Fall, wenn also behauptet wird, Gott fülle diese Leerstelle
metaphysisch aus, liegt ein Kategorienfehler vor. Denn die Leerstelle der Macht
ist genau betrachtet nicht das säkulare Substitut Gottes, sondern das Substitut für
die Funktion, die der transzendente Gott innerhalb der Konstitution einer vordemokratischen Gesellschaft hat. Wenn es also im Folgenden darum gehen soll zu
klären, inwiefern Leforts politische „Theologie" einen guten Anschlusspunkt an
die politische Theologie Cavanaughs bietet, kann es also nicht darum gehen, den
leeren Ort der Macht als Chiffre für Gott zu interpretieren. Stattdessen wird hier
Leforts Konzept als ein säkulares Modell interpretiert, welches seinen Ausgang
im vormals theopolitischen Konzept neuzeitlicher Repräsentation hat. Dieses
neuzeitliche Repräsentationsmodell ist allerdings ebenso wenig deckungsgleich
mit dem sakramentalen Repräsentations- und Souveränitätskonzept, das Cavanaugh in seiner Konstitution der eucharistischen Gemeinschaft als *tertium quid*
vertritt. Er entwirft in seiner *Eucharistic counter-politics* gerade einen Gegenentwurf zur neuzeitlich-nationalstaatlichen Souveränität. Mit Lefort gesprochen
könnte man Cavanaughs Projekt also auch als ein theologisches Programm zur
Entideologisierung neuzeitlich-nationalstaatlicher Souveränität beschreiben.
Aber auch hier stellt sich letztlich die Frage, ob Cavanaugh nicht eine säkular-
politische Ideologie mit einer theologisch-sakramentalen Ideologie bekämpft.

Dies führt uns zu einem weiteren Aspekt in Kleins Interpretation von Barths
Souveränitätskonzept, welches Anschlussmöglichkeiten an die Diskussion mit
Cavanaugh bietet. Die Macht Gottes – oder anders: die Art und Weise wie Jesus
Souverän ist – ist nicht die Art und Weise, wie es der Kaiser oder der National-
staat sind. In Anschluss an die Diskussion von Cavanaughs eucharistischer Poli-
tik haben wir diese Macht als eine sakramentale Macht beschrieben. Mit dem
Charakeristikum als sakramental verschiebt sich die Diskussion auf das Feld der
Repräsentation der Macht. Analog dazu, wie sich bei Lefort die demokratische
Gesellschaft von ihrem Außen her konstituiert, ist auch die eucharistische Ge-
meinschaft bei Cavanaugh grundsätzlich ein Geschenk der Selbstzusage Gottes,
die den in der Eucharistie Versammelten aber letztlich genauso entzogen ist. Die
Souveränität, welche die Gemeinschaft stiftet, muss einerseits repräsentiert wer-
den, ohne aber andererseits mit der Gemeinschaft selbst identifiziert zu werden.
Für Lefort steht dafür das Symbol des leeren Orts der Macht, für Cavanaugh das

---

[1227]   MANEMANN, „Politische Gegenreligion", 183.

Sakrament der Eucharistie mit seiner Unterscheidung zwischen mystischem und realem Leib Christi. Obwohl beide Konzepte innerhalb der eigenen Philosophie bzw. Theologie die gleiche Rolle für die jeweilige prekäre Konstitution der Gemeinschaft spielen, stellt sich aber dennoch die Frage, inwieweit sich das Symbolverständnis Leforts und das Sakramentenverständnis Cavanaughs unterscheiden. Darauf aufbauend lässt sich dann beurteilen, inwieweit diese Unterschiede aber auch als gegenseitig bereichernd gesehen werden können. So ist zu fragen, ob nicht Leforts leerer Ort der Macht mehr ist als eine formal-symbolische Begrenzung. Gibt es Volksherrschaft ohne jegliche „Realpräsenz" der Macht? Und andersherum gilt es zu erörtern, inwieweit Leforts Ansatz zur Entideologisierung der Macht nicht auch viel zum sakramentalen Verständnis kirchlicher Macht und Repräsentation beitragen kann. Schließlich gilt es auch auf kirchlicher Seite, in puncto Ekklesiologie und Amt, bei aller (bleibenden?) Verwurzelung im vormodernen metaphysischen theopolitischen Souveränitätskonzept darauf zu achten, den Unterschied zwischen Christus und seiner Kirche immer klar zu artikulieren. Diese Frage ist letztlich eine ebenso politische wie eine theologische.

4.2.2 Die Krise der Repräsentation in Politik und Religion: Leforts Antwort als Modell für eine sakramentale Kirche?

Für Ulrich Engel besteht die große Chance in der Beschäftigung mit Lefort für die Theologie in seinem Konzept der Repräsentation, wie es im Symbol der Leerstelle der Macht Ausdruck findet.[1228] Repräsentation oder vielleicht genauer: die Krise der Repräsentation ist dabei der geteilte Ausgangspunkt für Lefort und Engel. Lefort setzt dabei bei der modernen Demokratie und deren Abkehr vom Absolutismus an. Der König mit seinen zwei Körpern[1229] zur Repräsentanz Gottes sowie der Einheit des Volkes wurde eliminiert. Wie im Falle der Französischen Revolution blieb dies auch kein rein symbolischer Akt. Mit dem König stirbt aber zugleich die Möglichkeit zur Verkörperung der sakralen und – davon abgeleitet – der weltlichen Macht. Der König als „Kopf" des Repräsentationssystems wurde sprichwörtlich enthauptet. Wie Engel diesbezüglich festhält:

„Weil ohne den Körper des ehemals die Einheit repräsentierenden Königs der sakrale Pol nicht mehr substantiell ausgefüllt werden konnte, scheint am Ort der Macht nun eine ‚Leerstelle' auf. Genau in dieser Entäußerung (Gr. κένωσις) der

---

[1228] ENGEL, *Politische Theologie „nach" der Postmoderne,* hier vor allem Kp. 2 „Repräsentation. Die sichtbar-unsichtbare Demokratie (Claude Lefort)", 37-47.

[1229] Vgl. LEFORT, „Die Frage der Demokratie", 292. Siehe auch KANTOROWICZ, *Die zwei Körper des Königs.*

Macht erkennt Lefort den ‚revolutionäre[n] und beispiellose[n] Zug der Demokratie.‘"[1230]

Wie wir bereits erläutert haben, wird damit für Lefort (das Freihalten) diese(r) „leere[n] Stelle des Sakralen die Bedingung für die Autonomie der demokratischen Gesellschaft."[1231] Mit dieser Einsicht steht Lefort für eine ganze Reihe von Vertreter*innen der zeitgenössischen politischen Philosophie in Frankreich, deren geteiltes Hauptanliegen das Erarbeiten einer neunen „politischen Ontologie" ist, welche nicht „mehr im klassischen Sinn [...] auf das Eine oder das Sein spekuliert[]"[1232]. Engel charakterisiert diese neue politische Ontologie mit Bezug auf Willem van Reijen als „getragen von der Voraussetzung, daß sich jedes diskursive Denken zu einem Rückgriff auf ein Unvordenkliches genötigt sieht"[1233]. Und dieses Unvordenkliche wiederum, so Engel, kann ganz im Sinne des *iconic turns* der Postmoderne als „Potentialität auf Transzendenz" interpretiert werden. Dies ist die Brücke, die Engel zur Reflexion eines dezidiert theologischen Repräsentationskonzepts schlägt. Dieses sei nämlich gegenwärtig, ähnlich wie das Repräsentationskonzept des Absolutismus zur Zeit des Aufkommens der Demokratie in der Französischen Revolution, in der Krise. Für die gegenwärtige Krise der Repräsentation macht Engel den *iconic turn* der Postmoderne als Signum aus:

„Im Gegenteil muss gerade die Differenz zwischen der *repräsentierenden* Wirklichkeit einerseits und der *repräsentierten* Wirklichkeit andererseits geradezu als Signum der Post/Moderne gelten. Die für den *iconic turn* charakteristische Differenz zwischen Sag- und Sichtbaren spiegelt die Krise der Repräsentation."[1234]

Wichtig ist hier, dass Lefort & Co. einen Lösungsansatz für die Krise der Repräsentation präsentieren, der nach Engel auch für die theologische Diskussion fruchtbar sein kann. Theologisch anschlussfähig ist nach Engel die neue politische Ontologie mit dem alttestamentlich-religiösen Bilderverbot als Verbot des Götzendienstes. Auch hier ergebe sich wie im Falle der Leerstelle der Macht ein „reziprokes Bedingungsverhältnis", denn „[...] die apophatische Geste des Bilderverbots [steht] in einem spannungsreichen Verhältnis zum neutestamentlichen Verständnis Christi als ‚Ebenbild des unsichtbaren Gottes' (Kol 1,15) wie auch

---

[1230]   ENGEL, *Politische Theologie „nach" der Postmoderne*, 44. Siehe auch LEFORT, „Die Frage der Demokratie", 293.

[1231]   ENGEL, *Politische Theologie „nach" der Postmoderne*, 45.

[1232]   Ebd., 41.

[1233]   WILLEM VAN REIJEN, „Das Politische – eine Leerstelle. Zur politischen Philosophie in Frankreich", in: *Transit. Europäische Revue* 5 (1992), 109-122, 110. Hier zitiert nach Ulrich, *Politische Theologie „nach" der Postmoderne*, 41.

[1234]   ENGEL, *Politische Theologie „nach" der Postmoderne*, 38.

zu der schöpfungstheologischen Einsicht in die Gottesebenbildlichkeit des Menschen (Gen 1,27)."[1235] Daraus schließt Engel, dass das Bilderverbot demnach Repräsentation nicht ausschließt, sondern, gerade im Gegenteil, „den Gedanken einer theologischen Repräsentation geradezu einschließt"[1236].

Es gilt also auch im katholischen Repräsentationskonzept diese Reziprozität und Differenz zu wahren und nicht in Richtung einer ontologischen Kausalität aufzulösen, wie dies bekanntermaßen Carl Schmitt versucht. Für Schmitt gibt es diese Differenz nicht. Das höchste Sein, das zugleich höchste Autorität besitzt, wird unvermittelt repräsentiert in Erscheinungen, die am höheren Sein und dessen Autorität direkt partizipieren. Wahre Souveränität kommt nach Schmitt also nur „von oben". Als Gegenmodell hierzu interpretiert Schmitt einen in sich selbst abgeschlossenen selbstreferentiellen Diskurs, welchen er vornehmlich im politischen Liberalismus verwirklicht sieht. Diesen lehnt Schmitt vehement ab, durchaus auch unter Berufung auf das katholische Konzept von Repräsentation.[1237] Dieser Interpretation Schmitts der katholischen Repräsentation widerspricht Engel nun aus dezidiert theologischer Sicht, wobei er sich auch auf die Grundeinsicht Leforts beruft. Im Zentrum stehen dabei zwei vorrangige Repräsentationsfiguren im Christentum: Christus und die Kirche. Diesbezüglich hält Engel treffend fest: „Zu beachten in diesem Zusammenhang ist, dass Träger der Repräsentation – Jesus Christus und die Kirche – eine sie charakterisierende und letztlich auch definierende ‚Unterbrechung', politisch gesprochen: eine ‚Bresche' in sich tragen."[1238] Während er mit dem Wort „Bresche"[1239] auf ein Hauptwerk Leforts verweist, bezieht sich das Wort „Unterbrechung" auf „[d]ie kürzeste Definition von Religion"[1240] von Metz Neuer Politischen Theologie. Geschickt verwebt Engel hier Leforts Warnung vor Ideologisierung des politischen Subjekts im Totalitarismus mit Jesu Auftreten als Antityp zu weltlicher Herrschaft, der ganz im Sinne von Metz mit der „Autorität der Leidenden" die Machtfrage in Form einer „Verkörperung politischer Ohnmacht" stellt. Engel folgt hier mit Bezug auf Metz Neue Politische Theologie also dem Anknüpfungspunkt, den auch Klein mit der

---

1235   Ebd., 40-41. Engel führt hierbei eine Reihe von exegetischer Literatur an, u.a. CHRISTIAN STETTLER, *Untersuchungen zu Form, traditionsgeschichtlichen Hintergrund und Aussage von Kol 1,15-20*, Tübingen 2000; sowie WALTER GROSS, „Gen 1,26.27; 9,6: Statue oder Ebenbild Gottes? Aufgabe und Würde des Menschen nach dem hebräischen und dem griechischen Wortlaut", in: INGO BALDERMANN, MICHAEL WELKER. (Hg.), *Menschenwürde*, Neukirchen-Vluyn 2001, 11-38.

1236   ENGEL, *Politische Theologie „nach" der Postmoderne*, 41. Hier bezieht sich Engel außerdem auf FRIEDHELM HARTENSTEIN; MICHAEL MOXTER, *Hermeneutik des Bilderverbots. Exegetische und systematisch-theologische Annäherungen*, Leipzig 2016, 272-280.

1237   SCHMITT, *Römischer Katholizismus und politische Form*.

1238   ENGEL, *Politische Theologie „nach" der Postmoderne*, 39.

1239   LEFORT, *Die Bresche*.

1240   JOHANN BAPTIST METZ, *Unterbrechungen. Theologisch-politische Perspektiven und Profile*, Gütersloh 1981, 86.

entideologisierenden Theologie Barths stark macht. Doch Engel geht darüber hinaus, indem er darauf aufbauend weitreichende Konsequenzen für das Verständnis von Ekklesiologie und göttlicher Repräsentation zieht. Klar wendet er sich dagegen, „Gottes vollmächtige Souveränität in kirchlicher Herrschersouveränität abzubilden und ekklesiale Vollmacht so zu legitimieren, dass sie sich ungebrochen aus einer autokratisch vorgestellten göttlichen Souveränität ableitet"[1241]. Die Warnung, die Engel ausspricht, hat also eine doppelte Stoßrichtung: Zum einen zielt er auf das Bild göttlicher Souveränität, das in der Person Jesu Christi im krassen Widerspruch zu weltlicher Souveränität steht. Die Kirche muss sich also fragen, welche Art von Souveränität sie repräsentiert, in wessen Namen und Autorität sie zur und in der Welt spricht. Und zum anderen muss sie sich im Klaren darüber sein, dass sie überhaupt nur bedingt in Gottes Namen sprechen kann und keine Identität zwischen Christus, seiner Kirche und deren Auftrag besteht. Dieses Beziehungsverhältnis zwischen Gott und Kirche wird, so Engel, am besten im „politisch-spirituellen Gestus" des Vermissens ausgedrückt – abermals ein Verweis auf Metz politische Theologie. Wie bei Lefort ist die Grunderfahrung des Sozialen zunächst das der Entzogenheit: „Die Kirche verdankt ihren Ursprung letztlich einer Verlusterfahrung: der Erfahrung des abwesenden Gottes-Körpers, theologisch: der Gottverlassenheit."[1242] Aus dieser Grunderfahrung leitet Engel die zwei Körper der Kirche ab: Zum einen den „mystisch-verborgenen" und zum anderen den „offenbar-sozialen" Leib Christi.[1243] Diese „doppelte Ekklesiologie" sorgt dafür, dass beide darin zum Ausdruck kommenden Aspekte wichtig für ein angemessenes Kirchenverständnis sind. Kirche kann nicht ganz in einen der beiden Aspekte aufgelöst werden, ohne nicht etwas Wesentliches zu verlieren. Vielmehr durchdringen beide Ekklesiologien einander gegenseitig: „Die Institution Kirche bürgt für die Sache des Glaubens, wie der Glaube seinerseits die kirchliche Sozialgestalt an ihre provisorische Existenz gemahnt."[1244] Dies ist also letztlich die Frage, inwieweit die Institution Kirche als eine provisorische Existenz aufzufassen ist. Dieses Kriterium der Ekklesiologie gilt es im Folgenden unter dem Aspekt der sakramentalen Verfasstheit der Kirche noch genauer zu prüfen. Zentraler Ausgangspunkt hierbei ist ein postmodern gewandeltes Sakramentenverständnis, dass Engels politisch-spirituellen Gestus des Vermissens als ein konstituierendes Element des Sakramentalen begreift, wie dies beispielsweise Chauvet tut.

Hier sei jedoch bereits auf eine Schlussfolgerung hingewiesen, die Mouffe und Laclau in ihrer Beschreibung der radikalen Demokratie aus Leforts Erfahrung gesellschaftlicher Entzogenheit abgeleitet haben. Demokratie in diesem Sinne verstanden ist ein Provisorium, nie wird sie zur vollen geschichtlichen Realität,

---

[1241]   ENGEL, *Politische Theologie „nach" der Postmoderne*, 40.
[1242]   Ebd., 158.
[1243]   Vgl. Ebd., 158-159.
[1244]   Ebd., 165.

auch wenn dieser radikalen Utopie durchaus eine zentrale Funktion für die Negation der bestehenden Ordnung innewohnt.[1245] Ihre Schlussfolgerung gibt auch einer Ekklesiologie, die Reziprozität zwischen Bilderverbot und Repräsentation wahren will, zu denken:

> „Zwischen einer Logik völliger Identität und einer reiner Differenz muß die Erfahrung der Demokratie aus der Anerkennung der Vielfalt sozialer Logiken und der Notwendigkeit ihrer Artikulation bestehen. Diese Artikulation muß jedoch beständig neu geschaffen und neu ausgehandelt werden – es gibt keinen Schlußpunkt, an dem ein für allemal ein Gleichgewicht erreicht sein wird".[1246]

Abgesehen von dem großen und höchst kontrovers diskutierten Thema innerkirchlicher Pluralität springt hier noch als zweiter Topos die Unmöglichkeit eines Schlusspunktes ins Auge. Mouffe und Laclau haben mit dem historischen Messianismus der alten Linken gebrochen. Das Ende der Geschichte kann nicht mehr marxistisch auf Erden geschaffen werden. Dies hat ihnen Leforts Ideologietheorie gelehrt. Ihre Lösung ist der infinite Regress. Dies ist der Punkt, wie Cavanaugh bereits richtig bemerkt[1247], wo sich ein substanzieller, nicht mehr ein rein gradueller Unterschied zur (politischen) Theologie auftut. Christlich gesehen gibt es ein Ende der Geschichte, das Eschaton. Dieses Ende hat Auswirkungen auf das Hier und Jetzt. Gott, der aus der Entzogenheit heraus Urgrund des Sozialen ist, ist mit Cavanaugh gesprochen konstituierend präsent in der Gabe seines Leibes in der Eucharistie. Diese Präsenz freilich hat den Charakter einer verschwindenden Spur: Er ist anwesend in Brot und Wein, die von der versammelten Menge gegessen werden. So werden sie zu seinem Leib. Gottes Präsenz ist eine Präsenz des Übergangs, eine „Veränderungspräsenz"[1248], wie Gerd Theißen es treffend formuliert. Doch sie ist und bleibt damit Präsenz, Parusie, und nicht allein Aufschub, Parusieverzögerung. Damit geht christliche Sakramentalität über das rein negative Moment radikaldemokratischer Prozesshaftigkeit hinaus. Diese Dynamik gilt es zu beachten, wenn unter radikaldemokratischem Blickwinkel die sakramentale Repräsentation der Kirche genauer in Augenschein genommen wird. Dies soll in einem nächsten Schritt geschehen.

[1245] Vgl. MOUFFE; LACLAU, *Hegemonie und radikale Demokratie*, 235.
[1246] Ebd., 233.
[1247] Vgl. CAVANAUGH, *Migrations of the Holy*, 195.
[1248] GERD THEISSEN, *Veränderungspräsenz und Tabubruch. Die Ritualdynamik urchristlicher Sakramente*, Münster 2017.

4.2.3 Entideologisierung der Sakramentalität: Kirchliche Repräsentation im Verdacht des Monophysitismus?

„Theologie ist stets auch Theorie der Souveränität, vor allem am Ort der Gotteslehre bis in ihre Abteilungen der Kirchenlehre und Herrschafts- wie Regierungstheorie." Diesen hermeneutischen Schlüssel stellt Phillip Stoellger seiner Untersuchung *Souveränität nach der Souveränität*[1249] voran, in welcher er wie Klein von einer Unausweichlichkeit der Souveränität spricht, die es nichtsdestotrotz zu dekonstruieren, in seinen Worten, zu „zerstreuen"[1250] gilt. Er benutzt also das gleiche Wort wie Cavanaugh, der von einer Zerstreuung der politischen Autorität (Eng. *dispersed political authority*) spricht.[1251] Auch Stoellger vertritt die Ansicht, wonach der Rekurs auf einen transzendenten Gott „nicht als Legitimierungsinstanz ‚weltlicher Fürsten‘ dienen kann, auch nicht der weltlichen Kirchenfürsten"[1252]. Im Gegensatz zu Cavanaugh aber, richtet Stoellger aber das entideologisierende Potential einer Machtkritik „im Namen Gottes" nicht allein auf rein immanente, humane Souveränitätsansprüche, sondern auch auf „Zwischengrößen", die wie die Kirche(n) ihre weltliche Souveränität gerade aus einer transzendenten Souveränität herleiten. Gott als den „Grund der Selbstkritik" jeglichen Ermächtigungstheorems zu interpretieren eröffnet nach Stoellger den Zugang zu einer „Paradoxierung der Souveränität"[1253]. Diese wiederum zeigt sich mit starkem Anklang an Lefort „als Welt (wie Kirche) mit *leerer Mitte*, genauer noch: *ohne Mitte*, weil die Mitte *außen* ist, nicht zuhanden (unverfügbar?). Dann wäre vielleicht nicht vom ‚abwesenden Grund‘ zu sprechen, sondern vom *Entzug der Souveränität*."[1254] Auf der Grundlage dieses Motivs des Entzugs der Souveränität als theologischer Machtkritik konstruiert Stoellger eine *Post*souveränität, deren kritisches Potential gerade in der Vakanz, der *Un*besetzung liegt.[1255]

Mit diesem Instrument untersucht Stoellger sodann u.a. zwei Souveränitätsansprüche, welche auch für unsere Untersuchung von zentraler Bedeutung sind: Zum einen die (Aporie der) Souveränität des Papstes und zum anderen das davon abgeleitete „Arcanum der Theopolitik: Wer hat das Sagen in Sachen Eucharistie?"[1256]. Damit stellt Stoellgers Ansatz die notwendige Kehrseite von Cavanaughs Ansatz dar. Indem er Theologie (auch) als Theorie der Souveränität beschreibt, kommt Stoellger Cavanaughs Kritik an einer strikten Trennung zwischen politischer Philosophie und politischer Theologie sehr nahe. Er teilt das

---

[1249] STOELLGER, „Souveränität nach der Souveränität", hier 26.
[1250] Vgl. auch hierzu Cavanaughs Programm einer „dispersed" (Dt. *zerstreuten*) politischen Theologie.
[1251] Vgl. ebd., Kp. 6, „Dispersed political Authority‘. Subsidiarity and Globalisation in *Caritas et veritate*", 121-139.
[1252] Ebd., 29.
[1253] Vgl. ebd., 29.
[1254] Ebd., 28.
[1255] Vgl. ebd., 30-31.
[1256] Ebd., 50.

gleiche Anliegen, und zwar Souveränität und Repräsentation (auch) als theologische Register zu analysieren. Doch während Cavanaugh dieses theopolitische Instrument vornehmlich verwendet, um die theologische Unterseite des säkularen modernen Staats zu untersuchen, richtet Stoellger seinen Blick auf die politische Unterseite der Institution der Kirche(n) als soziale, politische und geschichtliche Gestalt(en). Beide Ansätze bedingen und ergänzen sich gegenseitig. Nachdem Cavanaughs Analyse bereits in Breite dargestellt und diskutiert wurde, soll in diesem Abschnitt nun Stoellgers umgekehrter Stoßrichtung gefolgt werden. Zunächst gilt es, Stoellgers eigene Ergebnisse darzustellen und einzuordnen. Darauf aufbauend sollen in einem nächsten Schritt die weiterreichenden Fragen um Kirchen- und Amtsverständnis unter dem bereits im vorangegangenen Abschnitt erarbeiteten Kriterium der radikaldemokratischen Entideologisierung diskutiert werden.

Zunächst zum Amt des Papstes und der für Stoellger darin zum Vorschein kommenden subversiven Souveränitätsfigur. Der Papst, qua Amt *vicarius Christi*, stellt für Stoellger eine besonders interessante Form (des Scheiterns?) der Repräsentation der Souveränität dar. Trotz aller Gesten der Erniedrigung steht er – analog zum Christus des Johannesevangeliums – unter dem Verdacht einer erhöhten „sublimierten Hoheit" und erweckt weniger den Anschein als *alter Christus* denn als *der sichtbare Christus*[1257] gesehen zu werden. Amt und Person rücken in prekäre Nähe, weil der Papst nicht allein eine weltliche Institution verkörpert, sondern in der heiligen Kirche auch eine symbolische Ordnung. Der Papst wird gerade nicht allein als Stellvertreter Petri gesehen, sondern seit dem 11. Jahrhundert auch als Stellvertreter Christi.[1258] Der Papst ist symbolisches Haupt der Kirche, welche wiederum symbolisch als der Leib Christi interpretiert wird mit Christus als dessen Haupt. In dieser doppelten Verzahnung eines symbolischen Haupts liegt in der Tat eine gewisse und besonders prekäre Verwechslungsgefahr. Doch Stoellgers Verdacht geht tiefer. Sein Verdacht, nur vorsichtig angedeutet in der Form einer Vermutung, sieht in der Christologie die entscheidende Stelle, um die prekäre Nähe von Person und Amt des Papstes zu eruieren: Analog zu den zwei Naturen in Christus (ganzer Gott und ganzer Mensch), habe auch der Papst mehrere „Naturen" oder besser: Körper. Niemand anders als Kantorowicz und seine Studie zu den zwei Körpern des Königs bringen Stoellger auf diese Spur.[1259] Denn mit Verweis auf Kantorowicz Hauptquelle, einem um 1100 entstandenen Werk des „Normannischen Anonymus", kann Stoellger den erstaunlichen Nachweis liefern, dass die Zweikörperlehre, auf der auch die Unterscheidung zwischen Amt

---

[1257] Stoellger verweist hierbei auf das gleichnamige Kapitel von AGOSTINO PARAVICINI BAGLIANI, *Der Leib des Papstes. Eine Theologie der Hinfälligkeit.* übers. V. A. WILDERMANN, München 1997, 75 ff.

[1258] Vgl. STOELLGER, „Souveränität nach der Souveränität", 37.

[1259] KANTOROWICZ, *Die zwei Körper des Königs.*

und Person des Papstes beruht, letztlich auf der Zweinaturenlehre in Christus auf-
baue.[1260] Und genauso wichtig wie es bei der chalcedoneischen Formel ist, dass
keine der beiden Naturen von der jeweils anderen ersetzt wird, dürfe dies auch
nicht beim Papst zu einer „symbolischen Übercodierung" kommen. Der Verdacht
des Doketismus oder Monophysitismus steht nach Stoellger im Raum:

> „Eine vorläufige Vermutung dazu lässt sich christologisch formulieren: In der Ge-
> schichte der Christologie ist immer wieder eine Abdrift bemerkbar zum Doketis-
> mus (oder auch zum Monophysitismus). Der ‚wahre Gott' dominiert die Christo-
> logie auf Kosten des ‚wahren Menschen', obwohl es doch gegenläufig sein sollte
> (inkarnatorisch wie kreuzestheologisch)."[1261]

Erste Anzeichen für diese Tendenz sieht Stoellger bereits bei Johannes, bei dem
die Kreuzigung als eine Form der Erhöhung, sogar als „Inthronisationsritual" dargestellt werde. Demgegenüber solle also das Befremdliche der Fleischwerdung
betont werden, welche „fragil, gefährdet und unselbstverständlich" ist. Auch dies
ließe sich ebenfalls mit Bezug auf Johannes bewerkstelligen.[1262]

Dieser Abdrift zum Doketismus wird nach Stoellger aber noch durch eine weitere Tendenz unterstützt, und zwar die der „Invisibilisierung". Darunter versteht
er die Tendenz, denjenigen Körper des Papstes, der für den Sünder und die gefal-
lene Kreatur steht, wegen der hohen Verehrungswürdigkeit und der Sündlosigkeit
des Körpers des Papstes als Bischof von Rom, zu verdecken.[1263] Dabei bestehe
aber immer die Gefahr – analog zur Realpräsenz Gottes in Christus oder in der
Hostie – einseitig zu identifizieren. Repräsentant und Repräsentiertes rücken in
zu große Nähe, oder wie Stoellger sich mit Bezug auf den Medienpapst Johannes
Paul II. ausdrückt: „Verkörpert ein sterbender Papst den Kreuzestod Jesu? Ist der
Papst *alter Christus* – oder mehr noch *in persona Christus praesens*? Je eindeu-
tiger das Repräsentationsmedium aufgeladen wird als ‚Realpräsenzmedium',
desto mehrdeutiger wird es – weil es supplementiert?"[1264] Nach dieser Tendenz
zur Supplementierung oder mit Cavanaugh gesprochen, dem „menschlichen
Hang zu spontaner Verehrung"[1265], gilt es Ausschau zu halten. Stoellgers Tipp
hierfür ist, die „Invisibilisierungstechniken" zu reflektieren und somit das darin

---

[1260] Vgl. ebd., 38-40. Siehe auch KARL PELLENS (Hg.), *Die Texte des Normannischen*
Anonymus. Unter Konsultation der Teilausgaben von H. Böhmer, H. Scherrinsky
und G.H. Williams neu aus der Handschrift 415 des Corpus Christi College
Cambridge, Wiesbaden 1966. Interessanterweise bringt Stoellger hier auch zu Tage,
dass bei dem Quellentext sogar von drei Körpern des Papstes die Rede ist: (1) der
Körper Christi symbolisiert im Amt als Haupt der Kirche, (2) der des verehrungs-
würdigen Menschen, die Heiligkeit symbolisierend und (3) der des Mörders, die
Sündhaftigkeit symbolisierend. Vgl. ebd., 40-41.

[1261] STOELLGER, „Souveränität nach der Souveränität", 43.

[1262] Vgl. ebd., 43.

[1263] Vgl. ebd., 40-42.

[1264] Ebd., 41.

[1265] Vgl. CAVANAUGH, *Migrations of the Holy*, 119-120.

Verborgene wieder wahrnehmbar und denkbar zu machen.[1266] Dann werde schließlich deutlich, dass auch die absolute Souveränität eines Papstes letztlich nur eine „imaginäre" Souveränität ist, welche sich stets metonymisch zu manifestieren sucht. Mit Blick auf den sterblichen und sündhaften Körper des Papstes, so verdeckt er auch sein mag, wird dabei deutlich, dass dieser Anspruch – gerade im Versuch der Verdeckung seiner sündhaften, nicht-souveränen Unterseite – letztlich scheitert. Diese Einsicht in die Aporetik absoluter Souveränität ist für Stoellger nicht allein Herrschaftskritik, sondern eine zentrale „Eigenart christlicher Theologie", die auf eine „Verschiebung im Gottesbegriff" gründet: „Der Wille zur Souveränität bleibt ‚umsonst' und ‚vergeblich'."[1267] Genau aus diesem Grund kann Theologie seiner Ansicht nach nicht zur Legitimierung von Staat oder Kirche dienen.

Dabei räumt Stoellger aber ein, dass selbst eine unmögliche oder entzogene Souveränität dennoch wirksam und wirklich sein kann. Auf diese Weise schlägt er die Brücke vom Amt des Papstes zur Diskussion der Eucharistie.

> „Imaginäres ‚von Gewicht' kann wirklicher sein als die Wirklichkeiten, in denen wir leben. Denn wovon jemand lebt oder wofür und woraufhin, bildet das Gravitationszentrum seiner Lebensform. Das verdichtet sich in einem ganz bestimmten ‚Theopolitikum': der Eucharistie."[1268]

Diese Grundansicht entspricht genau der von Cavanaughs theopolitischer Imagination[1269], in deren Zentrum ebenso die Eucharistie steht. Doch wie bereits eingangs angeführt, könnte die jeweilige Argumentationslinie der beiden Autoren nicht unterschiedlicher sein: Während Cavanaugh die theopolitische Imagination der Eucharistie vornehmlich zum Aufbau der Kirchengemeinschaft als alternativen Sozialkörper zum Absolutheitsanspruch des modernen säkularen Staates interpretiert, richtet Stoellger seinen Blick genau entgegengesetzt auf absolute Souveränitätsansprüche der Heilsverwaltung, die im kirchlichen Raum durch unterschiedliche Argumentationsmuster vertreten werden (oder auch nicht). Treffend spitzt Stoellger dieses „Arcanum der Theopolitik" zu: „Wer hat das Sagen in Sachen Eucharistie? Wer das Heil verwaltet, wäre der entscheidende Souverän. Nur wer könnte das beanspruchen?"[1270] Diese Frage diskutiert er anhand von drei sehr unterschiedlichen Interpretationen des Abendmahls, die er bündig wie folgt zusammenfasst: (1) Jean-Luc Marion: Souverän ist, wer über die Eucharistie gebietet, (2) Jean-Luc Nancy: Souverän ist – das Opfer? und (3) Giorgio Agamben:

[1266] Vgl. STOELLGER, „Souveränität nach der Souveränität", 42.
[1267] Ebd., 49.
[1268] Ebd., 49.
[1269] CAVANAUGH, *Theopolitical Imagination*.
[1270] STOELLGER, „Souveränität nach der Souveränität", 50.

Souveränität ist Operativität.[1271] Für unsere Untersuchung sind vor allem die Ausführungen von und zu Marion und Agamben relevant, da sie die Frage der Sakramentalität berühren.

Zunächst zu Marions Theopolitik der Eucharistie, die Stoellger präzise mit „Allein der Bischof"[1272] überschreibt. Marion ist für ihn ein „Repräsentant eines offenbar dezidiert episkopalen Katholizismus"[1273], welcher ihn thematisch auch in große Nähe zur Theologie Ratzingers bringe. Das Bindeglied zwischen beiden ist das „hierarchische Dispositiv", worunter Stoellger im Grunde ein neuplatonisches Ordnungsprinzip versteht, das vornehmlich auf Dionysius Areopagita zurückzuführen ist.[1274] Dieses hierarchische Dispositiv habe insofern große Auswirkungen auf die Theopolitik und die Frage der Eucharistie- und Heilsverwaltung, denn Dionysius Hierarchie ist keine bloß heilige Herrschaft, sondern als solche schon immer auch eine „theopolitische Theorie der [‚profanen'] Regierung". Im Zentrum dieser Theopolitik der Regierung steht das Amt, genauer: das Amt des Bischofs. Dieses hierarchische Dispositiv findet Stoellger bei Marion nun empathisch vertreten, wenn er das untrennbare Band zwischen Bischof und theologischer Lehre und Verkündigung betont.[1275] Diese Position kritisiert Stoellger scharf nicht nur als „klerikal", sondern auch als „antiwissenschaftlich aufgrund einer dogmatischen Alternative von episkopalem Lehrauftrag *versus* wissenschaftlicher Arbeit, oder von Eucharistiegemeinschaft und wissenschaftlicher Öffentlichkeit"[1276]. Woran genau Stoellger seine Bedenken hinsichtlich dieser Theopolitik festmacht, wird am deutlichsten, wo er diese der lutherischen Lehre gegenüberstellt: „Wo Kirche herrscht, in *figura* des Bischofs, da ist Eucharistie. Die lutherische Gegenseite wäre: Wo Eucharistie gefeiert wird, da ist rechte Kirche."[1277] Gegenüber einer Souveränität ‚von oben' gelte es, eine Souveränität ‚von unten' zu formulieren; statt Alleinvertretungsanspruch der römischen Kirche eine „Selbst*ent*mächtigung der Institution gegenüber dem ‚Referenten' Christus"[1278]. Auch hier ist die Nähe zu Cavanaugh sehr groß, der vom „judgement of Christ in the Eucharist"[1279], gerade auch für die Kirche spricht. Im Gegensatz zu Stoellger, belässt es Cavanaugh aber generell bei diesen Andeutungen.

Den Impuls der Selbstentmächtigung der Gemeinschaft treibt Stoellger zufolge Nancy auf die Spitze.[1280] *Communio* bei Nancy ist nicht mehr eine hierarchisch verwaltete, exklusive Eucharistie, sondern eine offene, letztlich undarstellbare

---

[1271] Vgl. ebd., 50.
[1272] Vgl. ebd., 50-52.
[1273] Ebd., 51.
[1274] Vgl. ebd. 50. Siehe auch MARION, *Gott ohne Sein*, 238.
[1275] Vgl. ebd., 215.
[1276] STOELLGER, „Souveränität nach der Souveränität", 51.
[1277] Ebd., 52.
[1278] Ebd., 52.
[1279] CAVANAUGH, „The Church in the Streets ", 389.
[1280] Vgl. ebd., 52-57, hier besonders 56. Siehe auch JEAN-LUC NANCY, *Corpus*, übers. v. NILS HODYAS u. TIMO OBERGÖKER, Zürich; Berlin 2014.

Gemeinschaft. Dahinter liegt eine besondere Form der Subversion der Souveränität. Diese wird, so Stoellger, zu einer „Minimalsouveränität des Singularen", d.h. Nancys Alternative zur klassischen Souveränität ist die Zersplitterung und Dissemination von Souveränität. Daher wird die Gemeinschaft letztlich auch nicht mehr in einem Verwaltungsakt wie dem Sakrament geordnet.

Auf diese Sichtweise des Sakraments als Verwaltungsakt zielt Agambens Theopolitik der Eucharistie, die Stoellger als eine Souveränität als Operativität oder Gouvernementalität charakterisiert.[1281] Seinen Ausführungen hierzu ist das Zitat Agambens vorangestellt, wonach „[...] das zentrale Rätsel der Politik nicht in der Souveränität, sondern der Regierung, nicht in Gott, sondern im Engel, nicht im König, sondern im Minister, nicht im Gesetz, sondern der Polizei besteht [...]"[1282]. Hierbei sieht Stoellger durchaus die Möglichkeit zur Kombination dieser Verwaltungstheorie mit Marions Souveränitätstheorie, auch wenn er einer solchen Kombination kritisch gegenübersteht. Den Link beschreibt Stoellger wie folgt selbst:

> „Von der Ökonomie aus wird das Abendmahl beziehungsweise die Liturgie zum Paradigma von Gouvernementalität einer Verwaltungsökonomie, d.h. des indifferenten Funktionierens einer Regierungsmaschine. Gouvernementale Souveränität ist die Operativität der Administration (Engel) beziehungsweise der Liturgie (Priester). Die Hierarchie als ‚heilige Herrschaft' begründet (in Agambens *Relecture*) die Angelologie als Verwaltungstheorie und die Liturgie als Theorie der Operativität."[1283]

Eingebettet in dieses Zitat sind eine Reihe von Ideen, die es auch im Sinne unseres Anliegens der Analyse des theopolitischen Gehalts sakramentalen Denkens zu entfalten und diskutieren gilt. Als erstes springt der Aspekt der Ökonomie, i.e. der Verwaltung ins Auge. Zurückgeführt auf Gottes Souveränität bedeutet dies, dass Gottes Heilswirken am besten in der Form seiner „Verwaltung", d.h. in der Form der Verkörperung und Präsenz durch seine Bürokrat*innen, die Engel, zu verstehen ist. Wie Agamben mit Bezug auf patristische und scholastische Traktate über Engel zuspitzt: „Angelologie [hat] ihren Ort in der Ökonomie der göttlichen Weltregierung, deren Minister die Engel sind."[1284] Engel sind so gesehen

---

1281 Vgl. STOELLGER, „Souveränität nach der Souveränität", 58-64.

1282 GIORGIO AGAMBEN, „Einleitende Bemerkungen zum Begriff der Demokratie", in: DERS., ET. AL. (Hg.), *Demokratie? Eine Debatte*, Frankfurt a. M. 2012, 9-12, 11-12. Zitiert nach STOELLGER, „Souveränität nach der Souveränität", 58.

1283 STOELLGER, „Souveränität nach der Souveränität", 58. Der Übersetzer Michael Hack macht zur Übersetzung des italienischen „operativitá" die aufschlussreiche Bemerkung, dass das Bedeutungsspektrum in Deutsch sowohl „Tätigkeit" als auch „Wirken" umfasst. Siehe AGAMBEN, *Opus Dei. Archäologie des Amts*, 9, Anm. 1.

1284 GIORGIO AGAMBEN, *Die Beamten des Himmels. Über Engel*, hg. u. übers. v. ANDREAS HIEPKO, Frankfurt a. M.; Leipzig 2007, 12. (Erschienen als deutsche Übersetzung von Kp. 6 von *Il Regno e la Gloria.. Per una genealogia teologica dell economia e del governo* (Homo sacer Bd. II.4), Vicenza 2007, 161-185. Deutsche

die Vermittler eines Gottes, der, obgleich nicht von dieser Welt, doch in dieser wirkt. Grundsätzlich betrachtet handelt es sich hier also um eine antignostische oder antidualistische Spitze. Gott und Welt sind nicht strikt getrennt, sondern vermittelt: „Darin geht es um die Wirklichkeit Gottes als Wirken, also anders: um die *Operativität* Gottes"[1285], wie Stoellger resümiert. Der Kern dieser etwas skurril anmutenden Diskussion um die Eingliederung der himmlischen Heerscharen in Gottes „Weltregierung"[1286] ist also die Frage nach der Organisation und Verwaltung des Heils. Regieren statt Herrschen. Genauer betrachtet verschiebt Agamben die Frage vom Heilshandeln Gottes zur Art und Weise des Heilswirkens Gottes, von Gottes Heiligkeit zu dessen Vermittlung. Und damit verschiebt sich die Diskussion genau in das Gebiet der Sakramentalität, wie auch Stoellger festhält: „Denn das *ex opere operato* wirksame Sakrament sei Wirklichkeit als Wirksamkeit: ein Vollzug ohne Souveränität – oder aber ein per se souveräner Vollzug."[1287] Nicht ohne Grund lautet daher auch der Titel von Agambens fünftem Band des *Homo sacer*-Projekts *Opus Dei. Archäologie des Amts*[1288]. Unter *opus Dei*, verstanden als Liturgie (Lat. *leitourgia*, öffentlicher Dienst), verhandelt Agamben Christi Heilshandeln, welches er in der Form des Priesteramts ausübte. Davon ausgehend konstruiert er eine Archäologie des Amts als ontologisches Paradigma, welches seine (negativen) Auswirkungen bis in die Gegenwart (für ihn: Spätmoderne) hat. Hier kann nicht näher auf die komplexe Argumentationsstruktur Agambens eingegangen werden, es bleibt lediglich sein Ergebnis zu nennen, i.e. der Kern dieses ontologischen Paradigmas des Amts: Wirklichkeit als Wirksamkeit. Deutlich wird dieses Verständnis besonders am theologischen Amtsverständnis, das aufs Engste mit dem „Verwaltungsakt" des Sakraments und der Liturgie als Dienst der Heilsverwaltung verknüpft ist. Analog zu Christi Vollzug des Priesteramts in der Heilsökonomie Gottes verrichten auch die Priester ihren Dienst in der Heilsverwaltung. Sie handeln nicht als Person, sondern nur qua Amt, anstelle ihres Auftraggebers, Gott. Die Konsequenz hiervon macht auch Stoellger deutlich: „Insofern handelt Gott in der Liturgie, maßgebend im Sakrament *ex opere operato*. Liturgisches Handeln ist (so gesehen) strikt Handeln Gottes – und der Liturg ist ‚Gottesdiener' (minister), der an Gottes Stelle handelt."[1289]

Was Stoellger daran am meisten beunruhigt, ist das *ex opere operato*. Darin kommt ein entscheidender Aspekt der Gotteslehre zum Vorschein, welcher schließlich, vermittelt durch das Amtsverständnis, in der Form eines ontologi-

Übersetzung: *Herrschaft und Herrlichkeit. Zur theologischen Genealogie von Ökonomie und Regierung* (Homo sacer Bd. II.4), übers. v. ANDREAS HIEPKO, Frankfurt a. M. 2007*)*. Zitiert aus STOELLGER, „Souveränität nach der Souveränität", 59.

1285   STOELLGER, „Souveränität nach der Souveränität", 60.
1286   Vgl. AGAMBEN, *Beamten des Himmels,* 69-72.
1287   STOELLGER, „Souveränität nach der Souveränität", 61.
1288   AGAMBEN, *Opus Dei. Archäologie des Amts.*
1289   STOELLGER, „Souveränität nach der Souveränität", 63.

schen Paradigmas Auswirkung bis in die Gegenwart entfaltet: „Gott als der Allerwirklichste ist der Allerwirksamste, wirklich in seiner Wirksamkeit."[1290] So gelangen wir schließlich zum Paradigma der Wirklichkeit als Wirksamkeit. Das große Problem, welches Stoellger mit Agamben darin sieht, ist, dass im Amt „Sein und Praxis" damit ununterscheidbar werden, ganz gleich ob wir zwischen Person und Amt bzw. Person und Werk differenzieren. Das Sakrament ist die „genuin theologische Erfindung", in dem ein bestimmtes Tun gleich Sein, eine bestimmte Praxis automatisch wirksam ist.[1291] Dies ist allerdings keine rein „römische oder aristotelische Groteske", sondern kommt ebenfalls Luthers Sakramentenverständnis nahe, wie Stoellger einräumt. Er pflichtet Agamben bei, der eine Alternative zu jenem Dispositiv der Souveränität als Operativität fordert. *„Semper ubique actuosus* zu sein oder zumindest sein zu sollen, ist nicht nur inhuman, es ist auch für einen Gott unpassend, der nicht ohne ‚Passion' ist, wer er ist."[1292] Für Agamben steht am Ende seiner Untersuchung die Forderung nach einer Ethik und Politik, welche sich von den Kategorien der Pflicht und des Willens gleichsam vollkommen lösen.[1293] Für Stoellger steht hier die Katharsis der Souveränität, verstanden als eine Entmächtigung und als „Vorübergehen von Herrschaft als Herrlichkeit, von Kirche als Ökonomie und Amt als permanente Tätigkeit"[1294]. Worauf dies theologisch schließlich genau hinausläuft, lässt Stoellger letztlich ungeklärt. Aber er deutet mit der kreuzestheologischen Brechung zumindest in eine mögliche Richtung:

> „Gott in Christo ist der vor allem und für alle leidende Gott: nicht die allmächtige Majestät, sondern die ohnmächtige Selbstverausgabung. Wenn für Golgatha gilt: Da streitet Gott gegen Gott – ist das der Widerstreit zweier ‚ontologischer Paradigmen', genauer ‚theologischer Paradigmen': der Majestät und der Niedrigkeit."[1295]

Dieser Widerstreit der zwei theologischen Paradigmen kann aber in zwei Richtungen gelesen werden. Zum einem wird eine rein triumphale Theologie und davon abgeleitet eine majestätische Souveränität durch ihre jeweilige Unterseite, das Kreuz und die Niedrigkeit ausbalanciert. Dies schützt sie vor der Gefahr der Ideologisierung. Diese Gefahr kann aber auch auf der anderen Seite entstehen, wenn die Balance ganz zugunsten des Kreuzes aufgelöst wird. „Wo bleibt die Auferstehung?"[1296], wäre dann der berechtigte Einwand.

[1290]   Ebd., 63.
[1291]   Vgl. ebd., 63.
[1292]   Ebd., 64.
[1293]   Vgl. AGAMBEN, *Opus Dei. Archäologie des Amts*, 202.
[1294]   STOELLGER, „Souveränität nach der Souveränität", 65.
[1295]   Ebd., 66.
[1296]   Diese Frage verdanke ich der Studentin Eva Pollitt, die sich im Rahmen eines Seminars, das im Sommersemester 2020 durchgeführt wurde, mit Jeffrey W. Robbins *Radical Democracy and Radical Theology* in der Form eines Podcasts auseinander

Wie aber soll über die reine Negation der Entideologisierung hinausgeführt werden? Die Lösung, welche Lefort vorschlägt, wurde bereits diskutiert. Für ihn kann zwar kein positives Subjekt der Politik mehr gesetzt werden – die Majestät ist und bleibt enthauptet – jedoch kann sie eine symbolische Auferstehung in der Form der leeren Mitte feiern. Und wie bereits erörtert wurde, kann dieses Symbol als eine säkulare Nachbildung einer theologischen Einsicht interpretiert werden. Jedoch bleibt bei dieser Übersetzung letztlich die eschatologische, i.e. gegenwartskonstituierende Dimension auf der Strecke. Stattdessen wird der zugleich notwenige wie unmögliche Prozess der Vergesellschaftung betont. Was übrigbleibt, ist Symbol und infiniter Entzug. In diesem Zusammenhang wurde bereits der Unterschied zum (katholischen) Sakramentenverständnis erörtert, der gerade in einer sich aus dem präsentischen Bezugspunkt der Eschatologie ergebenden affirmativen Komponente besteht. Doch nach den Überlegungen Stoellgers zur „Souveränität nach der Souveränität" erscheint es so, als hätte das „liturgische Dispositiv" jegliches Potential zur Problemlösung eingebüßt. Diesem Verdacht könnte man nachgeben, wenn Marions intime Verknüpfung zwischen Sakrament und Amt(shierarchie) die einzig mögliche Interpretation wäre. Aber gibt es, so kann man mit Stoellger fragen, im Sakrament nicht auch einen Aspekt einer Selbstentmächtigung; eine Souveränität, die dem hierarchischen Dispositiv entgegensteht, so wie die Erniedrigung des Kreuzes der allmächtigen Herrlichkeit?

Dies jedenfalls ist das Verdachtsmoment, welches der folgenden Analyse vorrausgeht, in der die Sakramentalität auf die letztendliche Entzogenheit und Unverfügbarkeit in ihrem Kern hin untersucht wird. Es gilt nochmals kritisch zu überprüfen, ob Gott mittels der Sakramente bis in den letzten Winkel der Welt hinein „durchregiert", wie es Agambens Ansatz der Souveränität als Operativität nahezulegen scheint. Ist das *ex opere operato* lediglich als Paradigma einer „Wirklichkeit als Wirksamkeit" zu interpretieren? Oder erschließt sich darin nicht vielmehr auch eine andere Form von Wirklichkeit – ein Wirken einer Macht, die nicht von dieser Welt ist? So sind Sakramente gerade auch verweisende Zeichen für den bleibenden Unterschied zwischen dem Ursakrament Christus und dem Grundsakrament der Kirche. Ist Sakramentalität damit nicht auch als Argument gegen ekklesiologischen wie amtlichen Doketismus zu verstehen? Und ist es nicht letztendlich auch ihre sakramentale Verfasstheit, die die Kirche als ein Provisorium charakterisiert – stets bezogen auf einen Urgrund, über den sie selbst nicht verfügen kann? Diese und andere Fragen sollen bei der nun folgenden „entideologisierten" Suche nach einem „post-souveränen" (oder gar radikaldemokratischen?) Sakramentenverständnis leiten.

---

gesetzt hat. Link zum Podcast „Gott ist tot. Wer hat die Macht? – Souveränitätskonzepte vor dem Hintergrund der Kreuzestheologie" unter https://www.theol.uni-freiburg.de/disciplinae/dqtm/studium-und-lehre/podcast, abgerufen am 21.06.2021.

Dabei ist es Agamben selbst, der in die Richtung zur Überwindung der Souveränität als Operativität weist. Vornehmlich im Epilog des siebten und letzten Bandes seines *Homo-Sacer*-Projekts, *Der Gebrauch der Körper*[1297], entwickelt er den Ansatz für ein Konzept einer „destituierenden Macht" als einer subversiven Form von Macht für eine „zukünftige/kommende" Politik und Gemeinschaft.[1298] Seiner Hypothese zur Struktur der *archè* im Bereich des Ontologisch-Politischen folgend, deutet er an, dass „der Zugang zu einer anderen Figur der Politik nicht die Form einer ‚konstituierenden Gewalt' [Itl. *potere*] haben [kann], sondern eher die von etwas, das wir vorläufig ‚destituierende Kraft' [Itl. *potenza*] nennen wollen"[1299]. Diese destituierende Kraft (Itl. *potenza destituente*[1300]) gilt es für Agamben jenseits der für ihn ursprünglichen „trostlosen Dialektik von konstituierender und konstituierter Gewalt, von rechtssetzender und rechtserhaltender Gewalt"[1301] zu denken. Es gilt, die „konstitutive Ambiguität" aufrecht zu erhalten, ohne aber

---

[1297] GIORGIO AGAMBEN, *L'uso dei corpi* (Homo sacer Bd. IV.2), Vicenza 2014. Deutsche Übersetzung: *Der Gebrauch der Körper* (Homo sacer Bd. IV.2), übers. v. ANDREAS HIEPKO u. MICHAEL VON KILLISCH-HORN, Frankfurt a. M. 2020.

[1298] Peter Zeilinger verweist darüber hinaus auf erste Ansätze einer solchen Politik bereits im ersten Band des Homo sacer Projekts: GIORGIO AGAMBEN, *Homo Sacer. Il potere sovrano e la nuda vita* (Homo sacer Bd. I), Torino 1995. Deutsche Übersetzung: *Homo sacer. Die souveräne Macht und das nackte Leben* (Homo sacer Bd. I), übers. v. HUBERT THÜRING, Berlin 2002, hier 58, 70, 189; sowie später verstreut im vierten Band: AGAMBEN, *Das Sakrament der Sprache*. Siehe PETER ZEILLINGER, „Das Unvereinbare im Zentrum des Politischen. Zum politischen Potenzial von Agambens Homo-Sacer-Projekt", in: MARTIN KIRSCHNER (Hg.), *Subversiver Messianismus. Interdisziplinäre Agamben-Lektüren*, Baden-Baden 2020, 245-304, 246, Anm. 3. Siehe zudem GIORGIO AGAMBEN, *La comunità che viene*, Torino 1990. Deutsche Übersetzung: *Die kommende Gemeinschaft*, übers. v. ANDREAS HIEPKO, Berlin 2003. Einführende Literatur zu Agamben siehe u.a. ALEX MURRAY, *Giorgio Agamben*, London; New York 2010; SERGEI PROZOROV, *Agamben and Politics. A critical Introduction,* Edinburgh 2014 u. EVA GEULEN, *Giorgio Agamben zur Einführung*, Hamburg 2016.

[1299] AGAMBEN, *Der Gebrauch der Körper*, 442. Unter *archè* versteht Agemben zunächst sowohl „Ursprung" (Itl. *origine*) als auch „Befehl" (Itl. *comando*) und deutet damit darauf hin, dass Ursprung „nicht bloß Anfang ist, der mit dem, was er hervorgebracht hat, verschwindet und zu wirken aufhört, sondern auch das, was dessen Wachstum, dessen Entwicklung [...] – kurz gesagt, dessen Geschichte – befehligt und lenkt." (Ebd. 457). Des Weiteren: „Die *archè* konstituiert sich, indem sie die faktische Erfahrung zerlegt und eine Hälfte am Ursprung verwirft – das heißt ausschließt –, um sie dann mit der anderen Hälfte wieder zu verschränken, indem sie sie als das Zugrundeliegende einschließt" (Ebd. 441).

[1300] Der Unterschied zwischen „potere" und „potenza", dem in der Übersetzung mit den Worten „Gewalt" und „Kraft" Rechnung getragen wird, ist insofern aufschlussreich, als dass „potere" Macht eher unter dem Gesichtspunkt einer konkreten „Gewalt"-ausübenden Instanz ausdrückt, während „potenza" eher auf den wirkenden Charakter von Macht abhebt.

[1301] Ebd., 442.

das destituierende Moment in eine rein konstituierte Gewalt aufzulösen. Als vornehmliches Beispiel für eine solche destitutive Strategie nennt Agamben Paulus Umgang in der Beziehung zwischen dem Messias und dem Gesetz. Der Messias macht das Gesetz unwirksam (Gr. *katargein*) (1 Kor 15, 24), zugleich aber vollendet er es auch. In diesem Zusammenhang verweist Agamben auf Luthers Übersetzung als „aufheben" und Hegels dialektischen Gebrauch davon als „abschaffen" und „bewahren".[1302] Wie wir im weiteren Verlauf noch genauer zeigen werden, hat Agambens Konzept zur Dekonstruktion von Macht damit aber auch eine unentrinnbare konstitutive Seite, ohne dabei aber eine klassische Gegenmacht in Form einer Utopie oder einem alternativen politischen Subjekt (wie Klasse) zu konstruieren. Am ehesten könnte man Agambens „kommende Politik" als eine „Politik der Antipolitik" oder eine Form anarchischen Denkens beschreiben, die nicht konfrontativ Herrschaft negiert, sondern diese vielmehr performativ unterläuft und permanent öffnet.[1303] Die Nähe sowohl zu Cavanaughs Verständnis von Kirche als Leib Christi, der sich zwar in der politischen Welt bewegt, aber als eine auf ein jenseitiges Ziel gerichtete Gemeinschaft die Politik der Welt unterlaufende Institution, als auch auf die darauf aufbauende noch zu leistende Interpretation „radikal-sakramentaler" Macht scheint bereits hier auf. Der Grundgedanke, der im Folgenden weiter entwickelt werden soll, ist das Moment der permanenten Öffnung, dem – theologisch gesprochen – stetigen eschatologischen Einbrechen der Zukunft des Reiches Gottes im Hier und Jetzt. Peter Zeillinger spricht bezüglich dieses Charakters von Agambens kommender Politik von einer „Orientierung an einem *Im-Kommen-Sein* und vor allem [einer] Aufmerksamkeit auf eine *Performance im Hier-und-Jetzt*, in der diese Offenheit nicht nur abstrakt zum Ausdruck kommt, sondern konkret gelebt und erfahrbar wird."[1304] Dieses Muster, das sich bei Agamben in seinen Grundzügen finden lässt, soll im nun folgenden Unterkapitel in Bezug auf die Sakramentalität herausgearbeitet werden, die das Wesen der Kirche, ihres Vollzugs in der Eucharistie und ihrer Ordnung in der Gestalt des Amtes beschreibt.

[1302] Vgl. ebd., 453-454.

[1303] Vgl. MORITZ RUDOLF, „Politische Theorie der Nachträglichkeit. Einige Möglichkeiten, eine Ordnung mit Agamben außer Kraft zu setzen", in: MARTIN KIRSCHNER (Hg.), *Subversiver Messianismus. Interdisziplinäre Agamben-Lektüren*, Baden-Baden 2020, 219-243.

[1304] ZEILLINGER, „Das Unvereinbare im Zentrum des Politischen", 271.

4.3 (Re)Konstruktion: Radikale Sakramentalität als Paradigma kirchlicher Souveränität

4.3.1 Von Sakrament zu radikaler Sakramentalität

In diesem Unterkapitel erfolgt nun die (Re)Konstruktion eines theopolitischen Verständnisses von Kirche im Zeichen der im vorangegangenen Unterkapitel erarbeiteten Ergebnisse. Ausgangspunkt dieses im Folgenden als „radikale Sakramentalität" beschriebenen Souveränitätskonzeptes ist zunächst die klassisch-traditionelle Sakramentenlehre. So wie Sakramentalität treffend als das Wesen der Kirche und des Katholizismus beschrieben wird, soll auch der Zusatz der Radikalität den ihr zugrunde liegenden subversiven Charakter verdeutlichen.[1305] Diese Subversion kann wiederum in zwei Richtungen gelesen werden. Zum einen wie bei Cavanaugh als Subversion politischer Machtansprüche anderer politischer Körper und deren politischer Performances und zum anderen aber, nach Innen gewendet, als Subversion der je eigenen Machtansprüche im Namen einer unverfügbaren bzw. prinzipiell entzogenen Souveränität. Dieser zweiten Leserichtung von Subversion soll hier unter dem Paradigma der Sakramentalität als prekärer Souveränität nachgegangen werden. Dabei hat das vorangegangene Unterkapitel erneut verdeutlicht, dass auch für die Charakterisierung als prekär zwei Leserichtungen möglich sind. Einerseits kann sie als prekär im Sinne von ideologisch bzw. monophysitisch verstanden werden. Dies ist dann der Fall, wenn der Vermittlungscharakter des Sakramentalen zu stark in Richtung einer Identifikation interpretiert wird, also wenn etwa die Kirche der Leib Jesu Christi „ist" – im Sinne einer Reinkarnation. Andererseits aber kann prekär auch im Sinne einer prinzipiellen und infiniten Subversion gedeutet werden, wenn also die Vermittlung als nie vollkommen, weil als prinzipiell unmöglich interpretiert wird. Sakramentale Souveränität als prekäre Souveränität ist also einerseits gefährlich und andererseits selbst gefährdet. Beide Leserichtungen sollen hier in Konstellation zueinander gebracht werden, sodass weder die eine noch die andere Leserichtung von prekär vollkommen zutrifft. Wie bereits oben angeführt, steht bei diesem produktiven Spannungsverhältnis der liturgische bzw. performative Charakter sakramentaler Machtkonstitution im Zentrum. Während der liturgische Charakter einerseits die statisch-absolutistische Tendenz subversive unterläuft, geht sie andererseits auch über das rein negative Moment hinaus, da eine sakramentale Repräsentation als Realisierung dessen verstanden wird, was repräsentiert wird.

[1305] Menke, *Sakramentalität*, besonders Kp. 2, „Sakramentales Denken oder: Das Wesen des Katholizismus", 74-125, u. Kp. 3, „Kirche als Volk Gottes vom Leib Christi her oder: Das sakramentale Wesen der Kirche", 126-162.

Wie genau diese Realisierung in Form einer radikalen Sakramentalität als prekär anwesend gedacht werden kann, soll im folgenden Unterkapitel aufgezeigt
werden. In einem ersten Schritt wird eine mögliche subversiv-prekäre Relektüre
sakramentaler Vermittlung vorgestellt, die sakramentale Repräsentation vor postmodernem Hintergrund interpretiert und geweitet. Daran anschließend wird
Cavanaughs eucharistische Rekonfiguration als Paradigma einer solchen radikalen Sakramentalität reevaluiert. Davon abgeleitet werden in einem zweiten und
dritten Schritt die möglichen Auswirkungen auf das Kirchenverständnis und deren interne Organisation im Zeichen von Hierarchie und Amt diskutiert.

4.3.1.1   Eine Relektüre sakramentaler Vermittlung: von Differenz zur dif-férance

Seine „klassisch-konservativen" Ausführungen zur Sakramentalität formuliert
Menke aus einer apologetischen Motivation heraus in Gegenüberstellung zu pro-
testantischem und postmodernem Denken. Dabei stellt er seine Sicht von Gottes
„sakramental vermittelte[m] Bundeshandeln" der protestantischen Position einer
„unvermittelt (pneumatische[n]) Alleinwirksamkeit Gottes" gegenüber.[1306] Innerhalb des Rahmens dieser Untersuchung kann der Frage nicht nachgegangen
werden, inwieweit diese Gegenüberstellung zutreffend ist. Interessanter hingegen
ist das Resultat, welches Menke aus diesem Vergleich extrahiert, und zwar die
Konzentration auf das Konzept der Vermittlung bei der Erschließung der Bedeutung des Sakramentalen. In dieser Betonung der Vermittlung und Differenz als
wesentliche Merkmale von Sakramentalität stützt Menke sich auf eine theologische (oder philosophische?) Kategorie, die auch für die Erschließung radikaldemokratischer Souveränität à la Lefort zentral ist. Es ist daher verwunderlich,
wenn Menke am Ende seiner Untersuchung festhält: „*Sakramentales* Denken ist
geradezu das Gegenteil des postmodernen Denkens."[1307] Den Grund hierfür sieht
Menke in der „anthropologischen Unterscheidung zwischen Ich und Nicht-Ich
ebenso [...] wie die ontologische Unterscheidung zwischen einer bezeichnenden
und einer bezeichneten Ebene", welche das sakramentale, keineswegs aber das
postmoderne Denken auszeichne.[1308] Ob dieser Gegenüberstellung von postmodernem und sakramentalem Denken in dieser Weise zuzustimmen ist, gilt es hier
zu prüfen. Damit stellt sich die Frage, ob es nicht gerade ein postmoderner Zugang zur Sakramentalität auch das von Menke als zentral betrachtete Konzept der
Vermittlung ganz besonders zur Geltung bringen kann.[1309]

[1306] Ebd., 8.

[1307] Ebd., 325.

[1308] Vgl. ebd., 326.

[1309] Mit Bernd Irlenborn ist zudem anzumerken, dass das von Menke in der Postmoderne
        identifizierte Problem der Abkehr von einem „ontologischen Repräsentationsmo-
        dell" mit der Krise des „metaphysischen Realismus" – d.h. die absolute Unabhän-
        gigkeit der ontischen Wirklichkeit von der Wirklichkeit des denkenden Subjekts –
        bereits bei Descartes einsetzt. Diese Feststellung erklärt zumindest die bei Menke

Zunächst gilt es festzuhalten, dass Menkes allgemeine Einschätzung zum Verhältnis von Sakramentalität und Postmoderne von theologischer Seite grundsätzlich widersprochen werden kann. So beispielsweise mit Lieven Boeve, der seinen zentralen theologischen Ansatz der „Unterbrechung" aus der Auseinandersetzung mit Lyotard gewonnen hat, und für den Sakramente gerade jenen Ort der Unterbrechung markieren.[1310] Unterbrechung ist dabei für Boeve eine Kategorie für Gnade, welche gerade die ontologische Differenz betont, die für Menke so wichtig ist. Sakramente, so Boeve, unterbrechen unser alltägliches Leben, indem sie Gott als den offenbaren, der Leben unterbricht, um uns in Beziehung zu ihm zu rufen. Sakramente sind Zeichen und Instrumente eines Dialogs mit Gott, in welchem der Versuch der Vermittlung von dessen Gegenwart unternommen wird. Dabei werde aber zugleich auch das Paradox christlicher Offenbarung deutlich: „Der Gott, der niemals historisch oder materiell erfasst werden kann, offenbart dennoch sein Selbst im konkreten Hier und Jetzt."[1311] So gesehen „unterbricht" Gott also in den Sakramenten den Versuch, die Differenz zwischen Transzendenz und Immanenz in eine reine Anwesenheit oder Identität aufzulösen.[1312] Mit Blick auf Menkes Begriff von Sakramentalität fällt auf, dass auch er ein Moment der Unterscheidung betont. Die Frage ist, inwieweit diese Unterscheidung jenem postmodernen Moment der *différance* ähnelt, welches Boeve theologisch als Unterbrechung deutet und (u.a.) im Sakrament verortet.

Besonders zwei Unterscheidungen kennzeichnen dabei Menkes Sicht auf Sakramentalität: zum einen die Unterscheidung zwischen Sakramentalität und Sa-

---

wahrnehmbare Tendenz zur negativen Interpretation der geistesgeschichtlichen Entwicklung seit der Neuzeit als Abfallsgeschichte. Doch wie Irlenborn anmerkt, entgeht Menke bei seiner negativen Einschätzung auch eine „realistische Note" im neuzeitlich-modernen Denken, wie sie Irlenborn beispielsweise bei Kant oder auch bei Thomas Nagel sieht. Vgl. BERND IRLENBORN, „Repräsentation, Realismus und Antirealismus", in: JULIA KNOP; MAGNUS LERCH; BERND J. CLARET (Hg), *Die Wahrheit ist Person. Brennpunkte einer christologisch gewendeten Dogmatik. Festschrift für Karl-Heinz Menke*, Regensburg 2015, 251-276. Darüber hinaus ist grundsätzlich darauf zu verweisen, dass sich die gesamte geistesgeschichtliche Entwicklung des Westens seit der Neuzeit auch als eine Fortbestimmung der christlichen Inspiration beschreiben lässt. Siehe z.B. RUHSTORFER, *Befreiung des „Katholischen"*. Dies gerade auch im sakramentalen Denken unter dem Vorzeichen einer „Krise der Repräsentation" der Postmoderne nachzuweisen, ist (eines der) Anliegen der vorliegenden Studie.

[1310] Vgl. LIEVEN BOEVE, „Symbole dessen, was wir berufen sind zu werden", in: MARTIN STUFLESSER; JORIS GELDOF; ANDY THEUER (Hg.), *„Ein Symbol dessen, was wir sind". Liturgischiewissenschaftliche Perspektiven zur Frage der Sakramentalität*, Regensburg 2018, 155-174. Für eine allgemeine Auseinandersetzung mit Sakramentalität vor postmodernem Hintergrund siehe LIEVEN BOEVE; JOHN C. RIES (Hg.), *The Presence of Transcendence. Thinking 'Sacrament' in a Postmodern Age*, Leuven 2001.

[1311] BOEVE, „Symbole dessen, was wir berufen sind zu werden", 167.

[1312] Vgl. ebd., 167 u. 172.

kramentalismus und zum anderen die Unterscheidung zwischen Mystizismus und Integralismus. Unter Sakramentalismus versteht Menke dabei die „*Identifikation der sichtbaren mit der unsichtbaren Kirche, der Unfehlbarkeit des Papstes mit der Unfehlbarkeit Christi, des Handelns Christi mit dem Handeln der Priester, der Liturgie mit dem Christusgeschehen*"[1313]. Demgegenüber gründe die Sakramentalität gerade in der „*Unterscheidung* zwischen einer bezeichnenden und einer bezeichneten Ebene, zwischen der unsichtbaren und der sichtbaren Kirche, zwischen der Autorität Christi und der des apostolischen Amtes [...].*"[1314] Dieselbe Unterscheidung liegt auch vor, wenn Menke das Wesen der Sakramentalität sowohl von dem, was er unter Mystizismus versteht, trennt, als auch vom Integralismus. Im Mystizismus sei demnach nur das von Bedeutung, was der/die je Einzelne erfährt, womit der Unterschied zwischen „bezeichnender (sakramentaler, repräsentierender) und bezeichneter (transzendenter, repräsentierter) Wirklichkeit"[1315] wegfalle. Der gleiche „Antisakramentalismus", sozusagen in umgekehrter Richtung, markiert aber auch den Integralismus, denn bei diesem werde die Wirklichkeit vollkommen von der Wahrnehmung und Entscheidung des Subjekts getrennt und es gelte nur als wahr, „*was die Autorität objektiv vorgibt*, definiert und dekretiert"[1316]. Mit Verweis auf Maurice Blondel legt Menke dar, dass diese integralistische bzw. in den Worten von Blondel traditionalistische Sicht eine „Perversion des Evangeliums" darstelle, da „eine Offenbarung, die nur geglaubt und in keiner Weise eingesehen werden kann, stets identisch ist mit der Deutung derer, die die Macht und die Autorität besitzen"[1317]. Auch für Menke ist also für das richtige Verständnis von Sakramentalität die Betonung einer Differenz wichtig, bei der dennoch auch ein Moment der gleichzeitigen Bezogenheit der unterschiedlichen Ebenen vorhanden ist. Darin scheint er sich, wenn auch nicht dem Namen nach, dem anzunähern, was Boeve postmodern als Unterbrechung Gottes versteht.

Und noch eine weitere Spur hin zu postmodernem Denken findet sich in Menkes und stellvertretend damit auch im klassischen Sakramentenverständnis: die Warnung vor einer ideologischen bzw. integralistischen Deutung. Interessanterweise kommt die Charakterisierung des (modernen?) Traditionalismus der Definition Leforts für den modernen Totalitarismus sehr nahe, „in welchem sich die Sphären der Macht, des Rechts und des Wissens gleichsam verquicken"[1318]. Leforts (demokratische) Lösung ist uns bereits bekannt: mit Verweis auf ein dem

---

[1313] MENKE, *Sakramentalität*, 7.

[1314] Ebd., 7.

[1315] Ebd., 312.

[1316] Ebd., 312.

[1317] Ebd., 318. Siehe auch MAURICE BLONDEL, *La „Semaine sociale" de Bordeaux et le Monomorphisme*, Paris 1910, 67 u. 71.

[1318] LEFORT, „Die Frage der Demokratie", 287. Neben der „Gleichschaltung" zwischen Macht und Wissen, könnte man hierbei auch noch von der des Rechts durch den absoluten Jurdisdiktionsprimats des Papstes sprechen.

Gesellschaftsprozess entzogenes Außen, welches jedoch symbolisch in Form einer Leerstelle der Macht anwesend ist, wird eine „Entflechtung der Macht-, Rechts- und Erkenntnissphären"[1319] sichergestellt. Es zeigt sich, dass ein analoger Mechanismus zu Leforts Leerstelle auch in der sakramentalen Bestimmung der Kirche bei Menke besteht. Es ist ja gerade das Anliegen von Menke, die Kircheninterpretation dieser „Traditionalisten"[1320] mit Hilfe des Verweises auf die Sakramentalität im Wesen der Kirche zu widerlegen. Auch hier gibt es ein „Außen" der Kirche, Christus, dessen Autorität gerade nicht identisch ist mit der des Papstes. Christus ist der Kirche letztlich „entzogen" wie das „Außen" in Leforts Konzeption der Demokratie; sie verfügt nicht über Gott mittels Sakramentalmacht. Dennoch gilt, trotz der Entzogenheit Gottes: „wo ein Sakrament vorliegt, ist die bezeichnende bei aller Unterschiedenheit von der bezeichneten Ebene doch von dieser untrennbar"[1321]. Im Gegensatz zu Leforts symbolischer Rezeption gibt es im sakramentalen Denken also etwas, was über das Moment reiner Negativität hinausgeht. Dieser Unterschied ist genau der bereits bei Chauvet erörterte Unterschied zwischen einem säkularen Symbolverständnis und einem christlichen Symbolverständnis von Sakramenten als „*die* Erscheinungsweise der Vermittlung schlechthin"[1322]. Kirche ist mehr als bloße Leerstelle, sie ist auch die Erscheinungsweise des mystischen Leibes Christi als ihr realer Leib, allerdings gerade nicht in schlichter Identität, sondern in einer anderen Form, die es im Folgenden noch näher zu bestimmen gilt. Denn bei aller Notwendigkeit zur „ontologischen Unterscheidung" zwischen einer bezeichnenden und einer bezeichneten Ebene können diese jedoch auch genauso wenig ontologisch voneinander getrennt werden. „Unterschieden – vermittelt – ungetrennt", könnte daher die Kurzformel sakramentalen Denkens in Anlehnung an Chalcedon lauten.

Den theologischen Hintergrund hierzu stellt ein inkarnatorisches Verständnis der Beziehung zwischen Gott (als dem Bezeichneten) und Welt (als dem Bezeichnenden) dar. In aller Kürze lassen sich die Folgen dieses christlichen Grundgedankens für das Sakramentenverständnis wie folgt darstellen: Gottes Selbstmitteilung vollzieht sich in dessen Fleischwerdung (Joh 1,14). Gott tritt in Beziehung zu Welt und Mensch, indem er ganzer Mensch wird. „Deshalb", so Menke, „kann niemand mit Christus kommunizieren, ohne den Weg in die Inkarnation mitzuvollziehen."[1323] Das bedeutet aber, dass der Grunddualismus zwischen Gott und Mensch auf eine bestimmte Weise aufgehoben oder besser: vermittelt ist. Zunächst im „Ursakrament" Christus, der laut dem Konzil von Chalcedon (453) ganzer Mensch und ganzer Gott ist. Vermittlung also durch die Person Christi – ein für alle Mal. Diese Vermittlung bleibt damit aber Vermittlung, d.h. Gott und

---

[1319]   Ebd., 293.
[1320]   Menkes Beispiel hierfür ist Marcel Lefebvre und dessen Pius-Bruderschaft. Siehe ebd., 312.
[1321]   Ebd., 7.
[1322]   CHAUVET, *Symbol und Sakrament*, 120.
[1323]   Ebd., 9.

Welt sind zwar nicht mehr getrennt, aber dennoch unterschieden. Und diese Vermittlung wird weiterhin getragen durch den Heiligen Geist, den Geist Jesu
Christi. Durch die bleibende Präsenz des Geistes wird aus dem „einmal" der Vermittlung ein „allemal", denn so wie Christus als das Ursakrament bezeichnet werden kann, kann der Geist als „Prinzip der Sakramentalität" verstanden werden:

> „Der Heilige Geist ist geradezu das ermöglichende ‚Prinzip‘ aller Sakramentalität
> – wenn man mit diesen Worten das Phänomen bezeichnet, dass zwei verschiedene
> Wirklichkeiten so miteinander verbunden sind, dass die zweite die erste in dem
> Maße zum Ausdruck bringt, in dem sie ‚sie selbst‘ ist."[1324]

Die Wirklichkeiten von Gott und Welt sind sakramental auf eine Weise vermittelt, bei der das „Menschsein des Menschen" und das „Gottsein Gottes" gewahrt
werden, wie Eva-Maria Faber treffend formuliert.[1325] Damit aber rückt auch das
„Menschensein des Menschen" wie auch das „Weltlichkeit der Welt" (Metz) ins
Zentrum. Kommunikation zwischen Gott und Mensch geht nicht vorbei am Wesen des Menschen. Die Gefahr, die weltliche bzw. menschliche Komponente zu
vergessen, identifiziert Menke mit Marcion und Adolf von Harnack.[1326] Das
Problem sieht Menke in der „Dissoziation von Erlösung und Schöpfung" mit der
schwerwiegenden Folge, dass „[a]lles, was gleichsam ‚von unten‘ aus der Schöpfung kommt, [...] diesen Gott nicht darstellen und vermitteln [kann] – auch das
Menschsein Jesu nicht"[1327]. Demgegenüber betont Menke gerade das Gegenteil,
und zwar in dem Sinne, dass die neuscholastische Trennung zwischen Gnade und
Natur nur ein „Scheinproblem" darstelle, denn die „Beziehung des Schöpfers zu
jedem Geschöpf [impliziert] faktisch das Geschenk eines rudimentären ‚Selbst-
Seins‘, [weswegen] [...] Gott nur *mit* seinen Geschöpfen, nicht *an* ihnen *ohne* sie
handeln [kann]"[1328]. Mit Bezug auf Rahners Konzeption Jesu als „Realsymbol"
führt Menke weiter aus, dass darin „zwei verschiedene Wirklichkeiten so miteinander verbunden sind, dass die zweite die erste in dem Maße zum Ausdruck
bringt, in dem sie ‚sie selbst‘ ist. Dabei ist zu beachten, dass eine bezeichnende
(sakramentale) Wirklichkeit um so mehr frei, sie selbst‘ sein kann, als sie ‚frei‘
ist"[1329]. Faber nennt dies die schöpfungstheologische Voraussetzung der Sakramente[1330], welche es also neben der christologischen Voraussetzung bei Menke
zu beachten gilt. Dabei betonen beide Begründungsmuster das „Selbst-Sein" des

---

Ebd., 122.
[1325] Vgl. EVA-MARIA FABER, *Einführung in die katholische Sakramentenlehre*, Darmstadt 2011, 24-25.
[1326] MENKE, *Sakramentalität*, 74. Siehe ADOLF V. HARNACK, *Marcion. Das Evangelium
vom fremden Gott. Eine Monographie zur Geschichte der Grundlegung der katholischen Kirche (1924)*, Darmstadt 1996.
[1327] MENKE, *Sakramentalität*, 74.
[1328] Ebd., 114.
[1329] Ebd., 50.
[1330] Vgl., FABER, *Einführung in die katholische Sakramentenlehre*, 28-29.

Geschöpfs wie auch das „Menschsein des Menschen" als den zentralen Bestandteil der (menschlichen wie geschöpflichen) Freiheit im sakramentalen Denken.

Danach kann Gott also in der sakramentalen Vermittlung nicht einfach vertikal,
sozusagen „von oben nach unten", durchregieren. Vielmehr tritt Gott im Sakrament an den Menschen heran, er eröffnet sozusagen das Gespräch. Aber die Antwort darauf liegt in der Entscheidung des Menschen. Und dies bedeutet, dass Gott
im Sakrament der menschlichen Freiheit begegnet.[1331] Menke formuliert diesen
Umstand des menschlichen Antwortens in Freiheit wie folgt: „Gottes Gnade erreicht ihr Ziel nur da, wo der von ihr beschenkte Mensch sie in sein je einmaliges
Da- und Sosein inkarniert."[1332] Faber verweist in diesem Zusammenhang auf den
Fragmentcharakter des Sakraments und bezeichnet es als „Hohlraum, der darauf
angewiesen ist, gefüllt zu werden"[1333], und zwar durch das glaubende ‚Ja' des
Menschen. Diese Vermittlung ist also auf das „Ja" beider zu vermittelnden Seiten
angewiesen. Gott hat, so Faber, sein „letztendgültiges Ja" durch Christus offenbar
gemacht – hierfür stehe das *ex opere operato* der Sakramentenpraxis. Dieses ist
aber letztlich auf das „Ja" des Menschen im Glauben angewiesen. Diesen Aspekt
werden wir im nächsten Unterkapitel noch genauer über Agambens Gegenüberstellung von *ex opere operato* und *ex opere operantis* betrachten. Erst durch diesen Dialog zwischen Mensch und Gott kann es zu der im Sakrament eigentümli-
chen *Perichorese* beider Wirklichkeiten kommen.[1334] Der Ort dieser steten Kommunikation beider Wirklichkeiten ist die Liturgie als die Feier oder genauer: die
Performance der Sakramente. Wie Fagerberg diesbezüglich treffend zusammenfasst: „Liturgy is the work of God, though it is an activity of man"[1335].

Modell für ein solches Sakramentenverständnis ist die Christologie. Christus
als das Ursakrament gibt die Richtung vor, in welcher die Verhältnisbestimmung
zwischen menschlicher und göttlicher Sphäre zu denken ist. Wie im Folgenden
gezeigt werden soll, ist dabei das Dogma der hypostatischen Union besonders
hilfreich. Auch bei der Frage nach der näheren Bestimmung des politischen Charakters der Sakramentalität ist die Christologie fundamental. Hier ist es gerade
das Konzept der Kenosis, das aufleuchten lässt, in welcher Weise Gottes Souveränität in die Welt der Menschen tritt. Gott offenbart sich als Gott im Menschen.
Der Mensch Jesu ist Medium und Botschaft zugleich; er ist Sakrament. Und
ebenso wie Gott das Medium des Sohnes benötigt, braucht auch der Mensch ein
Medium der Kommunikation, sei dies die Natur, das Wort oder eben konkrete
Symbole, die Sakramente.[1336] In diesem Zusammenhang spricht Fagerberg von
Christus als „hypostatic bridge with two-way-traffic"[1337] zwischen dem göttli-
chen Ab- und dem menschlichen Aufstieg. Christus ist in dieser Hinsicht nicht

---

[1331] Vgl. ebd., 64-65.
[1332] MENKE, *Sakramentalität*, 116.
[1333] FABER, *Einführung in die katholische Sakramentenlehre*, 69.
[1334] Vgl., ebd., 64-65.
[1335] FAGERBERG, *Liturgical Dogmatics*, 9.
[1336] Vgl., FABER, *Einführung in die katholische Sakramentenlehre*, 23.
[1337] FAGERBERG, *Liturgical Dogmatics*, 36.

allein das Ursakrament, sondern auch der „perfekte Liturge", insofern „[t]he Christological mystery makes possible the mysteries of the liturgy"[1338], wie Fagerberg festhält. Auch hinter Fagerbergs liturgischer Interpretation des Christusgeschehens steckt letztlich das Konzept der Kenosis, hier in der Form, dass in der Liturgie die zweite göttliche Person zum synergetischen Aufstieg zur Perichorese der Trinität selbst einlädt.[1339]

In Hinblick auf diesen Austausch bzw. diesen Auf- und Abstieg zwischen göttlichen und menschlichen Elementen im Sakrament gilt es dessen liturgischen Charakter hervorzuheben, d.h. den sakramentalen Vollzug als eine dynamische Bewegung zu deuten, die selbst einer Perichorese ähnelt. Das dynamische Ineinander der Perichorse verweist dabei erneut auf die Figur der Vermittlung in der sakramentalen Feier. So wie zuvor das sakramentale Denken mit der Kurzformel „unterschieden – vermittelt – ungetrennt" charakterisiert wurde, so muss auch das liturgische Vermittlungsgeschehen gedacht werden. Die Liturgie wird dabei selbst zu einem Hohlraum (Faber) oder einem leeren Ort (Lefort), der immer wieder den Ort der Vermittlung markiert, ohne diesen dabei aber exakt identifizieren zu können. Die liturgische Feier drängt einerseits auf die Verwirklichung und Vollendung der repräsentierten Heilswirklichkeit, kann diese aber andererseits nicht garantieren oder in der Präsenz halten. Sie ist ebenso wie das Sakrament selbst dynamisch gespannt zwischen schon und noch nicht; sie vermittelt als leerer Ort die Gegenwart eines Fehlens.

An diese prekäre liturgische oder performative Vermittlungsfigur soll sich in einem letzten Schritt nochmals über den Begriff von Derridas *différance* genähert werden.[1340] Hierbei geht es vornehmlich darum zu klären, inwieweit die Betonung des Aspekts der Unterscheidung bzw. der Differenz (zw. Bezeichnetem und Bezeichnendem bzw. zwischen göttl. und menschl. Elementen) der klassisch-ontologischen Sakramentenlehre als eine liturgische Vermittlungsfigur im Zeichen der *différance* neubestimmt werden kann. Es geht mit den Worten Ruhstorfers in Bezug auf Derrida also darum zu prüfen, inwieweit „die Leere der offenen Mitte als Zeichen der in der Abwesenheit anwesenden Herrlichkeit Gottes erscheinen [kann]"[1341]. Für Derrida selbst ist die *différance* dabei jener „seltsame Raum", der sich „*zwischen* Sprechakt und Schrift ansiedelt"[1342], der dadurch entsteht, dass mit der alternativen Schreibweise von „différAnce" (anstatt „différEnce") ein „stummes Zeichen" im Wort aufscheint, das bei der bloßen Aussprache verschwindet, da kein Unterschied in der Aussprache der beiden Schreibweisen zu hören ist. Daraus entspannt sich die Dynamik der *différance*, derer sich Derrida

---

[1338] Ebd., 37.

[1339] Vgl. ebd., 157.

[1340] Vgl. JACQUES DERRIDA, „Die différance", in: PETER ENGELMANN (Hg.), *Postmoderne und Dekonstruktion. Texte französischer Philosophen der Gegenwart*, Stuttgart 1990, 76-113.

[1341] RUHSTORFER, *Befreiung des „Katholischen"*, 88.

[1342] DERRIDA, „Die différance", 80.

auch mit dem Bild der Spur annähert: „Man kann die Spur – und also die *différance* – nicht von der Gegenwart oder vom Anwesen des Anwesenden her denken."[1343] Diese Abgrenzung von der „Anwesenheit" richtet sich vornehmlich gegen die Ontologie oder auch Onto-Theologie, insofern darin das Sein als anwesend gedacht wird. Demgegenüber betont die Spur aber auch nicht eine reine Abwesenheit, sondern gerade ein eigentümliches „Simulacrum eine[s] Anwesens", einen Schwebezustand, bei dem in der Spur das zuvor Gewesene als Vergangenes anwesend ist.[1344] Mit Rückgriff auf unsere Formulierung bezüglich sakramentaler Souveränität könnte man also von einer prekären Anwesenheit sprechen, die sich an der Stelle der Spur, dem Raum, den die *différance* öffnet, zeigt. Sakramentale Souveränität, die sich durch die Repräsentation der (All)Macht Gotte konstituiert, kann in diesem Sinne auch als eine Macht gelesen werden, von der nur eine Spur anwesend ist. Sie konstituiert sich nicht direkt im Rückgriff auf eine Transzendenz, sondern vielmehr durch eine „Transzendenz zweiter Ordnung"[1345], die eine Identifikation zwischen Repräsentiertem und Repräsentierendem unterläuft. Eine solche prekäre Repräsentation im Zeichen der *différance* kann dabei helfen, den Vermittlungscharakter sakramentaler Repräsentation zu verdeutlichen, der zwischen „unterschieden und ungetrennt" oszilliert. Die Vermittlung selbst tritt ins Zentrum, wobei sie damit zugleich selbst prekär wird. Eine „vollständige" Vermittlung kann im Zeichen der *différance* nicht mehr garantiert werden. Stattdessen ließe sich eher von einer „halb-dynamischen" Vermittlung sprechen, die sich besser unter dem Aspekt des Vollzugs verstehen lässt. Von daher erklärt sich auch Derridas Abkehr von der Ontologie bzw. Onto-Theologie, die wie bei der klassischen Sakramentenlehre gezeigt, einerseits zwar die (ontologische) Differenz zwischen Zeichen und Bezeichnetem betont, andererseits aber gerade bedingt dadurch paradoxerweise eine noch stärkere Vermittlung nach sich zieht, die stets Gefahr läuft, zu einer Identifikation zu verkommen oder wie oben ausgeführt, im Verdacht der Ideologisierung oder des Monophysitismus steht.[1346] Beide Tendenzen, sowohl die strikte Differenz als auch die Identität, unterläuft die *différance* gewissermaßen. Gleichzeitig aber kann sie dies nur um den Preis, dass die Vermittlung nie an ihr Ende – zur vollen Anwesenheit – gelangt. In diesem Zug sieht Derrida selbst auch den Unterschied zur negativen Theologie, die er zwar in gewisser Nähe zu seiner Theorie der *différance* sieht, ihr letztlich aber eine Absage erteilt, weil die negative Theologie so etwas wie eine „Supraessentialität" Gottes vertritt, ein „Sein" Gottes auf einer höheren Ebene. Demgegenüber ist die *dif-*

[1343] Ebd., 102.

[1344] Vgl. ebd., 107.

[1345] Vgl. RUHSTORFER, *Befreiung des „Katholischen"*, 89.

[1346] Vgl. DERRIDA, „Die différance", 81: „Nicht nur lässt sich die différance auf keine ontologische oder theologische – onto-theologische – Wiederaneignung zurückführen, sondern, indem sie selbst den Raum eröffnet, in dem die Onto-Theologie – die Philosophie – ihr System und ihre Geschichte produziert, umfaßt sie diese, schreibt sich in sie ein und übersteigt sie unwiederbringlich."

férance kein „gegenwärtig Seiendes", sie hat kein Sein oder auch nur einen Namen in unserer Sprache und ist kein „unaussprechliches Wesen" wie Gott, sondern ist vielmehr ein Spiel, wie Derrida sich ausdrückt.[1347] Hier schließt sich die
Frage an, inwieweit sich die sakramentale Vermittlung als ein solches „Spiel der
différance" denken lässt. Diese Lesart sakramentaler Vermittlung kann dabei
beim liturgischen Vollzug der Sakramente ansetzen, bei der Liturgie als „heiliges
Spiel" gelesen wird. Nicht zuletzt konstituiert sich in diesem „schillernden Spiel
von Identität und Differenz"[1348] die kirchliche Gemeinschaft, wie der bereits oben
zitierte Remenyi in Bezug auf die Leib-Christi-Metapher festhält. In Anlehnung
an Derridas berühmtes Adagium „Eine Theologie wäre sie möglich?"[1349] ließe
sich also formulieren: „Eine sakramentale Vermittlung, eine Anwesenheit der
Wirkmächtigkeit Gottes im Sakrament, wäre sie möglich"?

Es liegt in der „Natur der Sache", dass sich aus Sicht einer Philosophie im Zeichen der *différance* die Frage nach der Möglichkeit der Theologie nicht klar Be-
jahen oder Verneinen lässt. Der Modus des Vielleicht ist hier entscheidend. Aus
theologischer Sicht kann aber noch eine affirmativere Antwort gegeben werden,
wenn etwa Zeillinger die Möglichkeit der Theologie in Form eines „Nachträgli-
chen Denkens"[1350] vorschlägt. Zeillinger betont dabei den positiven Gehalt der
différance, den er wie folgt beschreibt:

> „Aus der negativen Sprachbewegung erwächst ein, nicht ‚benennbarer', nichtsdes-
> toweniger aber *positiver* Gehalt: Die Anerkennung und Verantwortung dessen,
> was als Spur sich zeigt. Dekonstruktion ist damit selbst an eine ihr vorausliegende
> Grenze gestoßen. Diese Grenze bedeutet allerdings keine Einschränkung, sondern
> drängt die Reflexion noch über die Bewegung der *différance* hinaus auf eine mehr
> positive Bestimmung dieser Vorgängigkeit."[1351]

Diese positive Bestimmung der Vorgängigkeit, an deren Grenze oder an deren
scheinbar leeren Ort uns die *différance* führt, ist bei Derrida auch verbunden mit
einer besonderen Zeitstruktur, die dieser als „Vorzukunft", als *futur antérieur*
charakterisiert. Diese Zweitform zeigt eine Parallele zur eschatologischen Zeitstruktur des Sakramentalen, die oben als ein dynamisches Spannungsverhältnis
zwischen „schon und noch nicht" charakterisiert wurde. Zeillinger zeigt nun auf,
wie diese Zeitstruktur zu einem Maßstab für Verantwortung und Handeln im Hier
und Jetzt werden kann:

> „Der Maßstab postmodernen Handelns ist die Zukunft selbst, wobei ‚Zu-kunft'
> hier im Sinne des ‚Ad-vent', des in keiner Weise vorgreifend Einholbaren, d.h. des

---

[1347] Vgl. ebd., 108, 110.
[1348] REMENYI, „Leib-Christi-Ekklesiologie", 34.
[1349] JACQUES DERRIDA, *Wie nicht sprechen? Verneinungen,* Wien 1989, 110.
[1350] ZEILLINGER, *Nachträgliches Denken.*
[1351] Ebd., 173.

erst Zu-Kommenden zu verstehen wäre, also im Sinne dessen, das, da es ‚im-Kommen' ist, niemals im Präsens (im Sinne einer Aussage, eines formalen Wissens oder einer unhintergehbaren Gewissheit) letztgültig *benennbar* ist."[1352]

Das *futur antérieur* ruft dabei aber auch zum konkreten Handeln im Hier und Jetzt auf, indem das Subjekt sich als verantwortlicher Zeuge für die ausstehende Zukunft sieht:

> „Auch wenn niemals eine letzte Gewissheit mit dem konkreten Handeln verbunden sein kann, so ereignet sich das Bezeugte dennoch bereits im Hier-und-Jetzt des zeugnis- bzw. bekenntnishaften Akts, insofern das Zeugnissubjekt bereits hier und jetzt dafür gerade stehen muss, dass sich das von ihm bezeugte Ereignis bewahrheitet haben wird. D.h. die Wirksamkeit des Ereignisses beginnt nicht erst irgendwann in der Zukunft, sondern in der Gegenwart. Dennoch bleibt die Bewahrheitung, dass dies ein Ereignis gewesen sein wird, immer noch ausständig. Das ‚schon und noch nicht', dieser bekenntnishafte Zug des *futur antérieur*, ist damit – obwohl bei Derrida niemals religiös aufgeladen – eines der Grundelemente seines Werkes."[1353]

Damit verbunden ließe sich die Frage stellen, inwieweit die Wirksamkeit des Sakraments im Zeichen des *futur antérieur* gelesen werden kann: die letztendliche Bewahrheitung ereignet sich erst im Eschaton, wobei das Hier und Jetzt bereits erfüllt ist von diesem Versprechen und es daher transformiert zum Zeugen einer noch ausstehenden Zukunft. Dies hätte zur Folge, dass der Modus des Sakramentalen, der in der klassischen ontologischen Sakramentenlehre über die Form von Ursache-Wirkung gedacht wird, im Zeichen der *différance* als ein Modus des *Advents*, des *A-venir*, des *Im-Kommens* gedacht werden kann, der dadurch auch die dynamische Spannung des Sakramentalen zwischen schon und noch nicht besser zur Geltung bringen kann. Derrida selbst spricht in Bezug auf die temporale Struktur der *différance* und dem davon abgeleiteten politischen Modus des „Vielleicht" von einer „messianischen Struktur". Ein letztes, längeres Zitat von Zeillinger fasst die Bedeutung dieser Zeitstruktur verdichtet zusammen:

> „Entscheidender noch erwies sich die Wahrnehmung eines aus einer unvordenklichen Vergangenheit kommenden *Rufes*, der in allem Sprechen [...] hörbar wird. Dieser *nicht nicht-beantwortbare Anruf* (die Antwort wird stets stattgefunden haben) bildete das negative Kriterium für jene (positive) Kriteriologie der Antwort, die im Jerusalemer Vortrag als Gebet, als reine Adresse im konkreten Sich-richten-an-den-anderen formuliert wurde. Diese reine Adresse bleibt inhaltlich wenig bestimmt, geht aber in ihrer ‚Struktur' aller (notwendigen) inhaltlichen Bestimmung voraus. Insofern man nicht nicht-handeln kann, wird die Konkretisierung dieser

---

[1352]   PETER ZEILLINGER, „Jacques Derrida: Gott im-Kommen", in: PETER HARDT; KLAUS VON STOSCH (Hg.), *Für eine schwache Vernunft? Beiträge zu einer Theologie nach der Postmoderne*, Ostfildern 2007, 66-83.
[1353]   Ebd., 80-81.

Adresse zur unhintergehbaren Aufgabe bzw. Verantwortung. In den Texten aus der Entstehungszeit der *Politik der Freundschaft* wurde dieses Sich-adressieren daher auch als Kriterium für eine ethische und politische Grundlegung entfaltet. Eine positive Präjudizierung einer bestimmten Praxis ist damit schon per definitionem nicht verbunden, sehr wohl aber der Aufweis der Möglichkeit des Unmöglichen im gewagten Modus des Vielleicht. Die temporale Struktur des Vielleicht wurde von Derrida mehrfach als ‚messianische Struktur', als ‚struktureller Messianismus' bezeichnet. [...] Diese Messianizität zeigt sich jedoch nicht nur in der (passiven) Erwartung eines Kommenden, sondern auch in ihrer *aktiven* Dimension als Bekenntnis, als Zeugnis, als Verantwortlichsein-für. Auf diese Weise wird in Derridas Denken der Schrift die in die Praxis rufende Universalität nicht vorausgesetzt, sondern in einer negativen Argumentationsfigur als vorauszusetzende und damit positiv zu affirmierende *nachträglich* erkannt."[1354]

Daran schließen sich einige weitere Aspekte für eine Neubestimmung von Sakramentalität im Zeichen der *différance* an, die hier lediglich angedeutet werden sollen. Zunächst ließe sich fragen, inwieweit sich der nicht-nichtbeantwortbare Anruf als Paradigma für das Entgegenkommen Gottes – für Gottes „letztendgültiges Ja"– im Sakrament gelesen werden kann, für das nach Faber das *ex opere operato* der Sakramentenpraxis steht. Demzufolge entspannt sich in der verantworteten Antwort des Gläubigen dann die messianische Struktur des Sakramentalen, die den Anruf Gottes und die Antwort des Menschen in einer liturgischen Handlung verweben, die Fagerberg als Werk Gottes und Aktivität des Menschen charakterisiert.[1355] Der Ver-Antwortungscharakter des liturgischen Vollzugs der Sakramente wird besonders deutlich in Augustinus berühmtem Ausspruch zur Eucharistie aus Sermo 272: „Seid, was ihr seht, und empfangt, was ihr seid"[1356]. Die Folge für ein darauf aufbauendes Souveränitätsverständnis, dass sich stets im Modus des Im-Kommnes begreift, wäre eine subversive Haltung gegenüber jeglicher statisch-repräsentativen Konstitution von Macht, sei es gegenüber säkularen Akteuren wie dem Staat oder auch theologischen, wie der Kirche.[1357] Wie eine solche Subversion kirchlich-sakramentaler Souveränität im Detail aussehen kann, soll im Folgenden dargestellt werden. Hierfür muss in einem ersten Schritt zunächst der Blick auf die liturgisch-sakramentale Konstitution der Kirche in der Eucharistie geworfen werden.

[1354] ZEILLINGER, *Nachträgliches Denken*, 221.
[1355] Vgl. FAGERBERG, *Liturgical Dogmatics*, 9.
[1356] AUGUSTINUS, *Sermo 272*. Online verfügbar unter https://www.augustinus.de/einfuehrung/texte-von-augustinus-mit-online-uebers/oesterlicher-festkreis/244-sermo-272-osterpredigt-fuer-neugetaufte.
[1357] Zeillinger hält diesbezüglich in Hinblick auf die Demokratie fest, „dass nur derjenige Akt, der sich nicht mit sich selbst bereits identifiziert, also derjenige demokratische Akt, der sich nicht bereits als die Fülle der Demokratie versteht, überhaupt die Demokratie ankommen zu lassen vermag." Siehe ebd., 83.

4.3.1.2 Eine Relektüre eucharistischer Rekonfiguration: Eucharistie als Paradigma radikaler Sakramentalität

Dreh- und Angelpunkt des „schillernd[en] Spiel[s] von Identität und Differenz"[1358] der Leib-Christi-Ekklesiologie ist das Sakrament der Eucharistie. Wie aus der Analyse von Cavanaughs Theologie hervorging, ist sie der theologische Ursprung der Kirche als deren theopolitisches Fundament. Wie Gerd Theißen prägnant formuliert, setzen Sakramente einerseits die Kirche voraus, wobei andererseits die kirchliche Gemeinschaft gerade erst performativ durch den Vollzug der Sakramente geschaffen wird.[1359] Hierbei ist der performative Charakter der Sakramente, besonders der Eucharistie, zu betonen. Diese Erkenntnis stellt auch das Grundmotiv der Liturgischen Bewegung des 20. Jahrhunderts dar, wonach „Sakramente Liturgie sind, ihren Ort also im Rahmen der kirchlichen Gemeinschaft und in Form betenden Handelns haben"[1360], wie Faber diesbezüglich resümiert. Ebenso betont auch Stephan Wahle, dass „Sakramente stets in einem liturgischen Geschehen eingebunden [bleiben]"[1361].

Innerhalb dieser liturgischen Betrachtungsweise nimmt die Eucharistie den zentralen Platz ein, da sie das Sakrament der Gemeinschaft und Einheit mit Gott und unter den Menschen ist.[1362] In ihr spielt sich die Wechselbeziehung zwischen eucharistischem und ekklesialem Leib ab. In jeder einzelnen Feier einer konkreten Gemeinde entsteht Kirche immer wieder und erneuert sich dadurch. Man könnte also prägnant formulieren, dass die „Gemeinschaft der Heiligen" durch die „Gemeinschaft am Heiligen" zustande kommt.[1363] Diese Bedeutung der Eucharistie ist bereits frühchristlich belegt, sie gehört zur „Grundausstattung christlicher DNA". Apg 2,42.46 und 20,7.11 lassen erkennen, dass sich die frühen Gemeinden beauftragt sehen, das Abendmahl im Gedächtnis an Jesus zu feiern und die zahlreichen Mahlgeschichten nach der Auferstehung (vgl. Lk 24,13-35) zeigen, dass das Mahl die „bleibende Form seiner [Jesu] Selbstvergegenwärtigung sein soll"[1364].

Aus diesem Mahlverständnis entwickelten die Kirchenväter vor (neu)platonischem Hintergrund eine eucharistische Ekklesiologie. Demnach wird das Urbild Christus im „Abbild der kommemorativen Aktualpräsenz seines Leidens und

---

[1358] REMENYI, „Von der Leib-Christi-Ekklesiologie zur sakramentalen Ekklesiologie", 34.

[1359] Vgl. THEIßEN, Veränderungspräsenz und Tabubruch, 172.

[1360] FABER, Einführung in die katholische Sakramentenlehre, 54.

[1361] STEPHAN WAHLE, „Grundlegung einer Theologie des Sakramentenfeier", in: HELMUT HOPING; BENEDIKT KRANEMANN; DERS., NORBERT WEIDINGER, Heil Erfahren in den Sakramenten, Freiburg 2009, 7-51, 8.

[1362] Vgl. ebd., 47-48.

[1363] Vgl. Lumen gentium, 7 u. 11 (DH 4112, 4127). Siehe auch FABER, Einführung in die katholische Sakramentenlehre, 117, 118.

[1364] FABER, Einführung in die katholische Sakramentenlehre, 103.

Sterbens und Auferstehens in jeder Eucharistiefeier vergegenwärtigt"[1365]. Die Vermittlung beider Sphären wird hier trinitarisch über den Heiligen Geist gedacht. Auch diesbezüglich verweist Menke auf den zentralen Aspekt der Differenz: „Wie der Heilige Geist innertrinitarisch die unbedingte Einheit von Vater und Sohn bei Wahrung ihrer unbedingten (personalen) Differenz ist, so analog die reale Vermittlung des Urbilds im Abbild bei Wahrung ihrer bleibenden Differenz."[1366] Es kommt also auf die Differenz an. Andererseits durchbricht das sakramental-eucharistische Beziehungsgeflecht zwischen Ur- und Abbild der Kirchväter die statische, dualistische Differenz der platonischen Ontologie in Richtung eines dynamischen und geschichtlichen Verständnisses. „Platons Idee des Guten rettet *aus der Geschichte*, nicht aber *durch die Geschichte*"[1367], wie Menke den entscheidenden Unterschied und die christlich-sakramentale Erweiterung bzw. Dynamisierung der platonischen Ontologie benennt. Er charakterisiert dieses dynamische Verhältnis zwischen Ur-und Abbild als eine „direkte Proportionalität": Je mehr ein Abbild das Urbild wiedergibt, desto mehr wird es zugleich sowohl Abbild (weil gerade nicht Urbild) als auch Anwesenheit des Urbilds.[1368] Für Markus Lersch ist Menkes Modell der direkten Proportionalität eingebettet in die „Verhältnisbestimmung von göttlichem und menschlichem Wirken in der neueren katholischen Theologie"[1369]. Es entspricht damit beispielsweise auch dem Gedankengang Rahners, „dem es darum geht, die Heilsmittlerschaft Christi durch sein wahrhaftes Menschsein und seinen menschlichen Gehorsam zu betonen"[1370]. Eine zweite, „komplementäre Begründungslinie des Modells" sieht Lersch auch bei Thomas Pröpper. Hier macht Gott sich aus Freiheit von der Freiheit des Menschen abhängig, als Ausdruck einer bedingungslosen Liebe, die auf die freie Erwiderung durch den Menschen hin angelegt ist.[1371] Den Hintergrund des Konzepts der direkten Proportionalität bildet bei Menke die „theologische Grundkategorie" der Stellvertretung, worunter er „die direkte Pro-

---

[1365]   MENKE, *Sakramentalität*, 130. Menke verweist hierbei auf JOHANNES BETZ, *Die Eucharistie in der Zeit der griechischen Väter*, Bd. I, Freiburg 1955.
[1366]   MENKE, *Sakramentalität*, 130.
[1367]   Ebd., 131.
[1368]   Vgl. ebd., 137.
[1369]   MARKUS LERSCH, „„Alleinwirksamkeit Gottes' oder ‚direkte Proportionalität'? – Zur ‚Sakramentalität' als möglicher lutherisch-katholischer Grunddifferenz", in: JULIA KNOP, MAGNUS LERCH, BERND J. CLARET (Hg), *Die Wahrheit ist Person. Brennpunkte einer christologisch gewendeten Dogmatik. Festschrift für Karl-Heinz Menke*, Regensburg 2015, 355-376, hier besonders 368-375.
[1370]   Ebd., 369.
[1371]   Ebd., 372. Siehe auch THOMAS PRÖPPER, *Erlösungsglaube und Freiheitsgeschichte. Eine Skizze zur Soteriologie*, München 1988, hier 178.

portionalität der Einheit und Unterschiedenheit zweier Wirkungen oder Wirklichkeiten" versteht.[1372] Jesus Christus als das „Ursakrament" ist dabei *der* Grundtypus der Stellvertretung, weil er auf vollkommene Weise die Wirklichkeit des göttlichen Urbilds in der Wirklichkeit des menschlichen Abbilds in der endlichen Welt repräsentiert. Auch bei der Stellvertretung steht die Trinität als fundierende Grundkategorie im Hintergrund, denn, wie Menke mit Moltmann festhält: „Als der trinitarische ist Gott Identität in der Differenz."[1373] Der trinitarische Gott ist immer schon Stellvertretung und kann sich so als und in der Weise der Stellvertretung mitteilen.[1374]

Dabei kommt es darauf an, wie genau man Stellvertretung in der Welt interpretiert. Dorothee Sölle, die bereits vor Menke Stellvertretung als eine Grundkategorie ihrer Theologie entwickelte, geht hier einen entschieden anderen Weg als Menke, wenn sie definiert: „Christus hat Gottes Rolle in der Welt übernommen, aber in dieser Übernahme wurde sie verändert zu einer Rolle des ohnmächtigen Gottes."[1375] Damit macht Sölle den Aspekt der Differenz stark: „Stellvertretung bewahrt in sich das Bewusstsein der Nichtidentität, der Distanz. Sie ist die übernommene Differenz – von Identität und Nichtidentität, von Heimat und Selbstentfremdung, von ‚Gott' und Welt."[1376] Demgegenüber betont Menke – bei aller Bekundung der Zentralität der Differenz – den Vorsprung der Identität vor aller Differenz, die gerade in Christus als aufgehoben, oder besser: vermittelt, vorgestellt wird[1377]: „Wir sind ‚Mit-Stellvertreter in Christus': ‚Von Christus geht alle Stellvertretung aus, und nur *durch* ihn und *mit* ihm und *in* ihm sind wir selbst Stellvertreter'."[1378] Inwieweit in Menkes Diktion noch Platz für das hier zentrale Motive des „schillernden Spiels von Identität und Differenz" ist, ist fraglich. Gleichzeitig gilt aber auch, dass Stellvertretung nicht im Modus reiner Differenz verharren kann. Als eine mögliche Balance zwischen beiden Polen wurde im vorangegangen Abschnitt Derridas *différance* als Vermittlungsfigur eingeführt, die

---

[1372] Siehe KARL-HEINZ MENKE, *Stellvertretung. Schlüsselbegriff christlichen Lebens und theologische Grundkategorie*, Einsiedeln 1997, hier z.B. 259.

[1373] Ebd., 259. Die Ausführung geht wie folgt weiter: „Deshalb bedeutet *Selbst*mitteilung *in* der Geschichte, daß Identität und Differenz kein Widerspruch sind, daß das Absolute in der Geschichte und die Geschichte im Absoluten sein kann, und daß Christi Vollendung (Auferstehung) nicht außerhalb der Geschichte (nicht ohne uns), sondern in der Geschichte (mit uns) geschieht, daß Gott erst mit sich identisch ist, wenn Christi Brüder und Schwestern ebenfalls mit sich identisch sind".

[1374] Ebd., 450-451.

[1375] SÖLLE, *Stellvertretung*, 131.

[1376] Ebd., 85.

[1377] Vgl. MENKE, *Stellvertretung*, 237.

[1378] Ebd., 439.

in der hier vorgestellten Interpretation auf eine liturgisch-performative, letztlich damit aber auch prekäre Vermittlung hinausläuft.[1379]

Dieser Ansatz, der zwischen beiden Positionen vermittelt, wird hier in der Form der performativen Feiergestalt des Sakraments, allen voran des Sakraments der Eucharistie, vorgestellt. Der Grundgedanke ist dabei der, dass eine Dynamisierung des Verhältnisses zwischen Ur- und Abbild nicht allein durch das Konzept der direkten Proportionalität von Menke erreicht werden kann. Eine wirkliche Dynamik erfährt dieses Verhältnis erst, wenn beide Wirklichkeiten nicht allein durch eine „statische" Verschränkung der Ebenen der göttlichen bzw. menschlichen Natur verbunden sind, sondern wenn diese Verschränkung selbst dynamisiert wird. Nicht allein das Wesen des Sakraments ist entscheidend, sondern dessen Vollzug. Nur im Vollzug wird das Sakrament, was es ist: nicht bloßes Zeichen, sondern „*die* Erscheinungsweise der Vermittlung schlechthin"[1380], wie Chauvet treffend formuliert.

In das Stellvertretungsgeschehen wird man in der Feier des Sakraments der Eucharistie mithineingenommen, in welcher das Abbild des Messopfers an die Stelle des Urbilds des Kreuzesopfers Jesu tritt, sodass das Messopfer das Kreuzesopfer vergegenwärtigt, ohne es aber zu ersetzen oder aufzuheben.[1381] Diesen Umstand soll das Adjektiv „mystisch" bei der Benennung des konsekrierten Brotes bezeichnen. „Mystisch" ist bei den Kirchenvätern nicht als Gegensatz zu „real" zu verstehen, sondern als Charakteristikum dieses dynamischen Verhältnisses zwischen Ur- und Abbild. Wie oben bei Cavanaugh gezeigt wurde, ist dieses Verständnis von mystisch erst im Laufe des Mittelalters zusammen mit der platonischen Denkform des Ur-und Abbilds verlorengegangen, was letztlich zur Vertauschung der Begriffe *corpus mysticum* und *corpus verum* mit all den oben beschriebenen Folgen geführt hat. Tatsächlich fand eine darauf aufbauende Rückkehr bzw. Wiederentdeckung der eucharistischen Ekklesiologie in katholischen Kreisen erst mit dem Einsetzen der Liturgischen Bewegung statt. Demgegenüber ist der Ansatz der eucharistischen Ekklesiologie vor allem auch in der orthodoxen Theologie zu finden, die weit mehr als die katholische oder protestantische Tra-

---

[1379] Im Hintergrund dieser Interpretation steht die Annahme, dass hinter den jeweiligen Stellvertretungs- bzw. Repräsentationsmodellen auch unterschiedliche geistesgeschichtliche Vernunftparadigmen stehen: Während Menkes Position klar onto-theologisch geprägt ist und demnach auf eine Identität jenseits aller Differenz drängt, ist Sölles Grundausrichtung modern bzw. bio-anthropologisch und betont daher die Differenz von Identität und Nichtidentität. Derridas postmodernes Konzept der *différance* unterläuft nun beide Paradigmen und bringt sie in eine gewisse Schwebe, wobei die Stoßrichtung der hier vorgestellten Interpretation gerade eine vorsichtige affirmative Spur in der Form der Performativität ist. Siehe hierzu auch die Ausführungen zum Verhältnis von Transzendenzbezug und geistesgeschichtlichen Vernunftparadigmen in 2.4.1.1.

[1380] CHAUVET, *Symbol und Sakrament*, 120.

[1381] Vgl. MENKE, *Stellvertretung*, 453.

dition in den Kirchenvätern verwurzelt blieb und daher den liturgischen und eucharistischen Charakter von Kirche weitaus stärker betont. Es ist also keineswegs zufällig, wenn auch einer der wichtigsten Gewährsmänner für Cavanaughs eucharistische politische Theologie bzw. Ekklesiologie Schmemann ist, der vielleicht bedeutendste russisch-orthodoxe Theologe des 20. Jahrhunderts. Cavanaugh zieht die politischen Schlüsse vor einem postsäkularen Hintergrund aus der orthodoxen Interpretation der „heiligen Liturgie" der Eucharistiefeier, die Raum und Zeit neu konfiguriert. Diese theopolitische Rekonfiguration der Eucharistie wurde bereits oben eingehend erläutert und theologisch eingeordnet.[1382] Daher soll an dieser Stelle nur kurz auf die Ergebnisse dieser Analyse verwiesen werden, um darauf aufbauend hier ihr politisches und radikaldemokratisches Potential aufzuzeigen. Dies soll anhand der zwei zentralen Aspekte der Rekonfiguration geschehen: zunächst anhand des räumlichen Aspekts, verbunden mit dem Konzept der „konkreten Universalität" und anschließend anhand des zeitlichen, verbunden mit dem „eschatologischen Stachel".

Zunächst also zum räumlichen Aspekt der Rekonfiguration der Eucharistie. Zur Rekapitulation: Die liturgische Feier der Eucharistie wurde als doppeltes Band beschrieben, zum einen mit der Konkretheit der gegenwärtigen Versammlung an einem bestimmten Ort und zu einer bestimmten Zeit, und zum anderen mit Gottes pilgerndem Volk durch alle Zeiten und Orte hindurch. Dies war der Grund, warum Cavanaugh das Sakrament der Eucharistie als „decentered center"[1383] bezeichnet. Grund für diese paradoxe Charakterisierung, die wir oben bereits als ein theologisches Pendant zum Entzogenheitstopos der Radikaldemokratie interpretiert haben, ist der Ursprung in Christus. Erneut Cavanaugh hierzu: „Consumption of the Eucharist consumes one into the narrative of the pilgrim City of God, whose reach extends beyond the global to embrace all times and places."[1384] Hier wird die Verbundenheit mit einer absoluten Universalität beschrieben. Diese aber charakterisiert sich gerade nicht durch die totale Auflösung des Konkreten und Partikularen im Universalen, sondern, gerade umgekehrt, in einer direkten Proportionalität dazu: je konkreter die eucharistische Begegnung gefasst wird, desto mehr tritt ihr universeller Charakter zu Tage. Hinter dieser Verschränktheit der „konkreten Universalität" steckt letztlich das Wesen sakramentalen Denkens. So wie im Sakrament die Wirklichkeit Gottes in der Wirklichkeit des Menschen mit zunehmender Freiheit und Eigenständigkeit zum Vorschein kommt, so konstituiert sich eine sakramental verstandene Gemeinschaft umso deutlicher, je konkreter sie das universale Ideal von Gemeinschaft verkörpert. Diesbezüglich nochmals ein zentrales Zitat von Cavanaugh: „[I]n the Eucharist the particular is of the utmost importance, for this particular piece of bread at this particular place

---

[1382] Siehe 3.3.2.

[1383] CAVANAUGH, „Balthasar, Globalization, and the Problem of the One and the Many", 345.

[1384] CAVANAUGH, „The World in a Wafer", 182.

and time *is* the body of Christ, and is not merely a pointer to some abstract transcendent standing behind the sign."[1385] Cavanaugh betont hier die Verschränkung
vom universalen Urbild des Leibes Christi mit dem konkreten Abbild der konsekrierten eucharistischen Gabe.

Doch wie bereits oben erläutert, kommt es bei der liturgischen Feier des Sakraments zu einer weiteren Verschränkung, und zwar der analogen Übertragung der
Verschränkung zwischen Inkarnation und Ekklesiologie. Sakramental verstanden
ist die Kirche nicht allein ein auf Christus und dessen innertrinitarischen Gemeinschaft mit Gott verweisendes Zeichen – also reines Symbol –, sondern Realsymbol dieser Gemeinschaft, d.h. in der liturgischen Feier der Eucharistie konstituiert
sich performativ diese Gemeinschaft im Hier und Jetzt – ohne dabei aber ganz
mit Christus und dessen innertrinitarischer Gemeinschaft mit Gott-Vater identisch zu sein. So wie Christus gemäß von Balthasars *universale concretum* die
„Lichtung des Ganzen im Einzelnen"[1386] in der Form einer konkreten Person darstellt, wird auch kirchliche Katholizität in ihrem konkreten Vollzug realisiert.
Von Balthasar spricht hier von einer spezifisch „christlichen Katholizität", welche er mit dem konkreten Menschen Jesus als dem „Sinn und Ziel des Ganzen
der Schöpfung, Geschichte und Menschheit" identifiziert, wie Menke diesbezüglich zusammenfasst. Dieser führt weiter aus: „Kein Ausgriff nach oben; kein Ausgriff nach vorne; sondern eine Katholizität, in der das Universale konkret, die
Ewigkeit zeitlich, das Absolute endlich ist."[1387] Und eben diese Verschränkung
zwischen Universalität/Katholizität und Konkretem kennzeichnet auch die Kirche in ihrer eucharistischen Feiergestalt, welche so betrachtet zu einem Sakrament des *universale concretum* Jesus Christus wird. Weil Christus in jeder einzelnen liturgischen Feier der Eucharistie vollkommen und konkret gegenwärtig
ist, ist in jeder dieser Versammlungen das Wesen der Kirche (als mystischer Leib
Christi) vollkommen verwirklicht. In der eucharistischen Ekklesiologie wird also
die vertikale Inkarnation Christi in eine horizontale Inkarnation einer sakramental
verstandenen Kirche übersetzt. Jeder so versammelten Kirchengemeinde fehlt es
an nichts, um vollkommen Kirche zu sein. Sie ist es bereits vom Zuspruch des
entzogenen Gottes her. Allerdings – und diese Unterscheidung muss hier stets
mitgedacht werden – *ist* sie nur insofern, als dieser Zustand gewissermaßen immer nur je neu in der Feier aktualisiert werden kann. Sie *ist* damit zwar, aber eher
in der prekären Form des Übergangs.

Damit entspringt die Kirche aber keinem einmaligen Stiftungsakt einer Institution, sondern einem stetigen Prozess der Verwirklichung an einem konkreten Ort
zu einer konkreten Zeit. Sie ist damit auf eine gewisse Weise genauso grundlos
wie die Demokratie im gesellschaftlichen Formationsprozess in Leforts Konzep-

---

[1385] Ebd., 192.
[1386] Vgl. MENKE, *Sakramentalität*, 228. Siehe hier auch Cavanaughs Rückgriff auf von
        Balthasar bei seiner Konzeption der konkreten Universalität in 3.3.2.2.
[1387] Ebd., 227.

tion. Sie ist ebenso nie ganz „präsent" im Sinne von „ein für alle Ma(h)l" endgültig etabliert. Und doch ist sie paradoxerweise genau das: bereits jetzt schon vollkommen verwirklichtes Reich Gottes. Kirche hat aufgrund ihres sakramentalen Wesens auch ein Moment, das entschieden über das rein zeichenhafte, symbolische Moment reiner Negativität im Lefort'schen Sinne hinausweist. Sie *ist* bereits im Hier und Jetzt.

Genau darauf kommt es auch Jürgen Kroth in seiner „politisch-theologischen Grundlegung der Sakramentenpraxis"[1388] an. Sakrament, verstanden als eben solches Realsymbol, so Kroth, ist mehr „als bloß informierendes Zeichen", da es „zugleich die Wirklichkeit, die es erhofft" schafft.[1389] Das Wesen des Sakraments ist demnach die „Sichtbarmachung einer Dimension, die in letzter Konsequenz noch aussteht"[1390]. In diesem Sinne ist die Kirche „dabei selbst Sakrament, wenn es ihr gelingt, ein geschichtlich-gemeinschaftliches Zeichen für Gegenwart und Nähe des Reiches [Gottes] zu sein (LG 5)"[1391], so Kroth weiter. Und genau darin zeigt sich auch der Kerngedanke sakramental-ekklesiologischen Denkens. In der „fragilen Präsenz eucharistischer Vergegenwärtigung"[1392] konstituiert sich Kirche. Die Eucharistische Repräsentation und Konstitution ist daher gerade kein rein verweisendes Zeichen wie Leforts Leerstelle, sondern als Sakrament immer schon auch vermittelnde Verwirklichung, d.h. Ver*ort*ung in der Welt. Der vom Sakrament der Eucharistie gestiftete Raum ist keine bloße Leerstelle, kein Symbol für einen Nicht-Ort, sondern – zugespitzt formuliert – ein Ort, der gesättigt ist von der Wirklichkeit Gottes. Und er ist konkret. Er kann sogar nur als konkreter Ort „präsent" sein. Aber – und darin besteht das entscheidende Link zur Radikaldemokratie – die Konkretheit des sakramentalen Raumes und der sich darin erschließenden göttlichen Wirklichkeit ist nur anwesend im Modus der Abwesenheit, ist mit Lefort gesprochen Außen, Entideologisierung. Daher *ist* die Kirche nicht das Reich Gottes, sondern nur dessen je im Hier und Jetzt der Eucharistiefeier vergegenwärtigtes Provisorium. Zwischen dem Leib Christi und dem Leib der Kirche liegt eine *différance*, die nur in der prekären liturgischen Repräsentation von Kirche als Leib performativ überbrückt wird. Dieser stete Versuch zur Überbrückung kennzeichnet die Kirche als prekäre liturgische Versammlung, als eine Gemeinschaft von „Herausgerufenen", die Gottes Einladung – in Derridas Worten: Anruf – beantworten und ihn bezeugen.

Dies haben wir mit der Diskussion des Konzepts des *universale concretum* zu veranschaulichen versucht. Nur im prekären Bezug zum Konkreten kann sich das Universale zeigen. Eine auf diese Weise konstituierte Gemeinschaft ist konstitutiv fragil. Dies kann uns ein radikal sakramentales Raumverständnis lehren. Dieser radikal sakramentale Weltbezug hat aber auch eine ganz bestimmte zeitliche

---

[1388] Vgl. KROTH, *Dein Reich komme*, 256-266.
[1389] Ebd., 210.
[1390] Ebd., 215.
[1391] Ebd. 264.
[1392] Ebd., 382.

Verortung, denn das Hier ist vor allem durch das schillernd-eschatologische Jetzt bestimmt, das die eucharistische Rekonfiguration kennzeichnet.

Damit kommen wir zum zeitlichen Aspekt in der eucharistischen Rekonfiguration. Dazu lässt sich zunächst rekapitulieren, dass von der sakramentalen Verschränkung der Wirklichkeit Gottes mit der Wirklichkeit des Menschen auch eine gewisse Verschränkung des menschlichen „Jetzt" mit Gottes Ewigkeit einhergeht. Von Christi „gabenhafter Präsenz" im Sakrament her, so Hoping, sind wir hineingenommen in eine „eucharistisch gefüllte Zeit, in der Vergangenheit, Gegenwart und Zukunft in eins versammelt sind"[1393]. Von der Seite der menschlichen Wirklichkeit betrachtet, fallen im Sakrament also die drei Zeitdimensionen Vergangenheit, Gegenwart und Zukunft zusammen, weswegen Thomas das Sakrament auch als *signum rememorativum, demonstrativum* und *prognosticum* bezeichnet.[1394] Wichtig ist hierbei zu betonen, dass der eucharistisch gefüllten Zeit kein lineares Zeitverständnis zugrunde liegt, sondern ein präsentisches oder etwas genauer, eine durch die zeitlose Zusage Gottes gefüllte Gegenwart. So ist die Erinnerung an das Christusereignis vor allem darauf ausgerichtet, im Hier und Jetzt mit hineingenommen zu werden in das geschichtliche Heilsgeschehen. Und genauso lebt das Sakrament vom Aufleuchten der vollendeten Zukunft des Reiches Gottes, welches das Jetzt als den Ort der Transformation in Richtung dieser Zukunft qualifiziert.

Nochmal eine zentrale Textstelle von Cavanaugh hierzu: „The eschatological imagination of the Eucharist will be key to reconfiguring the temporal not as a space but as a time, namely, the time connecting Christ's first coming with His second."[1395] Der Modus der Präsenz Gottes und seines Reiches im Hier und Jetzt, wie Kroth schreibt, ist der Modus der Eschatologie. Es ist gerade dieses eschatologische Zeitverständnis, auf dem das schillernde Spiel zwischen Identität und Differenz zwischen eucharistischer Gemeinschaft und dem Reich Gottes beruht. Zum einen warnt also der eschatologische Zug davor, sich zu sehr in bestehenden gesellschaftspolitischen und ekklesiologischen Verhältnissen einzurichten. Dieses eschatologische Zeitverständnis hält also den Raum offen und vermeidet eine Überbetonung des „schon" vor dem „noch nicht". Diesen Aspekt betont Sölle in ihrer Interpretation der Stellvertretung: „Zur Stellvertretung gehört Eschatologisierung. Stellvertretung wird gelebt, das heißt beides, erwartet und geleistet, in der Hoffnung auf den neuen Himmel und die neue Erde. Das heißt aber immer in der Hoffnung darauf, dass sie sich selbst auflöse."[1396] Erneut scheint hier die Betonung typisch modernen Differenzdenkens durch. Andererseits aber braucht es auch eine Realpräsenz des Reiches „schon" jetzt, um den (politischen) Weltbezug zu garantieren. Daher kann man auch Menke zustimmen, dass Stellvertretung als

---

[1393] HOPING, *Mein Leib für euch gegeben*, 464.
[1394] STh III, q 60, a 3. Zu den drei Zeitdimensionen des Sakraments siehe auch FABER, *Einführung in die katholische Sakramentenlehre*, 55-59.
[1395] CAVANAUGH, *Torture and Eucharist*, 207.
[1396] SÖLLE, *Stellvertretung*, 85.

Beziehung zwischen dem „schon" der Auferstehung und dem „noch nicht" unserer Vollendung, zwischen der Gegenwart der Kirche und dem Reich Gottes zu sehen ist.[1397] Insofern hat also auch die onto-theologische Identitätsbetonung ihren Platz in der ausgewogenen eschatologischen Balance. Entscheidend dabei ist, wie „schon" und „noch nicht" miteinander verwoben sind. Beide Aspekte müssen ihrerseits „eschatologisch versöhnt" sein, d.h. performativ-perichoretisch ineinander verwoben und aktualisiert sein *im* Vollzug bzw. der liturgischen Feier der Sakramente. So betont auch Fagerberg den eschatologischen Charakter in der liturgischen Konstitution von Kirche, allen voran in der Feier der Eucharistie. Diese interpretiert Fagerberg als Brücke zum Eschaton, weil darin nicht allein Jesu Heilshandeln auf Golgatha gegenwärtig ist, sondern Christus selbst.[1398] So führt er an: „The essential function of the Church is to actualize the eschaton in this world, which she does in the Eucharist. We may say the Eucharist ‚translates' the eschaton [...]", wobei er „übersetzen" als ein Vorsetzten des neuen Zeitalters vor die Augen der Feiernden verstanden haben will. Zwar ist für ihn jede Liturgie und ganz besonders die Eucharistie „a parousia-like event", aber eben unter dem Vorbehalt, dass jede einzelne Feier aufs Neue eine solche Vergegenwärtigung ist oder genauer: „a rehearsal for the final parousia"[1399].

Kroth spricht daher auch von einer „fragilen Präsenz"[1400] der eucharistischen Vergegenwärtigung. Es braucht auch ein „waches Tun", eine „Praxis", um die eschatologische Hoffnung artikulieren und wirksam für das Jetzt machen zu können. Dafür, so Kroth, dient der „eschatologische Stachel" des Reiches Gottes.[1401] Damit aber entfaltet sich erst vollends die tieferliegende doppelte Verortung im Hier und Jetzt. Nochmals Kroth: „Insofern bleibt gerade unter eschatologischen Bedingungen der Gottesgedanke die Bedingung der Möglichkeit, die Welt, wie sie ist, wahrzunehmen und gleichzeitig an der Möglichkeit festzuhalten, dass das, was ist, nicht alles ist."[1402] Diese eschatologische Bedingung erinnert dabei stark an die Struktur von Derridas zuvor beschriebenen *futur antérieur* der *différance*, die gespannt zwischen „schon und noch nicht" genau jenen bekenntnishaften Akt im Hier und Jetzt herausfordert, dessen Wirksamkeit und Bewahrheitung sich immer erst bewiesen haben wird bzw. ausständig bleibt.[1403] Eben diese doppelte Verortung der Situationswahrnehmung und der gleichzeitigen Kritik daran im Spiegel der eschatologischen Hoffnung geschieht nach Kroth in den Sakramenten.[1404]

[1397] Vgl. MENKE, *Sakramentalität*, 310.
[1398] Vgl. FAGERBERG, *Liturgical Dogmatics*, 211-212.
[1399] Ebd., 232.
[1400] Vgl. KROTH, *Dein Reich komme,* 382-383.
[1401] Vgl. ebd., 205-207.
[1402] Ebd. 205.
[1403] Vgl. ZEILLINGER, „Jacques Derrida: Gott im-Kommen", 80-81.
[1404] Vgl. KROTH, *Dein Reich komme,* 207.

Doch diese fragile eschatologische Präsenz Gottes ist in den Sakramenten nicht abgeschlossen. Sie markieren lediglich einen bestimmten Ort dieser fragilen Präsenz, irgendwo und irgendwann. Entscheidend aber ist, dass diese Präsenz des Reiches Gottes nicht allein fragil im Hier und Jetzt immer wieder neu aufscheint, sondern, dass sie auch Wirklichkeit werde. Denn genauso wenig, wie die Jenseitsvorstellung eine Vertröstungsstrategie darstellen darf, dürfen Sakramente auch nicht als kurze „Pausen der Weltflucht" verstanden werden. Sakramente, und ganz besonders die Eucharistie, müssen als Ort der Transformation gesehen werden. Gottes Heilshandeln in den Sakramenten verändert das Hier und Jetzt; es wird im Spiegel der „abwesenden Präsenz" oder „präsenten Abwesenheit"[1405] Gottes und seines Reiches neu qualifiziert. Genau diesen Aspekt betont Theißen mit seinem Konzept der „Veränderungspräsenz" Gottes, wenn er festhält:

> „Die Präsenz Gottes in den christlichen Sakramenten ist Veränderungspräsenz: Die Sakramente sind ein Symbol für die Gegenwart Gottes, wo immer sie im Leben erfahren wird. Er ist dort, wo sich etwas verändert oder verändern kann. Er erschließt sich als verändernde Macht dem Menschen durch Erkenntnis, Gefühl, Willen, Moral und Gemeinschaft."[1406]

Es ist diese Veränderungspräsenz, gegründet in dem „eschatologischen Jetzt", die für unsere Diskussion des radikaldemokratischen Potenzials der Sakramententheologie, und ganz besonders der Eucharistie, an zentraler Stelle steht. Denn von einer eschatologischen Perspektive her handelt es sich dabei um ein „gefülltes Jetzt". Und genau um dieses Moment der Fülle geht es, wenn man es mit der Zeitstruktur der radikaldemokratischen Konzeption vergleicht.

Im sakramentalen Zeitverständnis wird das Jetzt durch das Verbundensein mit dem eschatologischen Ende gewissermaßen getragen und gehalten. Man ist verortet zwischen „schon" und „noch nicht". Das radikaldemokratische Zeitverständnis à la Lefort hingegen ist darauf bedacht, das „noch nicht" besonders stark zu machen. Das dahinter liegende Anliegen ist jeglicher Ideologisierung (als Identifizierung) zu entgehen. In Bezug auf das Zeitverständnis bedeutet dies, dass es keine verzeitlichte Eschatologie geben darf, wie dies z.B. im Marxismus in der Vision der klassenlosen Gesellschaft der Fall ist. Hier bestünde die Gefahr, dass einem zukünftig zu erreichenden Ziel alles Gegenwärtige untergeordnet wird. Die Lösung Leforts: das zu erreichende Ziel als ein unmögliches Ziel zu interpretieren. Statt einem Ziel gibt es nur noch den Prozess in Richtung Ziel. Von daher wird ersichtlich, warum eine Betonung des „noch nicht" zentral für die Radikaldemokratie ist.

Wie steht es nun aber um das „schon"? Zum einen lässt sich hier durchaus sagen, dass es insofern eine gewisse Beachtung findet, als es ja gerade vor dem Übergriff durch das verzeitlichte Ziel in der Zukunft gerettet werden soll. Die

---

[1405] THEISSEN, *Veränderungspräsenz und Tabubruch*, 447.
[1406] Ebd., 447.

Menschen im Hier und Jetzt dürfen nicht für ein noch so hehres Ziel in der Zukunft geopfert werden. Zum anderen aber wird dieses Jetzt und Hier nicht genauer gefasst. Es erweckt den Eindruck, als habe das „schon" untergeordnete Bedeutung innerhalb des unendlichen gesellschaftlichen Prozesses in Richtung Demokratie. Es bleibt ein Punkt in einem unendlichen Ablauf von Zeit, nur dass nun diese Zeit prinzipiell an kein Ende mehr gelangt. Damit aber gibt dieses Zeitverständnis die auch für ein lineares Zeitverständnis typische Entwertung des Jetzt letztlich nicht auf. Dafür bräuchte es gewissermaßen einen transzendenten Stachel, wie ihn im sakramentalen Zeitverständnis die Ewigkeit bzw. besser: die Zeitjenseitigkeit Gottes darstellt. Wie wir gesehen haben, ist sich Lefort dieses transzendenten Stachels durchaus bewusst, wenn er die Leerstelle der Macht als säkularisiertes Pendant zur göttlichen Souveränität konzipiert. Bei dieser Übersetzung geht jedoch in Hinblick auf das Zeitverständnis etwas Entscheidendes verloren. Denn wie bereits gezeigt wurde, bedeutet das eschatologische Zeitverständnis des Christentums im Widerspruch zum bekannten Vorwurf keineswegs eine Vertröstung auf das Jenseits. Gerade die Zeitstruktur des Sakraments führt, ganz im Gegenteil, zu einer Aufwertung der Gegenwart. Sakramentales Zeitverständnis ist geschichtlich, gebunden an einen bestimmten Ort zu einer bestimmten Zeit, wo sich „ein für alle Mal" Heil ereignet. Und gerade dieses „ein für alle Mal", die Verschränkung zwischen menschlich-immanenter linearer Zeit und göttlich-transzendenter Zeitjenseitigkeit lässt sich nur schwer säkular übersetzen. Vielleicht handelt es sich dabei also um etwas, was man mit Habermas einen jener „unabgegoltene[n] semantische[n] Gehalte [...] [nennen kann], die noch einer Übersetzung ins ‚Profane' harren"[1407]. Bis diese Übersetzung gelungen ist – falls dies grundsätzlich möglich sein sollte – bleibt es dabei, dass auf radikaldemokratischer Seite gerade die Verortung im Hier und Jetzt innerhalb des unabgeschlossenen Gesellschaftsprozesses nicht stark genug artikuliert werden kann, ohne nicht die prinzipielle Ursprungslosigkeit und Prozesshaftigkeit des Sozialen aufzugeben.

Übersetzung von Theologie in säkulare Politik kann also nicht die Lösung sein oder um es mit Cavanaugh zu sagen: keine Migration des Heiligen, denn bereits die Annahme der strikten Trennung der beiden Sphären führt in die Irre. Das bedeutet im Umkehrschluss aber auch, dass die Theologie nicht frei von politischen Mustern ist. Der eschatologische Zug sakramentaler Zeitstruktur verdeutlicht dies auf besonders anschauliche Weise. Darin bricht die zukünftige Dimension der Zeit in die Gegenwart ein und öffnet damit einen Abstand zur Analyse der Gegenwart und ihrer möglichen Veränderung.

Hier zeigt sich eine strukturelle Parallele zum Zeitverständnis in Agambens Konzeption einer „kommenden Politik". Abermals das prägnante Zitat von Zeillinger hierzu, der feststellt, dass darin eine „Orientierung an einem *Im-Kommen-Sein* und vor allem [einer] Aufmerksamkeit auf eine *Performance im Hier-und-Jetzt*, in der diese Offenheit nicht nur abstrakt zum Ausdruck kommt, sondern

---

[1407] HABERMAS, *Auch eine Geschichte der Philosophie*, Bd. 2, 807.

konkret gelebt und erfahrbar wird"[1408]. Im Gegensatz zu Lefort ist Agamben damit tatsächlich postsäkular in dem Sinne, dass er sich „an der Schwelle zwischen
jüdischem und christlichem, antikem und modernem bzw. postmodernem Denken"[1409] bewegt, wie Kirschner feststellt. Sein Interesse an der Theologie gilt vor
allem den „inneren Ambivalenzen ihrer Vollzugsformen [...] – die Art und Weise,
wie in ihrem Gebrauch Gott in Anspruch genommen wird"[1410]. „Dabei", so
Kirschner, „rückt Agamben in seiner Auseinandersetzung mit den Fragen politischer Theologie nicht mit Carl Schmitt die Souveränität ins Zentrum, auch nicht
das Verhältnis von Herrschaft und Heil (wie Jan Assmann), sondern den Zusammenhang von Herrschaft und Herrlichkeit, der in eigentümlicher Weise auf eine
‚leere Mitte' verweist"[1411]. Diese leere Mitte lässt sich als ein konstitutives Entzugsmoment in der Konstitution von Gemeinschaft interpretieren, das gerade
Schmitts (wie auch damit verbunden dem onto-theologischen) Einheits-und Iden-
titätsdrang in Bezug auf Souveränität prinzipiell unterläuft, ohne dabei aber in
das andere Extrem der völligen Auflösung von Souveränität zu verfallen. Die Bedeutung dieser konstitutiven Entzogenheit betont auch Zeillinger in seiner Interpretation von Derridas Konzept der Gemeinschaftsformation im Zeichen der *différance*.[1412]

Dieser Spur soll hier mit Focus auf eine politische Theologie des Sakramentalen gefolgt werden. Diese politische Theologie „radikaler Sakramentalität" wird
in Anschluss an Agambens kommende Politik als eine Souveränitätstheorie bezeichnet, in deren Zentrum die leere Mitte als ein Ort steht, der liturgisch offengehalten wird und zugleich dadurch als Ort interpretiert werden kann, an dem
Gottes konstitutive Repräsentanz im Hier und Jetzt als Vollzug oder Performance
gedacht wird, die sich vom ewig-zeitlosen Zuspruch Gottes her als Veränderungspräsenz zeigt. Eine darauf aufbauende Relektüre der klassischen Theologie
von Kirche und Amt im Hinblick auf eine durch radikaldemokratische Ideologiekritik angereicherte Sakramentalität soll nun einem nächsten Schritt geleistet
werden.

[1408] ZEILLINGER, „Das Unvereinbare im Zentrum des Politischen", 271.
[1409] Kirschner, „Einleitung", 15.
[1410] Ebd., 16.
[1411] Ebd., 10.
[1412] Siehe hierzu: PETER ZEILLINGER, „Jacques Derrida", in: ANTON PELINKA; DAVID
        WINEROITHER (Hg.), *Idee und Interesse II. Politische Ideen und Gesellschaftstheo-
        rien im 20. Jahrhundert*, Wien 2007, 301-321, hier 312: „In der ernstgenommenen
        Erinnerung des noch-Ausstehenden wird die zu gestaltende Zukunft allerdings in all
        ihrer Offenheit doch bereits *hier und jetzt* auf nicht-beliebige Weise positiv an-
        sprechbar und die Möglichkeit konkreten politischen Handelns auch ohne letztes
        Fundament eröffnet. Die Entzogenheit eines letzten Prinzips wird so zum konstitu-
        tiven Moment für Gemeinschaft."

4.3.2 Radikal sakramentale Kirche: Eine im Grunde entwurzelte Gemeinschaft?

Die Kirche nimmt innerhalb der Sakramentenlehre einen ganz besonderen Platz ein, der auf der engen Verknüpfung zwischen Christologie und Ekklesiologie beruht.[1413] So wie Christus das „Ursakrament" ist, stellt sein Leib, die Kirche, das „Grundsakrament" dar. Diese Übertragung des Sakramentenbegriffs auf die Kirche wurde maßgeblich von Otto Semmelroth und Karl Rahner geleistet und fand schließlich auch Eingang in das Zweite Vatikanische Konzil.[1414] Bei Rahner wird das Verhältnis zwischen Christus und Kirche wie folgt gefasst:

> „*Er* [Christus] ist als der Gott-Mensch das Ursakrament schlechthin, weil er das Bezeichnete (Gott in seiner Selbstmitteilung an die Menschen) und das wirksame, exhibitive Zeichen dieser Selbstmitteilung Gottes und deren Annahme durch die Menschheit (in seiner Menschheit und deren geschichtlich sich vollziehendem Leben) in Person und Einheit ist, ohne dass darum diese unvermischte und untrennbare Einheit als leere Identität desselben mit sich aufgefasst werden dürfte. Nun ist die Kirche gewiss nicht einfach so die bleibende Anwesenheit Christi in der Welt bis zu seiner Wiederkunft, dass alle Aussagen über Christus als das Ursakrament des Heils univok auch von der Kirche gemacht werden können. Sie ist nicht einfach er, sondern steht, obzwar sie sein Leib ist, ihm auch unterschieden, empfangend und dienend gegenüber."[1415]

Wenn man diese Passage Rahners genauer betrachtet, wird nicht allein die Betonung des Unterschieds zwischen Kirche und Christus deutlich. Ebenso zeigt sich auch das enge Beziehungsgeflecht zwischen beiden. Zum einen ist hier anzuführen, dass die Sakramentalität der Kirche aus der Sakramentalität Christi erwächst. Es gibt also im strengen Sinn keine Sakramentalität an Christus vorbei. Diesen Umstand betonen die Kirchenbilder des Volkes Gottes und des Leibes Christi in je eigener Weise. Die Kirche als Volk Gottes ist kein *demos*, sondern *laos*, was Martin Stuflesser zufolge auf die Initiative Gottes verweist. Christus ist es, der uns zur Gemeinschaft mit sich ruft. Andererseits ist unter Leib Christi aber nicht

---

[1413] In zahlreichen zentralen Dokumenten des Zweiten Vatikanischen Konzil wird die Kirche als Sakrament bezeichnet, so in *Lumen gentium* 1, 9, 48, 59 (DH 4101, 4122, 4168, 4175); *Gaudium es spes* 42, 45 (DH 4342, 4345); *Sacrosanctum concilium* 5, 26 (DH 4005, 4026) und in *Ad gentes* 1, 5. Siehe diesbezüglich auch PETER DE MEY, „Church as Sacrament. A Conciliar Concept and Its Reception in Contemporary Theology", in: LIEVEN BOEVE; JOHN C. RIES (Hg.), *The Presence of Transcendence. Thinking 'Sacrament' in a Postmodern Age*, Leuven 2001, 181-198.

[1414] Vgl. ebd., 166.

[1415] RAHNER, *Beiträge aus dem Handbuch der Pastoraltheologie*, 63-64; zitiert nach MENKE, *Sakramentalität*, 52, Anm. 96.

einfach eine Verlängerung der Inkarnation zu verstehen, sondern deren *vermittelte* Gegenwart.[1416]

Wie bei Rahner kommt es also darauf an, die Sakramentalität der Kirche in Hinblick auf den Vermittlungscharakter Christi genauer zu bestimmen. Hierfür ist ein analoges Verständnis zur sakramentalen Natur der hypostatischen Union in der Person Jesu Christi hilfreich. Die Analogie Christus-Kirche verläuft bei genauem Hinsehen über Jesu Menschsein und nicht über dessen Göttlichkeit. Analog dazu verhält es sich auch in der hypostatischen Union in Christus so, dass menschliche und göttliche Natur weder eins, i.e. identisch, noch „vermischt" sind. Aufgrund dieser Analogie sei auch die gegenreformatorische Position, welche Kirche und Christus in allzu enger Identität denkt, nach Menke als „antisakramental" abzulehnen, ebenso sehr wie die gegenteilige Position, welche „die wahre (unsichtbare) Kirche von der rechtlich verfassten Institution *trennt*"[1417], die Menke Luther zuordnet. Diese Analogie zwischen Christologie und Ekklesiologie werde nach Menke besonders deutlich im „subsistit" in *Lumen gentium* 8 und bekommt damit faktisch dogmatischen Status:

> „Der Mensch Jesus ist mit dem göttlichen Logos nicht identisch, aber nur in Verbindung mit ihm Person; entsprechend ist die katholische Kirche zwar nicht identisch mit dem pneumatischen [mystischen] Leib Christi und doch in Analogie zum christologischen Gehalt des Subsistenzbegriffs untrennbar davon."[1418]

Dass sich im Umfeld des Subsistenzbegriffs in *Lumen gentium* 8 eine noch immer andauernde Debatte um die genaue Auslegung des darin ausgedrückten Beziehungsverständnis zwischen Leib Christi und der katholischen Kirche entsponnen hat, kann auch als Hinweis für die hohe politische Brisanz dieser Frage gesehen werden. Abseits von der Diskussion, ob darin ein exklusivistisches oder inklusivistisches Kirchenverständnis zum Ausdruck kommt, geht es bei dieser Verhältnisbestimmung um das politische Fundament der Kirche, entlang dessen sich die unterschiedlichen theologischen Lager formieren. Die fundamentale Frage ist, inwieweit die Kirche als *ecclesia permixta* bereits die *civitas Dei* – um es mit Augustinus zu sagen – verwirklicht, i.e. mit welcher Autorität und Souveränität sie auftreten kann. Bei Augustinus wird die *civitas Dei,* gleichwohl sie in der geschichtlichen Kirche bereits verwirklicht ist, erst eschatologisch vollendet, und zwar durch die Aufhebung der *ecclesia permixta*.[1419] Der eschatologische Charakter in dieser Verhältnisbestimmung verweist dabei auf den bereits in der Diskussion um die eucharistische Rekonfiguration bei Cavanaugh stark gemachten Aspekt der dynamischen Fundierung der Kirche zwischen *schon* und *noch nicht*. Dies trifft in vollem Maße auch auf ein (radikal) sakramentales Verständnis der

---

1416 Vgl. MARTIN STUFLESSER, *Eucharistie. Liturgische Feier und theologische Erschließung*, Regensburg 2013, 228, 230.

1417 MENKE, *Sakramentalität*, 164. Vgl ebd., 51-53.

1418 Vgl. ebd., 166-167.

1419 Vgl. AUGUSTINUS, *De civ. Dei* I, 35.

Kirche zu, das die Konstitution der Kirche als eine ebenso dynamische sakramental-liturgische Performance interpretiert, deren Fokus auf dem Vermittlungscharakter der zuvor angeführten Kurzformel des Sakramentalen legt: „unterschieden – *vermittelt* – ungetrennt".

Dass ein solches performatives Kirchenverständnis gegenüber einem statischen keinen radikal neuen Gedanken aufweist, belegt beispielsweise Christoph Theobald in seiner Studie zu Alfred Loisys ekklesiologischer Antwort auf van Harnacks Herausforderung zu Beginn des 20. Jahrhunderts.[1420] Für eine dynamische Weitung des sakramentalen Verständnisses von Kirche steht auch Edward Schillebeeckx, dessen Theologie noch mehr als die Rahners auf die Neubestimmung des Sakramentenbegriffs abzielt. Schillebeeckx hat dieses Beziehungsverhältnis dermaßen gefasst, dass die Sakramentalität des Volkes Gottes gerade darin bestehe, die dauerhafte Präsenz des Auferstandenen zu bezeugen.[1421] Damit hat die Präsenz einen performativen Charakter, der sich immer wieder neu im Zeugnis der Gläubigen zeigt. Mit diesem Willen zum Zeugnis von Christus hat die Kirche Lohfink zufolge den zentralen Grundgedanken des alttestamentlichen Gottesvolks aufgenommen und weitergetragen. Am Berg Sinai habe sich demnach eine „Alternativgesellschaft" gebildet, deren Kern die „sakramentale Darstellung des göttlichen Willens wird"[1422], und die so zu einem Sakrament der Gnade für sich und alle Völker werden soll.[1423] Gottes Gnade und Heil ist immer vermittelt und geschichtlich. Geschichte wird so zur Heilsgeschichte und die Kirche zu einem „Zeichen und Werkzeug" (*Lumen gentium* 1) von Gottes Präsenz und Handeln in der Welt. Aber mit der Geschichtlichkeit der Gottespräsenz und -repräsentation ist auch eine Dynamisierung der Art und Weise verbunden, wie diese gedacht werden kann. Starre statische Modelle unter einer „onto-theologischen Ewigkeitsklausel" gilt es hier auf ihr dynamisches Potenzial hin zu untersuchen und zu weiten.

Dem dynamischen Zug der (sakramentalen) Fundierung der Kirche gilt es also in radikaler Weise Rechnung zu tragen. Mit Verweis auf die vorangegangene Darlegung der liturgisch-performativen Konstitution der Kirche als Leib Christi lässt sich Kirche demnach als eine liturgisch-prekäre Gemeinschaft beschreiben. Beide Bilder, das der Communio- wie auch das der Leib-Ekklesiologie, werden darin zusammengedacht. Die Gemeinschaft der Kirche konstituiert sich immer wieder neu liturgisch in der Repräsentanz *des* und *als* Leib Christi. Wie jeder

---

[1420] Siehe CHRISTOPH THEOBALD, *Selon l'esprit de sainteté. Genèse d'une théologie systématique*, Paris 2015, 107-152. Theobald sieht bei Loisy ein Kirchenverständnis aufscheinen, in der Kirche nicht mehr begründungstheoretisch fundiert wird, sondern als eine historische, dynamische und nur in der Veränderung dem Ursprung treu bleibende Gemeinschaft interpretiert wird.

[1421] Vgl. STEPHAN VAN ERP, „Unablässige Inkarnation als Zukunft der Menschheit. Die Verheißung der Sakramententheologie von Schillebeeckx", in: *Concilium* 48 (1/2012), 76-89, 77.

[1422] MENKE, *Sakramentalität*, 117.

[1423] Vgl. LOHFINK, *Braucht Gott die Kirche?*, 270, 308.

politische Körper konstituiert sich die Kirche im Zeichen einer theopolitischen Imagination, einem Narrativ, das man verkörpert und in das man sich einschreibt. Das Narrativ der Kirche ist das des Reich Gottes, in das sie mit Christus einge-schrieben ist und das ihr zugleich aber bis zu dessen zweitem Kommen letztlich entzogen ist. Kirche als Grundsakrament ist, wie das Ursakrament Christus, stets „im Kommen". Und dieses Kommen vollzieht sich in der Liturgie der Eucharistie – wenn auch nicht ausschließlich, so doch dogmatisch betrachtet zentral, wie es in *Lumen gentium* 3 heißt: „Zugleich wird durch das Sakrament des eucharisti-schen Brotes die Einheit der Gläubigen, die einen Leib in Christus bilden, darge-stellt und verwirklicht [vgl. 1 Kor 10,17]."[1424] Diese „Verwirklichung" der Ein-heit ist genauso ein Prozess wie die Darstellung des Leib Christi im Allgemeinen. Dieser prozesshafte Charakter kann in je unterschiedlicher Weise ausgedrückt werden, ob durch Papst Franziskus Bild des Feldlazaretts oder durch Augustinus Bild des pilgernden Gottesvolkes. Wie Cavanaugh im Rückgriff auf dieses Bild vermerkt, läuft Augustinus „pilgrim politics" nicht auf die statische Konstitution von Kirche als Gegenstaat hinaus, denn die *civitas Dei* ist mit der Kirche gerade nicht identisch, sondern scheint darin nur auf. Aber genau darin liegt ihre subver-sive Kraft, die jegliche Machtkonstitution in der Welt unterwandert, sei diese nun staatlicher oder auch kirchlicher Natur; so wie sich auch das Feldlazarett an den sich stets ändernden Bedürfnissen der Notleidenden in der Welt orientiert und von daher gar nicht auf eine statische Stationierung setzten kann, ohne seinen Auftrag zu vernachlässigen.

Damit drückt Sakramentalität den „himmlischen" Ursprung der Kirche aus. „Sie ist sakramental verfasst, weil sie das, was sie ist, nicht aus sich selbst ist, sondern sich ‚ab extra' der göttlichen Selbstzusage verdankt."[1425] Aber dennoch erschließt Sakramentalität – bei aller Betonung der Differenz – auch eine kon-krete Realität, den *corpus verum* der Kirche. Wie aber mit Cavanaugh gezeigt wurde, wird dieser Umstand besser hervorgehoben, wenn wir in diesem Zusam-menhang vom „mystischen Leib" sprechen. Denn unter Berücksichtigung des komplizierten Beziehungs- und Analogieverhältnisses zwischen Christologie und Ekklesiologie kann eine Ekklesiologie des mystischen Leibes Christi dessen tie-fere theopolitische Bedeutung genauer entfalten. Als Ausdruck ihres sakramen-talen Charakters verweist das Adjektiv „mystisch" genau auf den Zwischenraum zwischen reiner Identität und reiner Differenz, die *chora* oder die *différance*. Da-mit aber drückt das Kirchenbild des mystischen Leibes Christi in seiner Sinn-spitze genau das aus, was Cavanaugh mit de Lubac in der Betonung der Kirche als wahrem Leib Christi aussagen will: Die Kirche ist ein realer, institutioneller und daher auch inhärent politischer Körper, wie auch in Christus der wahre Mensch Jesus mit dem Logos vereint ist.[1426] Zugleich kann „mystisch" auch als Ausdruck für den komplexen performativ-liturgischen Vermittlungscharakter in

[1424]   DH 4103.
[1425]   FABER, *Einführung in die katholische Sakramentenlehre*, 53.
[1426]   Vgl. CAVANAUGH, *Field Hospital*, 112-120.

der sakramentalen Interpretation von Kirche als Leib Christi interpretiert werden. So wie die hypostatische Union in Christus eine dynamische – eine geistgewirkte – Vermittlung zwischen Mensch und Logos darstellt, so kann die Beziehung zwischen Christus und seiner Kirche weit dynamischer über die Vermittlung durch den Geist Jesu Christi gedacht werden, für die die Inkarnation Voraussetzung, aber nicht Paradigma ist (im Sinne eines Verständnisses von Kirche als Verlängerung der Inkarnation).

Für die Frage, welchen politischen Charakter diese mystische und zugleich reale „Alternativgesellschaft" politisch hat, lohnt sich nochmals ein Blick auf ihren Vollzug des „öffentlichen Dienstes", i.e. auf ihre Liturgie, insbesondere die des Sakraments der Eucharistie. Wie bereits erörtert, steht die liturgische Feier des Sakraments der Eucharistie dabei für einen anderen „Gebrauch der Körper"[1427]. In ihr werden, ganz im Sinne von Cavanaughs Definition von Politik, die Körper der Gläubigen auf ein anderes Ziel (Gott) ausgerichtet und können so die herrschende Ordnung unterlaufen.[1428] Einher damit geht auch ein anderes Gemeinschaftskonzept, das gerade nicht auf einer „harten" Identität aufbaut und das nicht wie beispielsweise neuzeitlich-liberale Konstitutionsformen über (teils verborgene) Ausschlussmechanismen gebildet wird. Katholizität radikal sakramental verstanden nimmt dabei zum einen Cavanaughs Impuls der konkreten Universalität auf, das eine sakramentale Verwobenheit – oder indirekte Proportionalität – zwischen Individuellem und Universellem betont. Dies hat zur Folge, dass das Individuelle nicht einfach im Universellen aufgeht, sondern, dass sich das Universelle immer nur im und als konkret Individuelles repräsentiert oder besser: verwirklicht. Zum anderen aber gilt es dieses sakramentale Universalitätsverständnis noch zu radikalisieren, d.h. in diesem Kontext dessen liturgisch-performativen Charakter zu betonen. Derart interpretiert, könnte man daher von „Doing Catholicity" sprechen, also von Gemeinschaft als einer Performance um eine für Gottes verbindende und gemeinschaftsstiftende Gegenwart leergehaltene Mitte. Ekklesiologisch betrachtet kann diese Mitte als der Altar interpretiert werden, auf dem die Eucharistie gefeiert und die theopolitische Imagination des Reich Gottes verkörpert wird. Einer Gemeinschaft, die sich von einem ihr entzogenen Ursprung her performativ immer wieder neu konstituiert, verfügt zwar ebenfalls über eine Einheit, jedoch eine prekäre Einheit, die es immer wieder neu und konkret zu verwirklichen gilt. Diese prekäre, weil dynamische Einheit bedingt auch eine prekäre Identität der Gemeinschaft und all ihrer Glieder. Dies wiederum hat zur Folge, dass Identität nicht durch Ausschlussmechanismen gebildet werden kann, anhand von „harten" Grenzen, die das je Eigene zum Vorschein bringen.

[1427] Vgl. AGAMBEN, *Der Gebrauch der Körper.* Zum Verhältnis zwischen Liturgie und Politik bei Agamben siehe AGAMBEN, *Opus Dei. Archäologie des Amts,* Kp. 1, 13-55.

[1428] Siehe z.B. CAVANAUGH, „The Church in the Streets", 401: „‚politics' is defined not as the achievement of state power but more broadly as the ordering of bodies in space and time."

Im Grunde, an ihrer Wurzel, hat eine radikal sakramentale Kirche kein Außen. Stattdessen liegt der Fokus auf Inklusionsmechanismen, auf dem, was im je konkreten Kontext verbindet. Dies ist wiederum wie Gottes gemeinschaftsstiftende Präsenz der Kontrolle der Gemeinschaft entzogen. Diese kann sich nur in Erwartung von dessen Kommen versammeln und in diesem Prozess immer wieder neu die gemeinschaftsstiftende, weil transformierende Kraft erfahren. In dieser weltlichen Entwurzelung der Gemeinschaft steckt zugleich deren subversive Kraft in der Welt und deren Verweltlichung als (theo)politischer Körper.

Damit kommen wir in einem letzten Schritt zu der Frage, wie die innere Organisation dieser Gemeinschaft im Lichte radikaler Sakramentalität aussehen könnte. Dies ist die Frage nach dem radikalen Charakter eines sakramentalen Amtsverständnisses.

4.3.3 Radikal sakramentales Amt: Hierarchie und Amtsvollmacht an der Wurzel gepackt

Selbstverständlich kann an dieser Stelle keine detaillierte Diskussion des katholischen Amtsverständnisses in all seinen Aspekten erfolgen, sondern nur eine (Re)Evaluation des sakramentalen Amtsverständnis unter „radikalen" Gesichtspunkten, wie sie bereits in den vorangegangenen Abschnitten herausgearbeitet wurden. Diese Diskussion führt uns einerseits zum performativen Charakter der sakramentalen Amtshandlung selbst und andererseits zur Frage der Hierarchie. Amt und Hierarchie sind eng miteinander verbunden und haben ihren geteilten Ursprung in der Feier der Sakramente, welche die feiernde Person in die prekäre Nähe des Heiligen rückt, das sich im Sakrament ereignet.

Daher kann auch hier mit der Warnung vor Sakramentalismus begonnen werden, d.h. im Falle des Amtes mit der Identifikation von Christus mit der ihn repräsentierenden Person. Im Gegensatz dazu ist gerade die „*Unterscheidung*, zwischen einer bezeichnenden und einer bezeichneten Ebene, [...] zwischen der Autorität Christi und der des apostolischen Amtes [...]"[1429] zu betonen. Dieser Unterscheidung, diesem schillernden Spiel von Identität und Differenz, muss Rechnung getragen werden, um dem zu entgehen, was Stefan Knobloch mit Rückgriff auf Hans Joas die „sakrale Bemäntelung" der Priester nennt. Darunter versteht er die Tendenz der Sakralisierung der Amtsträger, wenn diese aufgrund eines falsch verstandenen Amtsverständnisses als Verwalter der Sakramente interpretiert werden, als ob sie von sich aus über Gottes Heilswirken verfügen könnten. Dies, so Knobloch, „trübt aber die Sakramentalität der Kirche"[1430]. Diese Problemlage ist

---

[1429] MENKE, *Sakramentalität*, 7.
[1430] STEFAN KNOBLOCH, *Lebenszeichen. Für eine Wiederentdeckung der Sakramente*, Ostfildern 2014, 44. Siehe auch HANS JOAS, *Glaube als Option. Zukunftsmöglichkeiten des Christentums*, Freiburg 2014, 217: „Macht es nicht den Eindruck, als kompensiere die kirchliche Hierarchie den Gewichtsverlust der Sakramente durch ihre eigene *sakrale Bemäntelung*, was nebenbei auch den Effekt hat, dass unter ihr

gerade vor dem Hintergrund der Missbrauchskrise in der katholischen Kirche besonders brisant.[1431] Hierbei spielt auf verschiedenen Ebenen die Sakralisierung des Priester(amte)s eine zentrale Rolle. Diese Sakralisierung ist dabei kein reines Phänomen der Gegenwart, sondern hat ihre historischen Wurzeln im Antimodernismus des 19. Jahrhunderts. Georg Essen spricht in diesem Zusammenhang von einem „Dreieck von Eucharistie, Weihepriestertum und kultischer Reinheit [...], wie es namentlich im 19. Jahrhundert greifbar wird und dort in den Dienst einer antimodernen Stabilisierung der priesterlichen Existenz gestellt wird"[1432]. Diese Strategie, in der ein sakrales Priestertum gegen eine als Verfall verstandene Moderne in Stellung gebracht wird, hat dabei auch ihre gefährlichen Konsequenzen im Bereich des Missbrauchs durch Priester unserer Tage, wie Magnus Striet pointiert darlegt: „In dieser Logik wird einsichtig, warum zu Tätern gewordene Priester aus systemischen Gründen gedeckt wurden: Sie wurden nach außen vor Kritik geschützt, weil es um die Identität des theologischen Systems Kirche ging."[1433] Hierbei ist klarzustellen, dass der Zusammenhang zwischen Sakralisierung des Priesterbildes und sexuellem und geistlichem Missbrauch kein zwingend notwendiger ist, sondern eher zu betrachten ist als *„systemische*[] Voraussetzung[], die unter bestimmten Umständen zu derartigen fürchterlichen Verbrechen [und deren Vertuschung] führen [kann]"[1434], wie Essen es formuliert. Vielmehr ist stattdessen mit Andreas Odenthals kulturpsychoanalytischem Ansatz von einem „traumatischen Milieu" zu sprechen, das er als eine „Grenzüberschreitung zwischen dem eigenen Ich des Priesters und Christus"[1435] beschreibt. Einem derart erhöhten

strukturelle Veränderungen in der Kirche verhindert werden, nach denen das Volk Gottes in seiner *sakramentalen Kompetenz* längst schreit?".

[1431] Siehe beispielsweise HILPERT; LEIMGRUBER; SAUTERMEISTER; WERNER (Hg.), *Sexueller Missbrauch von Kindern und Jugendlichen im Raum von Kirche*; HOFF; KNOP, KRANEMANN (Hg.), *Amt – Macht – Liturgie.*; KOPP (Hg.), *Macht und Ohnmacht in der Kirche*, sowie STRIET; WERDEN (Hg.), *Unheilige Theologie!*.

[1432] GEORG ESSEN, „Das kirchliche Amt zwischen Sakralisierung und Auratisierung. Dogmatische Überlegungen zu unheilvollen Verquickungen", in: MAGNUS STRIET; RITA WERDEN (Hg.), *Unheilige Theologie! Analysen angesichts sexueller Gewalt gegen Minderjährige durch Priester*, Freiburg 2019, 78-105, 80.

[1433] MAGNUS STRIET, „Sexueller Missbrauch in der Katholischen Kirche. Versuch einer Ursachenforschung", in: DERS.; RITA WERDEN (Hg.), *Unheilige Theologie! Analysen angesichts sexueller Gewalt gegen Minderjährige durch Priester*, Freiburg 2019, 15-40, 27. Siehe hierzu auch RITA WERDEN, „Systemische Vertuschung. Zur Rede von Scham in den Stellungnahmen von Bischöfen im Kontext der Veröffentlichung der MHG-Studie", in: Ebd., 41-77.

[1434] ESSEN, „Das kirchliche Amt zwischen Sakralisierung und Auratisierung", 81.

[1435] ANDREAS ODENTHAL, „Priesterbild-Gottesdienst-Missbrauch. Liturgiehistorische und kulturpsychoanalytische Überlegungen zur Ambivalenz liturgischer Rollenbilder", in: KONRAD HILPERT; STEPHAN LEIMGRUBER; STEFAN SAUTERMEISTER; GUNDA WERNER (Hg.), *Sexueller Missbrauch von Kindern und Jugendlichen im Raum von Kirche. Analysen – Bilanzierung – Perspektiven*, Freiburg 2020, 199-208, 205.

und sakralisierten Idealbild kann der Priester nicht gerecht werden, was zur Verdrängung oder Abspaltung der „unwürdigen" eigenen Eigenschaften führen kann. Aber Verdrängtes sucht sich in der ein oder anderen Weise einen Weg zurück an die Oberfläche. Diese erste Grenzverletzung zwischen Priesteramt und Christus kann dann zur zweiten Grenzverletzung in der Form des Missbrauchs durch Priester führen, weswegen für Odenthal entscheidend ist, die Grenzen zwischen Christus und dem Priesteramt zu berücksichtigen.[1436] Abermals mit Magnus Striet könnte man diese Problemlage vor aktuellem Hintergrund wie folgt zusammenfassen: „Die theologisch eingeübte Unterscheidung zwischen Amt und Amtsträgern funktioniert nur noch sehr begrenzt."[1437]

Die Erkenntnis, dass es ein falsches Verständnis dieses Verhältnisses gibt, beantwortet aber noch nicht die Frage nach dem richtigen Verhältnis. Vielmehr drängt sie auf eine nähere Verhältnisbestimmung und diese wiederum auf eine genaue Verhältnisbestimmung zwischen Amt und Amtshandlung. Die Amtshandlungen, die den Priester in prekäre Nähe zum Heiligen bringen und damit auch die Gefahr der Sakralisierung des Priesterbildes befeuern, sind das Spenden der Sakramente. Der sakramentale Charakter priesterlichen Amtshandelns muss also näher betrachtet werden, ebenso wie der nach katholischem Verständnis sakramentale Charakter des Amtes selbst. Will man dem katholischen Amtsverständnis auf der Spur bleiben, so kommt man nicht vorbei am „Arcanum der Theopolitik", der Frage Stoellgers „Wer hat das Sagen in Sachen Eucharistie?"[1438]. Dies ist also eine theopolitische Frage, d.h. die theologische Beantwortung dieser Frage hat eine politische Dimension. Sakramentalität in der Kirche ist eine Frage der Souveränität bzw. eine Frage der Repräsentation von Souveränität. Denn wie bereits herausgearbeitet wurde, ist Sakramentalität die Art und Weise, wie Kirche politisch ist. Man könnte folglich formulieren, dass das Verhältnis zwischen Amt bzw. Amtsperson und Sakrament selbst sakramental ist, d.h.: „unterschieden – vermittelt – ungetrennt".

Bei der Diskussion der Frage, wie dieser sakramentale Charakter das Verhältnis näher bestimmt, wollen wir zunächst von Stoellgers Kritik am neuplatonischen hierarchischen Dispositiv ausgehen, wie er es bei Marion vorfindet. Dies ist also zunächst die Frage, wer überhaupt im Leib Christi dazu in der Lage ist, Christus als das Haupt bei der Feier der Sakramente zu repräsentieren. Diese Frage wird traditionell über die apostolische Sukzession gelöst wie etwa bei Menke, der das Amt als eine „sakramentale Repräsentation des ‚Voraus' Christi vor seiner Kirche"[1439] versteht. Bei Menke zeigt sich deutlich ein nahezu rein inkarnatorisches

---

[1436]   Vgl. ebd., 206.
[1437]   STRIET, „Alles eine Frage der Berufung?", 160.
[1438]   STOELLGER, „Souveränität nach der Souveränität", 50.
[1439]   Vgl. MENKE, *Sakramentalität*, 188-200.

Verständnis der Sakramentalität (auch) des Amtes, wobei inkarnatorisch hier wesentlich „von Christus her und auf Christus hin" bedeutet. [1440] Menkes „reinkarnatorisches" Sakramentenverständnis ist für ihn zugleich auch eine Art geschichtshermeneutisches Prinzip, wenn er wie folgt festhält:

> „Aber das gerade bedeutet ja Inkarnation, dass die faktische Geschichte Jesu und die faktische Kanonisierung bestimmter Zeugnisse über Jesus und die faktische Abschließung bestimmter dogmatischer Prozesse (Dreistufung des Ordo; Siebenzahl des Sakramente etc.) unbeliebig, nicht mehr revidierbar und also abgeschlossen sind."[1441]

Maßgebliches Argument für das Amts- und Hierarchieverständnis ist also eine geschichtshermeneutische Interpretation der Inkarnation, die sich in den faktischen Ergebnissen dogmatischer Erkenntnisse offenbart. Demnach wird in der Geschichte nicht vorbei an Christus offenbart, sondern der Geist Christi wirkt sozusagen geschichtlich in den Erkenntnisprozessen seines kirchlichen Leibes weiter, bis sie zu einem „unrevidierbaren" Schluss gekommen sind.

Diese Auslegung sakramentaler Repräsentanz Christi erscheint hermeneutisch wie hermetisch abgeschlossen. Das Kirchengerüst steht ein für alle Mal festgefügt, wie es in seinen Grundfesten im geschichtlichen Prozess geronnen ist. Der Vorteil einer solchen Interpretation liegt auf der Hand: es gibt Halt, weil es eine besonders starke Statik verspricht. Die Folge dieser Statik ist andererseits aber auch eine statische Grundausrichtung von Kirche, die nicht so recht zum Charakter des „pilgernden Gottesvolkes" oder zu Franziskus und Cavanaughs Kirchenbild des Feldlazaretts zu passen scheint. Im Lichte des radikal sakramentalen Charakters einer Kirche, die sich im Vollzug der Eucharistie(feier) immer wieder neu und konkret als ein Gemeinschaftskörper formiert, lässt sich ein alternatives Amts- und Hierarchieverständnis vertreten, in dessen Zentrum der performative Vollzugscharakter von Amt und Amtshandlung stehen.

Wie müssen Amt und Amtshierarchie verstanden werden, wenn sie unmittelbar aus dem sakramentalen Charakter ihrer Vollzüge gelesen werden? Gespannt in das schillernde Spiel zwischen Identität und Differenz bzw. zwischen Hier und Jetzt und der Ewigkeit Gottes, erscheint die Frage der Heilsrepräsentation nicht geschichtlich „abgeschlossen", wie Menke betont, sondern vielmehr als sich geschichtlich immer wieder neu im Vollzug der Sakramente ereignend. So warnt

---

[1440] Eine pneumatologische Priorisierung identifiziert Menke dahingegen mit einem funktionalen – d.h. für ihn protestantischen – Amtsverständnis, welches er ablehnt. Siehe ebd., 184-187. Siehe ebd., 187: „Zum Wesen der Kirche gehört ihr Insein in Christus ebenso wie ihre Unterschiedenheit vom Gründer und Haupt. Indem die Kirche von Christus her und auf Christus hin lebt, erkennt sie sich selbst, erkennt sie zum Beispiel ihre Apostolizität, erkennt sie den Unterschied zwischen Aposteln und Apostelnachfolgern, erkennt sie die Einheit des Ordo, aber auch die Notwendigkeit der Stufung von Bischöfen, Priestern und Diakonen."

[1441] Ebd., 188.

auch Julia Knop davor, der „[a]mtliche[n] Christusrepräsentanz [...] gegenüber
ekklesialer (Versammlung), sakramentaler (Eucharistie) und verbaler (Verkündigung) Gegenwart Christi eine eigenständige, von der Abfolge, Zusammensetzung
und Dynamik der Feier losgelöste und in diesem Sinne absolute Bedeutung [zu-
zusprechen]"[1442]. Knop hält dagegen fest, dass gerade auch die amtliche Repräsentanz nicht losgelöst sein darf von der liturgischen Feier, deren eigentlicher
Träger „[s]eit dem Zweiten Vatikanischen Konzil [...] aber, der ganze mystische
Leib Jesu Christi' (SC 7)"[1443] ist. Und wie Fagerberg diesbezüglich feststellt: „it
is incorrect to say the laity cooperates with the priest in the liturgy and more correct to say the laity and priest *co-operate the liturgy*. This divine activity has many
moving parts, all under the hand of God"[1444].

In der folgenden Diskussion werden gemäß dem oben entwickelten Verständnis
einer sich im Vollzug aktualisierenden Sakramentalität die möglichen Folgen für
ein Verständnis von Amt und Hierarchie diskutiert.

4.3.3.1 Hierarchie im Spiegel der Sakramentalität des gemeinsamen Priester-
tums

Die Feststellung, dass der gesamte mystische Leib Träger der Liturgie ist, hat
seine amtstheologische Entsprechung in der Diskussion um das gemeinsame
Priestertum aller Getauften und dessen Verhältnis zum speziellen, sogenannten
amtlichen Priestertum durch Weihe. In *Lumen gentium* 10 heißt es hierzu aber,
dass diese „dem Wesen nach und nicht bloß dem Grad nach" unterschieden sind,
wobei sie zugleich „einander zugeordnet" sind.[1445] Wie Christoph Böttigheimer
mit Verweis auf Herbert Vorgrimler feststellt, ist dieses Verhältnis aber auch ein
halbes Jahrhundert nach der Veröffentlichung von *Lumen gentium* „insgesamt
noch nicht geklärt"[1446], wie auch, dass „theologisch außer Zweifel [steht]",
„[d]ass die Kirche hier in der Ämterlehre weit mehr Möglichkeiten besitzt als sie
derzeit wahrnimmt [...]"[1447]. Nichts verdeutlicht die Brisanz dieses Themas vielleicht so sehr wie der „Synodale Weg", der im Dezember 2019 offiziell aufgenommen wurde und bei dem drei von insgesamt vier Synodalforen sich direkt

---

[1442] JULIA KNOP, „Klerikales Schisma im Gottesdienst? Eine kritische Relecture kirch-
licher Vorgaben zu Amt und Liturgie", in: GREGOR MARIA HOFF; DIES.; BENEDIKT
KRANEMANN (Hg.), *Amt – Macht – Liturgie. Theologische Zwischenrufe für eine
Kirche auf dem synodalen Weg,* Freiburg 2020, 151-168, 165.

[1443] Ebd., 167.

[1444] FAGERBERG, *Liturgical Dogmatics,* 35.

[1445] DH 4125.

[1446] CHRISTOPH BÖTTIGHEIMER, „Das kirchliche Amt vor neuen Herausforderungen?
Problembestimmung und Lösungsansätze", in: *Zeitschrift für katholische Theolo-
gie,* 137 (3/2015), 285-298, 286. Siehe auch HERBERT VORGRIMLER, „Amt", in:
DERS., *Neues Theologisches Wörterbuch,* Freiburg 2000, 32-34.

[1447] BÖTTIGHEIMER, „Das kirchliche Amt", 298.

oder indirekt mit Amtsfragen befassen.[1448] Vor diesem Hintergrund erscheint es besonders förderlich, die Frage der (Amts)Hierarchie im Hinblick auf ein radikal-sakramentales Verständnis des Amtes neu zu untersuchen. Dies kann hier nur in Ansätzen geleistet werden, wenn auch die folgende Skizzierung in eine deutliche Richtung weist.

Zunächst gilt es, die Leitungsposition des Priesters, die er *in persona Christi capitis* ausfüllt, genauer zu fassen. Hier ist zunächst anzumerken, dass der Zusatz *capitis* eine verhältnismäßig neue Ergänzung darstellt, die unter Pius XII. in der Enzyklika *Mediator Dei* (1947) vorgenommen und anschließend vom Zweiten Vatikanischen Konzil in *Presbyterorum ordinis* 2 erneut aufgegriffen wurde. Der entscheidende Punkt, auf den es hier ankomme, so Alexander Zerfaß, ist die Herleitung des Priesteramtes nicht aus der Delegierung der Gemeinde (funktionales Amtsverständnis), sondern aus der Repräsentation des „fundamentale[n] Extra-nos des Glaubens", i.e. der Unverfügbarkeit des Glaubens sowohl individuell wie auch kirchlich-gemeinschaftlich.[1449] Der geweihte Priester übernimmt also die „Funktion", das Gegenüber der Gemeinde zu Christus darzustellen. Daraus lasse sich aber, so Zerfaß weiter, kein „einseitig überspanntes Konzept von *hierarchischer* Christusrepräsentanz"[1450] ableiten. Entscheidend ist hier nämlich das Moment der Unverfügbarkeit und des Gegenübertretens Christi. Dies wird im kommenden Abschnitt noch herauszuarbeiten versucht, indem beim klassischen Konzept des *ex opere operato* die Rolle des eigentlich handelnden Christus gegenüber der „Werkzeugursache" Mensch betont wird. Oder wie Andreas Odenthal mit Bezug auf die Liturgiekonstitution *Sacrosanctum concilium* 7 betont: Die Konzentration liegt auf Christus, „der durch [die] Person des Priesters handelt, nicht [auf dem] Priester, der in Person Christi handelt"[1451]. Insofern spricht sich Odenthal also doch für ein „instrumentelles" Verständnis des priesterlichen Amtes aus.[1452] Man kann dieses Verständnis dann auch mit Böttigheimer als „funktional" verstehen, allerdings nicht im Sinne einer Delegierung von Seiten der Ge-

---

[1448] Die Titel dieser 3 Synodalforen lauten: (1) Macht und Gewaltenteilung in der Kirche – Gemeinsame Teilnahme und Teilhabe am Sendungsauftrag, (2) Priesterliche Existenz heute und (3) Frauen in Diensten und Ämtern in der Kirche. Siehe https://www.synodalerweg.de/struktur-und-organisation/synodalforen/, abgerufen am 12.11.2020.

[1449] Vgl. ALEXANDER ZERFAß, „Gottesdienst und Hierarchie. Zum liturgischen Handeln des Priesters ‚in persona Christi capitis', ", in: GREGOR MARIA HOFF; JULIA KNOP; BENEDIKT KRANEMANN (Hg.), *Amt – Macht – Liturgie. Theologische Zwischenrufe für eine Kirche auf dem synodalen Weg*, Freiburg 2020, 137-150, 144-145.

[1450] Ebd., 149.

[1451] ODENTHAL, „Priesterbild-Gottesdienst-Missbrauch", 206-207.

[1452] Vgl. ebd., 207.

meinde, „sondern auf der funktionalen Ebene des Dienstes am Christsein der anderen"[1453]. In dieser „funktionalen Ebene" bestehe dann auch die „Wesensver-
schiedenheit" zwischen gemeinsamem und amtlichem Priestertum.[1454] Diese
Funktion aber, kann das Priesteramt nur im Gesamtzusammenhang der kirchlichen und liturgischen Gemeinschaft, d.h. in der wechselseitigen Zuordnung zum
allgemeinen Priestertum aller Gläubigen, entfalten. Diesen zweiten Aspekt betont
auch Essen, wenn er anmerkt, dass der „Wesensunterschied" an sich kein Problem darstelle, solange nicht „die wechselseitige Zuordnung von amtlichem und
gemeinsamem Priestertum unterbleibt, die sich in ‚Lumen gentium' andeutet
[...]"[1455], jedoch noch weiter entfaltet werden muss. Michael Seewald setzt erste
Akzente in diese Richtung und konzipiert in diesem Zusammenhang eine „mehrpolige Christusrepräsentanz":

> „Nicht der kraft seiner Ordination zum exklusiv sakramentalen Repräsentanten
> Christi erhobene Amtsträger tritt einem Laien gegenüber, vor dem er in der Person
> Christi, des Hauptes, zu handeln beansprucht, sondern der ordinierte Amtsträger
> aktuiert kraft seiner Weihe die dem Getauften bereits geschenkte Teilhabe am Amt
> Christi. Die *repraesentatio Christi* würde so zu einem mehrpoligen, dynamischen
> Geschehen, da sich auch liturgisch in einem veränderten Zueinander der Rollen
> spiegeln müsste, die dem *Priester kraft Weihe* und den *Priestern kraft Taufe* zu-
> kommen."[1456]

Es gilt also, die allen Getauften geschenkte Teilhabe am Amt Christi als Grundlage zu setzten für eine (neue) Verhältnisbestimmung zwischen den einzelnen
Rollen, die im liturgischen Geschehen der Christusrepräsentation miteinander in
Bezug stehen. Thomas Ruster hat diesen Gedanken dahingehend weiterentwickelt, als dass er eine „neue Gestalt des kirchlichen Amtes" vorgelegt hat, demzufolge alle Getauften qua Taufe prinzipiell zu Priester*in, König*in und Pro-
phet*in gesalbt und zu den drei Diensten des Heiligens, Leitens und Lehrens berufen und berechtigt seien. Zudem führt er an, dass diese verschiedenen Ämter,
gleichwohl sie aufeinander bezogen sind, dennoch von verschiedenen Personen
ausgeübt werden können und nicht in einem einzigen Weiheamt zusammenlaufen

---

[1453]   BÖTTIGHEIMER, „Das kirchliche Amt", 290.

[1454]   Ebd., 290. Eine zentrale Funktion, die der Priester übernimmt, ist Böttigheimer zu-
         folge das Herstellen der „Verbindung zur Gesamtkirche [...], indem er auf Christus,
         das Haupt der Kirche verweist und für die Authentizität der apostolischen Botschaft
         Sorge trägt, was die öffentliche Verkündigung des Evangeliums gegenüber der Ge-
         samtgemeinde und die Leitung von sakramentalen Feiern impliziert." Ebd., 294.

[1455]   ESSEN, „Das kirchliche Amt zwischen Sakralisierung und Auratisierung", 103.

[1456]   MICHAEL SEEWALD, „Mehrpolige Repräsentation. Über die Macht der Liturgie und
         die Vergegenwärtigung Christi", in: Gregor Maria Hoff; Julia Knop; Benedikt
         Kranemann (Hg.), *Amt – Macht – Liturgie. Theologische Zwischenrufe für eine Kir-
         che auf dem synodalen Weg*, Freiburg 2020, 253-267, 265.

müssen.[1457] Dieser Spur kann im Rahmen dieser Untersuchung nicht weiter gefolgt werden, jedoch gilt es zwei entscheidende Aspekte für unsere Diskussion eines sakramentalen Amtsverständnisses festzuhalten: (1) Zunächst der Umstand, dass jede getaufte Person prinzipiell Amtsträger*in ist. So wie die Macht in der Kirche als sakramental zu verstehen ist, ist auch jede getaufte Person zu einem*r Träger*in dieser sakramentalen Macht gesalbt.[1458] Wichtig hierbei ist immer anzumerken, dass sakramentale Macht und analog dazu sakramentales Amt aber gerade „im Modus einer Entmächtigung", als die Repräsentation des entzogenen Ursprungs Christus, wirkmächtig ist.[1459] Dies gilt es im Folgenden noch weiter zu entfalten. Hier sei nur darauf verwiesen, dass eine Neuinterpretation des Amtsverständnisses vor dem Hintergrund radikaler Sakramentalität nicht allein auf eine Ausweitung der sakramentalen Macht auf Laien hinauslaufen kann. Macht muss auch insgesamt anders verstanden werden. Damit aber kommen wir zum zweiten Aspekt für unsere Diskussion eines sakramentalen Amtsverständnis: (2) Die unterschiedlichen Dienste bzw. „Funktionen", die ihren Ausdruck in einer Unterscheidung zwischen gemeinsamem und amtlichem bzw. „hierarchischem" Priestertum widerspiegeln, dürfen nicht darüber hinwegtäuschen, dass die Kirche als Gesamtes – nicht nur eine Teilgruppe von (geweihten) Personen – Trägerin der sakramentalen Macht und damit auch ihrer Vermittlung in der Liturgie ist. Wie mit Knop bereits oben hingewiesen wurde, ist es die gesamte Gemeinde, die Trägerin der Liturgie ist und nicht etwa der Priester allein *anstelle* der Gemeinde oder in alleiniger Repräsentanz Christi. Belcher verweist im Zusammenhang auf die gemeinschaftliche Dimension der Liturgie auf die Trinität als zugrunde liegendes theologisches Konzept, dass hier ebenfalls mitbedacht werden sollte, um einen gewissen Christozentrismus auszubalancieren: „The community is constituted as that of the Trinity not by individual membership in the Body of Christ but by collective action as the Body of Christ."[1460]

Eine solche amtscharismatische Alleinstellung des Priesters gegenüber der Gemeinde hat, wie Arnold Angenendt zeigt, ihren Ursprung in den frühmittelalterlichen Umbrüchen der Opfer- und Priestertheologien.[1461] Zuvor könne man eher von der besonderen Funktion des Priesters im Sinne einer Aufgabe des Konsek-

---

[1457] Siehe THOMAS RUSTER, *Balance of Powers. Für eine neue Gestalt des kirchlichen Amtes*, Regensburg 2019, hier 14-16. Vgl. hierzu einen ähnlichen Entwurf von HERMANN STENGER, *Im Zeichen des Hirten und des Lammes. Mitgift und Gift biblischer Bilder*, Salzburg 2000.

[1458] Dieser Interpretation könnte vermutlich auch Menke zustimmen, zumindest wenn man beachtet, dass er alles wahre Christsein als Priestersein beschreibt. Siehe KARL-HEINZ MENKE, „Gemeinsames und besonderes Priestertum", in: *IKaZ* 28 (1999), 330-345, 340.

[1459] Vgl. HOFF, „Die Sakralisierungsfalle", 283.

[1460] BELCHER, *Efficacious Engagement*, 133.

[1461] Vgl. ARNOLD ANGENENDT, *Offertorium. Das mittelalterliche Messopfer*, Münster 2013.

rierens sprechen, die er „inmitten und als Teil der Eucharistiefeiernden Gemeinde" übernahm.[1462] Der entscheidende Umbruch im Verständnis des Priesteramts vollzieht sich interessanterweise zeitgleich zur Bedeutungsverschiebung des
Begriffs *corpus mysticum* von der konsekrierten Hostie zur Institution Kirche.
Die Erkenntnis dieser Bedeutungsverschiebung, die de Lubac nachgewiesen hat
und die zentral ist für Cavanaughs Ansatz einer eucharistischen politischen Theologie, steht auch im Hintergrund eines erneuerten sakramental-politischen Verständnisses des Priesteramts. Denn in dem Moment, da die konsekrierte Hostie
Christi Leib realiter ist, werden die Einsetzungsworte immer mehr auch als die
authentischen Worte Jesu verstanden, die der Priester in dessen Stellvertretung
spricht.[1463] Das hat zur Folge, dass das priesterliche Tun exklusiv wird und nicht
mehr allein stellvertretend für die gesamte Gemeinde. Mehr und mehr wird nun
der Priester zum eigentlich Opfernden und nimmt damit eine Sonderstellung *gegenüber* der Gemeinde ein. Agenendt hebt die theopolitische Konsequenz dieser
Bedeutungsverschiebung folgendermaßen hervor:

> „Beides, sowohl das konsekrierende Verwandeln wie mehr noch das Opfern, rü-
> cken den Priester in eine Sonderstellung, wodurch er sich aus dem zuvor als ge-
> meinschaftliches Opfersubjekt verstandenen ,heiligen Volk' hervorhebt und sich
> in seiner Rolle unersetzlich macht, weil er die entscheidenden Akte der Messe
> vollzieht."[1464]

Es ist diese „Vollmacht", die in den Händen des Priesters zu liegen scheint, die
ihn als den eigentlich Opfernden in der Eucharistiefeier erscheinen lässt und ihn
so von der restlichen Gemeinde, sozusagen als Haupt vom Leib Christi, trennt.
Um dieser Tendenz und der damit verbundenen Gefahr einer „Deformierung des
Priesterbildes" entgegenzuwirken, sollte Essen zufolge wieder zu einer Tradition
des „,gemeinschaftlichen Wir' von Priester und Gemeinde" zurückgekehrt
werden, in der „die zur Eucharistie Versammelten als Gesamtsubjekt der Feier
des Pascha-Mysteriums" gesehen werden.[1465] Dieser Richtung ist gerade auch mit
Blick auf Cavanaughs theopolitische Lesart des *corpus mysticum* und dem darin
zum Ausdruck kommenden sakramentalen Verständnis von kirchlicher Macht zu
folgen.

Dies hat aber, wie bereits betont wurde, nicht automatisch zur Folge, dass das
hierarchische Priestertum nicht weiterhin eine besondere „Funktion", im Sinne
einer Aufgabe, übernehmen kann. Analog könnte man etwa von einem politischen Amt in einem demokratischen Staat sprechen: die/der jeweilige Politiker*in übt zwar ein gewisses Amt aus und hat in diesem Sinne auch Amtsgewalt,

---

[1462] Vgl. ESSEN, „Das kirchliche Amt zwischen Sakralisierung und Auratisierung", 85.
        Siehe auch ANGENENDT, *Offertorium*, 198.
[1463] Vgl. ODENTHAL, „Priesterbild-Gottesdienst-Missbrauch", 200-202.
[1464] ANGENENDT, *Offertorium*, 204-205, zitiert nach ESSEN, „Das kirchliche Amt zwi-
        schen Sakralisierung und Auratisierung", 86.
[1465] ESSEN, „Das kirchliche Amt zwischen Sakralisierung und Auratisierung", 103.

aber sie tut dies stellvertretend für die anderen Personen, die als Person aber genauso Träger*in der Staatsmacht sind, wie die Amtsperson. Der Unterschied in diesem Vergleich besteht nun aber darin, dass im Vergleich zum liberaldemokratischen Staat die Staats- und abgeleitet davon auch die Amtsgewalt nicht vom Volk als dem eigentlichen Souverän ausgeht (also keine Delegierung), sondern als Sakramentalmacht nur „im Modus einer Entmächtigung"[1466] die Macht des entzogenen Ursprungs Christus, repräsentiert. Aus diesem sakramentalen Wesen kirchlicher Macht ergibt sich mit Blick auf die Hierarchie des Priesteramts, dass Hierarchie nicht im Sinne einer „Höherwertung" der Amtsperson verstanden werden kann. Zwei Aspekte, die hier nur kurz angeführt werden sollen, verdeutlichen dies. Zunächst der Umstand, dass die jeweilige Amtsperson selbst über keine Vollmacht über die Sakramente an sich verfügt und daher nur durch das strenge Befolgen von liturgischen Regeln ihre Rolle ausüben kann. Die Regelkonformität der Liturgie hat also ein gewisses antihierarchisches Potential, insofern die handelnde Person hinter den Regelungen verschwindet. Und zum anderen gebietet gerade dieser Umstand eine Demut bei der Ausübung eines Amtes, deren Nichtbeachtung den gesamten sakramentalen Vorgang zu „entweihen" droht.

Zunächst zum Aspekt der Regelkonformität. Wie Knop festhält, „[...] bewahrt regelkonformes und nicht eigenmächtiges Handeln vor subjektiver Verzerrung der Liturgie und klerikalistischer Bevormundung der Gemeinden, schützt also vor Amtsmissbrauch"[1467]. Theißen spricht sogar von einem „antihierarchischen Potential" der Liturgie, gerade in der Eucharistiefeier. In der Messe feiere die katholische Kirche ein Ritual, „durch deren Sinngehalt sie ihre autoritären Strukturen kritisiert"[1468]. In der Eucharistie, so Theißen, wird eine Stellvertretungssymbolik umgewandelt in eine Gleichheitssymbolik: Jesus, der stellvertretend für uns gestorben ist, macht uns zu Menschen, die auf Kosten eines anderen leben. In der Eucharistie werden wir sodann zu Menschen verwandelt, die aufgrund dessen, dass sie durch einen anderen leben, zu Menschen werden, die füreinander leben. Damit, so Theißen, zeigt sich die Gleichheit aller Menschen, womit ein „hierarchischer Instinkt" verletzt werde.[1469] Die Nähe zum Entzugsmoment der leeren Mitte, die dabei zugleich aber auch zum Konstitutionsmoment von Gemeinschaft wird, ist deutlich. Vollendet ist diese Gleichheit für Theißen in der Vereinigung mit Christus, zu dessen Leib wir werden (Vereinigungssymbolik). Doch diese Vereinigung ist nie geschichtlich abgeschlossen; die Eucharistie als Symbol, „in dem der Übergang in eine neue Welt verdichtet dargestellt wird, muss immer wieder gefeiert werden"[1470].

[1466] Vgl. HOFF, „Die Sakralisierungsfalle", 283.

[1467] KNOP, „Klerikales Schisma im Gottesdienst?", 116. Knop verweist aber zugleich auch auf das Risiko dieser Regelkonformität: „Andererseits wir aber nicht selten gerade das regelkonforme Handeln als ausgrenzend oder klerikalistisch empfunden und als missbräuchliche Inszenierung der Macht gewertet." (Ebd., 116).

[1468] Vgl. THEISSEN, *Veränderungspräsenz und Tabubruch*, 90.

[1469] Vgl. ebd., 104

[1470] Vgl. ebd., 104.

Dieser antihierarchische Instinkt muss letztlich auch die Haltung der liturgisch Handelnden widerspiegeln. Denn egal wo man innerhalb des Ordo verortet ist, alles Heilswirken, alle Aktivität, kommt von einer anderen, einer unverfügbaren Quelle, deren Werkzeug man ist. Diese Parallele zur Kirche als Werkzeug des göttlichen Heilswillens ist dabei kein Zufall, sondern führt auf dasselbe sakramentale Verständnis von Amt bzw. Kirche zurück. Eine Folge davon ist u.a., dass man, egal in welcher Position man sich auch innerhalb der Hierarchie wiederfindet, immer eine höhere Instanz über sich hat. Vielleicht könnte man es sogar so fassen: Je höher ein Amt in der Hierarchie angesiedelt ist, desto größer wird dessen Abhängigkeit vom unverfügbaren Ursprung, den es lediglich repräsentieren kann.[1471] Dieser Chiasmus – je größer die Amtsfülle, desto größer die Abhängigkeit von Gottes Wirken – muss aber auch in einer gewissen Form seinen Ausdruck finden. Das vielleicht deutlichste Beispiel hierfür ist das Papstamt mit seiner nahezu unumschränkten kirchlichen Machtfülle. Was hat dann aber die seit Gregor dem Großen übliche Devotionsformel des *servus servorum Dei* zu bedeuten, wenn sie nicht nur eine rein rhetorische Geste sein soll? Ist diese Devotionsformel, abgeleitet von Paulus Titel des „Knechts Christi Jesu" (Röm 1,1), nicht selbst schon wieder Ausdruck einer „Invisibilisierungstechnik" des sterblichen und sündhaften Körpers des Papstes, was Stoellger zufolge aber gerade die Aporie absoluter Souveränität aufzeigt?[1472] Wenn mit Menke das Amt als eine „sakramentale Repräsentation des ‚Voraus' Christi vor seiner Kirche"[1473] zu verstehen ist, kann im gleichen Zug auch mit Stoellger betont werden, dass im Amtsverständnis auch eine subversive „Selbst*ent*mächtigung der Institution gegenüber dem ‚Referenten' Christus" vorliegt.[1474] Beides gehört zusammen: die sakramentale Erhöhung des im Sakrament handelnden Gottes und die demütige Erniedrigung seiner Diener*innen, in und durch welche Gott im Sakrament handelt. Hier sei noch angemerkt, dass das Motiv des Dienens, zu dem Jesus seine Jünger mit den Worten aufruft: „wer bei euch groß sein will, der soll euer Diener sein" (Mk 10,43), durchaus auch Gefahr laufen kann, tatsächliche Machtverhältnisse zu verschleiern. Stefan Kopp spricht in diesem Zusammenhang von einem „Deckmantel der Macht"[1475] und führt an, wie gerade eine liturgische Inszenierung der Dienerschaft, beispielsweise die priesterliche Fußwaschung am Grün-

---

[1471]   Diesen Gedanken verdanke ich der Diskussion mit dem Philosophen Robert Pfeiffer.

[1472]   Vgl. STOELLGER, „Souveränität nach der Souveränität", 49.

[1473]   Vgl. MENKE, *Sakramentalität*, 188-200.

[1474]   STOELLGER, „Souveränität nach der Souveränität", 52.

[1475]   STEFAN KOPP, „Macht – Kirche – Missbrauch. Geistliche Autorität neu denken", in: DERS. (Hg.), *Macht und Ohnmacht in der Kirche. Wege aus der Krise*, Freiburg 2020, 7-14, 10.

donnerstag, auf subtile Weise auch eine „Inszenierung einer klerikalen Überordnung"[1476] befördert. In diesem Zusammenhang verweist er zudem auf das „Desiderat, stärker auf rezeptionsästhetische Wirkungen und pastorale Dimensionen der Liturgie zu reflektieren"[1477]. Ganz im Sinne Cavanaughs ist also auch bei der Frage des Amts auf die prekäre theopolitische Imagination der Liturgie zu achten.

4.3.3.2 Die Aporie und Performativität sakramentalen Amtshandelns

Dies führt uns schließlich wieder zurück zur Frage, wer in der Feier der Sakramente die handelnde Person ist, oder genauer: Wie das Handeln des Amtsträgers[1478] und das Heilshandeln Gottes miteinander verbunden sind. Davon leitet sich wiederum die Frage des Verhältnisses zwischen der Autorität Gottes und der Autorität der Amtsträgerin ab. Auch bei dieser Frage sollen Stoellgers Überlegungen, in diesem Falle zu Agambens Konzept der Operativität, als Ausgangpunkt dienen. Wie bereits dargelegt, betrachtet Agamben Souveränität von ihrer Operativität, d.h. ihrer Administration her. Davon abgeleitet interpretiert Agamben die Angelologie als Verwaltungstheorie und die Liturgie als Theorie dieser Operativität. Das ontologische Paradigma, das dem dazugehörigen Sakramentenverständnis entspricht und seinen höchsten Ausdruck in der Formel des *ex opere operato* findet, ist das der Wirklichkeit als Wirksamkeit. Und wie Stoellger diesbezüglich zusammenfasst: „ein Vollzug ohne Souveränität – oder aber ein per se souveräner Vollzug."[1479] Vor letzterer Alternative warnt Stoellger mit Agamben und entscheidet sich daher für eine *katargesis* der Souveränität, verstanden als eine Entmächtigung und als „Vorübergehen von Herrschaft als Herrlichkeit, von Kirche als Ökonomie und Amt als permanente Tätigkeit"[1480]. Jedoch liefert Agamben neben dieser Warnung vor einem Amtsverständnis als permanente Tätigkeit in seiner Analyse auch einige Aspekte, die im Kontext unserer Untersuchung von Bedeutung sind und über Stollgers Interpretation hinaus weiterentwickelt werden können. Zudem hat Agamben, wie bereits oben eingeführt, inzwischen selbst mit dem Konzept der „destituierenden Macht" eine Form von prekärer Souveränität zu entwickeln begonnen, das für unsere Interpretation von radikaler Sakramentalität ebenso hilfreich ist.

Zunächst einmal ist für Agamben das Amt das Konzept *par excellence* für den Übergang der Ontologie und Praxis der klassischen Philosophie hin zu dem neuen „ontologischen Paradigma", welches für ihn gekennzeichnet ist durch Operativität und Wirklichkeit. Damit ist das Amt des Priesters aufs Engste mit dem *opus*

[1476] Vgl. DERS., „Vom Dilemma der Macht in der Liturgie", in: DERS (Hg.), *Macht und Ohnmacht in der Kirche. Wege aus der Krise*, Freiburg 2020, 115-127, 117-119.

[1477] Ebd., 127.

[1478] Im folgenden Abschnitt wird aus Gründen der gendersensiblen Sprache lose zwischen „Amtsträger", „Amtsträgerin" und „Amtsträger*in" gewechselt.

[1479] STOELLGER, „Souveränität nach der Souveränität", 61.

[1480] Ebd., 65.

Dei, der Liturgie, verbunden, die Agamben als „den vielleicht radikalsten Versuch [deutet], eine ausschließlich und vollständig wirkmächtige Praxis zu denken."[1481] Prägnant heißt es bei Agamben: „Der Priester ist das Seiende, dessen Sein unmittelbar eine Aufgabe und eine Dienstleistung ist – kurzum: eine Liturgie."[1482] Damit wohnt dem Amt eine Zirkularität inne, die auch für die Liturgie im übergeordneten Sinne bestimmend ist. Agamben formuliert dies folgendermaßen:

> „Im Amt verschwimmen Sein und Praxis, das, was der Mensch tut, und das, was er ist, in einem Bereich der Ununterscheidbarkeit, in dem das Sein sich in seinen praktischen Wirkungen auflöst und, in vollkommener Zirkularität, dasjenige ist, was es (sein) soll, und das (sein) soll, was es ist."[1483]

Besonders zwei Aspekte dieser Analyse des Amts sind interessant. Zunächst hat dies große Auswirkung auf das Subjektsein des/der Amtsträger*in, der/die im eigentlichen Sinne kein Subjekt ist. Nochmals Agamben: „Da es sein soll, was es tut, und das tut, was es sein soll, ist das Subjekt der liturgischen Handlung nicht wirklich ein solches (auf der Ebene der Theologie äußert sich das in der Theorie, dass sein Tun als *opus operatum* von einem anderen getan wird, nämlich Christus)."[1484] In diesem Zusammenhang verweist Agamben auch auf Thomas Konzept des Amtsträgers als „beseeltes Werkzeug" oder „Werkzeugursache" der Heilshandlung Christi im Sakrament. In seiner Auslegung zu den Sakramenten in der *summa theologiae*[1485] betont Thomas zunächst die Unabhängigkeit der Wirksamkeit und die objektive Gültigkeit von Sakramenten (*ex opere operato*) von der individuellen ausführenden Person (*ex opere operantis*) und deren moralischen und körperlichen Eigenschaften. Der eigentliche Agent der sakramentalen Handlung ist Christus, dem der Priester als Werkzeug dient.[1486] Das aber macht den Priester, qua Amt, lediglich zum *Träger* der Handlung, also zum Amtsträger. Daher ist die Unterscheidung von Person und Amt zentral für die Bewahrung des Wesens des Sakramentalen, das durch eine Sakralisierung der Amtsperson zerstört würde. Bis dahin bleibt Agamben in der Spur klassisch-lehramtlicher Amtstheologie. Aber wie Striet anmerkt, scheint genau diese Unterscheidung nur noch begrenzt zu funktionieren. Agambens Analyse weist aber darüber hinaus auf eine andere Spur, um der „Sakralisierungsfalle" des Amts zu entgehen, indem er die Amtshandlung selbst entsakralisiert.

   Hier schließt Agamben zunächst die Herkunft des Amtsverständnisses vom römisch-juridischen Begriff des *officiums* an, sowie von dem damit verbundenen politisch-juridischen Handlungsverb *gerere*. Dieser spezifische Charakter der

---

[1481]   AGAMBEN, *Opus Dei. Archäologie des Amts,* 8.
[1482]   Ebd., 140.
[1483]   Ebd., 9.
[1484]   Ebd., 141.
[1485]   STh III, q. 60-65.
[1486]   Vgl. AGAMBEN, Opus Dei. Archäologie des Amts, 44-46.

Amtshandlung ist der zweite Aspekt, der für unsere Betrachtung von Interesse ist. Denn neben der aristotelischen Unterscheidung zwischen Machen (*poiesis/facere*) und Handeln (*praxis/agere*) gibt es bei den Römern eine genuin dritte Art der Handlung, die ihren Ursprung in „tragen" hat und im juridisch-politischen Umfeld soviel wie „regieren" oder „ein Amt erfüllen" bedeutet. Agamben veranschaulicht folgendermaßen, inwieweit *gerere* das Paradigma des *officiums* darstellt:

> „Der *imperator*, der Staatsmann, dem das *imperium* verliehen wurde, handelt nicht und bringt auch nichts hervor, sein Tun ist, im Gegensatz zum Machen, nicht durch ein äußerliches Ziel (das Werk) bestimmt und hat sein Ziel auch nicht in sich selbst: Es bestimmt sich schlechterdings durch seine eigene Ausübung, durch die Annahme und das Ausfüllen einer Funktion bzw. eines Amts."[1487]

Nach Agamben ist also das Handeln des Amtsträgers eine Übernahme einer bestimmten Funktion, die nur in der Ausübung jener Funktion besteht. Funktion ist dabei in zweierlei Hinsicht ein aufschlussreiches Konzept. Einerseits deutet Funktion darauf hin, dass man in deren Übernahme für einen anderen und als anderer handelt. „Der Begriff der ‚Funktion' benennt die wesenhafte Stellvertretung des Amts."[1488] Wie bereits dargelegt, ist die Amtsträgerin also nicht das eigentliche Subjekt der Handlung. Andererseits aber wird die Amtsträgerin durch die Übernahme dieser Funktion erst zu der, die sie ist. Dies bedeutet auch, dass das Amt nicht losgelöst vom Amtsträger ausgefüllt werden kann. Die objektive Wirkung des Amts ist also unterschieden vom Amtsträger, aber nicht vollkommen von diesem getrennt. Agamben weist mit Nachdruck auf genau diese Zirkularität zwischen diesen beiden Polen hin. In diesem Zusammenhang spricht er auch von einer Zirkularität zwischen einem subjektiven und einem objektiven Element des *officiums*, dem Amt „als institutionelle Gegebenheit" einerseits und als „eine Tätigkeit, die von einem Individuum in Ausübung einer Funktion vollzogen wird" andererseits.[1489] Und diese Zirkularität entspricht wiederum der Zirkularität, die allgemein das Wesen der Liturgie kennzeichnet. Denn es ist gerade das Merkmal der Liturgie, eine Wirklichkeit zu sein, die aus zwei Elementen besteht, die zum einen zwar verbunden sind, zum anderen aber auch getrennt:[1490] auf der einen Seite das objektive Element der Gnade, das *Mysterium*, dessen Subjekt Jesus ist und auf der anderen Seite das subjektive Element derjenigen, die diese Gnade im tagtäglichen Gottesdienst erinnern und vergegenwärtigen, das *Ministerium*.[1491] Etwas ausführlicher hierzu erneut Agamben:

[1487] Ebd., 135.
[1488] Ebd., 139.
[1489] Ebd., 137.
[1490] Vgl. ebd., 49.
[1491] Vgl. ebd., 41.

> „Das, was die christliche Liturgie ausmacht, ist eben der aporetische, aber stets aufs Neue unternommene Versuch, in der liturgischen Handlung – im Sinne des *opus Dei* – Mysterium und Priesteramt zusammenzubringen [Itl. *identificare*] und ihnen gemeinsam Ausdruck zu verleihen, also die Liturgie als wirksame soteriologische Handlung und die Liturgie als Gemeindedienst der Kleriker, das *opus operatum* und das *opus operantis Ecclesiae* zur Übereinstimmung zu bringen."[1492]

Hierbei sei gleich angemerkt, dass die strukturelle Parallele zur Wirksamkeit der Sakramente als einem Widerspruch zwischen äußerem Wirken der Sakramente von Gott her und der verdienstlichen Seite derer, die die Sakramente spenden und empfangen, alles andere als zufällig ist. Denn der Schlussstein in Agambens Analyse des *opus Dei*, der Liturgie im Allgemeinen, wie deren operative Paradigmen Sakrament und Amt, bildet die Aporie, die „Ausweglosigkeit". Was bleibt, ist der immer wieder neu zu unternehmende Versuch, sowohl was das letztendliche Verstehen dieser Konzepte anbelangt, welche die „Theologen nicht abschließend bewältigen können"[1493], als auch was die Aktualisierung der „Wirklichkeit als Wirksamkeit" in Liturgie, Sakrament und Amt anbelangt. Eine Aporie lässt sich bekanntlich nicht in die eine oder andere Seite auflösen. Die Ausweglosigkeit stellt sich in der Form eines Widerspruchs dar, dessen zwei Elemente miteinander verbunden und dabei aber auch getrennt voneinander sind – ein schillerndes Spiel aus Identität und Differenz. Oder christologisch formuliert: ungetrennt und unvermischt und gerade dadurch dynamisch vermittelt. Denn dieser Widerspruch ist in Agambens Interpretation nicht statisch, sondern gerade dynamisch. Oder nochmals christologisch: perichoretisch. Dieses dynamische Verhältnis deutet wiederum auf den performativen Charakter von Liturgie, Sakrament und Amt hin. Denn nur in der Performance, im Vollzug, werden die Widersprüche zwischen den beiden Elementen überwunden und ineinander verflochten und die Wirklichkeit der Gnade und des Heils Gottes aktualisiert sich. Diese Aktualisierung kann dabei aber nur immer wieder aufs Neue wiederholt werden. Dabei ist von zentraler Bedeutung, worauf mit Knop bereits hingewiesen wurde, dass es der gesamte mystische Leib Christi ist, der Träger der liturgischen Handlung ist und nicht etwa einzelne Teile.

Diese Interpretation kann uns auch eine neue Sicht auf das hier diskutierte Amt eröffnen. Vor dem Hintergrund einer Performativität des Amts, in dem der/die Amtsträger*in nur dann zu dem/der wird, der/die er/sie sein soll, wenn er/sie sich als „beseeltes Werkzeug" des eigentlichen Handlungssubjekts Christus in Dienst stellt, kann die eingangs gestellte Frage erneut betrachtet werden: Wer hat das Sagen in Sachen Eucharistie?

Zunächst ließe sich hier das negative Moment der Entmächtigung der Amtsperson anführen. Wer nicht die eigentlich handelnde Person ist, der trägt folglich auch weder Verantwortung noch Kontrolle über die Handlung und deren Folgen. Dieser Aspekt wurde bereits unter Verweis auf die Devotionsformel des Papstes

---

[1492] Ebd., 42.
[1493] Ebd., 42.

angesprochen. Die eigentliche Bedeutung der Hierarchie ist unter diesem Ge-sichtspunkt das Ausgerichtetsein auf Christus als dem eigentlichen Subjekt und Souverän von Liturgie und Amtshandlung. Das individuelle Subjekt des/der Amtsträger*in hingegen ist für sich genommen demgegenüber nur ein Subjekt zweiter Ordnung, zumindest was dessen Rolle in der Feier der Liturgie und der Sakramente betrifft. Er/sie hat also nicht das Sagen in Sachen Eucharistie, son-dern Christus. Um auf Stoellgers Unterscheidung zurückzukommen, ist es also kein „Vollzug ohne Souveränität"[1494], denn es gibt einen Souverän: Christus. Folglich ist der Amtsträger nicht der Souverän. Aber inwieweit ist er als dessen Stellvertreter dennoch (in einem gewissen Sinne) souverän?

Dies führt uns zu der anderen Seite der Medaille, dem subjektiven bzw. indivi-duellen Teil in der klassischen Theorie sakramentaler Wirksamkeit. Denn neben dem *ex opere operato* gibt es auch noch das *ex opere operantis*, neben dem *opus operatum* das *opus operantis Ecclesiae*. Aporie und performative Perichorese beider Elemente bedeutet ja gerade nicht die Auflösung in eine der beiden Seiten, auch nicht die Seite des *ex opere operato*. Hier gilt das, was analog bereits zur sakramentalen Interpretation des leeren Orts der Macht erörtert wurde: es gilt, über das rein negative Moment hinauszugehen und ein Moment der Affirmation, wenn auch in transformierter Form, zu betonen. Dieses affirmative Moment ist im Falle der Agamben'schen Interpretation des Amts sein aporetischer Charakter, was auf den ersten Blick paradox erscheinen mag. Allerdings bedingt dieser apo-retische, aber stets aufs Neue unternommene Versuch der liturgischen Handlung ein Umschlagen in ein dynamisches, performatives Verhältnis beider Elemente. Gott (allein) kann in diesem Sinne mittels der Sakramente gerade nicht bis in den letzten Winkel der Welt hinein von „oben nach unten durchregieren", wie es Agambens Interpretation der Operativität nahezulegen scheint. Es ist gerade die Sinnspitze auch klassischer Sakramententheologie, dass Gott nicht vorbei am Menschen und ohne diesen handelt.[1495] Gottes Kommunikation mit den Men-schen ist auf Medien angewiesen, sei dies die Natur, das Wort oder Symbole.[1496] Dies trifft auch auf das *ex opere operato* gewirkte Sakrament zu, das erst dann wirkmächtig ist, wenn es durch den/die Amtsträger*in *ex opere operantis* gespen-det wird und auf die glaubende Zustimmung der Empfänger*innen trifft. Hier trifft *mutatis mutandis* das zu, was in *Dei verbum* über die göttliche Inspiration und die Heilige Schrift gesagt wird: „Denn Gottes Worte, durch Menschenzunge formuliert, sind menschlicher Rede ähnlich geworden, wie einst des ewigen Va-ters Wort durch die Annahme menschlich-schwachen Fleisches den Menschen ähnlich geworden ist."[1497] Gott handelt an den Menschen nach „Menschenart"

[1494] STOELLGER, „Souveränität nach der Souveränität", 61.

[1495] Vgl. MENKE, *Sakramentalität*, 119.

[1496] Vgl. FABER, *Einführung in die katholische Sakramentenlehre*, 23.

[1497] *Dei verbum* 13 (DH 4220). Siehe auch DV 11 (DH 4215): „Zur Abfassung der Hei-ligen Bücher hat Gott Menschen erwählt, die ihm durch den Gebrauch ihrer eigenen Fähigkeiten und Kräfte dazu dienen sollten, all das und nur das, was er – in ihnen

(DV 12). Das Moment reiner Differenz und Abhängigkeit ist durchbrochen. Auf die Frage nach dem Verhältnis zwischen Amt und Souveränität gewendet bedeutet dies, dass es sich beim durch die Amtsträger*innen verwalteten *opus Dei* in Form der Liturgie und der Sakramente auch nicht um einen „per se souveräne[n] Vollzug"[1498] handelt, vor dem Stoellger warnt. Denn es gibt zumindest den Aspekt der subjektiven, individuellen Zustimmung sowohl der Empfangenden als auch der Spendenden, die am Ende bzw. am Anfang des objektiv wirksamen Sakramentes stehen. Auf die hier genauer diskutierte Frage des Amts gerichtet, bedeutet dies, dass sich der/die Amtsträger*in zunächst frei dazu entscheiden muss, das Amt zu „tragen". Er begibt sich also aus freier Entscheidung in die Zirkularität aus Sein und Praxis, die das Amt charakterisiert. Dies ist der erste Aspekt, den man unter dem Schlagwort der menschlichen Mitwirkung nennen kann.

Der zweite Aspekt betrifft den der Aporie und Performativität der Amtshandlung selbst. Wie bereits erläutert, besteht die Amtshandlung nicht nur in der Annahme einer Funktion, sondern auch in ihrem Ausführen. Das Amt wird erst durch dessen Ausführung *aktualisiert*. Es ist gekennzeichnet als eine Tätigkeit (Lat. *gerere*), die nichts hervorbringt und dennoch ihr Ziel nicht in sich selbst hat, sondern nur durch seine eigene Ausübung. Daher kann das Amt genau betrachtet nur im Modus des „Jetzt" ausgeübt werden. Nur in seinem aktuellen Vollzug ist es das, was es ist. Daher spricht Agamben auch von einer „permanenten Tätigkeit" oder dem „aporetische[n], aber stets aufs Neue unternommene[n] Versuch der liturgischen Handlung". Souveränität, im Sinne von Handlungs- und Wirkmacht, zeigt sich in dieser Art der Tätigkeit aber nur in einem verschwindenden bzw. immer wieder neu aufscheinenden Modus. Gott als das eigentliche Handlungssubjekt und damit Souverän ist nur souverän in der Weise seines „beseelten Werkzeugs", welches sich seinerseits als Stellvertreter voll und ganz unter eine jenseitige Autorität stellt, die dem/der Amtsträger*in letztlich entzogen ist. Die hier zum Vorschein kommende Souveränität ist analog zur Gottesoffenbarung im brennenden Dornbusch zu verstehen: weder der Busch noch das Feuer, sondern das Verbrennen/Vergehen des Busches durch das Feuer ist der Repräsentant Gottes. Analog hierzu ist das *opus Dei* weder „ein Vollzug ohne Souveränität", noch schlicht „ein per se souveräner Vollzug"[1499], sondern ein Vollzug einer Souveränität, die in den Augen dieser Welt nicht wie Souveränität erscheinen mag, wie Cavanaugh formuliert.[1500] Um im Bild des brennenden Dornbuschs zu bleiben, könnte man den/die Amtsträger*in analog als den Busch, die Amtshandlung selbst als das Feuer bezeichnen. *Mutatis mutandis* ist der Amtsträger nur während

---

und durch sie wirksam – selbst wollte, als wahre Verfasser schriftlich zu überliefern.". Sowie DV 12 (DH 4217): „Da Gott in der Heiligen Schrift durch Menschen nach Menschenart gesprochen hat [...]".

[1498] STOELLGER, „Souveränität nach der Souveränität", 61.

[1499] Ebd., 61.

[1500] Vgl. CAVANAUGH, „Separation and Wholeness", 16.

der konkreten Amtsausübung und durch diese als Repräsentant Christi tätig; ansonsten ist er ein einfacher Busch. D.h. auf die Frage nach dem Verhältnis zwischen Amt und Souveränität gewendet, dass der/die Amtsträger*in nicht allein nur ein*e Stellvertreter*in einer sehr spezifischen (und nicht-weltlichen) Souveränität ist, sondern auch, dass er/sie dies drüber hinaus nur im Akt der Amtsausübung ist.

Diese beiden Aspekte im Verhältnis von Amt und Souveränität gilt es im Blick zu behalten, um einer stets vorhandenen Sakralisierungsfalle oder Ideologisierung im Lefort'schen Sinne zu entgehen. Wie bereits oben angemerkt, kommt es also nicht allein darauf an, zwischen Amt und Person zu unterscheiden, sondern die Amtshandlung selbst (radikal) sakramental zu verstehen. Ein radikales Verständnis von Sakramentalität betont nicht allein das nicht aufzulösende Beziehungsverhältnis zwischen Bezeichnendem (Amt) und Bezeichnetem (Christi) – unterschieden und ungetrennt –, sondern auch die Dynamisierung der Vermittlung zwischen den zwei Polen, die nur in der performativen Handlung stets aufs Neue gewagt werden kann. Liturgie in diesem Sinne ist auch ein Wagnis; es ist nicht garantiert, dass dieses dynamische Vermittlung *per se* funktioniert, da sie nicht statisch ist, wie auch Gottes Beziehung zu den Menschen keine statische ist.

Diesen prekären Aspekt von Liturgie im Allgemeinen und der Amtshandlung im Zeichen des *ex opere operato* im Speziellen betont auch Belcher, wenn sie deren eschatologischen Charakter betont, den Sie zugleich mit der verbindenden und vermittelnden Aufgabe des Heiligen Geistes verbindet:

> „[The] *ex opere operato* effect of the sacraments, then, is an eschatological reality integrally related to the ultimate salvation of all those God saves, and it is closely associated with the mission of the Holy Spirit as the unity of the Trinity, of Christ and the church, and of human persons with one another."[1501]

Auch hier zeigt sich der trinitarische Zugang zur Sakramententheologie, mit dem Belcher den „Christozentrismus" klassisch-katholischer Sakramentenlehre beheben will. Genauer betrachtet, geht es ihr dabei darum, den pneumatologischen mit dem inkarnatorischen Aspekt im christologischen Fundament der Sakramententheologie abzustimmen. Hierzu schreibt sie:

> „When the sacraments of Christian liturgy are submitted to this trinitarian christological model, in which the anointing of the Holy Spirit is one aspect of the mystery of the incarnation, the West's distinctively christocentric model of sacramental power can be complemented by a more adequate pneumatology, integrated with it into a fully trinitarian sacramental theology."[1502]

[1501] KIMBERLY HOPE BELCHER, „Ex Opere Operato and Sacraments of Faith: A Trinitarian Proposal", in: *Worship* 90 (3/2016), 225-245, 234.

[1502] Ebd., 236.

Für Belcher garantiert das pneumatologische Moment, dass man nicht einseitig auf ein rein inkarnatorisches christologisches Fundament in der Sakramententheologie verfällt, worin beispielsweise die Kirche (als Sakrament) als eine „Fortführung" der Inkarnation verstanden werden würde – eine Interpretation, vor der bereits oben gewarnt wurde. Diese Gefahr sieht Belcher im „Sakramentenminimalismus" der Neuscholastik verwirklicht, bei dem das *ex opere operato* verengt wurde auf eine starre Gegenüberstellung einer objektiven Wirksamkeit bzw. eines objektiven Effekts durch den Akt (unabhängig von der Person) einerseits und eines subjektiven Effekts in der Annahme oder Verweigerung des Individuums andererseits. Diese statische Gegenüberstellung wurde zwar im zweiten Vatikanum durch die Betonung der bewussten, vollen und aktiven Teilhabe und Teilnahme aller an der liturgischen Feier der Sakramente entschärft (*Sacrosanctum concilium,* 14), eine völlige Abkehr von dieser Tendenz sei nach Belcher jedoch nur durch eine Weiterentwicklung des trinitarischen Fundaments zu erlangen, d.h. indem der Heilige Geist als allgemeines Prinzip der Vermittlung zwischen den beiden sakramentalen Ebenen wie auch zwischen Christus und seiner Kirche etabliert werde. Sakramentale Wirksamkeit ist wie die kirchliche Einheit demnach eine Gabe des Geistes und steht letztlich unter einem eschatologischen Vorbehalt.[1503] Diese eschatologischen und pneumatologischen Überlegungen können nach Belcher bereits auf die Ursprünge des Konzepts des *ex opere operato* bei Paulus und Augustinus zurückgeführt werden, und treten auch noch vereinzelt bei Thomas auf.[1504] Entscheidend für Belcher ist nun, dass der Heilige Geist nicht zu starr kirchlich institutionalisiert werden darf – etwa durch das Konzept der rein priesterlichen Repräsentanz Christi – „which reunites the power and service that the doctrine of *ex opere operato* so carefully divides: the church rests secure in the power of the sacrament because it is the work of the Holy Spirit, but by appropriating this power to the Holy Spirit the church remains judicious about its service, which is always imperfect", wie Belcher festhält. Die Kirche wird also zu einem „umsichtigen" Umgang mit ihrer sakramentalen Macht gemahnt, im vollen Bewusstsein ihrer prekären Natur – hier durchaus im doppelten Sinn zu verstehen. Belchers Interpretation zeigt, inwieweit der jeweilige dogmatische Unterbau, insbesondere die jeweilige christologische Schwerpunktsetzung, dazu beitragen kann, die liturgisch-performative Interpretation des Sakramentalen zu fundieren und stellt somit letztlich eine Ressource für die hier als dezidiert politisch interpretierte Sakramententheologie dar.

Dies bringt uns zu einem letzten Aspekt, der an dieser Stelle nur angedeutet werden kann. Er betrifft die Frage nach dem Modell dieser sehr spezifischen Souveränität, welches im Akt der Amtsausübung repräsentiert wird. Wenn es Christus ist, der repräsentiert wird, dann handelt es sich um eine Souveränität, die nicht den Thron, sondern das Kreuz als Zeichen ihrer Herrlichkeit gewählt hat. Die im vorangegangenen Abschnitt erörterte demütige Haltung der Amtsperson hat also

---

[1503] Vgl. ebd., 233-234.
[1504] Vgl. ebd., 227-233.

noch eine weitere Dimension, und zwar die der Identifikation mit dem sich selbst erniedrigenden Gottessohn. Im folgenden Unterkapitel wird diese Form der Souveränität, mit der sich Gott in der Welt repräsentiert, christologisch als kenotisch beschrieben. Abermals kann hier Agamben mit seinem oben bereits kurz eingeführten Konzept einer destituierenden Macht der zukünftigen Politik einen wichtigen Hinweis zur Interpretation dieser kenotischen Form der Souveränität geben. Zeillinger schlussfolgert, dass im Lichte einer solchen subversiven Interpretation von Souveränität auch das Verhältnis zwischen Potenz und Akt neu zu denken ist. Demzufolge ist der „*individuelle[] Akt* nicht einfach als Überwindung und Verwirklichung einer *Potenz* zu verstehen, sondern zugleich das dadurch Ausgeschlossene – die Potenz-nicht-zu – mitzuberücksichtigen"[1505]. Die Folgen, die Zeillinger daraus für das politische Handeln und das politisch handelnde Subjekt zieht, können auch analog auf das Amtshandeln der Amtsperson einer radikal interpretierten Sakramentalität übertragen werden. Hierzu ein erstes Zitat:

> „Die bleibende Wahrnehmung der Potenz-nicht-zu korrespondiert daher mit der notwendigen Performativität des Handelns, das sich nicht einfach mit seinem (möglicherweise utopischen) Akt identifizieren kann. Ein politisches Handeln im Sinne der kommenden Politik kann vielmehr von der Fragwürdigkeit des eigenen Vollzugs nicht abstrahieren und muss daher stets die Möglichkeit einer Berufung – nicht bloß als formalen Widerspruch, sondern als potenziell wirksam werdenden Einspruch – zulassen."[1506]

Aus diesem Bewusstsein für die „Fragwürdigkeit des eigenen Vollzugs" folgt für Zeillinger zusätzlich eine andere Verantwortung des handelnden Subjekts:

> „Die destituierende Potenz verändert das Verständnis politischer Subjektivität. Nicht mehr das Modell souveräner Autonomie prägt den politischen Akt, sondern die Verantwortung gegenüber der eigenen Potenz-nicht-zu. Das Subjekt identifiziert sich nicht über die Verwirklichung einer Identität, sondern über die Repräsentation seiner Bezugnahme auf das Ausstehende und zugleich Unvereinbare."[1507]

Dies ist das sehr grob umrissene Profil einer Amtsperson der radikalen Sakramentalität, die sich der Grenzen ihrer subjektiven Potenz zur Repräsentation bewusst ist, sich aber dennoch im Vollzug des Amtes in den demütigen Dienst einer Macht stellt, „die nicht von dieser Welt ist" (Joh 18:36) und sich gerade dadurch von dessen Ordnung befreit („Zur Freiheit hat und Christus befreit!", Gal 5,1) und so einen „leeren Raum" schafft, der mit der einbrechenden Zukunft gefüllt werden kann, die in Richtung einer Transformation der Gegenwart weist. Im nun folgenden Unterkapitel wenden wir uns der Frage zu, wie diese oben als kenotisch umschriebene Macht näher definiert werden kann.

[1505] ZEILLINGER, „Das Unvereinbare im Zentrum des Politischen", 288.
[1506] Ebd., 288.
[1507] Ebd., 294-295.

Doch zunächst noch einige zusammenfassende Bemerkungen. Die vorangegangenen Überlegungen zu einer radikal-sakramentalen Interpretation von Kirche und Amt haben in je eigener Weise den prekären, eschatologischen, aporetischen etc. Charakter der Repräsentation göttlicher Souveränität betont. Ausgangspunkt für diese Diskussion war die „Subversion der Souveränität", wie sie Lefort für die moderne Demokratie entdeckte und Klein (u.a.) theologisch erschließt. Im Verlauf unserer Untersuchung konnte gezeigt werden, dass das Konzept der Sakramentalität große Vorteile bietet für das, was Klein treffend als „[d]ie Aporie eines unmöglichen und dennoch nötigen Abschieds von der Souveränität [...]"[1508] bezeichnet hat. Sakramentalität als Repräsentationskonzept wird dabei beiden Aspekten gerecht: Zum einen, wie bereits oft betont, geht sie über das rein negative Moment einer Subversion oder vollständigen Abkehr von Souveränität hinaus. Andererseits aber ist das affirmative Moment, die Unmöglichkeit des Abschieds also, nur in der Form der Operativität und Performativität gegeben. Dies ist jedoch „eine Spur mehr", als dies Klein (mit Barth), Stoellger (mit Agamben) oder Robbins (mit Caputo) zuzugeben bereit sind. Souveränität, radikal-sakramental verstanden, offenbart sich nur in ihrem Vollzug, aber einem Vollzug, der beides ist: fragil und wirkmächtig. Souveränität, christlich-sakramental verstanden, ist christologisch, ist Gott-Mensch, ist Kreuz und Auferstehung. Oder wie Stoellger festhält: „Wenn für Golgatha gilt: Da streitet Gott gegen Gott – ist das der Widerstreit zweier ‚ontologischer Paradigmen', genauer ‚theologischer Paradigmen': der Majestät und der Niedrigkeit."[1509] Dies zeigt, dass nicht allein die Frage nach der (angemessenen) Repräsentation der Souveränität nicht aufgegeben werden kann, sondern auch die Frage nach der Souveränität selbst.

Diese Frage nach der Souveränität, in ihrer dynamisch-prekären oder auch aporetischen Natur, soll im nun folgenden Unterkapitel im Lichte der hier entwickelten radikalen Sakramentalität erörtert werden. Auch hier soll die Christologie das leitende Modell der Überlegung sein. Dies bedeutet, dass die zwei „ontologischen Paradigmen" gleichsam den zwei Naturen in Christus nicht strikt voneinander getrennt werden können, sodass man sich auf eine Seite schlägt – also weder Majestät noch Niedrigkeit alleine, sondern Majestät in der Niedrigkeit. Abermals gilt die Formel radikaler Sakramentalität: „unterschieden – vermittelt – ungetrennt", wobei die Vermittlung immer performativ und prekär zu denken ist. Das bedeutet weder Gott oder Mensch allein, sondern Gott im Menschen; weder Kreuz oder

---

[1508]   KLEIN, „Subversion der Souveränität", 277.
[1509]   STOELLGER, „Souveränität nach der Souveränität", 66.

Auferstehung, sondern Auferstehung im Kreuz; weder Karfreitag oder Oster-
sonntag, sondern Karsamstag.[1510]

4.4 (Re)Formulierung: Die Souveränität Gottes im Zeichen radikaler Sakramentalität

In diesem Unterkapitel soll nun nochmal die Blickrichtung der Diskussion um-
gedreht werden, sodass im Lichte der in den vorangegangen Unterkapiteln erarbeiteten „radikalen Sakramentalität" einige Anregungen zu einer (Re)Formulie-
rung gegeben werden für die Art und Weise, wie die Souveränität Gottes an und
für sich – im Gegensatz zu deren Repräsentation und Konstitution in der Welt –
gedacht werden kann. Auffällig ist hier zunächst einmal, dass noch immer die
Rede von Souveränität und nicht von Macht ist. Souveränität wurde in unserer
Untersuchung vornehmlich als (Prozess der) Repräsentation und Konstitution
von Macht verstanden; weshalb also nicht über Gottes Macht sprechen? Der
Grund hierfür liegt im theologischen, zumal radikal sakramentalen, Zugang. Gott
theologisch-christlich gedacht ist *wesen*tlich trinitarisch, Beziehung. Von seiner
trinitarischen „Natur" her wird Gott christlich daher immer schon als Vermittlungsgeschehen der verschiedenen göttlichen Personen untereinander gedacht,
weshalb es im Rahmen dieser Untersuchung bei der Diskussion von dem davon
abgeleiteten Machtkonzept auch mehr Sinn ergibt, von Macht als Beziehungs-
und Vermittlungs- und damit aber gerade von Repräsentationsgeschehen zu sprechen – so wie die verschiedenen göttlichen Personen sich gegenseitig durchdringen und in je eigener (aber dabei keineswegs eigenständiger) Weise die Gottheit
im Gesamten repräsentieren. Zu dieser generellen trinitarischen Ausrichtung
kommt bei dieser Untersuchung noch der radikal sakramentale Zugang hinzu, der
sich u.a. durch das Modell „unterschieden – vermittelt – ungetrennt" kennzeichnet. Auch hier liegt der Fokus auf dem Vermittlungscharakter, der hier aber nicht
allein auf die innertrinitarische Beziehung der Gottheit in sich angewandt wird,
sondern auch auf das Beziehungsgeschehen zwischen Gott und Mensch bzw.
Welt. Anders ausgedrückt heißt das also, dass sich in der Repräsentation von

---

[1510] Zu dem Gedanken des Karsamstags als dem Ort eines theologischen Verständnisses
von Macht gelangt Martin Kirschner mit Blick auf das von Agamben entwickelte
Konzept einer „destituierenden Kraft": „[...] Agamben [siedelt] diese ‚destituierende
Kraft' nicht in der Kreuzestheologie oder im Auferstehungsglauben an, sondern in
der Kontaktzone von Kreuz und Auferstehung, in der alle Herrschaftsansprüche ab-
gelegt sind und das Werk Christi vollendet ist. KIRSCHNER, „Neuer Gebrauch, destituierende Kraft", 363. In diesem Zusammenhang verweist Kirschner auch auf die
höchst unterschiedlichen Christologien des Karsamstags von Hans Urs von Balthasar und Johann Baptist Metz, welche dennoch in je eigener Weise weder einer einfachen Negation Gottes im Kreuz verfallen, noch dessen Tod einfach affirmativ
überspielen. Siehe auch HANS URS VON BALTHASAR, *Theologie der drei Tage*, Freiburg 1990; METZ, *Memoria passionis*.

Gott, Gott selbst sich als Gott offenbart. Das hat aber für unsere Untersuchung die Bedeutung, dass wir von dem liturgischen Vollzug göttlicher Souveränität auch auf die göttliche Souveränität selbst Rückschlüsse ziehen können. Oder wie Fagerberg betont, ist die Liturgie „the perichoresis of the Holy Trinity kenotically extended to invite our synergetic ascent into deification", wobei diese Perichorse auch das Verhältnis der zwei Naturen in der hypostatischen Union beschreibt und davon abgeleitet ebenso das Verhältnis zwischen der Kirche als mystischem und realem Leib.[1511] Dieses hier angedeutete theologische Fundament für einen solchen Rückgriff von Repräsentation auf Souveränität wird in einem ersten Schritt zunächst genauer dargelegt.

Darauf aufbauend werden in zwei aufeinander folgenden Abschnitten zwei Ansätze zu einer Reformulierung der göttlichen Souveränität diskutiert, die ebenfalls auf Basis von trinitarischen Spekulationen, hier nun aber insbesondere in Bezug auf die innertrinitarischen Unterscheidungen der göttlichen Personen, unternommen werden. Zunächst wird sich kritisch mit Schmitts Einsicht auseinandergesetzt, wonach es sich bei der Trinität um ein dezidiert christliches politisch-theologisches Konzept zur Lösung des Freund-Feind-Dualismus handelt. Dieser Einsicht Schmitts soll zwar methodisch einerseits gefolgt werden, andererseits aber bedarf es auch einer Distanzierung von dessen Schlussfolgerungen einer statischen (und monarchisch-absolutistischen) Souveränität. Daher wird in einem weiteren Abschnitt mit Hilfe von Agambens bereits diskutiertem Konzept der Operativität die Frage erörtert, wie sich auch göttliche Souveränität als zugleich prekär und wirkmächtig verstehen lässt. Auch hier spielen trinitarische Figuren eine zentrale Rolle.

4.4.1   Ein sakramentaler und trinitätstheologischer Zugang zur Reformulierung der Souveränität Gottes

Das Kreuz ist *das* Symbol des Christentums. In ihm fallen die zwei zentralen Kerndogmen christlicher Theologie zusammen: Inkarnation und Auferstehung, horizontale und vertikale Achse: Gott wird ganz Mensch (*kenosis*), stirbt den Foltertod am Kreuz und triumphiert über den Tod, damit alle Menschen in der Vereinigung mit Christus ebenfalls den Tod überwinden können und zum Vater gelangen (*theosis*). Ihren vielleicht prägnantesten Ausdruck findet diese christliche Grundüberzeugung im sog. *Phillipperhymnus* (Phil 2,5-11), der sich in der Einheitsübersetzung wie folgt liest:

> „[6] Er war Gott gleich, hielt aber nicht daran fest, Gott gleich zu sein, [7] sondern er entäußerte sich und wurde wie ein Sklave und den Menschen gleich. Sein Leben war das eines Menschen; [8] er erniedrigte sich und war gehorsam bis zum Tod, bis zum Tod am Kreuz. [9] Darum hat ihn Gott über alle erhöht und ihm den Namen verliehen, der größer ist als alle Namen, [10] damit alle im Himmel, auf der Erde und

---

[1511]   Vgl. FAGERBERG, *Liturgical Dogmatics*, 9-10.

unter der Erde ihr Knie beugen vor dem Namen Jesu [11] und jeder Mund bekennt: Jesus Christus ist der Herr zur Ehre Gottes, des Vaters."

Jesus Christus, Gottes Sohn, wird vom Vater erhöht, weil er sich erniedrigt hat. In der Tat zeichnen sich in der soeben zitierten Textpassage mit Stoellger gesprochen zwei ontologische oder theologische Paradigmen ab: Majestät und Niedrigkeit.[1512] Beide Paradigmen, wiederum mit Stoellger gesprochen, sind aber auch politische Paradigmen, d.h. Paradigmen der Souveränität, insofern „Theologie [...] stets auch Theorie der Souveränität, vor allem am Ort der Gotteslehre [...] [ist]"[1513]. Beide Souveränitätstheorien stehen dabei aber nicht unverbunden einander gegenüber, sondern sind vielmehr ineinander verflochten: Gott offenbart sich im Sohn am Kreuz, seine Erhöhung vollzieht sich durch dessen Erniedrigung. Beide Paradigmen werden so miteinander verknüpft, „dass die zweite die erste in dem Maße zum Ausdruck bringt, in dem sie [hier: es] ‚sie selbst' ist"[1514], wie beispielsweise Menkes Konzept der direkten Proportionalität in Bezug auf die zwei Wirklichkeiten, die im Sakrament durch den Heiligen Geist verbunden werden, festhält. Dieses Kernmerkmal der Sakramentalität soll auch als Interpretationsschlüssel für die Erschließung der Art und Weise dienen, wie Souveränität im Sinne eines christlichen Gottesverständnisses zu interpretieren ist. Ausgangspunkt hierfür ist dabei die Annahme Fagerbergs, die eingangs zitiert wurde, wonach die *kenosis* der innergöttlichen Trinität mit der *theosis* des Menschen in der Liturgie perichoretisch verschränkt ist. Oder Inkarnationstheologisch gewendet, ist die christologische Vermittlung (der beiden Naturen) die Grundlage der liturgischen Vermittlung zwischen Gott und Welt.[1515] Das ist der theologische *Hinter*grund für die sakramentale Vermittlung. Nimmt man nun Sakramentalität – zumal ein wie oben ausgeführtes „radikales" Verständnis hiervon – als Ausgangspunkt für eine Annäherung an göttliche Souveränität, entsteht die Möglichkeit, Souveränität jenseits bloßer Negation und Subversion zu denken, ohne aber gleichzeitig der Tendenz der Ideologisierung und Verabsolutierung zu verfallen. Souveränität, radikal-sakramental verstanden, offenbart sich nur in ihrem Vollzug, aber einem Vollzug, der beides ist: wirkmächtig und fragil. So gesehen ist die Grundausrichtung christlicher Theologie, gerade nicht nur wie Stoellger bemerkt, die Einsicht in die Aporetik absoluter Souveränität, sondern auch der Glaube an die Wirkmächtigkeit Gottes in der Welt: der Glaube an Umkehr, an die Vergebung der Sünden, an die Auferstehung. Freilich, dieser Glaube kann nicht (länger?) an ein Paradigma der Majestät Gottes gebunden werden. Aber wie

---

[1512]   Vgl. STOELLGER, „Souveränität nach der Souveränität", 66.
[1513]   Ebd., 26.
[1514]   MENKE, *Sakramentalität*, 122. Das vollständige Zitat hierzu lautet: „Der Heilige Geist ist geradezu das ermöglichende ‚Prinzip' aller Sakramentalität – wenn man mit diesen Worten das Phänomen bezeichnet, dass zwei verschiedene Wirklichkeiten so miteinander verbunden sind, dass die zweite die erste in dem Maße zum Ausdruck bringt, in dem sie ‚sie selbst' ist."
[1515]   Vgl. FAGERBERG, *Liturgical Dogmatics*, 37.

bereits der im Phillipperhymnus angelegte „radikal-sakramentale" Chiasmus verdeutlicht, kann dies auch anders interpretiert werden: Die Majestät drückt sich durch Niedrigkeit aus, verliert aber in der Auferstehung auch ihr rein negatives Moment.

Hier nun ließe sich Stoellger folgen, wonach die „Eigenart christlicher Theologie" auf einer „Verschiebung im Gottesbegriff" gründet.[1516] Und diese Verschiebung im Gottesbegriff wiederum lässt sich an den zwei zentralen Dogmen der Gotteslehre festmachen: Christologie und Trinität. Tatsächlich sind es zwei Grundgedanken beider Dogmen, christologisch die Verbindung zwischen Gott und Mensch in der Person Jesu, trinitarisch in dem Verhältnis zwischen ökonomischer und immanenter Trinität, die für unsere Untersuchung hier von entscheidender Bedeutung sind. Denn beide Grundmuster stehen im Hintergrund des sakramentalen Grundgedankens der Verbindung zweier unterschiedlicher Wirklichkeiten. Wie gezeigt werden soll, besteht also eine Analogie zwischen der Art und Weise, wie Gott sich dem Menschen und der Welt offenbart, und dem Modus, wie Gottes Souveränität gedacht werden kann. Das Muster zur Verbindung von Transzendenz/Entzogenheit und Immanenz/Wirkung spielt auch für die Frage der Souveränität die entscheidende Rolle, ganz gleich ob diese radikaldemokratisch oder sakramental aufgefasst wird. Grundsätzlich soll also davon ausgegangen werden, dass die Art und Weise, wie das Verbindungsmuster dieser beiden Sphären im Konzept der radikal-sakramentalen Repräsentation gedacht werden kann, auch Aufschlüsse darüber zulässt, wie dessen Souveränität an-und-für-sich gedacht wird oder nachkritisch formuliert, „für uns" gedacht werden kann. Den theologischen Hintergrund zu diesem Ansatz bietet die Analogie zum bekannten *Adagium* Rahners, wonach die ökonomische Trinität die immanente Trinität ist und umgekehrt.[1517] In seinem *Grundkurs des Glaubens* stellt Rahner diesbezüglich klar, dass „[i]n der ökonomischen heils- und offenbarungsgeschichtlichen Trinität [..] wir schon die immanente Trinität an sich selbst erfahren"[1518]. Letztlich geht es Rahner also darum,

> „[...] daß nämlich Gott als das bleibende heilige Geheimnis, als der unumfaßbare Grund des transzendierenden Daseins des Menschen nicht nur der Gott unendlicher Ferne ist, sondern der Gott absoluter Nähe in wahrer Selbstmitteilung sein will und so in der geistigen Tiefe unserer Existenz wie auch in der Konkretheit unserer leibhaftigen Geschichte gegeben ist"[1519].

[1516]   STOELLGER, „Souveränität nach der Souveränität", 49.

[1517]   Vgl. KARL RAHNER, „Der dreifaltige Gott als transzendenter Urgrund der Heilsgeschichte", in: JOHANNES FEINER, JOHANNES; MAGNUS LÖHRER (Hg.), *Mysterium Salutis. Grundriss heilsgeschichtlicher Dogmatik*, Bd. II, Einsiedeln 1967, 317-401, 328.

[1518]   KARL RAHNER, *Grundkurs des Glaubens* (Sämtliche Werke, Bd. XXVI), Freiburg 1999, 3-448, 142.

[1519]   Ebd., 136.

Eben dieses trinitarische Verbindungsmuster der wesentlichen Selbstmitteilung Gottes wollen wir auch zur Erörterung eines radikal-sakramentalen Verständnisses von Souveränität nutzen.[1520] Analog soll das Souveränitätsparadigma der Majestät mit dem Souveränitätsparadigma der Niedrigkeit auf die Art verbunden werden, wie dies die transzendente, immanent-trinitarische Ebene Gottes mit der immanenten, ökonomisch-trinitarischen Ebene ist. Dabei soll diese Eigenart und Verschiebung des christlich-trinitarischen Gottesbegriffs das Modell für das davon abgeleitete Souveränitätskonzept sein. Im Folgenden soll also ein Zugang zu göttlicher Souveränität diskutiert werden, der über die innertrinitarische Zersplitterung von Souveränität in die verschiedenen göttlichen Personen und deren Emanation in den verschiedenen Hypostasen in die Welt hinein geht. Einen ersten Ansatz für diesen Zugang haben wir bereits eingangs mit Moltmanns trinitätstheologischen Reflexionen zur Souveränität kennengelernt.[1521] Wie auch Moltmann betont, bedeutet ein trinitätstheologisches Fundament einer politischen Theologie, dass Immanenz und Transzendenz nicht schlicht gegenübergestellt werden, sondern wie die immanente und die ökonomische Trinität miteinander und ineinander verbunden sind.

Das Material für die hier angestellten Überlegungen bilden trinitarische Spekulationen von Carl Schmitt und Giorgio Agamben, welche in je eigener Weise die innertrinitarischen Unterscheidungen der göttlichen Personen als eine dezidiert christliche Interpretation von Souveränität betrachten. Während Schmitt zunächst betont, *dass* es sich bei der Trinität um ein politisch-theologisches Konzept handelt, dient die Analyse von Agambens bereits bekannten Konzepten der Operativität und der destitutiven Macht der Klärung der Frage, *wie* sich dieses spezielle Souveränitätskonzept als wirkmächtig verstehen lässt. Dieses Vorgehen deckt sich in seiner Intention mit dem Schluss, den auch Kirschner im Anschluss an seine Agamben-Lektüre für die (politische) Theologie zieht. Dieser betont, dass im Lichte der Analysen von Agamben

> „die Souveränität Gottes neu und anders gedacht werden [muss] (nämlich in einer trinitarischen, kenotischen und eschatologischen Brechung, als eine Macht, die sich in die Geschichte hinein entäußert, in ihr auf dem Spiel steht, in der Schwäche wirksam ist und dennoch die Souveränität und Allmacht Gottes nicht einfach verabschiedet, sondern unter ein anderes Vorzeichen rückt)"[1522].

Diese „messianische Kraft", so Kirschner weiter, darf

[1520] Mit Blick auf Rahners (und auch von Balthasars) trinitarische Dynamik in der sakramentalen Ökonomie hält auch Belcher fest, dass , „their analyses allow for understanding God's nature through the economy without abandoning the notion that when the Trinity acts *ad extra* (in the world), all Persons are acting". Vgl. BELCHER, *Efficacious Engagement*, 10-19, hier 18.

[1521] Siehe 2.4.1.3.

[1522] KIRSCHNER, „Neuer Gebrauch, destituierende Kraft", 322.

„als ‚potenza destituente' ja gerade nicht als Negation der Ordnung oder Allmacht
Gottes verstanden werden [...], sondern als eine andere Form, sie ‚gebrauchend'
zu leben. ‚Neuschöpfung' meint theologisch genau dies: nicht eine Destruktion
oder Ersetzung der Schöpfungsordnung, sondern ihre Erneuerung und Erfüllung;
Kenosis, Inkarnation und Kreuz meinen nicht Abdankung Gottes oder Negation
seiner Allmacht, sondern sind die Form ihrer Ausübung und Offenbarung – und
konfrontieren daher die christliche Theologie mit der Aufgabe einer Reformulierung der Metaphysik und Ontologie in ‚schwachen', geschichtlichen Kategorien"[1523].

Eine solche „Reformulierung der Metaphysik und Ontologie" im Bereich der
Theologie ist eine gewaltige Aufgabe. Im Rahmen dieser Arbeit kann nur ein
kleiner Schritt in dieser Richtung gegangen werden, indem wir die Grundzüge für
eine politisch neu und „radikal" zu verstehenden Sakramententheologie offenzulegen versucht haben. Diese erarbeitete „Reformulierung" erlaubt uns nun in einem letzten Schritt, einige Anmerkungen für eine Reinterpretation der Souveränität Gottes zu treffen.

4.4.2   Carl Schmitt und die „wahre politisch-theologische Stasiologie im Kern der Trinität"

Unsere Untersuchung nimmt ihren Ausgang zunächst bei Carl Schmitt, der für
Kirschner geradezu das Gegenmodell zu Agamben ist. Ihm zufolge ist der zentrale Konstruktionspunkt der Schmitt'schen politischen Theologie gerade „anti-
eschatologisch", insofern er an der Legitimation der bestehenden Ordnung interessiert ist.[1524] Wie bereits erörtert wurde, sind es aber auch bei Schmitt theologische Konzepte, die – freilich in säkularisierter Form – im Zentrum seiner Konzeption von politischer Theologie stehen. Für die Genese seiner eigenen Konzeption von politischer Theologie musste Schmitt also zunächst auf theologische
Dogmen zurückgreifen. Besonders die Christologie und die Trinität sind für ihn
dabei zentral. Sie sind für ihn in gewisser Weise Ausdruck und Produkt einer
dezidiert christlichen politischen Theologie. Schmitt öffnet damit den Korridor
für eine politische Interpretation von Theologie. Auch wenn seine eigene Methodik noch auf der (säkularen) Annahme einer strikten Trennung von Theologie
und Politik beruht, sowie auch seine autoritären Schlussfolgerungen in keinster
Weise mit dem hier erarbeiteten theopolitischen Programm in Zusammenhang
gebracht werden dürfen, ist er damit jedoch auch ein entscheidender Impulsgeber

---

[1523]   Ebd., 322-323.
[1524]   Vgl. ebd., 333. Weiter heißt es dort: „Die ‚katechontische' politische Theologie
    [Schmitts] zielt auf das Aufhalten der Apokalypse durch Ausrufung eines Ausnah-
    mezustandes, der die souveränen Ordnungen (Kirche und Staat als *societates per-
    fectae*) gegen das drohende Chaos stabilisiert und diesem Ziel im Zeichen sou-
    veräner Selbstlegitimation alles andere unterordnet." Siehe auch MANEMANN, *Carl
    Schmitt und die Politische Theologie*.

für eine Theopolitik der Souveränität Gottes im Spiegel der Dogmen der Christologie und Trinität. Nicht zuletzt ist auch die eingangs dargestellte politische Theologie von Moltmann diesem Ansatz verpflichtet, wenn auch Moltmanns Schlussfolgerungen seiner trinitätstheologischen Reflexionen zur Souveränität in starkem Gegensatz zu Schmitt stehen. Wie schon Cavanaugh bemerkt, sind Schmitts Analysen wichtige Impulsgeber, „though he came to conclusions that no Christian theologian ought to accept"[1525].

Dieser erste Schritt zu einer solchen Theopolitik der Souveränität Gottes lässt sich zunächst am besten begehen mit einem Blick darauf, wovon Schmitts Methodik sich absetzt, bzw. andersherum, wer von theologischer Seite sein vielleicht größter Kritiker in Fragen der politischen Theologie war: Erik Peterson. Peterson richtete sich mit seinem 1935 entstandenen Werk *Monotheismus als politisches Problem*[1526] dezidiert gegen Schmitts *Politische Theologie*[1527], die dreizehn Jahre zuvor erschienen war. Dem Titel folgend problematisiert Peterson darin jeglichen Versuch der Rechtfertigung eines bestimmten politischen Programms durch den Glauben an Gott, wie dies seiner Ansicht nach bei Schmitt geschehe. Der Monotheismus wurde dahingegen für Peterson zu einem politischen Problem, indem „der Gott der Juden mit dem monarchischen Prinzip der griechischen Philosophie verschmolzen wurde [...] [und so] die Funktion einer politisch-theologischen Propagandaformel [erhielt]"[1528]. Dies versucht Peterson am historischen Beispiel des Eusebius von Cäsarea (260/265-339/340) nachzuweisen, der mit seinem Subordinatianismus eine theologische Basis und Legitimierung für die römische *Pax Augusta* liefere, in der analog zur Monarchie Gottes „durch das Imperium Romanum der nationale Pluralismus aufgehoben worden sei"[1529]. Diesem Kirchenvater, der für Schmitts Genealogie der Politischen Theologie zentral ist, stellt Peterson nun Augustinus und dessen trinitarische Theologie gegenüber. Am trinitarischen Dogma scheitere letztlich nicht nur die göttliche Monarchie, sondern mit ihr auch die Legitimierung und Verkettung des Imperiums, ebenso wie „die Interpretation der Pax Augusta an der christlichen Eschatologie"[1530]. An der Trinität vollzieht sich, so Peterson, der grundsätzliche Bruch mit jeder politischen Theologie.[1531]

Diese Spitze, die eindeutig gegen seinen ehemaligen Freund Schmitt gerichtet ist, will dieser aber nicht gelten lassen. In *Politische Theologie II*[1532] formuliert

---

[1525] CAVANAUGH, „Separation and Wholeness", 9.
[1526] ERIK PETERSON, *Der Monotheismus als politisches Problem. Ein Beitrag zur Geschichte der politischen Theologie im Imperium Romanum*, Leipzig 1935.
[1527] CARL SCHMITT, *Politische Theologie*.
[1528] PETERSON, *Der Monotheismus als politisches Problem*, 98.
[1529] Ebd., 99.
[1530] Ebd., 99.
[1531] Vgl. ebd., 99.
[1532] CARL SCHMITT, *Politische Theologie II. Die Legende von der Erledigung jeder Politischen Theologie*, München 1990, 3.

Schmitt 1970 seine späte Antwort auf die *Legende von der Erledigung jeder Po-litischen Theologie*, zehn Jahre nach Petersons Tod. Darin weist Schmitt Peter-sons Forderung nach dem endgültigen Bruch zwischen Theologie und politischer Theologie entschieden mit folgenden Worten zurück:

> „Der Satz ‚Theologisch ist der politische Monotheismus erledigt' impliziert dann Ansprüche auf Entscheidungsbefugnisse des Theologen auch im politischen Be-reich und einen Anspruch auf Autorität gegenüber der politischen Macht, ein An-spruch, der umso intensiver politisch wird, je höher die theologische Autorität über der politischen Macht zu stehen beansprucht."[1533]

In der Tat ist Schmitts Kritik an Peterson nicht ganz von der Hand zu weisen. Mit Schmitt kann man durchaus auf den paradoxen Umstand hinweisen, dass die For-derung, Politik und Religion nicht zu vermischen, tatsächlich den Kompetenz-konflikt zwischen beiden Sphären eher verstärkt als entschärft: „Bleibt dann der Theologe bei seiner theologischen Entscheidung, so hat er eine politische Frage theologisch entschieden und eine politische Kompetenz für sich in Anspruch ge-nommen"[1534], hält Schmitt gegen Peterson fest.

Doch was hat jene Feststellung Schmitts – welche sich auch mit der Intention von Cavanaughs theopolitischem Ansatzes deckt – mit der Suche nach einem ra-dikal-sakramentalen Verständnis von (Gottes) Souveränität zu tun? Zur Beant-wortung dieser Frage muss ein genauerer Blick auf das zentrale Argument von Peterson und das darauffolgende Gegenargument Schmitts gelegt werden. Peter-son vertritt mit Bezug auf die Trinitätstheologie (und entgegen Eusebius Subor-dinatiansmus) die These, dass der trinitarische Gott nicht in einer politischen Ge-stalt abbildbar ist, ganz gewiss zumindest nicht in der Form der Monarchie. Jeg-licher Bezug auf Gott von Seiten der Politik steht daher grundsätzlich schon unter Häresieverdacht. Schmitts Spitze gegen diese Position ist neben der subtilen Rückfrage, inwieweit andere monotheistischen Religionen (d.h. nicht-christliche und nicht-trinitarische) dann überhaupt über eine „reine" Theologie (gegenüber einer politischen Theologie) verfügen[1535], die These, dass die Trinität selbst Aus-druck einer politischen Theologie sei, wenngleich einer „theologischen" politi-schen Theologie (im Gegensatz zu einer „politischen" politischen Theologie). In der Trinitätslehre trete demnach das Kernproblem des Politischen – für Schmitt der Freund-Feind-Dualismus – zu Tage, anstatt dass sie dieses aus der Welt schaffe. Stattdessen werde, so Schmitt, das strukturelle Kernproblem theologisch übersetzt und mit der Trinität zu lösen versucht. Hier zieht Schmitt eine Parallele zum gnostischen Dualismus, der zwischen Schöpfergott und Erlösergott unter-scheidet. Der Clou der Augustinischen Trinitätslehre bestehe dem gegenüber dann gerade darin, die Einheit dieser beiden Götter zu denken, ohne aber beide miteinander zu identifizieren, „wobei ein Dualismus von zwei Naturen, Gott-

---

[1533]   Ebd., 105.
[1534]   Ebd., 106.
[1535]   Vgl. ebd., 65.

Mensch, in der zweiten Person zur Einheit wird"[1536]. Mit diesem Lösungsversuch werde allerdings der gnostische Dualismus nicht ein für alle Mal aufgelöst: „[Die] Zähigkeit des gnostischen Dualismus [...] besteht vielmehr darin, daß ein allmächtiger, allwissender und allgütiger Schöpfergott für die von ihm geschaffene Welt nicht mit dem einen Erlösergott identisch sein kann."[1537] Der Struktur des Freund-Feind-Dualismus folgend, gibt es nun Gott Vater als Schöpfer und Gott Sohn als Erlöser.

Dieser Interpretation Schmitts muss man sich in seiner ganzen Konsequenz gewahr werden: Der Gedanke an einen allmächtigen Schöpfergott, sozusagen dem Prototyp des Souveräns, ruft unmittelbar das Bild eines Gegen-Souveräns hervor, der uns vor den Übeln dieser geschaffen Welt (als dem Reich des himmlischen Vaters) errettet. Oder wie Schmitt an anderer Stelle mit Verweis auf das Goethewort ausführt: *nemo contra deum nisi deus ipse*; nur (ein) Gott kann vor Gott bestehen.[1538] Wenn es aber monotheistisch gesehen nur einen Gott und nur eine Macht gibt, so ist auch der Erlösergott, wie er uns in der Welt begegnet, ebenso göttlich wie der Schöpfergott auf seinem himmlischen Thron. Vater und Sohn sind unterschieden, aber wesensgleich (Konzil von Nicaea). Gleichzeitig aber gilt, dass die Wesensgleichheit zwischen Vater und Sohn keine Identität „*für* [sic!] die von ihm geschaffene Welt" ist. Der Gott *in* und *für* die Welt ist vermittelter Gott, gekreuzigter Gott für die Welt und den Menschen in der Gestalt der hypostatischen Union (Konzil von Chalcedon). Diesem Gott steht der Gott Vater als wesensgleiche Hypostase gegenüber und ist mit ihm unter dem Dach der innergöttlichen Trinität verbunden. Christologie und Trinität, die Lehre von der hypostatischen Union und der Unterscheidung zwischen ökonomischer und immanenter Trinität sind für Schmitt also selbst Produkte einer politischen Theologie.

Auf was Schmitt also neben dem Fortbestand der politischen Theologie hinweist, ist die Art und Weise, wie dieser Fortbestand (auch) gedacht werden kann: durch Vermittlung, ganz gleich, ob diese Vermittlung monarchisch und autoritär gedacht wird wie von Schmitt favorisiert oder aber demokratisch, wie beispielsweise bei Leforts Symbol der Leerstelle oder aber sakramental, wie bei Cavanaugh. Was Schmitt (indirekt und unbewusst?) mit seinen Ausführungen zur Trinität liefert, ist (auch) eine theologische Begründung für die Fortdauer des Theologisch-Politischen über die Trennung zwischen transzendentem Gott und immanenter Welt hinaus. Konkret buchstabiert Schmitt diese „theologische" politische Theologie am Konzept der *stasis* aus, welches auch in der Argumentation von Peterson wichtig ist. Bei seiner Interpretation von *stasis* beruft sich Peterson auf das orthodoxe Trinitätsdogma, wie ihm bei Gregor von Nazianz in seiner dritten theologischen Rede „seine letzte theologische Tiefe gegeben" wurde. Darin werde deutlich, dass die orthodoxe Trinitätslehre nicht mehr zur Legitimierung der politischen Theologie des Imperiums verwendet werden könne. Peterson:

[1536] Vgl. ebd., 120-121.
[1537] Ebd., 120.
[1538] Vgl. ebd. 122.

„Die Christen dagegen bekannten sich zur Monarchie Gottes. Freilich nicht zur Monarchie einer einzign Person in der Gottheit, denn diese trage den Keim des Zwiespalts [*stasis*] in sich, sondern zu einer solchen des dreieinen Gottes. Dieser Einheitsbegriff habe in der geschaffenen Kreatur keine Entsprechung. Mit diesen Ausführungen ist der Monotheismus als politisches Problem theologisch erledigt."[1539]

Dem widerspricht Schmitt entschieden. Zunächst referiert er Petersons Verweis auf folgende schematische Weise: „Das Eine – *to Hen* – ist immer im Aufruhr – *stasiatson* – gegen sich selbst – *pros heauton*."[1540] Sodann stellt er die Begriffsgeschichte des in diesem Zusammenhang zentralen Wortes *stasis* dar. Zum einen bedeutet *stasis* wie bei Peterson, Gregor und im übrigen Neuen Testament „Aufruhr" im Sinne einer politischen Unruhe. Zum anderen aber auch gerade das Gegenteil: „Ruhe", ein „Widerspruch mit spannender Dialektik", wie Schmitt bemerkt.[1541] Petersons auf die Wortbedeutung von *stasis* beruhende theologische Delegitimierung der politischen Theologie beweist für Schmitt genau das Gegenteil von dem, was Peterson selbst belegen will: Denn selbst in dem Wort *stasis*, das den anti-monarchischen Kern der Trinität belegen soll, tritt wieder jener (gnostische) Dualismus zu Tage, der für Schmitt die (theologische) politische Theologie charakterisiert. Theologie ist damit nie befreit von der Frage nach Politik: „Wenn jeder Einheit eine Zweiheit und infolgedessen eine Aufruhrmöglichkeit, eine *stasis*, immanent ist, dann scheint Theologie ‚Stasiologie' zu werden."[1542] Demzufolge zeigt sich für Schmitt diese „wahre politisch-theologische Stasiologie im Kern der Lehre der Trinität"[1543].

Was wird in dieser Trinitätstheologie Schmitts deutlich? Zum einen natürlich das Schmitt'sche Grundthema, wonach weder Politik vollkommen enttheologisiert, noch andersherum Theologie vollkommen entpolitisiert werden kann. Des Weiteren zeigt sich aber auch, dass der allmächtige Vater, der im Himmel thront, unterschieden werden muss vom Sohn, der am Kreuz stirbt. Schmitt interpretiert diesen Unterschied richtig als bereits auf der Ebene der immanenten Trinität verortet. Dieser innertrinitarische Unterschied wird nun aber auch in der Beziehung Gottes zur Welt, in der Art und Weise wie sich die Trinität in der Heilsökonomie

---

[1539] PETERSON, *Der Monotheismus als politisches Problem*, 96-97. Siehe auch GREGOR VON NAZIANS, *Oratio theol.* III 2 Partol. Gr. 36 Sp. 76 A/B.
[1540] SCHMITT, *Politische Theologie II*, 116.
[1541] Vgl. ebd. 116-118. Dieser Doppeldeutigkeit von *stasis* betont auch Agamben, wenn er im Anschluss an Schmitts Lektüre von Hobbes Leviathan seinem eigenen Interpretationsmuster im Sinne der *archè* folgend aufzeigt, wie sehr der Bürgerkrieg auch im vorgeblich friedensstiftenden Leviathan fortbesteht. Siehe GIORGIO AGAMBEN, *Stasis. La guerra civile come pradigma politico* (Homo sacer Bd. II.2), Torino 2015. Deutsche Übersetzung: *Stasis. Der Bürgerkrieg als politisches Paradigma* (Homo sacer Bd. II.2), übers. v. MICHAEL HACK, Frankfurt a. M. 2016.
[1542] SCHMITT, *Politische Theologie II*, 123.
[1543] Ebd. 118.

(der ökonomischen Trinität) darstellt, fortgeführt. D.h., dass der Unterschied zwischen Vater und Sohn in Gott auch Bedeutung für Gottes Beziehung mit der Welt durch Inkarnation und in ökonomischer Trinität hat. Gott ist gegenwärtig in der Welt als Sohn. Dies bedeutet – mit Schmitt gegen Peterson – dass Gott seine theopolitische Bedeutung nicht eingebüßt hat. Aber es bedeutet auch – mit Peterson gegen Schmitt – dass diese theopolitische Bedeutung nicht in der Form einer Identität von allmächtigem Vater und dem zu Tode gefolterten Sohn zu verstehen ist. Gottes Gegenwart bzw. dessen Vergegenwärtigung in der Welt muss den innergöttlichen „Aufruhr" mitbedenken: Gott ist gegenwärtig in der Welt nicht als absoluter Herrscher, sondern als eine andere Form von Souverän. Hier lässt sich an Moltmann anschließen, der auf die perichoretische wechselseitige Durchdringung und Einwohnung von Vater, Sohn und Geist verweist, und davon abgeleitet gegen hierarchische und patriarchale Gottesbilder und deren politische und klerikale Entsprechungen und stattdessen für eine Reformulierung des Souveränitätskonzeptes im Sinne der Beziehungshaftigkeit und inneren Pluralität der Trinität argumentiert. Der Modus göttlicher Souveränität zeigt sich wesentlich also als Vermittlung, so wie sich dessen Repräsentation (in der Liturgie) als Vermittlungsgeschehen verstehen lässt. An dieser Stelle kann auf die Diskussion des trinitarischen Fundaments der Sakramententheologie, besonders auf die Frage der Performativität sakramentalen Amtshandelns verwiesen werden. Wie dort u.a. mit Belcher gezeigt wurde, bedarf es hier einer stärkeren Akzentuierung der pneumatologischen Vermittlung zwischen den verschiedenen Ebenen: der innergöttlichen trinitarischen Personen, davon abgeleitet der verschiedenen Ebenen im Sakrament und von Christus und Kirche.[1544]

Auch wenn hier keine eigenständige trinitätstheologische Untersuchung des theopolitischen Fundaments von Souveränität anschlossen werden kann, wird abermals deutlich, welche zentrale Rolle das Konzept der Vermittlung auch bei der Diskussion der Souveränität an sich spielt. Um hierauf noch einen letzten Ausblick zu gewähren, soll im nächsten Abschnitt nochmals genauer auf Agambens Analysen zurückgegriffen werden, mit denen er nachzuzeichnen sucht, wie sich göttliche Souveränität in der Welt vermittelt.

4.4.3   Agambens Opus Dei: Souveränität als stets aufs Neue unternommener Vollzug

Gottes *Gegenwart* in der Welt haben wir im Modus seiner *Vergegenwärtigung* in den Sakramenten interpretiert. Hier können wir an die Diskussion von Agambens Konzept der Operativität anschließen, denn tatsächlich spielen auch für Agamben trinitarische Überlegungen eine fundierende Rolle. Ausgangspunkt für Agamben bietet auch hier die Trinitätslehre der Kirchenväter, die den Gedanken der Einheit der Substanz mit einer Vielzahl von Personen dadurch miteinander in Einklang

---

brachten, dass sie sich der Begriffe der *oikonomia*, der Verwaltung/Regierung, bedienten.[1545] Zentrales Beispiel hierfür ist Marius Victorinus (*281-291; † nach 363), der der Person des Vaters das „Sein" zuordnet, während er „den Logos als Tätigkeit innerhalb des göttlichen Wesens bezeichnet"[1546]. Darin sieht Agamben in verdichteter Form den ontologischen Paradigmenwechsel hin zur Operativiät:

> „Das Sein beinhaltet in sich eine Tätigkeit, ist diese Tätigkeit und unterscheidet sich doch gleichzeitig von ihr, so wie der Sohn sich vom Vater unterscheidet und von ihm doch gleichzeitig ununterscheidbar ist. Nicht das Sein handelt, sondern *ipsum enim operari esse est*, die Tätigkeit ist Sein, und das Sein ist in sich selbst tätig."[1547]

Damit gelingt es Victorinus, stellvertretend für die Tradition der Kirchenväter, einen innergöttlichen Bruch auf der Ebene des Seins zu vermeiden. Christus als Gottes Sohn ist ganzer Gott und das Heil durch ihn ist (ontologisch) abgesichert. Aber Agamben bemerkt, dass der Bruch trotzdem nicht ausbleibt, sondern sich nur verschiebt. Er kehrt wieder „als Bruch zwischen Gott und seinem Tun, zwischen Ontologie und Praxis. Das Geheimnis liegt jetzt nicht mehr, wie bei Paulus, im göttlichen Heilsplan, der eine klare *oikonomia* erfordert; geheimnisvoll bzw. mysteriös ist jetzt die ‚Ökonomie' selbst als „diejenige Praxis, mit der Gott das Heil seiner Schöpfung gewährleistet"[1548]. Oder anders ausgedrückt:

> „Je transzendenter der Eine wird, desto mehr ist er darauf angewiesen, sich in die drei Hypostasen, die das logische Modell der christlichen Dreifaltigkeit ausmachen werden [...], zu realisieren. Dies bedeutet aber, dass die Ontologie im Grunde als Verwirklichung, bzw. als hypostatischer Prozess des Ins-Werk-Setzens angelegt ist [...]."[1549]

Und diesen hypostatischen Prozess des Sich-Ins-Werk-Setzen der göttlichen Heilsökonomie aus der innergöttlichen (immanenten) Trinität hinaus in die Welt nimmt die zweite göttliche Person durch die Inkarnation auf sich.[1550] Doch diese Ökonomie Christi hat für Agamben selbst wieder einen aporetischen Charakter. Er ist Ökonom zweier „Ökonomien": der Erlösung der Menschen (durch sein Op-

---

[1545]   Vgl. GIORGIO AGAMBEN, *Herrschaft und Herrlichkeit*, 32-73.

[1546]   AGAMBEN, *Opus Dei*, 90. Siehe auch MARIUS VICTORINUS, *Christlicher Platonismus. Die theologischen Schriften des Marius Victorinus*, übers. v. PIERRE HADOT u. URSULA BRENKE, Stuttgart; Zürich 1967, 195-196.

[1547]   AGAMBEN, *Opus Dei*, 90.

[1548]   Ebd., 39.

[1549]   Ebd., 100.

[1550]   Die Charakterisierung dieses Prozesses als hypostatisch ist hierbei insofern richtungsweisend, als dass Agamben bei seiner Interpretation von *hypostasis* seine aktive Bedeutung durch das deutsche Wort *Realisierung* (anstatt von *Realität*) betont. Vgl. ebd., 100.

fer) und gleichzeitig der Verherrlichung des Vaters (als Hohepriester). Mit Verweis auf Origines Johanneskommentar spricht Agamben von einer gegenseitigen „Verherrlichung und Manifestation" (Itl. *glorificazione e una manifestazione*): die des Vaters durch den Sohn und die des Sohns durch den Vater. Diese Aporie kann nun nicht einseitig aufgelöst werden.[1551]

Und genau an diesem Punkt, am Bruch zwischen Gottes Sein und Tun, an der Schwelle zwischen Immanenz und Transzendenz, an Christi inkarnatorischem Handeln als Erlöser und Verherrlicher, schlägt Agamben die Brücke zur Liturgie, zum *opus Dei*: „Das Geheimnis der Ökonomie ist ein doxologisches, also ein liturgisches Geheimnis."[1552] Denn, wie Agamben mit Recht bemerkt, – und dies ist wiederum die Brücke zur Diskussion der Trinität – müssen die Offenbarung in der „ökonomischen" Trinität (durch Christus) und die immanente Trinität (als der Unterscheidung Gottes in sich selbst) aufs Engste miteinander verbunden sein. Beide, ökonomische und immanente Trinität, müssen in der Liturgie zum Einklang gebracht werden.[1553] Doch auch hier kann der mysteriöse Charakter der ökonomischen Trinität, i.e. ihrer Operativität, nicht aufgelöst werden; er wird zum mysteriösen Charakter der Liturgie selbst: „Das Mysterium ist die Wirkung, mysteriös ist die Wirklichkeit, da sich in ihr Sein in Tun auflöst und das Tun zum Sein verfestigt. *Das Mysterium der Liturgie fällt von daher vollständig mit dem Mysterium der Operativität zusammen.*"[1554] Wie wir bereits oben diskutiert haben, stellt die Liturgie den aporetischen Versuch dar, Wirklichkeit als Wirkung zu aktualisieren. Hier zeigt sich am deutlichsten das ontologische Paradigma der Wirklichkeit als Wirksamkeit. Während die Etablierung der ökonomischen Trinitätslehre am Anfang der Entwicklungsgeschichte dieses Paradigmas steht, ist diese im Sakramentenverständnis des *ex opere operato* voll ausgebildet. In beiden besteht das zentrale Mysterium darin, dass „Sein und Tun voneinander geschieden und zugleich auf einer Schwelle der Ununterscheidbarkeit miteinander verbunden sind."[1555] Insofern kann Agamben folgendes Resümee ziehen: „Die Feier der Sakramente erinnert jedes Mal aufs Neue an die göttliche Ökonomie und verwirklicht sie."[1556] Oder auch: „In der liturgischen Feier seines Opfers (seines ‚Mysteriums') bringt Christus die Ökonomie der Dreifaltigkeit zur Erfüllung; der Dienst der Ökonomie [...] überträgt und vollzieht sich im liturgischen Mysterium [...]."[1557] Die innertrinitarische Unterscheidung in Gott setzt sich fort in der Welt durch die Inkarnation des Logos und wird letztlich mit der Welt doxologisch versöhnt. Diese Versöhnung oder Verwirklichung im *opus Dei*, aber, ist, wie wir gesehen haben, performativ und ein aporetischer, stets aufs Neue unternommener

---

[1551] Vgl. ebd., 39. Hier könnte man auch auf den eingangs zitierten Philipperhymnus als zusätzliche Verweisstelle hinweisen, die Agamben selbst nicht nennt.

[1552] Ebd., 39.

[1553] Vgl. Ebd., 40.

[1554] Ebd., 96.

[1555] Ebd., 97.

[1556] Ebd., 96.

[1557] Ebd., 40.

Versuch.[1558] Aporetisch deshalb, weil sich auch hier der mysteriöse Charakter fortentwickelt, anstatt einfach aufgelöst zu werden. Dieses Spannungsfeld innerhalb der Liturgie ist jenes der dynamischen Vermittlung zwischen Mysterium und Priesteramt, zwischen „Liturgie als wirksame soteriologische Handlung und [...] Liturgie als Gemeindedienst der Kleriker", zwischen *„opus operatum* und das *opus operantis Ecclesiae"*[1559].

Inwieweit helfen uns nun Agambens Ausführungen zum trinitarischen Fundament der Operativität bei der Einordnung der Kontroverse zwischen Peterson und Schmitt und damit bei der Suche nach der adäquaten Reformulierung der göttlichen Souveränität? Zunächst lässt sich schlicht festhalten, dass sich mit der Trinität gerade kein grundsätzlicher Bruch mit der politischen Theologie vollzieht, wie etwa Peterson meint.[1560] Insofern kann also Schmitt zugestimmt werden, dass die Trinität (wie auch die Christologie) selbst als ein politisch-theologisches Konzept interpretiert werden kann. Agambens Analyse der innertrinitarischen Ökonomie bietet hierbei einen interessanten Anschluss an Schmitts Interpretation der „politisch-theologische[n] Stasiologie im Kern der Lehre der Trinität"[1561]. Auch bei Agambens Interpretation der ökonomischen Trinität kann man von einem „innertrinitarischen Aufruhr" sprechen. Doch das eigentliche Ziel Agambens ist nicht der innertrinitarische Aufruhr, sondern die Art und Weise, wie sich dieser Aufruhr über die ökonomische Trinität in die Welt hinein verwirklicht, wie also aus einem innertrinitarischen Aufruhr ein „kenotischer" wird. Dies ist der tiefere Sinn des Konzepts der Operativität, die zugleich Tätigkeit und Wirken ist. Doch wie unsere Analyse auch gezeigt hat, kann dieses Zusammenspiel nur aporetisch gedacht werden, im Lichte einer destituierenden Macht. Und dieses aporetische Moment steht im krassen Widerspruch zu einer politischen Theologie im Schmitt'schen Sinne. Souveränität als Operativität ist Ausdruck für den eigenartigen Charakter des Sakraments, dem „schillernden Spiel zwischen Differenz und Identität". Gegen Schmitt kann sakramental gedacht nicht einfach „von oben nach unten durchregiert" werden. Und dies weder, was die Struktur des Politischen im Allgemeinen (die Ekklesiologie), noch die Amtsstruktur im Speziellen betrifft. Schmitts (autoritäre) statische Konzeption von Souveränität muss aufgelöst werden in Richtung einer im Sinne Agambens sich im Vollzug aktualisierende, prekäre Souveränität. Der Modus ist der der Performativität im Hier und Jetzt. Und dieser Modus kann immer nur stets aufs Neue unternommen werden. Daraus ergibt sich durchaus eine Dynamik. Diese Dynamik ist eine Dynamik der

---

[1558] Diesbezüglich merkt Ruhstorfer sogar an, dass Agamben damit letztlich dem uneinholbaren Entzug als dem Paradigma der Postmoderne verhaftet bleibt. Die Einheit von immanenter und ökomomischer Trinität in Doxologie bzw. Liturgie bleibt prekär: „Doch kommt Agamben nicht zur vollzogenen Versöhnung als gegenwärtiger Herrlichkeit. Der Ort des Dritten bleibt auch hier leer." Siehe RUHSTORFER, *Befreiung des „Katholischen"*, 99-104, 103.

[1559] AGAMBEN, *Opus Dei*, 42.

[1560] Vgl. PETERSON, *Der Monotheismus als politisches Problem*, 99.

[1561] SCHMITT, *Politische Theologie II*, 118.

Verwirklichung, der Aktualisierung einer Souveränität, die – wenn sakramental interpretiert – zwischen zwei Polen zu fassen ist: als eine fragile Präsenz (Kroth) auf der einen Seite und als eine dadurch ausgelöste Veränderungspräsenz (Theißen) auf der anderen Seite. Damit geht sie entschieden über das rein negative Moment eines leeren Ortes der Lefort'schen Radikaldemokratie hinaus. Aber gleichzeitig – und hier könnte der Bruch mit Schnitt nicht deutlicher sein – ist eine so interpretierte radikal-sakramentale Souveränität nie vollendet, nie voll repräsentierbar, sondern immer im Übergang begriffen, „von Ewigkeit zu Ewigkeit".

In einem letzten Schritt soll nun im folgenden Unterkapitel angezeigt werden, inwiefern ein solch radikal-sakramentales Verständnis auch für die radikale Demokratie eine potenzielle Bereicherung für deren Souveränitäts- und Repräsentationskonzept darstellen könnte.

4.5 Zwischenfazit: 8 Thesen für ein radikal-sakramentales Verständnis der Demokratie

Zum Abschluss soll nochmals die Perspektive gewechselt werden und die (radikale) Demokratie aus dem Blickwinkel des hier herausgearbeiteten theopolitischen Verständnisses einer radikal-sakramentalen Souveränität und deren Repräsentation betrachtet werden. Methodisch handelt es sich bei diesem Versuch ganz im Sinne Cavanaughs um Vorschläge einer dezidiert „theologischen" politischen Theologie der Demokratie. Dabei sollen die einzelnen potenziellen Bereicherungen zunächst in Thesenform genannt und anschließend erläutert werden.

Die (bleibende) Bedeutung religiös-theologischer Leitbilder für die Demokratie. Die Auseinandersetzung mit Leforts Demokratietheorie, allem voran dessen Konzept des leeren Ortes der Macht, zeigt, dass es auch in (vermeintlich) rein säkularen Konzepten von Souveränität ein theologisch-politisches Erbe zu entdecken gibt, das es wachzuhalten und für den jeweiligen Kontext zu übersetzen gilt. Wie auch Cavanaugh betont, erschöpft sich das Heilige nicht einfach, sondern es migriert und bleibt in verwandelter Form aktiv. Daher ist neben der philosophisch-politischen auch die theologisch-politische Diskussion von politischen Leitbildern der Souveränität von bleibender Bedeutung, und dies nicht allein was deren Herleitung aus der Vergangenheit betrifft, sondern auch deren Weiterentwicklung für die Zukunft. Insbesondere ist hier auf den adäquaten Umgang mit dem Transzendenzbezug – oder deren Substitute – in der Konstitution von Macht hinzuweisen. Selbstverständlich bedeutet dies nicht, dass die Theologie in ihrer Diskussion der Transzendenz automatisch korrekt ist, aber ihre Tradition bietet zumindest ein reiches Repertoire von Konzepten zur ausgewogenen Vermittlung zwischen Transzendenz und Immanenz, wie beispielsweise das der Sakramentalität. Einen ersten Versuch für ein solches Unterfangen stellt die in diesem Kapitel vorgenommene gegenseitige Durchdringung von Leforts aporetischem und einem sakramentalen Souveränitätsverständnis dar.

Die bleibende Aufgabe der politischen Theologie: Entsakralisierung und Entideologisierung. Welche Rolle kann nun die (theologische) politische Theologie in diesem Sinne für die Demokratie spielen? Ist sie womöglich im Böckenförden'schen Sinn Voraussetzung für die freiheitlich-demokratische Demokratie? In einem bestimmten Sinne lässt sich dieser Vermutung zustimmen: Eine zentrale Aufgabe der Theologie oder zumindest der theologischen politischen Theologie ist die Entsakralisierung weltlicher Machtansprüche, ganz gleich, ob diese von staatlicher oder auch von kirchlicher Seite beansprucht wird. Metz weitet diese Aufgabe mit Bezug auf Hellers Bild des leeren Stuhls der Macht auch auf die moderne Demokratie aus:

> „Das damit angezeigte Problem besteht also nicht (mehr) darin, wie man verhindern kann, daß dieser ‚leere Stuhl' religiös besetzt wird (Gottesgnadentum, „Christkönig", Kirche, ...); es konzentriert sich vielmehr auf die Frage, ob sich moderne demokratische Politik unter der Bildkonstellation des ‚leeren Stuhls' vollzieht oder ob im Namen von Aufklärung und Moderne diese Konstellation selbst aufgegeben werden muß."[1562]

Dieser Sicht ist unter einer Bedingung zuzustimmen: Unter postliberalem und postsäkularem Vorzeichen kann diese Aufgabe keine rein theologische (mehr) sein. Sie ist Aufgabe aller Disziplinen, aller Demokrat*innen und an allen Orten. Das Besondere, was Theologie und Religion hierbei einbringen können, ist das Vertrauen darauf, dass das, was sich im Hier und Jetzt bereits ansatzweise zeigt, bereits aufgehoben ist in dessen Vollendung. Dieser Glaube kann auch politisch zu einer Ressource werden, um das, was in der Gegenwart nur fragil als prekäre Möglichkeit sichtbar ist, auch schon jetzt als verändernde Wirklichkeit wahrnehmen zu können. Gleichzeitig gilt es dabei immer zu betonen, dass die Theologie nicht die Eigentümerin des Wissens um Vermeidung von prekärer Sakralisierung ist. Ihre Geschichte zeigt, dass gerade auch die Theologie anfällig sein kann für Ideologisierungen und Sakralisierungen, gerade was die Bestimmung von Gemeindestrukturen betrifft. Das Wissen um begangene Verfehlungen, kann aber andererseits gerade auch als Ressource wiederum fruchtbar gemacht werden.

Radikale Sakramentalität als Souveränitätskonzept einer (radikalen) Demokratie. Das hier entwickelte Verständnis einer „radikalen Sakramentalität", dass an einigen Punkten über Leforts Souveränitätskonzept des leeren Ortes der Macht hinausgeht, kann als Ansatzpunkt für ein Weiterdenken demokratischer Machtkonstellation und -legitimation gesehen werden. Die Grundthese hierzu ist, dass der mögliche Gewinn in dem Unterschied liegt, welchen Chauvet zwischen einem säkularen Symbolverständnis und einem christlichen Symbolverständnis

---

[1562] METZ, *Zum Begriff der neuen Politischen Theologie*, 196.

von Sakramenten als „*die* Erscheinungsweise der Vermittlung schlechthin"[1563] macht. Ein radikal sakramentales Verständnis von Souveränität verfügt demnach im Vergleich zu Lefort über eine solche „Erscheinungsweise", i.e. über ein, wenn auch prekäres, aber nichtsdestotrotz auch affirmatives Moment. Ihre Radikalität zeigt sich in ihrer Konkretheit. Wie sich dies genauer zeigen kann, soll kurz angedeutet werden.

Die Aporie demokratischer Macht und ihre doxologische Aktualisierung. „Der freiheitlich demokratische Staat lebt von Voraussetzungen, die er selbst nicht garantieren kann."[1564] Vielleicht ließe sich dieses Diktum Böckenfördes in Richtung eines radikal-sakramentalen Verständnisses von Souveränität etwas genauer fassen. Dann ginge es nicht mehr um die Suche nach z.B. quasi-religiösen Voraussetzung(en) der (liberalen) Demokratie, sondern um ein grundsätzlich aporetisches Verständnis der demokratischen Machtkonstitution. „Die Demokratie lebt von Voraussetzungen, die sie nicht garantieren kann", könnte man dann allgemeiner als den zentralen Wesenszug der Demokratie verstehen, als ihre Form des Politischen, die Ausdruck in vielerlei Modellen von Demokratie finden kann. Die sie konstituierende Macht tritt ihr als ein „Außen" gegenüber. Ein radikal-sakramentales Verständnis von Souveränität geht aber noch weiter als diese Einsicht Leforts, indem sie dieses Außen sozusagen nach Innen dynamisiert und die Konstitution der demokratischen Macht, ganz im Sinne Agambens, als einen operativen und performativen Prozess begreift.

Die Operativität demokratischer Macht und Wirklichkeit. Demokratie ist nicht allein eine Idee, ein politisches Programm oder eine bestimmte Regierungsform. Demokratie ist kein Substantiv, sondern ein Verb; ein Verb im Imperativ: Handle! Sakrament bedeutet Repräsentation und Vergegenwärtigung, in einem eschatologischen Sinne auch Aktualisierung und Verwirklichung. In diesem Sinne gilt es auch Demokratie als Sakrament eines gelingenden (menschlichen) Zusammenlebens zu verstehen. Analog zum eschatologischen Gottesgedanken muss auch unser Bild von Demokratie „die Bedingung der Möglichkeit [sein], die Welt, wie sie ist, wahrzunehmen und gleichzeitig an der Möglichkeit festzuhalten, dass das, was ist, nicht alles ist".[1565] Unter diesem eschatologischen Vorbehalt ist Demokratie zwar einerseits durchaus als Prozess stetiger Demokratisierung zu verstehen. Sie ist als Zukunftsversion stets nur fragil in der Gegenwart anwesend. Andererseits aber gelangt ihr Freiheit stiftendes Potential nur dann zur Entfaltung, wenn im Hier und Jetzt eine Veränderung in Gang gesetzt wird. Dieses präsentisch-eschatologische Moment des Sakraments gilt es auch für die Demokratie zu entdecken bzw. offen zu halten. Im Sinne einer Körper-Politik (Eng. *body politic*) bedeutet dies, dass Demokratie verkörpert werden muss. Und

---

[1563] CHAUVET, *Symbol und Sakrament*, 120.
[1564] BÖCKENFÖRDE, *Staat, Gesellschaft, Freiheit*, 60.
[1565] KROTH, *Dein Reich komme*, 205.

dies wird sie, wie oben bereits angeführt, im konkreten Handeln. Demokratie radikal-sakramental verstanden ist eine Praxis, die das, was sie ist, erst im Vollzug zeigen kann. Insofern ist sie selbst Ritual, ein *Symbol dessen, was wir berufen sind zu werden*[1566].

Eine zugleich fragile und konkrete Konstitution der Demokratie. Kern dieses radikal-sakramentalen Demokratieverständnisses ist ein demokratietheoretisches Pendant zur fragilen Präsenz und der dadurch gewirkten Veränderungspräsenz Gottes im Sakrament. So wie Gottes heilsames Wirken im Sakrament im schillernden Spiel zwischen An- und Abwesenheit das Hier und Jetzt konstituiert und in Richtung des Heils verändert bzw. auf den Weg bringt, so muss auch die Demokratie im Hier und Jetzt „unter uns leben". Demokratie, radikal-sakramental verstanden, ist nicht allein negatives Moment zur Kritik der Gegenwart. Sie ist nicht allein ein unendlicher Prozess auf dem Weg zu mehr und mehr Demokratie. Sie muss auch verwurzelt sein im Konkreten. *Universale concretum*: Je verwurzelter Demokratie im Konkreten ist, umso universaler, umso näher ist sie an ihrer Verwirklichung. Dies ist eine zentrale Erkenntnis, die man aus Cavanaughs eucharistischer Politik auch für die Demokratie ziehen kann. Gemeinschaft, auch die demokratische, muss immer einen bestimmten Ort und eine bestimmte Zeit haben.

Pluralisierung der Orte der Macht. Demokratische Praxis ist, auch wenn sie ihren Ausgang beim Individuum nimmt, immer schon gemeinschaftliche Praxis. Demokratie unterstreicht gerade die Verbundenheit aller mit allen. Politisches Handeln ist per se gemeinschaftliches Handeln, weil alle Mit*glieder* zusammen den politischen Körper bilden. Ohne diese Verkörperung wird Demokratie zu einem leeren Begriff. Von daher reicht auch der leere Ort der Macht nicht aus, um Demokratie zu garantieren. Um im Bilde zu bleiben, müsste man stattdessen eher von einer unendlichen Anzahl von Orten der Macht sprechen. Auch diese lassen keine Besetzung oder Homogenisierung der Macht zu, aber nicht, weil der Ort der Macht symbolisch ent-realisiert wird, sondern weil Macht unendlich oft realisiert und verstreut[1567] ist bis in alle Enden der Welt, so wie sich analog die universelle Kirche in jeder konkreten eucharistischen Feier konstituiert.

Demokratisches Handeln als sich-entmachten-für-andere. Analog zum „gemeinschaftlichen Wir' von Priester und Gemeinde"[1568] in der eucharistischen Gemeinde als der eigentlichen Trägerin der Liturgie kann es in einer radikal-sakramental verstandenen Demokratie keine Hierarchieunterschiede bezüglich der Machtausübungsgewalt geben. Gerade die kritische Auseinandersetzung mit dem klassischen Amts- und Hierarchieverständnis in der katholischen Kirche förderte

---

[1566] BOEVE,, „Symbole dessen, was wir berufen sind zu werden".
[1567] CAVANAUGH, „dispersed political authority".
[1568] ESSEN, „Das kirchliche Amt zwischen Sakralisierung und Auratisierung", 103.

dabei eine radikale, weil grundsätzlich prekäre, sakramentale Natur von Amt und Amtstätigkeit zu Tage. Macht verstanden in diesem aporetisch-performativen Sinne wird von allen zugleich ge*tragen*. Und grundsätzlich verfügt niemand, auch nicht qua Amt, über die grundsätzlich unverfügbare demokratische Macht.

Gleichzeitig bedeutet dies nicht automatisch, dass es nicht eine besondere Amtsstruktur geben kann, die eine besondere Funktion, im Sinne einer Aufgabe, übernimmt. Aber die besondere Funktion der Repräsentation einer radikal-sakramental verstandenen Macht zeigt sich gerade nur „im Modus einer Entmächtigung"[1569], einer „Potenz-nicht-zu"[1570], einer Entmächtigung für andere. Das bedeutet, dass in der demokratischen Aufgabe der Stellvertretung für andere ein „kenotisches Moment" innewohnt. Wie aus der Gnade, die man empfängt, sobald man Christus anzieht (Gal 3,27), ein Sendungsauftrag wird, so ist demokratische Beauftragung ein „sich-entmachten-für-andere". Niemandem kann eine solche Beauftragung verwehrt werden, da ein solcher Ausschluss selbst ein Akt wäre, der das kenotische Moment zerstört, das ein radikal-sakramentales Verständnis von Macht kennzeichnet.

[1569] Vgl. HOFF, „Die Sakralisierungsfalle", 283.
[1570] Vgl. ZEILLINGER, „Das Unvereinbare im Zentrum des Politischen", 288.

5   SCHLUSS ODER: EIN UMKEHRSCHLUSS

Und sie sagten zueinander: Brannte nicht unser Herz in uns, als er unterwegs
mit uns redete und uns den Sinn der Schriften eröffnete? Noch in derselben
Stunde brachen sie auf und kehrten nach Jerusalem zurück und sie fanden die
Elf und die mit ihnen versammelt waren.
Lk 24,32-33

This closing section of our study I have ventured to entitle ,conclusion'.
Yet I trust that no one will take this too seriously. In intellectual formulation
in these matters not only can there not be, but emphatically there must not be,
any final conclusion. For the religious history of mankind is not yet over.
Wilfred Cantwell Smith[1571]

Im vorangegangenen Kapitel wurden die Grundzüge für eine politische Theologie erarbeitet, in deren Zentrum ein radikal-sakramentales Konzept von Souveränität steht. Damit bringt dieses vierte Kapitel die Argumentationsstränge der vorangegangenen Kapitel zusammen und beantwortet die leitende Forschungsfrage nach den Grundzügen für eine mögliche Neuartikulation des Souveränitätskonzeptes für eine politische Theologie. Die übergeordnete These, wonach sich auch innerhalb der Theologie Quellen für das Weiterdenken der Demokratie unter einem sich vorsichtig abzeichnenden Paradigmenwechsel nach der Postmoderne finden lassen, kann mit Blick auf das hier erarbeitete radikal-sakramentale Verständnis von Souveränität positiv bestätigt werden. Dabei erwies sich die in der Einleitung dargelegte Vorgehensweise, wonach in drei großen Schritten zu einer solchen Neuartikulation zu gelangen ist, als zielführend.

Im zweiten Kapitel zur systematischen Orientierung wurde in einem ersten Schritt nach den Grundzügen für eine politische Theologie vor postsäkularem, postliberalem und radikaldemokratischem Hintergrund gesucht. Dabei stellte sich ein sakramentaltheologischer Ansatz als eine besonders vielversprechende Richtung heraus, da er in der Lage ist, eine Vielzahl von Impulsen sowohl innerhalb der theologischen Tradition als auch außerhalb dieser aufzugreifen. Zunächst ist hier vor allem der Umstand zu nennen, dass das Sakramentenverständnis zentral für das dezidiert katholische Verständnis für die Beziehung zwischen Gott und Mensch, wie auch für die Beziehung der Menschen untereinander in der Sozialform Kirche ist. Der postsäkulare und postliberale Kontext ermöglicht es nun aber auch, dass sich die verschiedensten religiösen und weltanschaulichen Gruppen, gestützt auf die je eigene Tradition von sich stetig transformierenden Denksystemen, neu in den öffentlichen und politischen Diskurs einbringen können. Gerade die radikaldemokratische Konzeption von Gemeinwesen erlaubt

---

[1571]   SMITH, *The Meaning and End of Religion*, 199.

diesbezüglich einen weitaus pluraleren Zugang als beispielsweise eine konsens-orientierte liberale Konzeption. Hierfür allerdings müssen sich auch die verschiedenen Gruppen, in unserem Fall die katholische religiöse Tradition, zunächst dem Souveränitäts- und Repräsentationsmodell der Radikaldemokratie öffnen. Diese Erkenntnis war leitend für die Analyse von Cavanaughs politischer Theologie.

Im darauffolgenden dritten Kapitel wurde in einem zweiten Schritt Cavanaughs sakramentale politische Theologie als Fallbeispiel für eine solche in weiten Teilen noch zu erarbeitende politische Theologie für einen postsäkularen und -liberalen, wie auch radikaldemokratischen Kontext analysiert. Diese Analyse zeigte einerseits die große Stärke von Cavanaughs sakramentaltheologischem Ansatz für eine politische Theologie, wenn es um Dekonstruktion bestimmter neuzeitlich-moderner politischer Konzepte wie (National)Staatlichkeit, Zivilgesellschaft und Globalismus geht, wie auch bei der Rekonstruktion einer dezidiert kirchlichen politischen Identität. In diesem Sinne erfüllt sie in weitem Maße die postliberalen wie auch die postsäkularen Anforderungen, die im vorangegangenen Kapitel erarbeitet wurden. Andererseits wurde aber auch deutlich, dass es mit einer starken Gegenüberstellung beispielsweise eines nationalstaatlichen mit einem christlich-kirchlichen Souveränitätsverständnis nicht getan ist. Eine kritische Distanz zum jeweils etablierten politischen System bleibt zwar aus theologischer Sicht zentral für die eigene theologische Redlichkeit, die sich zuallererst der Botschaft des Evangeliums verpflichtet weiß. Dennoch gilt es zu beachten, dass es auch immer eine tatsächliche Dialogbereitschaft geben muss, beruhend auf der Fähigkeit, aus der Botschaft des Evangeliums heraus die Brücke in den jeweils aktuellen Diskurs zu schlagen und so in eine produktive Konstellation für den jeweiligen Kontext zu gelangen. Um diesem Umstand Rechnung zu tragen, galt es zu prüfen, inwieweit Cavanaughs eigenes theopolitisches Projekt einer sakramentalen politischen Theologie anschlussfähig an den radikaldemokratischen Diskurs ist. Dabei trat zum Vorschein, dass Cavanaughs Verwendung radikaldemokratischer Motive, vornehmlich derer von Coles und Wolin, vornehmlich seinem Programm zur Dekonstruktion neuzeitlich-moderner politischer Konzepte dient, nicht im gleichen Maße aber der Rekonstruktion seines eigenen sakramentalen Verständnisses von (kirchlicher) Macht und Politik. Aus diesem Befund ergab sich als letzter Schritt des Forschungsvorhabens die radikaldemokratische Relektüre eines sakramentalen Verständnisses von Macht.

Im vierten Kapitel wurde, der dritten Unterthese der Arbeit folgend, Cavanaughs sakramentaler Ansatz für eine politische Theologie mit dem radikaldemokratischen Ansatz von Claude Lefort ins Gespräch gebracht. Zentraler Bezugspunkt für diesen Vergleich war Leforts radikaldemokratische Souveränitätskonzeption im Symbol des leeren Ortes der Macht. Im Zeichen dieses Symbol unternimmt Lefort eine Relektüre des demokratischen Souveränitätskonzepts weg von den je eigenen neuzeitlichen und modernen Logiken des Einen hin zu einer postmodernen Subversion der Souveränität im Symbol der unbesetzbaren Leerstelle der Macht. Eben diese anti-ideologische, subversive Relektüre des Souveränitätskonzeptes findet bei Cavanaugh in dieser Stärke letztlich nicht statt. Er kann zwar die schwache sakramentale Macht der Kirche erfolgreich gegen die Souveränität des modernen Nationalstaates, die der Logik des Einen folgt, einbringen, letztlich unterlässt er es aber, die Subversion der Souveränität auch gegen das eigene sakramentale Souveränitätskonzept der Kirche zu richten. Daher erfolgte im vierten Kapitel die bei Cavanaugh noch ausstehende anti-ideologische und subversive Relektüre der sakramentalen Souveränität. Dieses Vorgehen versteht sich dabei aber keineswegs als Abkehr von Cavanaughs Ansatz, sondern vielmehr als eine mögliche konsequente Fortschreibung seines sakramentalen Ansatzes für eine politische Theologie. Während Cavanaugh also selbst eine politsche Relektüre der Sakramententheologie vorlegt, gilt es auch, das so entstandene sakramentale Politik- und Souveränitätsverständnis einer radikaldemdemokratischen Relektüre zu unterziehen. Das Ergebnis dieser Relektüre war das, was im vierten Kapitel als ein radikal-sakramentales Souveränitätskonzept erarbeitet und eingeführt wurde.

Dieses zeichnet sich einerseits dadurch aus, dass es Leforts prekären Status aller Souveränität und deren Repräsentation wachhält oder mit Cavanaugh gesprochen, sich gegen die idolatrische Versuchung nicht allein des Staates, sondern auch der Kirche wendet. Andererseits aber geht dieses radikal-sakramentale Verständnis von Souveränität auch über Leforts dekonstruktiven bzw. anti-ideologischen und subversiven Impuls hinaus. Die Leerstelle, die beim Sakrament auf die Gegenwart Gottes bzw. mit Chauvet gesprochen auf die „Gegenwart des Fehlens Gottes"[1572] verweist, ist gerade nicht vollkommen leer. Vielmehr kann man hier von einer schwachen Präsenz der Macht in Form des Performativen sprechen oder des sich stets im Übergang Aktualisierenden oder von einer eschatologischen Präsenz, die zwischen dem „schon" und dem „noch nicht" oszilliert und nichtsdestotrotz oder gerade deswegen als transformierend wirkmächtig verstanden werden kann. Gerade Agambens Konzept der Operativität erwies sich dabei als wichtiger interpretativer Schlüssel, verweist es doch auf den zugleich aporetischen wie dynamischen Vollzug von Souveränität im Sakrament. Diese prekäre Präsenz oder Machtkonstitution ist dabei etwas, das in Leforts Symbol der Leerstelle durchaus auch als angelegt betrachtet werden kann, wie es beispielsweise auch Scheulen und Szankay nahelegen, wenn sie den Ort der Macht dahingehend interpretieren, dass „[i]n ihm [...] ,etwas' von dem Gewesenen anwesend [ist], das unsere Beziehung zum Symbolischen und zur Dimension des Anderen mit ermöglicht"[1573]. Insofern stellt eine sakramentale Relektüre der Leerstelle, wie sie im Kapitel vier vorgenommen und zum Konzept der radikal-sakramentalen Souveränität überführt wurde, ein mit Lefort über Lefort Hinausdenken dar, ganz ähnlich wie bereits die radikaldemokratische Interpretation von Cavanaughs politischem Sakramentenverständnis ein Hinausdenken mit Cavanaugh über Cavanaugh darstellt. Was das Sakramentale trotz aller anti-ideologischen Relecture in ein radikal-sakramentales Verständnis von Souveränität einbringen kann, ist ein,

---

[1572] CHAUVET, *Symbol und Sakrament*, 190.
[1573] SCHEULEN; SZANKAY, „Zeit und Demokratie", 23.

wenn auch prekärer, so doch positiv-performativer Umgang mit „dem Anderen"
– im Sakrament verstanden als *totaliter aliter*, als transzendenter Gott. Während
Lefort nur auf ein uneinholbares Außen verweisen kann, das einerseits zwar konstituierend für die Gesellschaft ist, andererseits aber nur in der Form der Leerstelle repräsentiert werden kann, ist auf sakramentaler Ebene Gott als dieses Außen immer schon präsent, wenn auch nur prekär-performativ. Das „etwas", wie
Scheulen und Szankay es bezeichnen, im Sakrament kann daher als transformierend begriffen werden, indem er über das Moment reiner Subversion hinaus in
Richtung einer prekären, sich stets aufs Neue aktualisierenden Transformation
weist. Wie im dritten und vierten Unterkapitel des vierten Kapitels aufgezeigt
wurde, hat ein solches radikal-sakramentales Souveränitätsverständnis auch
transformierende Konsequenzen für das Verständnis des (theo)politischen Charakters von Kirchlichkeit, Amt und Hierarchie, bis hinein in die Gottesvorstel-
lung, zumindest von dessen Prädikat der Vollmacht und deren Repräsentation,
die hier besonders über die Konzepte der *kenosis* und der Aporie ansatzweise
durchdekliniert wurde.
    Dabei hat sich auch gezeigt, dass das Spannungsfeld zwischen anti-ideologi-
schem, subversivem Impuls einerseits und einer prekären und performativen Affirmation andererseits sich nicht allein auf das Gebiet der Sakramententheologie
erstreckt. Im Rahmen dieser Untersuchung war zwar nur eine erste Annäherung
an dieses Spannungsfeld über eine politische Sakramententheologie möglich,
letztlich bleibt aber noch zu prüfen, inwieweit ein solcher Ansatz einer prekär
affirmativen und performativen (politischen) Theologie nicht ein wichtiger Beitrag der Theologie insgesamt für den gegenwärtigen geistesgeschichtlichen Kontext darstellt, der ganz zu Beginn als eine Umbruchsituation weg von der Postmoderne beschrieben wurde. Für diese gewaltige Aufgabe ist eine Vielzahl von
unterschiedlichen Zugängen und Ansätzen nötig, die im Rahmen dieser Arbeit
nicht berücksichtigt werden konnten. An dieser Stelle sollen jedoch einige wenige genannt werden, die sich direkt oder indirekt aus der vorliegenden Untersuchung ergeben. Zuvorderst gilt es darauf zu verweisen, dass sich aufgrund der
Schwerpunktsetzung auf Cavanaugh und die Radikaldemokratie eine klar postliberale Ausrichtung der Arbeit ergab. Dabei wurde aber an zahlreichen Stellen
betont, dass die dahinterliegende Intention nicht eine Abkehr vom Liberalismus
ist, sondern ein Weitertragen von dessen demokratischem Impuls vor einem veränderten epistemologischen Hintergrund. Dies hat nun aber nicht automatisch zur
Folge, dass sich nicht auch in dezidiert liberalen Konzeptionen von demokratischer Macht eben jenes subversive Moment finden lassen könnte, das wir im
Symbol der Leerstelle der Macht in Demokratie und Sakrament ermittelt haben.
Gerade in letzter Zeit ist das Bewusstsein um das prekäre Zentrum im Herzen der
Demokratie auch in dezidiert liberalen Konzeptionen gewachsen, wofür im Rahmen dieser Untersuchung besonders Habermas und Essen stehen. Beide verweisen auf je eigene Art auf eine letztendliche Unverfügbarkeit im Zentrum demokratischer Macht, die wie der Gottesbezug letztlich ein „Grenzbegriff der Vernunft" darstellt. In Bezug auf diesen prekären Ursprung scheinen Religion und

Demokratie auch hier in eine strukturelle Nähe zu rücken. Hier könnte sich eine interessante Untersuchung anschließen, inwieweit sich damit eine substantielle Brücke zu radikaldemokratischem Denken bauen ließe.[1574] Insofern würde ein solcher Ansatz auch die neuzeitliche Metaphysik für die Aktualisierung der Demokratie fruchtbar machen, was insofern von zentraler Bedeutung ist, als dass die neuzeitliche (sic!) Demokratie, auf die sich auch die Radikaldemokrat*innen berufen, letztlich dieser denkerischen Epoche entstammt.

Neben diesem noch verbliebenen Desiderat ist noch ein weiteres zu nennen, das eng damit verbunden ist. Dieser weitere zentrale Untersuchungsgegenstand, der im Rahmen dieser Untersuchung nur am Rande behandelt werden konnte, ist die Frage nach dem Verhältnis von demokratischer Machtkonstitution und (neuzeitlicher und moderner) Staatlichkeit. Deutlich wurde Cavanaughs Kritik an dessen „Logik des Einen", die auch ein wichtiges Bindeglied zur radikaldemokratischen Theorie darstellt, aber abermals lässt sich mit Rowe treffend fragen: „Cavanaugh may be right that the state is the wrong category. But he may also have ruled out more promising venues."[1575] Hier wäre es interessant der Frage nachzugehen, inwieweit Staatlichkeit notwendigerweise der „Logik des Einen" in seiner Machtkonstitution folgen muss, ganz gleich, ob diese nun monarchisch oder über Volkssouveränität durchdekliniert wird. Kann ein Staat eine leere Mitte in seinem Zentrum erlauben oder braucht es womöglich einen alternativen Zugang zum In-Form-Setzen des Sozialen, wie etwa einen anarchischen oder akephalen oder aber einen wie den der Europäischen Union? Verbunden damit ist erneut die Frage, wo sich beispielsweise auch in neuzeitlicher Metaphysik „kenotische Momente" der Aufgabe staatlicher Souveränität finden lassen – um der Freiheit seiner Staatsbürger*innen willen.

Neben diesem Hinweis auf verbliebene Desiderate bzw. mögliche zukünftige Forschungsvorhaben gilt es hier nochmal abschließend darauf einzugehen, wie sich eine (theologische) politische Theologie, in deren Zentrum ein radikal-sakramentales Konzept von Souveränität steht, skizzieren lässt und welchen Beitrag diese im gegenwärtigen Kontext leisten kann. Wie bereits im Zwischenfazit zum vierten Kapitel klargestellt wurde, kann diese Form der politischen Theologie keine eigenständige Lösung für alle abgeben, wie beispielsweise eine Demokratietheorie, die für alle Beteiligten, Kontexte und Zeiten gilt. Es gehört gerade zu ihren Aufgaben, solche universalen Anforderungen kritisch zu hinterfragen und subversiv zu dekonstruieren. Insofern bleibt sie in der Spur der Neuen Politischen Theologie, deren Aufgabe nach Metz gerade im Freihalten des „leeren Stuhls der Macht" besteht, sei es vor religiösen oder politischen Zugriffen.[1576] Dies bedeutet aber gleichzeitig, dass sie selbstbewusst, gestützt auf ihre eigene Tradition, ihre

---

[1574] Nochmals sei hier auf eine erste grundständige Untersuchung hierzu verwiesen: WAGNER, *Recht – Macht – Öffentlichkeit*.

[1575] ROWE, „Render Unto Caesar… What?", 604.

[1576] Vgl. METZ, *Zum Begriff der neuen Politischen Theologie*, 196.

Stimme erhebt. Dies aber wiederum nicht, um andere in erster Linie dazu zu be-wegen, im Gleichklang miteinzustimmen, sondern im Bewusstsein darüber, nur eine Stimme von vielen zu sein, die nichtsdestotrotz auch von anderen gehört werden soll und dies vornehmlich darum, weil sie – wie im vorangegangen Zwi-schenfazit angeführt – im kenotischen „Modus einer Entmächtigung"[1577] die Stimme nicht für sich, sondern gerade für andere erhebt.

Gleichwohl gilt es auch den Blick dieser (theologischen) politischen Theologie nach innen, in die eigene Form von Kirchlichkeit, zu richten. Für diesen Blick nach innen ist aber auch ein Gesprächspartner notwendig, wie ihn in der vorlie-genden Arbeit die Radikaldemokratie dargestellt hat. Erst die Öffnung hin zu den Anfragen eines Außen lassen eine Erneuerung im Inneren gelingen, wie dies hier anhand der radikalen Interpretation der Sakramentalität gezeigt wurde. Dieser Gesprächspartner konfrontiert Kirchlichkeit – und in ganz besonderer Weise hier die katholische Kirche – mit den eigenen Defiziten. Im Rahmen dieser Untersu-chung sind es dabei vor allem Fragen der Souveränität und der Demokratie, die im Vordergrund stehen. Unsere Analyse hat deutlich gezeigt, dass im Lichte eines radikal-sakramentalen Ansatzes jegliche innerkirchlichen Formen der Sakralisie-rung von Kirche im Allgemeinen und Amt oder Amtsperson im Speziellen das (sakramentale) Wesen der Kirche nicht allein gefährden, sondern sogar zerstören. Auch Demutsgesten von Kirche und Amtspersonen sind hierbei kein ausreichen-des Mittel zur Verhinderung der Sakralisierungsfalle (Hoff), denn sie bergen in sich selbst die Gefahr, zu Ermächtigungsriten (Stoellger) zu verkommen. Letzt-lich läuft dies darauf hinaus, die zentrale demokratische Lehre der Gleichheit aller Menschen auch als eine eigene unumstößliche theologische Wahrheit (wieder) zu entdecken. Eine alternative Denkfigur zur geteilten Ebenbildlichkeit Gottes könnte hier die gemeinsam getragene Verantwortung für die Liturgie sein, deren Träger nur der gesamte Leib Christi ist und nicht etwa nur einzelne Glieder. Diese Erkenntnis muss sich auch in der Organisationsstruktur von Kirche wiederfinden lassen, die – mit Schmitt gesprochen – der gegenwärtigen Bewusstseinslage ent-sprechen muss. Ohne grundlegende partizipative Elemente aller Träger*innen ra-dikal-sakramentaler Souveränität ist auch die radikale Sakramentalität von Kir-che als Gesamter defizitär, denn wenn eine subversive Entmächtigungsstrategie Gefahr läuft, selbst zu einem Ausschlussmechanismus für bestimmte Menschen-gruppen zu werden, dann verfehlt sie ihre eigentliche Stoßrichtung, die im Offen-halten der Leerstelle der Macht für Gott besteht.

Dies bedeutet nicht, dass jede Form von Amt oder sogar Hierarchie grundsätz-lich abzulehnen ist (wie auch beispielsweise eine parlamentarische Demokratie nicht ohne Ämter oder Hierarchie ist). Aber es kann keine „ontologischen" Un-terschiede zwischen Amtsträger*innen und Menschen geben, die kein bestimm-tes Amt „ausfüllen" oder dieses nur zeitweise tun (Ruster). Dies bedeutet auch, den Übergangscharakter von Kirchlichkeit und Amt in seiner ganzen Radikalität anzunehmen. Hierfür gibt es zahlreiche Bilder, die zu allen Zeiten beschworen

---

[1577] Vgl. HOFF, „Die Sakralisierungsfalle", 283.

wurden, wie beispielsweise das pilgernde Volk Gottes (*Lumen gentium* 6), auf das auch Cavanaugh mit Verweis auf Augustinus hinweist, oder das ebenfalls von Cavanaugh favorisierte Bild von Papst Franziskus von der Kirche als Feldlazarett (Eng. *field hospital*). Diese Bilder sind nicht nur schöne Bezeichnungen, sondern auch systemische, organisatorische Begriffe. Sie rufen dazu auf, das Prekäre im Zentrum von Kirche anzunehmen und der ständigen Versuchung zu widerstehen, dieses überdecken und kontrollieren zu wollen. Hierfür braucht es Mut und Vertrauen, Glaube und Hoffnung; Hoffnung auf einen entgegenkommenden Gott, der sich nicht mit Sicherheit in gefestigten Strukturen garantieren lässt, sondern einem im Wagnis des Glaubens begegnet.

Damit wird Hoffnung zur glaubenden Praxis einer Politik im Zeichen eines radikal-sakramentalen Machtverständnisses; einer Macht die Spiegelbild ist für einen Gott, dessen Majestät vermittelt ist in der Niedrigkeit des Kreuzestodes und dessen Foltertod wiederum vermittelt ist mit dessen Auferstehung. In ihrer Form der Entmächtigung liegt auch ein Moment der Ermächtigung, wenn auch eines, das mehr eine aporetische oder kenotische Gestalt annimmt. Darin ist ein radikal-sakramentales Machtverständnis zugleich Ausdruck für das Selbstverständnis einer Theologie, die sich gegründet weiß in der dynamischen Spannung zwischen der absoluten Unverfügbarkeit Gottes einerseits und der unbedingter Zusage seines Entgegenkommens andererseits. Daher könnte man auch sagen, dass sich diese Theologie im Zeichen der Bresche vollzieht. Die Bresche steht dabei zugleich für die unmittelbare Erfahrung des Bruchs in der Kontingenz unseres alltäglichen Lebens wie auch für die darin sich offenbarende „ontische Gegebenheit"[1578] unseres Gemeinschaftslebens als solchem, sei es nun in der radikaldemokratischen Konzeption von Gesellschaft oder der sakramentalen der Kirche. Bezeichnenderweise verwenden sowohl Lefort in seiner subversiven Reinterpretation der Demokratie als auch Chauvet in seiner fundamentaltheologischen Relecture der Sakramente das Konzept der Bresche.[1579] Für beide ereignet sich in diesem Bruch die Öffnung zum „Wesentlichen" der Sozialontologie. Doch während bei Lefort das Wesen der Sozialontologie letztlich auf der Ebene des Bruchs, der unaufhebbaren Teilung besteht, ist für Chauvet der Bruch zugleich die Öffnung hin zur Anwesenheit Gottes. Nochmals sei hier auf die ganz zu Beginn in der Einleitung zitierte Passage von Chauvet verwiesen, in der er das Brotbrechen Jesu in der Emmausgeschichte mit der Feier der Eucharistie in Beziehung setzt: „Ihre Augen öffnen sich über *einer Leere* – ‚dann sehen sie ihn nicht mehr' – aber eine von Anwesenheit erfüllte Leere. Jedes Mal, wenn die Kirche das Brot in Gedenken an ihn bricht, öffnet sie sich für die Leere der Un-Sichtbarkeit des Herrn Jesus Christus."[1580] Es ist der Vorgang des (Zer)Brechens, der zugleich Öffnung und Begegnung ermöglicht. Nochmals Chauvet: „Aus dem Innersten der

---

[1578] Vgl. MARCHART, „Die Bresche. Leforts Konzept ‚wilder Demokratie'", 229.
[1579] Vgl. LEFORT, *Die Bresche*, 41; CHAUVET, *Symbol und Sakrament*, 389-390; siehe auch ENGEL, *Politische Theologie „nach" der Postmoderne*, 39.
[1580] CHAUVET, *Symbol und Sakrament*, 173.

Bresche heraus ‚spricht es' an erster Stelle. Und durch die Vertiefung der Bresche
gibt sich der verherrlichte Christus wie in Emmaus als ‚geistlicher Leib' – soma
pneumatikon, 1 Kor 15,44; vgl. Röm 8,11 – zu erkennen."[1581] Es ist im Teilen,
im Brechen des Leibes, wo sich die Einheit der Gemeinschaft der Herausgerufenen stets aufs Neue ereignet. So wird das Bruchsiegel – σύμβολον bzw. *sacramentum* – zum Zeichen für Gemeinschaft.

In diesem Sinne kann die Bresche, der Bruch, auch als Signum für einen Neu-
anfang stehen. Im Bruch ereignet sich eine Unterbrechung, die dazu befähigt,
umzukehren und aktiv aus dem gewohnten Trott herauszusteigen und einen neuen
Weg zu beschreiten. Insofern steht die Bresche auch für die Möglichkeit der Umkehr, für μετάνοια. Und in der Betonung des Momentes der Befähigung zur Umkehr, dazu, immer wieder einen neuen Anfang im Alten setzen zu können, könnte
auch der Beitrag einer politischen Theologie im gegenwärtigen Kontext liegen,
in dem sich die endlose Spur der Dekonstruktion der Postmoderne erschöpft hat
und die sich Suche nach einer neuen Identität und Gewissheit erneut aufdrängt.
Die Gewissheit der Möglichkeit des steten Neuanfangens, wie auch die Identität,
die sich im Zeichen einer radikal-sakramentalen Souveränität konstituiert, sind
prekär. Ihre Gewissheit ist nur für den Augenblick einer performativ-eschatolo-
gischen Aktualisierung anwesend, so wie Jesus in der Emmausgeschichte genau
in dem Augenblick den Blicken der Jünger entschwindet, da sie ihn erkennen
(Lk 24,31). Und dennoch liegt in dem Entschwinden auch ein Anstoß, in der Emmausgeschichte zunächst zur Erinnerung daran, wie das Herz in ihnen brannte,
als Jesus unterwegs mit ihnen redete und ihnen den Sinn der Schrift auslegte
(Lk 24,32). Und schließlich befähigt dieses Erinnern die Jünger zur Umkehr:
„Noch in derselben Stunde brachen sie auf und kehrten nach Jerusalem zurück
und sie fanden die Elf und die mit ihnen versammelt waren" (Lk, 24,33). Sie
kehren um und gehen transformiert zurück nach Jerusalem, nicht mehr wie sie
Jerusalem verlassen hatten: enttäuscht darüber, dass mit Jesus nicht sofort das
Reich Gottes und die neue Welt angebrochen war – zumindest nicht so, wie sie
es sich vorgestellt hatten. Sie kehren geläutert von diesen Machtansprüchen, die
nur allzu sehr ein Spiegelbild weltlicher Herrschaft darstellen, zurück an die Wir-
kungsstätte Jesu und beginnen „mit brennenden Herzen" davon zu berichten, was
ihnen widerfahren ist. Und insofern hat das Reich Gottes in ihnen tatsächlich bereits angefangen zu existieren.

Wo stehen wir also? Welche Antwort zeichnet sich auf diese ganz zu Beginn
gestellte Frage ab? Zunächst eine kleine Spezifizierung der Frage selbst, denn
wie Cavanaughs Diskussion der eucharistischen Rekonfiguration gezeigt hat, hat
unter christlich-eschatologischem Gesichtspunkt die Zeit den Vorrang vor dem
Ort. Zu welcher Zeit befinden wir uns also *gerade*? „Die Zeit ist erfüllt, das Reich
Gottes ist nahe. Kehrt um und glaubt an das Evangelium!", ruft Johannes der
Täufer in Mk 1,15 aus. Damit ist jede*r von uns (heraus)gerufen umzukehren und
selbst aktiv einen Schritt in die Richtung des (ent)kommenden Reichs zu setzen.

[1581] Ebd., 389-390.

Im Grunde könnte man davon sprechen, dass jeder einzelne Körper so zu einem Sakrament, zu einem verwirklichenden Zeichen dessen werden soll, was repräsentiert werden soll. Der eigene Leib wird zum Sakrament. Das Wesen dieser sakramentalen Repräsentation ist kenotisch, selbst-entäußernd, denn in der sakramentalen Vergegenwärtigung Gottes gilt es, dessen eigenes kenotisches Wesen wiederzugeben.[1582] Insofern können wir nur immer wieder stets aufs Neue anfangen. Wir können uns auf einen Weg begeben, dessen Ziel wir nicht genau vorhersagen, geschweige denn garantieren können. Doch wir können uns bewegen. Damit soll das letzte Wort nochmals Cavanaugh haben, und zwar mit demselben Zitat, mit dem er zu Beginn der Arbeit in der Einleitung eingeführt wurde:

> „The Christian life is not a means to heaven. War is not a means to peace, freedom is not a prerequisite for following Christ. The Christian life is about practicing heaven now, on earth, even if it gets you killed. It's not about making our way to Christ in some far-off eschaton; Christ is the way."[1583]

[1582] Vgl. CHAUVET, *Symbol und Sakrament*, 480.
[1583] Interview mit William T. Cavanaugh, https://www.religion-online.org/article/liturgy-as-politics-an-interview-with-william-cavanaugh/, abgerufen am 13.06.2018.

6 LITERATURVERZEICHNIS

AGAMBEN, GIORGIO, *Die Beamten des Himmels. Über Engel*, hg. u. übers. v. ANDREAS HIEPKO, Frankfurt a. M.; Leipzig 2007. Deutsche Übersetzung von Kp. 6 *Il Regno de la Gloria.*

– „Einleitende Bemerkungen zum Begriff der Demokratie", in: DERS., ET. AL. (Hg.), *Demokratie? Eine Debatte*, Frankfurt a. M. 2012, 9-12.

– *Homo Sacer. Il potere sovrano e la nuda vita* (Homo sacer Bd. I), Torino 1995. Deutsche Übersetzung: *Homo sacer. Die souveräne Macht und das nackte Leben* (Homo sacer Bd. I), übers. v. HUBERT THÜRING, Berlin 2002.

– *Il Regno e la Gloria. Per una genealogia teologica dell economia e del governo* (Homo sacer Bd. II.4), Vicenza 2007. Deutsche Übersetzung: *Herrschaft und Herrlichkeit. Zur theologischen Genealogie von Ökonomie und Regierung* (Homo sacer Bd. II.4), übers. v. ANDREAS HIEPKO, Frankfurt a. M. 2007.

– *Il sacramento del linguaggio. Archeologia del giuramento* (Homo sacer Bd. II.3), Roma; Bari 2008. Deutsche Übersetzung: *Das Sakrament der Sprache. Eine Archäologie des Eides* (Homo sacer Bd. II.3), übers. v. STEFANIE GÜNTHER, Frankfurt a. M. 2010.

– *La comunità che viene*, Torino 1990. Deutsche Übersetzung: *Die kommende Gemeinschaft*, übers. v. ANDREAS HIEPKO, Berlin 2003.

– *L'uso dei corpi* (Homo sacer Bd. IV.2), Vicenza 2014. Deutsche Übersetzung: *Der Gebrauch der Körper* (Homo sacer Bd. IV.2), übers. v. ANDREAS HIEPKO u. MICHAEL VON KILLISCH-HORN, Frankfurt a. M. 2020.

– *Opus Dei. Archeologia dell'ufficio* (Homo sacer Bd. II.5), Torino 2012. Deutsche Übersetzung: *Opus Dei. Archäologie des Amts* (Homo sacer Bd. II. 5), übers. v. MICHAEL HACK, Frankfurt a. M. 2013.

– *Stasis. La guerra civile come pradigma politico* (Homo sacer Bd. II.2), Torino 2015. Deutsche Übersetzung: *Stasis. Der Bürgerkrieg als politisches Paradigma* (Homo sacer Bd. II.2), übers. v. MICHAEL HACK, Frankfurt a. M. 2016.

AGRAMA, HUSSEIN, ALI, „Secularism, Sovereignty, Indeterminacy. Is Egypt a Secular or a Religious State?", in: *Comparative Studies in Society and History* 52 (3/2010), 495-523.

ALPERS, CHRISTIANE, *A Politics of Grace. Universal Redemption for Political Theology in a Post-Christendom Context*, London 2018.

ANDERSON, BENEDICT, *Imagined Communities. Reflections on the Origin and Spread of Nationalism*, London 2006.

ANGENENDT, ARNOLD, *Offertorium. Das mittelalterliche Messopfer*, Münster 2013.

ARAUJO, LUIZ BERNARDO LEITE, „Religion und Öffentlichkeit. Taylor, Rawls, Habermas", in: LUTZ-BACHMANN, MATTHIAS (Hg.), *Postsäkularismus. Zur Diskussion eines umstrittenen Begriffs*, Frankfurt a. M.; New York 2015, 135-158.

ARENDT, HANNAH, *The Origin of Totalitarianism*, New York 1951.

ASAD, TALAL, *Formations of the Secular. Christianity, Isalm, and Modernity*, Stanford 2003.

– *Genealogies of Religion. Discipline and Reasons of Power in Christianity and Islam*, Baltimore 1993.

ASSMANN, JAN, *Herrschaft und Heil. Politische Theorie in Ägypten, Israel und Europa*, Darmstadt 2000.

AUGUSTINUS, *De civitate Dei contra Paganos*, in: *Corpus Augustinianum Gissense*, hg. v. CORNELIUS MAYER, Basel 1995. Online verfügbar unter https://www.augustinus.de/projekte-des-zaf/corpus-aug-gissense.

– *Sermo 272*. Online verfügbar unter https://www.augustinus.de/einfuehrung/texte-von-augustinus-mit-online-uebers/oesterlicher-festkreis/244-sermo-272-osterpredigt-fuer-neugetaufte.

AVALOS, HECTOR, „Explaining Religious Violence. Retrospects and Prospects", in: MURPHY, ANDREW R. (Hg.), *The Blackwell Companion to Religion and Violence*, Malden, MA 2011, 137-146.

BALTHASAR, HANS URS VON, *Theologie der drei Tage*, Freiburg 1990.

BARBER, DANIEL COLUCCIELLO, „Rez. Radical Political Theology u. Radical Democracy and Political Theology", in: *Political Theology 14* (1/2013), 131-134.

BARBIERI, WILLIAM A., „Sechs Facetten der Postsäkularität", in: LUTZ-BACHMANN, MATTHIAS (Hg.), *Postsäkularismus. Zur Diskussion eines umstrittenen Begriffs*, Frankfurt a. M.; New York 2015, 41-79.

BAUMAN, ZYGMUNT, *Unbehagen in der Postmoderne,* übers. v. WIEBKE SCHMALTZ, Hamburg 1999.

BECKFORD, JAMES, „SSSR Presidential Address. Public Religions and the Postsecular: Critical Reflections", in: *Journal for the Scientific Study of Religion* 51 (1/2012), 1-19.

BELCHER, KIMBERLY HOPE, *Efficacious Engagement. Sacramental Participation in the Trinitarian Mystery*, Collegeville, Minnesota 2011.

– „Ex Opere Operato and Sacraments of Faith: A Trinitarian Proposal", in: *Worship* 90 (3/2016), 225-245.

BELL, DANIEL M. JR., „Postliberalism and Radical Orthodoxy", in: HOVEY, CRAIG; PHILLIPS, ELISABETH (Hg.), *The Cambridge Companion to Christian Political Theology*, Cambridge 2015, 110-132.

BENEDIKT XVI, PAPST, Enzyklika *Caritas in veritate* (29. Juni 2009).

BENHABIB, SEYLA, *Another Cosmopolitanism. Sovereignty, Hospitality, and Democratic Iterations. With Responses by Jeremy Waldron, Bonnie Honig and Will Kymlicka,* hg. v. ROBERT POST, Oxford 2006.

– „Another Universalism. On the Unity and Diversity of Human Rights", in: *Proceedings and Addresses of the American Philosophical Association* 81 (2/2007), 7-32.

– *Situating the Self. Gender, Community and Postmodernism in Contemporary Ethics*, New York 1992.

BENJAMIN, WALTER, *„Die religiöse Stellung der neuen Jugend"*, in: *Gesammelte Schriften*, Bd. 2,1, Frankfurt a. M. 1980, 72-74.

BERGER, PETER, *The Desecularization of the World*, Washington DC 1999.

– DERS., DAVIE, GRACE; OKAS, EFFIE (Hg.), *Religious America, secular Europe? A Theme and Variations*, Farnham 2009.

BLANK, JOSEF, *Das Evangelium nach Johannes*, Bd. 3 (Geistliche Schriftlesung), Düsseldorf 1977.

BLONDEL, MAURICE, La *„Semaine sociale" de Bordeaux et le Monomorphisme,* Paris 1910.

BLOCH, ERNST, *Das Prinzip Hoffnung* (Werkausgabe, Bd. 5), Frankfurt a. M. 1985.

BLUMENBERG, HANS, *Legitimität der Neuzeit*, Frankfurt a. M. 1966.

– *Säkularisierung und Selbstbehauptung*, Frankfurt a. M. 1983.

BÖCKENFÖRDE, ERNST-WOLFGANG, *Das Grundrecht der Gewissensfreiheit*, Berlin 1970.

– *Staat, Gesellschaft, Freiheit*, Frankfurt a. M. 1976.

BOEDER, HERIBERT, *Das Vernunftgefüge der Moderne*, München 1988.

– *Die Installationen der Submoderne. Zur Tektonik der heutigen Philosophie*, Würzburg 2006.

– *Topologie der Metaphysik*, Freiburg 1980.

BOERSMA, HANS, *Eucharistic Participation. The Reconfiguration of Time and Space*, Vancouver 2021.

– *Nouvelle Théologie and Sacramental Ontology. A Return to Mystery*, Oxford 2012.

BÖTTIGHEIMER, CHRISTOPH, „Das kirchliche Amt vor neuen Herausforderungen? Problembestimmung und Lösungsansätze", in: *Zeitschrift für katholische Theologie,* 137 (3/2015), 285-298.

BOEVE, LIEVEN, „Symbole dessen, was wir berufen sind zu werden", in: STUFLESSER, MARTIN; GELDOF, JORIS; THEUER, ANDY (Hg.), *„ Ein Symbol dessen, was wir sind". Liturgischiewissenschaftliche Perspektiven zur Frage der Sakramentalität*, Regensburg 2018, 155-174.

– DERS.; RIES, JOHN C. (Hg.), *The Presence of Transcendence. Thinking 'Sacrament' in a Postmodern Age*, Leuven 2001.

BOGNER, DANIEL, „Krise der Repräsentation – Ende der Demokratie?", in: LESCH, WALTER (Hg.), *Christentum und Populismus. Klare Fronten?*, Freiburg 2017, 50-61.

BOSCHKI, REINHOLD; REHBERGER, CLAUDIA, „Dorothee Sölle. Religiöse Poesie und befreiende Theologie", in: *Theologien der Gegenwart. Eine Einführung*, Darmstadt 2006, 221-236.

BOSSY, JOHN, *Christianity in the West. 1400-1700*, Oxford 1985.

BRISON, SYLVAIN, *L'imagination théologico-politique de l'Église. Vers une ecclésiologie narrative avec William T. Cavanaugh*, Paris 2020.

– DERS.; GAGEY, HENRI-JÉRÔME; VILLEMIN, LAURENT (Hg.), *Église, Politique et Eucharistie. Dialogue avec William Cavanaugh*, Paris 2016.

BRODOCZ, ANDRÉ, „Die Konflikttheorie des zivilgesellschaftlichen Republikanismus", in: BONACKER, THORSTEN (Hg.), *Sozialwissenschaftliche Konflikttheorien. Eine Einführung*, Opladen 2002, 231-248.

BULTMANN, RUDOLF, *Neues Testament und Mythologie. Das Problem der Entmythologisierung der neutestamentlichen Verkündigung* (1941), München 1988.

BURKE, VICTOR LEE, *The Clash of Civilizations. War-Making and State Formation in Europe*, Cambridge 1997.

BUTLER, JUDITH, *Anmerkungen zu einer performativen Theorie der Versammlung*, Berlin 2015.

– „Critique, Coercion, and Sacred Life in Benjamins' ‚Critique of Violence'", in: VRIES, HENT DE; SULLIVAN, LAWRENCE (Hg.), *Political Theologies: Public Religions in a Post-Secular World*, New York 2006, 201-219.

– *Die Macht der Geschlechternormen und die Grenzen des Menschlichen*, übers. v. KARIN WÖRDEMANN u. MARTIN STEMPFHUBER, Frankfurt a. M. 2011.

CAPUTO, JOHN D., *The weakness of God. A Theology of the Event*, Bloomington, Ind. 2006.

CARTER, STEPHEN L., *The Culture of Disbelief: How American Law and Politics Trivialize Religious Devotion*, New York 1994.

CASANOVA, JOSÉ, „Die Erschließung des Postsäkularen. Drei Bedeutungen von ‚säkular' und deren mögliche Transzendenz", in: LUTZ-BACHMANN, MATTHIAS (Hg.), *Postsäkularismus. Zur Diskussion eines umstrittenen Begriffs*, Frankfurt a. M.; New York 2015, 9-40.

– *Europas Angst vor der Religion*, übers. v. ROLF SCHIEDER, Berlin 2009.

– *Public Religions in the Modern World*, Chicago 1994.

– „Rethinking Secularization. A Global Comparative Perspective", in: *Hedgehog Review* 8 (Spring/Summer 2006), 7-22.

CASTORIADIS, CORNELIUS, *Gesellschaft als imaginäre Institution. Entwurf einer politischen Philosophie*, Frankfurt a. M. 1984.

– *The Imaginary Institution of Society*, übers. v. KATHLEEN BLAMEY, Cambridge, Mass. 1987.

CAVANAUGH, WILLIAM T.[1584], „Balthasar, Globalization, and the Problem of the One and the Many", in: *Communio* 28 (2/2001), 324-347.

– „Rethinking Secularization. A Global Comparative Perspective", in: *Hedgehog Review* 8 (Spring/Summer 2006), 7-22.

– *Being Consumed. Economics and Christian Desire*, Grand Rapids, 2008.

– „Ecclesial Ethics and the Gospel sine glossa. Sacramental Politics and the Love of the World", in: *Modern Theology* 36 (3/2020), 501-523.

– „Eucharistic Identity in Modernity", in: HALLDORF, JOEL; WENELL, FREDERIK (Hg.), *Between the State and the Eucharist. Free Church Theology in Conversation with William T. Cavanaugh*, Eugene 2014, 155-172.

[1584] Eine vollständige Bibliographie von Cavanaughs sämtlichen Publikationen bis 2016 findet sich in BRISON, *L'imagination théologico-politique de l'Église*, 329-338. Bei Brison ist allerdings nicht vermerkt, welche Zeitschriftenartikel und Buchbeiträge in leicht veränderter Form auch in Cavanaughs Monographien als Buchkapitel veröffentlicht wurden. Da dies aber zu einem großen Teil auf dessen Publikationen zutrifft, sind hier vornehmlich die Monographien aufgeführt, aus denen in der vorliegenden Arbeit zitiert wurde.

- *Field Hospital. The Church's Engagement with a Wounded World*, Grand Rapids 2016.

- *Migrations of the Holy. Theologies of State and Church*, Grand Rapids 2011.

- „Secularization of the Holy. A Reading of the ‚Wars of Religion'", in: PALAVER, WOLFGANG; RUDOLPH, HARRIET; REGENSBURGER, DIETMAR (Hg.), *The European Wars of Religion. An Interdisciplinary Reassessment of Sources, Interpretations, and Myths,* Farnham 2016, 165-184.

- „Separation and Wholeness. Notes on the Unsettling Political Presence of the Body of Christ", in: JONAS IDESTRÖM (Hg.), *For the Sake of the World. Swedish Ecclesiology in Dialogue with William T. Cavanaugh*, Eugene 2010, 7-31.

- „Sins of Omission. What ‚Religion and Violence' Arguments Ignore", in: *The Hedgehow Review. Critical Reflections on Contemporary Culture* 6 (1/2004), 34-50.

- „Spaces of Recognition. A Reply to my Interlocutors", in: *Pro ecclesia* 20 (4/2011), 357-362.

- „The Church in the Streets. Eucharist and Politics", in: *Modern Theology* 30 (2/2014), 384-402.

- „The City. Beyond secular parodies", in: MILBANK, JOHN; PICKSTOCK, CATHRINE; WARD GRAHAM (Hg.), *Radical Orthodoxy. A New Theology*, London; New York 1999, 182-200.

- *The Myth of Religious Violence. Secular Ideology and the Roots of Modern Conflict*, Oxford 2009.

- *Theopolitical Imagination*, London 2002.

- „The World in a Wafer. A Geography of the Eucharist as Resistance to Globalization", in: *Modern Theology* 15 (2/1999), 182-196.

- *Torture and the Eucharist. Theology, Politics, and the Body of Christ*, Oxford 1998.

- DERS.; SCOTT, PETER, „Introduction", in: DIES. (Hg.), *The Wiley Blackwell Companion to Political Theology*, Hoboken, NJ 2018, 1-11.

- DERS.; SCOTT, PETER (Hg.), *The Wiley Blackwell Companion to Political Theology*, Hoboken, NJ 2019.

CERTEAU, MICHEL DE, *The Mystic Fable*, Bd. I, *The Sixteenth and Seventeenth Century*, Chicago 2002.

CHAUVET, LOUIS-MARIE, *Symbole et sacrament. Une relecture sacramentelle de l'existence chrétienne,* Paris 1988. Deutsche Übersetzung: *Symbol und Sakrament. Eine sakramentale Relecture der christlichen Existenz,* übers. v. THOMAS FRIES, Regensburg 2015.

CHIDESTER, DAVID, *Savage Systems. Colonialism and Comparative Religion in Southern Africa,* Charlottesville 1996.

CHO, BENEDIKT HANKYU, *Universale Concretum. Die Bestimmung des unterscheidend Christlichen in den Gesammelten Werken von Joseph Ratzinger,* Sankt Ottilien 2015.

CHOLVY, BRITTE, „William T. Cavanaugh, lecteur d'Henri de Lubac", in: BRISON, SYLVAIN; GAGEY, HENRI-JÉRÔME; VILLEMIN, LAURENT (Hg.), *Église, Politique et Eucharistie. Dialogue avec William Cavanaugh,* Paris 2016, 69-88.

CLAUSEN, CHRISTOPHER, *Faded Mosaic. The Emergence of Post-Cultural America,* Chicago 2000.

COLES, ROMAND, *Beyond Gated Politics. Reflections for the Possibility of Democracy,* Minnesota 2005.

– „Democracy and the Radical Ordinary. Wolin and the Epical Emergence of Democratic Theory", in: DERS.; STANLEY HAUERWAS, *Christianity, Democracy, and the Radical Ordinary,* 113-173.

– DERS.; HAUERWAS, STANLEY *Christianity, Democracy, and the Radical Ordinary. Conversations Between a Radical Democrat and a Christian,* Eugene 2007.

CONNOLLY, WILLIAM E., *Why I am not a Secularist,* Minnesota 1999.

CORNIDES, JOHANNES, *Corpus Christi. Biblische Vorausbilder, sakramentale Vergegen-wärtigung und ekklesiologische Vorwegnahme des ,neuen Menschen‘,* Paderborn 2018.

CROCKETT, CLAYTON, *Radical Political Theology. Religion and Politics After Liberalism,* New York 2011.

– (Hg.), *Secular Theology. American Radical Theological Thought,* New York 2001.

– DERS.; BLANTON, WARD; ROBBINS, JEFFREY W.; VAHANIAN, NOELLE, *An Insurrectionist Manifesto. Four New Gospels for a Radical Politics,* New York 2016.

– DERS.; ROBBINS, JEFFREY W., *Religion, Politics, and the Earth. The New Materialism,* New York 2012.

CUSA, NICHOLAS DE, *De Pace Fidei,*, I, XIII, XVI, lateinisch-deutsch, übers. u. hg. v. KLAUS BERGER u. CHRISTIANE NORD, Frankfurt a. M.; Leipzig, 2002.

DAY, KATIE; SEBASTIAN KIM: „Introduction", in: DIES. (Hg.), *A Companion to Public Theology*, Leiden 2017, 1-21.

DEIBL, JAKOB; ACHATALER, LISA (Hg.), *Interdisciplinary Journal for Religion and Transformation in Contemporary Society* 4 (2/2018).

DENEE, PATRICK J., *Why Liberalism Failed*, New Haven 2018.

DERRIDA, JACQUES, *Das andere Kap. Die vertagte Demokratie. Zwei Essays zu Europa*, übers. v. ALEXANDER GARCÍA DÜTTMANN, Frankfurt a. M. 1992.

— „Die différance", in: PETER ENGELMANN (Hg.), *Postmoderne und Dekonstruktion. Texte französischer Philosophen der Gegenwart*, Stuttgart 1990, 76-113.

— „Implikationen. Gespräch mit Henri Ronse", in: *Positionen*, Graz; Wien 1986, 33-51.

— *Marx' Gespenster. Der Staat der Schuld, die Trauerarbeit und die neue Internationale*, Frankfurt a. M. 2005.

— *Wie nicht sprechen? Verneinungen*, Wien 1989.

DEUSER, HERMANN, „Kreativität und Abduction", in: SCHÄFER, HEINRICH WILHELM (Hg.), *Hans Joas in der Diskussion. Kreativität – Selbsttranszendenz – Gewalt*, Frankfurt a. M., 35-47.

DE VRIES, HENT, *Philosophy and the Turn to Religion*, Baltimore, Md 2019.

DI FABIO, UDO; SCHILLING, JOHANNES (Hg.), *Weltwirkung der Reformation. Wie der Protestantismus unsere Welt verändert hat*, München 2017.

DODD, CHARLES HAROLD, *The Parables of the Kingdom*, London; Glasgow, 1961.

DORMAL, MICHEL, *Nation und Repräsentation. Theorie, Geschichte und Gegenwart eines umstrittenen Verhältnisses*, Baden-Baden 2017.

DREIER, HORST, „Zur Bedeutung der Reformation bei der Formierung des säkularen Staates", in: REICHEL, MAIK; SOLMS, HERMANN; ZOWISLO, STEFAN (Hg.), *Reformation und Politik. Europäische Wege von der Vormoderne bis heute*, Halle 2015, 301-346.

DUBUISSON, DANIEL, *The Western Construction of Religion. Myths, Knowledge, and Ideology*, Baltimore 2003.

DWORKIN, RONALD, *Is Democracy Possible Here? Principles for a New Political Debate*, Princeton 2006.

EBERTZ, MICHAEL N.; EBERHARDT, MONIKA; LANG, ANNA, „Gehen oder bleiben? Kirchenaustritt als Prozess", in: GEORG BIER (Hg.), *Der Kirchenaustritt. Rechtliches Problem und pastorale Herausforderung*, Freiburg 2013, 67-79.

EISENSTADT, SHMUEL N., *Die Vielfalt der Moderne,* übers. u bearb. v. BRIGITTE SCHLUCHTER, Weilerswist 2000.

–   „Multiple Modernities", in: *Daedalus* 129 (1/2000), 1-29.

ENGEL, ULRICH, *Politische Theologie „nach" der Postmoderne. Geistergespräche mit Derrida & Co*, Ostfildern 2016.

ERTMAN, THOMAS, *Birth of the Leviathan. Building States and Regimes in Medieval and Early Modern Europe*, Cambridge 1997.

ESSEN, GEORG, „Das kirchliche Amt zwischen Sakralisierung und Auratisierung. Dogmatische Überlegungen zu unheilvollen Verquickungen", in: STRIET, MAGNUS; WERDEN, RITA (Hg.), *Unheilige Theologie! Analysen angesichts sexueller Gewalt gegen Minderjährige durch Priester*, Freiburg 2019, 78-105.

–   *Geschichtstheologie und Eschatologie in der Moderne. Eine Grundlegung*, Münster 2016.

–   „Harmonische Erbschaftsverhältnisse? Theologisch-philosophische Grenzreflexionen zur Erinnerungskultur des säkularen Verfassungsstaates", in: DERS. (Hg.), *Verfassung ohne Grund? Die Rede des Papstes im Bundestag*, Freiburg 2012, 179-204.

–   „‚Leib Christi' – eine verbrauchte Metapher. Eine freiheitstheoretische Kritik der Leib-Christi-Ekklesiologie in dogmatischer Absich", in: REMENYI, MATTHIAS; WENDEL, SASKIA (Hg.), *Die Kirche als Leib Christi. Geltung und Grenze einer umstrittenen Metapher*, Freiburg 2017, 263-294.

–   *Sinnstiftende Unruhe im System des Rechts. Religion im Beziehungsgeflecht von modernem Verfassungsstaat und säkularer Zivilgesellschaft*, Göttingen 2004.

FABER, EVA-MARIA, *Einführung in die katholische Sakramentenlehre*, Darmstadt 2011.

–   „Universale concretum bei Hans Urs von Balthasar", in: *IKaZ* 29 (2000), 258-273.

FAGERBERG, DAVID, *Liturgical Dogmatics. How Catholic Beliefs Flow from Liturgical Prayer*, San Francisco 2021.

FAHLGREN, SUNE, „The Loss of Theological Vision. Free Church Ecclesiologies in Sweden form the Ninetenth Century to the Present", in: HALLDORF, JOEL; WENELL, FREDERIK (Hg.), *Between the State and the Eucharist. Free Church Theology in Conversation with William T. Cavanaugh*, Eugene 2004, 55-67.

FAUCHER, NICOLAS, *La Volonté de Croire au Moyen Âge. Les Théories de la foi dans la Pensée Scolastique du XIIIe Siècle*, Turnhout 2019.

FERON, ALEXANDRE, „Sartre contre Lefort. De quoi l'expérience prolétarienne est-elle le nom ?", in: *Journal of the CIPH* 96 (2/2019), 65-79.

FERRARA, ALESSANDRO, „The Separation of Religion and Politics in a Post-Secular Society", in: *Innsbrucker Diskussionspapiere zu Weltordnung, Religion und Gewalt* 23 (2008), 1-17.

FINKELDE, DOMINIK; KLEIN, REBEKKA, „Introduction: Political Theologies in the Era of Immanence", in: DIES. (Hg.), *In Need of a Master. Politics, Theology, and Radical Democracy*, Berlin 2021, 1-17.

FINLAYSON, JAMES GORDON, *The Habermas-Rawls Debate*, New York 2019.

– DERS.; FREYENHAGEN, FABIAN (Hg.), *Habermas and Rawls. Disputing the Political*, London 2010.

FLYNN, BERNARD, „Political Theology in the Thought of Lefort", in: *Social Research* 80 (1/2013), 129-142.

– *The Philosophy of Claude Lefort. Interpreting the Political*, Evanston, Illinois 2005.

FÖRSTER, NICLAS, *Jesus und die Steuerfrage. Die Zinsgroschenperikope auf dem religiösen und politischen Hintergrund ihrer Zeit mit einer Edition von Pseudo-Hieronymus, De haeresibus Judaeorum*, Tübingen 2012.

FOUCAULT, MICHEL, *Überwachen und Strafen. Die Geburt des Gefängnisses*, Frankfurt a. M. 2009.

FRANZISKUS, PAPST, Enzyklika *Fratelli tutti* über die Geschwisterlichkeit und soziale Freundschaft (3. Oktober 2020). Online verfügbar unter https://www.vatican.va/content/francesco/de/encyclicals/documents/papa-francesco_20201003_enciclica-fratelli-tutti.html

FUCHS, DIETER, „Demokratie", in: DERS.; ROLLER, EDELTRAUT (Hg.), *Lexikon Politik. Hundert Grundbegriffe*, Stuttgart 2009, 39-43.

– DERS.; ROLLER, EDELTRAUT, „Demokratie", in: DERS.; DIES. (Hg.), *Lexikon Politik. Hundert Grundbegriffe*, Stuttgart 2009, 205-209.

FUKUYAMA, FRANCIS, *Das Ende der Geschichte. Wo stehen wir?*, München 1992.

GABRIEL, KARL, „Der lange Abschied von der Säkularisierungsthese – und was kommt danach?", in: LUTZ-BACHMANN, MATTHIAS (Hg.), *Postsäkularismus. Zur Diskussion eines umstrittenen Begriffs*, Frankfurt a. M.; New York 2015, 211-236.

— „Die religiös-kulturelle Tiefengrammatik des Wohlfahrtsstaats", in: GERS-TER, DANIEL; VAN MELIS, VIOLA; WILLEMS, ULRICH (Hg.), *Religionspolitik heute. Problemfelder und Perspektiven in Deutschland*, Freiburg 2018, 223-228.

GAUCHET, MARCEL, *Die Erklärung der Menschenrechte. Die Debatte um die bürgerlichen Freiheiten 1789*, übers. v. Wolfgang Kaiser, Hamburg 1991.

GEBHARDT, JÜRGEN, „Politik und Religion", in: NOHLEN, DIETER; SCHULTZE, RAINER-OLAF (Hg.), *Lexikon der Politik*, Bd. 1, *Politische Theorien*, München 1995, 435-442.

GEULEN, EVA, *Giorgio Agamben zur Einführung*, Hamburg 2016.

GILLESPIE, MICHAEL ALLEN, *The Theological Origins of Modernity*, Chicago; London 2008.

GIRARD, RÉNE, *Gewalt und Religion. Ursache oder Wirkung?*, hg. v. WOLFGANG PALAVER, Berlin 2010.

GMAINER-PRANZL, FRANZ; LASSAK, SANDRA; WEILER, BIRGIT (Hg.), *Theologie der Befreiung heute. Herausforderungen – Transformationen – Impulse*, Innsbruck; Wien 2017.

GOLLWITZER, HELMUT, *Von der Stellvertretung Gottes. Christlicher Glaube in der Erfahrung der Verborgenheit Gottes. Zum Gespräch mit Dorothee Sölle*, München 1968.

GOGARTEN, FRIEDRICH, *Der Mensch zwischen Gott und Welt*, Stuttgart 1960.

— *Verhängnis und Hoffnung der Neuzeit*, München u.a. 1966.

GORRINGE, TIMOTHY J., *Karl Barth. Against Hegemonie*, Oxford; New York 1999.

GRAF, WILHELM FRIEDRICH, *Die Wiederkehr der Götter. Religion in der modernen Kultur*, München 2004.

GREEN, GARRETT, „The Myth of Religion. How to think Christianity in a Secular World", in: *Pro ecclesia* 20 (4/2011), 337-342.

GREGOR VON NAZIANS, *Orationes theologica. Theologische Reden*, übers. u. eing. v. HERMANN JOSEF SIEBEN, Freiburg 1996.

GROSS, WALTER, „Gen 1,26.27; 9,6: Statue oder Ebenbild Gottes? Aufgabe und Würde des Menschen nach dem hebräischen und dem griechischen Wortlaut", in: BALDERMANN, INGO; WELKER, MICHAEL (Hg.), *Menschenwürde*, Neukirchen-Vluyn 2001, 11-38.

GROYS, BORIS; HÖSLE, VITTORIO, *Die Vernunft an die Macht. Ein Streitgespräch*, hg. v. LUCA DI BLASI u. MARC JONGEN, Wien 2011.

GUANZINI, ISABELLA, *Zärtlichkeit. Eine Philosophie der sanften Macht*, München 2019.

HABERMAS, JÜRGEN, *Auch eine Geschichte der Philosophie*, Bd. 1 *Die okzidentale Konstellation von Glauben und Wissen*, Bd. 2 *Vernünftige Freiheit. Spuren des Diskurses über Glauben und Wissen*, Frankfurt a. M. 2019.

– „Carl Schmitt in der politischen Geistesgeschichte der Bundesrepublik", in: DERS., *Die Normalität einer Berliner Republik. Kleine politische Schriften VIII*, Frankfurt a. M. 1995, 112-122.

– „Die Schrecken der Autonomie. Carl Schmitt auf englisch", in: DERS., *Eine Art Schadensabwicklung. Kleine politische Schriften* VI, Frankfurt a. M. 1987, 101-114.

– *Der philosophische Diskurs der Moderne*, Frankfurt a. M. 2011.

– „Eine Art Schadensabwicklung. Die apologetischen Tendenzen in der deutschen Zeitgeschichtsschreibung", in: *Die Zeit*, Nr. 29, 11. Juli 1986, 40.

– *Faktizität und Geltung. Beiträge zur Diskurstheorie des Rechts und des demokratischen Rechtsstaats*, Frankfurt a. M. 1992.

– „Religion in the public sphere. Lecture presented at the Holberg Prize Seminar 29 November 2005" (2005), 1-14. Redetext online verfügbar unter https://holbergprisen.no/sites/default/files/Habermas_religion_in_the_public_sphere.pdf.

– *Strukturwandel der Öffentlichkeit. Untersuchungen zu einer Kategorie der bürgerlichen Gesellschaft*, Frankfurt a. M. 2009.

– *Theorie kommunikativen Handelns*, Bd. 1 *Handlungsrationalität und gesellschaftliche Rationalisierung*, Bd. 2 Zur *Kritik der funktionalistischen Vernunft*, Frankfurt a. M. 1981.

– *Zwischen Naturalismus und Religion*, Frankfurt a. M. 2005.

HALLDORF, JOEL; WENELL, FREDERIK (Hg.), *Between the State and the Eucharist. Free Church Theology in Conversation with William T. Cavanaugh*, Eugene 2014.

HARARI, YUVAL NOAH, *Eine kurze Geschichte der Menschheit*, München 2013.

HARDT, MICHAEL, „The Withering of Civil Society", in: *Social Text* 14 (4/1995), 27-44.

– DERS.; NEGRI, ANTONIO, *Empire. Die neue Weltordnung*, Frankfurt a. M. 2003.

– DERS.; NEGRI, ANTONIO, *Multitude. Krieg und Demokratie im Empire*, Frankfurt a. M. 2004.

HARNACK, ADOLF VON, Marcion. *Das Evangelium vom fremden Gott. Eine Monographie zur Geschichte der Grundlegung der katholischen Kirche (1924)*, Darmstadt 1996.

HARRIS, SAM, *The End of Faith. Religion, Terror, and the Future of Reason*, New York 2004.

HARTENSTEIN, FRIEDHELM; MOXTER, MICHAEL, *Hermeneutik des Bilderverbots. Exegetische und systematisch-theologische Annäherungen*, Leipzig 2016.

HAUDE, RÜDIGER; WAGNER, THOMAS, *Herrschaftsfreie Institutionen. Studien zur Logik ihrer Symbolisierungen und zur Logik ihrer theoretischen Leugnung*, Baden-Baden 1999.

HAUERWAS, STANLEY, „Foreword", in: HALLDORF, JOEL; WENELL, FREDERIK (Hg.), *Between the State and the Eucharist. Free Chruch Theology in Conversation with William T. Cavanaugh. With a Foreword by Stanley Hauerwas*, Eugene 2004, xi-xiii.

– *Peaceable Kingdom. A Primer in Christian Ethics*, Notre Dame 1991.

– DERS.; WILLIOMN, WILLIAM H., *Christen sind Fremdbürger. Wie wir wieder werden, was wir sind. Abenteurer der Nachfolge in einer nachchristlichen Gesellschaft*, übers. u. eingl. v. BERND WANNENWETSCH, Basel 2016.

HAYES, CARLTON JOSEPH HUNTLEY, *The Historical Evolution of Modern Nationalism*, New York 1955.

HEDGES, CHRIS, *I Don't Believe in Atheists*, New York 2008.

HEIMBACH-STEINS, MARIANNE, „Die Gender-Debatte. Herausforderungen für Theologie und Kirche", in: MARGIT ECKHOLT (Hg.), *Gender studieren. Lernprozess für Theologie und Kirche*, Ostfildern 2017, 39-53.

– DIES; FILIPOVIĆ, ALEXANDER; BECKER, JOSEF; BEHRENSEN, MAREN; WASSERER, THERESA (Hg.), Grundpositionen der Partei „Alternative für Deutschland" und der katholischen Soziallehre im Vergleich. Eine sozialethische Expertise, Münster 2017.

HELLER, ÁGNES, *A Theory of Modernity*, Malden, MA 1999.

– „Politik nach dem Tode Gottes", in: BENHABIB, SEYLA; HUBER, JÖRG; MÜLLER, ALOIS MARTIN (Hg.), *Instanzen, Perspektiven, Imaginationen* (*Interventionen* Bd. 4), Basel 1995, 75-94.

– „The Concept of the Political Revisited", in: HELD, DAVID (Hg.), *Political Theory Today*, Stanford 1991, 330-343.

HILDMANN, PHILLIP W., KOECKE, JOHANN CHRISTIAN (Hg.), *Christentum und politische Liberalität. Zu den religiösen Wurzeln säkularer Demokratie*, Frankfurt am Main [u.a.] 2017.

HILPERT, KONRAD; LEIMGRUBER, STEPHAN; SAUTERMEISTER, STEFAN; WERNER, GUNDA (Hg.), *Sexueller Missbrauch von Kindern und Jugendlichen im Raum von Kirche. Analysen – Bilanzierung – Perspektiven*, Freiburg 2020.

HITCHENS, CHRISTOPHER, *God Is Not Great. How Religion Poisons Everything*, New York 2007.

HOBBES, THOMAS, *Leviathan oder Stoff, Form und Gewalt eines kirchlichen und bürgerlichen Staates*, hg. u. eingl. v. IRING FETSCHER, übers. v. WALTER EUCHNER, Stuttgart 1984.

– *Vom Bürger*, eingl. u. hg. v GÜNTER GAWLICK, Hamburg 1994.

HOBSBAWM, ERIC J., *Nations and Nationalism since 1780. Programme, Myth, Reality*, Cambridge 1990.

HOCHSCHILD, MICHAEL, „Selbstreferenz und Fremdreverenz. Kirche und postmoderne Gesellschaft", in: REMENYI, MATTHIAS (Hg.), *Amt und Autorität. Kirche in der späten Moderne*, Paderborn u.a. 2012, 105-114.

HÖHNE, FLORIAN, *Öffentliche Theologie. Begriffsgeschichte und Grundfragen*, Leipzig 2015.

HOFF, GREGOR MARIA; „Die Sakralisierungsfalle. Zur Ästhetik der Macht in der katholischen Kirche", in: DERS.; KNOP, JULIA; KRANEMANN, BENEDIKT (Hg.), *Amt – Macht – Liturgie. Theologische Zwischenrufe für eine Kirche auf dem synodalen Weg,* Freiburg 2020, 267-285.

– DERS.; KNOP, JULIA; KRANEMANN, BENEDIKT (Hg.), *Amt – Macht – Liturgie. Theologische Zwischenrufe für eine Kirche auf dem synodalen Weg*, Freiburg 2020.

HOPING, HELMUT, *Mein Leib für euch gegeben. Geschichte und Theologie der Eucharistie*, Freiburg 2015.

HOWARD, MICHAEL, *The Invention of Peace: Reflections on War and International Order*, New Haven 2000.

HÜBNER, HANS, *Politische Theologie und existentiale Interpretation. Zur Auseinandersetzung Dorothee Sölles mit Rudolf Bultmann*, Witten 1973.

HUNTINGTON, SAMUEL PHILLIPS, *Kampf der Kulturen. Die Neugestaltung der Weltpolitik im 21. Jahrhundert*, München 1996.

HURD, ELISABETH SHAKMAN, *The Politics of Secularism in International Relations*, Princeton 2008.

IDESTRÖM, JONAS (Hg.), *For the Sake of the World. Swedish Ecclesiology in Dialogue with William T. Cavanaugh*, Eugene 2010.

ILLICH, IVAN, *The Rivers North of the Future – The Testament of Ivan Illich as told to David Cayley*, Toronto 2005.

IRLENBORN, BERND, „Repräsentation, Realismus und Antirealismus", in: KNOP, JULIA; LERCH, MAGNUS; CLARET, BERND J. (Hg), *Die Wahrheit ist Person. Brennpunkte einer christologisch gewendeten Dogmatik. Festschrift für Karl-Heinz Menke*, Regensburg 2015, 251-276.

JAMESON, FREDERIC, *Postmodernism, or, The Cultural Logic of Late Capitalism*, Durham, NC 1991.

JOAS, HANS, *Die Entstehung der Werte*, Frankfurt a. M. 1999.

– *Die Macht des Heiligen. Eine Alternative zur Geschichte von der Entzauberung*, Berlin 2017.

– *Die Sakralität der Person. Eine neue Genealogie der Menschenrechte*, Frankfurt a. M. 2011.

– *Glaube als Option. Zukunftsmöglichkeiten des Christentums*, Freiburg 2014.

– *Pragmatismus und Gesellschaftstheorie*, Frankfurt a. M. 1992.

– „Sakralisierung und Entsakralisierung. Politische Herrschaft und religiöse Interpretation", in: GRAF, FRIEDRICH WILHELM; MEIER, HEINRICH (Hg.), *Politik und Religion. Zur Diagnose der Gegenwart*, München 2013, 259-285.

– *Sind die Menschenrechte westlich?*, München 2015.

– *Was ist die Achsenzeit? Eine wissenschaftliche Debatte als Diskurs über Transzendenz*, Basel 2014.

– „Welche Gestalt von Religion für welche Moderne? Bedingungen für Friedensfähigkeit von Religionen angesichts globaler Herausforderungen", in: REDER, MICHAEL; RUGEL, MATTHIAS (Hg.), *Religion und die umstrittene Moderne*, Stuttgart 2010, 210-223.

JUERGENSMEYER, MARK, *Die Globalisierung religiöser Gewalt. Von christlichen Milizen bis al-Qaida,* übers. v. HELMUT DIERLAMM u. THOMAS PFEIFFER, Hamburg 2009.

– *The New Cold War? Religious Nationalism Confronts the Secular State*, Berkeley 1993.

KANTOROWICZ, ERNST, *Die zwei Körper des Königs. Eine Studie zur politischen Theologie des Mittelalters*, München 1994.

– „‚Pro Patria Mori' in Medieval Political Thought", in: *The American Historical Review* 56 (3/1951), 472-492.

KAUFMANN, FRANZ-XAVER, *Sozialstaat als Kultur. Soziologische Analysen*, Bd. 2, Wiesbaden 2015.

KELLER, CATHERINE, *Face of the Deep. A Theology of Becoming*, London 2003.

– *God and Power. Counter-apocalyptic Journeys*, Minneapolis 2005.

KIM, SEBASTIAN, *Theology in the Public Sphere. Public Theology as a Catalyst for Open Debate*, London 2011.

KIMBALL, CHARLES, *When Religion Becomes Evil*, San Francisco 2002.

KIPPENBERG, HANS G., „*Religionsanalyse im Zusammenhang mit einer pragmatischen Handlungstheorie*", in: SCHÄFER, HEINRICH WILHELM (Hg.), *Hans Joas in der Diskussion. Kreativität – Selbsttranszendenz – Gewalt*, Frankfurt a. M. 2012, 59-78.

KIRSCHNER, MARTIN, „*Catholicity as Witness and Dialogue. The Council's Foundation of Faith in Dei Verbum as Hermeneutical key*", in: KOCHUTARA, SHAJI GEORGE (Hg.), *Revisiting Vatican II. 50 Years of Renewal*, Bd. II. Selected Papers of the DVK International Conference, Bangalore 2015, 329-345.

– „Die öffentliche Aufgabe der Theologie in der Krise Europas. Überlegungen im Anschluss an Papst Franziskus", in: DERS.; RUHSTORFER, KARLHEINZ (Hg.), *Die gegenwärtige Krise Europas. Theologische Antwortversuche*, Freiburg 2018, 29-66.

– „Einleitung", in: DERS.,(Hg.), *Subversiver Messianismus. Interdisziplinäre Agamben-Lektüren*, Baden-Baden 2020, 7-26.

– „Einleitung", in: DERS.; RUHSTORFER, KARLHEINZ (Hg.), *Die gegenwärtige Krise Europas. Theologische Antwortversuche*, Freiburg 2018, 11-25.

– „Neuer Gebrauch, destituierende Kraft und die Suche nach einer messianischen Lebenskunst – Die Rekapitulation des Homo-Sacer-Projekts im Epilog von *L'uso dei corpi*. Eine theologisch-politische Lektüre", in: DERS. (Hg.), *Subversiver Messianismus. Interdisziplinäre Agamben-Lektüren*, Baden-Baden 2020, 305-364.

– (Hg.), *Subversiver Messianismus. Interdisziplinäre Agamben-Lektüren*, Baden-Baden 2020.

KLÄDEN, TOBIAS; MICHAEL SCHÜßLER (Hg.), *Zu schnell zu Gott? Theologische Kontroversen zu Beschleunigung und Resonanz*, Freiburg 2017.

KLEIN, REBEKKA A., „Das Andere in der Repräsentation", in: *Neue Zeitschrift für Systematische Theologie* 54 (2012), 168-183.

— *Depotenzierung der Souveränität. Religion und politische Ideologie bei Claude Lefort, Slavoj Žižek und Karl Barth*, Tübingen 2016.

— „Die Schwachheit Gottes als subversive Macht. Eine kreuzestheologische Relektüre der Körperimaginationen der Moderne", in: DIES.; RASS, FRIEDERIKE (Hg.), *Gottes schwache Macht. Alternativen zur Rede von Gottes Allmacht und Ohnmacht*, Leipzig 2017, 227-243.

— „Religiöse Rede zwischen Lebenswelt und öffentlichem Diskurs - eine Kritik an Habermas' sprachpragmatischer Disziplinierung der Religion", in: AN-DREAS HETZEL (Hg.), *Rhetorik und Pragmatik* (Rhetorik. Ein internationales Jahrbuch 32), Berlin 2013, 30-43.

— „Säkularisierung als Ideologie. Claude Leforts alternatives Deutungsmuster der Moderne", in: STOELLGER, PHILIPP; KUMLEHN, MARTINA (Hg.), *Wortmacht – Machtwort. Deutungsmachtkonflikte in und um Religion*, München 2017, 153-170.

— „Subversion der Souveränität. Ein unmögliches Unterfangen?", in: DIES; FIN-KELDE, DOMINIK (Hg.), *Souveränität und Subversion. Figurationen des Politisch-Imaginären*, Freiburg; München 2015, 277-296.

— „Wider das Scheitern der Demokratie. Claude Leforts politischer Realismus im Spiegel der neueren Forschung", in: *Zeitschrift für Politische Theorie*, 3 (2/2012), 204-222.

— DIES.; FINKELDE, DOMINK (Hg.), *Souveränität und Subversion. Figurationen des Politisch-Imaginären*, Freiburg; München 2015.

— DIES.; RASS, FRIEDERIKE (Hg.), *Gottes schwache Macht. Alternativen zur Rede von Gottes Allmacht und Ohnmacht*, Leipzig 2017.

KNOBLOCH, STEFAN, *Lebenszeichen. Für eine Wiederentdeckung der Sakramente*, Ostfildern 2014.

KNOP JULIA, *Ecclesia orans. Liturgie als Herausforderung für die Dogmatik*, Freiburg 2012.

— „Glaube im Symbol. Anmerkungen zu Louis-Marie Chauvets symbolhermeneutischem Vorstoß", in: MARTIN STUFLESSER (Hg.), *Fundamentaltheologie des Sakramentalen. Eine Auseinandersetzung mit Louis-Marie Chauvets „Symbol und Sakrament"*, Regensburg 2015, 135-148.

— „Klerikales Schisma im Gottesdienst? Eine kritische Relecture kirchlicher Vorgaben zu Amt und Liturgie", in: HOFF, GREGOR MARIA, DIES.; KRANE-MANN, BENEDIKT (Hg.), *Amt – Macht – Liturgie. Theologische Zwischenrufe für eine Kirche auf dem synodalen Weg*, Freiburg 2020, 151-168.

KÖRNER, FELIX, *Politische Religion. Theologie der Weltgestaltung – Christentum und Islam*, Freiburg 2020.

KOHN, HANS, *The Idea of Nationalism. A Study in its Origins and Background*, New York 1944.

KOLAKOWSKI, LESZEK, *Modernity on Endless Trial*, Chicago 1990.

KONZINSKY, THADDEUS J., „William Cavanaugh, Radical Orthodoxy, and the Myth of the State", in: *Modern Age* (Winter-Fall 2012), 136-143.

KOPP, STEFAN (Hg.), *Macht und Ohnmacht in der Kirche. Wege aus der Krise*, Freiburg 2020.

–   „Macht – Kirche – Missbrauch. Geistliche Autorität neu denken", in: DERS. (Hg.), *Macht und Ohnmacht in der Kirche. Wege aus der Krise*, Freiburg 2020, 7-14.

–   „Vom Dilemma der Macht in der Liturgie", in: DERS (Hg.), *Macht und Ohnmacht in der Kirche. Wege aus der Krise*, Freiburg 2020, 115-127.

KOSTER, MANES DOMINIKUS, *Ekklesiologie im Werden*, Paderborn 1940.

KREUTZER, ANSGAR, *Politische Theologie für heute. Aktualisierungen und Konkretionen eines theologischen Programmes*, Freiburg 2017.

KRINGS, HEERMANN, „Staat und Freiheit", in: DERS., *System und Freiheit. Gesammelte Aufsätze*, Freiburg 1980, 185-208.

KRÖLLS, ALBERT, *Das Grundgesetz – ein Grund zum Feiern? Eine Streitschrift gegen den Verfassungspatriotismus*, Hamburg 2009.

KROTH, JÜRGEN, *Dein Reich komme. Studien zu einer politischen Theologie sakramentaler Theorie und Praxis*, Regensburg 2018.

KRUSE, KEVIN M., *One Nation Under God. How Corporate America Invented Christian America*, New York 2015.

LANGNER-PITSCHMANN, ANNETTE, „‚Es gibt kein Denken ohne das Imaginäre'. Die Vernunft des Glaubens im Horizont der Politischen Philosophie von Cornelius Castoriadis", in: MOXTER, MICHAEL; FIRCHOW, MARKUS (Hg.), *Vernunft – Fiktion – Glaube*, Leipzig 2020, 55-76.

LARMORE, CHARLES, „Grundlagen und Grenzen der öffentlichen Vernunft (Vorlesung VI)", in: OTFRIED HÖFFE (Hg.), *John Rawls. Politischer Liberalismus*, Berlin; München; Boston 2015, 131-146.

LATOUR, BRUNO, *Wir sind nie modern gewesen. Versuch einer symmetrischen Anthropologie*, Frankfurt a. M. 2008.

LEE, HAK JOON, „Public Theology", in: CRAIG HOVEY; ELISABETH PHILLIPS (Hg.), *The Cambridge Companion to Christian Political Theology*, Cambridge 2015, 44-65.

LEFORT, CLAUDE, *Democracy and Political Theory,* trans. by DAVID MACEY, Oxford 1988.

– „Die Frage der Demokratie", in: RÖDEL, ULRICH (Hg.), *Autonome Gesellschaft und libertäre Demokratie*, Frankfurt a. M. 1990, 281-297.

– *Essais sur le politique. XIXe et XXe siècles*, Paris 1986.

– *La Brèche*, in Zus. m. EDGAR MORIN u. P. COUDRAY (Pseudonym für Cornelius Castoriadis), Paris 1968. Deutsche Übersetzung: *Die Bresche. Essays zum Mai 68,* übers. u. eingl. v. HANS SCHEULEN, Wien 2008.

– *La Complication. Retour sur le Communisme*, Paris 1999. Englische Übersetzung: *Communism and the Dilemmas of Democracy,* transl. by JULIAN BOURG, with a Preface by DICK HOWARD, New York 1999.

– *Le temps présent. Écrits 1945-2005*, Paris 2007.

– *Le Travail de l'œuvre, Machiavel*, Paris 1972.

– *L'Invention démocratique. Les Limites de la domination totalitaire*, Paris 1981.

– „Permanence du théologico-politique?", in: *Les temps de la réflexion* 2, Paris 1981, 13-60. Deutsche Übersetzung: *Fortdauer des Theologisch-Politischen?*, übers. v. HANS SCHEULEN u. ARIANE CUVELIER, Wien 1999.

– *The Political Forms of Modern Society. Bureaucracy, Democracy, Totalitarianism. Claude Lefort*, ed. a. intro. by JOHN B. THOMPSON, Cambridge, Mass. 1986.

– *Un Homme en trop. Essai sur l'archipel du goulag de Soljénitsyne*, Paris 1975.

LEHMANN, KARL KARDINAL, „Chauvets Symbol und Sakrament. Zur Einführung", in: STUFLESSER, MARTIN (Hg.), *Fundamentaltheologie des Sakramentalen. Eine Auseinandersetzung mit Louis-Marie Chauvets „Symbol und Sakrament"*, Regensburg 2015, 16-20.

LEO XII, PAPST., Enzyklika *Rerum novarum* (15. Mai 1891), in: DH 3265-3271.

LEPPIN, VOLKER; SATTLER, DOROTHEA (Hg.), *Gemeinsam am Tisch des Herrn. Ein Votum des Ökumenischen Arbeitskreises evangelischer und katholischer Theologen. Together at the Lord's table. A statement of the Ecumenical Study Group of Protestant and Catholic Theologians*, Freiburg 2020.

LERCH, MAGNUS, *Selbstmitteilung Gottes. Herausforderungen einer freiheitstheoretischen Offenbarungstheologie*, Regensburg 2015.

LERSCH, MARKUS,, ‚Alleinwirksamkeit Gottes' oder ‚direkte Proportionalität'? – Zur ‚Sakramentalität' als möglicher lutherisch-katholischer Grunddifferenz", in: KNOP, JULIA; LERCH, MAGNUS; CLARET, BERND J. (Hg), *Die Wahrheit ist Person. Brennpunkte einer christologisch gewendeten Dogmatik. Festschrift für Karl-Heinz Menke*, Regensburg 2015, 355-376.

LESCH, WALTER (Hg.), *Christentum und Populismus. Klare Fronten?*, Freiburg 2017.

LEWIS, BERNHARD, *The Crisis of Islam. Holy War and Unholy Terror*, London 2003.

– „The Roots of Muslim Rage. Why so many Muslims deeply resent the West, and why their Bitterness will not easily be mollified", in: *The Atlantic* 266 (3/1990), 47-60.

LILLA, MARK, *The Once and Future Liberal. After Identity Politics*, New York 2017.

– *The Stillborn God. Religion, Politics, and the Modern West*, New York 2007. Deutsche Übersetzung: *Der totgeglaubte Gott. Politik im Machtfeld der Religionen*, übers. v. ELISABETH LIEBL, München 2013.

LIPPUNER, HEINZ, „Demokratie aus indianischer Hand? Unsere Bundesverfassung und das Great Law of Peace der Irokesen-Konföderation", in: *Kleine Schriften des Museumsvereins Schaffhausen*, 5 (1999), 4-23.

LÖWITH, KARL, *Meaning in History. The Theological Implications of the Philosophy of History*, Chicago 1949.

LOHFINK, GERHARD, *Braucht Gott die Kirche? Zur Theologie des Volkes Gottes*, Freiburg 1998.

LUBAC, HENRI DE, *Corpus mysticum. L'eucharistie et l'église au Moyen Age. Étude historique*, Paris 1949. Deutsche Übersetzung: *Corpus mysticum. Kirche und Eucharistie im Mittelalter. Eine historische Studie*, übers. v. HANS URS VON BALTHASAR, Einsiedeln 1995.

– *Glauben aus der Liebe. Catholicisme*, übers. v. HANS URS VON BALTHASAR, Einsiedeln 1992.

– *The Mystery of the Supernatural*, New York 1998.

LÜDECKE, NORBERT; BIER, GEORG, *Das römisch-katholische Kirchenrecht. Eine Einführung*, Stuttgart 2012.

LUTHER, MARTIN, *An den christlichen Adel deutscher Nation: Von der Reform der Christenheit* (1520), Deutsch-Deutsche Studienausgabe, Bd. 3, hg. v. HELLMUT ZSCHOCH, Leipzig 2016, 1-135.

– *Von weltlicher Obrigkeit. Wie weit man ihr Gehorsam schuldet* (1523), Deutsch-Deutsche Studienausgabe, Bd. 3, hg. v. HELLMUT ZSCHOCH, Leipzig 2016, 217-289.

LUTZ-BACHMANN, MATTHIAS (Hg.), *Postsäkularismus. Zur Diskussion eines umstrittenen Begriffs*, Frankfurt a. M.; New York 2015.

LUZ, ULRICH, *Das Evangelium nach Matthäus*, Bd. 3, *Mt 18-25*, Neukirchen-Vluyn 2012.

LYONS, OREN R.; MOHAWK, JOHN (Hg.), *Exiled in the Land of the Free. Democracy, Indian Nations, and the U.S. Constitution*, Santa Fe, NM. 1992.

MAI, HELMUT, *Michael Polanyis Fundamentalphilosophie. Studien zu den Bedingungen des modernen Bewusstseins*, Freiburg 2009.

MANCINI, SUSANNA; ROSENFELD, MICHEL, *Constitutional Secularism in an Age of Religious Revival*, Oxford 2014.

MANEMANN, JÜRGEN, „An den Grenzen der Moderne. Zu Kulturkampf und Demokratiefeindlichkeit in der gegenwärtigen Gesellschaft", in: DERS., (Hg.), *Jahrbuch für Politische Theologie*, Bd. 1, *Demokratiefähigkeit*, Hamburg; Münster 1995, 137-154.

– *Carl Schmitt und die Politische Theologie. Politischer Anti-Monotheismus*, Münster 2002.

– „Monotheismus und Demokratie. Eine Standortbestimmung", in: PALAVER, WOLFGANG; SIEBENROCK, ROMAN; REGENSBURGER, DIETMAR (Hg.), *Westliche Moderne, Christentum und Islam. Gewalt als Anfrage an monotheistische Religionen*, Innsbruck 2008, 59-78.

– „Politische Gegenreligion. Theologisch-politische Einsprüche in der ‚Berliner Republik'", in: *Jahrbuch für Christliche Sozialwissenschaften* 45 (2004), 170-188.

MANENT, PIERRE, *An Intellectual History of Liberalism*, übers. v. REBECCA BALINSKI, Princeton 1994.

MANOW, PHILIP, „Die religiöse Prägung des bundesdeutschen Wohlfahrtsstaates im europäischen Vergleich", in: GERSTER, DANIEL; VAN MELIS, VIOLA; WILLEMS, ULRICH (Hg.), *Religionspolitik heute. Problemfelder und Perspektiven in Deutschland,* Freiburg 2018, 203-222.

MARCHART, OLIVER, „Claude Lefort. Demokratie und die doppelte Teilung der Gesellschaft", in: BRÖCKLING, ULRICH; FEUSTEL, ROBERT (Hg.), *Das Politische denken. Zeitgenössische Positionen*, Bielefeld 2010, 19-32.

– „Die Bresche. Leforts Konzept ‚wilder Demokratie' im Vergleich zu Abensours ‚rebellierender' und Mouffes ‚radikaler Demokratie'", in: WAGNER,

ANDREAS (Hg.), *Am leeren Ort der Macht. Das Staats- und Politikverständnis Claude Leforts*, Baden-Baden 2013, 313-232.

– *Die politische Differenz. Zum Denken des Politischen bei Nancy, Lefort, Badiou, Laclau und Agamben*, Berlin 2010.

– „Die politische Theorie des zivilgesellschaftlichen Republikanismus. Claude Lefort und Marcel Gauchet", in: BRODOCZ, ANDRÉ; SCHAAL, GARY (Hg.), *Politische Theorien der Gegenwart II*, Opladen 2006, 221-251.

– DERS.; FLÜGEL-MARTINSEN, OLIVER (Hg.), *Themenschwerpunkt Chantal Mouffe, in: Zeitschrift für Politische Theorie* 5 (2/2014).

MARION, JEAN-LUC, *Gott ohne Sein*, hg. v. KARLHEINZ RUHSTORFER, übers. v. ALWIN LETZKUS, Paderborn 2014.

MARKSCHIES, CHRISTOPH, „Hans Joas und sein Werk", in: SCHÄFER, HEINRICH WILHELM (Hg.), *Hans Joas in der Diskussion. Kreativität – Selbsttranszendenz – Gewalt*, Frankfurt a. M. 2012, 19-34.

MARTIN, CRAIG, „*What Is Religion?*", in: *Political Theology* 15 (6/2014), 503-508.

MARVIN, CAROLYN; INGLE, DAVID W., *Blood Sacrifice and the Nation Totem Rituals and the American Flag*, Cambridge 1999.

MASUZAWA, TOMOKO, *The Invention of World Religions, or, How European Universalism was preserved in the Language of Pluralism*, Chicago 2005.

MATTES, ASTRID, „Liberal Democratic Representation and the Politicization of Religion", in: *Interdisciplinary Journal for Religion and Transformation in Contemporary Society*, 4 (2/2018), 142-171.

MCLENNAN, GREGOR, „The Post-Secular Turn", in: *Theory, Culture and Society* 27 (4/2010), 3-20.

MEIER, HEINRICH, *Die Lehre Carl Schmitts. Vier Kapitel zur Unterscheidung Politischer Theologie und Politischer Philosophie*, Stuttgart 2009.

MENKE, KARL-HEINZ, „Gemeinsames und besonderes Priestertum", in: *IKaZ* 28 (1999), 330-345.

– *Sakramentalität. Wesen und Wunde des Katholizismus*, Regensburg 2012.

– *Stellvertretung. Schlüsselbegriff christlichen Lebens und theologische Grundkategorie*, Einsiedeln 1997.

METZ, JOHANN BAPTIST, *Memoria passionis. Ein provozierendes Gedächtnis in pluralistischer Gesellschaft* (Gesammelte Schriften, Bd. 4), Freiburg 2017.

–   „Monotheismus und Demokratie. Über Religion und Politik auf dem Boden der Moderne", in: MANEMANN, JÜRGEN (Hg.), *Jahrbuch für Politische Theologie*, Bd. 1, *Demokratiefähigkeit*, Hamburg; Münster 1995, 39-52.

–   *Theologie der Welt* (Gesammelte Schriften, Bd. 1), Freiburg 2015.

–   *Unterbrechungen. Theologisch-politische Perspektiven und Profile*, Gütersloh 1981.

–   *Zum Begriff der neuen Politischen Theologie. 1967-1997*, Mainz 1997.

MEYER, JOEL P., „Taking War Captive. A Recommendation of Daniel Bell's *Just War as Christian Discipleship*", in: *Concordia Theological Quarterly* 79, (3-4/2015), 301-313.

MICHENER, RONALD T., *Postliberal Theology. A Guide for the Perplexed*, New York 2013.

MILBANK, JOHN, *The Future of Love*, Eugene, Oregon 2009.

–   *Theology and Social Theory beyond Secular Reason*, Cambridge, Mass. 1991.

–   „The Programme of Radical Orthodoxy", in: HEMMING, LAURENCE PAUL (Hg.), *Radical Orthodoxy? A Catholic Enquiry*, Abingdon 2000, 33-45.

–   *The World Made Strange. Theology, Language, Culture*, Oxford 1997.

–   DERS.; PICKSTOCK, CATHRINE; WARD, GRAHAM (Hg.), *Radical Orthodoxy. A New Theology*, London; New York 1999.

MOLTMANN, JÜRGEN, *Der gekreuzigte Gott. Das Kreuz Christi als Grund und Kritik christlicher Theologie*, München 1972.

–   *Gott im Projekt der modernen Welt. Beiträge zur öffentlichen Relevanz der Theologie*, Gütersloh 1997.

–   *Theologie der Hoffnung. Untersuchungen zur Begründung und zu den Konsequenzen einer christlichen Eschatologie*, München 1964.

–   *Trinität und Reich Gottes. Zur Gotteslehre*, Gütersloh 1980.

MOUFFE, CHANTAL, *On the Political*, London; New York 2005.

–   „Radical Democracy or Liberal Democracy?", in: TREND, DAVID (Hg.), *Radical Democracy. Identity, Citizenship, and the State*, New York 1996, 19-26.

–   „Religion, Liberal Democracy, and Citizenship", in: DE VRIES, HENT; SULLIVAN, LAWRENCE (Hg.), *Political Theologie. Public Religions in a Post-Secular World*, New York 2006, 318-326.

–   *The Return of the Political*, London; New York 1993.

–   DIES.; LACLAU, ERNESTO, *Hegemonie und radikale Demokratie. Zur Dekon-struktion des Marxismus,* hg. u. übers. v. MICHAEL HINTZ u. GERD VORWALL-NER, Wien 2005.

MOUKALA, CHARLES, *Geschichte als Vermittlung von Gott und Mensch. Eine kritische Auseinandersetzung mit Wolfhart Pannenberg*, Hamburg 2015.

MÜLLER-FAHRENHOLZ, GEIKO, „Jürgen Moltmann. In der Befreiungsgeschichte Gottes", *Theologien der Gegenwart. Eine Einführung*, Darmstadt 2006, 159-178.

MÜNKLER, HERFRIED, *Im Namen des Staates. Die Begründung der Staatsraison in der Frühen Neuzeit*, Frankfurt a. M. 1987.

MURPHY, JAMES; MARTIN, CRAIG; KIRWAN, MICHAEL; MARVIN, CAROLYN; WEED, RONALD; DIEFENDORF, BARBARA, „Religious Violence. Myth or Re-ality? A Symposium on William T. Cavanaugh's *The Myth of Religious Vio-lence*", in *Political Theology* 15 (6/2014), 479-563.

MURRAY, ALEX, *Giorgio Agamben*, London; New York 2010.

NANCY, JEAN-LUC, *Corpus*, übers. v. NILS HODYAS u. TIMO OBERGÖKER, Zü-rich; Berlin 2014.

NEGRI, ANTONIO, *Die wilde Anomalie. Baruch Spinozas Entwurf einer freien Ge-sellschaft*, Berlin 1982.

–   „Eine ontologische Definition der Multitude", in: ATZERT, THOMAS; MÜL-LER, JOST (Hg.), *Kritik der Weltordnung. Globalisierung, Imperialismus, Em-pire*, Berlin 2003, 111-125.

–   *Spinoza for our Time. Politics and Postmodernity*, übers. v. WILLIAM MCCUAIG, New York 2013.

NEIMAN, SUSAN, *Widerstand der Vernunft. Ein Manifest in postfaktischen Zeiten*, Salzburg; München 2017.

NIEBUHR, RICHARD H., *The Kingdom of God in America*, New York 1937.

NOHLEN, DIETER; SCHULTZE, RAINER-OLAF; SCHÜTTEMEYER, SUZANNE S. (Hg.), *Lexikon der Politik*, Bd. 7, *Politische Begriffe*, München 1998.

NONGBRI, BRENT, *Before Religion. A History of a Modern Concept*, New Haven 2013.

NONHOFF, MARTIN (Hg.), „Diskurs, radikale Demokratie, Hegemonie – Einlei-tung", in: DERS., (Hg.), *Diskurs. Radikale Demokratie. Hegemonie. Zum po-litischen Denken von Ernesto Laclau und Chantal Mouffe*, Bielefeld 2007, 7-23.

–   *Diskurs. Radikale Demokratie. Hegemonie. Zum politischen Denken von Er-nesto Laclau und Chantal Mouffe*, Bielefeld 2007.

NUSSBAUM, MARTHA, *The New Religious Intolerance. Overcoming the Politics of Fear in an Anxious Age*, Cambridge, Mass. u. a. 2012.

ODENTHAL, ANDREAS, „Priesterbild-Gottesdienst-Missbrauch. Liturgiehistorische und kulturpsychoanalytische Überlegungen zur Ambivalenz liturgischer Rollenbilder", in: HILPERT, KONRAD; LEIMGRUBER, STEPHAN; SAUTERMEISTER, STEFAN; WERNER, GUNDA (Hg.), *Sexueller Missbrauch von Kindern und Jugendlichen im Raum von Kirche. Analysen – Bilanzierung – Perspektiven*, Freiburg 2020, 199-208.

OKEJA, UCHENNA, „Postsäkularismus. Zur Extrapolation eines theoretischen Konzepts", in: LUTZ-BACHMANN, MATTHIAS (Hg.), *Postsäkularismus. Zur Diskussion eines umstrittenen Begriffs*, Frankfurt a. M.; New York 2015, 195-210.

OPPELT, MARTIN, *Gefährliche Freiheit. Rousseau, Lefort und die Ursprünge der radikalen Demokratie*, Baden-Baden 2017.

O'REGAN, CYRILL, „What Comes after Essentialist Religion?", in: *Pro ecclesia* 20 (4/2011), 342-348.

ORTH, STEFAN; RESING, VOLKER (Hg.), *AfD, Pegida und Co. Angriff auf die Religion?*, Freiburg 2017.

PALAVER, WOLFGANG „‚Gebt dem Kaiser, was dem Kaiser gehört, und Gott, was Gott gehört!' Über das komplexe Verhältnis von Religion und Politik", in: DATTERL, MONIKA; GUGGENBERGER, WILHELM; PAGANINI, CLAUDIA (Hg.), *Glaube und Politik in einer pluralen Welt*, Innsbruck 2017, 17-34.

– „Hierarchie ist nicht gleich Hierarchie. Das Konzept der ‚verwickelten Hierarchie und seine Bedeutung für das zukünftige Verhältnis von kirchlich-hierarchischer und staatlich-demokratischer Ordnung", in: SIEBENROCK, ROMAN; SANDLER, WILLIBALD (Hg.), *Kirche als universales Zeichen. In memoriam Raymond Schwager SJ*, Münster 2005, 173-185.

– „Ist das Theologische vermeidbar? Politische Theologie von Thomas Hobbes bis in unsere Gegenwart", in: DERS.; OBERPRANTACHER, ANDREAS; REGENSBURGER, DIETMAR (Hg.), *Politische Philosophie versus Politische Theologie? Die Frage der Gewalt im Spannungsfeld von Politik und Religion*, Innsbruck 2011, 229-252.

– „Neue Theorien radikaler Demokratie auf dem Prüfstand", in: LESCH, WALTER (Hg.), *Christentum und Populismus. Klare Fronten?*, Freiburg 2017, 62-71.

– *René Girards mimetische Theorie. Im Kontext kulturtheoretischer und gesellschaftspolitischer Fragen*, Münster 2008.

– „Wahre Religion und falscher Götzendienst. Zum Zusammenspiel von Gewalt und Religion" in: *Herder Korrespondenz Spezial* (1/2014), 21-25.

– DERS.; RUDOLPH, HARRIET; REGENSBURGER, DIETMAR (Hg.), *The European Wars of Religion. An Interdisciplinary Reassessment of Sources, Interpretations, and Myths*, Farnham 2016.

PANNENBERG, WOLFHART (Hg.), *Offenbarung als Geschichte*, Göttingen 1982.

PARSON, Talcott, *Gesellschaften. Evolutionäre und comparative Perspektiven*, Frankfurt a. M. 1975.

– *Social Systems and Evolution of Action Theory*, New York 1977.

PECKNOLD, CHAD C., „Migration of the Host. Fugitive Democracy and the Corpus Mysticum", in: *Political Theology* 11 (Jan. 2010), 77-101.

PELLENS, KARL (Hg.), *Die Texte des Normannischen Anonymus. Unter Konsultation der Teilausgaben von H. Böhmer, H. Scherrinsky und G.H. Williams neu aus der Handschrift 415 des Corpus Christi College Cambridge*, Wiesbaden 1966.

PETERS, TIEMO RAINER, *Johann Baptist Metz. Theologie des vermißten Gottes*, Mainz 1998.

PETERSON, DEREK; WALHOF, DARREN (Hg.), *The Invention of Religion. Rethinking Belief in Politics and History*, New Brunswick 2002.

PETERSON, ERIK, *Der Monotheismus als politisches Problem. Ein Beitrag zur Geschichte der politischen Theologie im Imperium Romanum*, Leipzig 1935.

PICART, FRANÇOIS, „Imaginer la visibilité politique du corps du Christ généré par l'eucharistie", in: BRISON, SYLVAIN; GAGEY, HENRI-JÉRÔME; VILLEMIN, LAURENT (Hg.), *Église, Politique et Eucharistie. Dialogue avec William Cavanaugh*, Paris 2016, 39-54.

PIUS XI., PAPST, Enzyklika *Quadragesimo anno* (15. Mai 1931), in DH 3725-3744.

POLANYI, MICHAEL, *Personal Knowledge. Towards a Post-Critical Philosophy*, Chicago 1958.

POLTIER, HUGUES, „Qu'est-ce que la pensée du politique? Une introduction au projet philosophique de Claude Lefort", in: *Revue de Théologie et de Philosophie* 126 (1993), 119-141.

PORTER, BRUCE D., *War and the Rise of the State. The Military Foundations of Modern Politics*, New York 1994.

PORTIN, FREDRIK, „Liturgies in a Plural Age. The Concept of Liturgy in the Works of William T. Cavanaugh and James K. A. Smith ", in: *Studia Liturgica* 49 (1/2019), 122-137.

POTEAT, WILLIAM H., *Polanyian Meditations. In Search of a Post-Critical Logic*, Durham, N.C. 1985.

PRÖPPER, THOMAS, *Erlösungsglaube und Freiheitsgeschichte. Eine Skizze zur Soteriologie*, München 1988.

PROZOROV, SERGEI, *Agamben and Politics. A critical Introduction*, Edinburgh 2014.

RADNER, EPHRAIM, *A Brutal Unity. The Spiritual Politics of the Christian Church*, Waco 2012.

RAHNER, KARL, *Beiträge aus dem Handbuch der Pastoraltheologie* (Sämtliche Werke, Bd. XIX), Freiburg 1995, 47-499.

– „Der dreifaltige Gott als transzendenter Urgrund der Heilsgeschichte", in: FEINER, JOHANNES; LÖHRER, MAGNUS (Hg.), *Mysterium Salutis. Grundriss heilsgeschichtlicher Dogmatik*, Bd. II, Einsiedeln 1967, 317-401.

– *Grundkurs des Glaubens* (Sämtliche Werke, Bd. XXVI), Freiburg 1999, 3-448.

RAINER, MICHAEL J., „Carl Schmitt und Johann Baptist Metz in fremder Nähe? Bemerkungen zu zwei Leitkonzepten politischer Theologie im 20. Jahrhundert", in: MANEMANN, JÜRGEN (Hg.), *Jahrbuch für Politische Theologie*, Bd. 1, *Demokratiefähigkeit*, Hamburg; Münster 1995, 82-106.

RASCHKE, CARL A., *Force of God. Political Theology and the Crisis of Liberal Democracy*, New York 2015.

RATZINGER, JOSEPH, „Das geistliche Amt und die Einheit der Kirche" (Gesammelte Schriften, Bd. 12), Freiburg 2010, 51-69.

– *Das neue Volk Gottes,* Düsseldorf 1969.

– „Der Ansatz zum Volk-Gottes-Verständnis im Glaubensbegriff" (Gesammelte Schriften, Bd. 1), 72-95.

– *Die Einheit der Nationen*, Salzburg 1971.

– *Eschatologie. Tod und ewiges Leben* (Gesammelte Schriften, Bd. 10), Freiburg 2012, 31-278.

– Vorwort zur Neuauflage zu *Volk und Haus Gottes in Augustinus Lehre von der Kirche*, (Gesammelte Schriften, Bd. 1), Freiburg 2011, 48-57.

RAUSCHER, ANTON, *Kirche und Demokratie. Der lange Weg des Zueinanderfindens*, Köln 2008.

RAWLS, JOHN, *Political Liberalism. Expanded Edition*, New York 2005.

– „The Idea of Public Reason Revisited", in: DERS. (Hg.), *The Law of Peoples and The Idea of Public Reason Revisited*, Cambridge, Mass. 2000, 129-180. Deutsche Übersetzung „Die Idee der öffentlichen Vernunft", in: DERS., *Das Recht der Völker*, Berlin; New York 2002, 165-216.

- „The Idea of Public Reason Revisited", in: *University of Chicago Law Review* 64 (1997), 765-807.

RECKWITZ, ANDREAS, *Die Gesellschaft der Singularitäten. Zum Strukturwandel der Moderne*, Berlin 2017.

- DERS.; ROSA, HARTMUT, *Spätmoderne in der Krise Was leistet die Gesellschaftstheorie?*, Berlin 2021.

REMENYI, MATTHIAS, „Von der Leib-Christi-Ekklesiologie zur sakramentalen Ekklesiologie. Historische Entwicklungslinien und hermeneutische Problemüberhäng", in: DERS.; WENDEL, SASKIA (Hg.), *Die Kirche als Leib Christi. Geltung und Grenze einer umstrittenen Metapher*, Freiburg 2017, 32-70.

- DERS.; WENDEL, SASKIA (Hg.), *Die Kirche als Leib Christi. Geltung und Grenze einer umstrittenen Metapher*, Freiburg 2017.

RENTSCH, THOMAS, *Transzendenz und Negativität. Religionsphilosophische und ästhetische Studien*, Berlin; New York 2010.

- „Die Universalität der Transzendenz. Systematische Bemerkungen", in: DERS.; GUTSCHMIDT, RICO (Hg.), *Gott ohne Theismus? Neue Positionen zu einer zeitlosen Frage*, Paderborn 2016.

ROBBINS, JEFFREY W., *Radical Democracy and Political Theology*, New York 2011.

ROSA, HARTMUT, *Unverfügbarkeit*, Frankfurt 2020.

ROUSSEAU, JEAN-JACQUES, *Vom Gesellschaftsvertrag oder Grundsätze des Staatsrechts*, übers. u. hg. v. HANS BROCKARD i. Zus. m. EVA PIETZCKER, vollständig überarbeitete und ergänzte Ausgabe, Stuttgart 2011.

ROWE, PAUL S., „Render Unto Caesar… What? Reflections on the Work of William Cavanaugh", in: *The Review of Politics* 71 (2009), 583-605.

RUH, ULRICH, *Säkularisierung als Interpretationskategorie. Zur Bedeutung des christlichen Erbes in der modernen Geistesgeschichte*, Freiburg 1980.

RUDOLF, HARRIET, „Religious Wars in the Holy Roman Empire? From the Schmalkadic War to the Thirty Years War", in: PALAVER, WOLFGANG; DIES.; REGENSBURGER, DIETMAR (Hg.), *The European Wars of Religion. An Interdiscilinary Reassessment of Sources, Interpretations, and Myths,* Farnham 2016, 87-118.

RUDOLF, MORITZ, „Politische Theorie der Nachträglichkeit. Einige Möglichkeiten, eine Ordnung mit Agamben außer Kraft zu setzen", in: KIRSCHNER, MARTIN (Hg.), *Subversiver Messianismus. Interdisziplinäre Agamben-Lektüren*, Baden-Baden 2020, 219-243.

RUHSTORFER, KARLHEINZ, *Befreiung des „Katholischen". An der Schwelle zu globaler Identität*, Freiburg 2019.

- „Der dreieine Gott als Geschichte und Gegenwart, in: DERS. (Hg.), *Gottes-lehre* (Theologie Studieren im modularisierten Studiengang, Modul 7) Paderborn, 2014, 263-351.

- *Gotteslehre* (Gegenwärtig Glauben Denken, Bd. 2)., Paderborn 2010.

- „Keine einfachen Wahrheiten. Zur Kritik an der ‚Theologie der Freiheit'", in: *Herder Korrespondenz* (3/2018), 47-50.

RUSTER, THOMAS, *Balance of Powers. Für eine neue Gestalt des kirchlichen Amtes*, Regensburg 2019.

SALMON, JACOB, *Political Messianism*, New York 1960.

- *The Rise of Totalitarian Democracy*, Boston 1952.

SANTNER, ERIC L., *The Royal Remains. The People's Two Bodies and the End-games of Sovereignty*, Chicago 2011.

- *The Weight of All Flesh. On the Subject-Matter of Political Economy*, New York 2015.

SCHELER, MAX, *Vom Ewigen im Menschen*, München 1968.

SCHELLE, UDO, *Das Evangelium nach Johannes* (Theologischer Handkommentar zum Neuen Testament), Leipzig 2016.

SCHEULEN, HANS; ZOLTÁN SZANKAY, „Zeit und Demokratie. Eine Einstimmung", in: LEFORT, *Fortdauer des Theologisch-Politischen?*, 9-30.

SCHILLEBEECKX, EDWARD, *Mensen als verhaal van God*, Baarn 1989.

SCHMEMANN, ALEXANDER, *For the Life of the World*, Crestwood 1988.

SCHMITT, CARL, *Politische Theologie. Vier Kapitel zur Lehre von der Souveränität* (1922), Berlin 1996.

- *Politische Theologie II. Die Legende von der Erledigung jeder Politischen Theologie*, München 1990.

- *Römischer Katholizismus und politische Form* (1923), Stuttgart 1984.

SCHÖßLER, SABINE, *Der Neopragmatismus von Hans Joas. Handeln, Glaube und Erfahrung*, Münster 2011.

SCHORN-SCHÜTTE, LUISE, *Konfessionskrieg und europäische Expansion. Europa 1500-1648*, München 2000.

SCHOTTROFF, LUISE, „‚Mein Reich ist nicht von dieser Welt'. Der johanneische Messianismus", in: TAUBES, JACOB (Hg.), *Gnosis und Politik*, Bd. 2, Paderborn 1984, 97-108.

SCHÜßLER, MICHAEL, „Beschleunigungsapokalyptik und Resonanzutopien. Eine theologische Kritik der Zeit- und Sozialphilosophie Hartmut Rosas", in: TOBIAS KLÄDEN; DERS. (Hg.), *Zu schnell zu Gott? Theologische Kontroversen zu Beschleunigung und Resonanz*, Freiburg 2017, 143-184.

SCHUMACHER, JARED, „Mapping the Theo-political: Metaphysical Prolegomenon for Political Theology", in: KAETHLER, ANDREW T. J.; MITRALEXIS, SOTIRIS (Hg.), *Between Being and Time. From Ontology to Eschatology*, London 2019, 221-246.

SCHWARTZ, REGINA M., *Sacramental Poetics at the Dawn of Secularism. When God Left the World,* Stanford 2008.

SEEWALD, MICHAEL, „Mehrpolige Repräsentation. Über die Macht der Liturgie und die Vergegenwärtigung Christi", HOFF, GREGOR MARIA; KNOP, JULIA; KRANEMANN, BENEDIKT (Hg.), *Amt – Macht – Liturgie. Theologische Zwischenrufe für eine Kirche auf dem synodalen Weg,* Freiburg 2020, 253-267.

SHADLE, MATTHEW A., „Cavanaugh on the Church and the Modern State: An Appraisal", in: *Horizons* 37 (2010), 246-270.

SMITH, JAMES K. A., *After Modernity. Secularity, Globalization and the Re-Enchantment of the World*, Wako, Tex. 2008.

— *Introducing Radical Orthodoxy. Mapping a Post-secular Theology. Foreword by John Milbank*, Grand Rapids, MI 2004.

SMITH, WILFRIED CANTWELL, *The Meaning and End of Religion. A Revolutionary Approach to the Great Religious Traditions* (1962), London 1978.

SÖLLE, DOROTHEE, *Das Fenster der Verwundbarkeit. Theologisch-politische Texte*, Stuttgart 1987.

— *Die Wahrheit ist konkret*, Olten u.a. 1967.

— *Politische Theologie. Auseinandersetzung mit Rudolf Bultmann*, erweiterte Neuausgabe Aufl., Stuttgart 1982.

— *Stellvertretung. Ein Kapitel Theologie nach dem ‚Tode Gottes'*, hg. v. BALTZ-OTTO, URSULA; STEFFENSKY, FULBERT (Gesammelte Werke, Bd. 3), Stuttgart 2006, 9-140.

SPRUYT, HENDRIK, *The Sovereign State and Its Competitors*, Princeton 1994.

STENGER, HERMANN, *Im Zeichen des Hirten und des Lammes. Mitgift und Gift biblischer Bilder*, Salzburg 2000.

STEINMETZ-JENKINS, DANIEL, „Claude Lefort and the illegitimacy of modernity", in: *Journal for Cultural and Religious Theory* 10 (1/2009), 102-117.

STERNBERGER, DOLF, „Unvergleichlich lebensvoll, aber stets gefährdet. Ist unsere Verfassung nicht demokratisch genug?", in: *Frankfurter Allgemeine Zeitung*, Nr. 22, 27. Januar 1970.

– *Verfassungspatriotismus*, Frankfurt a. M. 1990.

STETTLER, CHRISTIAN, *Untersuchungen zu Form, traditionsgeschichtlichen Hintergrund und Aussage von Kol 1,15-20*, Tübingen 2000.

STOELLGER, PHILIPP, „Souveränität nach der Souveränität. Zur Delegation und Zerstreuung von Souveränität – und ihrer Unausweichlichkeit", in: KLEIN, REBEKKA A.; FINKELDE, DOMINIK (Hg.), *Souveränität und Subversion. Figurationen des Politisch-Imaginären*, Freiburg; München 2015, 19-67.

STOUT, JEFFREY, *Democracy and Tradition,* Princeton 2004.

STRIET, MAGNUS, „Alles eine Frage der Berufung? Über Kirche und Macht", in: KOPP, STEFAN (Hg.), *Macht und Ohnmacht in der Kirche. Wege aus der Krise*, Freiburg 2020, 148-162.

– „Sexueller Missbrauch in der Katholischen Kirche. Versuch einer Ursachenforschung", in: DERS.; WERDEN, RITA (Hg.), *Unheilige Theologie! Analysen angesichts sexueller Gewalt gegen Minderjährige durch Priester* Freiburg 2019, 15-40

– DERS.; WERDEN, RITA (Hg.), *Unheilige Theologie! Analysen angesichts sexueller Gewalt gegen Minderjährige durch Priester*, Freiburg 2019.

STRUBE, SONJA (Hg.), *Rechtsextremismus als Herausforderung für die Theologie*, Freiburg 2015.

STUFLESSER, MARTIN, *Eucharistie. Liturgische Feier und theologische Erschließung*, Regensburg 2013.

– (Hg.), *Fundamentaltheologie des Sakramentalen. Eine Auseinandersetzung mit Louis-Marie Chauvets „Symbol und Sakrament"*, Regensburg 2015.

– „Mit Chauvet über Chauvet hinaus ...", in: DERS. (Hg.), *Fundamentaltheologie des Sakramentalen. Eine Auseinandersetzung mit Louis-Marie Chauvets „Symbol und Sakrament"*, Regensburg 2015, 197-206.

SULLIVAN, CLAYTON, *Rethinking Realized Eschatology*, Macon 1984.

TANNER, KATHRYN, „Trinity", in: Scott, Peter; Cavanaugh, William T. (Hg), *The Wiley Blackwell Companion to Political Theology,* Hoboken,NJ 2019, 363-375.

TAUTZ, STEPHAN, „(E) pluribus unum? Souveränität zwischen transzendentem Einheitsstreben und immanenter Verkörperung. Politisch-theologische Ekklesiologie zwischen Carl Schmitt und Antonio Negri", in: RUHSTORFER, KARL-HEINZ (Hg.), *Zwischen Progression und Regression. Streit um den Weg der katholischen Kirche*, Freiburg 2019, 337-358.

– „Symbol or Sacrament? A Theological Discernment of Radical Democracy's ‚Empty Place of Power'", in: *Louvain Studies* 44 (1/2021), 25-39.

TAYLOR, CHARLES, *A Secular Age*, Cambridge, Mass 2007.

– „A Catholic Modernity", in: DERS., (Hg.), *Dilemmas and Connections. Selected Essays*, Cambridge, Mass. 2011, 167-187.

TETENS, HOLM, *Gott denken. Ein Versuch über rationale Theologie*, Stuttgart 2015.

THEISSEN, GERD, *Veränderungspräsenz und Tabubruch. Die Ritualdynamik urchristlicher Sakramente*, Münster 2017.

THEOBALD, CHRISTOPH, *Selon l'esprit de sainteté. Genèse d'une théologie systématique*, Paris 2015.

THIELE, ALEXANDER, *Der gefräßige Leviathan. Entstehung, Ausbreitung und Zukunft des modernen Staates*, Tübingen 2019.

THOMAS VON AQUIN, *Summa theologiae*, in: *Opera omnia*. Issu impensaque Leonis XIII P. M., Bd. IV-XII, Rom 1888-1906.

TILLY, CHARLES (Hg.), *The Formation of National States in Western Europe*, Princeton 1975.

– „Reflections on the History of European State-Making", in: DERS., (Hg.), *Formation of National States*, Princeton 1975, 3-83.

TOCQUEVILLE, ALEXIS DE, *Democracy in America*, übers. v. GERALD E. BEVAN, New York 2003.

TRACY, DAVID, *The Analogical Imagination. Christian Theology and the Culture of Pluralism*, London 1981.

TRÄGÅRDH, LARS, „Statist Individualism: The Swedish Theory of Love and Its Lutheran Imprint", in: HALLDORF, JOEL; WENELL, FREDERIK (Hg.), *Between the State and the Eucharist. Free Church Theology in Conversation with William T. Cavanaugh*, Eugene 2014, 13-38.

TROELTSCH, ERNST, *Die Soziallehren der christlichen Kirchen und Gruppen* (Gesammelte Schriften Bd. 1), Darmstadt 2016.

UNTERBURGER, KLAUS, „Zwischen Realidentität und symbolischer Repräsentation. Weichenstellungen der Leib-Christi-Ekklesiologie in kirchenhistorischer Perspektiv", in: REMENYI, MATTHIAS; WENDEL, SASKIA (Hg.), *Die Kirche als Leib Christi. Geltung und Grenze einer umstrittenen Metapher*, Freiburg 2017, 91-109.

VAN ERP, STEPHAN, „God Becoming Present in the World. The Sacramental Foundations of Public Theology", in: DERS.; BOEVE, LIEVEN; POULSOM, MARTIN G. (Hg.), *Grace, Governance and Globalization. Theology and Public Life*, London 2018, 13-27.

– „Living with the Hidden God. Sacramental Theology as Public Theology", in: *Encounter. A Journal of Interdisciplinary Reflections of Faith and Life* 9 (1/2018), 20-39.

– „The Sacrament of the World. Thinking God's Presence Beyond Public Theology", in: *ET-Studies* 6 (1/2015), 119-134.

– „Unablässige Inkarnation als Zukunft der Menschheit. Die Verheißung der Sakramententheologie von Schillebeeckx", in: *Concilium* 48 (1/2012), 76-89.

– „World and Sacrament. Foundations of the Political Theology of the Church", in: *Louvain Studies* 46 (2/2016), 100-118.

VAN LEEUWEN, AREND THEODOR, *Christentum in der Weltgeschichte. Das Heil und die Säkularisierung*, Stuttgart u. a. 1966.

VAN REIJEN, WILLEM, „Das Politische – eine Leerstelle. Zur politischen Philosophie in Frankreich", in: *Transit. Europäische Revue* 5 (1992), 109-122.

VATTIMO, Gianni, *After the Death of God*, hg. v. JEFFREY W. ROBBINS, New York 2007.

VICTORINUS, MARIUS, *Christlicher Platonismus. Die theologischen Schriften des Marius Victorinus*, übers. v. PIERRE HADOT u. URSULA BRENKE, Stuttgart; Zürich 1967.

VIERTBAUER, KLAUS, „Von der Säkularisierungsthese zur postsäkularen Gesellschaft", in: DERS.; GRUBER, FRANZ (Hg.), *Habermas und die Religion*, Darmstadt 2017, 11-28.

VISCHER, ROBERT K., „Subsidiarity as Subversion: Local Power, Legal Norms, and the Liberal State", in: *Journal of Catholic Social Thought* 2 (2/2005), 277-311.

VOEGELIN, ERIC, *Die politischen Religionen*, München 2007.

VORGRIMLER, HERBERT, „Amt", in: DERS., *Neues Theologisches Wörterbuch*, Freiburg 2000, 32-34.

WAGNER, ANDREAS, *Recht – Macht – Öffentlichkeit. Elemente demokratischer Staatlichkeit bei Claude Lefort und Jürgen Habermas*, Stuttgart 2010.

WAGNER, THOMAS, *Irokesen und Demokratie. Ein Beitrag zur Soziologie interkultureller Kommunikation*, Münster 2004.

WAHLE, STEPHAN, „Grundlegung einer Theologie des Sakramentenfeier", in: HOPING, HELMUT; KRANEMANN, BENEDIKT; DERS., WEIDINGER, NORBERT, *Heil Erfahren in den Sakramenten*, Freiburg 2009, 7-51.

WALLACE, ROBERT M., „Progress, Secularization and Modernity. The Löwith-Blumenberg Debate", in: *New German Critique Special Issue on Modernism* 22 (1981), 63–79.

WALTER, PETER, „Katholizität. Allgemeinheit, Einheit, Fülle? Wandlungen eines Begriffs in der jüngeren Theologiegeschichte", in: BÖTTIGHEIMER, CHRISTOPH (Hg.), *Globalität und Katholizität. Weltkirchlichkeit unter den Bedingungen des 21. Jahrhunderts*, Freiburg 2016, 31-68.

WALZER, MICHAEL, *Paradox of Liberation. Secular Revolutions and Religious Counterrevolutions*, New Haven 2015.

WARD, GRAHAM, *Politics of Discipleship*, Grand Rapids, MI 2009.

WENDEL, SASKIA, „Leib Christi - Grenzen und Chancen einer ekklesiologischen Metapher", in: REMENYI, MATTHIAS; DIES. (Hg.), *Die Kirche als Leib Christi. Geltung und Grenze einer umstrittenen Metapher*, Freiburg 2017, 295-313.

WENZ, GUNTHER (Hg.), *Offenbarung als Geschichte. Implikationen und Konsequenzen eines theologischen Programms*, Göttingen 2018.

WENZEL, KNUT, *Sakramentales Selbst. Der Mensch als Zeichen des Heils*, Freiburg 2003.

WERBICK, JÜRGEN, „Leib Christi. Eine Kommunikationsmetapher? Ein ekklesiologisches Modell in der Transformationskrise", in: REMENYI, MATTHIAS; WENDEL, SASKIA (Hg.), *Die Kirche als Leib Christi. Geltung und Grenze einer umstrittenen Metapher*, Freiburg 2017, 15-31.

WERDEN, RITA, „Systemische Vertuschung. Zur Rede von Scham in den Stellungnahmen von Bischöfen im Kontext der Veröffentlichung der MHG-Studie", in: DIES.; STRIET, MAGNUS (Hg.), *Unheilige Theologie! Analysen angesichts sexueller Gewalt gegen Minderjährige durch Priester* Freiburg 2019.

WESTERMANN, HARTMUT, „Zur Genese der paulinischen Organismusanalogie. Historische Bemerkungen und ideologiekritische Intuition", in: REMENYI, MATTHIAS; WENDEL, SASKIA (Hg.), *Die Kirche als Leib Christi. Geltung und Grenze einer umstrittenen Metapher*, Freiburg 2017, 73-90.

WILLIAMS, ROWAN, „The Kingdoms of this World", in: *Pro ecclesia* 20 (4/2011), 352-357.

– DERS.; TAYLOR, CHARLES; O'REGAN, CYRIL; GREEN, GARRETT; CAVANAUGH, WILLIAM T., „Symposium on William Cavanaugh's *The Myth of Religious Violence. Secular Ideology and the Roots of Modern Conflict*", in *pro ecclesia* 20 (4/2011), 337-357.

WILSON, PETER, *Europe's Tragedy. A New History of the Thirty Years War*, London 2010.

WOLIN, SHELDON S., *Democracy Incorporated. Managed Democracy and the Specter of Inverted Totalitarianism*, Princeton 2008.

– „Fugitive Democracy", in: BENHABIB, SEYLA (Hg.), *Democracy and Difference. Contesting the Boundaries of the Political*, Princeton 1996, 31-45.

– *Hobbes and the Epic Tradition of Political Theory*, Los Angeles 1970.

– *Politics and Vision. Continuity and Innovation in Western Political Thought*, Princeton 2004.

– *Tocqueville Between Two Worlds. The Making of a Political and Theoretical Life*, Princeton 2001.

WRIGHT, DANIEL, „The Eucharist Makes the Church Repent Eucharistic Ecclesiology and Political Theology", in: KAETHLER, ANDREW T. J.; MITRALEXIS, SOTIRIS (Hg.), *Between Being and Time From Ontology to Eschatology*, Lanham 2019, 247-263.

YODER, JOHN HOWARD, *Die Politik Jesu - der Weg des Kreuzes*, Maxdorf 1981.

ZEILLINGER, PETER, „Auszug ins Reale, oder: Repräsentation einer Leerstelle. Zur politischen Bedeutung des biblischen Exodus, der historisch so nicht stattgefunden hat", in: *Zeitschrift für Altorientalische und Biblische Rechtsgeschichte* 25 (2019), 117-172.

– „Das Unvereinbare im Zentrum des Politischen. Zum politischen Potenzial von Agambens Homo-Sacer-Projekt", in: KIRSCHNER, MARTIN (Hg.), *Subversiver Messianismus. Interdisziplinäre Agamben-Lektüren*, Baden-Baden 2020, 245-304.

– „Jacques Derrida", in: ANTON PELINKA; DAVID WINEROITHER (Hg.), *Idee und Interesse II. Politische Ideen und Gesellschaftstheorien im 20. Jahrhundert*, Wien 2007, 301-321.

– „Jacques Derrida: Gott im-Kommen", in: PETER HARDT; KLAUS VON STOSCH (Hg.), *Für eine schwache Vernunft? Beiträge zu einer Theologie nach der Postmoderne*, Ostfildern 2007, 66-83.

– *Nachträgliches Denken. Skizze eines philosophisch-theologischen Aufbruchs im Ausgang von Jacques Derrida. Mit einer genealogischen Bibliographie der Werke von Jacques Derrida*, Münster 2002.

– „Religion als das Andere der Gewalt. Zur not-wendigen Rekonstruktion einer politischen Bestimmung", in: PALVERER, WOLFGANG; OBERPRANTACHER, ANDREAS; REGENSBURGER, DIETMAR (Hg.), *Politische Philosophie versus Politische Theologie. Die Frage der Gewalt im Spannungsfeld von Politik und Religion*, Innsbruck 2011, 259-276.

ZERFAß, ALEXANDER, „Gottesdienst und Hierarchie. Zum liturgischen Handeln des Priesters ‚in persona Christi capitis‘, ", in: HOFF, GREGOR MARIA; KNOP, JULIA; KRANEMANN, BENEDIKT (Hg.), *Amt – Macht – Liturgie. Theologische Zwischenrufe für eine Kirche auf dem synodalen Weg,* Freiburg 2020, 137-150.

ZIPPELIUS, REINHOLD, *Allgemeine Staatslehre. Ein Studienbuch*, München 2017.

ŽIŽEK, SLAVOJ, *Die politische Suspension des Ethischen*, übers. v. JENS HAGESTEDT, Frankfurt a. M., 2005.

ZIZOULAS, JOHN, *Being as Communion. Studies in Personhood and the Church*, Crestwood, NY 1997.

ZUMSTEIN, JEAN, *Das Johannesevangelium*, Bd. 2, (Kritisch-exegetischer Kommentar über das Neue Testament), Göttingen 2016.

ZWEITES VATIKANISCHES KONZIL. Die Dokumente werden nach dem offiziellen Wortlaut zitiert, wie er auf der offiziellen Website des Vatikan wiedergegeben wird; wo vorhanden dient die deutsche Quellenausgabe Grundlage. Siehe hierzu: *Heinrich Denziger. Enchiridion symbolorum definitionum et declarartionum de rebus fidei et morum. Kompendium der Glaubensbekenntnisse und kirchlichen Lehrentscheidungen*, verbessert, erweitert, ins Deutsche übertragen und unter Mitarbeit von HELMUT HOPING hg. v. PETER HÜNERMANN, Freiburg 2009.

– *Ad gentes. Dekret über die Missionstätigkeit der Kirche* (7.12.1965)

– *Dei verbum. Dogmatische Konstitution über die göttliche Offenbarung* (18.11.1965) (DH 4201-4235)

– *Gaudium et spes. Pastoralkonstitution über die Kirche in der Welt von heute* (7.12.1965) (DH 4301-4345).

– *Lumen gentium. Dogmatische Konstitution über die Kirche* (21.11.1964) (DH 4101-4179).

– *Sacrosanctum concilium. Konstitution über die heilige Liturgie* (4.12.1963) (DH 4001-4048).

– *Unitatis redintegration. Dekret über den Ökumenismus* (21.11.1964) (DH 4185-4194).

Onlinequellen

in der Reihenfolge der Erscheinung in der Arbeit, mit Datum des letzten Seiten-aufrufs

- https://www.kirchenaustritt.de/statistik, abgerufen am 27.02.2019.
- https://www.dbk.de/kirche-in-zahlen/kirchliche-statistik/, abgerufen am 27.02.2019.
- https://www.ekd.de/Kirchenmitglieder-Zahlen-Daten-EKD-17279.htm, abgerufen am 27.02.2019.
- https://las.depaul.edu/academics/catholic-studies/faculty/Pages/william-cavanaugh.aspx, abgerufen am 12.04.2021.
- https://works.bepress.com/william_cavanaugh/, abgerufen am 12.04.2021.
- https://www.religion-online.org/article/liturgy-as-politics-an-interview-with-william-cavanaugh/, abgerufen am 13.06.2018.
- https://www.loa.org/news-and-views/1118-reinhold-niebuhr-barack-obama-and-the-sense-of-a-reality-that-judges-yet-forgives, abgerufen am 02.08.2018.
- www.ethik-und-gesellschaft.de/ojs/index.php/eug/article/download/ 2-2012 art-3/71, abgerufen am 23.11.2017.
- https://www.dbk.de/fileadmin/redaktion/diverse_downloads/dos-siers_2018/MHG-Studie-gesamt.pdf, abgerufen am 11.03.2021.
- https://web.ar-chive.org/web/20060923131158/http://www.wvsd.uscourts.gov/outreach/Ple dge.htm, abgerufen am 16.5.2021.
- https://www.uni-muenster.de/imperia/md/content/fb2/zentraleseiten/aktuel-les/gemeinsam_am_tisch_des_herrn._ein_votum_des___kumenischen_ar-beitskreises_evangelischer_und_katholischer_theologen.pdf, abgerufen am 30.05.2021.
- http://w2.vatican.va/content/benedict-xvi/de/encyclicals/documents/hf_ben-xvi_enc_20090629_caritas-in-veritate.html, abgerufen am 11.08.2019.
- https://www.theol.uni-freiburg.de/disciplinae/dqtm/studium-und-lehre/po-dcast, abgerufen am 13.06.2021.

7 PERSONENREGISTER

ACHATALER, LISA 85, 452

AGAMBEN, GIORGIO 15, 28, 40, 105, 168f., 171ff., 177, 183, 185, 192, 198, 203, 341, 357-364, 371, 387f., 393, 405-410, 413-416, 419f., 424-428, 431, 437, 445, 455, 460, 466, 468, 471f., 479

AGRAMA, HUSSEIN ALI 76, 445

ALPERS, CHRISTIANE 153, 445

ANDERSON, BENEDICT 217, 227, 231, 445

ANGENENDT, ARNOLD 401f, 446

ARAUJO, LUIZ BERNADO LEITE 65, 66, 446

ARENDT, HANNAH 100, 446

ASAD, TALAL 40, 73, 76f. 82f., 162, 194, 218, 228, 257, 446

ASSMANN, JAN 121, 388, 446

ATZERT, THOMAS 96, 468

AUGUSTINUS 26, 102, 171, 173, 208, 254, 277, 289, 294, 298, 303, 307, 322-328, 376, 390, 392, 412, 421, 441, 446, 471

AVALOS, HECTOR 260, 446

BALDERMANN, INGO 351, 455

BALTHASAR, HANS URS VON 101, 159, 247, 249f., 275, 304, 305, 381f., 415, 419, 446, 449, 453, 464

BALTZ-OTTO, URSULA 142, 474

BARBER, DANIEL COLUCCIELLO 174, 446

BARBIERI, WILLIAM A. 39f., 56, 64, 446

BAUMAN, ZYGMUNT 166, 446

BECKER, JOSEF 164, 457

BECKFORD, JAMES 65, 446

BEHRENSEN, MAREN 164, 457

BELCHER, KIMBERLY HOPE 189, 338, 401, 411f., 419, 425, 446

BELL, DANIEL 158-,161, 225, 447, 467

BENEDIKT XVI, PAPST 320ff., 447

BENHABIB, SEYLA 98, 147, 305f., 447, 457, 479

BENJAMIN, Walter 9, 178, 298, 447f.,

BERGER, PETER 39f., 75, 255, 447

BIER, GEORG 14, 296, 453, 464

BLANK, JOSEF 311f., 447

BLOCH, ERNST 149f., 447

BLONDEL, MAURICE 368, 447

BLUMENBERG, HANS 79, 118, 447f.,

BÖCKENFÖRDE, ERNST-WOLFGANG 24, 54, 123, 130-139, 146, 196, 204, 206f., 430f., 447

BOEDER, HERIBERT 29, 447

BOERSMA, HANS 191, 275ff., 298f., 302f., 448

BOEVE, LIEVEN 191, 367f., 389, 432, 448, 477

BOGNER, DANIEL 170f., 448

BONACKER, THORSTEN 106, 448

BOSCHKI, REINHOLD 141, 448

BOSSY, JOHN 212, 228, 448

BÖTTIGHEIMER, CHRISTOPH 43, 398ff., 448, 478

BRISON, SYLVAIN 44-48, 204, 210, 217, 244, 275, 290, 302, 316, 448f., 451, 470

BRÖCKLING, ULRICH 180, 465

BRODOCZ, ANDRÉ 17, 106, 448, 466

BULTMANN, RUDOLF 141, 448, 458, 474

BURKE, VICTOR LEE 227, 448

BUTLER, JUDITH 10, 105, 170, 178, 448

CAPUTO, JOHN 40, 174, 177f., 347, 414, 449

CARTER, STEPHEN L. 174, 449

CASANOVA, JOSÉ 15, 38ff., 56ff., 64, 66, 68, 73ff., 77, 83, 116, 155, 193f., 267, 332, 449

CASTORIADIS, CORNELIUS 105, 170, 187, 200, 210, 237, 449, 462f.,

CAVANAUGH, WILLIAM T. 8, 18, 21, 25ff., 40, 42-51, 55, 102, 159, 173, 200, 201-336 (Kp. 3), 337ff., 342f., 345, 347f., 353-358, 364, 365f., 377, 380ff., 384, 387, 390, 392f., 397, 402, 405, 410, 421-423, 429, 432, 436-439, 441ff., 448- 453, 456f., 459, 462, 468, 470, 472, 474ff., 478

CERTEAU, MICHEL DE 192, 450

CHAUVET, LOUIS-MARIE 12ff., 117, 18, 28, 186-189, 200, 283, 284f., 314, 338, 352, 369, 380, 430f., 437, 441, 443, 451, 461, 463, 475

CHIDESTER, DAVID 256f., 451

CHO, BENEDIKT HANKYU 277, 307, 308, 310, 451

CHOLVY, BRITTE 275, 451

CLARET, BERND J. 367f., 459, 464

CLAUSEN, CHRISTOPHER 249, 451

COLES, ROMAND 26, 213, 317, 321, 328-331, 334ff., , 451

CONNOLLY, WILLIAM E. 15, 40, 75, 451

CORNIDES, JOHANNES 288, 451

CROCKETT, CLAYTON 173f., 176-179, 199, 346f., 451

CUSA, NICHOLAS DE 254f., 452

DATTERL, MONIKA 273, 469

DAVIE, GRACE 75, 447

DAY, KATIE 154, 452

DE VRIES, HENT 15, 116, 178, 452, 467

DEIBL, JAKOB 85, 452

DENEE, PATRICK J. 88, 452

DERRIDA, JACQUES 15, 30, 105, 134, 148, 166, 175ff., 214, 372-376, 379, 380, 383, 385, 388, 452f., 479

DEUSER, HERMANN 60, 452

DI FABIO, UDO 20, 452

DIEFENDORF, BARBARA 226, 252, 468

DODD, CHARLES HAROLD 300f., 452

DORMAL, MICHEL 109, 452

DREIER, HORST 225, 452

DUBUISSON, DANIEL 257f., 452

DWORKIN, RONALD 65, 452

EBERHARDT, MONIKA 14, 453

EBERTZ, MICHAEL N. 14, 453

ECKHOLT, MARGIT 214, 457

EISENSTADT, SHMUEL N. 40, 73, 78-83, 157, 162, 194, 453

ENGEL, ULRICH 166, 180f., 183, 198f., 297, 335, 349-352, 359, 441, 445, 453

ENGELMANN, PETER 372, 452

ERTMAN, THOMAS 227, 453

ESSEN, GEORG 134-137, 207f., 290, 296, 299, 395, 400, 402, 432, 438, 453

FABER, EVA-MARIA 304, 338, 370ff., 376f., 384, 392, 409, 453

FAGERBERG, DAVID 189, 338, 371f., 376, 385, 398, 416f., 453

FAHLGREN, SUNE 334, 453

FAUCHER, NICOLAS 230, 454

FEINER, JOHANNES 418, 471

FERON, 'ALEXANDRE 114, 454

FERRARA, ALESSANDRO 38, 68f., 155, 454

FETSCHER, IRING 32, 458

FEUSTEL, ROBERT 180, 465

FILIPOVIĆ, ALEXANDER 164, 457

FINKELDE, DOMINIK 16f., 33, 172, 454, 461, 475

FINLAYSON, JAMES GORDON 65f., 454

FIRCHOW, MARKUS 170, 462

FLÜGEL-MARTINSEN, OLIVER 105, 466

FLYNN, BERNARD 118f., 454

FÖRSTER, NICLAS 271f., 454

FOUCAULT, MICHEL 15, 30, 173, 237, 454

FRANZISKUS, PAPST 50, 167, 248, 250, 305f., 392, 397, 441, 454, 460

FREYENHAGEN, FABIAN 65, 454

FUCHS, DIETER 31, 35, 454

FUKUYAMA, FRANCIS 36, 81, 454

GABRIEL, KARL 79, 81f., 238-242, 454

GAGEY, HENRI-JÉRÔME 45, 275, 316, 448, 451, 470

GAUCHET, MARCEL 17, 34, 36, 84-90, 105, 134, 324, 455, 466

GAWLICK, GÜNTER 218, 458

GEBHARDT, JÜRGEN 41f., 455

GELDOF, JORIS 367, 448

GERSTER, DANIEL 238, 242, 455, 465

GEULEN, EVA 363, 455

GILLESPIE, MICHAEL ALLEN 70, 455

GIRARD, RÉNE 263, 455, 469

GMAINER-PRANZL, FRANZ 164, 455

GOGARTEN, FRIEDRICH 140, 455

GOLLWITZER, HELMUT 143, 144, 455

GORRINGE, TIMOTHY J. 346, 455

GRAF, WILHELM FRIEDRICH 39, 58, 82, 455, 459

GREEN, GARRETT 252, 258f., 455, 478

GREGOR VON NAZIANS 424, 455

GROSS, WALTER 351, 455

GROYS, BORIS 324, 455

GRUBER, FRANZ 64, 477

GUANZINI, ISABELLA 299, 456

GUGGENBERGER, WILHELM 273, 469

GUTSCHMIDT, RICO 90, 472

HABERMAS, JÜRGEN 15, 33, 40, 59, 62-73, 82f., 87, 91, 103, 110ff., 116, 124, 135, 137, 155, 158, 165, 193f., 387, 438, 446, 454, 456, 461, 477

HALLDORF, JOEL 45, 215, 225, 238, 334, 449, 453, 456f., 476

HARARI, YUVAL NOAH 10, 456

HARDT, MICHAEL 84, 91-,97, 100, 102, 105, 107, 113, 120, 151, 173, 175, 177ff., 195, 199, 245, 251, 346f., 456

HARDT, PETER 375, 479

HARNACK, ADOLF VON 370, 457

HARRIS, SAM 268, 457

HARTENSTEIN, FRIEDHELM 351, 457

HAUDE, RÜDIGER 36, 457

HAUERWAS, STANLEY 44, 46, 156, 205, 213, 215, 317f., 329f., 451, 457

HAYES, CARLTON JOSEPH HUNTLEY 231, 457

HEDGES, CHRIS 269, 457

HEIMBACH-STEINS, MARIANNE 164, 214, 270, 457

HELD, DAVID 126, 457

HELLER, ÁGNES 84, 112, 126, 147f., 430, 457

HEMMING, LAURENCE PAUL 158, 467

HETZEL, ANDREAS 67, 461

HILDMANN, PHILLIP W. 20, 458

HILPERT, KONRAD 185, 395, 458, 469

HITCHENS, CHRISTOPHER 268f., 458

HOBBES, THOMAS   30, 32, 36, 95, 97f., 102, 122, 127, 129, 131, 177, 218-,221, 230, 273, 278, 288, 343, 424, 458, 469, 479

HOBSBAWM, ERIC J. 231, 458

HOCHSCHILD, MICHAEL 73, 81ff., 458

HOFF, GREGOR MARIA 185, 281, 395, 398-401, 403, 433, 440, 458, 461, 474, 480

HÖFFE, OTFRIED 65, 462

HÖHNE, FLORIAN 154, 458

HOPING, HELMUT 53, 274f., 377, 384, 458, 478, 480

HÖSLE, VITTORIO 324, 455

HOVEY, CRAIG 153, 158, 221, 447, 463

HOWARD, MICHAEL 227, 458

HUBER, JÖRG 147, 457

HÜBNER, HANS 141, 458

HUNTINGTON, SAMUEL PHILLIPS 81, 458

HURD, ELISABETH SHAKMAN 266f., 458

IDESTRÖM, JONAS 45, 50, 450, 459

ILLICH, IVAN 239f., 287, 459

INGLE, DAVID W. 234f., 259, 466

IRLENBORN, BERND 366f., 459

JAMESON, FREDERIC 249, 459

JOAS, HANS 40, 56, 59-62, 72, 82, 83, 103, 194, 334, 346, 394, 452, 459, 460, 466, 473

JUERGENSMEYER, MARK 78, 265f., 459

KAETHLER, ANDREW T. J. 179, 285, 474, 479

KANTOROWICZ, ERNST 108, 278, 349, 355, 459

KAUFMANN, FRANZ-XAVER 238, 460

KELLER, CATHERINE 177f., 347, 460

KIM, SEBASTIAN 154, 452, 460

KIMBALL, CHARLES 267, 460

KIPPENBERG, HANS G. 60, 460

KIRSCHNER, MARTIN 166-69, 171, 185, 198, 363f., 388, 415., 419f., 460, 472, 479

KLÄDEN, THOMAS 11f., 460, 474

KLEIN, REBEKKA 16f., 33, 67, 105f., 115, 119f., 172f., 181f., 199, 229, 341-348, 351, 354, 414, 454, 461, 475

KNOBLOCH, STEFAN 394, 461

KNOP, JULIA 185, 188f., 338, 367, 378, 395, 398-401, 403, 408, 458f., 461, 464, 474, 480

KOCHUTARA, SHAJI GEORGE 168, 460

KOECKE, JOHANN CHRISTIAN 20, 458

KOHN, HANS 231, 462

KOLAKOWSKI, LESZEK 81, 462

KONZINSKY, THADDEUS J. 49, 333, 462

KOPP, STEFAN 185f., 395, 404, 462, 475

KÖRNER, FELIX 68, 164f., 198, 281, 300, 311, 462

KOSTER, MANES DOMINIKUS 276f., 462

KRANEMANN, BENEDIKT 185, 377, 395, 398ff., 458, 461, 474, 478, 480

KREUTZER, ANSGAR 164, 462

KRINGS, HEERMANN 207, 462

KRÖLLS, ALBERT 88, 462

KROTH, JÜRGEN 184, 186, 383, 384f., 429, 462

KRUSE, KEVIN M. 233, 462

KUMLEHN, MARTINA 229, 461

LACLAU, ERNESTO 105, 108f., 114f., 352f., 466, 468

LANG, ANNA 14, 453

LANGNER-PITSCHMANN, ANNETTE 170, 462

LARMORE, CHARLES 65, 462

LASSAK, SANDRA 164, 455

LATOUR, BRUNO 170, 462

LEE, HAK JOON 153, 463

LEFORT, CLAUDE 7, 15, 17, 21, 40, 44, 56, 104ff., 108-114, 117, 180f., 316, 342, 436, 463, 466

LEHMANN, KARL KARDINAL 283f., 463

LEIMGRUBER, STEPHAN 185, 395, 458, 469

LEO XII, PAPST 320, 463

LEPPIN, VOLKER 313, 463

LERCH, MAGNUS 136f., 367, 378, 459, 463, 464

LERSCH, MARKUS 378, 464

LESCH, WALTER 85, 170f., 448, 464, 469

LEWIS, BERNHARD 265f., 464

LILLA, MARK 59, 82, 85, 122, 204, 221, 223, 227, 258, 464

LIPPUNER, HEINZ 36, 464

LOHFINK, GERHARD 280f., 284, 290, 315, 391, 464

LÖHRER, MAGNUS 419, 471

LÖWITH, KARL 79, 464, 478

LUBAC, HENRI DE 25, 47ff., 101, 159, 173, 191, 273- 280, 283, 291, 295f., 307, 309, 392, 402, 451, 464

LÜDECKE, NORBERT 296, 464

LUTHER, MARTIN 102, 154, 224, 225, 272, 314, 390, 464

LUTZ-BACHMANN, MATTHIAS 38f., 53, 63, 65, 79, 446, 449, 454, 465, 469

LUZ, ULRICH 271ff., 465

LYONS, OREN R. 36, 465

MACEY, DAVID 105, 463

MAI, HELMUT 69, 465

MANCINI, SUSANNA 16, 465

MANEMANN, JÜRGEN 124-,128, 134, 138, 145, 181, 348, 420, 465, 467, 471

MANENT, PIERRE 245, 465

MANOW, PHILIP 242, 272, 465

MARCHART, OLIVER 16f., 105, 107, 109, 111, 113, 180, 195f., 441, 465

MARION, JEAN-LUC 15, 40, 201, 301f., 357ff., 362, 396, 466

MARKSCHIES, CHRISTOPH 61, 466

MARTIN, CRAIG 252, 466, 468

MARVIN, CAROLYN 234f., 252, 259, 466, 468

MASUZAWA, TOMOKO 40, 257, 466

MATTES, ASTRID 86, 466

MCLENNAN, GREGOR 40, 466

MEIER, HEINRICH 82, 122, 459, 466

MENKE, KARL-HEINZ 183, 338, 365-371, 378ff., 382, 384f., 389ff., 394, 396f., 401, 404, 409, 417, 459, 464, 466

METZ, JOHANN BAPTIST 24, 40, 41, 54, 124-127, 133ff., 138, 140, 144-149, 164, 168, 197, 203, 208f., 312, 351, 352, 370, 415, 430, 439, 466, 470f.

MEYER, JOEL P. 225, 467

MICHENER, RONALD T. 155, 467

MILBANK, JOHN 40, 91, 158f., 161f., 204, 229, 230, 244f., 317f., 450, 467, 474

MITRALEXIS, SOTIRIS 179, 285, 474, 479

MOHAWK, JOHN 36, 465

MOLTMANN, JÜRGEN 24, 40, 54, 140, 149-152, 197, 208f., 379, 419, 421, 425, 467f.

MORIN, EDGAR 105, 463

MOUFFE, CHANTAL 105-117, 128, 134, 171, 314, 352f., 465-468

MOUKALA, CHARLES 150, 468

MOXTER, MICHAEL 170, 351, 457, 462

MÜLLER, ALOIS MARTIN 147, 457

MÜLLER, JOST 96, 468

MÜLLER-FAHRENHOLZ, GEIKO 149, 151, 468

MÜNKLER, HERFRIED 232, 468

Murphy, Andrew R. 252, 260, 446, 468

Murray, Alex 206, 363, 468

Nancy, Jean-Luc 15, 105, 357ff., 466, 468

Negri, Antonio 40, 84, 91-97, 100, 102, 105, 107, 113, 120, 151, 173, 175-179, 195, 199, 251, 346f., 456, 468, 476

Neiman, Susan 70, 468

Niebuhr, Richard H. 154, 157, 206, 468

Nohlen, Dieter 31, 37, 41, 455, 468

Nongbri, Brent 77, 257, 468

Nonhoff, Martin 105, 115, 468

Nussbaum, Martha 73f., 79, 82f., 469

O'Regan, Cyrill 252, 260, 268, 469, 478

Oberprantacher, Andreas 122, 469, 479

Odenthal, Andreas 395f., 399, 402, 469

Okas, Effie 447

Okeja, Uchenna 63f., 469

Oppelt, Martin 105f., 110, 120, 469

Orth, Stefan 164, 469

Paganini, Claudia 273, 469

Palaver, Wolfgang 45, 122, 138, 171, 223, 262f., 272f., 278, 450, 455, 465, 469, 472

Palverer, Wolfgang 122, 479

Pannenberg, Wolfhart 150, 468, 470

Parson, Talcott 61, 470

Pecknold, Chad C. 101ff., 173, 328, 329, 470

Pelinka, Anton 388, 479

Pellens, Karl 356, 470

Peters, Tiemo-Rainer 127, 470

Peterson, Derek 257, 470

Peterson, Erik 421-425, 428, 470

Pfeiffer, Robert 404

Phillips, Elisabeth 153, 158, 221, 447, 463

Picart, François 316, 470

Pickstock, Cathrine 40, 158f., 204, 450, 467

Pius XI., Papst 320, 470

Polanyi, Michael 69, 465, 470

Pollitt, Eva 361

Poltier, Hugues 109, 470

Porter, Bruce D. 227, 470

Portin, Frederik 214, 470

Post, Robert 306

Post, Robert 447

Poteat, William H. 69, 470

Poulsom, Martin G. 191, 477

Pröpper, Thomas 136, 378, 471

Prozorov, Sergei 363, 471

Radner, Ephraim 260, 471

Rahner, Karl 144, 183f., 211, 370, 378, 389ff., 418f., 471

Rainer, Michael J. 126, 471

Raschke, Carl A. 84f., 88, 91, 96, 195, 471

Rass, Friederike 172f., 182, 461

Ratzinger, Joseph 277, 300, 307f., 310, 358, 451, 471

Rauscher, Anton 20, 471

Rawls, John 15, 59, 65f., 69, 110, 112, 155, 193, 221, 317, 446, 454, 462, 471

Reckwitz, Andreas 10, 87, 197, 472

Reder, Michael 62, 459

Regensburger, Dietmar 45, 122, 138, 223, 450, 465, 469, 470, 472, 479

Rehberger, Claudia 141, 448

Reichel, Maik 225, 452

Remenyi, Matthias 73, 286, 290-295, 308f., 314, 374, 377, 453, 458, 472, 476, 478

Rentsch, Thomas 32, 90, 96f., 194, 472

Resing, Volker 164, 469

RIES, JOHN 367, 389, 448

ROBBINS, JEFFREY W. 173-179, 199, 210, 346f., 361, 414, 451, 472, 477

RÖDEL, Ulrich 105, 463

ROLLER, EDELTRAUT 31, 35, 454

ROSA, HARTMUT 10-14, 16f., 472, 474

ROSENFELD, MICHEL 16, 465

ROUSSEAU, JEAN-JACQUES 33-36, 86, 95, 97, 102, 106, 129, 132, 218f., 221, 230f., 240, 469, 472

ROWE, PAUL S. 49, 312, 333, 439, 472

RUDOLF, HARRIET 223, 472

RUDOLF, MORITZ 364, 472

RUDOLPH, HARRIET 45, 450, 470

RUGEL, MATTHIAS 62, 459

RUH, ULLRICH 40f., 472

RUHSTORFER, KARLHEINZ 7, 29ff., 33, 43, 70, 87, 94, 96, 114f., 164, 167, 194, 201, 338, 367, 372f., 428, 460, 466, 473, 476

RUSTER, THOMAS 400f., 440, 473

SALMON, JACOB 100, 473

SANDLER, WILLIBALD 279, 469

SANTNER, ERIC L. 33, 473

SATTLER, DOROTHEA 313, 463

SAUTERMEISTER, STEFAN 185, 395, 458, 469

SCHÄFER, HEINRICH WILHELM 60f., 452, 460, 466

SCHELER, MAX 201, 473

SCHELLE, UDO 311, 473

SCHEULEN, HANS 105, 119ff., 182f., 188, 437f., 463, 473

SCHILLEBEECKX, EDWARD 191, 391, 473, 477

SCHILLING, JOHANNES 20, 452

SCHMEMANN, ALEXANDER 233f., , 283, 285f., 381, 473

SCHMITT, CARL 24, 28, 40, 50, 54, 96, 112f., 122-134, 138-141, 143-152, 164, 168, 171f., 175, 180, 186, 196f., 203f., 228, 235, 288f., 320, 341, 351, 388, 417, 420-425, 429, 440, 456, 465f., 471, 473, 476

SCHORN-SCHÜTTE, LUISE 223, 473

SCHÖßLER, SABINE 60, 473

SCHOTTROFF, LUISE 311, 473

Schultze, Rainer-Olaf 31, 37, 41, 455, 468

SCHUMACHER, JARED 178, 179, 183, 199, 474

SCHÜßLER, MICHAEL 11f., 460, 474

Schüttemeyer, Susanne S. 31, 37, 468

SCHWARTZ, REGINA M. 192, 474

SCOTT, PETER 47, 203f., 207, 270, 286, 450, 475

SEEWALD, MICHAEL 400, 474

SHADLE, MATTHEW A. 49, 298, 474

SIEBENROCK, ROMAN 138, 279, 465, 469

SMITH, JAMES K. A. 40, 158, 214, 470, 474

SMITH, WILFRIED CANTWELL 77, 255, 257, 435, 474

SÖLLE, DOROTHEE 24, 54, 140-144, 148ff., 197, 208f., 379f., 384, 448, 455, 458, 474

SOLMS, HERMANN 225, 452

SPRUYT, HENDRIK 227, 474

STEFFENSKY, FULBERT 142, 474

STEINMETZ-JENKINS, DANIEL 116ff., 474

STENGER, HERMANN 401, 474

STERNBERGER, DOLF 87, 475

STETTLER, CHRISTIAN 351, 475

STOELLGER, PHILIPP 172, 183, 229, 354-362, 396, 404f., 409f., 414, 417f., 440, 461, 475

STOSCH, KLAUS VON 375, 479

STOUT, JEFFREY 174, 317f., 329, 475

STRIET, MAGNUS 185f., 336, 339, 395f., 406, 453, 475, 478

STRUBE, SONJA 164, 475

STUFLESSER, MARTIN 12, 187f., 283, 367, 389f., 448, 461, 463, 475

SULLIVAN, LAWRENCE 116, 178, 300, 448, 467, 475

TANNER, KATHRYN 286, 475

TAUBES, JACOB 311, 473

TAUTZ, STEPHAN 96f., 138, 176, 340, 347, 475

TAYLOR, CHARLES 38, 40, 56f., 64-69, 82, 212, 252, 279, 299, 446, 476, 478

TETENS, HOLM 15, 476

THEIßEN, GERD 353, 377, 386, 403, 429, 476

THEOBALD, CHRISTOPH 391, 476

THEUER, ANDY 367, 448

THIELE, ALEXANDER 218, 223, 224, 231f., 241, 476

THOMAS VON AQUIN 254, 384, 406, 476

TILLY, CHARLES 227, 476

TOCQUEVILLE, ALEXIS DE 98, 175, 476, 479

TRACY, DAVID 155, 476

TRÄGÅRDH, LARS 225, 476

TREND, DAVID 112, 467

TROELTSCH, ERNST 60, 476

UNTERBURGER, KLAUS 295, 476

VAHANIAN, NOELLE 174, 451

VAN ERP, STEPHAN 7, 190ff., 391, 477

VAN LEEUWEN, AREND THEODOR 140, 477

VAN MELIS, VIOLA 238, 242, 455, 465

VAN REIJEN, WILLEM 350, 477

VATTIMO, GIANNI 173f., 477

VICTORINUS, MARIUS 426f., 477

VIERTBAUER, KLAUS 64, 477

VILLEMIN, LAURENT 45, 275, 316, 448, 451, 470

VISCHER, ROBERT K. 323, 477

VOEGELIN, ERIC 122, 477

VORGRIMLER, HERBERT 211, 398, 477

VRIES, HENT DE 448

WAGNER, ANDREAS 107, 110f., 439, 465, 477

WAGNER, THOMAS 36, 457, 477

WAHLE, STEPHAN 377, 478

WALLACE, ROBERT M. 79, 478

WALTER, PETER 43, 478

WALZER, MICHAEL 57, 478

WARD, GRAHAM 40, 158-161, 174, 204, 450f., 467, 478

WASSERER, THERESA 164, 457

WEED, RONALD 252, 468

Weidinger, Norbert 377, 478

WEILER, BIRGIT 164, 455

WELKER, MICHAEL 351, 455

WENDEL, SASKIA 286, 290-295, 305, 453, 472, 476, 478

WENELL, FREDERIK 45, 215, 225, 238, 334, 449, 453, 456f., 476

WENZ, GUNTHER 150, 478

WENZEL, KNUT 308f., 478

WERBICK, JÜRGEN 290f., 293, 310, 478

WERDEN, RITA 185, 395, 453, 475, 478

WERNER, GUNDA 185, 395, 458, 469

WESTERMANN, HARTMUT 291f., 478

WILLEMS, ULRICH 238, 242, 455, 465

WILLIAMS, ROWAN 252, 258f., 478

WILLIOMN, WILLIAM H. 457

WILSON, PETER 223, 479

WINEROITHER, DAVID 388, 479

WOLIN, SHELDON S. 26, 84, 92, 98-105, 113, 120, 173, 176, 195, 200, 213, 251, 317, 321- 331, 334f., 346f., 436, 451, 479

WRIGHT, DANIEL 285, 479

YODER, JOHN HOWARD   48, 283, 479

ZEILLINGER, PETER   121f., 134, 363f., 374ff., 385, 387f., 413, 434, 479

ZERFAß, ALEXANDER 399, 480

ZIPPELIUS, REINHOLD   217, 220, 234, 236, 240, 480

ŽIŽEK, SLAVOJ 106, 480

ZIZOULAS, JOHN 301, 480

ZOLTÁN, SZANKAY 119, 473

ZOWISLO, STEFAN 225, 452

ZSCHOCH, HELLMUT 224, 464, 465

ZUMSTEIN, JEAN 311, 480

ZWEITES VATIKANISCHES KONZIL 53, 191, 274, 296, 389, 398, 399, 480

8   AUSFÜHRLICHES INHALTSVERZEICHNIS

Vorwort 7

1   Einleitung 9

1.1   Hinführung: Umbrüche der Welt im Zeichen des „post".....................9

1.2   Methode und Aufbau 21

1.2.1   Die Fragestellung(en) und These(n) der Untersuchung...................21

1.2.2   Aufbau und Argumentationsgang der Arbeit 23

1.2.3   Begriffsklärungen 29

1.2.4   Philologische Anmerkungen 43

1.3   Einführung in Person und Werk von William T. Cavanaugh 44

2   Systematische Orientierung: Politik und Religion 53

*2.1   Gegenwartsanalysen für eine Neuausrichtung politischer
Theologie* 53

*2.2   Außerhalb der Theologie: Der sozio-politische Kontext für
eine gegenwärtige politische Theologie* 55

2.2.1   Linien hinein in das postsäkulare Zeitalter 56

2.2.1.1   Das Ende des Säkularen Zeitalters 56

*2.2.1.2   Der Übergang von einem säkularen zu einem postsäkularen
Vernunft- und Sprachgebrauch im öffentlichen Raum*.....................63

*2.2.1.3   Multiple Modernen und deren jeweilige politischen
Ausformungen von Säkularität*...73

2.2.2   Linien heraus aus der liberalen Demokratie 83

*2.2.2.1   Die Krise der liberalen Demokratie als
Repräsentationskrise: Marcel Gauchets und Carl Raschkes
Paradigmenwechsel des „Grundsteins der Souveränität"* 85

*2.2.2.2   Die Krise liberaler Demokratie als Souveränitätskrise:
Michael Hardts und Antonio Negris Multitude in Zeiten des
Empires*...92

*2.2.2.3   Demokratie auf der Suche nach einem neuen Verhältnis zum
Liberalismus: Sheldon Wolins Fugitive Democracy*.......................98

2.2.3 Linien hinein in die radikale Demokratie 104

2.2.3.1 Radikale Demokratie: Demokratie an ihrer Wurzel gepackt 104

2.2.3.2 Das Verhältnis von radikaler und liberaler Demokratie 109

2.2.3.3 Leforts Modell der radikalen Demokratie und die
          „Fortdauer des Theologisch-Politischen" 115

2.3   Zwischen Theologie und Politik: Alte und Neue Politische
        Theologie(n) 121

2.3.1   Der lange Schatten von Carl Schmitt 123

2.3.2   Das Böckenförde-Paradoxon als bleibende Aufgabe 130

2.4   Innerhalb der Theologie: Auf dem Weg zu einer postsäkularen
        politischen Theologie 139

2.4.1   Neue Politische Theologie: Neubestimmung des
        Transzendenzbezugs als Antwort auf die Säkularisierung 139

2.4.1.1 Dorothee Sölle: Politische Hermeneutik und Stellvertretung
          als Nichtidentität 140

2.4.1.2 Johann Baptist Metz: Verweltlichung der Welt und innere
          Dialektik zwischen Transzendenz und Immanenz 144

2.4.1.3 Jürgen Moltmann: Souveränität und Freiheit im Zeichen der
          trinitarischen Gemeinschaft 149

2.4.2   Postsäkulare und postliberale politische Theologie: Zwischen
        Eingliederung und Fundamentalopposition 152

2.4.2.1 Public Theology: Staatstheologie eines säkularen liberalen
          Nationalstaates? 153

2.4.2.2 Radical Orthodoxy: Postsäkulare Theologie einer
          alternativen Moderne? 158

2.4.3   Neueste Entwicklungen: Auf dem Weg zu einer
        radikaldemokratischen und sakramentalen politischen
        Theologie 163

2.4.3.1 Neueste Entwicklungen im Feld der politischen Theologie:
          Postmoderne und Performativität 163

2.4.3.2 Erste Schritte in Richtung einer radikaldemokratischen
          politischen Theologie: Auf der Spur von Lefort 169

2.4.3.3 Sakramententheologie als Zugang zu einer theologischen
          politischen Theologie 184

2.5   Zwischenfazit: 9 Thesen für eine theologische politische
        Theologie in postsäkularen und postliberalen Zeiten 193

3 William T. Cavanaughs politische Theologie der Eucharistie..............201

3.1 Cavanaughs sakramentaler Ansatz im Kontext der politischen
Theologie(n)...201

3.2 Dekonstruktion: Ein Programm zur Entmythologisierung
säkularer Narrative der Moderne...213

3.2.1 Der moderne Nationalstaat unter Idolatrieverdacht.......................216

3.2.1.1 Der Staat als Retter – eine säkulare Soteriologie? 216

3.2.1.2 Die „Religionskriege" der Neuzeit: Gründungsmythos oder
Geburtswehen des neuzeitlichen Staates?......................................220

3.2.1.3 Der Nationalstaat: Verbannung oder Migration des
Heiligen? 228

3.2.1.4 Die Machtkonstitution des modernen Nationalstaats:
Zuckerbrot und Peitsche bzw. Wohlfahrt und Folter 236

3.2.2 Liberale Freiheitsmythen: Zivilgesellschaft und
Globalisierung als Reiche der Freiheit 243

3.2.2.1 Zivilgesellschaftliche Freiheit und staatliche Ordnungsmacht......243

3.2.2.2 Globalisierung als Parodie von Katholizität 248

3.2.3 Religiöse Gewalt als säkularer Legitimationsmythos.....................251

3.2.3.1 Die Erfindung der Kategorie Religion als politische Agenda........253

3.2.3.2 Der Funktionale Religionsbegriff und Cavanaughs
konstruktivistischer Gegenentwurf..259

3.2.3.3 Die säkulare Machtkonstitution durch den Mythos religiöser
Gewalt 263

3.3 Rekonstruktion: Theopolitische Imagination der Eucharistie
oder „to eucharisize the world"..270

3.3.1 Die politische Bedeutung des corpus mysticum..............................274

3.3.1.1 Henri de Lubacs Wiederentdeckung der eucharistischen
Ekklesiologie 274

3.3.1.2 Corpus verum und der Staatskörper: Die Kirche als tertium
quid..280

3.3.1.3 Leib-Christi: Demokratische Neuausrichtung mit einer
„verbrauchten" Metapher?..290

3.3.2 Eucharistische Rekonfiguration von Zeit und Raum 297

3.3.2.1 Eucharistie als Sakrament einer „realisierten Eschatologie".......298

3.3.2.2 Eucharistie als Sakrament einer „konkreten Universalität".........303

3.3.3   Einordnung von Cavanaughs theopolitischer Imagination der
        Eucharistie vor katholischem, ökumenischem und
        postsäkularem Hintergrund 306

3.3.3.1 Eucharistische Konstitution der Kirche als „schillerndes
        Spiel zwischen Identität und Differenz" 306

3.3.3.2 Die ökumenische und postsäkulare Tragweite einer
        Theopolitik der Eucharistie 312

3.4   Neukonfiguration: Ansätze einer theopolitischen Imagination
        der Demokratie 316

3.4.1   Demokratie jenseits der liberal(staatlich)en Tradition 317

3.4.2   Katholische Soziallehre als demokratische Ressource: Das
        Prinzip der Subsidiarität 320

3.4.3   Mehr Demokratie wagen 323

3.4.3.1 Sheldon Wolins Fugitive Democracy und Augustinus Politik
        der Pilgerschaft 323

3.4.3.2 Romand Coles Radikale Demokratie und die Komplexität
        öffentlicher Räume 329

3.5   Zwischenfazit: Eine Politik des Sakramentalen als
        Impulsgeber für einen zugleich unverfügbaren wie konkreten
        Zugang zur Macht im Zentrum der Demokratie 331

4 Eine politische Theologie radikaler Sakramentalität 337

4.1   Perichorese zwischen radikaler Demokratie und
        sakramentaler Eucharistie 337

4.2   (Re)Interpretation: Leforts Demokratietheorie als
        Interpretament einer politischen Sakramententheologie 341

4.2.1   Leforts Demokratietheorie als säkulare Nachbildung eines
        neuzeitlichen theologisch-religiösen Konzeptes von
        Souveränität 342

4.2.2   Die Krise der Repräsentation in Politik und Religion: Leforts
        Antwort als Modell für eine sakramentale Kirche? 349

4.2.3   Entideologisierung der Sakramentalität: Kirchliche
        Repräsentation im Verdacht des Monophysitismus? 354

4.3   (Re)Konstruktion: Radikale Sakramentalität als Paradigma
        kirchlicher Souveränität 365

4.3.1   Von Sakrament zu radikaler Sakramentalität 365

4.3.1.1 Eine Relektüre sakramentaler Vermittlung: von Differenz zur différance......366

4.3.1.2 Eine Relektüre eucharistischer Rekonfiguration: Eucharistie als Paradigma radikaler Sakramentalität......377

4.3.2 Radikal sakramentale Kirche: Eine im Grunde entwurzelte Gemeinschaft?......389

4.3.3 Radikal sakramentales Amt: Hierarchie und Amtsvollmacht an der Wurzel gepackt......394

4.3.3.1 Hierarchie im Spiegel der Sakramentalität des gemeinsamen Priestertums......398

4.3.3.2 Die Aporie und Performativität sakramentalen Amtshandelns......405

4.4 (Re)Formulierung: Die Souveränität Gottes im Zeichen radikaler Sakramentalität......415

4.4.1 Ein sakramentaler und trinitätstheologischer Zugang zur Reformulierung der Souveränität Gottes......416

4.4.2 Carl Schmitt und die „wahre politisch-theologische Stasiologie im Kern der Trinität"......420

4.4.3 Agambens Opus Dei: Souveränität als stets aufs Neue unternommener Vollzug......425

4.5 Zwischenfazit: 8 Thesen für ein radikal-sakramentales Verständnis der Demokratie......429

5 Schluss oder: ein Umkehrschluss......435

6 Literaturverzeichnis......445

7 Personenregister......483

8 Ausführliches Inhaltsverzeichnis......493

Religion – Geschichte – Gesellschaft
Fundamentaltheologische Studien
begründet von Prof. Dr. Dr. Johann Baptist Metz (†), Prof. Dr. Jürgen Werbick,
Prof. Dr. Johann Reikerstorfer
hrsg. von Prof. Dr. Ulrich Engel OP (Institut M.-Dominique Chenu, Berlin), Prof. Dr. Judith Gruber
(KU Leuven), Dr. Michael Hoelzl (University of Manchester)

Leonardo Boff

Gottes Leidenschaft mit den Armen – Der Gott der kleinen Leute
Zwischenbilanz 50 Jahre Theologie der Befreiung. Deutsche Übersetzung Bruno Kern.
Mit einem Vorwort von Jürgen Moltmann
Es ist ein einmaliger Vorgang innerhalb der mehr als zweitausendjährigen Geschichte der christlichen
Kirchen: Zum ersten Mal entsteht ein grundlegender theologischer Neuansatz, ein neues Paradigma
für das theologische Denken insgesamt, an der Peripherie der Weltgesellschaft und der Kirche. Die
eigentlichen Subjekte dieser Theologie sind die Armen, ihre Gemeinden und Selbstorganisationen.
Nach 50 Jahren beschreibt einer der Väter dieser neuen Theologie, Leonardo Boff, diesen radikalen
Standortwechsel und zeigt anhand zweier zentraler Herausforderungen auf, wie sich die Befreiungs-
theologie selbst weiterentwickelt hat.
Bd. 55, 2021, 108 S., 19,90 €, br., ISBN 978-3-643-91307-4

LIT Verlag Berlin – Münster – Wien – Zürich – London
Auslieferung Deutschland / Österreich / Schweiz: siehe Impressumsseite

Alexandra Lason
Umstrittenes Abendland
Eine theologische Grundlagenreflexion
Der Begriff *Abendland* ist umstritten. Im Blick auf die Herausforderungen, denen Europa gegenübersteht, hat er dennoch Entscheidendes zur Frage nach der Identität und Zukunft Europas beizutragen. Denn er ist nicht nur politischer Kampfbegriff, der auf Spaltung, Ablehnung des Anderen sowie kulturelle und religiöse Homogenisierung zielt und so dem Anliegen eines geeinten und pluralen Europas diametral gegenübersteht. Er kann ebenso – nicht zuletzt in den päpstlichen Verlautbarungen – als Wert- und Appellbegriff identifiziert werden. Als solcher dient er dazu, die Offenheit für den Anderen und die dialogische Auseinandersetzung als gemeinsame Wahrheitssuche und damit eine nicht-totalitäre Bestimmung von Universalität und Partikularität sowie Identität zu fördern.
Bd. 53, 2021, 386 S., 49,90 €, br., ISBN 978-3-643-14650-2

Daniel Bugiel
Diktatur des Relativismus?
Fundamentaltheologische Auseinandersetzung mit einem kulturpessimistischen Deutungsschema
Joseph Ratzinger warnte am Vorabend seiner Wahl zum Papst vor einer „Diktatur des Relativismus", die sich in der westlichen Gegenwartskultur zunehmend verbreite. Häufig wird der Begriff Relativismus ohne semantische Klärung als pejoratives Fremdetikett genutzt, um abweichende Positionen zu diskreditieren. Die vorliegende Studie zeichnet den lehramtlichen Anti-Relativismusdiskurs nach, setzt sich kritisch mit Ratzingers Relativismus-Diagnose auseinander und stellt Theoriekontexte dar, die es erlauben, der einseitigen Zuspitzung (Glaubens-)Wahrheit oder Relativismus zu entgehen.
Bd. 52, 2021, 304 S., 39,90 €, br., ISBN 978-3-643-14593-2

Joachim Negel
Feuerbach weiterdenken
Studien zum religionskritischen Projektionsargument
Bd. 51, 2014, 504 S., 59,90 €, br., ISBN 978-3-643-12583-5

Hans-Gerd Janßen; Julia D. E. Prinz; Michael J. Rainer (Hg..)
Theologie in gefährdeter Zeit
Stichworte von nahen und fernen Weggefährten für Johann Baptist Metz zum 90. Geburtstag
Bd. 50, 2. Aufl. 2019, 600 S., 39,90 €, br., ISBN 978-3-643-14106-4

Jürgen Werbick
Vergewisserungen im interreligiösen Feld
Bd. 49, 2011, 392 S., 39,90 €, gb., ISBN 978-3-643-10818-0

Thomas Polednitschek; Michael J. Rainer; José Antonio Zamora (Hg.)
Theologisch-politische Vergewisserungen
Ein Arbeitsbuch aus dem Schüler- und Freundeskreis von Johann Baptist Metz
Bd. 48, 2009, 408 S., 29,90 €, br., ISBN 978-3-8258-1548-6

Carsten Barwasser
Theologie der Kultur und Hermeneutik der Glaubenserfahrung
Zur Gottesfrage und Glaubensverantwortung bei Edward Schillebeeckx OP
Bd. 47, 2010, 472 S., 44,90 €, br., ISBN 978-3-8258-1564-6

LIT Verlag Berlin – Münster – Wien – Zürich – London
Auslieferung Deutschland / Österreich / Schweiz: siehe Impressumsseite

EUCHARISTIE im KONTEXT (Auswahl)

Gerd Theißen
Kirchenträume
Kirche in urchristlicher Zeit und Gegenwart. Beiträge zu einer polyphonen Bibelhermeneutik Band 3
Widersprüche zwischen Traum und Realität verliehen der Kirche von Anfang an Dynamik. Eine zukunftsfähige Kirche sollte wahrheitssuchend, religionsästhetisch wahrnehmbar, pluralistisch und solidarisch sein. Ihre *Predigt* sollte den protestantischen Geist der Freiheit verkörpern, ihre *Sakramente* die katholische Symbolik einer Veränderungspräsenz Gottes, ihre *Katechetik* Religionskritik einbeziehen, ihre *Parakletik* zu gegenseitiger Seelsorge befähigen, *Diakonie* zur Zusammenarbeit mit allen Menschen. Drei Bekenntnisse zum Glauben, zum Religionsdialog und zu den Menschenrechten fassen diese Ziele zusammen.
Beiträge zum Verstehen der Bibel, Bd. 44, 2022, ca. 408 S., ca. 49,90 €, br., ISBN 978-3-643-14534-5

Peter Browe
Die Eucharistie im Mittelalter
Liturgiehistorische Forschungen in kulturwissenschaftlicher Absicht. Mit einer Einführung herausgegeben von Hubertus Lutterbach und Thomas Flammer
Der Jesuit und Liturgiewissenschaftler Peter Browe (†1949) war nach seinem Tod über Jahrzehnte hinweg beinahe vergessen. Erst die vorliegende Publikation hat hier seit der 1. Auflage von 2003 eine Trendwende geschafft. Inzwischen wird Peter Browe unter die wichtigsten Liturgiewissenschaftler des 20. Jahrhunderts gezählt. Neben Josef Andreas Jungmann SJ (†1975) und Hans-Bernhard Meyer SJ (†2002) darf er sogar als einer der „Top Drei" der eucharistietheologischen Forschung gelten.
Vergessene Theologen, Bd. 1, 7. Aufl. 2019, 580 S., 39,90 €, br., ISBN 978-3-643-14396-9

Johannes Paul Chavanne
Pax
Friedensbegriffe in der Eucharistiefeier des Römischen Ritus
Österreichische Studien zur Liturgiewissenschaft und Sakramententheologie, Bd. 9, 2018, 322 S., 34,90 €, br., ISBN-AT 978-3-643-50892-8

Claus Blessing
Sacramenta in quibus principaliter salus constat
Taufe, Firmung und Eucharistie bei Hugo von St. Viktor
Österreichische Studien zur Liturgiewissenschaft und Sakramententheologie, Bd. 8, 2017, 744 S., 84,90 €, br., ISBN-AT 978-3-643-50802-7

Gerd Theißen
Veränderungspräsenz und Tabubruch
Die Ritualdynamik urchristlicher Sakramente
Beiträge zum Verstehen der Bibel, Bd. 30, 2017, 454 S., 59,90 €, br., ISBN 978-3-643-13454-7

Verena Puza
Die Eucharistie als liminales Ritual
Ein praktisch-theologischer Beitrag im Gespräch mit der Ritualforschung Victor Turners
Tübinger Perspektiven zur Pastoraltheologie und Religionspädagogik, Bd. 49, 2013, 416 S., 34,90 €, br., ISBN 978-3-643-12147-9

Archibald L. H. M. van Wieringen
The Seven Sacraments of the Catholic Church
A Fresh Biblical Perspective
Tilburg Theological Studies – Tilburger Theologische Studien, vol. 9, 2022, ca. 208 pp., ca. 34,90 €, br., ISBN-CH 978-3-643-91476-7

LIT Verlag Berlin – Münster – Wien – Zürich – London
Auslieferung Deutschland / Österreich / Schweiz: siehe Impressumsseite

Beiträge zum Verstehen der Bibel / Contributions to Understanding the Bible
hrsg. von Prof. Dr. Manfred Oeming (Heidelberg), Prof. Dr. Dr. h. c. mult. Gerd Theißen (Heidelberg) und Prof. Dr. Moisés Moyordomo (Basel)

Gerd Theißen
Veränderungspräsenz und Tabubruch
Die Ritualdynamik urchristlicher Sakramente
Sakramente und Riten sind die sichtbare Seite der Religion. Jede Kommunikation mit anderen Menschen ist auf sie angewiesen. Sie dienen sowohl dem Zusammenhalt einer Gemeinschaft als auch der Ab- und Ausgrenzung. Grundgedanke der hier entworfenen protestantisch-reformierten Sakramentsdeutung ist, dass die katholische Wandlungslehre, symbolisch verstanden und im Lichte neuer Ritualtheorien gedeutet, die überzeugendste Sinngebung anbietet: Gott ist da, wo sich etwas verändert in der Welt und im Menschen. Die Präsenz des Göttlichen im Sakrament ist Veränderungspräsenz. Sie bedeutet für den Menschen einen "symbolischen Tabubruch": Zeichenhaft werden Fleisch und Blut verzehrt oder Kinder in den Tod gegeben. Die sakramentale Botschaft ist: Menschen, die auf Kosten anderer leben, werden verwandelt zu Menschen, die miteinander teilen und Kinder als unantastbare Ebenbilder Gottes anerkennen.
Bd. 30, 2017, 454 S., 59,90 €, br., ISBN 978-3-643-13454-7

LIT Verlag Berlin – Münster – Wien – Zürich – London
Auslieferung Deutschland / Österreich / Schweiz: siehe Impressumsseite